le Guide du **routard**

Directeur de collection et auteur
Philippe GLOAGUEN

Cofondateurs
Philippe GLOAGUEN et Michel DUVAL

Rédacteur en chef
Pierre JOSSE

Rédacteurs en chef adjoints
Amanda KERAVEL et Benoît LUCCHINI

Directrice de la coordination
Florence CHARMETANT

Rédaction
**Olivier PAGE, Véronique de CHARDON,
Isabelle AL SUBAIHI, Anne-Caroline DUMAS,
Carole BORDES, André PONCELET,
Marie BURIN des ROZIERS, Thierry BROUARD,
Géraldine LEMAUF-BEAUVOIS,
Anne POINSOT, Mathilde de BOISGROLLIER,
Alain PALLIER, Gavin's CLEMENTE-RUÍZ
et Fiona DEBRABANDER**

ANDALOUSIE

2007

D1100278

Hachette

Avis aux hôteliers et aux restaurateurs

Les enquêteurs du *Guide du routard* travaillent dans le plus strict anonymat. Aucune réduction, aucun avantage quelconque, aucune rétribution ne sont jamais demandés en contrepartie. Face aux aigrefins, la loi autorise les hôteliers et restaurateurs à porter plainte.

Hors-d'œuvre

Le *Guide du routard*, ce n'est pas comme le bon vin, il vieillit mal. On ne veut pas pousser à la consommation, mais évitez de partir avec une édition ancienne. Les modifications sont souvent importantes.

ON EN EST FIERS : www.routard.com

Tout pour préparer votre voyage en ligne, de A comme argent à Z comme Zanzibar : des fiches pratiques sur 125 destinations (y compris les régions françaises), nos tuyaux perso pour voyager, des cartes et des photos sur chaque pays, des infos météo et santé, la possibilité de réserver en ligne son visa, son vol sec, son séjour, son hébergement ou sa voiture. En prime, *routard mag*, véritable magazine en ligne, propose interviews de voyageurs, reportages, carnets de route, événements culturels, dossiers pratiques, produits nomades, fêtes et infos du monde. Et bien sûr : des concours, des *chats,* des petites annonces, une boutique de produits de voyage...

Les réductions accordées à nos lecteurs ne sont jamais demandées par nos rédacteurs afin de préserver leur indépendance. Les hôteliers et restaurateurs sont sollicités par une société de mailing, totalement indépendante de la rédaction, qui reste libre de ses choix. De même pour les autocollants et plaques émaillées.

Mille excuses, on ne peut plus répondre individuellement aux centaines de CV reçus chaque année.

Le contenu des annonces publicitaires insérées dans ce guide n'engage en rien la responsabilité de l'éditeur.

© **HACHETTE LIVRE (Hachette Tourisme), 2007**

Tous droits de traduction, de reproduction
et d'adaptation réservés pour tous pays.

© **Cartographie** Hachette Tourisme.

TABLE DES MATIÈRES

COMMENT Y ALLER ?

GÉNÉRALITÉS

LE CENTRE DE L'ANDALOUSIE

DE CORDOUE À GRENADE

DE GRENADE À GUADIX

LA COSTA DE LA LUZ

LA COSTA DEL SOL ET L'ARRIÈRE-PAYS

DE MÁLAGA À GRENADE

LA COSTA DEL SOL ENTRE MÁLAGA ET ALMERÍA

LES ALPUJARRAS (SIERRA NEVADA)

À L'EST D'ALMERÍA

LA COSTA CÁLIDA ET MURCIE

Nous avons divisé ce pays en plusieurs guides, à la demande de nos lecteurs. En effet, la très grande majorité d'entre vous ne parcourt pas tout le pays. En revanche, vous préférez plus d'adresses, plus d'histoire, plus de références culturelles, plus de visites. Au total, un guide unique comporterait plus de 1 500 pages et serait intransportable. Ce découpage n'est pas une opération commerciale mais permet avant tout de voyager sans grever votre porte-monnaie.

La rédaction.

LES GUIDES DU ROUTARD
2007-2008

(dates de parution sur **www.routard.com**)

France

Nationaux

- **Camping en France (avril 2007)**
- Nos meilleures chambres d'hôtes en France
- Nos meilleures tables à la ferme en France
- Nos meilleurs hôtels et restos en France
- Petits restos des grands chefs

Régions françaises

- Alpes
- Alsace
- Aquitaine
- Ardèche, Drôme
- Auvergne, Limousin
- Bourgogne
- Bretagne Nord
- Bretagne Sud
- Châteaux de la Loire
- Corse
- Côte d'Azur
- Franche-Comté
- Île-de-France
- Languedoc-Roussillon
- **Lorraine (janvier 2007)**
- Lot, Aveyron, Tarn
- Nord-Pas-de-Calais
- Normandie
- Pays basque (France, Espagne)

- Pays de la Loire
- Poitou-Charentes
- Provence
- Pyrénées, Gascogne

Villes françaises

- Bordeaux
- Lille
- Lyon
- Marseille
- Montpellier
- Nice
- **Strasbourg (avril 2007)**
- Toulouse

Paris

- Junior à Paris et ses environs
- Paris
- Paris balades
- Paris exotique
- Paris la nuit
- Paris sportif
- Paris à vélo
- Paris zen
- Restos et bistrots de Paris
- Le Routard des amoureux à Paris
- Week-ends autour de Paris

Europe

Pays européens

- Allemagne
- Andalousie
- Andorre, Catalogne
- Angleterre, Pays de Galles
- Autriche
- Baléares
- Belgique
- Castille, Madrid (Aragon et Estrémadure)
- Crète
- Croatie
- Écosse
- Espagne du Nord-Ouest (Galice, Asturies, Cantabrie)
- Finlande
- Grèce continentale

- Hongrie, République tchèque, Slovaquie
- Îles grecques et Athènes
- Irlande
- Islande
- Italie du Nord
- Italie du Sud
- **Lacs italiens (décembre 2006)**
- Malte
- Norvège, Suède, Danemark
- Pologne et capitales baltes
- Portugal
- Roumanie, Bulgarie
- Sicile
- Suisse
- Toscane, Ombrie

LES GUIDES DU ROUTARD 2007-2008 (suite)

(dates de parution sur **www.routard.com**)

Villes européennes

- Amsterdam
- Barcelone
- Berlin
- Florence
- **Lisbonne (nouveauté)**

- Londres
- Moscou, Saint-Pétersbourg
- Prague
- Rome
- Venise

Amériques

- Argentine
- Brésil
- Californie
- Canada Ouest et Ontario
- Chili et île de Pâques
- Cuba
- Équateur
- États-Unis côte Est
- Floride, Louisiane
- Guadeloupe, Saint-Martin, Saint-Barth

- **Guatemala, Yucatán (nouveauté)**
- Martinique, Dominique, Sainte-Lucie
- Mexique
- New York
- Parcs nationaux de l'Ouest américain et Las Vegas
- Pérou, Bolivie
- Québec et Provinces maritimes
- République dominicaine (Saint-Domingue)

Asie

- Birmanie (Myanmar)
- Cambodge, Laos
- Chine (Sud, Pékin, Yunnan)
- Inde du Nord
- Inde du Sud
- Indonésie
- Istanbul

- Jordanie, Syrie
- Malaisie, Singapour
- Népal, Tibet
- Sri Lanka (Ceylan)
- Thaïlande
- Turquie
- Vietnam

Afrique

- Afrique de l'Ouest
- Afrique du Sud
- Égypte
- Île Maurice, Rodrigues
- Kenya, Tanzanie et Zanzibar
- Madagascar

- Maroc
- Marrakech
- Réunion
- Sénégal, Gambie
- Tunisie

Guides de conversation

- Allemand
- Anglais
- **Arabe du Maghreb (mars 2007)**
- **Arabe du Proche-Orient (mars 2007)**
- Chinois
- Croate

- Espagnol
- Grec
- Italien
- Portugais
- Russe

Et aussi...

- Le Guide de l'humanitaire

NOS NOUVEAUTÉS

LORRAINE (janvier 2007)

D'abord, on ne passe pas par la Lorraine avec ses gros sabots, on laisse à la frontière ses idées préconçues. La Lorraine peut revendiquer aujourd'hui d'être le centre de l'Europe. Elle partage ses frontières avec trois pays (l'Allemagne, la Belgique et le Luxembourg). À propos, qui appelle-t-on lorsque la France est dans la panade ? Jeanne d'Arc et de Gaulle avec sa croix de Lorraine. Qui est le vrai poumon vert du pays ? La Lorraine avec un bon tiers de forêt. Et que dire de ces villes à forte personnalité : Nancy avec sa célèbre place Stanislas et son patrimoine Art nouveau unique, Metz, qu'on croit grise, mais qui affiche un festival permanent de teintes jaune, ocre, mordorées et un délicieux centre piéton d'où émerge une merveilleuse cathédrale... Bar-le-Duc, aux vieux quartiers pleins de charme. Sans oublier l'héroïque Verdun et les souvenirs douloureux des Poilus. Enfin, comme cette province est très sage, allez voir Épinai, elle y a reçu une image. Les visiteurs apprécieront le superbe patrimoine culturel de la Lorraine, riche de ses différences. Nourrie par la France et l'Allemagne, elle se façonna de ces deux cultures.

STRASBOURG (avril 2007)

Strasbourg l'européenne, l'intellectuelle, Strasbourg l'artiste, la romantique, la gourmande... Strasbourg est une ville plurielle et très alsacienne, à la fois métropole active et cité intimiste. À découvrir en tramway, en bateau ou encore à pied. Quel plaisir de flâner sur les berges de l'Ill ou d'arpenter les ruelles de son centre historique, qui tout entier a été classé au Patrimoine mondial de l'humanité par l'Unesco. Capitale européenne depuis 1992, Strasbourg possède, été comme hiver, une grande vitalité et une qualité de vie étonnante. À la fois métropole étudiante, fière de sa vie nocturne, et ville d'Art et d'Histoire, Strasbourg a plus d'un atout en poche pour vous séduire.

Nous tenons à remercier tout particulièrement Loup-Maëlle Besançon, Thierry Bessou, Gérard Bouchu, François Chauvin, Grégory Dalex, Fabrice de Lestang, Cédric Fischer, Carole Fouque, Michelle Georget, David Giason, Lucien Jedwab, Emmanuel Juste, Florent Lamontagne, Philippe Martineau, Jean-Sébastien Petitdemange, Laurence Pinsard, Thomas Rivallain, Déborah Rudetzki, Claudio Tombari et Solange Vivier pour leur collaboration régulière.

Et pour cette nouvelle collection, nous remercions aussi :

David Alon et Andréa Valouchova
Bénédicte Bazaille
Jean-Jacques Bordier-Chêne
Ellenore Busch
Louise Carcopino
Florence Cavé
Raymond Chabaud
Alain Chaplais
Bénédicte Charmetant
Cécile Chavent
Stéphanie Condis
Agnès Debiage
Tovi et Ahmet Diler
Clélie Dudon
Sophie Duval
Sophie Ferard
Julie Fernandez
Alain Fisch
Suzel Gary
Adrien et Clément Gloaguen
Romuald Goujon
Stéphane Gourmelen
Pierre Granoux
Claudine de Gubernatis
Xavier Haudiquet
Claude Hervé-Bazin
Claire d'Hautefeuille
Bernard Hilaire
Lionel Husson
Sébastien Jauffret
François et Sylvie Jouffa

Hélène Labriet
Lionel Lambert
Vincent Launstorfer
Francis Lecompte
Jacques Lemoine
Sacha Lenormand
Valérie Loth
Dorica Lucaci
Philippe Melul
Kristell Menez
Delphine Meudic
Éric Milet
Jacques Muller
Anaïs Nectoux
Alain Nierga et Cécile Fischer
Hélène Odoux
Caroline Ollion
Nicolas Pallier
Martine Partrat
Odile Paugam et Didier Jehanno
Xavier Ramon
Dominique Roland et Stéphanie Déro
Corinne Russo
Caroline Sabljak
Prakit Saiporn
Jean-Luc et Antigone Schilling
Brindha Seethanen
Nicolas Tiphagne
Charlotte Valade
Julien Vitry

Direction : Nathalie Pujo
Contrôle de gestion : Joséphine Veyres et Céline Déléris
Responsable éditoriale : Catherine Julhe
Édition : Matthieu Devaux, Stéphane Renard, Magali Vidal, Marine Barbier-Blin, Géraldine Péron, Jean Tiffon, Olga Krokhina et Sophie Touzet
Secrétariat : Catherine Maîtrepierre
Préparation-lecture : Élisabeth Bernard
Cartographie : Frédéric Clémençon et Aurélie Huot
Fabrication : Nathalie Lautout et Audrey Detournay
Couverture : conçue et réalisée par Thibault Reumaux
Direction marketing : Dominique Nouvel, Lydie Firmin et Juliette Caillaud
Responsable partenariats : André Magniez
Édition partenariats : Juliette Neveux et Raphaële Wauquiez
Informatique éditoriale : Lionel Barth
Relations presse : Danielle Magne, Martine Levens et Maureen Browne
Régie publicitaire : Florence Brunel

NOS NOUVEAUTÉS

GUATEMALA, YUCATÁN (novembre 2006)

Une région que nous aurions pu tout aussi bien intituler « Le Pays maya ». Que l'on atterrisse à Ciudad Guatemala ou à Cancún, que l'on passe par le Chiapas ou le Belize pour rejoindre le Yucatán ou le Guatemala, partout on est en territoire maya. À la fin d'un tel circuit cette civilisation aux coutumes toujours vives n'aura plus de secret pour vous. Malgré sa petite superficie, le Guatemala offre une palette étonnamment variée de paysages, de climats, de coutumes locales qui raviront les amateurs de vestiges, de culture et de dépaysement. Flores, ravissante île posée sur le lac Petén, Itza et Tikal, site splendide en pleine forêt vierge. Alentour, enfouis dans la jungle, d'autres sites moins connus attendent les randonneurs aguerris. Le lac Atitlán, l'un des plus beaux du monde, avec sa couronne de volcans, est bordé d'un chapelet de villages hors du temps. Antigua, l'ancienne capitale coloniale et plus belle ville du pays, mérite à elle seule une étape de plusieurs jours. Et puis, changement de décor ! À bord d'une *lancha* vous descendrez le *río Dulce* jusqu'à Livingston, au bord de l'Atlantique, refuge des *Garifunas,* des descendants d'esclaves, présents aussi au Belize tout proche. Ici, on vit au rythme d'une musique caraïbe. Enfin, près de Cobán, ne manquez pas de rendre visite à l'oiseau-roi des Mayas, le *quetzal*, volatile rare et somptueux, qui a donné son nom à la monnaie locale. Escalade des volcans ou des pyramides, plongée dans les eaux turquoise du Belize et du Yucatán, découverte des biotopes compléteront ce superbe voyage.

LACS ITALIENS (décembre 2006)

Le lac Majeur, le lac de Garde, Côme, Lugano, Orta, Iseo... Des romantiques du XIXᵉ siècle aux stars hollywoodiennes, les lacs italiens n'ont cessé d'attirer et de séduire le visiteur. Nous sommes tous envoûtés par ces rivages nichés dans des paysages préalpins de toute beauté. Après avoir savouré le charme des villages du lac Majeur et du lac de Côme, leurs fastueuses villas entourées de jardins somptueux, peut-être serez-vous tenté alors par une virée helvète, à Locarno ou au bord du petit lac de Lugano. C'est là que vous vous attablerez dans les charmants *grotti,* ces petites auberges de campagne où l'on dévore un plateau de charcuterie (ou la spécialité locale) tout en s'abreuvant du vin du patron. Dans cette région de balades, entre villes et montagnes, le routard pourra toujours choisir entre le glamour et l'agitation des petites villes chic qui bordent les lacs et l'authenticité des coins perdus sur les hauteurs, dans une nature généreuse et escarpée qui offrira aux randonneurs une multitude de sentiers à explorer.

Remerciements

Pour la réactualisation de ce guide, nous tenons à remercier tout particulièrement :

– Doña Isabel Alvarez de Toledo, duchesse de Médina Sidonia, pour la cordialité de son accueil.

– Diego Buñel, journaliste à l'agence CAPA, pour ses bonnes idées.

– Angela Pentoja, fée francophone de Séville.

– Michel Page « El Burlador », pour son aide précieuse au quotidien.

LISBONNE (paru)

Lisbonne, à l'embouchure du Tage, avec vue sur l'Atlantique... La ville qui a vu passer Vasco de Gama, Magellan ou saint Antoine de Padoue offre – en moins de 3 h d'avion depuis Paris – un rapport qualité-prix-dépaysement imbattable. De l'authentique Alfama jusqu'au Bairro Alto branché, en passant par le Parc des Nations, la ville du futur et le musée Calouste-Gulbenkian où les chefs-d'œuvre abondent. Tout le monde s'y retrouve. Entre deux gargotes, on saute dans le vieux tram jaune 28 qui traverse la ville, du château Saint-Georges avec sa forteresse jusqu'au monastère des hiéronymites de Belém, tout en dentelles. Funiculaires, ascenseurs, tram, métro, tous les moyens sont bons pour arpenter la ville. On goûte un *pasteis de nata,* petit flan crémeux en buvant une *ginja...* Sans oublier les *casas do fado,* pour écouter ce blues portugais. Et les derniers fêtards se retrouvent sur les *docas,* où les meilleurs DJs viennent astiquer les platines.

LES QUESTIONS QU'ON SE POSE LE PLUS SOUVENT

► Quelle est la meilleure période pour y aller ?

Mai et juin sont très agréables, il fait chaud mais pas trop. En septembre et octobre, il y fait une température exquise et il y a moins de monde. En juillet et août, le thermomètre oscille entre 35 et 40 °C. C'est la foule sur la côte et les Andalous sont alors moins accueillants que hors saison. Pendant la Semaine sainte, l'animation y est démente mais les hôtels sont complets et les prix prohibitifs.

► La vie est-elle chère ?

Non, par endroits 20 à 30 % moins chère qu'en France. En été, sur la côte, les prix doublent. Une chambre double dans une pension coûte entre 30 et 40 € en moyenne. On peut manger pour 8 € et faire un repas complet pour 15 €.

► Comment se loger pas cher ?

Dans les campings, bien sûr, les petites pensions ou les petits *hostales*. Mais, à moins d'y aller vraiment hors saison (en hiver), réservez longtemps à l'avance pour être sûr de trouver un hébergement adapté à votre bourse.

► Trouve-t-on encore des coins sauvages sur la côte ?

D'Algésiras à Almería, la côte est bétonnée, et parfois très laide (Torremolinos, Fuengirola). Quelques secteurs, comme Nerja, Salobreña ou le cabo de Gata, ont été épargnés par la folie immobilière. Les centres historiques de Marbella et de Málaga sont également très bien conservés.

► Que mange-t-on ?

Des tapas de toutes les sortes, ces petites assiettes (crudités, poissons, salades) que l'on peut manger n'importe où, n'importe quand, à des prix modiques. Le jambon des Alpujarras est délicieux, ainsi que le fromage. L'huile d'olive extra vierge, fine et dorée, est sur toutes les tables.

► Comment se déplace-t-on ?

Plutôt en bus qu'en train. Le réseau de bus est bien développé. Sinon, en voiture de location. Les routes sont bonnes et les Espagnols conduisent bien.

► Est-il facile d'assister à des corridas ?

Oui, à condition de s'informer et de réserver sa place à l'avance. Attention, la corrida est la mise à mort « rituelle » d'une bête sans défense devant un public fervent comme dans un stade de foot. Bon, on n'est pas forcément pour...

► Que voir en priorité ?

Séville, Cordoue et Grenade... bien sûr ! Mais aussi les petites villes charmantes de l'intérieur, Ronda (une merveille !), Baeza ou Úbeda (moins connues mais superbes). Dans la région des Alpujarras, les villages haut perchés aux maisons cubiques et blanches. Sans oublier Murcie et sa région, plus méconnue mais non sans charme.

► Quels sports peut-on y pratiquer ?

Tout ce qui va avec la mer, dont la plongée, bien sûr, avec Tarifa en reine incontestée du *windsurf* et autre *kite surf*, par exemple. Mais aussi l'équitation, le VTT ou la marche, pour faire de chouettes balades dans les sierras, les Alpujarras, les villages blancs ou sur le cabo de Gata.

► Et les dangers de l'Andalousie ?

Le vol, la fauche, la tire : quel que soit son nom, c'est la seule chose, à part les coups de soleil, que vous aurez à redouter. En voiture, à pied ou sur la plage, faites attention à vos affaires et ne laissez rien traîner sans surveillance – ce n'est pas un mythe !

COMMENT Y ALLER ?

COMMENT Y ALLER ?

EN TRAIN

Pour vous rendre en Andalousie, vous avez la possibilité de prendre le *Train-Hôtel Elipsos* jusqu'à Madrid-Chamartín, puis d'emprunter l'AVE (TGV espagnol) au départ de la gare de Madrid-Atocha, jusqu'à Cordoue et Séville.

➤ *Madrid-Cordoue :* 2 h de trajet.
➤ *Madrid-Séville :* 2 h 30 de trajet.

Comment aller à Madrid ?

➤ *TrainHôtel « Francisco de Goya » :* tous les jours de la gare Paris-Austerlitz, des Aubrais, de Blois et de Poitiers. Ce train est équipé uniquement de voitures-lits et offre un service de bar-cafétéria et restaurant. Départ de Paris à 19 h 43, arrivée à Madrid-Chamartín à 9 h 13. Dessert Vitoria (Gasteiz), Burgos et Valladolid. De Madrid-Chamartín, départ à 19 h, arrivée à Paris vers 8 h 30.

Les réductions

– Avec le *Pass Inter-Rail,* quel que soit votre âge, vous pouvez circuler librement en 2e classe dans 29 pays d'Europe et d'Afrique du Nord. Ces pays sont regroupés en 8 zones, dont une, la zone F, englobe l'Espagne, le Portugal et le Maroc. Vous avez la possibilité de choisir parmi plusieurs formules, à prix variables selon l'âge (moins de 12 ans, moins de 26 ans, et plus de 26 ans) : *pass* 1 zone pour 16 jours de libre circulation, de 195 à 286 € selon l'âge, *pass* 2 zones pour 22 jours de libre circulation, de 275 à 396 €, *pass Global* pour un mois de libre circulation, de 385 à 546 €. Cependant, pour l'Espagne, étant donné le peu de réductions accordées par la RENFE et la FEVE sur présentation de la carte *Inter-Rail,* ce n'est pas forcément une solution intéressante.

– Découvrez les petits prix *Prem's* dans les points de vente SNCF habituels : plus vous réservez à l'avance et plus les prix sont avantageux. Et sur ● www.voyages-sncf.com ●, sur Minitel et dans les agences de voyages agréées de la SNCF, *Prem's* est encore moins cher avec des allers à partir de 20 € en Corail et 25 € en TGV.

Pour vous informer sur ces offres et acheter vos billets

– *Internet :* ● www.voyages-sncf.com ● www.interrailnet.com ● www.elipsos.com ●
– *Ligne directe :* ☎ 36-35 (0,34 €/mn).
– *Minitel :* 36-15 ou 36-16, code SNCF (0,21 €/mn).
– Dans les gares, les boutiques SNCF et les agences de voyages agréées.

Commandez votre billet par téléphone, par Minitel ou sur Internet, la SNCF vous l'envoie gratuitement à domicile. Vous réglez par carte de paiement (pour un montant minimum d'1 €) au moins 4 jours avant le départ (7 jours si vous résidez à l'étranger).

EN BUS

Ce système de transport est fort valable à l'intérieur de l'Europe, à condition d'avoir du temps et de ne pas être à cheval sur le confort. Il est évident que les trajets sont longs et les horaires un peu élastiques. En général, les bus affrétés par les compagnies sont assez confortables : AC, dossier inclinable (exiger des précisions avant le départ). En principe, des arrêts toutes les 3 ou 4 h permettent de ne pas arriver avec une barbe de vieillard.

Prévoyez une couverture ou un duvet pour les nuits fraîches, le Thermos à remplir de liquide bouillant ou glacé entre les étapes (on n'a pas toujours soif à l'heure dite) et aussi de bons bouquins.

Organismes de bus

▲ EUROLINES

Renseignements : ☎ 0892-89-90-91 (0,34 €/mn). ● www.eurolines.fr ● Vous trouverez également les services d'Eurolines sur ● www.routard.com ● Bureaux à Paris (1er, 5e, 9e arrondissements), La Défense, Versailles, Avignon, Bordeaux, Clermont-Ferrand, Dijon, Grenoble, Lille, Lyon, Marseille, Metz, Montpellier, Mulhouse, Nantes, Nice, Nîmes, Perpignan, Rennes, Strasbourg, Toulouse et Tours.

🚌 Deux gares routières internationales à Paris : *Gallieni* (☎ 0892-89-90-91 ; Ⓜ Gallieni) et *La Défense* (☎ 01-49-67-09-79 ; Ⓜ La Défense-Grande-Arche).

Leader européen des voyages en lignes régulières internationales par autocar, Eurolines permet de voyager vers plus de 1 500 destinations en Europe à travers 32 pays, avec 80 points d'embarquement en France.

– *Pass Eurolines :* pour un prix fixe, valable 15 ou 30 jours, vous voyagez autant que vous le désirez sur le réseau entre 40 villes européennes. Le *Pass Eurolines* est fait sur mesure pour les personnes autonomes qui veulent profiter d'un prix très attractif et désireuses de découvrir l'Europe sous toutes ses coutures.

▲ LINEBUS

– *Lyon :* gare routière de Perrache, cours de Verdun, 69002. ☎ 04-72-41-72-27. Fax : 04-72-41-79-40.

Ligne régulière d'autocars pour l'Espagne (en particulier Almería et Grenade) au départ de Paris, Avignon, Béziers, Bordeaux, Clermont-Ferrand, Lyon, Montpellier, Narbonne, Nîmes et Perpignan. Certaines liaisons s'effectuent avec des correspondances.

EN AVION

Les compagnies régulières

▲ AIR FRANCE

Renseignements et réservations : ☎ 36-54 (0,34 €/mn, 7 j/7, 24 h/24), sur ● www.airfrance.fr ●, dans les agences Air France et dans toutes les agences de voyages (fermées le dimanche et parfois le lundi).

➢ Air France dessert plusieurs villes en Espagne : Barcelone, Madrid, Bilbao, Séville, Málaga et Valence.

Air France offre une gamme de tarifs accessibles à tous :

– « Évasion » : en France et vers l'Europe, Air France offre des réductions. « Plus vous achetez tôt, moins c'est cher. »

– « Semaine » : pour un voyage aller-retour pendant toute la semaine.

– « Évasion week-end » : pour des voyages autour du week-end avec des réservations jusqu'à la veille du départ.

28
D couloir
E centre
F fenêtre

Libre comme l'air.

Avec les petits tarifs Air France, partez au bout du monde
avec ceux que vous aimez. **experience.airfrance.fr**

AIR FRANCE

faire du ciel le plus bel endroit de la terre

Air France propose également, sur la France, des réductions jeunes, seniors, couples ou famille. Pour les moins de 25 ans, Air France émet une carte de fidélité gratuite et nominative, « Fréquence Jeune », qui permet de cumuler des *miles* sur l'ensemble des compagnies membres de *Skyteam* et de bénéficier de billets gratuits et d'avantages chez de nombreux partenaires.

Tous les mercredis dès 0 h, sur ● www.airfrance.fr ●, Air France propose les tarifs « Coup de cœur », une sélection de destinations en France pour des départs de dernière minute.

Sur Internet, possibilité de consulter les meilleurs tarifs du moment, rubrique « Offres spéciales », « Promotions ».

▲ IBERIA

Central de réservations : ☎ 0820-075-075 (0,12 €/mn). ● www.iberia.fr ● Iberia propose 162 destinations dans 66 pays, dont l'Espagne, avec 34 villes desservies. Depuis Paris, au départ d'Orly, 2 vols par jour via Madrid pour Grenade, Jerez et Málaga.

▲ AIR EUROPA

– *Paris* : 174, bd Haussmann, 75008. ☎ 01-42-65-08-00. Fax : 01-42-65-06-00. ● www.air-europa.com ● Ⓜ Miromesnil. Bureau ouvert du lundi au vendredi de 9 h à 18 h, mais vous pouvez réserver par téléphone 24 h/24. Depuis Paris, au départ d'Orly-Sud, vols quasi quotidiens vers Séville et Málaga.

Les compagnies *low-cost*

Ce sont des compagnies dites « à bas prix ». De nombreuses villes de province sont desservies, ainsi que les aéroports limitrophes des grandes villes. Réservation par Internet ou par téléphone (pas d'agence et pas de « billet papier », juste un n° de réservation) et aucune garantie de remboursement en cas de difficultés financières de la compagnie. En outre, les pénalités en cas de changement d'horaires sont assez importantes et les taxes d'aéroport rarement incluses. Ne pas oublier non plus d'ajouter le prix du bus pour se rendre à ces aéroports, souvent assez éloignés du centre-ville.

▲ *EASYJET* : ☎ 0899-70-00-41 (en France, 0,15 € l'appel, puis 0,34 €/mn), ☎ 0848-888-222 (en Suisse) et ☎ 902-29-99-92 (en Espagne). ● www.easyjet.com ● Vol quotidien Genève-Málaga, et vol quotidien Bâle-Mulhouse-Málaga.

▲ *HELVETIC* : ☎ 01-55-69-83-50 (en France), ☎ 043-557-90-99 (en Suisse) et ☎ 914-534-271 (en Espagne). ● www.helvetic.com ● Depuis Zürich, vols vers Málaga.

▲ *TRANSAVIA* : ☎ 0821-231-214 (en France), ☎ 0900-07-37 (aux Pays-Bas, 0,25 €/mn), ☎ 027-106-421 (en Belgique) et ☎ 902-114-479 (en Espagne). ● www.transavia.com ● Depuis Amsterdam, 1 vol quotidien vers Almería, au moins 1 vol quotidien vers Málaga, et 3 vols par semaine vers Séville (dont un seul direct). Également quelques vols entre Eindhoven et Málaga. Et, pour info, 2 à 3 vols quotidiens de Nice à Amsterdam.

▲ *VIRGINEXPRESS* : ☎ 0821-230-202 (en France), ☎ 0848-560-151 (en Suisse), ☎ 070-35-36-37 (en Belgique) et ☎ 902-888-459 (en Espagne). ● www.virginexpress.com ● Liaisons quotidiennes entre Málaga et Bruxelles, et 1 vol hebdomadaire Málaga-Toulon (toujours via Bruxelles). Également 2 à 3 vols par semaine entre Murcie et Bruxelles.

▲ *VUELING* : ☎ 0800-90-54-61 (en France), ☎ 0800-71-861 (en Belgique) et ☎ 902-33-39-33 (en Espagne). ● www.vueling.com ● Une compagnie espagnole. Départ quotidien de Paris (Roissy) vers Barcelone et de Barcelone vers Séville, Grenade et Málaga, ou vers Madrid, avec liaison vers Málaga. Également des liaisons quotidiennes Bruxelles-Barcelone ou Bruxelles-Valence.

EN VOITURE

Pour rejoindre la frontière espagnole au départ de Paris :

➤ Sortir de Paris par la porte d'Orléans et prendre l'autoroute A 6, direction Lyon, puis l'A 7, direction Marseille. À la hauteur d'Orange, suivre l'A 9, direction Nîmes, Montpellier, Béziers, Perpignan, puis suivre Figuères, Gérone, Barcelone.

➤ À Paris, prendre l'A 10, direction Orléans, puis l'A 71, direction Bourges. À la hauteur de Vierzon, suivre l'A 20, direction Toulouse, puis l'A 61, direction Carcassonne-Narbonne. À la hauteur de Narbonne, prendre l'A 9, direction Perpignan, et suivre Figuères, Gérone, Barcelone.

Là, vous n'avez pas fini : soit vous décidez de vous la faire cool et de longer le littoral, en traversant la Catalogne pour atteindre Valence et Murcie puis la côte andalouse. Soit vous traversez les plateaux de l'Espagne du Centre : depuis Barcelone, prendre l'A 2 jusqu'à Saragosse, puis la N II-E 90 en direction de Madrid, puis la N IV-E 5 en direction de Cordoue... Ça en fait des kilomètres !

EN BATEAU

Depuis l'Andalousie, il est possible de se rendre au Maroc ou aux Canaries en ferry.

▲ **EURO-MER**

– *Montpellier :* 5, quai de Sauvages, CS 10024, 34078 Cedex 3. ☎ 04-67-65-67-30. Fax : 04-67-65-77-57. ● www.euromer.net ● Cette compagnie vous propose de prendre les billets à l'avance afin de vous éviter l'attente et les nombreuses arnaques au port. Tarifs compétitifs, nombreuses réductions, tarifs groupes, 4x4, camping-car.

➤ *Pour le Maroc :* traversées toutes les heures, du matin au soir très tard...

– *Algésiras-Ceuta :* traversée en seulement 35 mn (voir à Algésiras, la rubrique « Arriver – Quitter »). Les avantages : la liaison vers le Maroc la moins chargée (zone franche : pas de taxes), l'une des moins chères, carburant moins cher aussi. L'embarquement y est plus facile que sur Tanger. Nombre de départs en fonction de la demande. Nouvelle route entre Ceuta et Tanger (45 mn), avec des plages de rêve. À Ceuta, ou plutôt à Fnideq, situé à 3 km de Ceuta (à faire en stop), bus pour Tanger via Tétouan (route superbe). Ne pas écouter les chauffeurs de taxi à Ceuta, qui vous diront que cette ligne de bus n'existe pas.

– *Algésiras-Tanger :* nouvelle possibilité de traversée en 1 h (voir à Algésiras, la rubrique « Arriver – Quitter »).

➤ *Pour les Canaries,* au départ de Cadix : traversées en ferry vers les îles Canaries (Tenerife, Santa Cruz de Palma, Las Palmas). Départs tous les mardis à 18 h. Navires confortables, restaurant, cafétéria, bars...

Attention : prendre ses billets au port, c'est payer jusqu'à 20 % plus cher ; la ligne Algésiras-Tanger est plus chargée que celle de Algésiras-Ceuta ; certaines agences de voyages d'Algésiras, peu scrupuleuses, ajoutent une taxe aux prix de la traversée sans en avertir le passager ; la douane à Tanger est très pointilleuse.

LES ORGANISMES DE VOYAGES

– Ne pas croire que les vols à tarif réduit sont tous au même prix pour une même destination à une même époque : loin de là. On a déjà vu, dans un même avion partagé par deux organismes, des passagers qui avaient payé 40 % plus cher que les autres. De plus, une agence bon marché ne l'est pas

NOUVELLES FRONTIERES

SORTEZ DE CHEZ VOUS

Comment aller en Andalousie pas cher?

Vols réguliers A/R au départ de Paris.
Malaga: 172 €[1], Grenade: 207 €[1].

146 €[1]

SÉVILLE
ALLER / RETOUR

Comment partir de Province?

Vols réguliers A/R au départ de Lyon.
Malaga: 289 €[1], Séville: 334 €[1].

Où dormir tranquille?

- Hôtel Palia La Roca★★★ à Benalmadena,
en pension complète.

200 €

BENALMADENA
PENSION COMPLÈTE

326 €

MARBELLA
TOUT INCLUS

- Apparthôtel Atlantic Club★★★★
à Marbella: en formule tout inclus.

Prix à partir de, par personne,
au départ de, pour 7 nuits. Base chambre double.
Hors vols et transferts A/R.

- Nombreux hôtels et paradors à la carte sur Séville, Malaga, Grenade
et Ronda: nous consulter.

À voir / À faire:

Autotours en Andalousie, avec choix de la formule: en hôtels 3★/4★
ou en hôtels de charme et paradors:
- à partir de 345 € pour la formule en hôtels 3★/4★;
- à partir de 629 € pour la formule en hôtels de charme et paradors.

Prix par personne, 7 nuits en formule logement et petits-déjeuners,
hors vol et hors location de voiture.

(1) Prix TTC, à partir de, taxes aériennes et surcharge carburant susceptibles de modification
sans préavis. Par personne, à certaines dates, sous réserve de disponibilités.

210 AGENCES EN FRANCE, 0825 000 825, nouvelles-frontieres.fr
(0,15 €/min)

forcément toute l'année (elle peut n'être compétitive qu'à certaines dates bien précises). Donc, contactez tous les organismes et jugez vous-même.
– Les organismes cités sont classés par ordre alphabétique, pour éviter les jalousies et les grincements de dents.

EN FRANCE

▲ BOURSE DES VOLS – BOURSE DES VOYAGES

Pour connaître les derniers « Bons Plans » de la Bourse des Vols – Bourse des Voyages, rendez-vous sur le site ● www.bdv.fr ● ou par téléphone, appelez le ☎ 0892-888-949 (0,34 €/mn), agence ouverte du lundi au samedi de 8 h à 22 h.
Agence de voyages en ligne, bdv.fr propose une vaste sélection de vols secs, séjours et circuits à réserver en ligne ou par téléphone. Pour bénéficier des meilleurs tarifs aériens, même à la dernière minute, le service de Bourse des Vols référence en temps réel un large panel de vols réguliers, charters et dégriffés au départ de Paris et de nombreuses villes de province à destination du monde entier ! Référence les offres d'une trentaine de tour-opérateurs spécialistes.

▲ EXPEDIA.FR

Renseignements : ☎ 0892-301-300 (0,34 €/mn), du lundi au vendredi de 8 h à 20 h et le samedi de 9 h à 19 h. ● www.expedia.fr ● Expedia.fr permet de composer son voyage sur mesure en choisissant ses billets d'avion, hôtels et location de voitures à des prix très intéressants. Possibilité de comparer les prix de six grands loueurs de voitures et de profiter de tarifs négociés sur 20 000 hôtels de 1 à 5 étoiles dans le monde entier. Également la possibilité de réserver à l'avance et en même temps que son voyage des billets pour des spectacles ou musées aux dates souhaitées.

▲ EXPERIMENT

– *Paris :* 89, rue de Turbigo, 75003. ☎ 01-44-54-58-00. Fax : 01-44-54-58-01. ● www.experiment-france.org ● Ⓜ Temple ou République. Ouvert du lundi au vendredi de 9 h à 18 h.
Partager en toute amitié la vie quotidienne d'une famille, c'est ce que vous propose l'association Experiment. Cette formule de séjour chez l'habitant à la carte existe dans une douzaine de pays à travers le monde (Amériques, Europe, Asie ou Océanie).
Experiment propose des cours d'espagnol dans les pays où la langue est parlée. Ces différentes formules s'adressent aux adultes et aux adolescents.
Sont également proposés : des jobs en Grande-Bretagne ; des stages en entreprise aux États-Unis, en Angleterre, en Irlande et en Espagne. Service *Départs à l'étranger* : ☎ 01-44-54-58-00.
Pour les 18-26 ans, Experiment organise des séjours « au pair » aux États-Unis (billet aller-retour offert, rémunération de 139 US$ par semaine, formulaire DS 2019, etc.). Service *Au Pair* : ☎ 01-44-54-58-09. Également en Espagne, en Angleterre, en Italie et en Irlande.

▲ FRAM

– *Paris :* 4, rue Perrault, 75001. ☎ 01-42-86-55-55. Fax : 01-42-86-56-88. Ⓜ Châtelet ou Louvre-Rivoli. Ouvert du lundi au vendredi de 9 h à 19 h et le samedi de 9 h 30 à 13 h et de 14 h à 18 h 30.
– *Toulouse :* 1, rue Lapeyrouse, 31008. ☎ 05-62-15-18-00. Fax : 05-62-15-17-17. Ouvert du mardi au vendredi de 9 h à 19 h, les lundi et samedi de 9 h à 18 h 30.
● www.fram.fr ●

Téléphonez de l'étranger !

A PRIX ROUTARD

◻ Utilisable depuis :

AFRIQUE DU SUD	ITALIE
ALLEMAGNE	JAPON
ARGENTINE	NORVÈGE
AUSTRALIE	PHILIPPINES
AUTRICHE	POLOGNE
BELGIQUE	PORTUGAL
BRÉSIL	RÉP. TCHÈQUE
CANADA	ROYAUME UNI
COLOMBIE	RUSSIE
ESPAGNE	SUÈDE
FINLANDE	SUISSE
FRANCE	USA
GRÈCE	Nouveau !
HONG KONG	GUADELOUPE
HONGRIE	GUYANE
IRLANDE	MARTINIQUE
ISRAËL	RÉUNION

20€

la Carte Téléphonique du routard

tiscali.

Découvrez
La Carte Téléphonique du
routard

◻ Utilisable depuis les téléphones fixes et les cabines*

◻ Partez tranquille en commandant avant votre départ
sur www.routard.com

tiscali.

FRAM programme 60 destinations et 14 formules de vacances. Au choix : des *autotours* (Andalousie), des vols secs, des circuits, des week-ends et courts séjours, et des séjours en club *Framissima* (Andalousie).

▲ FUAJ

– *Paris :* antenne nationale, 27, rue Pajol, 75018. ☎ 01-44-89-87-27/26. Fax : 01-44-89-87-49. ● www.fuaj.org ● Ⓜ La Chapelle, Marx-Dormoy ou Gare-du-Nord. Ouvert du mardi au vendredi de 10 h à 18 h et le samedi de 10 h à 17 h. Renseignements dans toutes les auberges de jeunesse et les points d'information et de réservation en France.

La FUAJ (Fédération Unie des Auberges de Jeunesse) accueille ses adhérents dans 160 auberges de jeunesse en France. Seule association française membre de l'IYHF *(International Youth Hostel Federation),* elle est le maillon d'un réseau de 4 200 auberges de jeunesse réparties dans 81 pays. La FUAJ organise, pour ses adhérents, des activités sportives, culturelles et éducatives ainsi que des rencontres internationales. Les adhérents de la FUAJ peuvent obtenir gratuitement les brochures Voyages en liberté/*Go as you please, Printemps-Été, Hiver, le Guide des AJ en France.* Le guide international regroupe la liste de toutes les auberges de jeunesse dans le monde. Ils sont disponibles à la vente (7 €) ou en consultation sur place.

▲ IBERICA

Réservation : ☎ 0826-100-805. ● www.iberica.fr ●

Spécialiste de l'Espagne balnéaire et culturelle, Iberica propose dans sa brochure et sur son site web un vaste choix de formules adaptées à tous les types de voyageurs : vols secs, séjours balnéaires en hôtel ou en location sur le littoral méditerranéen ; et dans toute la péninsule Ibérique, autotours et itinéraires à la carte, avec vols, nuits d'hôtel et location de voitures à prix compétitifs.

▲ JEUNESSE ET RECONSTRUCTION

– *Paris :* 10, rue de Trévise, 75009. ☎ 01-47-70-15-88. Fax : 01-48-00-92-18. ● www.volontariat.org ● Ⓜ Cadet ou Grands-Boulevards. Ouvert du lundi au vendredi de 9 h à 13 h et de 14 h à 18 h.

Jeunesse et Reconstruction propose des activités dont le but est l'échange culturel dans le cadre d'un engagement volontaire. Chaque année, des centaines de jeunes bénévoles âgés de 17 à 30 ans participent à des chantiers internationaux en France ou à l'étranger (Europe, Asie, Afrique et Amérique), s'engagent dans le programme de volontariat à long terme (6 mois ou 1 an) en Europe, Afrique, Amérique latine et Asie, s'inscrivent à des cours de langue en immersion au Costa Rica, au Guatemala et au Maroc, à des stages de danse traditionnelle, percussions, poterie, art culinaire et artisanat africain. Dans le cadre des chantiers internationaux, les volontaires se retrouvent autour d'un projet d'intérêt collectif (1 à 4 semaines) et participent à la restauration du patrimoine bâti, à la protection de l'environnement, à l'organisation logistique d'un festival ou à l'animation et l'aide à la vie quotidienne auprès d'enfants ou de personnes handicapées.

▲ JET TOURS

La brochure « Les voyages à la carte » est disponible dans toutes les agences de voyages. Renseignements sur ● www.jettours.com ● et au ☎ 0825-30-20-10.

Les voyages à la carte Jet tours permettent de voyager en toute liberté sans souci de réservation, soit en choisissant des itinéraires suggérés (itinéraires au volant avec ou sans chauffeur, randonnée, excursions, escapades et sorties), soit en composant soi-même son voyage (vols secs, voitures de location, hébergements à la carte).

Jet tours propose aussi des hébergements authentiques, des adresses de charme, des maisons d'hôtes, des hôtels design...

Avec les voyages à la carte de Jet tours, vous pourrez découvrir de nombreuses destinations comme les Açores (en été), les Baléares (en été), Chypre (en été), la Crète (en été), l'Espagne, la Grèce (en été), Madère, le Portugal (en été), la Sicile (en été), le Maroc, le Mexique, l'île Maurice, la Réunion, l'Afrique du Sud (en hiver), Cuba (en hiver), l'Inde (en hiver), la Thaïlande (en hiver), le Canada (en été) et les États-Unis.

▲ MARSANS INTERNATIONAL
– *Paris :* 49, av. de l'Opéra, 75002. ☎ 0825-031-031 (0,15 €/mn). ● www.marsans.fr ● clients@marsans.fr ● Ⓜ Opéra. Ouvert du lundi au vendredi de 9 h à 18 h et le samedi de 10 h à 17 h 30.
– *Lyon :* 1, quai Gailleton, 69002. ☎ 04-72-77-09-60. Ouvert du lundi au samedi de 9 h 30 à 13 h et de 14 h à 18 h 30 (17 h 30 le samedi).
L'une des brochures les plus complètes sur la destination. Un très grand choix d'hôtels de charme, du *parador* à l'*hacienda*. Idéal pour un voyage à la carte dans l'Espagne intérieure, avec une voiture de location à des prix compétitifs. Le voyagiste propose aussi des auto-tours ou des circuits en voiture « prêt à partir ». Vous pourrez également choisir une formule complète avec avion, voiture et logement, ou l'hébergement seul. C'est l'un des tour-opérateurs français qui propose le plus grand nombre de destinations en Andalousie, des grandes villes aux plus petits villages des sierras.
N'oublions pas non plus que l'Espagne du Sud, ce sont aussi les plages de la Costa del Sol.

▲ NOUVELLES FRONTIÈRES
Renseignements et réservations dans toute la France : ☎ 0825-000-825 (0,15 €/mn). ● www.nouvelles-frontieres.fr ●
Les 13 brochures Nouvelles Frontières sont disponibles gratuitement dans les 210 agences du réseau, par téléphone et sur Internet. Plus de 30 ans d'existence, 1 400 000 clients par an, 250 destinations, une chaîne d'hôtels-clubs *Paladien* et une compagnie aérienne, *Corsair*. Pas étonnant que Nouvelles Frontières soit devenu une référence incontournable, notamment en matière de tarifs. Le fait de réduire au maximum les intermédiaires permet d'offrir des prix « super-serrés ». Un choix illimité de formules vous est proposé : des vols sur la compagnie aérienne de Nouvelles Frontières au départ de Paris et de province, en classe Horizon ou Grand Large, et sur toutes les compagnies aériennes régulières, avec une gamme de tarifs selon votre budget. Sont également proposés toutes sortes de circuits, aventure ou organisés ; des séjours en hôtels, en hôtels-clubs et en résidences ; des weekends, des formules à la carte (vol, nuits d'hôtel, excursions, location de voitures...), des séjours à la neige.
Avant le départ, des réunions d'information sont organisées. Intéressant : des brochures thématiques (plongée, rando, trek, thalasso).

▲ OTU VOYAGES
Informations : ☎ 01-55-82-32-32. ● infovente@otu.fr ● N'hésitez pas à consulter leur site ● www.otu.fr ● pour obtenir adresse, plan d'accès, téléphone et e-mail de l'agence la plus proche de chez vous (24 agences OTU Voyages en France).
OTU Voyages propose tous les voyages jeunes et étudiants à des tarifs spéciaux particulièrement adaptés aux besoins et au budget de chacun. Les bons plans, services et réductions partout dans le monde avec la carte d'étudiant internationale ISIC (12 €). Les billets d'avion (Student Air, Air France...), train, bateau, bus, les assurances voyages, la location de voitures à des tarifs avantageux et souvent exclusifs, pour plus de liberté ! Des hôtels, des *city-trips* pour découvrir le monde, des séjours ski, surf, kite surf, plongée, etc.

▲ PLEIN VENT VOYAGES
Réservations et brochures dans les agences du Sud-Est et dans la région Rhône-Alpes.

LUCAS

SIDA

SACHA

Photo : Laurence & Renaud - Espace offert par le Guide du Routard.

protégez-vous

AIDeS

www.aides.org

Premier tour-opérateur du Sud-Est, Plein Vent assure toutes ses prestations au départ de Lyon, Marseille et Nice. Ses destinations phares sont : la Bulgarie, la Croatie, l'Espagne, Prague, Malte, la Tunisie et le Maroc, mais également l'Europe du Nord avec l'Irlande, l'Écosse et la Norvège. Plein Vent propose aussi le Canada, le Mexique, le Pérou, la Thaïlande, les Antilles, les États-Unis en circuit accompagné. Nouveautés : le Brésil, l'Australie, la Roumanie et la Jordanie. Croisières fluviales sur la Volga et le Danube. Plein Vent garantit ses départs et propose un système de « garantie annulation » performant.

▲ TERRES D'AVENTURE

N° Indigo : ☎ 0825-847-800 (0,15 €/mn).
● www.terdav.com ●
– *Paris :* 6, rue Saint-Victor, 75005. Fax : 01-43-25-69-37. Ⓜ Cardinal-Lemoine ou Maubert-Mutualité. Ouvert du lundi au samedi de 9 h 30 à 19 h.
– *Bordeaux :* 28, rue Mably, 33000.
– *Grenoble :* 16, bd Gambetta, 38000. Fax : 04-76-85-96-05.
– *Lille :* 147, bd de la Liberté (angle pl. Richebé), 59000. Fax : 03-20-06-76-32.
– *Lyon :* 5, quai Jules-Courmont, 69002. Fax : 04-78-37-15-01.
– *Marseille :* 25, rue Fort-Notre-Dame (angle cours d'Estienne-d'Orves), 13001. Fax : 04-96-17-89-29.
– *Montpellier :* 7, rue de Verdun, 34000.
– *Nantes :* 22, rue Crébillon, 44000. Fax : 02-40-20-64-37.
– *Nice :* 4, rue du Maréchal-Joffre (angle rue de Longchamp), 06000. Fax : 04-97-03-64-70.
– *Rennes :* 31, rue de la Parcheminerie, 35000. Fax : 02-99-79-10-00.
– *Rouen :* 17-19, rue de la Vicomté, 76000.
– *Toulouse :* 26, rue des Marchands, 31000. Fax : 05-34-31-72-61.
Depuis 30 ans, Terres d'Aventure, pionnier du voyage à pied, accompagne les voyageurs passionnés de randonnées et d'expériences authentiques à la découverte des grands espaces de la planète. Voyages à pied, à cheval, en 4x4, en bateau, en raquettes... Sur tous les continents, des aventures en petits groupes encadrés par des professionnels expérimentés. Les hébergements dépendent des sites explorés : camps d'altitude, bivouac, refuge ou petits hôtels. Les voyages sont conçus par niveaux de difficulté : de la simple balade en plaine à l'expédition sportive en passant par la course en haute montagne.
En région, hébergé dans chacune des *Cités des Voyageurs,* tout rappelle le voyage : librairies spécialisées, boutiques d'accessoires de voyage, expositions-ventes d'artisanat et cocktails-conférences. Consultez le programme des manifestations sur leur site Internet.

▲ TERRES DE CHARME ET ÎLES DU MONDE

– *Paris :* 19, av. Franklin-D.-Roosevelt, 75008. ☎ 01-55-42-74-10. Fax : 01-56-24-49-77. ● www.terresdecharme.com ● www.ilesdumonde.com ● Ⓜ Franklin-D.-Roosevelt. Ouvert du lundi au vendredi de 10 h à 18 h 30 et le samedi de 13 h 30 à 19 h.
Terres de Charme et Îles du monde ont la particularité d'organiser des voyages « sur mesure » haut de gamme partout dans le monde pour ceux qui souhaitent voyager à deux, en famille ou entre amis. Des séjours et des circuits rares et insolites regroupés selon 5 thèmes : « Charme de la mer et des îles », « L'Afrique à la manière des pionniers », « Charme et aventure », « Sur les chemins de la sagesse », « Week-ends et escapades », avec un hébergement allant de douillet à luxueux.

▲ UCPA (Union Nationale des Centres sportifs de plein air)

Informations et réservations : ☎ 0825-820-830 (0,15 €/mn). ● www.ucpa. com ●

– Bureaux de vente à *Paris, Lyon, Marseille, Nantes, Strasbourg* et *Bruxelles*. Voilà près de 40 ans que 8 millions de personnes ont fait confiance à l'UCPA pour réussir leurs vacances sportives. Et ce, grâce à une association dynamique, qui propose une approche souple et conviviale de plus de 60 activités sportives, en France et à l'international, en formule tout compris (moniteurs professionnels, pension complète, matériel, animations, assurance et transport) à des prix serrés. Vous pouvez choisir parmi plusieurs formules sportives (plein temps, mi-temps ou à la carte) ou de découverte d'une région ou d'un pays. Plus de 100 centres en France, dans les DOM et à l'étranger (Canaries, Crète, Cuba, Égypte, Espagne, Maroc, Tunisie, Turquie, Thaïlande), auxquels s'ajoutent près de 300 programmes itinérants pour voyager à pied, à cheval, à VTT, en catamaran, etc., dans plus de 50 pays.

▲ **ULTRAVACANCES**
Renseignements : ☎ 0825-00-01-01 (0,15 €/mn). ● www.ultravacances.fr ● est le site « discount » de Nouvelles Frontières. Des prix serrés pour des circuits et séjours sur une quarantaine de destinations, ainsi que des offres de dernière minute.

▲ **VOYAGEURS EN ESPAGNE ET AU PORTUGAL**
Le grand spécialiste du voyage en individuel sur mesure. ● www.vdm.com ●
– *Paris :* La Cité des Voyageurs, 55, rue Sainte-Anne, 75002. ☎ 0892-23-61-61 (0,34 €/mn). Fax : 01-42-86-16-28. Ⓜ Opéra ou Pyramides. Bureaux ouverts du lundi au samedi de 9 h 30 à 19 h.
– *Bordeaux :* 28, rue Mably, 33000. ☎ 0892-234-834 (0,34 €/mn).
– *Grenoble :* 16, bd Gambetta, 38000. ☎ 0892-233-533 (0,34 €/mn).
– *Lille :* 147, bd de la Liberté, 59000. ☎ 0892-234-634 (0,34 €/mn). Fax : 03-20-06-76-31.
– *Lyon :* 5, quai Jules-Courmont, 69002. ☎ 0892-231-261 (0,34 €/mn). Fax : 04-72-56-94-55.
– *Marseille :* 25, rue Fort-Notre-Dame (angle cours d'Estienne-d'Orves), 13001. ☎ 0892-233-633 (0,34 €/mn). Fax : 04-96-17-89-18.
– *Montpellier :* 7, rue de Verdun, 34000. (Ouverture à l'automne 2006.)
– *Nantes :* 22, rue Crébillon, 44000. ☎ 0892-230-830 (0,34 €/mn). Fax : 02-40-20-64-38.
– *Nice :* 4, rue du Maréchal-Joffre (angle rue de Longchamp), 06000. ☎ 0892-232-732 (0,34 €/mn). Fax : 04-97-03-64-60.
– *Rennes :* 31, rue de la Parcheminerie, 35102. ☎ 0892-230-530 (0,34 €/mn). Fax : 02-99-79-10-00.
– *Rouen :* 17-19, rue de la Vicomté, 76000. (Ouverture en septembre 2006.)
– *Toulouse :* 26, rue des Marchands, 31000. ☎ 0892-232-632 (0,34 €/mn). Fax : 05-34-31-72-73. Ⓜ Esquirol.
Sur les conseils d'un spécialiste de chaque pays, chacun peut se construire un voyage sur mesure...
Pour partir à la découverte de plus de 120 pays, 100 conseillers-voyageurs, de près de 30 nationalités et grands spécialistes des destinations, donnent des conseils, étape par étape et à travers une collection de 25 brochures, pour élaborer son propre voyage en individuel. Des suggestions originales et adaptables, des prestations de qualité et des hébergements exclusifs.
Voyageurs du Monde propose également une large gamme de circuits accompagnés (Famille, Aventure, Routard...). À la fois tour-opérateur et agence de voyages, Voyageurs du Monde a développé une politique de « vente directe » à ses clients, sans intermédiaire.
Dans chacune des *Cités des Voyageurs,* tout rappelle le voyage : librairies spécialisées, boutiques d'accessoires de voyage, restaurant des cuisines du monde, lounge-bar, expositions-vente d'artisanat ou encore dîners et cocktails-conférences. Toute l'actualité de VDM à consulter sur leur site Internet.

Nouveau ! Voyageurs du Monde Express : tous les vols et une sélection de voyages « prêts à partir » sur des destinations mythiques. ☎ 08-92-68-83-63 (0,34 €/mn).

▲ **VOYAGES WASTEELS**

62 agences en France, 140 en Europe. Pour obtenir l'adresse et le numéro de téléphone de l'agence la plus proche de chez vous, rendez-vous sur ● www.wasteels.fr ●

Centre d'appels Infos et ventes par téléphone : ☎ 0825-887-070 (0,15 €/ mn).

Voyages Wasteels propose pour tous des séjours, des week-ends, des vacances à la carte, des croisières, des locations mer et montagne, de l'hébergement en hôtel, des voyages en avion ou train et de la location de voitures, au plus juste prix, parmi des milliers de destinations en France, en Europe et dans le monde. Voyages Wasteels, c'est aussi tous les voyages jeunes et étudiants avec des tarifs réduits particulièrement adaptés aux besoins et au budget de chacun avec la carte d'étudiant internationale ISIC (12 €).

EN BELGIQUE

▲ **CONNECTIONS**

Renseignements et réservations au ☎ 070-233-313. ● www.connections. be ● Ouvert en semaine de 9 h à 21 h et le samedi de 10 h à 17 h.

Spécialiste du voyage pour les étudiants, les jeunes et les *Independent travellers*. Le voyageur peut y trouver informations et conseils, aide et assistance (revalidation, routing...) dans 22 points de vente en Belgique et auprès de bon nombre de correspondants de par le monde.

Connections propose une gamme complète de produits : des tarifs aériens spécialement négociés pour sa clientèle (licence IATA), une très large offre de « last minutes », toutes les possibilités d'arrangement terrestre (hébergement, locations de voitures, *self-drive tours,* vacances sportives, expéditions) ; de nombreux services aux voyageurs comme l'assurance voyage « Protections » ou les cartes internationales de réductions (la carte internationale d'étudiant ISIC).

▲ **JOKER**

– *Bruxelles :* quai du Commerce, 27, 1000. ☎ 02-502-19-37. Fax : 02-502-29-23. ● brussel@joker.be ●

– Adresses également à *Anvers, Bruges, Courtrai/Harelbeke, Gand, Hasselt, Louvain, Malines, Schoten* et *Wilrijk.*

● www.joker.be ●

Joker est spécialiste des voyages d'aventure et des billets d'avion à des prix très concurrentiels. Vols aller-retour au départ de Bruxelles, Paris et Amsterdam. Voyages en petits groupes avec accompagnateur compétent. Circuits souples à la recherche de contacts humains authentiques, utilisant l'infrastructure locale et explorant le vrai pays.

▲ **NOUVELLES FRONTIÈRES**

– *Bruxelles* (siège) : bd Lemonnier, 2, 1000. ☎ 02-547-44-22. Fax : 02-547-44-99. ● mailbe@nouvelles-frontieres.be ● www.nouvelles-frontieres.be ●

– Également d'autres agences à *Bruxelles, Charleroi, Liège, Mons, Namur, Waterloo, Wavre* et au *Luxembourg.*

Plus de 30 ans d'existence, 250 destinations, une chaîne d'hôtels-clubs *Paladien.* Pas étonnant que Nouvelles Frontières soit devenu une référence incontournable, notamment en matière de tarifs. Le fait de réduire au maximum les intermédiaires permet d'offrir des prix « super-serrés ».

▲ **SENS INVERSE**

– *Beauraing :* fg St-Martin, 22, 5570. ☎ 082-689-856. Fax : 082-69-98-63. ● www.sensinverse.com ● Agence éco-touristique qui propose des voyages accompagnés de guides locaux passionnés, et axés sur la découverte de l'environnement naturel, culturel, rural et humain de différentes régions de France comme à l'étranger, notamment en Andalousie. L'équipe est très engagée dans la protection de la nature et la sauvegarde du patrimoine et des cultures. Tous leurs voyages ont comme point commun la marche à pied à un rythme modéré et en petit groupe.

▲ **SERVICE VOYAGES ULB**
– *Bruxelles :* campus ULB, av. Paul-Héger, 22, CP 166, 1000. ☎ 02-648-96-58.
– *Bruxelles :* rue Abbé-de-l'Épée, 1, Woluwe, 1200. ☎ 02-742-28-80.
– *Bruxelles :* hôpital universitaire Érasme, route de Lennik, 808, 1070. ☎ 02-555-38-49.
– *Bruxelles :* chaussée d'Alsemberg, 815, 1180. ☎ 02-332-29-60.
– *Ciney :* rue du Centre, 46, 5590. ☎ 083-216-711.
– *Marche :* av. de la Toison-d'Or, 4, 6900. ☎ 084-31-40-33.
– *Wépion :* chaussée de Dinant, 1137, 5100. ☎ 081-46-14-37. ● www.servi cevoyages.be ●
Ouvert du lundi au vendredi de 9 h à 17 h sans interruption.
Service Voyages ULB, c'est le voyage à l'université. L'accueil est donc très sympa. Billets d'avion sur vols charters et sur compagnies régulières à des prix hyper-compétitifs.

▲ **TERRES D'AVENTURE**
– *Bruxelles : Vitamin Travel,* rue Van-Artevelde, 48, 1000. ☎ 02-512-74-64. Fax : 02-512-69-60. ● info@vitamintravel.be ●
(Voir texte dans la partie « En France ».)

▲ **ZUIDERHUIS (BELGIAN BIKING)**
– *Gand :* H.-Frère-Orbanlaan, 34, 9000. ☎ 09-233-45-33. Fax : 09-233-55-49. ● info@zuiderhuis.be ● zuiderhuis.be ●
« Maison de voyage » installée en Flandre qui centralise les propositions de *Vreemde kontinenten, Te Voet, Explorado* (pour les jeunes entre 18 et 30 ans), mais qui développe aussi, et c'est son originalité, ses propres programmes de vacances pour les cyclistes, les voyageurs individuels ou en groupe, avec réservations d'étapes et assistance logistique en Belgique, en Europe et dans le monde (*Cameleon bike* et *Belgian biking*).

EN SUISSE

▲ **L'ÈRE DU VOYAGE**
– *Nyon :* 21, Grand-Rue, 1260. ☎ 022-365-15-65. ● www.ereduvoyage.ch ●
Agence fondée par quatre professionnelles qui ont la passion du voyage. Elles pourront vous conseiller et vous faire part de leur expérience sur plus de 80 pays. Des itinéraires originaux, testés par l'équipe de l'agence : voyages en solo pour découvrir un pays en toute liberté grâce à une voiture privée avec chauffeur, guide local et logements de charme ; billets d'avion à tarif préférentiel, tours du monde, petites escapades pour un week-end prolongé et voyages en famille.

▲ **NOUVELLES FRONTIÈRES**
– *Genève :* 10, rue Chantepoulet, 1201. ☎ 022-906-80-80. Fax : 022-906-80-90.
– *Lausanne :* 19, bd de Grancy, 1006. ☎ 021-616-88-91. Fax : 021-616-88-01.
(Voir texte dans la partie « En France ».)

▲ **STA TRAVEL**
– *Bienne :* 4 General-Dufourstrasse 2502. ☎ 058-450-47-50. Fax : 058-450-47-58.

– *Fribourg :* 24, rue de Lausanne, 1701. ☎ 058-450-49-80. Fax : 058-450-49-88.
– *Genève :* 3, rue Vignier, 1205. ☎ 058-450-48-30. Fax : 058-450-48-38.
– *Lausanne :* 26, rue de Bourg, 1003. ☎ 058-450-48-70. Fax : 058-450-48-78.
– *Lausanne :* à l'université, bâtiment BFSH2, 1015. ☎ 058-450-49-20. Fax : 058-450-49-28.
– *Montreux :* 25, av. des Alpes, 1820. ☎ 058-450-49-30. Fax : 058-450-49-38.
– *Neuchâtel :* 2, Grand-Rue, 2000. ☎ 058-450-49-70. Fax : 058-450-49-78.
– *Nyon :* 17, rue de la Gare, 1260. ☎ 058-450-49-00. Fax : 058-450-49-18.
Agences spécialisées notamment dans les voyages pour jeunes et étudiants. Gros avantage en cas de problème : 150 bureaux STA et plus de 700 agents du même groupe répartis dans le monde entier sont là pour donner un coup de main *(Travel Help).*
STA propose des voyages très avantageux : vols secs *(Skybreaker),* billets Euro Train, hôtels, écoles de langues, voitures de location, etc. Délivre la carte internationale d'étudiant ISIC et la carte Jeune Go 25.
STA est membre du fonds de garantie de la branche suisse du voyage ; les montants versés par les clients pour les voyages forfaitaires sont assurés.

▲ **TERRES D'AVENTURE**
– *Genève : Néos Voyages,* 50, rue des Bains, 1205. ☎ 022-320-66-35. Fax : 022-320-66-36. ● geneve@neos.ch ●
– *Lausanne : Néos Voyages,* 11, rue Simplon, 1006. ☎ 021-612-66-00. Fax : 021-612-66-01. ● lausanne@neos.ch ●
(Voir texte dans la partie « En France ».)

AU QUÉBEC

▲ **EXOTIK TOURS**
Renseignements sur ● www.exotiktours.com ● ou auprès de votre agence de voyages.
La Méditerranée, l'Europe, l'Asie et les Grands Voyages : Exotik Tours offre une importante programmation en été comme en hiver. Ses circuits estivaux se partagent notamment entre la France, l'Autriche, la Grèce, la Turquie, l'Italie, la Croatie, le Maroc, la Tunisie, la République tchèque, la Russie, la Thaïlande, le Vietnam, la Chine... Dans la rubrique « Grands voyages », le voyagiste suggère des périples en petits groupes ou en individuel. Au choix : l'Amérique du Sud (Brésil, Pérou, Argentine, Chili, Équateur, Iles Galápagos), le Pacifique Sud (Australie et Nouvelle-Zélande), l'Afrique (Afrique du Sud, Kenya, Tanzanie), l'Inde et le Népal. L'hiver, des séjours sont proposés dans le Bassin méditerranéen (dont la péninsule Ibérique et l'Andalousie) et en Asie (Thaïlande et Bali). Durant cette saison, on peut également opter pour des combinés « plage + circuit ». Le voyagiste a par ailleurs créé une nouvelle division : « Carte Postale Tours » (circuits en autocar au Canada et aux États-Unis). Exotik Tours est membre du groupe *Intair* comme Intair Vacances (voir plus loin).

▲ **INTAIR VACANCES**
Membre du groupe Intair comme Exotik Tours, Intair Vacances propose un vaste choix de prestations à la carte incluant vols, hébergements et locations de voitures en Europe, aux États-Unis et dans les Antilles. Sa division Boomerang Tours présente par ailleurs des voyages sur mesure et des circuits organisés en Australie, en Nouvelle-Zélande et dans le Pacifique Sud. Cette année, Intair propose une nouvelle gamme d'hôtels en France et un programme inédit en Europe de l'Est, en Russie, au Portugal et dans les pays scandinaves. Également au menu, des courts ou longs séjours, en Espagne

(Costa del Sol) et en France (hôtels et appartements sur la Côte d'Azur et arrière-pays). Propose également l'option « achat-rachat » de voiture en France, dans la péninsule Ibérique et à Londres.

▲ NOLITOUR VACANCES

Membre du groupe Transat A.T. Inc., Nolitour est un spécialiste des forfaits vacances vers le sud. Destinations proposées : Floride, Mexique, Cuba, République dominicaine, île de San Andrés en Colombie, Panamá, Nicaragua, El Salvador et Venezuela. Durant la saison estivale, le voyagiste publie trois brochures Europe dont Grèce, Italie et Espagne avec de nombreux circuits accompagnés ou autonomes, croisières, transferts en autocar, par traversiers, des locations automobiles, etc.

▲ RÊVATOURS

Ce voyagiste, membre du groupe Transat A.T. Inc., propose quelque 25 destinations à la carte ou en circuits organisés. De l'Inde à la Thaïlande en passant par le Vietnam, la Chine, Bali, l'Europe centrale, la Russie, des croisières sur les plus beaux fleuves d'Europe, la Grèce, la Turquie, l'Italie, la Croatie, le Maroc, l'Espagne, le Portugal, la Tunisie ou l'Égypte et l'Amérique du Sud, le client peut soumettre son itinéraire à Rêvatours qui se charge de lui concocter son voyage. Parmi ses points forts : la Grèce avec un bon choix d'hôtels, de croisières et d'excursions, les *Fugues Musicales* en Europe, la Tunisie et l'Asie. Nouveau : deux programmes en Scandinavie, l'Italie en circuit, Israël pouvant être combiné avec l'Égypte et la Grèce et aussi la Dalmatie.

▲ TOURS CHANTECLERC

● www.tourschanteclerc.com ● Tours Chanteclerc est un tour-opérateur qui publie différentes brochures de voyages : Europe, Amérique – du nord au sud en passant par le Mexique – , Asie + Pacifique Sud, Afrique, et Soleils de Méditerranée. Il se présente comme l'une des « références sur l'Europe » avec deux brochures : groupes (circuits guidés en français) et individuels. « Mosaïque Europe » s'adresse aux voyageurs indépendants (vacanciers ou gens d'affaires) qui réservent un billet d'avion, un hébergement (dans toute l'Europe), des excursions, une location de voiture. Aussi spécialiste de Paris, le grossiste offre une vaste sélection d'hôtels et d'appartements dans la Ville Lumière.

▲ TOURSMAISON

Spécialiste des vacances sur mesure, ce voyagiste sélectionne plusieurs « Évasions soleil » (plus de 600 hôtels ou appartements dans quelque 45 destinations), programme l'Europe à la carte toute l'année (plus de 17 pays) et une vaste sélection de compagnies de croisières (11 compagnies au choix). Toursmaison concocte par ailleurs des forfaits escapades à la carte aux États-Unis et au Canada. Au choix : transport aérien, hébergement (variété d'hôtels de toutes catégories ; appartements dans le sud de la France ; locations de maisons et *condos* en Floride), locations de voitures pratiquement partout dans le monde. Des billets pour le train, les attractions, les excursions et les spectacles peuvent également être achetés avant le départ.

▲ VACANCES TOURS MONT ROYAL

● www.toursmont-royal.com ● Le voyagiste propose une offre complète sur les destinations et les styles de voyage suivants : Europe, destinations soleils d'hiver et d'été, forfaits tout compris, circuits accompagnés ou en liberté. Au programme Europe, tout ce qu'il faut pour les voyageurs indépendants : location de voitures, cartes de train, bonne sélection d'hôtels, excursions à la carte, forfaits à Paris, etc. À signaler : l'option « achat-rachat » de voiture (17 jours minimum, avec prise en France et remise en France ou ailleurs en Europe). Également : vols entre Montréal et les villes de province françaises avec Air Transat ; les vols à destination de Paris sont assurés par la compagnie Corsair au départ de Montréal et de Moncton (Nouveau-Brunswick).

▲ VOYAGES CAMPUS – TRAVEL CUTS

Campus – Travel Cuts est un réseau national d'agences de voyages qui propose des tarifs aériens sur une multitude de destinations pour tous et plus particulièrement pour les étudiants, les jeunes et les enseignants. Il délivre la carte d'étudiant internationale (ISIC), la carte jeunesse (IYTC) et la carte d'enseignant (ITIC). Voyages Campus publie quatre fois par an *Le Müv,* le magazine du nomade (● www.muvmag.com ●). Voyages Campus propose un programme de Vacances-Travail *(SWAP),* son programme de volontariat *(Volunteer Abroad)* et plusieurs circuits au Québec et à l'étranger. Le réseau compte quelque 70 agences à travers le Canada, dont 9 au Québec. Pour contacter l'agence la plus proche : ● www.voyagescampus.com ●

GÉNÉRALITÉS

> « À l'instar de la vache,
> l'Espagnol va au taureau
> dès les premiers beaux jours.
> C'est la corrida. »
> Pierre Desproges.

> « Heureusement, pas tous. »
> La rédaction du *Guide du routard*.

Pour la carte générale de l'Andalousie, se reporter au cahier couleur.

Comment expliquer l'exode de tant d'Européens, à chaque renaissance printanière, vers cette contrée gâtée du continent ? Avouez-le, vous avez vous aussi rêvé de la Costa del Sol et de ses villages blancs, de sa terre rouge et de ses cieux désespérément bleus. D'ailleurs, vous avez acheté (ou emprunté) ce guide ! Mais en Andalousie, il n'y a pas que le soleil, même si, sans lui, les belles Andalouses aux seins brunis (chères à San Antonio et à bien d'autres) ne seraient pas ce qu'elles sont... Malheureusement, l'Andalousie a saboté une grande partie de sa côte, et l'on ne peut que conseiller de fuir au plus vite vers l'intérieur, où survivent les images de toujours.

Comme la France avec la Provence, le Portugal avec l'Algarve ou l'Italie avec la Sicile, l'Espagne se mue ici en une terre chaleureuse et nonchalante. En un mot, hospitalière. Cette hospitalité est la racine profonde de la terre andalouse. Elle a donné son lait à un peuple homogène malgré ses origines multiples (Maures, juifs, catholiques, gitans). Mais, dans tout cela, nous demanderez-vous à juste titre, où se cache cette mystérieuse âme andalouse ? À vous de la trouver, entre les croûtons d'un divin gazpacho, dans les claquements de talons d'un flamenco, dans l'attitude virile d'un torero ou, tout simplement, dans le pot de fleurs d'un patio.

Voilà, l'Andalousie c'est tout cela à la fois et bien d'autres détails subtils : l'ombre des rues et l'ardeur des regards (attention aux coups de soleil), la quiétude de la *siesta* et le déchaînement des fiestas, la ferveur des processions et le goût acidulé des olives. Pour calmer ce bel appétit de vivre tout en se rafraîchissant les idées, une bonne solution : tapas, manzanilla et *siesta*...

CARTE D'IDENTITÉ

DE L'ESPAGNE DU SUD

- **Situation :** l'Andalousie occupe toute la partie sud de l'Espagne, ainsi que 2 enclaves en terre marocaine, les *presidios* de Ceuta et de Melilla. La région de Murcie s'étage sur la côte est, le long de la Méditerranée.
- **Géographie :** de vastes plaines, des côtes bordées de plages ou de falaises et une haute chaîne de montagne, la sierra Nevada, qui culmine au mont Mulhacén (3 481 m), le plus haut d'Espagne.

- **Climat :** les températures les plus élevées d'Europe, oscillant entre 14 °C en janvier et 26 °C en août, avec des pointes à près de 40 °C.
- **Principales villes :** Séville (684 600 hab.), Málaga (524 400 hab.), Cordoue (321 200 hab.), Grenade (240 660 hab.), Jaén (112 600 hab.), Almería (181 700 hab.), Cadix (133 360 hab.) et Huelva (142 300 hab.). Également traité dans ce guide : Murcie (345 760 hab.).
- **Population :** 8 982 200 hab. (estimation).
- **Ressources :** tourisme, agriculture et élevage.

DE L'ESPAGNE EN GÉNÉRAL
- **Superficie :** 504 782 km^2.
- **Monnaie :** l'euro.
- **Population :** 46 061 274 hab. (estimation janvier 2006).
- **Régime :** monarchie parlementaire.
- **Nature de l'État :** royaume. L'Espagne est divisée en 17 communautés et deux villes autonomes (Ceuta et Melilla).
- **Chef de l'État :** le roi Juan Carlos Ier de Bourbon, depuis 1975.
- **Chef du gouvernement :** José Luis Rodríguez Zapatero (gauche socialiste), depuis avril 2004.

AVANT LE DÉPART

Adresses utiles

En France

◻ **Office national espagnol de tourisme :** 43, rue Decamps, 75016 Paris. ☎ 01-45-03-82-50. Fax : 01-45-03-82-51. ● www.spain.info.fr ● Ⓜ Rue-de-la-Pompe. Ouvert du lundi au jeudi de 10 h à 17 h, le vendredi jusqu'à 14 h seulement. Très compétents et efficaces, n'hésitez pas à les contacter, notamment pour ce qui concerne le calendrier des fêtes dans la région où vous vous rendrez. Nombreuses brochures très bien faites (téléchargeables sur le site).
◼ **Consulat d'Espagne :** 165, bd Malesherbes, 75017 Paris. ☎ 01-44-

29-40-00. Fax : 01-40-54-04-74. ● www.cgesparis.org ● Ⓜ Wagram ou Malesherbes. Ouvert du lundi au jeudi de 8 h 30 à 14 h 30, le vendredi jusqu'à 14 h et le premier samedi du mois (non férié) de 8 h 30 à 12 h. Autres consulats à Bayonne, Bordeaux, Lyon, Marseille, Montpellier, Pau, Perpignan, Strasbourg et Toulouse.
◼ **Ambassade d'Espagne :** 22, av. Marceau, 75008 Paris. ☎ 01-44-43-18-00. Fax : 01-47-23-59-55. ● www.amb-espagne.fr ● Ⓜ Alma-Marceau. Ouvert du lundi au vendredi de 9 h à 13 h et de 15 h à 18 h.

En Belgique

◻ **Office du tourisme d'Espagne :** rue Royale, 97, Bruxelles 1000. ☎ 02-280-19-26. Fax : 02-230-21-

47. ● www.tourspain.be ● Ouvert du lundi au vendredi de 9 h à 14 h.
◼ **Consulat général d'Espagne :**

bd du Régent, 52, Bruxelles 1000. ☎ 02-509-87-70. Fax : 02-509-87-84. ● consespbru@mail.mae.es ●
■ *Ambassade d'Espagne :* rue de

la Science, 19, Bruxelles 1040. ☎ 02-230-03-40. Fax : 02-230-93-80. ● ambespbe@mail.mae.es ●

En Suisse

🛈 *Office du tourisme d'Espagne :* 15, rue Ami-Lévrier, 2e étage, 1201 Genève. ☎ 022-731-11-33. Fax : 022-731-13-66. ● www.spain.info ●
■ *Consulat général d'Espagne :* 12, Marienstr., 3005 Bern. ☎ 031-356-22-20. Fax : 031-356-22-21. ● cgesp.berna@mail.mae.es ●

■ *Consulat général d'Espagne :* 7, rue Pestalozzi, 1202 Genève. ☎ 022-734-46-04. Fax : 022-734-38-69.
■ *Ambassade d'Espagne :* 24, Kalcheggweg, 3000 Bern 15. ☎ 031-350-52-52. Fax : 031-350-52-55. ● ambespch@mail.mae.es ●

Au Canada

🛈 *Bureau de tourisme d'Espagne :* 2 Bloor Street West, 34th Floor, Suite 3402, Toronto M4W 3E2 (Ontario). ☎ (416) 961-3131. Fax : (416) 961-1992. ● www.tourspain.toronto.on.ca ● Ouvert du lundi au vendredi de 9 h à 17 h.
■ *Consulat général d'Espagne :* Simcoe Place, 200 Front Street West (suite 2401), Toronto M4W 1A5 (Ontario). ☎ (416) 977-3923. Fax : (416) 593-4949. ● www.mae.es/con

sulados/toronto/es/home ●
■ *Consulat général d'Espagne :* 1 Westmount Square, Suite 1456, Montréal H3Z 2P9 (Québec). ☎ (514) 935-5235. Fax : (514) 935-4655. ● www.mae.es/consulados/montreal/es/home ●
■ *Ambassade d'Espagne :* 74 Stanley Avenue, Ottawa K1M 1P4 (Ontario). ☎ (613) 747-2252. Fax : (613) 744-1224. ● www.embaspain.ca ●

Formalités

Pour les ressortissants français, la carte d'identité en cours de validité ou le passeport, même périmé depuis moins de 5 ans, suffisent pour entrer sur le territoire espagnol.

Carte internationale d'étudiant (carte ISIC)

Elle prouve le statut d'étudiant dans le monde entier et permet de bénéficier de tous les avantages, services, réductions étudiants du monde, soit plus de 30 000 avantages, dont plus de 7 000 en France, concernant les transports, les hébergements, la culture, les loisirs... C'est la clé de la mobilité étudiante ! La carte ISIC donne aussi accès à des avantages exclusifs sur le voyage (billets d'avion spéciaux, assurances de voyage, carte de téléphone internationale, location de voitures, navette aéroport...).
Pour plus d'informations sur la carte ISIC : ● www.isic.fr ●

Pour l'obtenir en France

Se présenter dans l'une des agences des organismes mentionnés ci-dessous avec :
– une preuve du statut d'étudiant (carte d'étudiant, certificat de scolarité...) ;
– une photo d'identité ;
– 12 € (ou 13 € par correspondance, incluant les frais d'envoi des documents d'information sur la carte).
Émission immédiate.

GÉNÉRALITÉS

■ *OTU Voyages :* ☎ 0820-817-817 (0,12 €/mn). ● www.otu.fr ● Pour connaître l'agence la plus proche de chez vous.

■ *Voyages Wasteels :* ☎ 0825-88-70-70 (0,15 €/mn). Pour être mis en relation avec l'agence la plus proche de chez vous. ● www.wasteels.fr ●

En Belgique

Elle coûte 9 € et s'obtient sur présentation de la carte d'identité, de la carte d'étudiant et d'une photo auprès de :

■ *Connections :* renseignements au ☎ 02-550-01-00.

En Suisse

Dans toutes les agences *STA Travel,* sur présentation de la carte d'étudiant, d'une photo et de 20 Fs.

■ *STA Travel :* 3, rue Vignier, 1205 Genève. ☎ 058-450-48-30.

■ *STA Travel :* 26, rue de Bourg, 1015 Lausanne. ☎ 058-450-48-70.

Il est également possible de la commander en ligne sur le site ● www.isic.ch ●

Carte FUAJ internationale des auberges de jeunesse

Cette carte, valable dans 81 pays, permet de bénéficier des 4 000 AJ du réseau *Hostelling International* réparties dans le monde entier. Les périodes d'ouverture varient selon les pays et les AJ. À noter, la carte des AJ est surtout intéressante en Europe, aux États-Unis, au Canada, au Moyen-Orient et en Extrême-Orient (Japon...).

Pour tous renseignements et réservations en France

Sur place

■ *Fédération Unie des Auberges de Jeunesse (FUAJ) :* 27, rue Pajol, 75018 Paris. ☎ 01-44-89-87-27. Fax : 01-44-89-87-49. ● www.fuaj.org ● Ⓜ Marx-Dormoy ou La Chapelle. Ouvert du mardi au vendredi de 10 h à 18 h, le samedi de 10 h à 17 h. Montant de l'adhésion : 10,70 € pour la carte moins de 26 ans et 15,30 € pour les plus de 26 ans (tarifs 2006). Munissez-vous de votre pièce d'identité lors de l'inscription. Une autorisation des parents est nécessaire pour les moins de 18 ans (une photocopie de la carte d'identité du parent qui autorise le mineur est obligatoire).

– Inscriptions possibles également dans toutes les auberges de jeunesse, points d'information et de réservation FUAJ en France.

Par correspondance

Envoyer une photocopie recto verso d'une pièce d'identité et un chèque correspondant au montant de l'adhésion. Ajouter 1,20 € pour les frais d'envoi de la FUAJ. Vous recevrez votre carte sous une quinzaine de jours.

– On conseille d'acheter la carte en France, car elle est souvent moins chère qu'à l'étranger.

La FUAJ propose aussi une *carte d'adhésion « Famille »,* valable pour les familles de 2 adultes ayant un ou plusieurs enfants âgés de moins de 14 ans. Prix : 22,90 €. Fournir une copie du livret de famille.

La carte donne également droit à des réductions sur les transports, les musées et les attractions touristiques de plus de 80 pays ; ces avantages varient d'un pays à l'autre, ce qui n'empêche pas de la présenter à chaque occasion, ça peut toujours marcher.

En Belgique

Son prix varie selon l'âge : entre 3 et 15 ans, 3 € ; entre 16 et 25 ans, 9 € ; après 25 ans, 15 €.

Renseignements et inscriptions

■ *LAJ :* rue de la Sablonnière, 28, Bruxelles 1000. ☎ 02-219-56-76. Fax : 02-219-14-51. ● www.laj.be ●
■ *Vlaamse Jeugdherbergcentrale*

(VJH) : Van Stralenstraat, 40, Anvers 2060. ☎ 03-232-72-18. Fax : 03-231-81-26. ● www.vjh.be ●

Votre carte de membre vous permet d'obtenir un bon de réduction de 5 € sur votre 1re nuit dans les réseaux *LAJ, VJH* et *CAJL* (Luxembourg), ainsi que des réductions auprès de nombreux partenaires en Belgique.

En Suisse

Le prix de la carte dépend de l'âge : 22 Fs pour les moins de 18 ans, 33 Fs pour les adultes et 44 Fs pour une famille avec des enfants de moins de 18 ans.

Renseignements et inscriptions

■ *Schweizer Jugendherbergen (SJH) :* service des membres, Schaffhauserstr. 14, Postfach 161,

8042 Zurich. ☎ 01-360-14-14. Fax : 01-360-14-60. ● www.youthhostel. ch ●

Au Canada

La carte coûte 35 $Ca pour une durée de 16 à 26 mois (tarif 2006) et 175 $Ca à vie ; gratuit pour les enfants de moins de 18 ans qui accompagnent leurs parents ; pour les juniors voyageant seuls, la carte est gratuite, mais la nuitée est payante (moindre coût). Ajouter systématiquement les taxes.

■ *Tourisme Jeunesse*
– *À Montréal :* 205, av. du Mont-Royal Est, Montréal H2T-1P4 (Québec). ☎ (514) 844-0287. Fax : (514) 844-5246.
– *À Québec :* 94, bd René-Lévesque Ouest, Québec G1R-2A4 (Québec).

☎ (418) 522-2552. Fax : (418) 522-2455.
■ *Canadian Hostelling Association :* 205 Catherine St, Bureau 400, Ottawa K2P-1C3 (Ontario). ☎ (613) 237-7884. Fax : (613) 237-7868. ● www.hihostels.ca ●

ARGENT, BANQUES, CHANGE

À titre d'information, 1 € = 1,56 Fs = 1,42 $Ca.
– D'une manière générale, les **banques** sont ouvertes du lundi au vendredi de 10 h à 14 h. Pour ceux qui sont concernés (nos amis suisses et canadiens, entre autres), les commissions sont sensiblement variables d'une banque à l'autre. Pour ne pas perdre au change, s'abstenir de changer en face des sites touristiques.

– Dans la quasi-totalité des villes et des villages, on peut retirer de l'argent dans les *distributeurs automatiques* *Telebanco* (panonceau jaune et bleu), *ServiRed* (noir avec des flèches de couleur), *Argentaria, Caja España, Cajamar...* avec les cartes *MasterCard, Visa* et *Maestro*.

– En Espagne, l'euro se décline *euros* au pluriel et se divise en *centimos*.

Cartes de paiement

– *Carte MasterCard :* assistance médicale incluse. Numéro d'urgence : ☎ (00-33) 1-45-16-65-65. En cas de perte ou de vol, composer le ☎ (00-33) 1-45-67-84-84 en France (24 h/24 ; PCV accepté) pour faire opposition ; numéro également valable pour les autres cartes de paiement émises par le Crédit Agricole et le Crédit Mutuel. • www.mastercardfrance.com •

– *Carte Visa :* assistance médicale incluse. Numéro d'urgence : ☎ (00-33) 1-42-99-08-08. Pour faire opposition, composer le ☎ 1-410-581-9994 (depuis l'étranger).

– Pour la carte *American Express,* téléphoner en cas de pépin au ☎ (00-33) 1-47-77-72-00. Numéro accessible 24 h/24, PCV accepté en cas de perte ou de vol.

– Pour toutes les cartes émises par *La Banque postale,* composer le ☎ 0825-809-803 (pour les DOM : ☎ 05-55-42-51-97).

Besoin d'argent liquide

– En cas de besoin urgent d'argent liquide (perte ou vol de billets, chèques de voyage, cartes), on peut être dépanné en quelques minutes grâce au système *Western Union Money Transfer.* En cas de nécessité : ☎ 90-211-41-89, 90-219-71-97 et 91-454-73-06 (depuis l'Espagne) ; ou en France : ☎ 0825-00-98-98 (0,15 €/mn).

ACHATS

Mettez-vous à l'heure espagnole : la très grande majorité des magasins ferme pour la pause du milieu de la journée, vers 14 h, et rouvre à 17 h.

L'époque n'est plus où l'on pouvait acheter des tas de choses pour une bouchée de pain... *Ô tempora, ô mores...* L'Espagne, grâce à son intégration dans l'Union européenne, a connu un développement économique important et son niveau de vie se rapproche maintenant de celui de la France ou de la Belgique.

Il reste cependant des articles à des prix intéressants. Les chaussures, les articles en peau, les tissus de soie offrent un bon rapport qualité-prix. Sans oublier tout ce qui est mauvais pour la santé, clopes et alcools au premier chef.

Enfin, les productions régionales méritent plus qu'un simple coup d'œil. Le jambon de Trevélez, par exemple, est à la fois bien meilleur et bien moins cher que le *serrano* vendu en France.

BOISSONS

– La boisson la plus répandue est la *bière* (*cerveza* ; se prononce « cerbessa »), toujours servie très fraîche (une bénédiction en été). Le panaché se dit *una clara*. Si on demande une *cerveza*, on aura une bouteille. Une bière pression se dit *una caña*. Quelques précisions : un *quinto* = 20 cl ; un *tercio* = 33 cl ; tout cela en bouteille. En pression, une *caña* = 25 cl ; un *tubo* = 33 cl ; une *tanque* ou *jarra* = 50 cl.

– Autre boisson très appréciée en Espagne, non alcoolisée celle-là, la *horchata,* que tout le monde traduit par « orgeat ». Or, tandis que l'orgeat est une boisson à base d'amandes, la véritable *horchata* (d'origine valencienne) est fabriquée avec le suc des tubercules et des tiges de la *chufa* (en français, le souchet jaune), une sorte de papyrus qui pousse dans les marais de Guadalquivir. Bon et rafraîchissant, avec une texture qui rappelle celle du lait (en plus farineux quand même). La recette semble héritée des Arabes. Il existe aussi des *horchatas* d'amandes, d'orge – et même de riz au Mexique.

– Enfin, on trouve un peu partout dans le pays le *granizado de limón* (jus de citron, sucre et glace pilée), *de café* (le citron est alors remplacé par du café) *ou de divers fruits* (orange, pêche, etc.). Rafraîchissant et requinquant par ces chaleurs.

Les vins andalous

N'oubliez pas que l'Andalousie est une grande productrice de vins, que vous pourrez goûter dans tous les bars à tapas. Quand on pense vins andalous, fatalement le mot *jerez* est lâché. Immanquablement, on évoquera ce breuvage séculaire qui doit sa notoriété aux Anglais. À l'époque où ces derniers s'approprient le vin de Jerez, le nom de la ville s'écrivait « Xerez » et se prononçait « sherez » d'où... sherry, car les Anglais voyaient dans le « z » de Xerez une indication de pluriel, prononcée « i »... C'est ainsi que, pour la plupart, les grandes maisons de jerez ont aujourd'hui des noms britanniques. Outre le jerez produit évidemment dans la région de Jerez de la Frontera, le vin de Málaga est également parvenu à se tailler une certaine notoriété. Moins connu, le vignoble de Montilla-Moriles, situé aux alentours de Lucena, au sud de Cordoue, produit également des blancs intéressants.

Voici quelques indications sur les principaux vins que vous rencontrerez, région par région.

– *Les vins de Jerez :* nous nous étendons assez largement sur les vins de cette région dans la rubrique consacrée à cette ville. À Jerez, vous ne manquerez pas la visite des chais, très impressionnants. C'est ici que la famille *Domecq* est installée. De réputation internationale, ce sont des viticulteurs et des éleveurs de taureaux qui ont su donner ses lettres de noblesse au jerez. Quant au *manzanilla,* il s'agit d'un vin sec élevé dans la région portuaire de Sanlúcar de Barrameda, d'où ses quelques notes marines qui se combinent à celles de la camomille (dont le nom espagnol est justement *manzanilla*). Idéal pour l'apéritif ou pour accompagner les tapas et les plateaux de fruits de mer.

– *Le vin de Málaga :* « un vin de dames » ! Ainsi avait-on l'habitude de qualifier le vin de Málaga. Il est vrai que les vieilles Anglaises l'appréciaient particulièrement. Le vignoble ne couvre que 500 ha, ce qui en fait la plus modeste des appellations andalouses. Deux cépages sont utilisés : le *moscatel* (muscat) et le *pedro ximénez.* Comme le Jerez, le málaga vieillit traditionnellement (de 6 mois à 5 ans) grâce au système de la *solera.* La *solera* consiste à faire passer en cascade le vin plus jeune dans une barrique contenant du vin plus vieux, ce qui permet aux 2 vins de se mêler et d'abolir la notion de millésime – et ainsi de suite d'un tonneau à un autre. Résultat, de très beaux vins liquoreux d'environ 16°, fortement sucrés, mais au goût presque démagogique tellement il est rond et aimable.

– *Les vins de Montilla-Moriles :* appellation de la région de Cordoue, non loin de Lucena ; les vignes s'étendent entre des plantations d'oliviers. La bourgade de Montilla produit une bonne partie de ses vins blancs, assez voisins de ceux de Jerez. Ainsi, on trouve des *fino, oloroso, amontillado* et *Creams.* Ce dernier donne des vins doux, riches en arômes. La *solera* est en principe la technique utilisée pour obtenir du manzanilla et du *fino* (à la place des barriques, on emploie des jarres), mais en pratique, il est employé pour tous les types de vin. La plupart de ces vins sont servis chambrés, mais on rafraîchit l'amontillado, et il est permis de frapper le *fino* et le manzanilla.

– *Autres curiosités :* le vin rosé mélangé à la limonade *(casera)* ou *el tinto de verano.* Pour la plupart, les vins produits en Andalousie sont des blancs.

Si vous préférez le rouge, précisez *vino tinto*. Les jeunes Espagnols s'abreuvent allègrement de *calimocho*, une boisson qui n'est ni plus ni moins que du vin rouge mélangé au... Coca-Cola : dur, dur ! Enfin, le *vermuth al grifo*, littéralement vermouth au robinet, que l'on sert dans les bars traditionnels. Il s'agit de vin cuit (en général d'Andalousie, mais pas nécessairement) macéré avec des herbes et livré dans des petits fûts avec de l'eau gazeuse. On le tire un peu comme de la bière à la pression. C'est léger, rafraîchissant, mousseux et ça n'a rien à voir avec les vermouths en bouteille. À consommer avec beaucoup de tapas, car ça monte vite à la tête.

BUDGET

Les prix ont considérablement augmenté en Espagne. L'Andalousie a suivi, voire précédé le mouvement, et les bonnes affaires ne sont plus légion. Pour le logement, la notion de haute, moyenne et basse saisons est importante en Andalousie, et il vous faudra en tenir compte. Elle est particulièrement marquée dans les villes et sur la Costa del Sol – où les prix baissent en même temps que la température de l'eau... Seules les régions isolées des sierras et les villes moins touristiques (comme Antequera) échappent à peu près à cette notion.

En général, la haute saison se déroule en 2 temps : la période de la Semaine sainte et l'été, généralement de mi-juillet à fin août, parfois seulement en août, voire jusqu'en septembre... Tout dépend du lieu, de sa fréquentation et de l'humeur du tôlier ! S'ajoutent à cela quelques cas particuliers, comme la feria à Séville. Durant ces périodes, les prix sont majorés de 50 à 100 % comparés à ceux pratiqués en hiver... Le printemps (hors Semaine sainte) et l'automne sont normalement des saisons moyennes. Dans les grandes villes (Séville, Cordoue ou Grenade) le cœur de l'été est parfois considéré comme basse saison car il y fait très chaud et tout le monde cherche à gagner les plages ou les hauteurs. Grenade possède la haute saison la plus étendue.

Il faut bien sûr également prendre en compte les fêtes et jours fériés, qui créent des pics de demande... Un sacré casse-tête, n'est-ce pas ?

Hébergement

Voici *grosso modo* l'échelle des prix dans chaque catégorie, sur la base d'une chambre double. On indique aussi dans le texte des fourchettes de prix pour chaque catégorie et tenant compte des saisons. Attention, bien demander si la taxe (IVA) est incluse ou pas. C'est rarement le cas, et il faut compter 7 % en plus.

– *Bon marché :* de 15 à 30 €, souvent avec douche dans le couloir.
– *Prix moyens :* de 30 à 45 €.
– *Un peu plus chic :* de 45 à 72 €.
– *Plus chic :* de 72 à 100 €.
– *Très chic :* plus de 100 €.

Restos

On peut évidemment manger à tous les prix un peu partout. Cela dit, on ne mange plus correctement pour moins de 6 €, comme c'était encore le cas il y a peu. Les restos coûtent au moins aussi cher qu'en France. Avec des tapas, on peut s'en sortir plus honorablement si on ne se laisse pas aller à trop commander. Même remarque que pour les hôtels : il faut toujours ajouter à la note une taxe (IVA), qui va de 7 % (normale) à 12 % dans certains restos chic. De plus, le pain est généralement facturé (sauf s'il est inclus dans le menu) et souvent pas terrible ; parfois aussi la carafe d'eau. Les fourchettes de prix indiquées ci-dessous sont calculées sur la base d'un repas pour une personne.

– **Très bon marché :** moins de 7 €.
– **Bon marché :** de 7 à 12 €.
– **Prix moyens :** de 12 à 24 €.
– **Plus chic :** de 24 à 30 €.
– **Très chic :** plus de 30 €.

Le midi, pour la plupart, les restos proposent des petits menus, *menu del día*, surtout dans les grandes villes touristiques. Avantage : le prix (7 à 10 € en général). Bien ficelés, avec entrée, plat et dessert, ils sont souvent reconstituants. Cependant, ne pas s'attendre à une qualité haut de gamme.

GÉNÉRALITÉS

CLIMAT

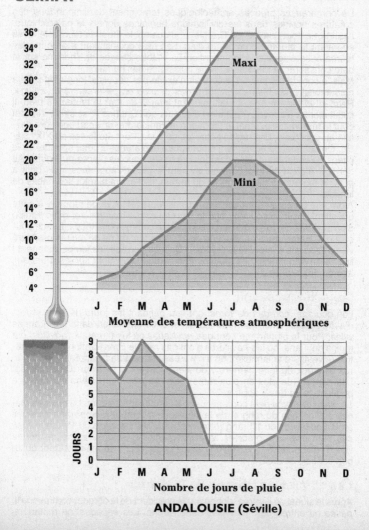

Moyenne des températures atmosphériques

Nombre de jours de pluie

ANDALOUSIE (Séville)

En Andalousie, le climat se caractérise par des hivers doux sur la côte mais plutôt froids dans les terres, des étés secs, prolongés (de mai à octobre) et très ensoleillés. Dans le Sud-Est, les pluies sont rares.

Les époques de voyage les plus favorables pour l'Andalousie et l'Espagne du Sud sont le printemps ou l'automne. On y bénéficie de températures agréables, sans la foule. Au printemps, il peut encore faire frais en soirée et la baignade s'apparente au bain glacé (température de l'eau avoisinant 16 °C). À cette période, bien faire attention aux dates de fêtes et ferias.

CORRIDA

Retour aux sources

De nombreuses preuves archéologiques témoignent de l'importance des créatures bovines dans les civilisations humaines depuis le paléolithique. Les Ibères, tout comme les Crétois, pratiquaient le rituel du taurobole, et ils adoraient le taureau comme un dieu. Les rites consistaient à affronter les taureaux sauvages et à les sacrifier. La victoire obligée de l'homme sur la bête consacrait la force et la divine puissance des humains.

Mais la corrida comme on la connaît n'existe pas depuis si longtemps. Cela ressemblait probablement plutôt à des *capeas* en plein centre du village. Pendant le Moyen Âge, il était pourtant interdit de tuer le taureau à pied. Il fallait monter à cheval. C'est ainsi d'ailleurs que Charles Ier se saisit d'intérêt pour la tauromachie, étant le premier à la transformer en sport équestre destiné au spectacle. Les règles actuelles du « jeu » ont été fixées au XIXe siècle. On commença également à construire des arènes à cette époque, vu le chaos qu'engendraient les corridas organisées sur les places publiques. Au début, c'étaient les picadors qui avaient le plus d'importance, puis petit à petit, le matador à pied grignota du terrain, réclamant bientôt ses habits de lumière.

Alors, rite barbare ou art sublime ? Dans toute tentative de réponse à cette question, il faut se souvenir que le taureau est un mammifère, donc équipé d'un système nerveux, qui perçoit la douleur comme nous tous... Est-ce pour cela que Barcelone s'est illustrée en 2004 en tentant de devenir la première ville d'Espagne à interdire la corrida ? Quoi qu'il en soit, les temps changent ! Même en Andalousie, les slogans anti-corrida fleurissent sur les murs aux abords des arènes...

Ce qu'il faut savoir

Les courses, *corridas de toros,* ont lieu pendant les jours de feria et lors d'autres fêtes, ainsi que tous les dimanches en saison dans les grandes villes. Pour la plupart, ce sont des *novilladas* où les taureaux *(novillos)* ont moins de 4 ans, où les *novilleros* n'ont pas reçu la consécration de l'alternative (investiture solennelle), où il n'y a pas souvent de picadors. Les *novilleros* désireux de faire carrière y donnent souvent le meilleur d'eux-mêmes. Les *capeas* (de plus en plus rares) des villages, improvisées sur la place publique, sont très « sport ».

La plaza de Toros peut contenir jusqu'à 25 000 spectateurs. Le prix des places est fonction du rang et de la situation : à l'ombre *(sombra)* ou au soleil *(sol)*. Les places du 1er rang *(barreras)* ainsi que les loges du 1er étage *(palcos)* sont les plus appréciées. Mais des gradins *(gradas)* on a une très bonne vue d'ensemble. Sachez qu'une place coûte cher : au moins autant qu'un bon concert de rock.

Les différentes phases de la corrida

Après le signal de l'entrée, donné par le président de la corrida, commence le *paseo* ou entrée des *cuadrillas* dans l'arène. Les *espadas,* ou matadors, suivent 2 *alguaciles* (représentants de l'ordre sur la piste, chargés de faire respecter le règlement) à cheval. Derrière eux viennent les *peones,* puis les picadors à cheval, les *monosabios* (ou serviteurs de la plaza) et enfin les attelages de mules pour l'enlèvement des taureaux tués. Les matadors, vêtus de costumes brodés, saluent la présidence, tandis qu'un *alguazil* demande la permission d'ouvrir le toril. Les matadors troquent alors leurs manteaux contre les *capas* roses doublées d'un tissu jaune, ou bleues doublées d'un tissu rose.

Le taureau sort du toril, portant la *divisa,* flot de rubans dont les couleurs indiquent le parc d'élevage *(ganadería)* et son propriétaire. Dans les premiers instants, on va observer son poids, sa forme, sa puissance. Car ces taureaux ne sont pas de vulgaires bovins : ils sont issus d'une sélection génétique en fonction de leur constitution, mais aussi de leur agressivité et de leur bravoure (d'où le nom de *Toros Bravos*). Selon la légende, ils descendraient même de l'*Auroch* gaulois, qui pouvait mesurer jusqu'à 2 m de hauteur. Savoir reconnaître un bon *toro* est une condition sine qua non pour être un véritable aficionado. Pendant une corrida, 6 taureaux sont mis à mort par 3 matadors, mais chaque mise à mort s'opère elle-même en 3 phases : les *tercios.*

Le premier tercio (tercio de vara)

Le but de ce *tercio* est, pour le torero, de détecter les failles et les forces de la bête, afin de mettre au point sa stratégie. Le matador torée avec la cape en de nombreuses figures *(pases)*. Parmi elles, citons les *largas,* passes faites avec l'extrémité de la cape en donnant au taureau une longue sortie (les *largas* sont à mi-chemin entre la course de taureaux et le jeu de la cape), et la *véronique,* passe que le torero exécute en se plaçant en face du taureau avec la cape.

Ensuite vient la *suerte de varas* (phase des piques). Les *picadores* entrent sur leurs chevaux, exhortent le taureau à se lancer vers eux. Lorsque celui-ci encorne le cheval (bien protégé de nos jours, heureusement), il s'embroche simultanément sur la pique, sorte de longue lance. La violence avec laquelle il répétera son attaque, malgré la douleur, permet d'évaluer son « courage ». Tout le travail que réalisera le matador n'aura un véritable sens que si le taureau s'est réellement révélé sous les piques. Un taureau ne pourra obtenir la grâce que s'il a pris les 3 piques réglementaires. Le coup de pique doit être donné en haut du garrot, dans le *morrillo,* de manière à lui faire baisser la tête, le rendant moins dangereux. Les matadors sont chargés de faire le *quite,* qui a pour but de laisser un peu de répit au taureau après la phase des piques.

Le deuxième tercio : les banderilles

Ici, le matador (ou, le plus souvent, ses subalternes) va affronter la bête à corps découvert, avec seulement dans les mains 2 bâtons, les 2 banderilles ornées de papier aux couleurs vives et au bout desquelles il y a un crochet. Il existe de nombreuses manières d'exécuter cette phase, tout étant fonction du taureau et de la position dans laquelle il se trouve. Les différentes figures ont pour noms : *suerte de banderillas al quiebro, de frente* (de face), *al relance, a toro corrido, al siesgo* (de biais), *a la media vuelta* (au demi-tour), *al cuarteo* (en décrivant un quart de cercle), etc.

Le troisième tercio : la faena (le travail)

Il s'agit ici de soumettre le taureau, tout en mettant en évidence son courage et sa force. C'est le moment le plus difficile à vivre pour l'ami des bêtes, surtout si le *toro* n'est pas bien *bravo*...

Le toreo de muleta : la muleta (étoffe rouge repliée sur un bâton) doit aider le torero à tuer le taureau. Les *pases de muletas* sont nombreuses : *redondos* (en rond), *altos* (hautes), *de frente* (de face), *molinetes* (moulinets), *afarolados* (en flamme), *por la espalda* (dans le dos), etc.

La mise à mort : selon la façon dont l'épée est enfoncée dans le taureau, l'estocade porte un nom différent : il y a l'estocade profonde, courte, contraire (l'épée reste sur le côté gauche du taureau), etc. Quand le matador appelle le taureau et attend sans bouger sa charge, c'est la *suerte de recibir*. En revanche, si le taureau reste immobile et que le matador s'élance sur lui, la figure s'appelle *volapié*. Enfin, si chacun des « participants » s'avance en même temps, on parle d'une estocade *a un tiempo*.

Descabello (la manière de mettre à mort) : on exécute cette *suerte* quand le taureau est blessé à mort mais ne tombe pas. On s'efforce alors de faire baisser la tête de l'animal pour laisser à découvert l'endroit où doit être donné le coup d'épée, ou *descabello*. La pointe de l'épée est lancée dans les premières vertèbres cervicales, tuant instantanément le taureau.

El arrastre

C'est la fin de la corrida. Des chevaux de trait traînent le cadavre du taureau hors de l'arène. Si le public est satisfait du travail du matador, il le manifeste à l'aide d'un mouchoir blanc. Si, au contraire, il est mécontent, il y aura la *bronca* (chahut, cris, etc.) ; à Séville, le mépris à l'égard du matador se traduira par un silence.

Lexique de la corrida

– *Aficionados :* passionnés de corrida.
– *Barrera :* barrière pleine, protégeant le public de la piste.
– *Bronca* (faire la) *:* manifestation du public en colère. Sifflets, cris, jets de coussins.
– *Cogida :* blessure que le taureau assène au torero.
– *Derechazo :* nom d'une passe de muleta de la main droite.
– *Descabello :* épée avec laquelle on donne le coup de grâce quand le torero a loupé son coup avec la 1re épée.
– *Estocada :* mise à mort.
– *Feria :* fête de 2 semaines pendant laquelle se déroulent les corridas. Les ferias ont lieu à tour de rôle selon les villes.
– *Montera :* couvre-chef que porte le matador.
– *Muleta :* c'est la cape rouge utilisée par le matador dans le dernier *tercio*. On utilise la rose et jaune pour les 2 premiers *tercios*.
– *Pase de muerte :* passe d'avant la mise à mort. Olé !
– *Plaza de toros :* arènes.
– *Temple :* c'est le rythme, la cadence entre les mouvements de la bête et ceux du matador.
– *Tercio :* c'est chacune des 3 phases de la corrida.
– *Recibir :* au moment de la mise à mort, c'est une phase où le matador attend que le taureau charge.
– *Volapié :* au moment de la mise à mort, une autre façon d'agir. Il s'agit là d'aller vers le taureau, entre ses cornes, et de s'esquiver à l'ultime seconde.

CUISINE

Pas toujours évident de s'y retrouver pour un non-initié affamé. Perdu dans la jungle des *bodegas*, des *tascas* et des *marisquerías*, sans compter les horaires des repas et cette énorme variété de plats... Il faut se laisser tenter, oser plonger dans la foule à la recherche du comptoir et de ses éternels *jamones,* choisir un plat sans forcément comprendre ce qu'il y a dedans... C'est en goûtant qu'on devient connaisseur !

La plupart des bars et cafés andalous offrent de quoi se restaurer. On peut, selon l'importance de son appétit ou tout simplement pour goûter des spécialités, commander *una tapa* (une toute petite portion), *una ración* (une assiette entière) ou *una media ración* (une demi-assiette). La clientèle s'installe au comptoir, bien que certains établissements disposent de tables dans le bar ou en terrasse. À savoir : manger à table coûte plus cher qu'accoudé au bar. Nombreux sont les établissements à combiner le bar à tapas avec quelques tables façon *taberna* et une salle de resto plus chic séparée. Comme ça, il y en a pour tous les goûts et tous les budgets.

La plupart proposent, à midi, des menus à petit prix, mais dans les restos touristiques, question cuisine, c'est souvent assez mauvais. On a même vu du surimi servi à la place d'une fricassée de poulpe ! Attention à ne pas vous emmêler les pinceaux : *bocadillo* signifie sandwich, *sandwich* (en espagnol) signifiant toast ou croque-monsieur, tandis que *tostada* veut dire « pain grillé ». Les Andalous n'enduisent pas ce dernier de beurre, mais d'huile d'olive (avec ou sans tomates en dés) : à essayer !

Parmi les bars, plusieurs variétés :
– **Tasca :** bar dédié aux tapas, on mange accoudé au comptoir.
– **Cervecería :** bar à bière.
– **Bodega :** cave à vin.
– **Taberna :** taverne.

Parmi les restaurants, on distingue également :
– **Mesón :** restaurant fonctionnant sous la même enseigne qu'un bar mitoyen, normalement assez bon marché et préparant une cuisine typique.
– **Comedor :** salle à manger dans un établissement hôtelier ou dans un bar. Un peu le même principe que le *mesón*.
– **Marisquería :** restaurant de poissons et fruits de mer.
– **Restaurante :** on trouve de tout sous cette dénomination, du plus simple au plus chic et gastronomique. Plus c'est cher, moins il y a de chance d'y trouver un comptoir à tapas.
– **Les restaurants des paradors :** considérés à juste titre comme des établissements de luxe pour l'hôtellerie, les paradors s'avèrent parfois abordables en ce qui concerne la table – tout au moins pour un dîner un peu spécial. Service de qualité, nappes en tissu et, surtout, cuisine superbe la plupart du temps. On y propose toujours un menu comprenant une spécialité locale copieuse et bien préparée.

Spécialités culinaires nationales

– **Paella :** fond de riz cuit dans l'huile en même temps que poulet, porc maigre avec jambon, langoustines, petits pois, ail, oignons, épices, safran. La paella est d'origine valencienne. Elle est née au XIXe siècle dans la région de l'Albufera, une grande lagune aux portes de Valence. Les pêcheurs ajoutèrent au riz les ingrédients trouvés sur place : anguilles, lapin, haricots verts, petits pois, artichauts des *huertas* (jardins potagers), etc. Le safran, extrait des stigmates séchés des crocus mauves, donne à la paella sa couleur jaune. Traditionnellement, on la prépare en plein air ; une grande poêle *(paellera)* est posée sur un trépied sous lequel on dispose des sarments de vigne. Quand le feu prend consistance, le riz s'ouvre à la cuisson, s'imprégnant des saveurs des aliments et produisant le délicieux *soccarat*, croûte brune et croustillante, qui se forme autour du plat.

Quand elle n'est pas chère et rapidement servie, c'est en fait un « riz accommodé » *(arroz)* qui n'a que peu de choses à voir avec la vraie paella, laquelle peut nécessiter jusqu'à deux bonnes heures de préparation (contre généralement 30-40 mn) !

GÉNÉRALITÉS

– **Tortilla :** omelette servie froide ou chaude, le plus souvent avec pommes de terre *(patatas),* voire aux fines herbes, aux queues d'écrevisses (rare), au chorizo ou encore oignons, tomates, lardons, petits pois, etc.

– **Cocido** *(pot-au-feu) :* plat de résistance servi partout, avec des variantes.

– Côté douceurs, les **churros,** ces bâtons de pâte à crêpe frits, les **porras** (gros *churros)* et les **buñuelos** (beignets) sont probablement les meilleures pâtisseries de la péninsule. Trempés (sans honte) dans le traditionnel cho-colat chaud bien épais, c'est le petit Jésus en culotte de velours ! Autres délices, le plus souvent à base de lait et d'œufs : la **leche frita,** sorte de béchamel sucrée et épaisse, refroidie puis coupée en gros carrés frits dans l'huile et ensuite saupoudrés de sucre ; le **tocino del cielo** (gâteau aux che-veux d'ange) ; les **natillas,** crème anglaise épaisse et parfumée à la cannelle ou au citron ; l'**arroz con leche** (riz au lait) ; les **torrijas,** l'équivalent de notre pain perdu...

Spécialités andalouses

Jadis, on disait la cuisine andalouse riche... et grasse. Aujourd'hui, il ne s'agit plus seulement de se nourrir, mais plutôt de déguster de savoureux mets. Aussi la cuisine andalouse est-elle plutôt riche et bonne que riche et grasse. Elle s'est élevée au rang d'art culinaire. Dans les bars à tapas, il vous suffira d'observer le nombre de plats pour vous rendre compte de la diversité de cette cuisine qui, si elle est toujours préparée avec de l'huile d'olive, tend à perdre une partie de sa lourdeur.

Entrées

– **Gazpacho :** la spécialité des spécialités andalouses. Il s'agit d'une soupe froide de légumes crus (tomates, poivrons, oignons, concombres, ail, huile d'olive, vinaigre et pain dur). Généralement un délice, surtout bien frais. On sert souvent le gazpacho accompagné de petits dés de tomate, concombre, poivron, lamelles d'oignon et croûtons. Pour ne rien faire comme tout le monde, certains villages servent leur gazpacho chaud...

– **Salmorejo :** on le trouve plutôt à Cordoue. Un gazpacho plus épais et moins froid, souvent accompagné de menus morceaux d'œufs durs. Sous le nom de *porra,* outre les œufs, des copeaux de jambon y sont ajoutés.

– **Ajo blanco** (ail blanc) **:** là aussi, c'est un gazpacho avec une dominante d'ail, amandes pilées, citron, huile d'olive et pain dur.

– **Les jambons :** une des grandes spécialités d'Andalousie. Voir plus bas.

– **Chorizo :** il y a de tout. On est parfois déçu. Goûter avant car le vrai et bon est finalement assez rare.

– **Tortilla del Sacromonte :** du nom d'un quartier de Grenade ; on met dans cette omelette des abats de mouton et/ou de veau.

– **Espinacas** (épinards) **:** servis en cassolette, très cuisinés, c'est un délice, un régal, une merveille (rayez les mentions inutiles). On en trouve beaucoup dans la région de Jaén, Úbeda...

– **Habas :** ce sont de grosses fèves, souvent servies avec du jambon à Gre-nade et dans les Alpujarras.

– **Ensaladas :** salades variées. Celle aux pommes de terre *(patatas)* est la plupart du temps bon marché et bien faite.

– **Sardines à l'huile :** fraîches et servies sous forme de tapas.

– **Anchois marinés** *(boquerones) :* on aime ou on n'aime pas. Nous, on adore !

– **Almojabanas :** beignets fourrés au fromage blanc, servis en général avec un coulis de miel.

Poissons

On goûtera le thon frais à la tomate *(atún,* en saison), les seiches aux fèves *(sepia con habas),* l'espadon *(emperador),* les anchois frais (re-*boquerones)* et le loup en croûte de sel *(lubina a la sal)*. La daurade se prépare également ainsi. Le poisson est cuit sur une grosse couche de sel. Ça lui conserve tous ses arômes. Curieusement, il n'est pas trop salé.

– *Calamar a la plancha* (grillé) *:* pas spécifique à la région, mais c'est ici qu'il est le meilleur.

– *Poisson au vin :* assez proche de ce que l'on fait en France. Vin blanc, épices, tomates, oignons. Simple et bon.

– *Fritures :* là, on met un peu de tout. On coupe le poisson en dés et on le fait frire. Si le poisson ou les calamars sont frais, cette recette joue gagnant. Dans certains ports, des petites échoppes sont spécialisées dans le poisson frit et frais *(pescadito frito)*. On vous l'emballe dans un papier et vous grignotez ça dans la rue. Pas cher, mais il faut se laver les mains après !

Jambons

L'Andalousie est connue pour ses jambons de montagne, qui ont transpiré en été et séché à l'air libre en hiver, selon une méthode ancestrale rythmée par les saisons.

Il en existe 2 principales sortes : d'abord, le *jamón* dit *serrano,* du mot **sierra** (montagne), issu de l'extrémité postérieure du porc blanc domestique (pattes blanches) venant de toute l'Espagne, exposé pendant un an à l'air vif des Alpujarras (au sud de Grenade, entre la sierra Nevada et la mer). On le trouve partout, c'est le moins cher. Parmi les plus célèbres, le jambon de la vallée du Guadalquivir (entre Cordoue et Huesca). Dans la région de Trevélez, qui vient d'obtenir le droit à l'appellation contrôlée, il est séché pendant 2 ans. C'est d'ailleurs un des meilleurs d'Espagne. Son goût est très distinct et plutôt « doux », presque sucré de par sa faible concentration en sel. Merveilleux de finesse.

Le *serrano* ne peut toutefois rivaliser avec le *jamón Ibérico,* provenant de porcs méditerranéens de race ibérique et de couleur noire, d'où le nom de *pata negra* (pattes noires). Élevés en liberté et nourris aux glands *(de bellota)* ou avec un mélange de glands et d'herbes *(de recebo),* ils ne sont pas tués avant d'atteindre 14 mois d'âge, tandis que le porc industriel passe à l'abattoir dès le 6e mois. La grande vedette dans cette catégorie, c'est le *jamón ibérico de Jabúgo* d'appellation contrôlée, issu de « pattes noires » élevés dans les forêts de chênes de la *sierra alta* de Huelva. On atteint ici le sublime ! Jabúgo en fait un village au cœur du *parc de Aracena y Picos de Aroche,* à 112 km de Huelva. Son nom est devenu synonyme d'excellence pour tous produits dérivés du porc *(chacinas),* et cela dans le monde entier. Les jambons sont classés de 1 à 5 J *(jota,* en référence à Jabúgo). Ceux portant le label JJJJJ *(cinco jotas),* les meilleurs, seraient issus de porcs n'ayant jamais rien mangé d'autre que des glands. Évidemment très très cher.

N'oubliez pas un détail important : de ces porcs divers sortent également différents *lomo, chorizo,* etc., en somme, toute la variété de la charcuterie espagnole, de qualité aussi variable que celle des *jamones.*

Viandes

– *Rabo de toro :* queue de taureau en sauce. Très fin mais peu copieux (il y a beaucoup d'os). On en trouve surtout dans la région de Cordoue.

– *Riñones al jerez :* rognons au jerez. Simple et excellent. Le jerez donne un goût subtil aux rognons qu'on fait griller. À goûter absolument.

– *Morcilla :* boudin. Plutôt bien fait, mais souvent plus gras que le français.

– *Cordero lechal :* c'est de l'agneau de lait. On n'en trouve pas partout.

Fromages

On en mange plutôt en dehors des repas, sous forme de tapas. Certains vieux fromages, vieilles tommes surtout, sont divins. À goûter absolument. On trouve de bons fromages de chèvre et de brebis (notamment à Ronda).

GÉNÉRALITÉS

Desserts

L'Andalousie se révèle riche en pâtisseries et confiseries. Celle qui nous a le plus séduits est le *turrón*, à base d'œuf, de fruits et d'une sorte de pâte d'amandes. Rappelle le nougat. Mais on en trouve surtout du côté d'Alicante. Des gâteaux au saindoux et aux cheveux d'ange, des pains d'épice, des tourtes aux œufs durs et, bien sûr, des beignets de toutes sortes vous seront proposés tout au long de votre séjour, ainsi que d'autres desserts détaillés plus haut parmi les spécialités nationales. Malheureusement, dans la plupart des restos touristiques, c'est riz au lait et flan au caramel obligatoire.

DANGERS ET ENQUIQUINEMENTS

Comme toutes les régions très touristiques, l'Andalousie n'échappe pas à l'invasion de racketteurs en tout genre : pickpockets, voleurs de voitures, à la tire... Désolé de vous rappeler que, même si vous êtes en vacances, vous ne devez pas plus relâcher votre attention que chez vous. Eh oui, c'est bien dommage !
Dans les hôtels, mais aussi dans les bars, les restaurants, les taxis, il existe un livre des réclamations *(el libro de quejas)* visé par les agents de la répression des fraudes de la mairie. En cas de litige, demandez ce document et le problème s'arrangera... Au resto, vérifiez toujours votre note attentivement : il est assez fréquent que des ajouts s'y glissent.

Vols dans les voitures

Ils sont fréquents, surtout à Séville et à Cordoue. Choisissez de préférence des parkings gardés et, surtout, ne laissez rien traîner sur les sièges ou la plage arrière. Les bris de glace, même pour voler quelques livres, sont fréquents dans les voitures immatriculées à l'étranger. On vous avertit.
Plusieurs solutions : vous pouvez laisser votre voiture ouverte pour ne pas retrouver vos vitres cassées, mais évitez de le faire avec une voiture de location, sauf si vous souhaitez avoir des problèmes d'assurance. Autre solution : laisser ostensiblement un journal espagnol ou, encore mieux, régional. Une autre technique qui a fait ses preuves : laissez traîner toutes sortes de vieux emballages déchirés et des canettes vides à l'arrière ; ça dégoûte même les voleurs ! Enfin, pour les complètement paranos, enlever la plage arrière du véhicule pour bien montrer que le coffre est vide. Ça vous économise là aussi un carreau et ça épargne du boulot au voleur. On indique un réparateur à Séville (voir « Adresses utiles »). Dans certaines villes, les voitures-*sitters* font partie d'un programme d'insertion. Le prix est modique, souvent moins de 1 €, et toujours inscrit sur le ticket qu'ils vous délivrent. Sinon, ne pas trop se fier aux types qui sortent d'une rue et qui promettent de surveiller votre voiture : ils ne sont ni accrédités, ni sérieux, ni utiles. C'est une habitude assez agaçante. Libre à vous d'accepter leur tarif, que vous devez dans tous les cas négocier. De surcroît, payez-les systématiquement après, sinon ils se carapatent et laissent votre véhicule.

« Racolage » immobilier

Sur la Costa del Sol, de Marbella à Málaga, de nombreux jeunes au look sympa et au sourire Ultra-Brite, à pied, en scooter ou en voiture, racolent les touristes afin de les rabattre vers des promoteurs immobiliers (surtout de *time share*). Leurs techniques sont variées et plus ou moins agressives, mais ce sont souvent des jeux truqués où les touristes « gagnent » à tous les coups. Le meilleur moyen de s'en débarrasser est de jouer la carte de l'indifférence et de ne surtout pas s'arrêter.

ÉCONOMIE

Le poids du passé

Le sud de l'Espagne est-il encore, à l'instar du Mezzogiorno italien, une région à la traîne, souffrant de mal-développement, vivant aux crochets de la capitale et de Bruxelles ? Ou bien est-ce, comme certains journalistes n'hésitent pas à l'écrire, la Californie de l'Europe ? La réalité se situe bien sûr entre les deux. Commençons par examiner ce qui va mal en jetant un œil sur les statistiques, qui ne sont pas au premier abord très flatteuses pour la plus grande région du pays. L'Andalousie est en effet championne d'Espagne du chômage et 2ᵉ pour la pauvreté (relative) – quoique, dans ces deux domaines, elle ne cesse de progresser.

Ces indicateurs témoignent simplement des maux dont pâtit cette région, à savoir la sous-industrialisation et la trop grande place dévolue à l'agriculture, où coexistent archaïsme et modernité. C'est que la révolution industrielle du XIXᵉ siècle n'a pas eu lieu en terre andalouse, où s'est installé, en revanche, dès le Moyen Âge, un système agraire très inégalitaire, fondé sur les latifundias, grands domaines agricoles exploités d'une manière extensive. Aujourd'hui encore, quelque 2 500 familles, représentant moins de 2 % de la population rurale, possèdent 60 % des terres cultivables. À l'autre extrémité de l'échelle sociale se trouvent les ouvriers agricoles, *peones* ou *jornaleros*, qui aimeraient bien être employés en permanence. Cela n'a jamais été le cas, et ça l'est encore moins de nos jours avec la mécanisation des travaux des champs (même pour la récolte des olives) et le recours massif à la main-d'œuvre immigrée (et souvent clandestine).

Une région tournée vers l'avenir

Voilà, succinctement, pour le côté face. Côté pile, nous retrouvons... l'agriculture, au succès de laquelle il faut associer les régions de Murcie et d'Almería, très dynamiques de ce point de vue. C'est que l'Espagne, en grande partie grâce à sa moitié sud, est un grand pays exportateur de produits agricoles et agroalimentaires : elle est au 1ᵉʳ rang mondial pour les oranges et l'huile d'olive, au 3ᵉ rang pour le vin, et exporte en quantité fruits et légumes dans toute l'Europe. L'essentiel de la production provient des zones irriguées, *huertas* anciennes héritées de la conquête arabe, comme dans la plaine de Murcie, ou des (hideuses) *huertas* modernes, comme la déferlante de serres en plastique qui s'étend d'Almería à Motril et jusqu'au cabo de Gata.

Mais les éléments du renouveau économique de l'Espagne du Sud ne résident pas seulement dans l'agriculture, où l'association chaleur-eau-travail acharné fait des merveilles. L'industrie est parvenue malgré tout à s'implanter dans la région au cours des dernières décennies, les hautes technologies n'étant pas en reste. La construction aéronautique est ainsi présente à Séville et Cadix, la production d'énergie éolienne très développée autour de Tarifa, et les villes de Málaga et de Séville sont en passe de devenir deux puissants technopôles grâce à leurs parcs technologiques, respectivement le *Parque tecnológico de Andalucía* et *Cartuja 93*.

Les grandes gagnantes des mutations économiques contemporaines sont en fait les grandes villes, et notamment la plus grande cité de cette Espagne du Sud, qui est aussi la 4ᵉ ville du pays : Séville. En plein boom, elle bénéficie d'infrastructures dignes de son statut de métropole européenne : notamment son nouvel aéroport, sa liaison en TGV avec Madrid, et son projet de métro !

ENVIRONNEMENT

Bien sûr, il y a d'abord le problème de la côte, pas mal défigurée par une urbanisation à outrance peu soucieuse de la préservation des paysages et des équilibres naturels. En la matière, le comble de l'horreur est atteint à Torremolinos, sur la Costa del Sol, et à Benidorm, sur la Costa del Azahar, cette dernière station comptant à elle seule autant de chambres d'hôtel que toute la Grèce (stupéfiant, non ?). C'est un peu le Hong Kong espagnol, les immeubles n'étant pas en front de mer ont vue sur... ceux qui le sont. Mais ce type d'urbanisme touristique est surtout le fait des années 1960-1970. Depuis, la région se tourne vers un tourisme plutôt haut de gamme en privilégiant les petits bâtiments collectifs et l'habitat individuel au sein d'*urbanizaciones,* lotissements plus ou moins luxueux où des communautés d'Européens du Nord vivent parfois en vase clos. En parallèle se développent les *gated communities* à l'américaine : hauts grillages, gardien à l'entrée, rondes nocturnes et terrain de golf pour occuper les résidents. Et puis, il reste encore des portions de côtes préservées, comme le cabo de Gata, à l'est d'Almería. Des formations volcaniques y composent des paysages étonnants et certaines plages sont indemnes de toutes constructions. Cela dit, même là, les menaces persistent : la junta de Andalucía a même proposé d'agrandir les territoires constructibles à l'intérieur du parc – pourtant classé réserve de la biosphère... L'autre casse-tête environnemental auquel est soumise cette région d'Espagne c'est celui de l'eau. Hormis la sierra de Grazalema, très arrosée, la pluviométrie est déficitaire, surtout dans la région de Murcie et d'Almería où le climat est carrément subdésertique. Or, les besoins sont énormes, notamment pour l'agriculture où les anciennes et les nouvelles huertas sont très gourmandes en eau. On estime que les *invernaderos* – les serres sous plastique – consomment annuellement 5 500 m^3 par hectare cultivé. Les solutions adoptées sont diverses, mais toutes ont un impact à plus ou moins long terme sur l'environnement : la création de retenues dans les montagnes, la désalinisation de l'eau de mer, le pompage des nappes phréatiques (dont le niveau a pu descendre de 200 m dans le bassin du Segura) et, désormais, des nappes très profondes (avec des sondages jusqu'à 2 000 m !) ; enfin, remède le plus spectaculaire, la dérivation d'une partie du débit d'un fleuve bien alimenté vers un fleuve déficitaire. Cette opération de grande envergure, nommée *trasvase,* a été réalisée entre, d'une part, le Tage et le Segura, et, d'autre part, le Jucar et le Segura. Ajoutez la pollution par les pesticides, nitrates et autres produits chimiques, abondamment utilisés, et vous en conclurez, comme nous, que les Andalous se réservent un avenir écologique bien sombre.

FÊTES ET JOURS FÉRIÉS

Ici, on ne dort pas ! Pour ceux qui sont venus chercher le soleil en Espagne, une surprise de taille les attend : ils y bronzeront aussi aux lumières de la nuit ! Certains finissent même par dormir éveillés. La vie nocturne espagnole est certainement, il faut le dire, l'une des plus développées d'Europe. Après 23 h, à la sortie des restos, la rue appartient aux noctambules qui tournent de bar en bar, de boîte en boîte – qui fourmillent dans les quartiers les plus animés.

Toutes les excuses sont bonnes en Espagne pour organiser une fête. Bien sûr, tous les saints y passent mais aussi les escargots, les ânes, les récoltes, les taureaux ! Il y en a pour tous les goûts et pour toutes les folies. Si vous êtes là au bon moment, ne manquez pas la feria de Séville, la fête des Patios de Cordoue, la Semaine sainte à Almonte ou ailleurs (mais très people à Marbella), le pèlerinage de la Vierge du Rocio...

L'origine de ces fêtes est avant tout religieuse. Le christianisme naissant a récupéré toutes les fêtes païennes pour se faire accepter et, au contraire du protestantisme de l'Europe du Nord, est resté attaché à toutes les commémorations et à tous les vieux rites. Le poète romain Juvénal n'a-t-il pas résumé les attentes du peuple en une formule lapidaire : « Du pain et les jeux du cirque » ? N'empêche que les vieilles fêtes religieuses ont considérablement dévié, au point de provoquer les critiques de l'Église.

Pour le sociologue Gil Calvo, la base réelle de la fête, c'est qu'il n'y a pas assez de travail pour tout le monde ; les Espagnols compenseraient donc ce manque d'activité par la fête. Fait paradoxal, la chape de plomb franquiste une fois levée, cela n'a pas eu d'effet sur la ferveur festive. Les Espagnols l'affirment eux-mêmes : au-delà de la religion, c'est leur identité qu'ils célèbrent. Comme le souligne Philippe Noury, dans *Le Monde* : « Pas touche à des choses aussi sérieuses ! Devant les assauts de l'Europe puritaine, l'Espagne dressera encore longtemps son mur de fêtes et de beauté. »

Pour éviter les gros désappointements, voici les principaux jours fériés de l'année en Andalousie et à Murcie :

– *1er janvier :* Nouvel An.
– *6 janvier :* Épiphanie.
– *28 février :* journée de l'Andalousie.
– *19 mars :* Saint-Joseph (férié en Murcie).
– *Jeudi saint :* en 2007, le 5 avril ; férié en Andalousie et en Murcie.
– *Vendredi saint :* en 2007, le 6 avril.
– *1er mai :* fête du travail (férié en Andalousie et Murcie).
– *9 juin :* journée de la région de Murcie.
– *15 août :* Assomption de la Vierge.
– *12 octobre :* Fête nationale d'Espagne.
– *1er novembre :* Toussaint.
– *6 décembre :* journée de la Constitution.
– *8 décembre :* Immaculée Conception.
– *25 décembre :* Noël.

FLAMENCO

Expression pure et puissante de ce que l'âme andalouse possède de noble et de tragique, voici le flamenco, art bouleversant, qui sort du ventre et prend au ventre, quelque chose d'indiciblement fort comme jailli du tréfonds de l'être, de la souffrance, du bonheur et de la mort. Cette énergie toute particulière qui passe de l'artiste au public, et du public à l'artiste, dans une communion pleine d'extase, s'appelle le *duende.* Or il est bien rare que le *duende* naisse dans les *tablaos,* ces salles de spectacle où les artistes donnent un flamenco trop souvent folklorisé, bien que cela soit fait avec beaucoup de puissance et de savoir-faire. Les *tablaos* sont très bien pour une première approche, et le silence des étrangers, finalement assez gênant devant la passion des danseurs, vous donnera certainement envie d'aller creuser un peu plus loin. Jetez un coup d'œil aux programmes culturels des revues et journaux locaux, qui répertorient les soirées flamenco ayant lieu dans les *tavernas,* les bars, les *peñas flamencas* (sous réserve que cela soit ouvert aux non-membres), ou parfois même dans les *tablaos.* Renseignez-vous également sur les multiples festivals et cycles de flamenco dans les villes et les villages. Parmi ceux-ci, citons seulement :

– *La Biennale du Flamenco de Séville :* ☎ 954-59-08-67. ● www.bienal-fla menco.org ● Le festival existe depuis 1980 et a lieu tous les 2 ans. Il dure environ 40 jours, de mi-septembre à mi-octobre, le prochain ayant lieu en 2008. Les soirées sont disséminées à travers la ville, dans les plus grandes salles de spectacle comme dans les plus petites *peñas.* Pour l'achat des billets, téléphoner au numéro ci-dessus (avec une carte de paiement) ou aller sur le site Internet. Ventes anticipées à partir du mois de juin. Compter de 10 à 30 € le billet selon le lieu. Vous pouvez également les acheter sur place au *Teatro Lope de Vega* (av. María Luisa s/n), en face du parc María Luisa, du lundi au vendredi de 11 h à 14 h et de 18 h à 21 h. Également ouvert le week-end les jours précédents le début du festival.

– **Festival International de Musique et de Danse de Grenade :** ☎ 958-22-18-44. ● www.granadafestival.org ● Ce festival d'opéra, de danse et de musique classique de grand renom, fondé il y a plus d'un demi-siècle, a lieu de fin juin à mi-juillet environ. Il propose une animation nommée **Trasnoche Flamenco,** des soirées flamenco à partir de minuit, dans le quartier de l'Albaicín et du Sacromonte. Renseignements et programmes sur Internet. Là encore, dès la mise en vente des places en février, les événements les plus prestigieux sont pris d'assaut !

Retour aux sources

Vers la fin des années 1980, le flamenco s'est mis à résonner partout. À toutes les sauces, dans les night-clubs, sur la FM – et jusqu'aux robes vivement colorées et froufroutantes des danseuses de flamenco copiées par le prêt-à-porter. Et voici qu'un gitan nommé Camarón de la Isla est consacré star parce qu'il chante le flamenco et enflamme des foules de jeunes. Que se passe-t-il ? Et d'où vient cette musique ?

Ce n'est pas un hasard si Camarón est fils et petit-fils de gitans. Car ce sont les gitans qui chantent le mieux le flamenco. Des générations d'apprentissage en ont fait les détenteurs de la sensibilité flamenca. Et pourquoi spécialement les gitans andalous, nous direz-vous ?

Parce qu'en Andalousie se sont installés les gitans qui ont le plus voyagé ; et, durant leur périple – qui leur fit, au départ de l'Inde, traverser le Proche-Orient, puis l'Afrique du Nord pour les uns, l'Europe pour les autres, toujours chassés et méprisés –, ce peuple farouche puisa dans tous les chants sacrés qu'il put entendre et les chanta à son tour pour supporter sa peine. Alors, riches de cette connaissance unique, ils créèrent le *cante jondo,* la forme la plus puissante du flamenco. Un cri, une déchirure. Voir, à ce sujet, le très beau film de Tony Gatlif, *Latcho Drom,* qui parle de cette épopée musicale.

C'est donc en Andalousie qu'est né le flamenco. Dès le début du XIXe siècle, il apparut dans les tavernes, notamment celles de Triana à Séville. Ce chant libre était la fierté, l'expression des pauvres. Une langue à part entière.

La 1re évocation historique du flamenco remonte à 1750, dans un ouvrage intitulé *Le Livre des gitans de Triana,* de Jerónimo de Alba Diéguez. On y évoque une danse (la *danza del Cascabel Gordo*) interprétée par 12 vierges gitanes.

Vers 1850, les cabarets connurent en Espagne une vogue subite. De Séville à Madrid, le flamenco fit rugir sa belle voix. À cette même époque, des marins ramenèrent de Cuba, de Porto Rico et d'Argentine des musiques nouvelles : *milongas, colombianas, guajiras.* Le flamenco, affamé comme les gorges qui le modulaient, se nourrit aussitôt de ces rythmes lointains.

À la fin du XIXe siècle, le flamenco passa du bar au théâtre. Lentement, il gagna ses lettres de noblesse et imposa sa violence triste, son ardente mélancolie. Vicente Blasco Ibáñez écrivait à l'époque : « Nous sommes un peuple triste, nous avons ça dans le sang. Nous ne savons pas chanter sans menacer ou sans pleurer, et plus nos chansons se mêlent de soupirs, de hoquets douloureux et de râles d'agonie, plus elles sont belles. »

La réhabilitation et, en quelque sorte, la popularisation passèrent par le biais des élites en pleine ferveur romantique, qui trouvèrent dans ce chant une mélancolie, un spleen opportun. Parmi eux figurait Lorca, promoteur du *Concurso de Cante Jondo* à Grenade en 1922. Le flamenco s'y teinta de touches d'amour, acquit ses premières lettres de patriotisme et de culture ou patrimoine andalous.

Depuis ce temps, le flamenco a emprunté mille chemins. Du style le plus épuré (un chanteur pose simplement sa voix sur le rythme d'un marteau frappant une enclume, évoquant le travail d'un maréchal-ferrant) aux arrangements symphoniques des chansons de Camarón, le flamenco se décline sur toutes les gammes de la sensibilité gitane.

Le flamenco possède en gros 4 styles de base ou *palos,* fleurissant dans les provinces de Cadix, Séville, Málaga et Grenade ; vous apprendrez à reconnaître les *soleares,* les *siguiriyas,* les *tangos* et les *fandangos.* Ces styles se divisent ensuite en mille ramifications et essences rythmiques parallèles : *bulerías, malagueñas* (de Málaga), *cartageneras* (de Carthagène), *granaínas* (de Grenade), *rondeñas* (de Ronda), *alegrías, cantiñas, rumbas, tientos...* La **zambra,** quant à elle, vient de Grenade. Le mot *zambra* était utilisé par les Castillans pour désigner les fêtes maures, avant de devenir le nom d'une danse gitane très ancienne, typique du Sacromonte (le quartier gitan de Grenade). Elle se compose en trois temps, l'*alboreá,* le *cachuca* et le *mosca,* qui symbolisent les différentes étapes de la célébration du mariage gitan. La *zambra* que l'on peut aujourd'hui voir dans les cabarets troglodytiques du Sacromonte a largement perdu de sa spontanéité, même si elle est souvent interprétée par des membres de vieilles familles locales, au sein desquelles cette tradition s'est transmise de génération en génération.

Les artistes

Si le flamenco se distingue par la diversité de ses styles, il n'en compte pas moins quelques grandes voix qui font l'unanimité. Nous citerons en tête de liste : Enrique Morente et Camarón de la Isla. *Enrique Morente,* né en 1942, est connu pour ses adaptations de García Lorca, de saint Jean de la Croix et de poésies diverses. Doué à l'extrême, il est considéré comme le plus grand *cantaor* de flamenco vivant.

Le second est sans doute le plus étonnant. Né José Monge Cruz, *Camarón de la Isla* débuta sa carrière en chantant dans les bars de Cadix et de Málaga. Sa rencontre avec le guitariste *Paco de Lucía* bouleversa l'éthique même du flamenco. Nos deux compères se mirent ensemble à explorer de nouveaux horizons. Ils introduisirent des arrangements pop, greffèrent des batteries, des basses, des guitares électriques. Admiré par Mick Jagger, Miles Davis ou Peter Gabriel, Camarón restera l'ultime prince gitan, le fils très inspiré d'un art qu'il voulut à la fois évolutif et sans trahison. Sa mort, à l'âge de 41 ans, le 2 juillet 1992, nous a privés d'un des fleurons les plus extraordinaires du flamenco chanté.

Citons aussi le duo *Lole y Manuel,* même s'il s'est séparé depuis 1993. Lole Montoya a grandi à Casablanca ; Manuel Molina, lui, est originaire de Séville. La voix gitane, cristalline, épurée de Lole... et les arpèges de Manuel ont donné un cocktail détonant, populaire et noble. Ils furent les premiers à innover en composant de nouveaux textes, de nouvelles musiques. Jusqu'ici, le flamenco était resté fidèle à sa tradition.

Parmi les brillants interprètes du flamenco, il faudrait également citer Terremoto de Jerez (Fernando Fernández Monge), décédé en 1981, dont la voix profonde évoquait le tremblement de terre de son surnom... Et puis aussi son fils Fernando Terremoto, Diego « El Cabrillero », Luis de Córdoba, El Indio Gitano, la Niña de Los Peines, El Pele, Susi, Fernanda et Bernarda de Utrera, la Perla de Cádiz. Parmi les guitaristes, on citera Paco de Lucía, Manolo Sanlúcar, Sabicas, Enrique de Melchor, Rafael Montoya, Ramón de Algeciras, Tomatito ou les frères Carmona Habichuela.

CD

Difficile en France de trouver de bons enregistrements de l'essence même du flamenco. Alors pourquoi ne pas profiter du voyage pour faire un tour chez un disquaire ? On vous recommande l'excellent label *Fonomusic* (● www.fonomusic.es ●), qui a rassemblé les plus grands dans la collection *Cultura Jonda.* Son catalogue réunit de nombreuses (et bonnes) prises de son dans les *ventas,* dans des festivals, donc du live, où (évidemment) le *duende* étincelle comme un joyau.

GÉOGRAPHIE

Sur une carte de l'Europe, la péninsule Ibérique est comme une figure de proue qui s'avance loin vers l'ouest et le sud, la prédisposant ainsi à nouer des relations avec l'Afrique et, au-delà de l'Atlantique, avec les Amériques. L'Andalousie est la région d'Espagne qui a été la plus marquée par cette ouverture sur le reste du monde ; le détroit de Gibraltar ne fait que 14 km de large et la façade atlantique a constitué une parfaite base de lancement des navires en partance pour les « Indes occidentales », le port fluvial de Séville puis le port maritime de Cadix monopolisa pendant longtemps les contacts avec les colonies d'outre-mer. L'Afrique est aussi évoquée par les paysages, particulièrement au sud-est où, d'Alicante à Almería, règnent un climat sub-désertique et de vastes étendues steppiques piquetées de palmiers. Et que dire des Alpujarras, sur le versant sud de la sierra Nevada, où des villages blancs aux toits plats couverts de sable gris, séparés par de profonds ravins et entourés de champs en terrasse, rappellent furieusement l'Atlas maro-cain ? Mais la géographie de l'Andalousie ne peut se réduire à ces images « africanisantes » car, à l'instar du pays, elle demeure une région diverse, où déserts et vertes prairies, montagnes et plaines se côtoient.

L'organisation générale est assez simple. Il s'agit d'un vaste amphithéâtre orienté vers le sud-ouest et dont les gradins seraient constitués :
– au nord, par la sierra Morena, montagne peu élevée et dépeuplée que l'on franchit, venant de Madrid, au col de Despeñaperros (mot à mot, « précipite-chiens », allusion à une bataille meurtrière que se livrèrent là chrétiens et musulmans au XIIIe siècle) ;
– au sud, par les chaînes Bétiques qui s'étendent sur 800 km du détroit de Gibraltar au cap de la Nao, en passant par la serranía de Ronda, très verte et couverte de chênes-lièges, et la sierra Nevada, qui abrite le point culminant de l'Espagne continentale au Mulhacén (3 481 m, à 20 km de la mer !) ;
– à l'ouest, par les sierras de Ségura et de Cazorla, très sauvages.

Et la scène de l'amphithéâtre ? C'est la vallée du Guadalquivir, qui s'élargit au fur et à mesure que l'on se dirige vers l'ouest et l'océan, à proximité duquel s'étendent de vastes zones marécageuses, les *marismas*. C'est aussi là que se situe l'axe majeur de communication du sud de l'Espagne.

En termes politiques, la plus grande *comunidad* autonome d'Espagne se divise en 8 provinces : Huelva, Séville, Cadix, Córdoue, Jaén, Málaga, Gre-nade et Almería.

Quant à la région du Levante (à laquelle appartient la province de Murcie), elle est tout aussi concernée par cette juxtaposition de hautes et de basses terres, car la montagne n'est jamais très loin de la mer. La petite vallée du Ségura est une oasis, transformée en *huertas* depuis des siècles grâce aux eaux descendues des reliefs environnants.

GITANS D'ESPAGNE

> « J'appelle Gitan ce que l'Andalousie
> a de plus aristocratique et de plus représentatif. »
> **Federico García Lorca.**

L'imagerie populaire les représente errant le long de vieux chemins, la peau bistrée, un anneau d'or à l'oreille. Les femmes, drapées dans de longs châles, portent des enfants blonds et des animaux barbares. Le luth à long manche égrène leur tristesse et une dague d'argent, lavée du sang de leurs crimes vagabonds, lance un éclat cruel qui force la méfiance.

Ces baladins ont, depuis toujours, fait couler d'étranges frissons chez les Blancs sédentaires. On les désigne de mille noms : tsiganes, bohémiens, caraques, romanichels, manouches... Chassés, raillés mais redoutés, les gitans transportent, au creux de leurs roulottes, l'essence même du voyage, des horizons franchis. Maîtres de la fête, de l'oisiveté vécue comme un art de vivre, ils ont affûté nos envies, nos frustrations occidentales. Leur mobilité, leur virtuosité dans le travestissement s'opposent férocement à nos mythes chrétiens de transparence et de constance morales. Nos communions solitaires s'effraient des leurs : sensuelles et collectives. Le gitan nous terrifie par sa force d'être multiple, soudé, indivisible. Chez lui, la famille est synonyme d'identité. Des parents aux enfants, cette noble transmission d'amour et de liberté nous semble presque hérétique. La loi du sang (un gitan n'est gitan qu'à l'intérieur d'un clan), leur pérennité, leur habileté à se fondre dans le canevas de nos traditions ont fini par les imposer dans une transcendance hors la loi de ceux que nous sommes. Le proverbe dit bien : « Sous la cape du gitan, toute l'Espagne peut tenir. »

L'origine

Il semblerait qu'on puisse classer aujourd'hui la langue gitane (ou romani) parmi les langues néo-indiennes et affirmer précisément que les gitans sont originaires du nord de l'Inde.

Ils auraient quitté ce pays entre le VIIIe et le Xe siècle à la suite des invasions arabes, puis lors d'une seconde vague, au XIIIe siècle, lors des razzias mongoles. Cela peut surprendre car on les a longtemps crus fils de Petite Égypte, une région de Grèce (le mot « gitan » vient de l'espagnol *Egipcio* : les premières familles qui débarquèrent en Catalogne au XVe siècle s'étaient attribué le titre de « ducs de la Petite Égypte »). Une hypothèse plus hardie les a même prétendus rescapés de Babylone. Mais les historiens s'accordent à dire que les Roms (c'est ainsi qu'ils se désignent entre eux – *rom* signifiant « homme » dans leur langue) auraient quitté l'Inde en 2 groupes distincts : l'un progressant à l'intérieur des terres et l'autre cheminant le long des côtes. Ainsi, ils traversèrent le Baloutchistan, la Perse, le désert d'Arabie, le désert de Syrie, l'Égypte... Les premiers à gagner l'Europe se seraient installés à Corfou au début du XIVe siècle. De là, ils se dispersèrent par petits groupes à travers le continent, parvenant vers 1425 dans la péninsule Ibérique.

En Espagne, l'arrivée de ces nomades fit grand bruit. Leurs costumes intriguaient (ils étaient drapés de grandes couvertures bariolées et les femmes portaient un turban oriental monté sur une armature d'osier). En France, l'Église les jugea rapidement et leurs penchants pour la magie les voua définitivement à l'enfer. En Espagne, il semble que ce soit le contraire. Un comte gitan, Thomas d'Égypte, bénéficia même de l'appui du roi Alphonse et de la reine Blanche de Navarre lors de démêlés politiques. L'Andalousie tomba un moment sous le charme. Ces bons rapports entre les gitans et la noblesse espagnole se dégradèrent peu à peu, pour se détériorer vraiment au XVIIe siècle. Plus tard, le magnétisme des gitanes, la science équestre des hommes, leurs danses et leur musique devaient littéralement fasciner les Occidentaux.

L'intégration

Ce XVe siècle en Espagne, où débarquent les gitans, est une rude époque de transformations et de bouleversements. L'année 1478 voit naître la nouvelle Inquisition ; 1492 marque la prise de Grenade, l'expulsion des juifs et la découverte des Amériques. Aussi, rapidement, la cordialité du peuple va se transformer en suspicion. C'est dans cette frénésie de changement et d'intolérance rampante qu'en 1499 est votée la 1re loi espagnole contre les gitans. Les Rois Catholiques leur adressent une sommation : ou vous travaillez, ou vous disparaissez. Isabelle et Ferdinand II jugent immoral ce peuple qui vit de mendicité. De plus, on assiste en Espagne à la disparition des pèlerinages religieux. Et bientôt, les gitans ne peuvent plus rejoindre les rangs des fidèles pour errer selon leur bon vouloir. En peu de temps, de pèlerins improvisés, ils redeviennent vagabonds.

À cette époque, l'Inquisition lève son glaive sanglant. L'archevêché de Tarragone, à l'exemple des Français, condamne les gitans. En 1539, Charles Quint renforce cette antipathie en signant une nouvelle loi anti-gitans. Tout Rom menant une vie de vagabondage et de mendicité est passible d'une peine de galère de 6 ans. En 1544, on décide que tout gitan surpris en flagrant délit de vol aura les oreilles tranchées. La folie xénophobe est lancée ! Des lois visant les gitans pleuvent sans cesse. En 1594, un projet est proposé pour se débarrasser d'eux définitivement.

On les accuse de tous les maux : fainéants, voleurs d'enfants, fornicateurs, pilleurs d'églises, jeteurs de sorts... Aussi décide-t-on de séparer les hommes des femmes pour qu'ils ne puissent plus se reproduire ! Fort heureusement, ce projet grotesque est vite abandonné (songez seulement qu'il sera repris, trois siècles et demi plus tard, par les nazis qui pratiqueront la stérilisation systématique des tsiganes).

En juillet 1611, le Conseil d'État vote l'expulsion des gitans. On tente çà et là d'interdire leurs danses, leurs costumes. Mais ce projet se révèle aussi irréaliste qu'irréalisable. L'Espagne décide en dernier lieu de lentement digérer les gitans en les neutralisant par assimilation.

Quand l'Histoire bégaie

En 1748, le droit d'asile n'est plus reconnu au peuple gitan. En 1749, l'évêque d'Oviedo (très inspiré visiblement) met au point une véritable campagne d'anéantissement. Ce bon évêque propose une solution radicale : le bagne à perpétuité pour tous les Roms ! On se saisit des enfants dès l'âge de 12 ans, des femmes, des hommes, et on les soumet à des travaux obligatoires. Le projet est accepté. En l'espace d'une nuit, plus de 10 000 gitans sont arrêtés et condamnés aux travaux forcés. Mais bientôt, le pays furieux va réclamer ses artisans. Bien des gitans s'étaient intégrés et assuraient des tâches et des postes essentiels. Ferdinand VI sent confusément que cette rafle nationale est une bévue... et dans la consternation générale, on finit par relâcher les gitans « honnêtes ».

Le « problème » gitan n'est pas réglé pour autant. On lance mille hypothèses, on esquisse mille projets... pour beaucoup complètement farfelus.

Le 19 septembre 1783, l'Espagne vote un décret et adopte un changement radical dans sa politique envers les gitans. On exige de ces errants qu'ils envoient leurs enfants à l'école afin d'en faire de bons citoyens tout en refrénant leur nomadisme atavique. Ainsi l'Espagne commence-t-elle peu à peu à digérer ses gitans.

Dans les incessants va-et-vient de l'histoire d'Espagne, le peuple gitan, souvent malmené, a fini par s'ancrer tant bien que mal. Aujourd'hui, les Roms font toujours l'objet d'une surveillance particulière de la garde civile. Toutefois, le « problème » gitan contemporain varie selon les provinces du pays. Sédentaires à plus de 88 % depuis le XVIIIe siècle, les gitans se sont surtout intégrés en Andalousie où leur communauté compte 300 000 individus. Certains occupent des fonctions et des postes importants. Souvent, grâce à la tauromachie et au flamenco, ils imposent la fougue et la virtuosité de leur sang. Hélas, beaucoup des leurs survivent entassés dans des banlieues, des bidonvilles, où ils sont particulièrement exposés aux problèmes que posent la drogue et le chômage. Contraints aux tâches ardues et aux basses besognes (cireurs de chaussures, vendeurs à la sauvette), les gitans ont dû, tout en sacrifiant les saveurs de leur langue, se fondre dans une peau d'emprunt qui les conduit à la caricature. Car en fait, s'ils volent, c'est qu'ils n'ont pas de quoi se nourrir. Et s'ils mentent, c'est qu'ils se protègent. Lequel du gitan ou du *payo* (« étranger ») est le plus redoutable ? Manuel Martín, de l'Association nationale de la présence gitane, répondait : « Que veut espérer un *payo* d'un gitan ? En principe, peu de chose. Pourquoi ? Qu'a fait le *payo* tout au long de cinq siècles pour le gitan ? Lui qui eut sur lui droit de vie et de mort, lui qui infligeait le supplice, lui qui lui fit payer durement sa condition de gitan. Le « problème gitan » a été créé par les *payos*... et c'est donc à eux de le résoudre. »

Aux yeux des Espagnols de « pure souche », le tsigane est tour à tour un être admiré et méprisé. Le qualificatif *gitano* est à la fois un compliment et une insulte... Aujourd'hui, ils représenteraient environ 1,85 % de la population espagnole – la proportion la plus élevée dans toute l'Europe occidentale.

HÉBERGEMENT

Les auberges de jeunesse

La *Red de albergues juveniles de Andalucía* compte une vingtaine d'AJ et de campings « juvéniles » ouverts toute l'année en Andalousie (à Séville, Cordoue, Grenade, Huelva, Cadix, Málaga, Almería et Jaén). Les auberges sont généralement bien tenues. La carte traditionnelle de la FUAJ (voir la rubrique « Avant le départ » au début de ce chapitre « Généralités ») est obligatoire, mais on peut l'acheter sur place, au tarif de 5 € jusqu'à 29 ans et 11 € à partir de 30 ans. Les prix en dortoirs sont alignés d'une auberge à l'autre, mais diffèrent selon l'âge et la saison : de 9,50 à 15 € jusqu'à 26 ans, de 13 à 20 € pour les autres. Dans les campings « juvéniles », il faut compter 6,40 € par personne, tente comprise. Le petit déjeuner est inclus.

Selon la localisation géographique, l'année est saucissonnée en 3 saisons. Une basse, une moyenne et une haute. Dans les grandes villes (Cordoue, Grenade, Séville), les AJ pratiquent un tarif de moyenne à haute saison toute l'année. Du coup, à deux, cela revient souvent presque aussi cher qu'une petite pension dans le centre-ville. De plus, il y a quelques inconvénients : situation souvent excentrée et heures de couvre-feu assez réglementées. Pour la plupart, les AJ proposent également des repas : demi-pension ou pension complète. Attention, on ne saurait trop vous recommander de réserver à l'avance. Dès avril, certaines AJ sont bloquées par des groupes. Bon à savoir, les possesseurs de la carte *Jeune* se verront offrir 10 % de réduction sur le couchage.

■ *Inturjoven :* central de réservation pour l'Andalousie, ☎ 902-51-00-00. Fax : 955-03-58-48. ● www.inturjoven.com ● Ou auprès de chaque auberge, directement. Jusqu'à 6 mois à l'avance via Internet.
– Pour des infos directes sur l'ensemble des AJ d'Espagne : ● www.reaj.com ●

Sachez aussi que :
– il n'y a pas de limite d'âge pour séjourner en AJ, il faut simplement être adhérent ;
– la FUAJ propose 3 guides répertoriant toutes les adresses des AJ du monde : un pour la France, un pour l'Europe et un pour le reste du monde (les 2 derniers sont payants).

Les campings

Le camping sauvage sur les plages est en principe toléré car il n'y a pas de plages privées en Espagne. Néanmoins, si vous vous installez devant un hôtel, vous serez invité à déguerpir. Attention aussi dans la région de Tarifa. Étant donné que les barques surchargées d'immigrés clandestins débarquent sur les plages de la région, la *guardia civil* effectue des rondes héliportées et passe (quand elle le peut) le littoral au peigne fin. Un routard avisé en vaut deux...

Les campings officiels offrent un double avantage : prix acceptables (à peine plus cher qu'en France) et absence de règlement draconien, contrairement aux AJ. Les prix et les catégories des campings sont fixés par le gouvernement ; les tarifs doivent figurer bien en évidence à l'entrée. Ils varient très largement selon la saison et la durée du séjour : les réductions peuvent dépasser 50 % pour les séjours d'un mois.

Les campings espagnols sont en général bien équipés. Hélas, leur implantation est souvent décevante, surtout autour des grandes villes et près des routes. En bord de mer, seuls font exception à la règle les campings de la Costa de la Luz. Par ailleurs, plus que pour s'y reposer, les Espagnols viennent s'y divertir : piscines, terrains de sport, supérettes, jeux pour enfants, discothèques et restaurants. Souvent, en particulier le week-end, c'est très bruyant (c'est peu de le dire !). Pour la plupart, les campings disposent en effet d'1 ou 2 TV et les campeurs se couchent tard... Mais comme vous aurez appris à vivre la nuit, il n'y aura plus de problème !

Pensez à vous équiper de sardines très robustes (certains conseillent carrément les pointes à béton). Le terrain est partout sec, parfois d'une dureté incroyable (à Séville en particulier) et souvent recouvert de graviers. Pour ce qui est des tarifs, ils sont affichés : soit à l'emplacement (comprenant une tente et une voiture), et il faudra y ajouter le prix par personne ; soit élément par élément : tente, voiture, adultes, enfants... Nous vous indiquons généralement le tarif sur la base d'une tente, une voiture et 2 adultes.

Les hôtels

Les moins chers sont les *fondas* (avec restaurant). Puis viennent les *casas de huéspedes,* les *hospedajes* et les *pensiones.* Également bon marché, mais un cran au-dessus au niveau de la classification, les *hostales* et les *residencias.* Tous ces vocables regroupent un peu la même chose, c'est-à-dire une sorte de pension de famille. Attention toutefois, on peut en effet trouver une *fonda* nickel chrome refaite à neuf par un propriétaire scrupuleux et un *hostal* décati avec les papiers tue-mouches comme accueil... Si vous le pouvez, visitez l'établissement avant de réserver. Quoi qu'il en soit, tous ces établissements conviendront aux routards de la première heure, peu regardants sur le confort mais exigeants sur les prix (quoiqu'ils aient beaucoup augmenté ces dernières années). Ils sont rarement recommandés par les offices du tourisme car ils ne satisfont pas toujours les normes de confort, voire même de salubrité. Si vous parlez bien l'espagnol, négociez tout de suite le prix. Les tarifs baissent presque toujours avec la durée du séjour.

Enfin, les *hôtels,* classés d'1 à 5 étoiles. Essayez d'arriver assez tôt pour être sûr d'avoir une chambre, et demandez à la visiter avant. Les prix affichés à la réception et dans les chambres varient selon les divisions de l'année touristique : haute, moyenne et basse saisons.

Pour une chambre simple, demandez une *habitación individual* ; pour une chambre double, une *habitación doble* ; et si vous voulez un grand lit, précisez *cama de matrimonio.*

Les offices du tourisme disposent d'une liste des hôtels et pensions avec les prix en cours. Demandez-la. Elle est parfois exhaustive, parfois non – certains offices de tourisme demandant des cotisations aux hébergements pour qu'ils y figurent.

Dernier détail, pour les affamés du matin : dans les pensions espagnoles, c'est « *bed* » mais rarement « *breakfast* »... et si on vous propose le *breakfast,* il se limite en général à un bout de pain coriace avec une mini-dose de confiture. On vous conseille donc de repérer la veille un bar ou un café proposant des petits dej' ou de demander aux patrons de votre pension de vous conseiller un endroit.

Les paradors

Réseau important d'établissements hôteliers exceptionnels. Leur principale originalité réside dans le cadre qu'ils proposent : châteaux forts, manoirs, anciens palais, couvents, monastères superbement restaurés et aménagés. Service impeccable et personnel très qualifié. Certains d'entre eux sont de construction récente, mais ils sont toujours situés dans des cadres uniques. Les prix varient, bien sûr, selon cinq catégories, mais ils sont de toute façon relativement élevés. En moyenne, le prix d'une chambre double va de 90 à 175 € (sans le petit dej'), selon la saison et le confort du parador (3 ou 4 étoiles). Le plus cher est celui de Grenade (environ 250 €), en raison de son emplacement dans l'Alhambra. Pour ceux qui ont les moyens, c'est toujours moins cher que les *Relais & Châteaux,* auxquels on pourrait les comparer. En général, tous pratiquent des prix basse saison intéressants ou des prix week-end. Nombreuses autres réductions possibles : - 35 % pour les plus de 60 ans, - 20 % pour les séjours d'au moins 2 nuits en demi-pension, « livrets de 5 nuits » dans des *paradors* différents à 85 € la chambre double par nuit, parfois même des « spécial Internet » à 75 €, petit dej' compris, etc. Certaines périodes de restriction s'appliquent. Tous les prix mentionnés ici sont hors IVA (+ 7 %). À défaut de dormir dans les paradors, on peut toujours s'y restaurer ou y prendre un verre et profiter ainsi du cadre. Le petit dej' est toujours excellent et gargantuesque. En été et le week-end, il est impératif de réserver. Idem pour les plus courus, comme à Grenade, pour lesquels il faut parfois s'y prendre 6 mois à l'avance.

– *Site officiel des paradors :* ● www. parador.es ●
■ *Iberrail France :* 57, rue de la Chaussée-d'Antin, 75009 Paris. ☎ 01-42-81-27-27. N° Indigo pour la province : ☎ 0825-079-200. Fax : 01-40-82-95-00. ● service.parado res@iberrail.fr ● Ⓜ Trinité ou Chaussée-d'Antin. Représentant officiel des paradors en France.
■ *Caractère :* Gentsestraat 20, 9420

Erpe-Mere. ☎ 05-363-00-77. Fax : 05-363-01-03. ● info@caractere. be ● Représentant officiel des paradors pour la Belgique et le Luxembourg.
■ *Sierra Mar Tours :* 240, Freischutzgasse 3, Postfach, CH-8021 Zurich. ☎ (1) 295-91-77. Fax : (1) 295-91-70. ● www.sierra.ch ● Représentant officiel des paradors en Suisse.

La location d'appartements ou de villas

■ *RAAR, Red Andaluza de Alojamientos Rurales :* Sagunto 8-10-3, 04004 Almería. ☎ 950-28-00-93. Fax : 950-27-04-31. ● www.raar. es ● Cette association de propriétaires propose quelque 450 maisons, gîtes ruraux, chambres d'hôtes, ap-

partements troglodytes et agrocampings (campings à la ferme) selon l'endroit où vous désirez séjourner et selon votre budget. Ils parlent le français. Envoi de brochures sur demande.

Pour nos lecteurs qui souhaitent réserver leur hébergement par courrier, nous précisons les codes postaux des établissements :

– soit dans le bandeau-titre de la ville concernée lorsqu'il y a un code postal unique ;

– soit dans le texte de l'hôtel, logiquement à la fin de l'adresse, lorsqu'il y a plusieurs « arrondissements » dans la même ville. Nous indiquons alors également le code postal général de la ville dans le bandeau-titre de la ville.

Enfin, aucun code postal n'est indiqué dans les villes ne proposant pas d'hébergement.

HISTOIRE

Quelques dates

– **Néolithique :** des peuplades d'Ibères, sans doute venues d'Afrique, s'établissent dans le sud et dans l'est de l'Espagne.

– **202 av. J.-C. :** occupation romaine.

– **484 apr. J.-C. :** le royaume des Wisigoths s'étend sur toute l'Espagne.

– **711 :** premières invasions des Maures venus d'Afrique du Nord.

– **756 :** le calife de Damas s'établit à Cordoue et sera l'artisan du rayonnement de la civilisation arabe en Espagne.

– **1035-1492 :** les États chrétiens reprennent progressivement possession des territoires perdus ; c'est la « Reconquête » sur l'Islam.

– **1469 :** mariage de Ferdinand II d'Aragon et d'Isabelle de Castille, les fameux « Rois Catholiques ». Réunion des 2 royaumes longtemps rivaux.

– **1478-1479 :** mise en place de l'Inquisition par Tomás de Torquemada ; elle subsistera même après sa disparition dans les pays voisins, jusqu'à une époque encore récente mais sous une forme plus politique.

– **1492 :** chute du royaume de Grenade le 2 janvier. Découverte de l'Amérique par Christophe Colomb pour le compte des Rois Catholiques. Expulsion des juifs « pour protéger l'unité religieuse de l'Espagne » (200 000 environ partiront pour l'Afrique du Nord, l'Italie et l'Empire ottoman).

– **1512 :** la Navarre est absorbée par la Castille.

– **1516-1556 :** règne de l'empereur Charles Quint (Charles Ier pour les Espagnols), petit-fils d'Isabelle la Catholique. Domination d'un immense empire, tant en Europe qu'en Amérique, « où jamais le soleil ne se couche ».

– **1588 :** désastre de l'Invincible Armada, ruine de la marine espagnole.

– **1656 :** Vélasquez peint les *Ménines* et la famille de Philippe IV.

– **1700 :** avènement au trône d'Espagne de Philippe V, petit-fils de Louis XIV, à l'origine de la guerre de Succession d'Espagne (1701-1714), qui se termine par la perte des Pays-Bas et du royaume de Naples.

– **1808 :** Napoléon nomme son frère Joseph roi d'Espagne, surnommé « Pepe Botella ». Madrid, occupée par les troupes françaises, se soulève. Début de la guerre d'Indépendance.

– **1813 :** victoire de l'armée anglo-portugaise de Wellington, jointe aux Espagnols. Ferdinand VII retrouve le trône d'Espagne.

– **1814-1833 :** morcellement de l'Empire espagnol d'Amérique en États indépendants.

– **1898 :** indépendance de Cuba et perte de Porto Rico et des Philippines.

– **1902-1931 :** règne d'Alphonse XIII, marqué par un renouveau économique et un régime dictatorial (entre 1923 et 1930) sous l'autorité de José Antonio Primo de Rivera.

– **1931 :** aux élections municipales, la gauche l'emporte dans les grandes villes et réclame la république. Abdication du roi.

– **1935 :** constitution du *Frente Popular,* groupant syndicats et partis de gauche.

– **1936 :** les élections de février sont un succès pour le *Frente Popular.* Très vite se dessine une réaction ; lors de l'assassinat du chef de l'opposition monarchiste José Calvo Sotelo, l'armée du Maroc donne le signal du soulèvement qui, dirigé par le général Francisco Franco, s'étend très rapidement. C'est le début de la guerre civile, qui durera 3 ans. L'Espagne devient un terrain d'affrontement indirect des grandes puissances, qui offrent une aide importante aux 2 parties.

– **1939 :** Barcelone, où le gouvernement républicain était replié, est pris par les nationalistes. Le gouvernement républicain se réfugie en France. Le 28 février, chute de Madrid, dernier point de la résistance républicaine.

– **1969 :** le général Franco désigne officiellement son successeur en la personne du prince Juan Carlos, petit-fils d'Alphonse XIII.

– *1975 :* mort de Franco, le 20 novembre. Le 22 novembre, Juan Carlos devient roi d'Espagne.

– *1977 :* reconnaissance officielle du parti communiste espagnol.

– *1978 :* la nouvelle constitution d'un État espagnol, « social et démocrati-que », entre en vigueur.

– *1982 :* victoire du PSOE (socialiste), Felipe González devient Premier ministre.

– *1986 :* entrée de l'Espagne dans la Communauté économique européenne.

– *1992 :* Exposition universelle à Séville (d'avril à octobre) ; Jeux olympiques à Barcelone (juillet).

– *1996 :* après 13 années de pouvoir, défaite du socialiste Felipe González face à José María Aznar, du Parti populaire (droite).

– *Octobre 1997 :* mariage de l'infante d'Espagne avec un handballeur. Tout fout l'camp !

– *Septembre 1998 :* les partis nationalistes basques signent la déclaration de « L'Izarra » qui s'inspire du processus de paix nord-irlandais.

– *Octobre 1999 :* visite officielle de Jacques Chirac à Madrid. Plusieurs ges-tes symboliques ont marqué cette visite d'État, la première depuis... 1913. Les vieilles querelles napoléoniennes sont enfin digérées. « Il n'y a plus de Pyrénées », a titré le quotidien catalan *La Vanguardia*.

– *17 mars 2003 :* dans un sommet organisé aux Açores, José María Aznar parade dans le camp des va-t'en-guerre en Irak, aux côtés de George W. Bush et de Tony Blair, et entraîne le pays dans le conflit irakien, malgré une très forte opposition populaire.

– *11 mars 2004 :* à la veille des élections législatives, un terrible attentat à Madrid fait 192 morts et plus de 2 000 blessés dans des trains de banlieue. Le PP désigne immédiatement l'ETA alors que l'enquête démontre très vite la culpabilité des islamistes. Suite à un spectaculaire revirement de l'opinion, le PSOE gagne les élections et José Luis Zapatero, qui s'était engagé à sortir du conflit irakien, devient le Premier ministre du nouveau gouvernement.

– *Fin mai 2004 :* il n'y a plus de soldats espagnols en Irak. Noce royale du prince Felipe de Bourbon (le fils de Juan Carlos Ier et donc le futur roi d'Espa-gne) avec Letizia Ortiz, une charmante journaliste.

– *2005 :* en juin, une loi légalise le mariage homosexuel, ainsi que l'adoption d'enfant par des couples de même sexe (le texte est adopté par le Sénat en décembre). Tollé de l'église catholique, mais cette loi est bien accueillie par la majorité des Espagnols. Pas mal pour un pays réputé traditionaliste ! Le 31 octobre, la naissance de Leonor, infante d'Espagne, fille du prince Felipe et de Letizia, initie une polémique. En effet, de vieux vestiges de loi salique, dans la constitution espagnole, empêcheraient l'infante, malgré son rang d'aînée de Felipe, d'accéder un jour au trône s'il lui naissait un petit frère : il lui serait alors préféré ! Faut-il ou non réformer la constitution ? Le débat fait rage, d'autant que les protocoles de révision sont extrêmement complexes.

– *2006 :* le gouvernement entre en négociation avec l'ETA : une trêve, fragile mais bien réelle, est décidée. Dans le même temps, débat houleux sur le nouveau statut d'autonomie de la Catalogne, qui divise et mine une Espagne soucieuse de son unité. Commémoration des 70 ans de la guerre civile espa-gnole, alors que, peu à peu, le pays commence à regarder en face cette histoire encore très douloureuse et envisage d'en dédommager les victimes.

Des origines aux Wisigoths

Si les preuves les plus anciennes de la présence de l'homme dans la pénin-sule Ibérique remontent à 500 000 ans environ, c'est au paléolithique, avec les peintures rupestres des grottes d'Altamira (et quelques autres) que l'homme affirme vraiment son empreinte sur la péninsule. Ces œuvres splen-dides et enlevées nous montrent qu'il n'avait rien à envier à son collègue Cro-Magnon de l'autre côté des Pyrénées...

D'après les mythes de l'Antiquité, les Ibères sont un peuple venu d'Afrique (vers 1000 av. J.-C.) auquel se mêlent progressivement des tribus celtes à l'intérieur des terres – c'est ainsi que l'on parle des Celtibériens. De son côté, la zone littorale subit très tôt l'influence des Grecs et surtout, des Phéniciens, qui établissent des comptoirs dès le VIIe siècle av. J.-C. Héritier des Phéniciens, un Carthaginois, Hamilcar Barca, fonde plus tard Barcelone au nez et à la barbe de Rome, qui pensait pourtant avoir cloué le bec à sa rivale à l'issue de la Première Guerre punique (241 av. J.-C.). À partir de ce moment-là, l'Espagne devient tour à tour un foyer de rébellion (Carthaginois menaçant Rome, Pompée défiant César) et le lieu de naissance de personnages importants dans l'histoire romaine : Trajan, Hadrien, Sénèque – le précepteur de Néron... Ses gisements de métaux assurent une certaine prospérité économique à la péninsule Ibérique, qui connaît une paix relative par rapport au reste de l'Empire romain. De ce fait, le christianisme y apparaît à la fin du Ier siècle apr. J.-C., pour se retrouver plus qu'ancré dans les mentalités dès le IVe siècle.

Mais, comme dans tout le reste de l'Europe, la paix ne résiste pas aux poussées des invasions barbares et, en 409, les Vandales déferlent... Puis c'est le tour des Alains et des Suèves qui, eux, prennent racine jusqu'à ce que les Wisigoths – chassés d'Aquitaine par Clovis en 507 – se replient sur le Languedoc et le nord de l'Espagne.

La perdida de España

Des luttes internes et des persécutions (notamment contre les juifs) vont progressivement affaiblir le royaume. Recarède, lors du concile de Tolède en 589, puis Réceswinthe ordonnent le baptême des juifs et l'éducation de leurs enfants chez les chrétiens, de même qu'ils rendent la Pâque et la circoncision hors la loi. On va même jusqu'à la confiscation de leurs biens. Il n'est pas étonnant alors que certains d'entre eux, en voyant arriver quelques drôles de musulmans sur les côtes sud, glissent des planches savonneuses sous les pieds des Wisigoths. Par ailleurs, parmi les indigènes (les Wisigoths, pardi !), il y a un clan qui en veut terriblement à Rodéric (plus connu sous le nom de Rodrigue) d'avoir été élu roi en 710 à la place de son champion Akhila. Ce clan, par l'intermédiaire de Julien, comte de Ceuta, un vassal de Byzance, demande un soutien à son nouveau et puissant voisin d'outre-Méditerranée, le gouverneur Musa ibn Nusayr. Celui-ci, en butte à des révoltes berbères, décide de faire d'une pierre trois coups : se débarrasser des remuants Berbères, se faire un allié au nord et, pourquoi pas, conquérir de nouvelles terres. Ainsi, en 711, Musa confie à un chef berbère, Tariq ibn Zyad, la mission de répandre l'islam en Espagne. Tariq lève à cette fin un corps expéditionnaire de 7 000 Berbères qui embarque sur la flottille du comte Julien. C'est le début de la fin pour l'impopulaire royaume wisigoth qui va s'écrouler rapidement. Aussitôt les Berbères débarqués à Gibraltar (Djebel Tariq, la montagne de Tariq), Rodrigue apprend la nouvelle de l'invasion alors qu'il combat les Basques à Pampelune. Il se précipite immédiatement vers le sud... pour se faire mettre en déroute ! Sur sa lancée, Tariq s'empare sans coup férir de Cordoue. Face à ce succès inattendu, Moussa débarque à son tour avec 18 000 fantassins arabes et deux motivations : d'une part transformer ce qui n'était qu'une simple expédition en une campagne d'annexion, d'autre part imposer, avec son armée plus nombreuse, son autorité sur Tariq, l'empêchant de se tailler un vaste royaume berbère personnel. Les deux armées se dirigent fissa vers Tolède, la capitale wisigothe, dont elles obtiennent rapidement la reddition. Bien entendu, Akhila n'obtiendra jamais la couronne convoitée... La foudroyante avancée musulmane se poursuit, en grande partie grâce à des accords ponctuels signés entre les arabes et les chefs locaux qui, en échange d'une grande autonomie et d'une confortable liberté d'action, reconnaissent la souveraineté de Musa.

De la lointaine Damas, le calife omeyyade s'inquiète de cette expansion. Comme tout chef militaire, Musa doit aller rendre compte auprès de son état-major. Avant de partir vers Damas, en 714, il aurait prononcé une parole sentencieuse : « Al'bi baq » ! Manque de chance, le calife le retient et c'est son fils qui prend la suite jusqu'à son assassinat en 716. Ses successeurs s'emparent de Saragosse, Lérida, Soria, Oviedo, Gijón et poussent jusqu'en Gaule où ils ne parviennent pas à s'implanter. La dernière tentative prend fin à Poitiers, en 732, quand un certain Charles Martel leur offre une belle déconfiture. Revenons à la péninsule Ibérique : en moins de 5 ans, les Arabo-Berbères, qui représentent seulement 3 % de la population, assujettissent 10 millions d'autochtones, sans compter le Portugal. *Grosso modo,* les deux tiers de la péninsule Ibérique sont dans l'escarcelle des musulmans et deviennent un émirat du Maghreb, baptisé Al-Andalus, dépendant de l'immense Empire arabe et de son calife. Longtemps, cette perte de l'Espagne *(la perdida de España)* a été occultée dans l'historiographie hispanique, et l'idée que 3 cultures (chrétienne, musulmane et juive) pussent coexister ne s'est pas imposée d'elle-même. Des générations d'étudiants (notamment au XIXe siècle) ont avalé l'interprétation théologique du châtiment divin... car Dieu aurait été offensé par les nombreux forfaits de la clique wisigothe. Les lambeaux survivants du royaume wisigoth, relégués sur les contreforts des Pyrénées méridionales et la côte du golfe de Biscaye, forment le royaume chrétien des Asturies. C'est de là que, dès le siècle suivant, va partir la *Reconquista* – sublimée par la « découverte » au IXe siècle à Compostelle du soi-disant tombeau de saint Jacques (bientôt surnommé le « Matamore »). Un coup de pioche qui tombait à pic !

Le califat de Cordoue

Croire que la vie s'écoule langoureusement au pays de la Grande Rivière – en arabe l'« Oued el-Kebir » (Guadalquivir) – , c'est se mettre le doigt dans l'œil. Déjà, en ce qui concerne la cuisine interne des musulmans, la sauce tourne un peu au vinaigre entre les Arabes et les Berbères, premiers arrivés et partisans du kharidjisme, qui affirme que tous les croyants sont égaux devant Allah et jouissent des mêmes droits, dont celui de se faire élire calife. Et puis, en 750, une nouvelle tombe sur les téléscripteurs de l'époque : révolution de palais à Damas. Aidé par des Arabes non musulmans et des chi'ites, Abu al-Abbas « détrône » Marwan II. Les Abbassides remplacent les Omeyyades. Tout le monde déménage à Bagdad. Qu'est-ce que ça change pour l'Andalousie, nous direz-vous ? Eh bien, où vont donc aller les Omeyyades sachant que la dynastie des Idrissides vient de s'installer au Maroc et celle des Aghlabides en Tunisie, hein ? Gagné ! Direction Al-Andalus. En 756, le petit fils de Marwan II, Abd al-Rahman Ier, « l'émigré », se fait proclamer émir de Cordoue. Bon an, mal an, ici avec quelques révoltes de mozarabes (les chrétiens vivant sous la domination musulmane), là avec une arabisation progressive de toutes les structures de « l'État », l'hégémonie des Omeyyades se maintient pendant 170 ans. Loin des yeux, loin du cœur : ils finissent même par en oublier Bagdad. Abd al-Rahman III coupe les ponts et se nomme (enfin !) « calife à la place du calife ». Se trouvant trop à l'étroit dans l'Alcazar, il fait construire, selon la mode du moment (furieusement syrienne), une nouvelle ville, Medinat al-Zahara. Ce qui le fait tenir de 912 à 961, c'est sa poigne de fer. Ce ne sera pas le cas de ses successeurs. Reste que, sous le règne d'Hisam II, le maire du palais, Muhamad ibn abu Amir, plus connu sous le nom de al-Mansur (« le Conquérant ») ou Almanzor, conforte l'autorité du califat de Cordoue et taille des croupières aux royaumes chrétiens du Nord.

Reyes de taifas, **Almoravides, Almohades et chrétiens**

Dès 1008, à la mort du fils préféré d'Almanzor, le bateau Al-Andalus prend l'eau de tous les côtés. Les *Andalusís* prennent en haine les Berbères. Califat et commandement militaire se séparent, et les soutiens locaux des Omeyyades font sécession. Les *reyes de taifas* (les « rois de partis »), de petits roitelets gouvernant une paire de villages, font leur apparition. Ils récupèrent le pouvoir déliquescent du calife et s'arrangent pour le garder en ayant recours aux services de mercenaires et à un savant clientélisme. Au final, les dissensions ethniques (Berbères, Arabes du Nord et du Sud), l'éclatement des fonctions militaires et religieuses et la géographie tourmentée de la péninsule ne jouent pas du tout en faveur de l'union contre les chrétiens qui, au nord, commencent à reprendre du poil de la bête. Mieux encore, certains, grâce à leur domination numérique, ont réussi à imposer le paiement de tributs (les *parias*) aux *reyes de taifas*. La mécanique est bien huilée : les musulmans, passés maîtres en razzias, effectuent des raids punitifs. Et les chrétiens en font des prétextes à intervention. Si une *taifa* prend trop de liberté, ils n'hésitent pas à se payer sur la bête en demandant à une autre *taifa* plus puissante de taper sur leurs frères de sang... Chacun se sert des alliances des autres. C'est dans ce contexte que se distingue, au XIe siècle, Rodrigo Díaz de Vivar, plus communément appelé le Cid. Le Cid (mot qui provient probablement de l'arabe *Sidi*, seigneur) est l'un de ces grands princes territoriaux qui perçoivent la poudre d'or des parias. Cependant, en 1081, le Cid est condamné à l'exil par le roi Alphonse VI de Castille, jaloux de son prestige. Il propose donc ses services et ceux de ses hommes à qui veut bien l'entendre : musulmans ou chrétiens de la région de Valence. Une petite précision d'importance : le leader loué dans *El Cantar de mío Cid* reste et demeure un mercenaire. Il compte donc dans ses rangs des musulmans et des chrétiens enrôlés pour la cause chrétienne. Avec les parias, un tel afflux de liquidités permet aux chrétiens de garnir leurs caisses...

La situation devient tellement confuse qu'en 1086, les *taifas* tirent le signal d'alarme auprès des Almoravides qui, au Maghreb, contrôlent les routes de l'or. Appelé à la rescousse, le grand frère almoravide est rapidement excédé par la zizanie qui règne entre les roitelets. Il finit par imposer son pouvoir de 1090 à 1145, et ceci en douceur puisque les Almoravides, en la personne de l'émir Yusuf ibn Tashufin, annexent, en quelque sorte, Al-Andalus à leur émirat berbère. Mais, comme on pouvait s'y attendre, Berbères et Arabes se livrent une bataille de chiffonniers. D'autant que les Almoravides, puritains sur les côtés et guerriers sur le dessus, n'excitent pas les zygomatiques des Andalusís, habitués à une grande tolérance religieuse héritée des Omeyyades.

Pendant ce temps-là, lentement mais sûrement, les chrétiens affûtent leurs couteaux, préparent leurs plans d'attaque et remplissent toujours leurs caisses de l'or des Arabes.

Dans le contexte « plus je vis avec toi, moins je te supporte » débarquent les Almohades qui, en 1125, viennent d'infliger une déculottée aux Almoravides en Afrique. Ceux-ci se révèlent encore plus intégristes que les précédents. Le moment pour les chrétiens de porter l'estocade approche à grands pas.

L'Espagne des trois cultures

Comment chrétiens, musulmans et juifs, plus tous les « sous-produits » des trois croyances (convertis, mudéjars, mozarabes, morisques) ont-ils pu cohabiter pendant près de six siècles ? Ont-ils vécu les uns avec les autres ou les uns à côté des autres ? Quelles étaient les relations entre ces croyances qui ont une histoire religieuse commune mais qui ont du mal à se l'avouer ?

Croire que ces différentes confessions vivaient en totale fusion est une idée fausse. Chacun restait dans son quartier. La juiverie ou l'*aljama* pour les fils d'Israël. L'alcazar, le quartier commerçant, ses souks et caravansérails, l'*alcaicería* pour l'échange des matériaux coûteux pour les arabo-musulmans. Leur médina était protégée par de hauts murs et c'est seulement dans les *arrabales* (les faubourgs organisés autour d'une mosquée) que pouvaient se rencontrer les pratiquants des trois confessions. Cependant, musulmans, juifs et chrétiens œuvraient ensemble. Jamais l'astronomie, la philosophie et la médecine n'ont fait autant de progrès. L'apport des juifs aux chrétiens n'est évidemment pas négligeable. Le commerce, la finance étaient dans leurs mains (seuls les juifs pratiquaient l'usure, le prêt étant interdit par les religions catholique et musulmane), de même qu'ils excellaient dans la médecine (car ils pouvaient légalement procéder aux dissections humaines), dans les sciences et l'imprimerie. C'est à deux juifs qu'Alphonse X le Sage commandita la rédaction des Tables alphonsines, qui devaient servir de base de travail à toute l'astronomie européenne. Côté musulman, il semble que les mudéjars (les musulmans vivant sous domination chrétienne pendant la *Reconquista*) étaient plus ruraux que les juifs. Brillants en matière d'irrigation notamment, ils réalisèrent un travail exemplaire dans les *huertas* de nombreuses villes. Aujourd'hui encore, en sillonnant la campagne andalouse, on peut tomber sur les restes d'une noria ou d'une citerne *(aljibe)*.

Le culturel ne fut pas en reste : les palais se parèrent d'un raffinement tout oriental, les émirs et califes développèrent les arts et s'entourèrent de tout ce que l'Occident comptait de grands hommes. Les harems se développèrent, l'esclavage aussi. L'artisanat connut son heure de gloire : tisserands, ciseleurs d'or, céramistes participèrent à l'édification du royaume d'Al-Andalus. Enfin, le Livre réunit les trois confessions. Chrétiens et juifs partageaient déjà l'héritage commun de l'Ancien Testament, mais les uns possédaient les Écritures tandis que les autres détenaient la langue d'accès aux textes sacrés. Vers le milieu du XIIe siècle, les communautés mozarabe et juive de Tolède se retroussèrent les manches pour traduire une foultitude de textes anciens. C'est ainsi que les chrétiens purent découvrir les écrits d'Aristote.

La Reconquista

Il ne faut pas se leurrer, Charles Martel a peut-être arrêté les musulmans mais cet événement n'est pas pour autant le début d'une « reconquête ». Après 732, Cordoue ne tremble pas vraiment devant les Francs, mais perd peu à peu pied du fait de ses luttes intestines, de sa difficulté à organiser les immenses territoires conquis et des affres de la famine, qui sévit de 750 à 755. On peut difficilement résumer la reconquête en quelques paragraphes. Plusieurs raisons permettent aux chrétiens de « récupérer » leurs terres. Tout d'abord, quelques souverains des petits royaumes espagnols s'arrangent pour marier leurs filles à de puissants seigneurs francs. Ensuite, le clergé français noue de fertiles relations avec son voisin espagnol. De nombreux moines bénédictins vont par exemple former le personnel religieux des abbayes. Puis le pape Alexandre II, très contrarié par la mise à sac de Saint-Jacques-de-Compostelle par les Arabes en 997, appelle à une croisade contre l'infidèle. Le 1er verrou du maillage musulman saute le 25 mai 1085 : Fernando Ier, premier roi de Castille, s'empare de Tolède. La nouvelle se répand comme une traînée de poudre dans le monde chrétien. Les comtes de Barcelone et de Cerdagne se mettent également à l'ouvrage et s'allient avec l'Aragon. Saragosse, après 6 mois de siège, tombe le 2 décembre 1118. Des ordres militaro-religieux voient le jour, dont les membres (les templiers, les santiaguistes, les calatravans) manient aussi bien le sabre que le goupillon. Une des clés de la reconquête repose dans les mains de ces moines soldats. En effet, quand ils ne bataillent pas, ils repeuplent les territoires conquis en allant parfois jusqu'à offrir à des repris de justice des lopins de terre. Malgré quelques soubresauts, notamment la déculottée mémorable d'Alarcos en 1195, le ton est donné et les souverains espagnols reçoivent même l'aide des croisés. La victoire de Las Navas de Tolosa en 1212 frappe les Almohades à mort et marque le tournant de la Reconquête. Désormais, la chrétienté est maîtresse du jeu : la Castille s'empare de Cordoue en 1236 et de Séville en 1248, tandis que l'Aragon reprend les Baléares (1229-1235), puis Valence (1238). Désormais, les musulmans sont confinés dans le royaume de Grenade : ils y resteront encore deux siècles et demi, l'émir se reconnaissant vassal des chrétiens (voir à « Grenade ») et y élèveront un des joyaux de l'art musulman : les palais nasrides de l'Alhambra.

La chute de Grenade

Il faut attendre le mariage entre Isabelle de Castille et Ferdinand II d'Aragon (1469) pour que les deux royaumes oublient leurs rivalités et posent les fondements d'une Espagne unifiée. En trois siècles, ils se sont agrandis et ont affermi leur autorité sur la plus grande partie de la péninsule, l'Aragon se taillant même un véritable empire maritime en Méditerranée après la reconquête des Baléares.

Dans ce tableau, un élément, même réduit à une peau de chagrin, fait tache : les possessions musulmanes du sultan Muley Hacén. Acculé par de soudaines attaques, le sultan envoie des émissaires auprès de ses homologues de Tlemcen, de Fès, d'Égypte, mais pas un ne lève le petit doigt pour lui venir en aide. En fait, le monde arabe ne croit déjà plus trop en l'avenir d'Al-Andalus. Isabelle et Ferdinand raflent Gibraltar, ce qui prive les musulmans d'une base arrière. L'un des fils de Muley Hacén, Boabdil, est un véritable expert en zizanie. À deux reprises, il tombe entre les mains des chrétiens mais ces derniers, sachant à quel point il peut leur être utile en attisant les querelles intestines, le renvoient dans ses foyers !

En août 1491, Isabelle fait édifier près de Grenade le camp de Santa Fé (la Sainte Foi). Le 2 janvier 1492, le royaume nasride de Grenade, retranché dans les murailles de la ville, à l'agonie, se rend. Le 17 avril, les Rois Catholiques et Boabdil, devenu sultan, signent les « capitulations de Santa Fé », touche finale à la Reconquista. Pendant des siècles, l'imaginaire arabe va pleurer ce jour fatidique où l'histoire de l'Andalousie rejoint celle du royaume d'Espagne.

Naissance d'un Empire

Dans l'euphorie de la Reconquista, les Rois Catholiques prennent deux décisions de poids. Ils décrètent d'abord le 31 mars l'expulsion de tous les juifs du royaume au nom de l'unité religieuse : ceux qui refusent l'exil ou la conversion au catholicisme sont pourchassés par un tribunal qui fait trembler l'Europe, la Sainte Inquisition. Au fur et à mesure que les grandes villes espagnoles ont été libérées de l'occupation arabe, les persécutions ont fait leur entrée en scène. En 1391, après une première tuerie à Séville, les « baptêmes sanglants » se sont multipliés dans toute l'Espagne, obligeant les juifs à se convertir ou à mourir. C'est pour surveiller de près ces nouveaux « chrétiens » qu'a été créée l'Inquisition, dont le chef, Torquemada, se montre dès 1485 d'une rare cruauté. Si le pape Sixte IV et les Rois Catholiques eux-mêmes se disent choqués par ses méthodes, ils n'en décrètent pas moins l'expulsion des juifs, endossant officiellement un antisémitisme populaire qui exalte *la limpieza de la sangre* (la pureté du sang, eh oui, déjà...).

Le 17 avril 1492, en annexe aux « capitulations », les Rois Catholiques appuient un drôle de projet présenté par un Génois, Cristóbal Colón, qui veut traverser l'Atlantique pour ouvrir vers l'ouest la route de la soie – fermée vers l'est par les Turcs après la prise de Constantinople en 1453. C'est l'acte de naissance d'un immense empire colonial, officialisé par le traité de Tordesillas qui décide le 7 juin 1494 du partage du nouveau monde entre l'Espagne et le Portugal.

Au-delà des mers

La terreur qu'inspire l'Inquisition est telle que les idées de la Renaissance n'ont que peu d'écho en Espagne. D'ailleurs, seules la découverte de nouvelles contrées et leur exploration retiennent l'attention du pays, qui voit là une possibilité de s'enrichir rapidement et à bon compte. Apparaît une nouvelle race d'aventuriers rudes et sans scrupules : les conquistadors, qui s'enrôlent avec pour seul but la chasse aux trésors. Plus ils en rapporteront à la cour espagnole, plus leur part sera importante. Les plus avides essaient même d'échapper à la tutelle de l'Espagne en se taillant leur propre « royaume » dans le vaste Nouveau Monde et n'hésitent pas à détourner des convois avant de disparaître dans la nature. De là à la piraterie, il n'y a qu'un pas, qui est allègrement franchi par certains dès la fin du XVIᵉ siècle...

L'administration de ces nouveaux territoires se pose rapidement comme un souci majeur pour la Couronne espagnole, sans parler des problèmes suscités par la surexploitation des Indiens. Bartolomé de las Casas publie en 1516 un rapport d'enquête concluant à la nécessité d'intensifier la traite des Noirs afin de sauvegarder les populations indigènes ! Devenu moine dominicain en 1523, il se fait par la suite le champion de la cause indienne. Mais la course à l'Eldorado a déjà apporté son lot de malheurs, et la cupidité des conquistadors ne connaît plus de bornes depuis qu'ils ont eu un aperçu de la richesse des empires aztèque et inca. Malgré les *Novas Leyes* promulguées en 1542 par Charles Quint, qui s'est prononcé en faveur des Indiens, Las Casas fait publier 10 ans plus tard son pénible constat : *Brève Relation de la destruction des Indes...* Le mot « Amérique », du nom du navigateur italien Amerigo Vespucci, qui apparaît pour la première fois sur une carte en 1507 à Saint-Dié, n'est pas encore très utilisé. Un hommage à celui qui, dans l'une de ses lettres, affirme avoir été le premier à mettre pied sur le continent – Colomb ayant toujours cru débarquer sur des îles.

Charles Quint

Le 14 mai 1516, Charles Iᵉʳ (déjà maître des Pays-Bas et de la Franche-Comté par son arrière-grand-père Charles le Téméraire) accède au trône après avoir destitué sa mère Jeanne la Folle, unique héritière des Rois Catholiques. L'union des deux royaumes de Castille et d'Aragon – qui n'était encore qu'une alliance maritale – devient une réalité politique. Puis, à la mort de son grand-père paternel, l'empereur Maximilien d'Autriche, en janvier 1519, Charles Iᵉʳ hérite de toutes ses possessions personnelles (Alsace, Rhénanie, Autriche et Tyrol). Quand il est élu à la tête du Saint Empire romain germanique six mois plus tard, il prend le nom de Charles V (en espagnol, *Carlos Quinto*, francisé en Charles Quint). Il a alors en main une puissance jamais égalée par un souverain occidental, et son grand projet est d'instaurer pour l'empire une monarchie héréditaire.

Quasiment encerclée, la France voit cette ambition d'un sale œil, et François Iᵉʳ – qui s'était porté candidat au titre d'empereur contre Charles Quint – ne manque pas une occasion de lui mettre des bâtons dans les roues. Mais un petit moine a déjà porté au Saint Empire romain germanique un coup dont il ne se remettra jamais : les idées de Luther font voler en éclats tout principe d'autorité, qu'il vienne de l'Église ou de l'empereur...

Grandeur et déclin

Charles Quint, découragé, abdique en 1556 pour se retirer au couvent de Yuste, dans une Espagne qu'il lègue à son fils Philippe II en même temps que les colonies et les Pays-Bas. Il laisse à son frère Ferdinand ses autres possessions de l'empire. La péninsule Ibérique connaît alors un grand essor culturel (c'est le siècle d'Or espagnol, l'arrivée du Greco à Tolède), économique et militaire. Le Portugal est annexé en 1580 après la mort de son roi Sébastien à la bataille d'Alcazarquivir (1578), et l'afflux de richesses venant des deux empires coloniaux s'accroît encore. L'Espagne se fait parallèlement l'apôtre de la contre-réforme et la protectrice de la foi catholique (Thérèse d'Ávila rédige la règle des carmélites en 1568). Mais elle connaît aussi des déboires cuisants : les Pays-Bas – où la Réforme a reçu une vive adhésion – se révoltent face aux persécutions et à la maladresse politique de Philippe II, qui ne comprend rien à la mentalité de ses sujets du Nord. C'est le début d'une longue période de guerres qui ensanglantera la région et causera bien des tracas à Sa Majesté.

Voilà que l'Espagne se met en tête de punir Elizabeth Ire d'Angleterre après l'exécution de Marie Stuart, reine catholique d'Écosse et, aux yeux des Espagnols, héritière légitime du trône. Le 18 juin 1588, la couronne espagnole envoie vers les côtes britanniques une formidable flotte composée de 130 navires embarquant près de 30 000 hommes, dont 19 000 soldats – que les Anglais nommeront ironiquement l'Invincible Armada. Le but est de débarquer les troupes dans le Kent, où doivent les rejoindre des soldats massés en Hollande. Mais la suprématie tactique des Anglais et la puissance de leur artillerie leur font gagner une bataille décisive à Gravelines qui disperse une partie de l'Armada. Son commandant, un piètre marin, décide de rentrer au bercail en contournant l'Écosse par le nord. Les tempêtes que rencontre la flotte font le reste et seule une poignée de navires s'en sort : la suprématie maritime espagnole s'effondre.

Pendant les années qui suivent, l'Espagne perd pied en Europe : les Anglais, sous le commandement de Drake, prennent Cadix en 1595, et les Français récupèrent la Picardie. Puis, appelées en renfort par l'empereur romain germanique pour écraser la révolte des princes protestants allemands (1618-1648), les troupes espagnoles essaient en vain de museler les volontés séparatistes des Pays-Bas. Peine perdue, en 1648, le traité de Westphalie met fin à la période de troubles que connaît l'Europe et modifie les cartes du jeu politique sur le continent : il reconnaît notamment le nouvel État, ainsi que l'indépendance du Portugal, qui récupère ses colonies. Ensuite, sous Louis XIV, la France reprend l'Artois, le Roussillon, les Flandres et la Franche-Comté.

Quant à l'Angleterre, en 1704, elle s'installe purement et simplement à Gibraltar qu'elle ne lâchera plus jamais, gardant ainsi une base stratégique entre Atlantique et Méditerranée.

Après la guerre de Succession et les traités d'Utrecht (1713) et de Rastatt (1714), l'Espagne perd les Pays-Bas du Sud (l'actuelle Belgique), ses possessions en Italie du Nord, Naples, la Sardaigne et la Sicile : elle est effacée de l'avant-scène européenne.

Enfin, malgré la défaite franco-espagnole de Trafalgar (1805), Napoléon Bonaparte parvient, en 1808, à imposer son frère Joseph sur le trône espagnol au détriment de Charles IV et de son fils Ferdinand VII...

Métropole et colonies : nouvelles réalités

Dès mai de la même année, l'insurrection gronde. Grâce à l'aide des Anglais, Ferdinand VII retrouve son trône en 1813, avec une constitution plutôt libérale pour l'Espagne. Mais une politique maladroite, à laquelle se joint l'impact des idées révolutionnaires (droit des peuples à disposer d'eux-mêmes) inspirées par la Révolution française, déclenche le morcellement de l'empire colonial espagnol. Celui-ci est facilité par les problèmes de la métropole et par le congrès de Vienne de 1815, qui abolit la traite des Noirs et vise l'esclavage en général. D'abord l'Argentine (1816), le Chili (1818), le Mexique et le Pérou (1821), puis la Colombie (1822) et la Bolivie (1825), enfin l'Équateur et le Venezuela (1830) proclament leur indépendance. Privée des ressources de ses ex-colonies, épuisée par les tentatives faites pour les conserver et mal préparée à la révolution industrielle qui s'annonce, l'Espagne, déjà très appauvrie économiquement, sombre dans un chaos politique qui facilite – malgré une première tentative républicaine de janvier 1873 à décembre 1874 – la mise en place de gouvernements de dictature.

À ce sujet, on pourrait s'étonner de l'évolution de la métropole et de ses ex-colonies, surtout si l'on essaie de faire un parallèle avec ce qui s'est passé pour les colonies anglaises, seul le sort des Indiens restant comparable... La grande différence réside dans le fait que les colons d'Amérique du Nord ont réellement voulu vivre dans le Nouveau Monde et le structurer comme une nouvelle patrie, avec son économie propre. En revanche, les colons espagnols et portugais n'ont fait que piller et vider l'Amérique du Sud et l'Amérique centrale de leurs ressources, leurs exigences se limitant à s'enrichir au plus vite pour aller profiter de leur nouvelle condition en Europe. L'indépendance des anciennes colonies espagnoles laisse ces dernières très appauvries et peu préparées à l'exploitation de leurs propres ressources. Quant aux métropoles, la perte sèche des revenus qui assuraient leur train de vie les met devant un gros problème de restructuration économique.

L'avènement de Franco

Le règne d'Alphonse XIII, à partir de 1902, n'améliore pas la situation et, après de nombreux remaniements ministériels, le général Miguel Primo de Rivera prend l'initiative d'un coup d'État en 1923. Tous les ingrédients d'une solide dictature sont réunis : Parlement dissous, plus de constitution, parti unique... Mais des conflits sociaux obligent Primo de Rivera à démissionner en 1930, et la monarchie elle-même se voit contestée. Des élections suivent, donnant à plusieurs reprises la majorité aux républicains et aux socialistes. Dès avril 1931, quelques grandes villes se proclament en républiques alors qu'Alphonse XIII n'a pas encore abdiqué. Entre-temps, un fort sentiment anticlérical se fait jour parmi la population, entraînant parfois des excès de violence. De nouvelles élections en février 1936 voient la victoire écrasante du *Frente Popular,* l'union des partis de gauche. Cette fois, la république est proclamée. Une nouvelle vague de violence et l'assassinat du député monarchiste Calvo Sotelo (le 13 juillet 1936) servent de prétexte au déclenchement de la guerre civile.

La guerre civile

Parti le 17 juillet des garnisons stationnées au Maroc (Ceuta et Melilla, aujourd'hui encore contrôlées par l'Espagne) et dirigé par le général Franco, le mouvement insurrectionnel se répand comme une traînée de poudre dans l'ouest et le nord de l'Espagne. C'est une guerre sauvage où les atrocités succèdent aux atrocités (exécution de Federico García Lorca, anéantissement de la ville de Guernica, populations civiles directement prises pour cibles), inaugurant des schémas qui vont bientôt se répéter partout pendant la Seconde Guerre mondiale. Si les grandes nations – sauf l'URSS – ne s'engagent pas franchement aux côtés des républicains, les troupes nationalistes du général Franco bénéficient largement du soutien d'Hitler et de Mussolini.

Le 26 janvier 1939, Barcelone – où s'est réfugié le gouvernement républicain – tombe aux mains du Caudillo Franco, suivie de Madrid le 28 mars. Aussitôt, un nombre considérable de gens passent les Pyrénées, fuyant un régime indésirable et la répression qui ne va pas manquer de suivre... Saignée à blanc (en 3 ans, la guerre civile a fait un million de morts !), privée de son élite intellectuelle, l'Espagne s'enfonce peu à peu dans cette torpeur caractéristique des pays dont la population est muselée par une dictature, avec son lot d'attentats, une économie paralysée et une vie culturelle réduite à néant...

La mort de Franco : une nouvelle Espagne

Le général Franco meurt le 20 novembre 1975, presque 40 ans après le soulèvement militaire de 1936. Sa disparition était à la fois crainte et espérée : les plus pessimistes allaient jusqu'à annoncer une nouvelle guerre civile... C'était ne pas prendre en compte l'habileté du roi Juan Carlos, successeur désigné par Franco en 1969, qui effectue la transition d'une main de maître : d'abord en prêtant serment devant les Cortes (le parlement espagnol) dès le 22 novembre, ensuite en faisant appel à un homme nouveau, Adolfo Suarez, comme Premier ministre. Et Suarez réussit à faire approuver à une forte majorité, par référendum, un projet libéral de réforme des institutions. En 1977, le parti communiste espagnol est reconnu légal, toujours grâce à l'autorité et à la souplesse de Juan Carlos.

Aux élections de juin 1977, le premier vainqueur est l'UCD (Union du Centre démocratique), qui soutient l'action du gouvernement, suivi du parti socialiste et du PC. La droite franquiste ne vient qu'après. Quant aux partis autonomistes, ils connaissent un net succès.

La démocratisation ne concerne pas seulement la politique, mais s'exerce dans tous les domaines. Par le pacte de la Moncloa, qui tend à bloquer le pouvoir d'achat pour limiter l'inflation, les quatre principaux partis politiques font preuve d'un grand sens civique.

Progressivement, tous les monuments (ou presque) à la gloire de Franco qui jalonnent l'Espagne sont déboulonnés. Les nouvelles autorités débaptisent des milliers de rues, ponts, hôpitaux, etc. Madrid ne compte plus qu'une seule et modeste statue du « Caudillo », au ministère du Travail, sans nom...

La constitution

La nouvelle constitution d'un État espagnol « social et démocratique », qui en fait une monarchie parlementaire, est soumise au peuple espagnol par référendum : 88 % des voix exprimées l'approuvent, mais le taux d'abstention est élevé (32 %, dont 56 % au Pays basque). Elle entre en vigueur le 29 décembre 1978, mettant définitivement fin au régime franquiste. Les élections de 1982 consacrent la victoire du parti socialiste et de son leader, Felipe González, réélu en 1986 et 1989. Puis, en 1996, c'est le parti de droite, le PP, avec José María Aznar à sa tête, qui prend le pouvoir, avant le retour en mars 2004 d'un gouvernement socialiste.

Juan Carlos

S'il existe un homme aimé de tous les Espagnols, c'est bien Juan Carlos. Ce roi sympathique est aperçu de temps à autre par les Madrilènes, se promenant à moto ou au volant de sa Mercedes sur les larges avenues de la capitale. Juan Carlos jouit d'une grande popularité. Et pourtant, l'héritage du petit-fils d'Alphonse XIII n'était pas facile à assumer. Élevé à l'étranger, le roi fut mis sur le trône par Franco lui-même. À la mort du dictateur, il fit preuve d'un grand courage, d'une volonté de fer et de beaucoup de diplomatie en soutenant le Premier ministre dans sa tâche de démocratisation et de libéralisation. Il comprit rapidement l'intérêt que son pays pourrait avoir à s'ouvrir sur l'Europe, puis à s'y intégrer. L'Espagne a trouvé en lui un vrai chef de file.

Mais c'est lors de la tentative de putsch du 23 février 1981 qu'il entra vraiment dans le cœur du peuple. Durant toute une nuit restée historique, Juan Carlos réussit à dissuader un à un les militaires de participer à l'aventure putschiste. En dénonçant le complot, il témoigna d'un sang-froid et d'un courage que les Espagnols ne sont pas prêts d'oublier et qui a légitimé définitivement la monarchie dans le pays. Depuis, le roi est un peu la vedette permanente, et sa photo paraît régulièrement dans les journaux. Les vieux nationalistes ont peu à peu appris à le respecter, les jeunes l'apprécient pour sa décontraction et son ouverture d'esprit, et les adolescentes l'adorent (à moins qu'elles ne préfèrent son fiston, Felipe).

La fin du XXᵉ siècle et le début du XXIᵉ siècle

En 20 ans, depuis la mort du Caudillo, l'Espagne a rattrapé, en puissance économique et en démocratie, ses partenaires européens. Non seulement elle a su dompter ses vieux démons, mais encore a-t-elle vite retrouvé un visage souriant, ouvert, et surtout extrêmement dynamique. L'Espagne est désormais un pays avec lequel il faut compter en Europe, un pays qui ne se contente plus de suivre les « grands frères » français et allemand. Madrid et Aznar n'ont pas hésité, en 2002 et 2003, à soutenir clairement les positions américaines en Irak, au contraire d'autres pays européens et contre l'avis d'une majorité écrasante de la population espagnole. Une vraie preuve d'indépendance, chèrement payée toutefois avec l'attentat du 11 mars 2004, à Madrid. Avec sa capitale, l'Espagne tout entière a été secouée par cette barbarie terroriste. Respectant sa promesse électorale, José Luis Zapatero, le nouveau Premier ministre, a d'ailleurs retiré les troupes espagnoles d'Irak dès mai 2004.

En mai 2004, le pays a retrouvé un brin de sourire en célébrant en grande pompe le mariage du prince héritier du trône, Felipe de Bourbon, avec l'ancienne journaliste de télévision Letizia Ortiz, roturière et divorcée (si, si !).

IMMIGRATION CLANDESTINE

Andalousie : la porte d'entrée si convoitée de l'Europe

Les chemins de l'immigration clandestine qui débouchent en Andalousie sont bien connus. Les ressortissants des pays de la ceinture saharienne rejoignent ainsi Maghnia en Algérie, puis Oujda, Fès, Rabat et Tanger au Maroc. Beaucoup proviennent d'Afrique sub-saharienne : Nigeria, Mali, Sénégal, Guinée-Bissau et, surtout, de pays en guerre, comme la Côte-d'Ivoire, le Liberia et la Sierra Leone.

Au début des années 1990, la médina de Tanger était le haut lieu du trafic. Il suffisait de s'adresser à certains cafés pour organiser le voyage. Les autorités tant espagnoles que marocaines fermaient peu ou prou les yeux. Il faut dire que les chantiers de construction des sites des JO et de l'Expo universelle de Séville faisaient une grosse consommation de main-d'œuvre bon marché. Avec la complicité des autorités, ils embarquaient (selon les témoignages recueillis par notre confrère Maurice Lemoine du *Monde diplomatique*) sur le ferry Ceuta-Algésiras, « en toute simplicité ». Le passage est devenu aujourd'hui bien plus difficile, et prend un visage affligeant. De nombreuses ONG dénoncent les conditions précaires des sans papiers, rejetés aux portes du désert marocain par des barrières technologiques de plus en plus efficaces. Ayant tout à jouer et surtout rien à perdre, ils s'accrochent parfois aux essieux des camions embarqués sur les bacs ou se dissimulent dans des containers (on retrouve des évocations de ces pratiques dans le film *Loin,* d'André Téchiné).

La plupart, cependant, continuent de tenter l'aventure par voie de mer. Certains passeurs affrètent des barques à fond plat (les tristement célèbres *pateras*), indécelables par les radars des garde-côtes, et y entassent hommes, femmes et enfants. Longtemps, les passages se sont surtout fait sur l'axe Tanger-Tarifa, Ceuta-Algésiras et Nador-Almería pour les plus courageux. La confluence de l'océan Atlantique et de la mer Méditerranée rend très difficile la navigation pour ces barcasses de fortune : la *guardia civil* ne compte plus celles qui touchent le fond, la Méditerranée prélevant son tribut. En majorité, les passages s'effectuent de nuit, les mois d'été. Parfois, certains mafieux qui organisent le trajet poussent le cynisme jusqu'à redébarquer les clandestins sur les côtes du Maroc...

Renforcement de la vigilance espagnole oblige, de plus en plus de candidats à l'émigration tentent désormais l'incroyable traversée vers les Canaries :

des chiffres récents estiment à environ 10 000 le nombre de personnes s'entassant à Nouadhibou, une ville du nord-ouest de la Mauritanie, en attendant de s'embarquer sur une coque de noix pour la traversée de 800 km en plein Atlantique. Le coordinateur du Croissant Rouge mauritanien estime à 40 % le nombre de navires qui font naufrage avant d'atteindre leur but. Cette route étant aussi la moins coûteuse, le filon risque de ne pas se tarir tout de suite pour les passeurs et profiteurs divers.

La troisième et dernière voie d'immigration ressemble très fortement au *mur de la honte*. La petite enclave de Ceuta (un territoire espagnol en terre marocaine) partage 8 km de frontière avec le royaume chérifien. Pour les séparer, un gigantesque mur de 3 m de haut équipé de caméras thermiques et de détecteurs sensoriels. Du haut de ses points d'observation, la *guardia civil*, à l'aide de jumelles à vision nocturne, repère ceux qui viennent se brûler les ailes sur les barbelés de Schengen. Tant à Ceuta qu'à Melilla, l'autre enclave espagnole au Maroc, ils sont parfois plusieurs centaines à s'élancer en même temps, avec des échelles de fortune, pour tenter de déjouer l'attention des gardes-frontière. Fin septembre 2005, la mort de plusieurs d'entre eux, tués par balles, a enfin attiré l'attention de l'opinion publique et des autorités. « Quand la répression, financée par l'Union européenne se durcit, les immigrés subsahariens risquent le tout pour le tout », constate Hicham Rachidi de l'Association des amis des familles et victimes des immigrés clandestins (AFVIC). Parmi ceux qui réussissent à passer, ceux qui ont conservé leurs papiers sont immédiatement reconduits à la frontière. Les autres sont placés dans le camp de Calamocarro, en attendant que l'on sache quoi faire d'eux. Construit pour accueillir 500 personnes, on s'y entasse aujourd'hui à plus de 2 000. Certains de leurs occupants, Maghrébins, Africains francophones et anglophones, n'hésitent pas à attenter à leur propre santé afin qu'une ONG fasse accepter par les autorités un traitement urgent en Europe. Une solution, si l'on peut dire, à double tranchant, car de plus en plus d'hôpitaux espagnols refusent les patients sans papiers et insolvables... Les autres font une demande d'asile, en attendant que l'on statue (sans grand espoir) sur leur sort. La plupart, cependant, restent coincés du côté marocain, s'accrochant à l'espoir d'un hypothétique passage, leurs maigres économies envolées ou dérobées, incapables désormais de rebrousser chemin (les filières sont unidirectionnelles). Et comment revenir les bras vides après des années d'errance et d'espoir ? En attendant une vraie implication de l'Occident dans la lutte contre la pauvreté en Afrique, source primaire du mal, le gouvernement socialiste espagnol a surélevé les clôtures.

INFOS EN FRANÇAIS SUR TV5

TV5MONDE vous accompagne : la chaîne TV5MONDE est reçue dans de nombreux hôtels du pays, et disponible dans la plupart des offres du câble et du satellite.

Si vous êtes à l'hôtel, et que vous ne recevez pas TV5MONDE dans votre chambre, n'hésitez pas à le leur demander ; vous pourrez ainsi recevoir 18 fois par jour des nouvelles fraîches de la planète en français.

Pour tout savoir sur TV5, connectez-vous à • www.tv5.org •

LANGUE

L'andalou est l'un des accents les plus faciles à reconnaître parmi ceux de la péninsule. Comme il fait chaud et qu'il est toujours difficile de faire des efforts (surtout lorsque l'on est en vacances), l'andalou facilite la tâche des *gabachos* (notre surnom chez les Ibères) causant l'espingouin. Vous pouvez donc supprimer tous les « s » finaux symbolisant le pluriel. Exemple : *Las cucarachas de las habitaciones* en espagnol, *Lah cucarachah de lah habitacioné* en andalou. Mais parfois, la suppression de certaines lettres peut sérieusement nuire à la compréhension : *Sigä y to'o rè'to, tiray pa' abajo y te vay a encont-char lo' un bar. Ahi 'sta.* Traduction espagnole : *Siga todo recto hacia abajo y vas a encontrar un bar. Ahí está.* Traduction française (revue et corrigée !) : « C'est pas difficile à trouver, si tu descends la route tu tomberas dessus sans te planter, ou alors t'es vraiment pas doué, mon gars ! »

Important

En espagnol, le « ñ » se prononce « gne » et le « v » se prononce plus « b » que « v ». *España* se dit « Espagna », *cerveza* « cerbessa », *Sevilla* « Sebilla », *Valencia* « Balencia », etc. Attention cependant, tout excès nuit ; essayez quand même de pondérer entre le « v » et le « b ».

Vocabulaire usuel

Pour vous aider à communiquer, n'oubliez pas notre *Guide de conversation du routard* en espagnol.

oui	*sí*
non	*no*
bonjour	*buenos días*
salut	*hola ¿ qué hay ?*
salut la compagnie	*hola, muy buenas*
bonsoir	*buenas tardes (buenas* pour les intimes*)*
bonne nuit	*buenas noches*
aujourd'hui	*hoy*
hier	*ayer*
demain	*mañana*
ce matin	*esta mañana*
ce soir	*esta noche*
au revoir	*adiós*
à bientôt	*hasta luego*
s'il vous plaît	*por favor*
merci	*gracias*
merci beaucoup	*muchas gracias*
de rien	*de nada*
excusez-moi	*perdóneme, disculpe*
parlez-vous français ?	*¿ habla francés ?*
comment vous appelez-vous ?	*¿ cómo se llama ?*
je ne comprends pas	*no entiendo*
je ne sais pas	*no sé*
comment dit-on en espagnol ?	*¿ cómo se dice en castellano ?*
quelle heure est-il ?	*¿ qué hora es ?*
poste restante	*apartado de correos*
bureau de tabac	arrêtez plutôt de fumer !
je voudrais	*quisiera*
d'accord	*de acuerdo, vale* (ce dernier employé à tout bout de champ en Andalousie)
timbre	*sello*
enveloppe	*sobre*
tampons	*tampones*
serviettes hygiéniques	*toallas higiénicas*
monnaie, appoint	*cambio*
guichet automatique	*cajero automático bancomat*
carte de paiement	*tarjeta de crédito*
pas cher, bon marché	*barato*
cher	*caro*

À l'hôtel

hôtel	*hotel*
auberge	*albergue*
pension	*hostal, fonda, pensión*
garage	*garaje*
chambre	*habitación*
chambre double	*habitación doble / de dos camas*
pourriez-vous me la montrer (la chambre) ?	*¿ me la puede enseñar, por favor ?*
climatisation	*aire acondicionado*
lit	*cama*
lit à 2 places	*cama de matrimonio*
réservation	*reserva*
combien par jour ?	*¿ cuánto por día ?*
service compris	*servicio incluido*
pourriez-vous me réveiller à 8 h ?	*¿ me puede despertar a las ocho ?*
petit déjeuner	*desayuno*
toilettes	*servicios*
salle de bains	*cuarto de baño*
je voudrais la note	*quisiera la cuenta*
la cour	*el patio*

Au restaurant

déjeuner	*almuerzo*
dîner	*cena*
repas	*comida*
menu	*menú*
carte	*carta*
agneau	*cordero*
porc	*cerdo*
bœuf	*vaca*
jambon	*jamón*
poulet	*pollo*
veau	*ternera*
filet de porc	*solomillo*
côtelette	*chuleta*
rôti	*asado*
grillé	*a la plancha*
frit	*frito*
entrecôte, longe	*lomo*
poisson	*pescado*
fruits de mer	*mariscos*
hors-d'œuvre	*entremés*
œufs	*huevos*
omelette	*tortilla*
salade	*ensalada*
légumes	*verduras*
dessert	*postre*
fromage	*queso*
glace	*helado*
vin rouge (hic !)	*vino tinto*
vin blanc (re-hic !)	*vino blanco*
eau plate/gazeuse	*agua sin gaz/con gaz*
bière, panaché	*cerveza, clara*
café noir	*café solo*
café crème	*cortado*
café au lait	*café con leche*

l'addition	*la cuenta (ou me cobras)*
assiette	*plato*
verre (pour l'eau)	*vaso*
verre (pour le vin)	*copa*
couteau	*cuchillo*
cuillère	*cuchara*
fourchette	*tenedor*
serviette	*servilleta*
sel	*sal*
poivre	*pimienta*
moutarde	*mostaza*
huile	*aceite*
vinaigre	*vinagre*
beurre	*mantequilla*
pain	*pan*
bouteille	*botella*
je suis végétarien(ne)(c'est pas gagné...)	*soy vegetariano(a)*
prix du marché	*precio s/m (según mercado)*

Sur la route

où va cette route ?	*¿ a dónde va esta carretera ?*
est-ce la route de... ?	*¿ es ésta la carretera de... ?*
à combien de kilomètres ?	*¿ a cuántos kilómetros ?*
à droite	*a mano derecha*
à gauche	*a mano izquierda*
tout droit	*todo recto*
je suis en panne (dur, dur !)	*tengo una avería (¡ duro, duro !)*
station-service	*gasolinera*
sans plomb	*sin plomo*
où y a-t-il de l'eau ?	*¿ dónde hay agua ?*
au tournant (à l'angle)	*a la vuelta*
loin	*lejos*
plus loin	*más lejos*
près	*cerca*
interdit	*prohibido*
descente	*bajada*
côte	*cuesta*
virage	*curva*
travaux	*obras*
village	*pueblo*
feu rouge (ou vert)	*semáforo*

Quelques repères

rond-point	*rotonda*
chapelle	*capilla*
église	*iglesia*
stop	*parada*
coin de rue	*esquina*
kiosque à journaux	*kiosko*
cabine de téléphone	*teléfono público*
impasse (plus ou moins coupe-gorge)	*callejón*
tour	*torre*
entrepôt	*almacén*
zone industrielle	*polígono industrial*

marché	*mercado*
marché aux bestiaux	*mercado de abastos*
place	*plaza*
promenade	*paseo*
quartier récent	*urbanización*

Quelques abréviations

calle, carrer	c/ (rue)
avenida	av. (avenue)
carretera	ctra (route, chemin)

À la gare

gare	*estación*
billet	*billete*
à quelle heure le train arrive-t-il... / part-il ?	*¿ a qué hora llega (sale) el tren... ?*
où faut-il changer de train ?	*¿ dónde hay que cambiar de tren ?*
le prochain	*el próximo*
le dernier	*el último*
le premier	*el primero*
réduction	*precio reducido*
aller simple	*sencillo*
aller-retour	*ida y vuelta*
entrée	*entrada*
sortie	*salida*
correspondance	*enlace, cambio*
guichet	*taquilla*
quai	*andén*
bagages	*equipaje*
compartiment	*compartimiento*
wagon	*coche*
couchette	*litera*
contrôleur	*revisor*

Le temps

jour	*día*
semaine	*semana*
lundi	*lunes*
mardi	*martes*
mercredi	*miércoles*
jeudi	*jueves*
vendredi	*viernes*
samedi	*sábado*
dimanche	*domingo*
matin	*mañana*
midi	*medio día*
après-midi	*tarde*
soir	*noche*
minuit	*media noche*
heure	*hora*
quart	*cuarto*
demi	*media*
minute	*minuto*
nuageux	*nuboso*

pluie	*lluvia*
averses	*chubascos*
brouillard	*niebla*
neige	*nieve* (ne pas confondre avec le précédent, même s'ils sont parfois ensemble !)

Chiffres

un, une	*uno, una*
deux	*dos*
trois	*tres*
quatre	*cuatro*
cinq	*cinco*
six	*seis*
sept	*siete*
huit	*ocho*
neuf	*nueve*
dix	*diez*
onze	*once*
douze	*doce*
treize	*trece*
quatorze	*catorce*
quinze	*quince*
seize	*dieciseis*
dix-sept	*diecisiete*
dix-huit	*dieciocho*
dix-neuf	*diecinueve*
vingt	*veinte*
cinquante	*cincuenta*
cent	*ciento, cien*
deux cents	*doscientos*
cinq cents	*quinientos*
mille	*mil*

L'abréviation « c/ », que vous retrouverez tout au long de ce guide, signifie tout simplement *calle,* c'est-à-dire « rue ».

LEXIQUE ANDALOU

– *Abbassides* : nom donné aux califes arabes issus de la dynastie d'Abu Abbas al-Saffah.

– *Alcaicería* : souk où l'on trouvait des objets de luxe. Il était en général fermé.

– *Alcázaba* : cité ceinte de hauts remparts. À ne pas confondre avec l'alcazar.

– *Alcázar* : palais habité par les rois et gouverneurs.

– *Almohades* : nom des Berbères qui dominèrent une bonne partie de l'Espagne et tout le Maghreb du milieu du XIIe jusqu'au milieu du XIIIe siècle.

– *Art du califat de Cordoue* : on le retrouve dans l'art de la *mezquita* (mosquée). L'influence syrienne y fut très grande.

– *Azulejos* : carreaux de faïence qui couvrent le bas des murs et qui forment de fantastiques combinaisons géométriques. Les dominantes de couleurs sont le bleu, le vert, l'ocre et l'argenté. Les formes s'entrelacent à l'infini et composent souvent de belles étoiles.

– *Churrigueresque* (style) : baroque exacerbé, hyper-chargé, du début du XVIIIe siècle. Ce style provient du nom de l'artiste José de Churriguera, qui ne faisait pas dans la dentelle.

– *Gothique flamboyant* : fin de l'époque gothique (tout au long du XVe siècle, surtout). Bien souvent les armatures de pierre font penser à des flammes. En Espagne, on rencontre plus souvent le gothique isabellin (celui de l'époque de la reine Isabelle la Catholique).

– *Mauresque* : nom donné à l'art musulman utilisé en Espagne de manière générale.

– *Mihrab* : niche vers laquelle on se tourne pendant la prière dans une mosquée. Elle est en général voûtée et ornée de motifs délicats et de textes sacrés calligraphiés.

– *Morisques* : musulmans qui restèrent en Espagne après la Reconquista. La répression qu'ils subirent les poussa à se réfugier dans les Alpujarras, avant d'être chassés du pays en 1609.

– *Mozarabe* (art) : art chrétien influencé par l'art musulman pendant l'occupation arabe, à partir du Xe siècle. C'est l'exact parallèle de l'art mudéjar.

– *Mozarabes* : nom donné aux chrétiens pendant l'occupation musulmane.

– *Mudéjar* (art) : c'est l'art musulman appliqué aux palais et demeures chrétiennes après la Reconquête. Ce fut une manière pour l'art musulman de continuer à vivre après la défaite. Bien souvent, il se mélange à d'autres styles avec plus ou moins de bonheur. Les Rois Catholiques raffolaient du raffinement dont bénéficiaient les califes et sultans, et souhaitaient avoir le même décor pour leurs propres palais. Le chef-d'œuvre de ce style reste l'Alcazar de Séville, du XIVe siècle. Les principaux endroits où s'applique le style mudéjar sont les plafonds, les murs et les tours de porte.

– *Musulman* (art) : art propre aux différentes dynasties arabes, Omeyyades (du IXe au XIe siècle), Almoravides (XIe siècle), Almohades (XIIe siècle), Nasrides (XIIIe et XIVe siècles).

– *Omeyyades* (ou *Umayyades*) : dynastie qui domina l'Espagne du VIIIe siècle au milieu du XIe siècle. Fondée par Mu'awiyya, calife au VIIe siècle. Réputée pour sa tolérance vis-à-vis de la représentation des animaux et des êtres humains.

– *Plateresque* (style) : son nom provient de la manière dont on ciselait l'argent (*plata*), très minutieusement, comme le faisaient les orfèvres. Il apparaît avec les Rois Catholiques et trouve son influence dans les styles gothique et Renaissance italienne essentiellement. Le souci du détail et la richesse ornementale qui le caractérisent le rendent parfois lourd à digérer. Les portes et les fenêtres des églises sont le théâtre de son expression. Diego de Siloé, l'architecte de Burgos, en est l'un des représentants les plus fameux.

LIVRES DE ROUTE

– **Manuscrit trouvé à Saragosse** (1815), de Jean Potocki ; roman ; éd. LGF – Le Livre de Poche, 1993. Arrivé en Andalousie pour devenir capitaine des Gardes wallonnes, un jeune étranger est entraîné dans une drôle d'aventure qui prendra l'allure d'une épreuve initiatique. Pendant les deux mois qu'il passe dans les Alpujarras, entre la sierra Nevada et la mer, plusieurs personnes lui racontent l'histoire de leur vie, entrecoupée de narrations que leur ont faites d'autres personnes qui relatent à leur tour les récits qu'elles ont entendus. Somme alliant roman picaresque, histoire de brigands, roman noir, conte fantastique, roman libertin, conte philosophique, histoire d'amour, en un ballet parfaitement réglé. Le texte devient le miroir d'un univers à perspectives multiples, où coexistent des systèmes de valeurs, des conceptions religieuses et philosophiques, des sentiments de l'honneur apparemment incompatibles. Si le mot n'était pas galvaudé, on dirait bien de cette œuvre qu'elle est inoubliable !

– **Contes de l'Alhambra** (1831), de Washington Irving ; contes ; éd. Phébus, 2004 ; traduit de l'anglais par André Bélamich. En 1829, un Yankee distingué (l'auteur) et un ami peintre arrivent à Grenade, cité oubliée perdue au milieu de ses montagnes, desservie par de mauvaises pistes qui sont autant de coupe-gorge. Ils se voient offrir pour quelques mois, en guise de lieu de villégiature, un palais à demi ruiné : l'Alhambra ! Et le récit de voyage se transforme en recueil de contes, à la gloire d'une Espagne maure anéantie par la violence de l'histoire... mais toujours vivante dans le secret des cœurs.

– *Voyage en Espagne* (1843), de Théophile Gautier ; récit de voyage ; éd. Flammarion, 1998 ; poche : GF n° 367. Gautier est un romantique impénitent, tout autant fasciné par la violence des courses de taureaux que par l'élan de spiritualité qu'il décèle dans les églises espagnoles.

– *Poésie II* (1928), de Federico García Lorca ; poèmes ; éd. Gallimard ; poche : Poésie-Gallimard n° 2 ; traduit de l'espagnol par A. Belamich, P. Darmangeat, J. Supervielle et J. Prévost. Il faut lire ce 2e tome des *Poésies* pour le célèbre *Romancero gitano*... Dans la période troublée que vit l'Espagne des années 1930, le gitan est pour García Lorca l'un des derniers témoins d'un âge d'or et d'innocence, sans morale ni contrainte. Le poète convoque ici l'Andalousie, ses paysages, et distille ce qu'il y a de plus authentique dans l'âme andalouse à l'aide d'une écriture d'une musicalité extrême.

– *Pour qui sonne le glas* (1940), d'Ernest Hemingway ; roman ; éd. Gallimard, 1991 ; poche : Folio n° 455 ; traduit de l'anglais par D. Van Moppès. Passionnant récit d'aventures à l'allure de tragédie antique, tout autant que méditation sur le destin de l'homme. Le pont andalou que le héros a pour mission de faire sauter devient le symbole de l'affrontement décisif entre fascisme et antifascisme. Une vision plus lyrique de la guerre d'Espagne que, par exemple, celle d'un Malraux (voir plus bas).

– *Toreros de Salón* (1963), de Camilo José Cela ; nouvelles ; éd. Verdier, 1989 ; traduit de l'espagnol par A. Martin. Chez Camilo José Cela, malgré une ironie mordante et parfois un soupçon de tendresse, on apprécie surtout la retenue et le refus du jugement de valeur. En quelques portraits, il campe ces toreros de salon et leurs taureaux, au ridicule plus accusé encore.

– *Ou tu porteras mon deuil* (1976), de Dominique Lapierre et Larry Collins ; roman ; éd. Pocket, 1994. Juillet 1936 : la guerre civile jette sur les routes des centaines de milliers de réfugiés. Sous le soleil d'Andalousie, une femme fuit serrant un nouveau-né, son 5e enfant : Manuel. Devenu torero, le jour de son investiture solennelle, celui-ci déclare à sa sœur : « Ce soir je serai porté en triomphe ou tu porteras mon deuil. » Un Lapierre et Collins de bonne facture, qui raconte méticuleusement l'irrésistible ascension d'un gosse des rues devenu héros multimillionnaire de l'Espagne moderne : El Cordobés (voir la rubrique « Personnages »).

– *La Peau du tambour* (1995), d'Arturo Pérez-Reverte ; roman ; éd. du Seuil, Points, 2004. Une église en ruine qui tue pour se défendre, au cœur du quartier de Santa Cruz à Séville, tel est le mystère que doit résoudre le ténébreux Lorenzo Quart, chargé d'enquêter sur les meurtres pour le compte du Vatican. Arturo Pérez-Reverte, maître espagnol de l'intrigue, nous livre un récit plein de rebondissements, foisonnant de personnages hauts en couleur. Et puis il y a Séville, en toile de fond, magnifiquement présente tout au long du récit, ses *tavernas*, ses habitants, ses vieilles pierres : l'autre guide que vous vous emmènerez en voyage dans cette ville andalouse !

– *Le Baroud andalou* (2000), de Bertrand Delcour ; coll. Le Polar du Routard ; éd. Hachette. Vous ne connaissez pas encore les aventures d'Edmond Benakem, reporter au *Guide du guide* ? Alors découvrez-les dans ces péripéties andalouses, narrées par un auteur de romans policiers.

Pour faire bonne mesure, voici 3 œuvres qui ne concernent pas directement l'Andalousie mais qui, pour ceux qui désirent mieux connaître l'Espagne, sont 3 ouvrages de référence à ne pas manquer !

– *La Vie de Lazarillo de Tormes* (vers 1554), éd. Aubier-Flammarion (éd. Bilingue), 1994. Écrit par un auteur inconnu, *La Vie de Lazarillo de Tormes* n'en demeure pas moins un véritable joyau de la littérature espagnole. Cette historiette, gorgée de truculence, d'intelligence vive et de bons mots, fut visiblement éditée vers 1554. L'histoire est simple : un garçon est confié dès son plus jeune âge à un aveugle dont il devient le serviteur. Puis, du mendiant aveugle, il passe chez un prêtre avare, chez un écuyer famélique et chez un marchand d'indulgences. Notre apprenti Peter Pan devient le larbin de tout le monde et ne veut servir personne. Malicieux, il accède à la sagesse en rivalisant de cynisme et de coups bas. Peinture sociale géniale, pamphlet d'un sombre siècle, ce semblant d'autobiographie ouvre la voie d'une tradition picaresque que Cervantes peuplera bientôt de deux grands frères de ce Lazarillo : el señor Quijote et son valet Sancho Pança.

– **Don Quichotte de la Manche** (1605), de Miguel de Cervantes ; roman ; éd. Le Seuil, 2006 ; Points : GF nos 919 et 920 ; traduit de l'espagnol par A. Schulman. Roman picaresque qui nous fait voyager dans toute l'Espagne du siècle d'Or, *Don Quichotte* est également une parodie des romans de chevalerie à la mode à cette époque. Un classique, indispensable pour quiconque aime l'Espagne... et la littérature. Sus aux moulins à vent !

– **L'Espoir** (1937), d'André Malraux ; roman ; éd. Gallimard, 1996 ; poche : Folio n° 16. Malraux a vécu en direct les événements de la guerre d'Espagne ; de fait, son roman est aussi une sorte de chronique où la réflexion politique prend une place centrale. Face aux franquistes, il préfère très clairement l'organisation et le pragmatisme des communistes à l'utopie anarchiste. *L'Espoir,* c'est l'espoir en l'homme.

MÉDIAS

Presse

L'Espagnol lit peu mais lit proche. Les 2 grands quotidiens nationaux *El Mundo* (1,2 à 1,3 million de lecteurs), de sensibilité libérale droitière, et *El País* (2 millions), plus socialisant, n'atteignent ces chiffres de diffusion que grâce à leurs éditions régionales (15 pour le premier, 7 seulement pour le second). Dans tous les cas, ils sont désormais dépassés par certains gratuits, au premier titre desquels *20 Minutos* (2,4 millions de lecteurs). Dans les hôtels, les restaurants et les campings, les quotidiens régionaux se taillent la part du lion et, le plus souvent, on ne trouve qu'eux. Mais ils sont bien différents des grands titres de la presse régionale française. Les régionaux espagnols dépassent rarement les 200 000 exemplaires et ne s'intéressent guère qu'à l'actualité de 1 ou 2 provinces. D'où une foultitude de titres (près de 10 pour la seule Andalousie). Pour la plupart, ils traitent avec soin des nouvelles internationales (surtout européennes en fait) et nationales, mais y ajoutent d'innombrables pages locales où fleurissent les faits divers. Pour le voyageur, ce peut être une aubaine : le moindre événement, le moindre concert, la moindre foire artisanale ou marché sympa est signalé. Ajoutons les annonces publicitaires, les agendas culturels souvent très détaillés (cinés, théâtres, spectacles...), les pages TV, etc. Bref, une mine d'infos que cette presse locale, même si, il faut bien le dire, elle est encore plus conservatrice que la presse régionale française.

En Andalousie, il existe une multitude de journaux locaux, comme le *Diario de Almería* qui ne traite que de la province d'Almería, le *Diario de Cadiz* pour la province du même nom, ou *Sur* qui recense tous les événements ayant lieu sur la Costa del Sol entre Málaga et Gibraltar. Les tirages sont loin d'être ridicules : *Ideal*, qui diffuse sur la région Jaén-Granada-Almería, tire chaque jour à environ 40 000 exemplaires.

Pour bien préciser l'importance de cette info locale, il suffit de dire que *Marca*, le grand quotidien sportif, imprime chaque jour 10 éditions régionales. Forcément, les équipes de foot ne sont pas les mêmes à Vigo ou à Séville, tout le monde sait ça !

Côté magazines, la presse people caracole en tête derrière le vétéran ¡ Hola ! et ses 730 000 exemplaires. Les concurrents sont nombreux : Semana, Diez minutos et le petit dernier ¿ Qué me dices ? La presse people espagnole fouille nettement moins dans les poubelles que ses homologues européens. Certes, on y parle des top models et de Caroline de Monaco, mais ce qui plaît aux Espagnols, ce sont les infos (pas les ragots) sur les toreros, les grands chanteurs de flamenco et les rejetons de la noblesse (la famille royale d'Espagne en particulier). Bref, la tendance serait plus Point de Vue que Gala. Et quand la fille de la duchesse d'Albe épouse le fils d'un grand torero remarié avec une chanteuse de flamenco, c'est du délire ! En fait, c'est un bon moyen d'entrer dans la société espagnole par la petite porte.

Télévision

Une surprise : les petits tirages de la presse TV. Teleprograma, le leader, plafonne à 250 000 exemplaires. Les Espagnols regarderaient-ils peu la TV ? Certes non, ils sont même les champions cathodiques d'Europe. Dans les bars, les restos, les campings, il y a toujours une TV allumée, le volume à fond de préférence. C'est l'une des plaies des campings espagnols. Mais la TV espagnole est simple : sports, séries, jeux, journaux télévisés, corridas et quelques films. Dans l'intervalle, des débats pour passer le temps.
Aux 5 chaînes principales, TVE 1, TVE 2 et Antena 3 (chaînes d'État, la dernière avec des décrochages régionaux), Tele 5 (assez proche de notre M6) et Canal Plus, s'ajoutent quelques chaînes locales comme Canal Sur en Andalousie. Les horaires des programmes se trouvent dans le journal local, donc pas besoin de journal spécialisé. Sachez que les journaux télévisés suivent l'heure des repas (15 h et 21 h sur TVE 1 ou Antena 3, 22 h sur TVE 2). Ce qui plaît le plus aux Espagnols à part le foot, les corridas et le cyclisme, ce sont les émissions people (décidément, c'est leur truc), comme Gente sur TVE 1 ou Rumores sur Antena 3. Soyez certain que le patron du petit bistrot dans lequel vous dînez tranquillou va zapper d'un match de foot à une course cycliste, même de seconde catégorie, avant de vous infliger les amours de la chanteuse Isabel Pantoja et la fin de la superbe corrida de Valence. Vous n'aurez plus qu'à vous réfugier dans votre hôtel pour visionner un bon reportage sur des sujets de société (les journalistes espagnols excellent dans cet exercice) ou des chaînes codées ou câblées. Voir aussi la rubrique « Infos en français sur TV5 » plus haut.

Radio

De ce côté-là, c'est un peu la pagaille. Des centaines de mini-radios inondent la bande FM. Pour écouter de la musique locale (surtout en Andalousie), c'est l'aubaine, sauf en voiture car le cantaor au duende fabuleux se trouve soudain remplacé par un débat sur la culture des olives au détour d'une colline. Une valeur sûre : Radio Clásica.

MUSÉES, SITES ET HORAIRES

De façon générale, l'Espagne a le mérite de pratiquer des prix plutôt raisonnables en ce qui concerne l'accès aux nourritures culturelles.
Les sites majeurs sont tous payants et chers (entre 6 et 10 €). Certains d'entre eux proposent l'entrée gratuite un jour par semaine. Ce jour-là, on conseille vivement d'arriver dès l'ouverture. Les musées plus mineurs sont parfois payants mais bon marché (entre 1 et 4 €), voire totalement gratuits pour les ressortissants de l'UE (il est rarissime que l'on vous demande passeport ou carte d'identité). Les étudiants peuvent bénéficier de réductions, à condition de présenter l'une leurs cartes (la carte d'étudiant française suffit souvent).

En résumé, prix comparables aux prix français avec plus de musées gratuits. En revanche, les églises de renom sont payantes, ce qui est un comble ! IMPORTANT : pour les horaires, on entre là dans un domaine particulièrement délicat. Les indications sont parfois contradictoires : il y a les horaires officiels de l'office du tourisme, les horaires indiqués sur les sites eux-mêmes, les prospectus... et la réalité. Nous vous indiquons ceux effectivement relevés à un moment donné, mais les variations sont fréquentes d'une saison à l'autre et d'un interlocuteur à l'autre. À vérifier sur place, donc, et comme nous, vous risquez de vous casser le nez de temps à autre.

De plus, les jours fériés (les fêtes de fin d'année et la Semaine sainte en particulier), les horaires sont restreints et encore plus incertains : dans les grandes villes, les offices du tourisme disposent alors en général d'une fiche récapitulant les horaires modifiés de tous les sites.

PATIOS

Bien avant les Arabes, ce sont les Romains qui instituèrent l'ordonnancement de l'habitat autour du patio, petite cour centrale non couverte. Cette organisation fut développée par les Arabes. Le patio possède de multiples avantages. Il permet d'avoir le sentiment d'être chez soi tout en étant à l'extérieur, il protège des regards curieux ainsi que du soleil. La chaleur y est moins forte et la lumière moins crue. C'est un lieu de réunion, de rencontre de toute la famille. Une multitude de plantes en pots en tapisse souvent les murs, tandis qu'une fontaine centrale fait bruire un filet d'eau rafraîchissant.

Les patios de Cordoue sont sans doute les plus beaux d'Andalousie : petits pavés mal ajustés au sol, beaux panneaux d'azulejos sur la partie basse des murs, grille en fer forgé élégamment travaillée à l'entrée.

PERSONNAGES

La période romaine

Très tôt, l'Andalousie a produit son contingent de grands hommes : le philosophe **Sénèque** (4 av. J.-C.-65 apr. J.-C.) et le poète **Lucain** (39-65), tous deux nés à Cordoue, et les deux grands empereurs **Trajan** (53-117) et **Hadrien** (76-138), tous deux nés à Italica (jouxtant l'actuelle Séville).

L'âge d'or d'Al-Andalus

La civilisation d'Al-Andalus a donné naissance aux plus brillants médecins et philosophes que le Moyen Âge a connus. Ces derniers ont exercé une influence déterminante tant sur le monde arabe que sur l'Occident chrétien, permettant la diffusion de la pensée grecque (principalement celle d'Aristote) et préparant l'avènement de la Renaissance.

– **Avenzoar** (1091-1162) : de son nom arabe Abu Merwan Ibn Zuhr, c'est l'un des plus grands médecins du Moyen Âge, précurseur de la médecine expérimentale. Il se différencie en testant sur l'animal avant d'appliquer à l'homme, pratiquant par exemple la trachéotomie sur une chèvre. La liste de ses découvertes est immense ; on retiendra la mise au point de l'alimentation artificielle par sonde œsophagienne ainsi que des avancées capitales sur les maladies du cerveau.

– **Averroès** (1126-1198) : de son nom arabe Abú al-Walìd ibn Ruchd, c'est l'esprit le plus brillant de son temps, à la fois philosophe, médecin (disciple d'Avenzoar), mathématicien, astronome et homme de loi. Né à Cordoue, il occupe de hautes fonctions, notamment grand cadi de cette ville en 1171 et premier médecin à la cour du calife Abú Yaqub Yusuf en 1182. Appelé à Marrakech par Al-Mansur pour y réformer l'administration de la justice, il retourne à Cordoue pour y professer sa vision de la philosophie... qui lui vaut les pires ennuis. Averroès voit ses livres brûlés et doit vivre dans la clandestinité et la pauvreté jusqu'à ce qu'il soit rappelé à Marrakech, où il meurt réhabilité en 1198. Qu'avait-il donc écrit pour s'attirer de telles foudres ? Eh bien, que les vérités métaphysiques pouvaient s'exprimer de deux manières différentes et pas forcément contradictoires : par la philosophie et par la religion. Il revient au sens originel de l'enseignement d'Aristote et cherche à concilier la philosophie aristotélicienne et la foi musulmane. Sa doctrine, traduite en latin et en hébreu, soulève des débats passionnés dans le monde chrétien où elle est condamnée par l'Église dès 1240. Contribuant à la diffusion des cultures grecque et arabe dans le monde occidental, il a une influence majeure sur les penseurs du Moyen Âge. Le cinéaste égyptien Youssef Chahine lui a consacré un beau film : *Le Destin*.

– *Maïmonide* (1135-1204) : né à Cordoue, médecin, théologien et philosophe juif, de son nom hébreu Moshe Ben Maimon (connu par les arabes comme Mussa ibn Maimún), c'est un pur produit d'Al-Andalus. La répression religieuse exercée par les Almohades à leur arrivée au pouvoir oblige sa famille à simuler sa conversion à l'islam puis à fuir en Palestine. À la mort du père, les Ben Maimon partent en Égypte mais, au cours du voyage, le grand frère de Moshe meurt noyé. Aussi, à 30 ans, pour assurer la subsistance de sa mère, ce dernier commence à prodiguer des soins et acquiert vite une telle réputation que le sultan Saladin en fait son médecin personnel ! Il rédige 18 traités sur des sujets variés comme l'asthme, la vie conjugale, les hémorroïdes, la conservation de la santé, les plantes médicinales (en herboristerie et phytothérapie, on n'a guère fait mieux depuis !). En tant que théologien, on lui doit une immense compilation du Talmud et, en tant que philosophe, un *Guide des égarés* où il essaie de mettre en accord l'enseignement de la Torah avec la philosophie d'Aristote (se posant en cela en digne collègue d'Averroès !). C'est sans doute la plus haute figure juive du Moyen Âge et toute conception rationaliste du judaïsme, jusqu'à ce jour, se réclame de Maïmonide.

– *Ibn Al-Arabi* (1165-1240) : né à Murcie, il fait ses études à Séville. Il écrit plusieurs livres témoignant de sa conception mystique de la vie humaine, assimilée à un voyage vers Dieu et en Dieu, qui a une influence considérable sur le soufisme. Lorsqu'il meurt à Damas, sa réputation a déjà gagné tout l'Orient.

Les grandes découvertes

– *Alvar Nuñez* dit *Cabeza de Vaca* (vers 1490-1558) : né à Jerez de la Frontera, il part en 1528 conquérir la Floride. Il est l'un des rares survivants du voyage et met 9 ans pour rejoindre Mexico puis l'Espagne, où il se fait nommer gouverneur du Paraguay. Il repart en 1540 avec 700 hommes, navigue jusqu'au sud du Brésil et continue par voie terrestre, explorant le bassin de l'Iguaça et opérant de nombreuses reconnaissances, notamment dans la direction du Pérou. Mais pendant l'absence de ses troupes envoyées combattre les indigènes, il est emprisonné par des Espagnols révoltés, renvoyé en Espagne et condamné à l'exil. Acquitté en appel, il termine gentiment sa carrière en tant que président du bureau de commerce des Indes à Séville.

– *Bartolomé de Las Casas* (1474-1566) : son père Francisco avait accompagné Christophe Colomb dans son second voyage et avait reçu une concession à Haïti que Bartolomé va administrer. En 1510, ordonné prêtre, il accompagne les conquistadors en tant qu'aumônier mais, en 1515, il part pour l'Espagne afin de rapporter au roi les cruautés des colonisateurs et leurs impacts sur la population des nouvelles colonies. Il imagine quelques mesures judicieuses mais, hélas, propose – il s'en repentira plus tard – de généraliser la substitution d'esclaves noirs aux indigènes amérindiens. En 1520, il se fait attribuer une province (l'actuel Venezuela) pour y mettre en pratique ses idées humanistes, mais les excès de ses prédécesseurs et de certains de ses propres compagnons ne lui permettent pas d'éviter escarmouches et massacres. Il décide alors de s'appuyer sur un ordre puissant, les dominicains de l'Observance, et parvient en 1543 à faire promulguer les *Nuevas Leyes para la gobernación de las Indias y buen tratamiento y conservación de los indios*. Nommé évêque du Chiapas, il y est très mal accueilli par les colons, tente de faire respecter les nouvelles lois mais l'hostilité de ses diocésains ne lui permettant même pas d'acheter la moindre nourriture, il rentre définitivement en Espagne en 1547. Jusqu'à sa mort, il est un zélé défenseur des peuples indigènes, dénonçant les abus et les injustices de la colonisation et s'attirant la sympathie de Philippe II. Il écrit de très nombreux ouvrages, dont une *Brevíssima relación de la destrucción de las Indias,* immédiatement traduit en une demi-douzaine de langues. Seule (grosse) tache sur son œuvre de philanthrope : la question des Noirs qui lie son nom au développement de l'esclavage en Amérique, et ce pour quatre siècles.

Arts et lettres

Séville voit naître deux des plus grands peintres du siècle d'Or espagnol : **Diego Rodrígues de Silva y Velázquez** (1599-1660) et **Bartolomé Esteban Murillo** (1618-1682). Málaga n'est pas en reste, qui donne naissance en 1881 au fils d'un prof de dessin promis à un grand avenir : un certain Pablo Blasco... connu sous le nom de **Pablo Picasso** !

Côté musique, on retiendra surtout **Manuel de Falla,** né à Cadix en 1876, l'auteur des fameuses *Nuits dans les jardins d'Espagne* et de *L'Amour sorcier*. La littérature est représentée par **Federico García Lorca** *(1899-1936),* l'auteur du *Romancero gitano* dont la vie est détaillée dans l'introduction à la ville de Grenade, et par deux auteurs contemporains à découvrir, **Agustín Gomez-Arcos,** né à Almería en 1939, émigré en France en 1966 et auteur de 8 romans écrits en français parmi lesquels *Ana non* qui obtient le prix du livre Inter en 1977 et le prix Roland-Dorgelès en 1978, et **Antonio Muñoz Molina,** né à Úbeda dans la province de Jaén en 1956, dont 8 romans ont été traduits dans notre langue.

Diego de Siloé *(1495-1563)* est l'un des plus talentueux architecte et sculpteur de son époque. Passant du gothique castillan à la maîtrise de l'art italien de la Renaissance, il poursuit sa formation en Italie, où il collabore aux sculptures de l'église *San Giovanni* à Carbonara, puis retourne en 1519 à Burgos, dont il est originaire. Il y réalise *le Christ à la colonne* dans la sacristie de la *cathédrale Santa María* et participe au décor de la monumentale *chapelle du Connétable,* avant de poursuivre la construction du fastueux *monastère de San Jerónimo.* Son ambition de bâtir comme les Romains trouve matière à s'exercer dans la conception originale de la *cathédrale de Grenade*. L'influence de son style marque également les *cathédrales de Málaga*, de *Séville* (1536) et de *Guadix* (1549).

Tauromachie

– **Manuel Rodrigez Sanchez** dit **Manolete** *(1917-1947) :* né à Cordoue dans une famille de toreros, Manolete est considéré comme le premier torero de l'époque moderne. Adulé pour son courage et son style sobre et dramatique, il met au point une passe dite *manoletina*. Le 16 juillet 1947, il est mortellement encorné par un taureau nommé Isleño dans l'arène de Linares.

– **Manuel Benítez Pérez** dit **El Cordobés** *(né en 1936) :* né à Palma del Río, orphelin puis vagabond, il connaît la faim, la misère de l'après-guerre civile espagnole et même la prison. Enfant, il passe la nuit dans les pâturages où paissent les *toros bravos* qu'il essaye de toréer avec une vieille chemise rouge. Et le vaurien, grâce à son charisme légendaire, à son habileté diabolique, à sa souplesse féline et à son courage impressionnant, va devenir une légende vivante et moderne de la tauromachie. Bousculé plus d'une fois par son adversaire à quatre pattes, couturé par 2 mètres de cicatrices, il est honoré dans toutes les arènes, sa célébrité lui valant de fréquenter les grands de ce monde avec notamment une invitation à la Maison Blanche par Kennedy... qu'il trouve paraît-il *mucho simpático pero feo* (très sympa mais laid !).

Cinéma

– **Antonio Banderas** *(né en 1960) :* originaire de Málaga, où il a appris le métier d'acteur à l'école d'art dramatique, ce sex-symbol fut l'un des acteurs fétiches d'Almodóvar avec lequel il a tourné *Labyrinthe des passions, Matador, Femmes au bord de la crise de nerfs, Attache-moi...* Mais depuis son mariage avec Melanie Griffith, il a délaissé les films d'auteur pour embrasser une carrière américaine, plus lucrative sans doute. Après avoir tourné dans *Philadelphia, Evita,* sans oublier quelques navets avec sa belle, Banderas a incarné Zorro dans une superproduction hollywoodienne.

– **Luis Buñuel** *(1900-1983) :* cinéaste espagnol naturalisé mexicain. En 1925, il fuit la dictature de Primo de Rivera pour la France où il fait ses premières armes comme assistant du réalisateur Jean Epstein. Avec quelques copains, dont Dalí qu'il fréquentait déjà sur les bancs de la fac de Madrid, il réalise en 1928 *Un chien andalou*, manifeste surréaliste qui fait scandale. Après un exil aux États-Unis, il tourne au Mexique quelques productions commerciales et l'un de ses plus beaux films, *Los Olvidados,* sans toutefois s'éloigner de son précepte surréaliste et de son sens moral, puis retourne à ses premières amours, la France, où il réalise quelques-uns de ses chefs-d'œuvre : *Belle de jour* (1966) et *Tristana* (1970), avec Catherine Deneuve, *Le Charme discret de la bourgeoisie* (1972) et *Cet obscur objet du désir* (1977), avec la belle Carole Bouquet qui fait alors ses débuts au cinéma.

Flamenco

– **Camarón de la Isla** *(1950-1992) :* un véritable phénomène du flamenco chanté. La passion mystique que Jorge Monje Cruz (c'est son vrai nom) a déchaînée est extraordinaire. Dans les petits villages d'Andalousie, les grands-mères lui amenaient même les enfants pour qu'il les touche afin de leur porter chance... c'est dire ! Sa collaboration avec Paco de Lucía a évidemment marqué sa carrière. Malheureusement, la Grande Faucheuse est venue le cueillir prématurément, laissant orphelins de nombreux Espagnols.

– **Lola Flores** *(1923-1995) :* native de Jerez de la Frontera, Lola Flores est la Dalida du flamenco pop. Celle qu'on surnommait « la Faraona » laisse un souvenir ému aux aficionados. Sa fille, Lolita, a bien tenté de reprendre le flambeau, mais dans un style nettement plus commercial.

– **Paco de Lucía** *(né en 1947) :* avec Camarón de la Isla, il a débarrassé le flamenco de son folklore régional en l'associant à des notes jazzy. L'autre originalité de ce guitariste, originaire de Cadix, est d'être soliste alors que la tradition veut que le guitariste ne soit qu'un accompagnateur du flamenco, soit chanté, soit dansé.

POPULATION

Terre d'ombre et de lumière, de plateaux arides, de vallées fertiles, l'Andalousie fut aussi le berceau d'une culture contrastée. Et, de même qu'une harmonie naît de ces paysages variés, une symbiose exceptionnelle naquit de la cohabitation des peuples juif, arabe et chrétien. C'était avant l'Inquisition. L'Islam rayonna près de 800 ans sur l'Espagne entière, les arts et les sciences imprimèrent leur prestige aux Madrilènes mêmes. La Reconquista, lentement puis violemment, anéantit cet équilibre prospère, et l'Andalousie déclina à force de persécutions, de massacres et d'exils.

S'il faut évoquer un peu leur histoire avant de parler des Andalous, c'est que ceux-ci ont gardé de cet héritage riche et douloureux une dimension caractéristique. Ce sont d'abord les villes qu'ils habitent, aux monuments extraordinaires, où le style mudéjar brille incroyablement. La Giralda de Séville, la Mezquita de Cordoue et l'Alhambra de Grenade en sont autant de témoignages grandioses. Les habitations portent aussi la marque de l'Afrique du Nord : villes « blanches » aux maisons chaulées, avec en plus cet art du patio doux et fleuri qu'on ne trouve nulle part ailleurs, oasis de fraîcheur et de paix. Les Andalous, peuple pudique, aiment ces jardins secrets. Un amour de la qualité qu'on retrouve dans les productions régionales, telles celles du jerez de la province de Cadix, vin mondialement réputé, et des taureaux et chevaux de la campagne sévillane.

La philosophie des Andalous est un idéal de bonheur : « Une vie de vin, de femmes et de chants. » Le côté un rien macho mis à part, comment ne pas leur donner raison ? En comparaison, la Castille attache bien plus d'importance au travail, à la religion, aux valeurs militaires et à la politique. En Andalousie, on reporte volontiers le travail au lendemain et on vénère bien plus un poète qu'un curé... Les Andalous ont un comportement difficilement compatible avec l'austérité du Nord : ils prennent leur temps, vivent leurs amours en machos et laissent toute liberté aux enfants.

Quand il n'est pas rêveur et silencieux, l'Andalou fait la fête. Alors éclate son tempérament passionné. Il faut voir les processions de la Semaine sainte à Séville pour saisir un peu de cette ferveur festive qui donne à l'événement un ton presque païen. Les ferias sont aussi l'occasion de se réunir et de s'animer. La fête est partout présente, la jeunesse andalouse brûle de plaisir, gonfle les *bodegas*. Optimiste, dynamique et ouverte, l'Andalousie est portée par le chant flamenco, expression peut-être la plus achevée de ce que l'âme contient de douleur, d'amour et d'espérance. Le cœur de l'Andalou.

POSTE

Les timbres *(sellos)* peuvent s'acheter dans les postes *(correos),* ouvertes en général du lundi au vendredi de 8 h 30 à 20 h ou 20 h 30 (seulement jusqu'à 14 h 30 dans les petites villes) et le samedi de 9 h 30 à 13 h ou 14 h. On en trouve aussi dans les bureaux de tabac *(estancos).* Tarif normal : 0,51 €.

En général, les services postaux sont plutôt lents, et leur fiabilité n'est pas garantie à 100 %. En effet, il n'est pas rare qu'une carte postale mette plusieurs semaines avant d'arriver à bon port.

RELIGIONS ET CROYANCES

À ce propos, les clichés ont la vie dure : l'Espagne apparaît à beaucoup comme un pays très catholique, fortement empreint de religiosité, où toutes les femmes s'appelleraient María Dolores et les hommes Jesús ou José. Qu'en est-il réellement ? Certes, d'après de récents sondages, 80 % (94 % officiellement) des Espagnols se reconnaissent de confession catholique, ce qui laisse peu de place pour les autres confessions religieuses. Mais ce chiffre, qui donne l'image d'un catholicisme triomphant, cache une baisse prononcée de la fréquentation des églises, notamment lors de la messe dominicale, et surtout chez les jeunes. D'ailleurs, 12 % des Espagnols s'affirment agnostiques et 4 % athées. Se déclarer catholique ne signifie d'ailleurs pas forcément avoir la foi, mais plutôt être de culture catholique et se conformer à certains rites. Et dans ce domaine, en revanche, on peut affirmer que le pays demeure très traditionaliste et très attaché à certaines cérémonies et manifestations religieuses. Le baptême, la communion, le mariage à l'église sont autant d'événements sociaux incontournables dans la vie de tout Espagnol qui se respecte. Leur fonction consiste plus à étaler ses richesses et à impressionner sa famille et ses voisins qu'à manifester sa foi. Il suffit pour s'en convaincre de jeter un œil sur les accoutrements des communiants : costume de capitaine de frégate le plus cher possible pour lui, robe de mariée couverte de fanfreluches pour elle ; c'est clairement l'ostentation méditerranéenne (que l'on retrouve aussi en Italie, par exemple).

En fait, la religion reste souvent le meilleur prétexte pour faire la fête : aux nombreux jours fériés à caractère religieux s'ajoutent les différentes fêtes des villes et des villages données en l'honneur du saint patron local, tandis que la Semaine sainte et ses processions mettent les cités andalouses dans un état proche de l'hystérie collective.

Et les non-catholiques dans tout ça ? Eh bien, comptez un peu moins d'un million de musulmans dans tout le pays, issus pour la plupart de l'immigration, bien que se développe un îlot de nouveaux convertis à Grenade. Les quelques protestants et mormons égarés (environ 310 000) sont également pour moitié des immigrés, mais en provenance de l'Europe du Nord. Les juifs seraient entre 40 000 et 50 000. Quant aux sectes, elles paraissent peu implantées et souvent liées aux mouvements d'extrême droite.

SANTÉ

Pour un séjour temporaire en Espagne, pensez à vous procurer la carte européenne d'assurance maladie. Il vous suffit d'appeler votre centre de Sécurité sociale (ou de vous connecter au site Internet de votre centre, encore plus rapide !) qui vous l'enverra sous une quinzaine de jours. Cette carte fonctionne avec tous les pays membres de l'UE (y compris les 10 petits derniers). C'est une carte plastifiée bleue du même format que la carte Vitale. Attention, elle est valable un an et est personnelle (chaque membre de la famille doit avoir la sienne, y compris les enfants).

– *En France,* vous pouvez bien sûr vous assurer auprès de Routard Assistance.

– *En Belgique,* vous pouvez faire appel à Eurocross. Si vous êtes malade, un coup de téléphone en PCV au ☎ 32-22-70-09-00 (n° en Belgique) suffit pour qu'ils vous assistent.

Les moustiques

En Andalousie, pas de réel problème sanitaire, mais les moustiques sont bel et bien là, alors méfiance et sus aux suceurs !

Beaucoup, pour ne pas dire la totalité, des répulsifs antimoustiques/arthropodes vendus en grandes surfaces ou en pharmacie sont peu ou insuffisamment efficaces.

– Un laboratoire a mis sur le marché une gamme très efficace, conforme aux recommandations du ministère français de la Santé : *Repel Insect Adulte* (DEET 50 %) en spray ; *Repel Insect Trempage* (perméthrine) pour imprégnation des tissus (moustiquaires en particulier) permettant une protection de 6 mois ; *Repel Insect Vêtements* pour les vêtements ne supportant pas le trempage, permettant une protection résistant à 6 lavages. Disponibles en pharmacie ou en parapharmacie et en vente sécurisée sur ● www.as trium.com ● Attention, ces produits sont déconseillés aux enfants et aux femmes enceintes. Le paludisme ne sévissant pas en Espagne, essayez de vous en passer, ce sera encore mieux...

SAVOIR-VIVRE ET COUTUMES

– **Horaires :** attention, à l'exception de certaines stations balnéaires (forcées de s'adapter aux touristes étrangers), les **horaires des repas** sont plus tardifs que ceux pratiqués en France. Le petit dej' se prend de 8 h à 11 h, le déjeuner de 13 h 30 (parfois même 14 h) à 16 h et le dîner de 20 h 30 ou 21 h à 23 h (il fait moins chaud). Quant aux **boîtes de nuit,** certaines ne commencent à s'animer que vers 3 h... Il faut avoir une santé de fer pour vivre ici ! Les **magasins** sont généralement ouverts du lundi au samedi de 9 h 30 ou 10 h à 13 h 30 ou 14 h, et de 16 h 30 ou 17 h à 20 h ou 20 h 30. Ils respectent la sacro-sainte *siesta* ! En été, certains commerces restent même ouverts jusqu'à 22 h ou 23 h. Les grands magasins sont ouverts sans interruption le midi.

– Le service est compris, mais le **pourboire** n'est pas inclus dans la note : il n'est pas obligatoire, mais il est courtois de laisser quelque chose (jusqu'à 10 % de l'addition).

– Il est un rituel que l'on retrouve dans toute la péninsule Ibérique, celle du **paseo** (littéralement « la promenade »). Vers 19 h-20 h, avant le dîner, les Espagnols ont l'habitude de déambuler dans les rues de la ville, le long des promenades de bord de mer par exemple, en famille ou entre amis. L'élégance est de mise, chez les grands comme chez les petits. C'est un moment très convivial, souvent ponctué de retrouvailles : on croise un voisin, on dit bonjour à une cousine, « Et comment va Isabel ? », puis on finit par s'asseoir sur un banc et regarder les autres passer... Un spectacle à ne pas manquer.

– **Le tutoiement** est presque toujours spontané, sauf si l'on s'adresse à une personnalité ou une personne vraiment âgée.

– Il y a peu de **w.-c. publics,** mais on peut plus facilement qu'en France utiliser les toilettes des cafés et restaurants.

SEMAINE SAINTE

Pendant la Semaine sainte, qui s'étale **du dimanche des Rameaux à Pâques** (la date de Pâques variant entre le 22 mars et le 25 avril), les grandes villes andalouses sont envahies par les touristes, eux-mêmes noyés dans la foule espagnole. La tradition veut que les grands moments de la Passion du Christ y soient donnés en spectacle, dans une ambiance où pénitence et dévotion se le disputent au plaisir de la mise en scène. On ne sait plus très bien si l'on est venu pour se repentir ou si seul le plaisir de voir défiler les *pasos* surchargés et d'admirer les costumes insolites nous a attirés là. La Semaine sainte est-elle une fête de la piété ou permet-elle seulement aux Espagnols d'honorer leur foi en la fête ? Les mécréants y verront une parade digne d'un carnaval, occasion rêvée de jouer les reporters, tandis que ceux qui sont pénétrés de sentiments religieux ou mystiques seront d'abord sensibles à ce qui semble être une communion fervente et qui l'est peut-être bien.

Le rituel

Voici comment se passent les choses : chaque paroisse, association ou corps social constitué peut former une confrérie, en espagnol *cofradía* ou *hermandad,* qui prépare, pendant toute une année, costumes et décorations. Ces confréries adoptent toujours des noms ruisselants de bondieuserie tels que la *Confrérie du Très Saint Christ des Remèdes et de Notre-Dame des Angoisses,* la *Confrérie de Très Sainte Marie dans sa Solitude,* ou encore la *Confrérie de Notre Père Jésus en son Entrée Triomphale à Jérusalem et de Très Sainte Marie de la Colombe.*

Au jour J, qui varie d'une confrérie à l'autre, la confrérie part de son église de rattachement et se dirige en procession vers le centre de la ville, rejoignant éventuellement d'autres confréries en un cortège parfois interminable. Dans chaque confrérie, les pénitents encagoulés *(nazareños),* porteurs de cierges, suivent une imposante croix de bois, les plus jeunes ouvrant la marche. Ils avancent au son de marches jouées par des percussions, des cuivres et souvent des vents, puisées dans un répertoire spécifique alliant mélancolie déchirante et rythme martelé, au son desquelles progressent, lentement, lourdement, les *pasos*. Ces larges plates-formes de bois brut, décorées de façon baroque et généreusement fleuries, sont en général au nombre de deux par confrérie, une consacrée au Christ souffrant et l'autre à la Vierge en larmes. Certaines datent du XVIIᵉ, voire du XVIᵉ siècle. Pesant jusqu'à 6 tonnes à Málaga, elles sont portées à dos d'homme par plusieurs dizaines de malabars, le plus souvent cachés en dessous et guidés, dans l'entrelacs des ruelles de la vieille ville, par un contremaître *(capataz)* qui leur donne les indications nécessaires pour frôler les façades, éviter les indescriptibles nœuds des câbles électriques et téléphoniques... et prendre les pauses permettant de récupérer de leur fatigue. Le *capataz* utilise à cette fin un langage immuable et imagé comme par exemple ¡ *Al cielo con Ella* ! (Au ciel avec Elle !) pour élever le *paso* ou ¡ *Vamos valientes* ! (Allons-y les braves !) pour faire le premier pas en avant, ordres auxquels les braves en question doivent répondre comme un seul homme : si le mouvement d'ensemble est parfait, la foule applaudit en connaisseurs. Impressionnant d'accompagner ce cortège, impressionnant vraiment ! Et, si vous avez le moindre sens mystique, souvent très émouvant.

Côté pratique

Nous conseillons à nos lecteurs de voyager d'une ville à l'autre tout au long de cette Semaine sainte car l'ambiance est très différente, surtout entre petites bourgades et grandes villes. Dans les premières, la procession n'a lieu que les jeudi et vendredi, alors que chaque jour connaît son lot de cortèges dans les secondes : Séville (voir à cette ville), Grenade (où musiques et costumes sont de très grande qualité), Málaga (qui donne volontiers dans le gigantisme) ou Cordoue (où l'on observe peut-être plus de gravité qu'ailleurs). Si vous préférez une ville moyenne, nous vous suggérons plus particulièrement Jaén ou Lorca (avec leur folklore spécifique), Ronda ou Úbeda. N'attendez surtout pas le dimanche de Pâques, car les célébrations y sont en général mineures.

Le routard qui fait confiance à sa bonne étoile devra nécessairement, à un moment ou à un autre de la semaine, croiser l'une ou l'autre de ces processions, qui regroupe donc souvent plusieurs confréries. Dans les grandes villes, le routard méthodique pourra se procurer les itinéraires à son hôtel, à l'office du tourisme ou dans les journaux locaux. Y sont indiqués l'heure de sortie de la procession *(salida)*, l'heure de passage à la tribune officielle *(tribuna)*, l'heure de retour dans l'église de départ *(entrada)* ainsi que l'itinéraire détaillé. Oiseau de nuit ou belle de jour, vous trouverez toujours un horaire adapté à votre rythme car les sorties se font en général de 11 h à 23 h et les retours de 15 h à 4 h.

Quelques conseils :

– portez des chaussures et des vêtements qui ne craignent rien car vous risquez de recevoir des gouttes de cire s'écoulant des cierges (surtout lorsqu'un enfant de la ville demande à un *nazareño* un peu de la cire de son cierge, car chaque gamin essaie de confectionner une boule de cire plus grosse et plus colorée que celles de ses copains !).

– Couper l'itinéraire officiel dans le voisinage de la tribune officielle ne va pas de soi, car les forces de l'ordre veillent : dans ce cas, si vous avez besoin d'aller dans un endroit précis, un grand détour peut s'imposer.

– Si vous êtes pris dans une *bulla* (comprenez une foule compacte dans un espace restreint), pas de panique, elles se dissolvent toujours spontanément.

– Enfin, pensez que c'est une fête religieuse et que tout feu d'artifice est proscrit, et qu'il serait indécent d'être ivre.

Il est en général possible de voir les *pasos* de près dans les églises des confréries, le matin des Jeudi et Vendredi saints. Une autre solution est de suivre le cortège jusqu'à son entrée dans l'église.

– Dernière remarque : si vous circulez en voiture durant la Semaine sainte, sachez que les centres-ville sont très souvent fermés à la circulation. Il peut alors devenir impossible de rejoindre son hôtel pendant plusieurs heures et les supplications auprès de la maréchaussée n'y changeront rien...

SITES INTERNET

● *www.routard.com* ● Tout pour préparer votre périple, des fiches pratiques, des cartes, des infos météo et santé, la possibilité de réserver vos prestations en ligne. Sans oublier *routard mag,* véritable magazine avec, entre autres, ses carnets de route et ses infos du monde pour mieux vous informer avant votre départ.
● *www.spain.info/fr* ● Le site officiel de l'office du tourisme.
● *www.andalucia.org* ● Le site officiel de l'office du tourisme d'Andalousie.
● *www.elpais.es* ● *www.elmundo.es* ● Les sites des quotidiens nationaux, pour lire les nouvelles fraîches du jour.
● *www.flamenco-world.com* ● Un site en anglais ou en espagnol sur le flamenco, avec la possibilité d'écouter quelques bandes-son.
● *www.toros.com* ● Pour les aficionados, une collection de liens consacrés à la tauromachie, dans la langue de Cervantes.
● *www.costadelsol.net* ● Une mine d'informations touristiques utiles sur la Costa del Sol avec, entre autres, des indications sur les sentiers de randonnée. Dupliqué en anglais.

SPORTS ET LOISIRS

À essayer...

L'Andalousie, avec ses reliefs variés, propose un éventail très large de paysages et donc tout autant de choix pour les activités sportives.
– Pour les **randonneurs** et **VTTistes** de tout poil qui souhaitent un contact privilégié avec Dame Nature, de nombreux chemins sillonnent ces paysages de rêve. Nous vous signalons d'ailleurs une sélection d'organismes qui proposent des excursions, ainsi que les loueurs de vélos que nous avons trouvés compétents et de bon conseil.
– Les zones en altitude sont aussi propices à de nombreuses activités plus spécifiques comme l'*escalade,* le *parapente* ou le *canyoning* (descente à pied du cours d'une rivière avec des passages en rappel : à faire !).
– L'Andalousie est par ailleurs un haut lieu de la culture hippique comme de la tauromachie (voir plus haut). Et si l'on n'a pas encore vu de taureaux faire des tours de manège, il serait cependant dommage de se priver de *randonnées équestres.* Il y a peu de chances pour que vous montiez des pur-sang andalous, réservés pour les grandes occasions (et les riches propriétaires). Nous vous indiquons en revanche les bons plans pour faire un p'tit tour de dada.
– Enfin, les amoureux de la Grande Bleue trouveront aisément de nombreux spots pour pratiquer *kite surf, windsurf* (la reine du genre restant Tarifa), *plongée sous-marine* ou *voile.*

À voir

Incontournable, le *fútbol.* Introduit par les Anglais à la fin du XIXe siècle, c'est vite devenu une 2e religion en Espagne. Il faut voir avec quelle ferveur les *socios* supportent leur club, qu'il joue en *liga* (l'équivalent de notre Ligue 1) ou en Ligue 4. Cette démesure s'explique notamment par le fort sentiment d'attachement régional des Espagnols. Le *FC Barcelone* pour la Catalogne ou l'*Athletic Bilbao* pour le Pays basque possèdent, par exemple, des publics parmi les plus « chauds » de la péninsule Ibérique, et le 2e nommé ne fait jouer que des Basques depuis plus d'un siècle. Ceux-ci ont longtemps incarné l'opposition à l'hégémonisme centralisateur dont le symbole était le *Real Madrid,* utilisé comme un instrument de propagande par la dictature franquiste. Le football était alors l'un des rares espaces de liberté, avant de devenir le moteur d'une ouverture sur l'Europe et sur le monde.

Plusieurs vagues d'arrivée de grands joueurs étrangers ont donc coïncidé avec des phases importantes de la vie politique de l'Espagne. Tout d'abord, dans les années 1950, Di Stefano l'Argentin, Puskas le Hongrois ou Kopa le Français sont arrivés au Real lorsque la dictature essayait de redorer son blason aux yeux du monde extérieur. Plus tard, lors de l'instauration de la démocratie dans les années 1970, c'est notamment Cruyff qui a signé au FC Barcelone et a ouvert la voie à Maradona quelques saisons après.

Et si aujourd'hui l'Espagne est l'un des pays les plus modernes, ouverts et innovants de l'UE, le football ibérique domine aussi la scène continentale. C'est ce que confirment notamment les dernières victoires du Real Madrid et du FC Barcelone en Ligue des Champions ou la présence des plus grands joueurs du monde dans la *liga.* Pourtant, ce sentiment d'attachement aux clubs et donc aux régions a jusqu'ici toujours nui aux résultats de la *selección,* l'équipe nationale. Contrairement à la France, où le sentiment d'attachement national est beaucoup plus fort, elle souffre depuis toujours des luttes intestines entre les joueurs qui la composent. Résultat, l'Espagne n'a gagné qu'une seule grande compétition : l'Euro de 1964.

Dans ce contexte particulier, les clubs d'Andalousie n'ont pas toujours été les mieux lotis. Certes, le *Betis Séville* est un grand club, mais son palmarès est bien maigre à côté du Real Madrid ou du FC Barcelone : seulement 1 championnat remporté pour le premier nommé contre 19 et 17 pour les 2 monstres sacrés ! On peut aussi citer le *FC Séville* et *Málaga* qui jouent régulièrement en *liga.*

TAPAS

Bienvenue dans notre chapitre préféré ! La ***tournée des bars à tapas*** est un art (de vivre) espagnol auquel on se doit de rendre hommage... Vous serez vite converti.

Un peu d'histoire

D'où vient la tradition des tapas ? Sachez que dans les couloirs de la rédaction du *Guide du routard,* une querelle fait rage. D'aucuns affirment que l'origine des tapas est d'émanation royale. En effet, pour lutter contre l'alcoolisme, un roi – dont on a oublié le nom – aurait obligé les débits de boissons à poser une assiette avec un en-cas sur le verre de vin. Les autres, eux, soutiennent que les tapas auraient été créées dans un but uniquement utilitariste : pour éviter que les mouches ne tombent dans le verre de vin. Comme ça faisait un peu tristoune, une soucoupe vide, on ajouta une olive pour faire joli. Dans une théorie comme dans l'autre, *tapar* signifiant « boucher », l'encas prit rapidement le nom de *tapas.*

En Andalousie, tous les bars populaires proposent des tapas mais ne l'affichent pas forcément. Demander : *¿ De tapeo, qué hay ?* Avant, le prix des tapas était compris dans la boisson. Mais aujourd'hui, les tapas sont facturées à part, à l'exception des olives et cacahuètes parfois offertes avec la bière.

Ir de tapeo

Si c'est la première fois que vous débarquez en Andalousie, vous vous demanderez probablement pourquoi le soir, quel que soit le jour, les bars sont bondés. Tout simplement parce que les Espagnols ont l'habitude de téléphoner à leurs potes pour « aller de tapas en tapas » *(ir de tapeo)*. Ils se donnent tous rendez-vous dans leur bar favori et parcourent les *mesones*, les *tabernas taurinas,* les *peñas flamencas* au gré de leurs envies et des spécialités des maisons. Ici *morcilla,* là *tortillas,* ailleurs *pescadito frito*. On mange debout en s'essuyant le coin du bec avec les serviettes en papier à cigarette ; c'est souvent plus économique et moins formel qu'un restaurant où l'on doit s'asseoir et attendre les plats, faire risette au serveur, se faire servir du vin. Pour les néophytes, il ne faut pas avoir peur d'insister auprès des serveurs. Ils sont souvent débordés et il leur arrive d'oublier carrément la commande. Animation garantie, sauf à l'heure de la sieste (entre 15 h et 19 h environ), où tous les bars sont fermés.

Rappelons que ces infernales gourmandises appelées *tapas* ont vite dépassé le stade des simples amuse-gueules pour devenir de véritables échantillons de dégustation. Certains bars à tapas fonctionnent comme nos traiteurs, avec un choix étonnant de spécialités maison, plats du jour, etc. Goûter en priorité au chorizo (rien à voir avec celui vendu dans nos contrées), aux calamars, à la *tortilla* (omelette), à la morue *(bacalao)* et aux poissons marinés (dont les anchois), à la salade de poulpes, aux *revueltos* (sorte d'œufs brouillés). L'avantage : quand on ne connaît pas le nom d'un plat, on peut se contenter de le montrer du doigt !

– **Les prix** sont habituellement indiqués au-dessus du comptoir, ça permet de ne pas dépasser son budget. Quand ils ne le sont pas, gare aux arnaques ! Quant à l'addition, on l'inscrit encore souvent à la craie grasse sur le bar. En général, **3 ou 4 tapas constituent un repas.** Les prix pratiqués sont sensiblement les mêmes partout, allant d'un bon 1,50 € pour les classiques anchois, tortilla, *albóndigas* (boulettes de viande), etc., à 8-9 € environ pour une assiette de jambon et/ou fromage *(ración)*.

TÉLÉCOMMUNICATIONS

Téléphone

– **Espagne → France :** 00 + 33 + numéro du correspondant à 9 chiffres (c'est-à-dire le numéro à 10 chiffres sans le 0).
On peut aussi passer par le service direct *(servicio directo país)* : pour la France, ☎ 900-99-00-33 si vous appelez depuis un appareil *Telefónica*, ☎ 900-990-24-42 si c'est un *Uni2*. On tombe alors sur France Télécom. Renseignements téléphoniques : ☎ 11-888.
– **France → Espagne :** 00 + 34 + numéro du correspondant à 9 chiffres. Les renseignements internationaux étant désormais privatisés, à vous de choisir votre préféré...
– **Espagne → Belgique :** 00 + 32 + numéro du correspondant à 8 chiffres. Service direct *(servicio directo país)* pour la Belgique : ☎ 900-99-00-32. On obtient une opératrice de Belgacom.
– **Belgique → Espagne :** 00 + 34 + numéro du correspondant à 9 chiffres.
– **Espagne → Suisse :** 00 + 41 + numéro du correspondant à 8 ou 9 chiffres.
– **Suisse → Espagne :** 00 + 41 + numéro du correspondant à 9 chiffres.
– **Espagne → Espagne :** pour les **appels locaux** (par exemple de Séville à Séville) et **nationaux** (par exemple de Séville à Grenade), on compose le numéro complet à 9 chiffres. Renseignements : ☎ 11-888.

Télécartes

– On trouve partout des **cabines téléphoniques** à carte (*tarjeta*). On peut acheter les télécartes dans tous les kiosques à journaux. Deux tarifs : 6 et

12 €. À ce propos, *Correos* et *Telefónica* sont 2 entités bien distinctes. Inutile, donc, de chercher un téléphone public à la poste !

PCV

– Composer le ☎ 1008 (Europe et Afrique du Nord) ou le ☎ 1005 (autres pays).

– D'Espagne vous pouvez composer le numéro de *France Direct* (☎ 900-99-00-33) pour effectuer un appel en PCV (vers la métropole ou vers les DOM). La communication sera alors facturée à votre correspondant.

– *En Belgique,* la compagnie de téléphone *Belgacom* propose le service *Belgique Direct.* En composant le n° Vert d'Espagne (☎ 900-99-00-32), un opérateur belge vous répond et vous permet de demander une communication en PCV avec un correspondant en Belgique (ce service existe pour de nombreux pays).

Internet

Dans les grandes villes andalouses, aucun problème pour se connecter, les centres Internet se multiplient, y compris sous forme de cybercafé. Le tout à prix très raisonnable, entre 1 et 4 €/h (plus généralement 2 €/h), voire plutôt 0,80 € dans les villes étudiantes comme Séville ou Grenade. En revanche, dans les villages, les connexions sont plus problématiques ; même si, pour la plupart, les hôtels de luxe en disposent, la connexion est souvent à usage exclusif de leur clientèle.

TRANSPORTS

L'avion

Iberia et *Spanair* sont les 2 compagnies intérieures présentes en Espagne. Nombreuses liaisons entre les villes principales. En Andalousie, les aéroports principaux sont les suivants : Séville, Málaga et Grenade. Également des vols sur Valence.

Le train

Il n'y a pas de train direct depuis la France pour les villes d'Andalousie, mais la correspondance, depuis Barcelone ou Madrid, est facile et rapide.

Deux « trains-hôtels » franco-espagnols *(Elipsos TrainHôtel),* uniquement composés de voitures-lits, relient quotidiennement depuis Paris-gare d'Austerlitz les gares de Madrid-Chamartín *(TrainHôtel Francisco de Goya)* et Barcelone-Sants *(TrainHôtel Joan Miró).* Ils offrent un service de bar-cafétéria et restauration traditionnelle. Le *TrainHôtel Francisco de Goya* prend des voyageurs en gare de Blois et Poitiers à destination de Vitoria, Burgos, Valladolid et Madrid, et le *Joan Miró* en gare d'Orléans-Les Aubrais et Limoges à destination de Figueras, Gérone et Barcelone. Ce sont les seuls trains directs depuis la France et ils changent l'écartement de leurs roues en 2 temps 3 mouvements. Réservation obligatoire. La carte *Inter-Rail* est valable, mais il faut payer un supplément en classe touriste, ou plus si vous avez des envies de luxe. On ne peut pas tout avoir, le grand luxe, le charme incommensurable des voyages en trains spéciaux et le prix abordable.

De Madrid, Cordoue et Séville sont accessibles par TGV (en espagnol *AVE : Alta Velocidad Española*), mais, comme en France, le tronçon de haute vitesse se limite à une partie du parcours. Sur place, tous les trains (banlieue comprise) sont maintenant climatisés.

La formule *Eurodomino* et la carte *Inter-Rail* sont valables sur l'AVE, avec un supplément de 9 € en classe touriste. Sur le réseau des trains de banlieue, la carte *Inter-Rail* est globalement acceptée partout. Sur le réseau des trains grandes lignes, la carte *Inter-Rail* et les billets BIJ sont valables (parfois avec un supplément). La réservation est obligatoire. En fait, il faut savoir qu'étant donné les réductions que la *RENFE* et la *FEVE* accordent avec les cartes *Inter-Rail*, la formule n'est pas très intéressante pour l'Espagne.

– *RENFE (Red nacional de los Ferrocarriles de España) :* dans la plupart des gares, en plus des guichets normaux de vente, on trouve un guichet de « Atención al cliente ». C'est le service commercial de la compagnie, auprès duquel vous pourrez obtenir toutes les informations utiles (avec ou sans couchettes, prix, départ, fréquences...).

Ils sont généralement très pros et peuvent même vous sortir un listing, histoire de comparer à tête reposée. Un numéro national : ☎ 902-24-02-02. ● www.renfe.es ●

Bon à savoir, on a également la possibilité d'utiliser le *Bono 10,* une carte de 10 trajets valable sur tous les trains régionaux. Même formule sous le nom *Bono Expres* pour les TRD (trains régionaux) et l'Andalucía Exprés.

– *FEVE (Ferrocarriles españoles de Vías estrechas) :* société à classe unique, elle est gérée par les provinces et son réseau complète celui de la RENFE. Elle gère une ligne en Murcie. ● www.feve.es ●

– Si vous désirez réserver et retirer vos billets en France, une adresse :

■ *Iberrail France :* 57, rue de la Chaussée-d'Antin, 75009 Paris. ☎ 01-40-82-63-64. N° Indigo pour la province : ☎ 0825-079-200. Fax : 01-40-82-95-00. Ⓜ Trinité ou Chaus-sée-d'Antin. Représentant officiel de la RENFE en France. Les billets ne vous coûteront pas plus cher, et tout se fera en français !

L'autobus

Un grand nombre de petites compagnies desservent les routes secondaires. Les bus coûtent à peu près aussi cher que les trains mais sont bien plus rapides et plus fréquents. C'est de loin la meilleure formule de transport, quand on n'a pas de véhicule à soi. En général, chaque compagnie dessert plus spécifiquement une province, mais les plus importantes, telle *Alsa* ou *Alsina Graells,* desservent toute l'Andalousie, voire d'autres régions espagnoles. Vous trouverez leurs coordonnées (et même leurs sites internet, très pratiques pour les horaires) au fil des pages...

La voiture

Pour la plupart, les stations-service acceptent les cartes de paiement traditionnelles *(MasterCard, Visa, Dinners, American Express),* mais ce n'est pas systématique.

La limitation de vitesse sur autoroute est de 120 km/h (et non 130 comme chez nous). Important également : les stops ne sont pas toujours matérialisés par une bande blanche au sol.

Dans l'ensemble, circulation difficile dans les villes (surtout à Grenade) : manque d'indications, sens uniques, secteurs piétons, et logique bizarre (pour nous) des Ponts et Chaussées locaux.

Aucune difficulté à louer une voiture sur place, mais attention, vous ne pourrez pas passer au Maroc avec une voiture louée en Espagne ! Pour le Portugal, par contre, pas de problème.

■ Quelques loueurs de voitures avec leurs numéros en France : *Avis,* ☎ 0820-05-05-05 ; *Ada,* ☎ 0825-169-169 ; *Budget,* ☎ 0825-003-564 ; *Europcar,* ☎ 0825-352-352. À noter que si ces agences sont très pratiques pour réserver en France, vous en trouverez aussi sur place, parfois moins chères.

■ *Auto Escape :* l'agence *Auto*

Distances en km entre les principales villes

Ville	ALGÉSIRAS	ALMERÍA	ARCOS DE LA FRA	BARCELONE	BAEZA	CADIX	CARMONA	CORDOUE	GIBRALTAR	GRAZALEMA	GRENADE	HUELVA	JAÉN	JEREZ DE LA FRA	MADRID	MÁLAGA	MARBELLA	MOJÁCAR	RONDA	SÉVILLE	TARIFA	UBEDA	VALENCE	VEJER DE LA FRA
VEJER DE LA FRA	81	318	114	1303	470	57	170	288	102	134	350	258	394	62	683	237	172	479	122	143	54	480	795	–
VALENCE	706	430	739	349	387	762	629	524	710	652	451	763	435	726	352	582	626	369	628	667	727	378	–	795
ÚBEDA	399	243	500	753	10	420	262	146	378	370	112	406	57	518	243	243	308	245	338	245	426	–	378	480
TARIFA	27	329	116	1249	416	104	197	370	48	146	314	312	369	116	737	183	118	490	124	197	–	426	727	54
SÉVILLE	200	422	82	1046	255	125	27	145	180	130	256	94	242	81	540	220	285	408	125	–	197	245	667	143
RONDA	97	348	85	1189	328	145	133	257	129	32	226	240	281	115	658	95	58	430	–	125	124	338	628	122
MOJÁCAR	398	82	515	1131	336	601	490	387	386	462	234	584	289	717	742	307	372	–	430	408	490	245	369	479
MARBELLA	91	290	143	1131	298	196	133	252	70	90	196	277	251	340	609	65	–	372	58	285	118	308	626	172
MÁLAGA	156	225	180	997	233	261	193	187	135	137	131	313	186	275	544	–	65	307	95	220	183	243	582	237
MADRID	740	660	662	621	342	651	567	400	737	690	434	634	335	737	–	544	609	742	658	540	737	243	352	683
JEREZ DE LA FRA	119	635	30	1346	508	30	108	226	116	55	305	196	360	–	737	275	340	717	115	81	116	518	726	62
JAÉN	342	207	330	804	47	367	220	104	321	313	95	336	–	360	335	186	251	289	281	242	369	57	435	394
HUELVA	315	516	197	1140	349	226	130	121	274	224	350	–	336	196	634	313	277	584	240	94	312	406	763	258
GRENADE	287	152	275	909	102	335	121	166	266	257	–	350	95	305	432	131	196	234	226	256	314	112	451	350
GRAZALEMA	119	380	48	1135	360	120	126	289	161	–	257	224	313	55	690	137	90	462	32	130	146	370	652	134
GIBRALTAR	21	360	121	1201	368	159	262	386	–	161	266	274	321	116	737	135	70	386	129	180	48	378	710	102
CORDOUE	354	332	205	908	142	263	116	–	386	289	166	121	104	226	400	187	252	387	257	145	370	146	524	288
CARMONA	227	395	109	1024	262	152	–	116	262	126	121	130	220	108	567	193	133	490	133	27	197	262	629	170
CADIX	127	519	60	1316	418	–	152	263	159	120	335	226	367	30	651	261	196	601	145	125	104	420	762	57
BAEZA	389	254	489	763	–	418	262	142	368	360	102	349	47	508	342	233	298	336	328	255	416	10	387	470
BARCELONE	1222	809	1316	–	763	1316	1024	908	1201	1135	909	1140	804	1346	621	997	1131	1131	1189	1046	1249	753	349	1303
ARCOS DE LA FRA	104	489	–	1316	489	60	109	205	121	48	275	197	330	30	662	180	143	515	85	82	116	500	739	114
ALMERÍA	381	–	489	809	254	519	395	332	360	380	152	516	207	635	660	225	290	82	348	422	329	243	430	318
ALGÉSIRAS	–	381	104	1222	389	127	227	354	21	119	287	315	342	119	740	156	91	398	97	200	27	399	706	81

Escape réserve auprès des loueurs de gros volumes de location, ce qui garantit des tarifs très compétitifs. Numéro gratuit : ☎ 0800-920-940. ☎ 04-90-09-28-28. Fax : 04-90-09-51-87. ● www.autoescape.com ● info@autoescape.com ● Réduction de 5 % supplémentaire aux lecteurs du *Guide du routard* sur l'ensemble des destinations. Il est recommandé de réserver à l'avance. Vous trouverez également les services d'Auto Escape sur ● www.routard.com ●

Attention

On vous le rappelle, beaucoup de vols dans les voitures, donc choisissez de préférence des parkings gardés et, surtout, ne laissez rien traîner sur les sièges ou la plage arrière (voir plus haut la rubrique « Dangers et enquiquinements »).

État des routes

Le réseau est bon, voire bien souvent excellent, d'innombrables autoroutes ayant été construites ces dernières années grâce aux subventions européennes. À noter tout de même que les jours de pluie (oui, ça arrive), il convient de redoubler de prudence, même sur les autoroutes, l'écoulement des eaux s'effectuant parfois assez mal. Conséquence : de gros risques d'aquaplaning. Pour le Sud et l'Andalousie, il n'y a aucun secteur payant (excepté les tronçons Cadix-Séville et Málaga-Marbella) et les routes sont impeccables. Les *autovías,* qui correspondent à nos voies express (4 voies avec un terre-plein central), sont elles aussi gratuites.

Les limitations de vitesse ne sont pas toujours les mêmes qu'en France et, malgré les apparences, le port de la ceinture est obligatoire. Les Espagnols conduisent un peu comme les Français (c'est-à-dire comme des dingues), mais ils nous ont tout de même semblé plus respectueux des autres et globalement moins hargneux et moins impatients : pas d'insultes, pas de coups d'avertisseur permanents... En revanche, sur autoroute, méfiez-vous des chauffards arrivant à grande vitesse qui collent les véhicules en train de doubler pour forcer le passage.

L'auto-stop

Pas facile de faire du stop en Espagne. En Andalousie, sur le littoral, la présence des touristes rend l'exercice facile. Être pris par un autochtone s'avère plus ardu. On va encore se faire taper sur les doigts, mais sachez que si vous êtes un auto-stoppeur basané (d'origine nord-africaine), vous risquez bien d'user vos semelles... à moins d'être pris par vos lointains frères. Il faut bien le reconnaître, les Espagnols versent un peu trop souvent dans le délit de faciès... a fortiori en Andalousie dont le littoral est une tête de pont de l'immigration clandestine (voir cette rubrique plus haut).

TRAVAIL BÉNÉVOLE

■ *Concordia :* 17-19, rue Etex, 75018 Paris. ☎ 01-45-23-00-23. Fax : 01-47-70-68-27. ● www.concordia-association.org ● Ⓜ Guy-Môquet. Également 6 antennes régionales (voir sur le site internet). Logés, nourris. Chantiers très variés, concentrés essentiellement sur la période estivale pour l'Espagne : restauration du patrimoine, archéologie, valorisation de l'environnement, travail d'animation... Places limitées. *Attention,* voyage et frais d'inscription à la charge du participant.

VENTAS

Un peu d'histoire

Je suis un routard bien connu. Je prends souvent ma vessie pour une lanterne. J'ai un don d'ubiquité chronique et une forte propension à vouloir détrousser tous les vilains. Au nom de la Santa Hermandad, je file des bourre-pif à ceux qui manquent de respect aux femmes. Je suis espagnol de la meilleure race mais pas macho. Je suis amoureux d'une chimère nommée Dulcinea del Toboso, je suis... don Quichotte, pardi ! Eh oui, on va lever un voile ! Don Quichotte ne descendait pas dans les paradors. « Le chevalier à la triste figure » étant un peu « fauché comme les blés », notre cavalier se reposait dans les *ventas* (et y laissait souvent une ardoise).

La *venta* est une maison située en pleine campagne au bord du *camino real* (équivalent des voies romaines en France) où les voyageurs de passage s'arrêtaient pour déjeuner ou dormir. Le coucher allait obligatoirement avec le couvert ou inversement. Les *ventas* sont encore présentes dans toute l'Andalousie et font partie d'une tradition oubliée. Pourquoi ? D'une part parce que le chemin de fer du XIXe siècle a quelque peu relégué aux oubliettes les voyageurs et autres postiers. D'autre part, parce que la *venta,* par définition, est un peu excentrée, dans une contrée aride ou hostile. C'est pour cette même raison que les *ventas* ont souvent servi de repaires de bandits, de *pistoleros* et autres *bandoleros* qui se carapataient par la porte de derrière dès qu'apparaissait la maréchaussée. Oui, oui, les *ventas* andalouses, du XVe à la fin du XVIIIe siècle, c'était un peu le western. On y vendait toute sorte de marchandises (d'où leur nom), parfois tombées de la carriole. Aujourd'hui, ces consommateurs un peu spéciaux ont disparu, de même que les femmes de petite vertu. Il reste les gitans et les contrebandiers.

Les historiens ont pu aisément retracer les réseaux de diffusion de la contrebande. Au XIXe siècle, Gibraltar fournissait l'Andalousie en produits illicites. Tissus de soie, tabac brun de Virginie arrivaient jusque dans les sierras de Grazalema, Ubrique, Ronda, Gaucín, Castellar. Ce qui explique, au passage, pourquoi, même dans n'importe quel trou perdu d'Andalousie, on peut trouver, dans le moindre bar, des *farias,* les cigares du pauvre. Le deal et la distribution s'effectuaient dans les *ventas* perdues dans la campagne, ce qui limitait le risque de se faire choper par les autorités.

Qu'y trouve-t-on ?

Dernière raison qui explique que les *ventas* ont perdu du poil de la bête : la *venta* est par définition artisanale. Donc, il n'y a ni menu, ni horaire. Mais toutes ont leur spécialité. Pain de paysan au *rabo de toro* du *cortijo* du bout du champ, *morcilla* artisanale, *jabugo casero, manteca colorada* (prononcer « manteca colorá »). En période de chasse, c'est LE lieu pour se régaler de gibier. *Guiso* de lapin, lièvre mariné, perdrix dorée au *fino,* au cognac et au *ginebra, caldereta* de mouton...

Pour choisir votre *venta* : prenez la route et le village le plus reculé, si possible, à plus de 20 km d'une station balnéaire colonisée par le tourisme de masse. S'il y a un cheval attaché aux alentours à un arbre, pilez sur la pédale de frein ! Attention, la *venta,* c'est aussi un labo social. On vient y chercher son journal, acheter un litre d'huile d'olive ou de moteur, s'envoyer son manzanilla. On y mange avec des couverts de cantine sur de vulgaires tables de bois mal dégrossi. Évitez donc d'y chercher le charme à tout prix. Dernière précision, beaucoup sont malheureusement fermées le soir. Mais...

« Après la panse, la danse »

Dans les petits villages, même quand il n'y a pas de gitans, sous la pergola, quand tombe le soir et que les bougies jouent de leurs ombres dansantes sur les visages burinés, il y a toujours une guitare pour venir chanter le sort des *venteros* et de leurs clients. Les plus grands ont commencé dans une *venta* en seconde voix d'un autre plus grand. C'était Terremoto et Untel, la Perla et Untel... Même Camarón affectionnait les *ventas*. D'ailleurs, une légende court sur le *ventorrillo del Chato* à San Fernando. Selon Paco de Lucía, Camarón était persuadé qu'un tunnel partait du *ventorrillo* et débouchait sur les côtes marocaines. Qui sait ?

L'abréviation « c/ », que vous retrouverez tout au long de ce guide, signifie tout simplement *calle,* c'est-à-dire « rue ».

LE CENTRE DE L'ANDALOUSIE

SÉVILLE (SEVILLA)   (41000)   704 000 hab.

Pour les plans de Séville, se reporter au cahier couleur.

Le cœur de l'Andalousie, la 4e ville d'Espagne et la capitale de la communauté autonome. Du départ de Christophe Colomb en 1492 à l'Exposition universelle de 1992, Séville a fait sa place dans l'histoire. Elle compte de nombreux joyaux architecturaux, comme la Giralda ou l'Alcazar. Ses habitants sont chaleureux et rieurs, noctambules aussi. C'est certainement la ville espagnole qui a su le plus intelligemment concilier le sens de son histoire et l'appel de la modernité pour devenir une cité internationale. Le quartier de Santa Cruz, avec ses ruelles pavées et ses patios généreusement fleuris, connaît une effervescence surréaliste les soirs de week-end. On passe de bars à tapas en bars à vin, on fait connaissance, on partage la bonne humeur d'une Espagne qui n'en finit pas de fêter sa liberté. Car Séville, c'est avant tout les Sévillans... et les Sévillanes.

Cité phare de l'histoire espagnole, où les cultures chrétienne et musulmane ont vécu une « émulante » cohabitation, la ville étale fièrement ses monuments le long du Guadalquivir. Bien sûr, il faut les visiter, mais il faut aussi flâner dans les quartiers populaires, pousser les portes des patios, aller à la rencontre des habitants, qui se révèlent étonnamment cordiaux. Séville, un choc architectural bien sûr, un coup de cœur avant tout. On comprend qu'elle ait pu inspirer tant d'artistes.

SÉVILLANS CÉLÈBRES

Prosper Mérimée aurait rencontré, dans une fabrique de cigares du quartier de Triana, une femme qui lui inspira le personnage de **Carmen,** l'héroïne de son roman écrit en 1845. Le musicien Georges Bizet en tira un opéra en 1875, qui fit le tour du monde. Femme sensuelle et impétueuse, Carmen incarne la passion espagnole. Autre figure tutélaire de Séville, **Miguel Manara,** qui aurait selon certains inspiré le personnage de don Giovanni *(don Juan).* Dans la catégorie artistes, **Velázquez,** le peintre officiel du roi Philippe IV, est né ici en 1599. L'une de ses œuvres les plus connues est le surprenant portrait des *Meninas* (littéralement « les dames de compagnie ») où, au travers de deux miroirs, le peintre joue sur une mise en abîme de son propre tableau qui permet au spectateur de s'inclure comme un personnage de plus.

Sans oublier **Murillo,** l'autre grand artiste espagnol du XVIIe siècle, ou **Fray Bartolomé de Las Casas,** le premier prêtre à avoir été ordonné au Nouveau Monde, ou encore le poète **Antonio Machado.** Mais aussi **Beaumarchais,** dont le fameux *Figaro* n'est autre que le « barbier de Séville »... Enfin, plus proche de nous, l'ex-Premier ministre **Felipe González.**

UN PEU D'HISTOIRE

Inlassablement convoitée, la cité fut tour à tour aux mains des Phéniciens, des Grecs, des Carthaginois, des Romains, avant que les Maures ne s'y installent au VIIIe siècle. Ils feront de la ville, au cours du XIIe siècle, l'un des joyaux architecturaux européens. L'implantation chrétienne, puis la *découverte des Amériques* lui donnent un nouvel essor puisque nombre de familles sévillanes s'enrichissent, notamment grâce aux mines d'or sud-américaines. Elles affichent leur opulence en faisant bâtir de superbes églises, des bâtiments impressionnants et des palais somptueux, pour le plus grand plaisir des voyageurs d'aujourd'hui. Pureté de l'art mauresque, du style mudéjar, mélange de gothique et d'art musulman, fraîcheur de l'azulejo, mariage harmonieux de la pierre et du végétal (les jardins), maîtrise de la lumière et de la chaleur (les patios), le charme de Séville est comme les bons vins, il se bonifie avec le temps.

Après cette glorieuse époque vint le déclin, dû, entre autres fléaux, à l'épidémie de peste qui emporta une grande partie de la population ; 1936 fut une autre date notable, qui vit l'armée attaquer les quartiers populaires pour prendre possession de la ville. Mais aujourd'hui Séville relève la tête, et de quelle manière ! Le flamenco ne s'y est jamais aussi bien porté, et la mode andalouse continue d'embraser l'Europe plusieurs années après que Séville fut élue pour accueillir l'Exposition universelle de 1992.

LES SAISONS TOURISTIQUES

Séville, ville de l'intérieur, n'a pas le même rythme que le reste de l'Andalousie. Attention, les prix sont très fluctuants d'une période à l'autre et, histoire de pimenter un peu les choses, le calendrier fixant les « haute » et « basse » saisons peut varier d'un établissement à l'autre. Même pendant les saisons où les prix sont bas, certains hôtels augmentent les prix le week-end.

– *La très haute saison (temporada super alta) :* avant Pâques, c'est la période de la Semaine sainte, suivie, après Pâques (courant avril ou début mai en fonction du calendrier religieux), de la *feria* de Séville. Cette courte période du début du printemps est en fait la « super » haute saison. Les prix des hôtels doublent et les chambres sont « super » difficiles à trouver.

– *La haute saison (temporada alta) :* la dernière quinzaine de mars, en avril et mai (sauf Semaine sainte et feria), en septembre et octobre.

– *La moyenne saison (temporada media) :* début mars, juin, novembre et décembre. Juillet et août entrent parfois dans cette catégorie.

Les hôtels fusionnent quelquefois la saison haute et la moyenne pour n'en faire qu'une. Tout au long de cette période, les prix ne varient alors qu'en fonction de l'affluence.

– *La basse saison (temporada baja) :* janvier et février. Juillet et août entrent souvent dans cette catégorie. Là, pour le coup, les tarifs peuvent faire un sacré plongeon. Mais gare aux week-ends !

Arriver – Quitter

En avion

→ *Aeropuerto de San Pablo (hors plan couleur I par D2) :* ☎ 954-44-90-00. ● www.aena.es ● À 12 km de Séville (autoroute N IV-E5).

■ *Agence Iberia (hors plan couleur II par H4) :* av. de la Buhaira, 8. ☎ 902-40-05-00 ou 954-26-09-42 (à l'aéroport). Assure plusieurs liaisons directes et quotidiennes entre Séville et Paris, Londres, Barcelone, Valence, Madrid, Bilbao et Santiago de Compostela.

■ *Air France :* à l'aéroport, ☎ 954-44-92-52. De nombreux vols directs de et vers Paris.

■ *Brussels Airlines :* à l'aéroport, ☎ 954-44-91-86. Vols directs de et vers Bruxelles.

■ *Bus entre l'aéroport et Séville :* en sortant de l'aérogare, bus de la compagnie *Amarillos Tour* (☎ 902-21-03-17 ; • www.losamarillos.es •). Fonctionne de 6 h 45 à 23 h 30 de l'aéroport vers la ville (de 6 h 15 à 23 h dans l'autre sens), avec un bus toutes les 30 mn (toutes les heures environ les week-ends et jours fériés). Prix : dans les 2,50 € pour 30 mn de trajet. Le terminus à Séville se trouve Puerta Jerez à côté de l'hôtel *Alfonso XIII (plan couleur II, F6, 37).* En route, le bus marque un arrêt à la gare de Santa Justa et devant certains grands hôtels. Dans l'autre sens, départ également de la Puerta Jerez ou de la gare ferroviaire (porte B, devant les taxis). Se procurer la fiche horaire dans un office du tourisme.

■ *Taxis entre l'aéroport et Séville :* dans les deux sens, le prix du taxi est fixe. Voilà pourquoi le chauffeur n'enclenche pas son taximètre (pas de panique, donc). La course revient à environ 19 € en semaine de 6 h à 22 h (bagages exclus). La nuit ainsi que les week-ends et jours fériés, compter presque 21 €. Si vous rejoignez d'abord la ville en bus, possibilité ensuite de trouver des taxis à Puerta Jerez ou à la gare de Santa Justa. Cela revient bien moins cher.

■ *Location de voitures :* plusieurs agences à l'aéroport dont *Avis* (☎ 954-44-91-21), *Europcar* (☎ 954-25-42-98), *Hertz* (☎ 954-51-47-20) et *Atesa* (☎ 954-44-91-58).

En train

🚂 *Gare ferroviaire de Santa Justa (hors plan couleur I par D2) :* av. Kansas City s/n, à l'est de la ville. Informations et réservations : ☎ 902-24-02-02, ou 902-24-34-02 (liaisons internationales). • www.renfe.es • Information et billetterie *RENFE* à la gare, flambant neuve, ou dans le centre, c/ Zaragoza, 29 *(plan couleur II, F4)* proche de la plaza Nueva.

🛈 Petit *office du tourisme* à l'arrivée. Ouvert du lundi au vendredi de 8 h 30 à 20 h 30 ; le samedi de 10 h à 14 h et de 15 h 30 à 18 h ; et le dimanche de 10 h à 14 h. Bonne documentation : plan gratuit de la ville, horaires des bus pour l'aéroport, etc.

– *Consignes automatiques :* au sous-sol, ouvertes de 6 h à minuit. Compter environ 5 €/24 h (avoir de la monnaie).

➢ Le train *Andalucía Express* propose des liaisons fréquentes, quotidiennes et bon marché (moins de 10 €) avec *Cadiz, Jerez de la Frontera, Huelva* et *Cordoue.*

➢ L'autre raison qui vous fera préférer le train n'est autre que la merveilleuse ligne grande vitesse qui relie Séville et *Madrid* en 2 h 30, baptisée *AVE* (1 à 2 trains par heure tous les jours de 6 h 30 à 22 h dans les 2 sens ; à partir de 7 h 30 le week-end), mais qui se paie (pas loin de 70 € le trajet). Bon à savoir, l'*AVE* filant vers Madrid s'arrête pour souffler à *Cordoue* (40 mn de trajet). Mieux vaut pourtant emprunter son petit frère, l'*Alta Velocidad,* quasiment aussi rapide mais moins cher (dans les 13 € au lieu de 21 € !). *Andalucía Express* ne vous coûtera que 8 €, mais comptez 1 h 20 de trajet.

➢ *De/vers Barcelone :* un train de nuit quotidien (70 € pour 10 h 12 de sommeil en couchette ; départ à 22 h environ dans un sens comme dans l'autre). Sinon, l'*Altaria* part vers 9 h 45 de Séville ou à 11 h 30 de Barcelone. Il ne met que 8 h 50 mais coûte près de 80 €. Le moins cher reste le *García Lorca* (52 €) qui part tous les jours vers 8 h dans les 2 sens mais roule pendant 13 h. Maintenant, c'est vous qui voyez...

➢ Également quelques trains entre Séville et *Almería* (compter environ 31 € pour 5 h 30 de trajet), *Grenade* (20 € pour 3 h), *Málaga* (16 € pour 3 h) et un train quotidien pour *Jaén* (16 € pour 3 h) et *Valence* (45 € pour 9 h de trajet).

➢ Pour rejoindre **Osuna** (1 h de trajet ; entre 6 et 8 € en fonction du train) et **Antequera** (1 h 45 et un peu plus de 11 €), prendre le train régional en direction d'Almería. Plusieurs options tous les jours.

➢ Pour des destinations plus proches telles **Virgen del Rocio, Dos Hermanas, Utrera** (trajet de 25 mn environ : un peu plus de 2 €), **Las Cabezas de San Juan** ou **Lebrija** (compter à peu près 40 mn ; presque 4 €), prendre l'*Andalucía Express* à destination de Cadíz. Nombreuses liaisons quotidiennes.

En bus

Il y a **2 gares routières.** Toutes deux se trouvant le long du périph' qui englobe le centre, il est possible d'attraper un bus urbain *circulaire* (C3-C4) pour s'y rendre ou pour se rapprocher de son hôtel. Plus facile cependant de prendre un taxi, ou encore d'affronter l'asphalte à pied – si vous avez le pied leste et le sac à dos (ou les poches) léger.

🚌 **Plaza de Armas** *(plan couleur I, A3),* informations au ☎ 954-90-80-40. C'est ici que partent et arrivent les bus à destination ou en provenance de :

➢ **Madrid** (17 € pour 6 h de trajet) avec la *Cie Socibus* (☎ 902-22-92-92 ; ● www.socibus.es ●).

➢ **Cáceres** (15 € pour 4 h de trajet), **Barcelone** (68 à 79 € ; en 15 h ou 18 h), **Alicante** (42 € pour 10 h 30 de trajet), **Valence** (44 à 51 € ; en 9 h ou 11 h 30) et **Salamanca** (27 € ; en 7 ou 8 h) avec la *Cie Alsa* (☎ 954-90-78-00 ; ● www.alsa.es ●).

➢ Beaucoup de bus chaque jour pour **Huelva** (7 € ; en 1 h 10), mais seulement 3 liaisons par semaine pour **Lisbonne** (29 € ; en 7 h) avec les bus *Damas* (☎ 954-90-77-37 ; ● www.damas-sa.es ●). Notez que la *Cie Alsa* dessert également **Lisbonne** en 6 h 15 seulement mais c'est plus cher (36 €).

➢ **Santiponce**, où se trouvent les ruines d'Itálica (environ 1 €) avec les bus *Casal* (☎ 954-90-69-77 ; ● www.autocarescasal.com ●). Un bus toutes les heures ou les demi-heures de 6 h 30 à minuit environ.

➢ Autres liaisons régionales : **Ayamonte, Badajoz, El Rocio, Isla Cristina, La Antilla, Matalascañas, Mérida, Punta Umbría, Villareal, Lagos** et, plus loin, **San Sebastián.**

➢ Il y a même 2 ou 3 bus par semaine assurant la liaison jusqu'à **Tanger, Rabat, Fez** et **Casablanca** au **Maroc,** toujours avec *Alsa* (☎ 954-90-78-00 ; ● www.alsa.es ●).

🚌 **Prado San Sebastián** *(plan couleur II, H6) :* informations au ☎ 954-41-71-11. Ce sera votre gare routière si vous partez de ou vous dirigez vers :

➢ **Cordoue** (10 € pour 2 h de trajet), **Grenade** (17 € ; en 3 h 30), **Jaén** (17 € ; en 4 h 30), **Almería** (28 € ; en 6 ou 7 h), **Carthagène** (38 € ; en 8 ou 9 h), **Málaga** (15 € ; en 2 h 45) ou **Murcie** (35 € ; en 7 h) à bord d'un bus *Alsina Graells* (☎ 954-41-88-11 ; ● www.alsinagraells.es ●).

➢ **Ronda** (10 € ; en 2 h 30), **Chipiona** (7,50 € ; en 2 h 15), **Sanlúcar de Barrameda** (7 € ; en 2 h), **Arcos de la Frontera** (7 € ; en 2 h) et **Marbella** (17 € ; en 3 h ou 4 h) avec les bus *Los Amarillos* (☎ 954-98-91-84 ; ● www.losamarillos.es ●).

➢ **Algésiras** (15 € ; en 3 h 30), **Cadix** (10 € ; en 1 h 40), **Jerez de la Frontera** (7 € ; en 1 h 15) et **Tarifa** (15 € ; en 3 h) avec la *Cie Comes* (☎ 954-41-68-58 ; ● www.tgcomes.es ●). Notez que cette compagnie dessert également les localités secondaires de **Barbate, Chiclana de la Frontera, Conil de la Frontera, La Línea, Puerto de Santa María, Puerto Real, Rota, Vejer de la Frontera** et **Zahara de los Atunes.**

➢ **Utrera** (2,50 €) et **Carmona** (3 €) avec les bus *Casal* (☎ 954-41-06-58 ; ● www.autocarescasal.com ●). Départs quotidiens toutes les 1 à 2 h. Beaucoup moins fréquents le week-end, notamment les dimanche et jours fériés.

➢ **Ecija** avec la *Cie Linesur* (☎ 954-98-82-22 ; ● www.linesur.com ●).

Topographie de la ville

Le vieux centre-ville, dit *Casco Antiguo*, s'étale de part et d'autre du Guadal-quivir. Rive gauche, où se trouvent la plupart des monuments, on navigue entre les petites rues sinueuses et pavées, qui, avec les nombreux sens interdits et les zones piétonnes, ont vite fait de transformer la conduite en casse-tête chinois. Mieux vaut se cantonner au périphérique (c/ del Torneo, Ronda de Capuchinos, av. Menendez Pelayo, paseo Cristóbal Colón...) et bien se renseigner par quels accès entrer vers le centre, car une seule erreur en début de parcours et on finit par tourner en rond, et en rond...

– **Barrio Santa Cruz** *(plan couleur II, G4-5 et plan couleur Santa Cruz)* **:** le centre historique de la ville s'étend à l'est de la cathédrale, composé de ruelles, balcons richement fleuris, façades ouvragées, patios endormis... C'est la *Judería,* le quartier juif. Beaucoup d'*hostales,* mais la proximité avec la cathédrale fait parfois injustement grimper les enchères. Côtés positifs : c'est magnifique et idéalement situé près de l'Alcazar. Côtés négatifs : les hordes touristiques et les restaurants bondés de groupes. Accès en voiture assez compliqué : de l'av. Constitución, prendre c/ Alemanes, s'engager sur la plaza V. de los Reyes, continuer sur c/ Mateos Gago qui débouche sur Fabiola. Ou de l'av. M. Pelayo, prendre c/ San Esteban prolongée par c/ de Aguilas, tourner à gauche dans c/ de Cabeza de Rey Don Pedro, puis à gauche c/ Muñoz y Pabón. Pas trop loin de la gare routière Prado San Sebastián.

– **El Arenal et plaza Nueva** *(plan couleur II, F4-5)* **:** un périmètre qui s'étale entre le paseo Cristóbal Colón, la c/ Reyes Católicos et l'av. de la Constitu-ción. La plaza Nueva constitue le centre névralgique. Un peu le quartier chic de Séville, où l'on vient déguster des tapas pour gourmets dans de vieux bars de terroir, ou boire du bon *rioja* sous les affiches de célèbres *toreros.* Beau-coup d'hommes en costume-cravate, de femmes en talon et chemisette de couturier. Pas mal d'hôtels de bon confort, forcément. Et beaucoup de com-merces, notamment la c/ Sierpes, une longue rue piétonne bordée de bouti-ques de vêtements, de bazars, de terrasses... de vie, quoi ! Parking et accès en voiture relativement aisé (par c/ Zaragoza, Pastor y Landero ou c/ Adriano).

– **Casa de Pilatos et plaza Alfalfa** *(plan couleur II, G-H4)* **:** le charme de Santa Cruz se prolonge dans les ruelles labyrinthiques (et piétonnes pour certaines) qui débouchent plaza San Pedro au nord, à l'ouest plaza El Sal-vador et à l'est sur la grande artère de Recaredo, englobant la *casa de Pila-tos* et la plaza Alfalfa. Les nombreux bars, avec leurs grappes de Sévillans hilares, invitent à sortir le nez du guide pour suivre la vague festive. De jour, on flâne entre les églises, les placettes, les balcons fleuris, jusqu'à la plaza Salvador, une des favorites pour *ir de tapeo.* Pas l'endroit idéal pour les automobilistes. Prendre c/ San Esteban (sens unique). Attention, cette zone doit subir des travaux en vue de devenir piétonne, qui devraient se terminer en 2007.

– **Museo provincial de Bellas Artes** *(plan couleur I, A3)* **:** secteur à la fois tranquille et central, proche des commerces, de la station de bus plaza de Armas, non loin de la passerelle qui mène à la Cartuja. Bref, une excellente zone pour trouver un hôtel. D'ailleurs, l'endroit ne manque pas d'adresses charmantes et assez bon marché. Longé par le périph' et doté de plusieurs parkings, il conviendra aux routards motorisés, mais gare aux sens interdits. Accès par c/ Reyes Católicos, puis c/ Bailen à gauche, prendre à droite c/ M. de Carvajal, puis à gauche la plaza del Museo, prendre ensuite c/ Alfonso XII à gauche jusqu'à Gravina à gauche.

– **Alameda de Hercules** *(plan couleur I, B1-2 et C2)* **:** en fait le quartier de San Lorenzo, qui fut autrefois la frontière nord de la ville, symbolisé par l'Ala-meda. Cette place, destinée aux promenades amoureuses, a surtout séduit une meute alternative. Très pratique, la c/ Feria, où l'on trouve de tout pour se ravitailler, ainsi que les rues descendant vers la plaza del Duque de la Victoria *(plan couleur I, B3)* – bar à tapas, épiciers, marché, cybercafés, théâtres, cinéma d'art et d'essai... Étrangement, peu d'hébergements bon marché. En voiture, prendre la c/ Blanquillo au niveau du couvent San Clemente et continuer par c/ Calatrava. Attention, plaza Alameda de Hercules était en travaux en 2006.

– *Quartier sud et plaza de España (plan couleur II, G5-6)* : ne pas manquer d'aller flâner à travers le parc María Luisa. Traversé par plusieurs artères principales, donc aucun mal pour circuler.

– *Les rives du Guadalquivir :* promenade dominicale, à une quinzaine de minutes de marche du centre et délimitant la vieille ville.

– *Triana (plan couleur II, E5) :* rive droite, face au centre, de l'autre côté du fleuve. Quartier à la fois mythique, tendance et populaire où rayonnait, il y a peu, la communauté gitane d'Andalousie. Une balade pleine de charme et de couleurs, la plupart des maisons du vieux *barrio* étant recouvertes de céramiques. Restos et lieux nocturnes plus ou moins branchés s'alignent calle Bétis, au bord du Guadalquivir. On y vient aussi pour écouter du flamenco. Excellent point de vue pour admirer Séville. Il est parfois difficile de s'y garer, mais il existe un parking plaza del Altozano, sous le marché.

Adresses utiles

Infos touristiques

Paradoxalement, les 2 offices de tourisme au cœur du centre historique n'appartiennent pas à la ville, mais au gouvernement andalou *(junta de Andalucía)* et à la province de Séville *(turismo de la Provincia)*. Ils sont très bien fournis, mais si vous souhaitez approfondir votre visite, nous vous conseillons de vous adresser aux 2 centres d'information de la ville *(Consorcio de turismo de Sevilla)*, beaucoup mieux lotis.

🔲 *Office du tourisme de Séville (consorcio de turismo de Sevilla ; plan couleur II, F4) :* bureau de l'*edificio Laredo*, plaza San Francisco, 19. ☎ 954-59-52-88. ● www.turismo.sevilla.org ● Ouvert du lundi au vendredi de 8 h à 20 h. En 2006, il était fermé le week-end mais il y a des chances qu'il soit désormais ouvert étant donné sa position stratégique. Office tout beau, tout neuf et très pro. Demandez *El Giraldillo,* un mensuel gratuit et précieux donnant les infos, en espagnol, sur les spectacles, expos, corridas, musées, flamenco, etc. Moins complets mais également gratuits, *Welcome Olé, Tu Guía, The Tourist* et *Sevilla DC* (pour les films), en anglais et en espagnol. Point de vente de la *Sevilla Card* (lire l'intro dans « À voir »). Infos hébergement, plan des bus urbains *Tussam*, ainsi que les horaires des bus et trains pour quitter Séville ou explorer les environs. Plan détaillé de la ville, très bien fait et gratuit. Cerise sur le gâteau, on peut consulter ses mails gratuitement pendant 1 h du lundi au vendredi de 10 h à 14 h et de 17 h à 20 h (mais un peu d'attente). Accueil sympathique.

🔲 *Office du tourisme de Séville (consorcio de turismo de Sevilla ; plan couleur II, E4) :* bureau de *Naves del Barranco,* c/ Arjona, 28. ☎ 954-22-17-14. ● www.turismo.sevilla.org ● À l'angle de la c/ Arjona et du puente de Triana (ou Isabel II). Ouvert du lundi au vendredi de 8 h 30 à 20 h 30, les week-ends et jours fériés de 9 h à 14 h. Ancienne halle métallique de style Eiffel, accueillant des expos temporaires. Même plan gratuit et mêmes infos que dans le précédent mais un poil plus excentré.

🔲 *Office du tourisme andalou (Junta Andalucía ; plan couleur Santa Cruz, F5) :* av. de la Constitución, 21B. ☎ 954-22-14-04. ● www.andalucia.org ● Ouvert du lundi au vendredi de 9 h à 19 h 30, le samedi de 10 h à 14 h et de 15 h à 19 h, et les dimanche et jours fériés de 10 h à 14 h. Plan gratuit de la ville. Également un plan de toute l'Andalousie et des listes d'hôtels, pensions et campings. Sous réserve de réimpression régulière, vend des guides spécialisés avec des itinéraires à vélo et des sentiers de randonnée. Brochure gratuite sur les sports nautiques. Point de vente de la *Sevilla Card.* Bon accueil.

目 *Office du tourisme de la province de Séville* *(turismo de la provincia ; plan couleur Santa Cruz, G5) :* plaza del Triunfo, 2A ; à l'entrée du patio de Banderas. ☎ 954-50-10-01. ● www.turismosevilla.org ● Ouvert en semaine de 10 h 30 à 14 h 30 et de 15 h 30 à 19 h 30 (le lundi uniquement le matin), le week-end de 10 h à 14 h. Fermé les jours fériés. Des brochures sur Séville, mais surtout des écrans sur la culture locale et des infos sur les villes historiques des environs (Carmona, Osuna). Pour ceux qui souhaitent se mettre au vert (et au frais !) dans les magnifiques parcs nationaux de Sierra Norte ou de Doñana, par exemple.

■ *Agence Iberia* *(hors plan couleur II par H4) :* av. de la Buhaira, 8. ☎ 902-40-05-00. Assure plusieurs vols directs et quotidiens entre Séville et Paris, Londres, Barcelone, Valence, Madrid, Bilbao et Santiago de Compostela.

Services

✉ *Poste* *(plan couleur II, F5) :* av. de la Constitución, 32. Ouvert du lundi au vendredi de 8 h 30 à 20 h 30 et le samedi de 9 h 30 à 14 h. Fermé le dimanche. Représente également *Western Union* en cas de besoin urgent d'argent liquide. Distributeur d'argent liquide.

Télécommunications

@ *Work Center* *(plan couleur Santa Cruz, F5, 8) :* c/ San Fernando, 1 (puerta de Jerez). ☎ 954-22-04-87. ● www.workcenter.es ● Juste en face de l'hôtel *Alfonso XIII (plan couleur II, F6, 37).* Ouvert du lundi au vendredi de 7 h à 23 h et le week-end de 10 h à 14 h et de 16 h à 21 h. Centre de reprographie qui propose une dizaine d'ordinateurs connectés à Internet.

@ *Seville Internet Centre* *(plan couleur Santa Cruz, F5, 9) :* av. de la Constitución, 34. ☎ 954-50-02-75. ● www.internetsevilla.com ● Face à la cathédrale et à la *Casa Lonja* (archivo de Indias) ; au 1er étage, au-dessus d'un bureau de change et de *Moneygram.* Ouvert de 9 h (10 h le week-end) à 22 h. Grand cybercafé facturant à la minute de connexion. Bon accueil.

@ *Internetia* *(plan couleur II, H4, 10) :* av. Menéndez Pelayo, 46. ☎ 954-53-40-03. Non loin de l'église Santa María la Blanca et de la rue éponyme. Ouvert du lundi au vendredi de 10 h à 1 h du matin ; le week-end de 11 h à 1 h. Cybercafé moderne et agréable proposant une cinquantaine d'ordinateurs. Minimum 15 mn de connexion. Également des cabines téléphoniques.

@ *Ciber Ducke* *(plan couleur I, B3, 11) :* c/ Trajano, 10. ☎ 954-56-34-17. Ouvert de 9 h (11 h du samedi au lundi inclus) à 22 h. Petit cybercafé qui ne paie pas de mine. Minimum 25 mn. Pas cher mais accueil moyen.

@ À vrai dire, il n'est pas bien difficile de trouver des cybercafés à Séville. On peut également aller autour de **Alameda de Hercules** *(plan couleur I, B1-2 et C2)* ainsi que **calle Betis,** dans le quartier de Triana *(plan couleur II, E5)* mais là, c'est plus branchouille et donc plus cher.

Banques, change

■ Sur l'avenida de la Constitución *(plan couleur Santa Cruz, F5, 6)* et notamment autour de l'office du tourisme, nombreuses **banques.** Elles

SÉVILLE ET SES ENVIRONS

font toutes le change et ce ne sont pas les *distributeurs* automatiques de billets qui manquent. Aucun pro-blème, donc. D'autres succursales autour de la mairie *(Ayuntamiento ; plan couleur II, F4)*.

Représentations diplomatiques

■ *Consulat de France (plan couleur Santa Cruz, G5, 7) :* plaza Santa Cruz, 1. ☎ 954-29-32-00. Ouvert du lundi au vendredi de 9 h à 13 h, ainsi que le samedi en cas d'urgence.
■ *Consulat de Belgique (plan couleur Santa Cruz, G4) :* Fabiola, 10. ☎ 954-22-00-87.

Garages

■ *Garage Citroën :* polígono industrial, ctra Amarilla, 172. ☎ 954-55-45-00.
■ *Garage Renault :* Bellavista Automoción, polígono industrial Pineda, zona 3. ☎ 954-69-32-85.
■ *Garage Peugeot :* polígono industrial de Calonge, c/ Aviación, 69. ☎ 954-35-04-50. À côté du centre commercial Vilaser.

En cas de bris de glace

■ *Auto Cristal Sevilla :* c/ Almaden de la Plata, 14. ☎ 954-35-79-98. Ouvert du lundi au vendredi de 9 h à 14 h et de 16 h à 20 h, et le week-end de 9 h à 14 h.

Santé, urgences

– En cas de gros pépin, les hôpitaux publics offrent des services gratuits pour les premiers soins aux membres de l'UE munis de la carte européenne d'assurance maladie.

■ *Urgences (police, pompiers et ambulances) :* ☎ 112.
■ *Équipe d'urgences médicales 24 h/24 : Equipo Quirúrgico,* c/ Menendez y Pelayo s/n, en face des jardins Murillo. ☎ 954-59-03-00.
■ *Hospital univ. Virgen del Rocio :* av. Manuel Siurot s/n. ☎ 955-01-20-00.
■ *Commissariat de police (plan couleur Santa Cruz, G5, 1) :* patio de Banderas, 4. ☎ 954-28-95-64.
■ *Objets perdus ou trouvés (plan couleur II, E4) :* c/ Manuel Vázquez Sagastizabal, 3. ☎ 954-42-04-03. À côté de la gare routière Prado de San Sebastián. Ouvert de 9 h 30 à 13 h 30.

– *Pharmacies :* on en trouve partout, bien sûr. Elles sont ouvertes en général du lundi au vendredi de 9 h 30 à 20 h 30 (fermées en général au cœur de l'après-midi) et le samedi matin. Système de roulement la nuit : sur la vitrine de chaque pharmacie figure la liste de celles qui sont de garde de 22 h à 9 h 30. En voici une, très centrale :

■ *Farmacia Ibérica – Dr Herrera Dávila (plan couleur II, F4, 5) :* c/ Tetuán, 4. ☎ 954-22-59-48. Ouvert du lundi au vendredi de 9 h 30 à 14 h et de 17 h à 20 h 30 et le samedi de 9 h 30 à 14 h.

Divers

■ *Renseignements téléphoniques :* ☎ 118-18.
■ *Journaux français :* on en trouve dans les kiosques du centre sans problème, notamment dans la calle Sierpes *(plan couleur II, F4)* dans le quartier de Santa Cruz, ou autour de la plaza Nueva.

■ *Laverie Roma* (plan couleur II, F4) : c/ Castelar, 2. ☎ 954-21-05-35. Ouvert de 9 h 30 à 13 h 30 et de 17 h à 20 h 30. Fermé le week-end. Pas de self-service : une machine coûte dans les 6 €. Service de pressing également.

■ *Laverie La Segunda Vera* (plan couleur II, H5) : c/ Menendez Pelayo, 11. ☎ 954-53-63-76. Ouvert du lundi au vendredi de 9 h 30 à 13 h 30 et de 17 h 30 à 20 h, le samedi de 10 h à 13 h 30. Fermé le dimanche. Machines en self-service.

■ *Location de vélos et motos* (hors plan couleur II par H4) : Alkimoto, c/ Fernando Tirado, 5. ☎ et fax : 954-58-49-27. ● www.alkimoto.com ● Vélos à louer pour environ 8 € par jour et cyclomoteurs dans les 24 €.

Transports urbains

Les quartiers les plus intéressants se font impérativement à pied. Quand vous êtes fatigué, prenez un taxi, ce n'est pas si cher comparé à Paris, par exemple. En principe, une 1re ligne de métro devrait voir le jour en 2007. Une vingtaine de stations relieront le quartier de Dos Hermanas à la Cité Expo en passant par le centre.

Bus municipaux

Ils irriguent surtout les quartiers excentrés et parcourent le périphérique, faisant ici et là quelques timides incartades dans le centre – plaza de la Encarnación, Alameda de Hercules, plaza Nueva et avenida de la Constitución. Peu utiles pour ceux qui séjournent dans la vieille ville. Toutefois, les bus circulaires (équivalents du PC parisien) sont bien pratiques. Le circulaire intérieur est le C3-C4 (selon le sens de rotation), l'extérieur le C1-C2 (selon le sens). Ils permettent de faire le tour de la ville et de se rendre, par exemple, de la Cartuja (sur le site de l'Expo) au parc María Luisa (par le C1-C2), ou encore de Triana jusqu'aux abords de Santa Cruz en passant par l'église de la Macarena (par le C3-C4). Vous trouverez le plan de circulation des bus *Tussam* dans les offices du tourisme ou aux guichets d'information de la plaza Nueva et de la plaza de la Encarnación. Informations par téléphone : ☎ 902-45-99-54 ou 900-85-55-58. ● www.tussam.es ●
Le billet s'achète à l'unité dans les bus ou aux terminus. Son prix varie un peu si l'on sort de sa zone de départ mais tourne toujours autour de 1 €. Les cartes *Bonobus* de 10 voyages sont vendues aux terminus et dans tous les bureaux de tabac *(estancos)* ou les kiosques à journaux. Il y en a 2 types : sans correspondance (dans les 4,50 €) ou avec correspondance *(transbordo)* dans un créneau de 1 h (environ 5,50 €). Également des « cartes touristiques » pour 1 ou 3 jours (3 et 7 € respectivement), à acheter plaza Nueva ou à la gare routière Prado de San Sebastián, aux kiosques *Bonobus*.

Taxis

Les taxis fonctionnent avec 2 tarifs différents. Le tarif 1 (0,70 €/km) s'applique du lundi au vendredi de 6 h à 22 h. La nuit, les week-ends et jours fériés, on passe au tarif 2 (0,90 €/km). Le coût minimum est d'environ 3 € en tarif 1 et à peine 4 € en tarif 2. Prévoir plus ou moins 7 € pour rejoindre Santa Cruz à partir du quartier de la Macarena au nord. Attention, si vous prenez le taxi jusqu'au *Camping Sevilla,* un supplément d'environ 4 € est demandé. Quant à vous rendre à l'aéroport, la course revient à 21 € maximum. Si l'on vous demande plus, ne vous laissez pas faire !
Plusieurs stations de taxi sont indiquées sur le plan de ville distribué par l'office du tourisme de Séville. En général, les taxis sont nombreux et donc faciles à héler dans la rue. ☎ 954-67-55-55 *(Radio Taxi Giralda),* ☎ 954-58-00-00 *(Cooperativa Radio Taxi)* ou ☎ 954-62-22-22 *(Tele Taxi).*

Parkings en ville

Très difficile de se garer en centre-ville et on ne rigole pas avec les interdictions de stationner ! Les voitures sont embarquées à la fourrière sans compassion aucune : 85 € l'amende, il y a de quoi pleurer ! Le mieux est d'aller déposer vos affaires à l'hôtel, puis de garer votre voiture dans un lieu gardé. Compter entre 10 et 15 € les 24 h, la plupart coûtant 12 €. Certains hôtels disposent de réductions. L'office du tourisme délivre une carte sur laquelle sont indiqués les parkings.

▣ Dans le quartier de Santa Cruz, garez-vous plutôt au parking **Santa Cruz** *(plan couleur II, G-H5, et plan couleur Santa Cruz, G5, 1)*, c/ Cano y Cueto, le plus proche tout en restant accessible (351 places), ou le parking **Roma** *(plan couleur II, F6, 2)*, av. de Roma, non loin de la Puerta de Jerez (197 places).

▣ Parmi les parkings du centre, essayez celui de **Plaza Nueva** *(plan couleur II, F4, 3)*, c/ Albareda (328 places), ou à **El Arenal** *(plan couleur II, E4, 4)*, c/ Pastor y Landero. Le mieux étant encore celui du **Paseo de Colón** *(plan couleur II, E4, 5)*, le long du Guadalquivir, grand et relativement bon marché.

▣ Dans le quartier des Beaux-Arts, un parking pas trop cher sous le centre commercial de la **plaza de Armas** *(plan couleur I, A3, 6)*, c/ Marqués de Paradas. Celui de **Benidorm** *(plan couleur II, E4, 7)*, c/ Benidorm, à côté de l'*Hostal Jentoft*, est accessible de la c/ Arjona en venant de la plaza de Armas (dans l'autre sens c'est impossible, une séparation entre les 2 voies empêche de tourner à gauche).

– De quoi se garer assez aisément et gratuitement côté ouest de l'Alameda de Hercules. Mais gare aux Gorilles !

Bovis et Gorrillas

Quand vous vous garez dans la rue, vous constaterez rapidement qu'il arrive que des agents de la ville (les *Bovis*, en pantalon rouge et chemise blanche) vous demandent un droit de parking contre un ticket à moins de 1 €. C'est tout à fait légal et plus sympathique que les horodateurs.

En revanche, moins agréable, des types connus sous le nom de *gorrillas* (les casquettes) font le même boulot mais tout à fait officieusement. Ils vous proposent de garder votre voiture en votre absence. En fait, ils ne surveillent rien du tout. En outre, si vous refusez de leur donner un petit quelque chose, il y a des risques que vous retrouviez une belle et harmonieuse rayure sur la portière, une antenne en tire-bouchon ou un rétro ayant effectué un salto avant. Bref, une forme de racket déguisé. Proposez-leur de payer à votre retour et ne donnez pas plus de 1 €.

Où dormir ?

Le logement à Séville n'est généralement pas problématique si l'on s'y prend tôt le matin. Cependant, trouver à se loger pendant la Semaine sainte et la feria sans avoir réservé plusieurs mois à l'avance tient de la gageure ! Les prix varient selon les saisons (voir plus haut « Les saisons touristiques »), avec l'envolée de la *temporada super alta*, où il faudra s'attendre à payer presque le double des tarifs indiqués ci-dessous. Lorsqu'il n'y a qu'un prix, c'est que l'établissement pratique le même toute l'année hors *Semana santa* et *Feria*.

Auberge de jeunesse

🛏 *Albergue juvenil Sevilla :* c/ Isaac Peral, 2, 41012. ☎ 955-05- | 65-00. Fax : 955-05-65-08. ● www.in turjoven.com ● 🍴 Dans une rue annexe à l'avenida de la Palmera. Pour s'y rendre, bus n° 34 depuis la plaza Nueva *(plan couleur II, F4)* ; descendre à la hauteur de la calle Sor Gregoria de Santa Teresa. Réception 24 h/24. Pour les moins de 26 ans, de 10 à 15,50 € environ par personne, selon la saison ; pour les plus de 26 ans, de 13,50 à 19,50 €. Repas dans les 6 €. Située au sud du centre-ville, ce qui la rend assez inintéressante, compte tenu

de son éloignement et de son prix. Mais bien utile quand tout est complet, car elle dispose de près de 300 lits en chambres de 2 à 4 lits. Immeuble très propre, fonctionnel, avec air conditionné, le tout dans un quartier aéré et assez vert. Rien à voir, malgré tout, avec le charme des *hostales* du centre. Cafétéria, jardinet, consignes à bagages et réseau wi-fi.

De bon marché à prix moyens (de 25 à 50 €)

Les *hostales* de Séville se ressemblent presque tous et ont le charme propre à l'Andalousie : patios pleins de fraîcheur, balcons fleuris, atmosphère familiale. Bien que le confort y soit rudimentaire, la propreté est correcte. En hiver, il y a rarement du chauffage *(calefacción)* dans les chambres, alors n'hésitez pas à demander des couvertures supplémentaires. Dans Santa Cruz, les bonnes petites adresses ont malheureusement tendance à se transformer en usines à touristes et elles ont souvent une fâcheuse propension à la négligence... Il arrive que l'*hostal* exige le paiement à l'arrivée, et non à l'issue du séjour. Notre classement tient compte du charme des lieux et de la qualité de l'accueil, mais ce dernier reste aléatoire : le fiston qui ouvre la porte pendant la sieste des parents n'est pas forcément aussi aimable que ces derniers, qui, eux, vivent grâce au tourisme...

Dans le quartier du musée des Beaux-Arts

🏠 **Hostal El Giraldillo** *(plan couleur I, A3, 21)* : c/ Gravina, 23, 41001. ☎ et fax : 954-22-42-75. ● www.hostalelgiraldillo.com ● Le prix des doubles avec salle de bains varie de 40 à 45 €. Voilà une bonne petite adresse familiale, proposant des chambres tout juste rénovées, certes simples et pas très grandes mais agréables. Elles donnent soit sur le patio constitué d'une verrière en forme de pyramide, soit sur la rue calme. Propreté irréprochable. Azulejos et vraies plantes vertes pour le plaisir des yeux. Les proprios sont charmants et font tout leur possible pour assurer un bon accueil.

🏠 **Hostal Jentoft** *(plan couleur II, E4, 39)* : c/ Benidorm, 2, 41001. ☎ et fax : 954-22-09-81. ● www.hostaljentoft.com ● Entre la gare routière plaza de Armas et le pont de Triana. La c/ Benidorm est accessible de la c/ Arjona en venant de la plaza de Armas (dans l'autre sens c'est impossible, une séparation entre les

2 voies empêche de tourner à gauche). Chambres doubles à 25 € avec lavabo et à 37 € avec bains (IVA incluse). Douche à moins de 2 €. Une soixantaine de chambres réparties de part et d'autre d'un couloir au 1er étage. Les moins chères donnent sur la calle Arjona, bruyante. AC, TV, mais pas de téléphone. Propre et fonctionnel, donc. Parking juste à côté (8 €/24 h), ultrapratique. Accueil fort courtois.

🏠 **Hostal Romero** *(plan couleur I, A3, 23)* : c/ Gravina, 21, 41001. ☎ 954-21-13-53. Chambres entre 32 et 45 € environ, selon le confort (avec ou sans salle de bains...) et la saison. Une petite adresse familiale et croquignolette comme on les aime. Notez, au milieu de l'adorable patio, la corbeille au bout de la ficelle pour se passer la clé de la chambre ! Les chambres sont petites, notamment celles sous les toits (ça donne envie de refaire des études), mais elles sont propres et équipées de douches. Évitez quand même celles côté rue. Tenu par une gentille dame qui propose aussi des billets pour un spectacle de flamenco.

🛏 *Hostal Paco's* (plan couleur I, A3, **22**) : c/ Pedro del Toro, 7, 41001. ☎ 954-21-71-83. Fax : 954-21-96-45. ● www.hostales-sp.com ● ♿ Parking c/ Benidorm dans les 10,50 € les 24 h. Réductions au parking plaza de Armas. Dans un petit immeuble de 2 étages, donnant sur une rue calme. Chambres doubles avec salle de bains de 32 à 40 € environ. Elles sont dotées d'un mobilier bon marché en bois clair et l'entretien laisse parfois un peu à désirer. Paisible patio intérieur (sombre). Même direction que les *hostales Roma* et *París*.

Dans le quartier de la Macarena

🛏 *Hostal Macarena* (plan couleur I, C1, **25**) : c/ San Luis, 91, 41003. ☎ 954-37-01-41. Sur la jolie placette de Pumarejo, dans un quartier à l'architecture intéressante. On est accueilli dans un patio tout jaune avec des azulejos. Il y a 2 types de chambres : avec salle de bains commune, à environ 30 € pour 2 personnes, ou avec salle de bains privée et TV dans les 40 €. Chambres pas hyper lumineuses mais rénovées, bien entretenues et toutes climatisées. Bon accueil de la proprio. Point Internet à côté.

Dans le quartier de Santa Cruz (cathédrale et Alcázar)

🛏 *Pensión Vergara* (plan couleur Santa Cruz, G5, **50**) : c/ Ximenez de Enciso, 11, 41004. ☎ 954-21-56-68. ● pensionvergarasevilla@yahoo. es ● Autour de 40 € la chambre double (toutes avec salle de bains commune). Notez qu'en principe, le prix est le même toute l'année (lors de la Semaine sainte, c'est seulement 50 € environ la nuit ; pensez à réserver bien à l'avance). Dans un immeuble du XVe siècle, avec une boutique de souvenirs au rez-de-chaussée. Vu le tarif et la situation, ne pas s'attendre au grand luxe et pourtant c'est charmant. Déco andalouse, plantes, linge qui pend : un fouillis touffu tout à fait plaisant. Les chambres, réparties sur 2 étages, sont petites et bien tenues. Accueil familial vraiment sympa. Attention, chambre n° 7, pas de sommeil sans boules Quiès !

🛏 *Pensión Bienvenido* (plan couleur Santa Cruz, G4, **53**) : c/ Archeros, 14, 41004. tél et fax : 954-41-36-55. Doubles de 35 à 45 € environ selon la saison. Chambres anciennes au confort minimaliste, mais bien tenues et climatisées pour la plupart. Chambres avec salle de bains commune, sauf une (la plus chère, bien sûr). Quelques chambres s'agrémentent d'un balcon typique, ce qui les agrandit sensiblement. Et puis, la terrasse sur le toit offre un panorama très agréable sur le quartier. Il y a d'ailleurs des chambres à ce niveau-là mais avec ventilateur.

🛏 *Hostal Santa María de la Blanca* (plan couleur Santa Cruz, G5, **51**) : c/ Santa María de la Blanca, 28, 41004. ☎ 954-42-11-74. Chambres de 26 à 35 € avec lavabo et de 40 à 65 € avec bains, selon la saison. Le proprio est un accro du carrelage, plus facile à nettoyer à ses yeux. En tout cas, c'est nickel et la literie tient la route. Les chambres au rez-de-chaussée, sans fenêtre, donnent sur un couloir avec profusion de mosaïques de Macarenas et autres chanteurs de flamenco.

🛏 *Hospedería El Patio Cruces* (plan couleur Santa Cruz, G5, **43**) : plaza Cruces, 10, 41004. ☎ 954-22-60-41 ou 96-33. Doubles avec ou sans salle de bains de 30 à 50 € environ selon le confort et la saison. Malgré la situation touristique de l'adresse et le va-et-vient permanent qui y règne, on vous l'indique pour sa vingtaine de chambres récemment rénovées. Elles offrent un confort très correct (malheureusement sans azulejos), à condition d'éviter celles du rez-de-chaussée, fort bruyantes.

Pensión Archeros (plan couleur Santa Cruz, G5, **52**) : c/ Archeros, 23, 41004. ☎ 954-53-50-84. Chambres très simples de 2 à 4 lits pour 24 à 45 € par personne, ce qui est bien surestimé. Salles de bains sur le palier. Patio ouvert et pas désagréable, quelques fauteuils de récup' vétustes par-ci par-là (attention aux ressorts...). Déco... pas de déco. Accueil un peu bourru, mais les prix font parfois un petit plongeon et le tout reste encore correct.

Hostal Monreal (plan couleur Santa Cruz, G5, **45**) : c/ Rodrigo Caro, 8, 41004. ☎ 954-21-41-66. Compter 50 € la double avec douche, 40 € sans. Enseignes à néon, resto très touristique au rez-de-chaussée et rue bruyante... En faisant abstraction de ces détails fâcheux (ce qui n'est pas aisé), la façade ancienne et la loggia fleurie valent quand même la peine d'être notées. Seul avantage : sa proximité avec la cathédrale, ce qui est probablement (et difficilement) censé justifier les prix : les chambres n'ont pas de cachet particulier et un sérieux laisser-aller dans l'entretien en fait plutôt une adresse de dépannage. Proprios un peu pressés mais souriants.

À proximité de la Casa de Pilatos et de la plaza Alfalfa

Hostal Casa Sol y Luna (plan couleur I, C3, **32**) : c/ Pérez Galdos, 1A, 41004. ☎ 954-21-06-82. • www.casasolyluna1.com • Parking proche c/ Cuesta de Rosario. Chambres doubles dans les 38 € sans salle de bains et 45 € avec. Juste à côté de la plaza Alfalfa (parfait pour les fêtards), une vieille demeure aux chambres toutes différentes, colorées et hautes de plafond. N'hésitez pas à en voir plusieurs si c'est possible, car elles sont inégales. Certaines ont des têtes de lit en bois sculpté, petits coussins, table de chevet, meubles d'antiquaire et sol en faïence d'origine, clins d'œils à la culture mauresque... Néanmoins, elles n'ont pas toutes une fenêtre et l'entretien laisse parfois à désirer. On vient plutôt pour le charme de l'ancien et pour le salon illuminé par une verrière zénithale, au charme certain. Accueil sympa du jeune couple hispano-anglais. Petit centre Internet (et téléphone) en sortant à droite.

Pensión Virgen de la Luz (plan couleur II, H4, **42**) : c/ Virgen de la Luz, 18, 41003. ☎ 954-53-79-63. • www.pensionvirgendelaluz.com • Parking c/ Menéndez Pelayo. Compter 30 € la double sans salle de bains et 40 € avec. Un *hostal* à croquer et vraiment bien tenu, coincé dans une minuscule ruelle perpendiculaire à la c/ San Esteban. Chambres très simples mais ne manquant pas de charme, surtout pour celles donnant sur rue, dotées de balconnets. Belle porte en fer forgé et patio décoré d'azulejos et de plantes vertes dégringolant de l'étage. Chauffé en hiver. Accueil gentil mais dans un espagnol tellement andalou que le meilleur hispanophile aura du fil à retordre.

Hostal Puerta Carmona (plan couleur II, H4, **40**) : plaza de San Agustín, 5, 41003. ☎ 954-98-83-10. Fax : 954-53-39-86. • hostalpuertacarmona@yahoo.es • Compter de 42 à 50 € la double (en fonction de la saison), et 56 € pour une triple (aménagement parfait pour une petite famille), avec salle de bains. Un hôtel récent ayant récupéré la façade d'une maison ancienne. Intérieur toutefois très moderne et fonctionnel, avec des passerelles de verre reliant l'ascenseur aux étages. Literie et mobilier de bonne facture, clim' froid/chaud, TV et téléphone. Des détails de goût comme le carrelage, les tables de chevet en marbre... Les chambres côté rue donnent sur une petite place plantée d'orangers ; celles du 1er étage ont gardé leur bow-window ajouré. Un excellent rapport qualité-prix ; et 10 % de remise à nos lecteurs sur les doubles en basse et moyenne saison ainsi qu'en juin et juillet sur présentation de ce guide.

🏠 *Hostal Catedral* (plan couleur II, H4, **54**) **:** Tintes, 22. ☎ 954-98-72-13, 41003. ● hostalcatedral@telefonica.net ● Doubles autour de 35 €

avec plusieurs salles de bains communes. Une dizaine de chambres à la déco simplissime autour d'un patio fermé, un poil sombre, mais le tout est bien tenu et accueillant. La même famille tient une autre adresse à deux pas dans la même gamme de prix, l'*hostal Montoreña*. Accueil tout aussi gentil.

De prix moyens à plus chic (de 50 à 75 €)

Dans cette catégorie, patios recouverts de marbre, installations hôtelières modernes créent une ambiance plus distinguée, mais ôtent un peu de l'authenticité des *hostales* bon marché. Proposent assez souvent des réductions dans les parkings à proximité.

Dans le quartier du musée des Beaux-Arts

🏠 *Hotel Londres* (plan couleur I, A3, **26**) **:** c/ San Pedro Mártir, 1, 41001. ☎ 954-50-27-45. Fax : 954-50-38-30. ● www.londreshotel.com ● Autour de 55 € la double. Grille noire en fer forgé et joli hall égayé d'azulejos et de couleurs claires. C'est très bien rénové et très bien entretenu. Chambres dotées d'un mobilier de qualité, avec douche et w.-c., AC, chauffage, TV et téléphone. Elles donnent sur la rue ou sur l'arrière. Excellent rapport qualité-prix et accueil bien courtois. Pour nos lecteurs, 10 % de remise toute l'année sur présentation de ce guide.

🏠 *Hostal París* (plan couleur I, A3, **27**) **:** c/ San Pedro Mártir, 14, 41001. ☎ 954-22-98-61. Fax : 954-21-96-45. ● www.hostales-sp.com ● ♿ Réductions au parking plaza de Armas. La chambre pour 2 personnes revient de 50 à 55 € environ, plus 7 % de taxe. Toutes sont équipées de salle de bains, AC et TV, et sont plus ou moins grandes. Évitez celles donnant sur l'accueil, sombres et bruyantes. Le tout s'articule pourtant autour d'un patio moderne et lumineux. Pas d'un charme fou, mais c'est rénové et confortable. Service de blanchisserie. Notez que la direction possède également dans le quartier les *hostales Paco's* (voir plus haut), *Roma* et *Gravina*.

🏠 *Hostal Museo* (plan couleur I, A3, **55**) **:** c/ Abad Gordillo, 17, 41001. ☎ 954-91-55-26. Fax : 954-91-50-22. ● www.hostalmuseo.com ● Doubles de 45 à 55 € selon la saison. Comme son nom l'indique, tout près du musée des Beaux-Arts. Voici un sympathique petit hôtel rénové de façon assez moderne. Un lieu reposant qui propose des chambres toutes pimpantes autour de l'agréable puits de lumière du hall d'entrée. Chambres avec clim', TV, téléphone et connexion Internet. Parking possible plaza de Armas ou au magasin *El Corte Inglés*. Bon accueil.

🏠 *Hotel Sevilla* (plan couleur I, B3, **28**) **:** c/ Daoiz, 5, 41003. ☎ 954-38-41-61. Fax : 954-90-21-60. ● www.hotel-sevilla.com ● Chambres doubles autour de 60 €. Un hôtel calme sur une place bordée d'orangers, décoré avec sobriété et finesse. Joli patio. Chambres avec AC, TV et salle de bains mais pas bien grandes. Valable surtout pour les 2 chambres avec terrasse, un vrai plus. Sinon, les autres n'ont qu'un balcon et la déco reste plutôt banale et fonctionnelle. Un poil cher pour ce que c'est. Accueil sympathique. Café sur la place pour prendre le petit dej'.

🏠 *Hotel Zaida* (plan couleur I, A3, **24**) **:** c/ San Roque, 26, 41001. ☎ 954-21-11-38 et 36-12. Fax : 954-21-88-10. ● www.hotelzaida.com ● Parking Benidorm (avec réduc').

Chambres autour de 60 € avec douche et w.-c., clim' et TV. Belle demeure de style mudéjar du XVIIIᵉ siècle, dans une rue calme. La réception est située dans un spacieux patio aux colonnes en marbre, avec des fauteuils en osier. Azulejos le long de l'escalier et sol en damier à l'étage. Les chambres s'avèrent quand même un poil tristes et fonctionnelles pour le prix, cela dit. Préférer celles à l'étage. Bon accueil.

Dans le quartier de Santa Cruz (cathédrale et Alcázar)

▲ **Hostal Córdoba** (plan couleur Santa Cruz, G4, **44**) : c/ Farnesio, 12, 41004. ☎ 954-22-74-98. ● hostalcordoba@mixmail.com ● ♿ Dans Santa Cruz, en face du 10, c/ Fabiola. Les chambres sans bains mais avec TV et lavabo sont autour de 45 à 60 €, compter de 55 à 70 € environ avec bains. On vient plutôt pour ces dernières. L'établissement réunit en son patio tout le charme des *hostales* andalous. Pour ne rien gâcher, c'est très bien tenu et situé dans une ravissante petite rue, avec une vue très photogénique sur le clocher de Santa Cruz. Pas d'ascenseur et un escalier raide pour rejoindre les chambres.

▲ **Hotel San Francisco** (plan couleur II, F4, **41**) : c/ Álvarez Quintero, 38, 41004. ☎ et fax : 954-50-15-41. ♿ ● www.sanfranciscoh.com ● Dans une rue piétonne à 50 m de la Giralda. Parking à proximité sur la plaza Nueva (c/ Albareda). Chambres doubles entre 50 et 68 € ; compter le double en haute saison. Tenu par Carlos et son frère, les jeunes proprios sympas et accueillants. La déco du hall est un peu austère, mais l'ensemble s'avère propre et fonctionnel. La chambre n° 15 possède une petite terrasse privative très ensoleillée, mais notre préférée est la n° 33 au dernier étage, avec une vue imprenable sur la cathédrale et sur la Giralda. Celles du rez-de-chaussée sont en revanche un peu bruyantes. Pour nos lecteurs, remise de 10 % sur le prix de la chambre en basse saison sur présentation de ce guide.

▲ **Hostal Goya** (plan couleur Santa Cruz, G4, **47**) : c/ Mateos Gago, 31, 41004. ☎ 954-21-11-70. Fax : 954-56-29-88. ● www.hostalgoyasevilla.com ● Compter de 60 à 80 € en fonction du confort et de la saison. Rénové récemment, l'hôtel affiche un style design mâtiné de traditionnel. Esthétiquement parlant, l'effet n'est pas très heureux, mais au moins c'est propre et net. Côté rue assez bruyant. Accueil versatile, mais offre une réduction de 10 % à nos lecteurs sur le prix de la chambre de janvier à mars sur présentation de ce guide.

▲ **Un Patio En Santa Cruz** (plan couleur Santa Cruz, G5, **56**) : c/ Doncellas, 15, 41004. ☎ 954-53-94-13. Fax : 954-53-94-61. ● www.patiosantacruz.com ● Doubles dans les 75 €, passant à près de 120 € lors de la Semaine sainte. Une adresse chic qui conviendra à ceux qui sont lassés des azulejos. L'hôtel est entièrement blanc, assez design, rehaussé de quelques tableaux, de fleurs et de plantes vertes. Les chambres sont à l'avenant, légèrement branchées mais soft, avec double vitrage, AC (froid et chaud), TV (dont TV5), téléphone et coffre. Réseau wi-fi partout. Ascenseur pour se rendre sur la terrasse du toit. À ce prix-là, un petit effort supplémentaire sur le ménage serait le bienvenu, quand même ! Bon accueil du directeur franco-espagnol.

Et encore, à deux pas de la Casa de Pilatos...

▲ **Hostal Atenas** (plan couleur II, G4, **33**) : c/ Caballerizas, 1, 41003. ☎ 954-21-80-47. Fax : 954-22-76-90. ● www.hostal-atenas.com ●

♨ Doubles de 55 à 65 €, toutes avec salle de bains. On entre par une longue allée de céramiques et d'azulejos couverte de plantes vertes. Bien que la réception paraisse un peu fanée, le charme ne s'arrête pas à la grille de fer forgé, qu'on vous ouvre avec le sourire. Les chambres sont décorées de façon nette et minimaliste, avec un soupçon de cachet et équipées de l'AC froid/chaud. Deux patios, une terrasse et en plus c'est très facile d'accès en voiture par la calle San Esteban.

De chic à très chic (de 75 à 100 €)

Dans le quartier de Santa Cruz (cathédrale et Alcázar)

🏠 *Hotel Amadeus (plan couleur Santa Cruz, G4, 48) :* c/ Farnesio, 6, 41004. ☎ 954-50-14-43. Fax : 954-50-00-19. ● www.hotelamadeussevilla.com ● ♨ Parking payant non loin de l'hôtel. Compter de 80 à 110 € la chambre selon le confort (standard ou supérieure). Suite à 130 €, petit dej' en sus. Un petit hôtel de charme dans une demeure de caractère du XVIIIe siècle, au bord d'une ruelle tranquille. Le patron, mélomane cultivé et affable, soigne bien ses 14 chambres (bains, w.-c., chauffage, TV, AC), toutes meublées avec goût et élégance. Expositions et concerts y sont organisés de temps en temps. Petite terrasse sur le toit. Réseau wi-fi pour les cyber-voyageurs.

🏠 *Hotel YH Giralda (plan couleur Santa Cruz, G4-5, 46) :* c/ Abades, 30, 41004. ☎ 954-22-83-24. Fax : 954-22-70-19. ● www.yh-hoteles.com ● Chambres doubles à 80 € avec salle de bains, AC, téléphone, TV et prise Internet. Une suite en duplex à 100 €. Réduction en basse saison. Dans une jolie rue à 2 pas de la cathédrale, ce petit palais du XVIIIe siècle logeait autrefois une pension proprette. Avec le changement récent de propriétaire, elle s'est métamorphosée en hôtel design de tout confort, valorisant les atouts architecturaux du bâtiment. Belle déco raffinée et dépouillée à la fois, jolies menuiseries, quelques orchidées blanches et puis des douches étudiées dans les chambres… Réseau wi-fi partout. En revanche, pas de parking à proximité et l'accès est assez difficile (on est au cœur de la vieille ville !). Accueil jeune et franchement sympathique.

Dans le quartier El Arenal et plaza Nueva

🏠 *Hotel Simón (plan couleur II, F5, 38) :* c/ García de Vinuesa, 19, 41001. ☎ 954-22-66-60. Fax : 954-56-22-41. ● www.hotelsimonsevilla.com ● À 3 mn à pied de la cathédrale. Chambres doubles de 75 à 105 € (125 € avec salon) selon la saison, sans les taxes ni le petit dej'. Une maison du XVIIIe siècle, avec un patio majestueux, des colonnes en marbre et une fontaine. Vieux meubles, tableaux anciens, azulejos aux murs, le charme d'une demeure patinée par le temps mais équipée du confort. Préférez les chambres en hauteur, même si les azulejos s'y font plus rares, car elles sont plus lumineuses, et évitez celles côté rue.

🏠 *Hotel Maestranza (plan couleur II, F4, 34) :* c/ Gamazo, 12, 41001. ☎ 954-56-10-70. Fax : 954-21-44-04. ● www.hotelmaestranza.es ● ♨ À 100 m de la cathédrale et du quartier de Santa Cruz. Chambres doubles de 57 à 87 €, selon la saison. Un hôtel au confort passepartout, mais intéressant pour sa situation on ne peut plus centrale. Les parties communes sont bien belles, au point qu'on trouve les chambres un peu décevantes en comparaison. Les n°s 103 à 106 et 203 à

205 ont un balcon. Accueil sympa. Réduction de 10 % sur le prix de la chambre double en janvier et février, sur présentation de ce guide.

Dans le quartier de l'Alameda de Hercules

▪ **Patio de la Cartuja** (plan couleur I, B1, **30**) : c/ Lumbreras, 8-10, 41002. ☎ 954-90-02-00. Fax : 954-90-20-56. ● www.patiodelacartuja. com ● Parking privé payant. De 78 à 95 € l'appartement pour deux, selon la saison. Belle bâtisse du XVIIIᵉ siècle restaurée avec goût, organisée autour d'un vaste patio de forme triangulaire (sacrée perspective !). Les 3 chambres doubles classiques sont un peu petites et au même tarif, profitez donc des petits appartements équipés de coin cuisine, salon, AC, TV, et si possible à l'étage. Petit déjeuner-buffet, mais en supplément.

▪ **Patio de la Alameda** (plan couleur I, B1, **29**) : Alameda de Hercules, 56, 41002. ☎ 954-90-49-99. Fax : 954-90-02-26. ● www.patiode laalameda.com ● De 78 à 95 € l'appartement pour deux, selon la saison. Parking privé payant. Même type d'appartements modernes et confortables qu'au Patio de la Cartuja (ce fut longtemps la même direction), avec cuisine, dans une demeure du XVIIIᵉ siècle. Patios fleuris et bien isolés du bruit de l'extérieur, mais qui amplifie le son provenant des autres chambres. Préférez vraiment celles à l'étage pour bénéficier de la luminosité et évitez les apparts jouxtant la cafét'.

Très chic (plus de 100 €)

Dans cette catégorie, le calendrier des tarifs est particulièrement complexe et les différences de prix entre la basse et la haute saison sont importantes. Il est donc prudent de se renseigner au préalable pour éviter les mauvaises surprises, en particulier pendant la Semaine sainte et la feria ! L'accueil est souvent assez guindé : visiblement, le sourire n'est pas compris !

▪ **Hotel Las Casas del Rey de Baeza** (plan couleur I, D3, **31**) : c/ Santiago, 2, 41004. ☎ 954-56-14-96. Fax : 954-56-14-41. ● www.hos pes.es ● ♿ Possibilité de parking (payant). Chambres doubles autour de 160 € en basse saison et de 200 € en haute saison ; petit dej' en sus. À deux pas de la casa Pilatos, un hôtel de charme composé de 2 patios. Notre hôtel préféré dans cette catégorie. Les chambres sont décorées dans un style design sans être pour autant minimaliste, toutes équipées de chaîne hi-fi et TV. Charmante piscine de poche sur le toit, avec vue sur les alentours. Accueil cordial, confort irréprochable. Restaurant délicieux. À nos lecteurs et sur présentation de leur guide, un verre de sangria pour se détendre dès l'arrivée.

▪ **Hotel Vincci La Rabida** (plan couleur II, F4, **35**) : c/ Castelar, 24, 41001. ☎ 954-22-09-60 ou 902-45-45-85 (centrale de réservation). Fax : 954-22-43-75. ● www.vinccihoteles. com ● Au nord de la plaza de Toros et à 5 mn à pied de la cathédrale. Chambres doubles de 100 à 200 €, selon la saison. Hôtel 4 étoiles dans une ancienne demeure sévillane rénovée. Le grand patio intérieur sert de salon et les chambres, très calmes, sont disposées autour de ce puits de lumière.

▪ **Hotel Los Seises** (plan couleur II, G4, **36**) : c/ Segovias, 6, 41004. ☎ 954-22-94-95. Fax : 954-22-43-34. ● www.hotellosseises.com ● Au cœur de Santa Cruz, à deux pas de la Giralda. Parking valet à 16 € les 24 h. Chambres de 160 € en basse saison à 200 € en haute saison ; petit dej' à 16 € par personne (IVA non incluse). Un hôtel assez exceptionnel, puisque les architectes sont parvenus à utiliser les structures d'une ancienne demeure du XVIIe siècle pour en faire un hôtel moderne de haut niveau. Moderne donc, confortable évidemment. Sur le toit, d'où l'on embrasse une vue exceptionnelle sur la Giralda et les toits ocre et brun du quartier, une superbe petite piscine et un bar. Accueil guindé mais pas pro pour autant.

🏠 *Hostal Doña María (plan couleur Santa Cruz, G5, 49)* : Don Remondo, 19, 41004. ☎ 954-22-49-90 ou 902-50-05-24 (central de réservation). Fax : 954-21-95-46. ● www.hdmaria.

com ● Parking privé (mais il n'a que 6 places). À deux pas de la cathédrale, dans une petite rue tranquille, donc vraiment bien situé. De 135 à 198 € la double, selon la saison (100 € en juillet-août). Petit hôtel douillet et chic où chaque chambre est personnalisée, certaines décorées de vieux meubles baroques espagnols très beaux. Sur le toit, une terrasse, avec petite piscine (ouverte l'après-midi de juin à septembre), domine la Giralda. Accueil inégal.

Très très chic

🏠 *Hotel Alfonso XIII (plan couleur II, F6, 37)* : c/ San Fernando, 2, 41004. ☎ 954-91-70-00. Fax : 954-91-70-99. ● www.westin-alfonsoXIII. com ● ♿ Le très grand luxe a un prix : 515 € la chambre double et 20 € le petit dej'. Olé ! Cette merveille fut construite pour l'Exposition internationale de 1929 et est considérée comme le plus bel hôtel

d'Andalousie. Toutefois, il semblerait que les prestations ne soient plus à la hauteur des tarifs. Allez au moins traîner quelques minutes dans ses galeries gigantesques ou y boire un verre. *Afternoon Tea* de 16 h à 19 h pour 12 € et bar ouvert de 18 h à 1 h. Tous les cocktails à 7,50 €. Piscine. Parking (payant, quelle idée !).

Où camper dans les environs ?

Pas terribles, les campings de Séville ! C'est le moins qu'on puisse dire, même s'il y a pire en Espagne. Les voici dans l'ordre de préférence et non dans l'ordre de proximité. Ils sont tous desservis par des bus, mais ce n'est pas super pratique.

🏕 *Villsom* : 41700 Dos Hermanas. ☎ et fax : 954-72-08-28. À 9 km au sud de la ville, sur la route de Cadix (N IV). En voiture, prendre la sortie Dos Hermanas-Isla Menor (n° 555), puis à droite sous le pont. En bus, prendre la ligne Séville – Dos Hermanas (compagnie *Los Amarillos*) avenida del Portugal, à côté de la plaza de España ; dites au chauffeur que vous allez au camping *Villsom*, il vous arrêtera tout à côté (30 mn de trajet environ). Ouvert toute l'année. Environ 12 € pour 2 personnes et une tente, plutôt 15 € en comptant la voiture. Y arriver tôt en saison, sinon c'est complet. Assez sonore (autoroute proche), mais reste le moins bruyant de tous, et agréablement ombragé. Le sol est en terre battue rouge, style Roland Garros, mais un

peu dur. Bien surveillé et bien tenu. Piscine gratuite, plutôt belle et surveillée. Épicerie (assez chère, allez plutôt à l'hypermarché à 5 mn de l'autre côté de l'autoroute), minigolf, bar, machine à laver. Accueil décontracté.

🏕 *Camping-motel Club de Campo* : av. de la Libertad, 13, 41700 Dos Hermanas. ☎ 954-72-02-50. Fax : 954-72-63-08. ● camping.motel@terra.es ● À 8 km de Séville, vers le sud. En voiture, prendre direction Cadix, sortir à Dos Hermanas et poursuivre en suivant la SE 420, direction Dos Hermanas ; c'est juste à l'entrée de la ville. Bus pour Séville le matin avec retour le soir. Ouvert toute l'année. Les tarifs sont simples : 3,90 € environ par personne, par voiture et par tente. Également quelques chambres doubles autour de 50 € avec salle de bains, TV et AC. Grande piscine, bar et resto. Pas très ombragé et sa proximité avec la voie ferrée ne le rend pas très calme non plus. Environnement assez lugubre. Réduction de 10 % sur le prix de la chambre de motel offert toute l'année à nos lecteurs sur présentation de ce guide.

🏕 *Camping Sevilla* : ctra Nacional IV Madrid-Cadiz, Km 534, à 6 km au nord-est, sur la route de l'aéroport. ☎ et fax : 954-51-43-79. ● campingsevilla@turinet.net ● C'est le plus proche de la ville (6 km du centre). Une navette part de l'avenida Portugal à côté du bar *Citrone* (également proche de la plaza de España) et vous conduit jusqu'au camping pour moins de 3 € ; elle fait plusieurs fois l'aller-retour dans la journée. Sans grande conviction, on vous donne les tarifs : environ 12 € pour 2 personnes avec une voiture et une tente. Coincé entre l'autoroute et le bout de la piste d'atterrissage de l'aéroport... Les avions ne circulent pas la nuit, mais dans la journée, c'est très décoiffant. Piscine payante. Douche gratuite. Assez bien entretenu, mais atmosphère désolante. Possibilité également de louer des bungalows (40 €).

Où manger ?

Beaucoup de restaurants dans la ville, mais nous conseillons plutôt de faire la tournée des bars à tapas. Dans tout le quartier de Santa Cruz, sur les placettes ensoleillées, des terrasses occupent le terrain. Pour la plupart, les restos y servent un menu attractif en ce qui concerne le prix. Sur le plan culinaire, c'est en général zéro pointé, comme au niveau de l'accueil. Autant le savoir. Le charme est cependant de la partie. Les adresses qui suivent ont l'avantage de proposer des tables et des chaises, détail non négligeable après des heures de promenade...

Assez bon marché (moins de 15 €)

🍴 *Casa Florencio, Charcutería El Prado et La Taberna* (plan couleur II, H5, 73) : c/ José Ignacio Benjumea, 1-3. En face de la gare routière Prado de San Sebastián. Ouvert le midi. Formules à partir de 3 €. Trois adresses pour se restaurer vite et pas cher si vous traînez entre la plaza de España et la gare. C'est le rendez-vous des chauffeurs de bus et des fauchés. Le *especial del día* (chorizo, boudin noir, filet au whisky...) est présenté en gros sandwich à emporter. Les promos vont bon train chez *Florencio* et ses 2 voisins qui ajoutent une canette de bière par-ci, un paquet de chips par-là. *La Taberna* fait plus *bodega* avec quelques tables en terrasse et propose vin et manzanilla. À vous de faire votre marché.

🍴 *Taberna Coloniales* (plan couleur I, C3, 69) : plaza Cristo de Burgos, 19. ☎ 954-50-11-37. Ouvert tous les jours de 13 h 30 à 16 h 30 et de 20 h 30 à minuit ; le week-end, c'est tapas en continu. Compter environ 10 € pour 2 copieuses *medias raciones*. L'intérieur est composé d'un long comptoir où il faut jouer des coudes pour accéder aux salades en vitrine. Quant aux tables en terrasse donnant sur la belle place, nous vous conseillons de vous y prendre assez tôt ; seul inconvénient, le crissement de pneus des voitures qui tournent juste devant ! Sinon, on a bien aimé le thon de Barbate, les œufs de caille *(huevos de cordoniz)* et le *secreto ibérico*, un filet bien juteux. Petite carte de vins.

🍴 *La Antigua Abacería* (plan couleur II, E5, 61) : c/ de la Pureza, 12. ☎ 954-33-03-49. Ouvert tous les jours de 12 h 30 à 16 h 30 et de 20 h à 1 ou 2 h. En plein Triana, voici une sympathique *bodega* avec un décor en bois, des étagères pleines de bouteilles de vin, de fromages, de charcutaile, de bonnes conserves, et quelques tables au milieu des tonneaux. Bonne atmosphère vibronnante, style bar à vin et bandes de copains. On y déguste des tapas plutôt raffinées, quelques pâtés, du poisson et même du caviar, en les accompagnant d'un bon *rioja* ou d'un gouleyant *Ribera del Duero* servi dans un verre digne de ce nom. Ensuite, on est fin prêt pour faire la fête à Triana...

|●| *Taberna Miami* *(plan couleur II, E5, 62)* : San Jacinto, 21. ☎ 954-33-57-95. Dans le quartier de Triana, près du marché. Compter 15 € environ pour un repas. Non, ce n'est pas l'adresse des flambeurs de Miami, mais plutôt une taverne bien *trianera* assez folklo (lumière limite aveuglante), où l'on sert une cuisine classique et très copieuse à des prix sages.

|●| *Restaurante Los Cuevas* *(plan couleur II, E6, 64)* : c/ Virgen de las Huertas s/n. ☎ 954-27-80-42. ♿ À l'angle de la calle Paraíso, dans le quartier de Triana. Ouvert de 12 h 30 à 17 h et de 21 h à 2 h environ. Fermé le lundi. Congés : en août. Tapas de 4 à 9 € environ mais compter 15 à 20 € au resto. Une de ces adresses authentiques, loin des concessions pour touristes, où les gens du quartier viennent faire un bon repas. Tapas au bar et bonnes spécialités en salle. Ceux qui se moquent des régimes peuvent choisir la *cola de toro*, le *chorizo del pueblo* et les aubergines frites, particulièrement réussis. Excellent rapport qualité-prix-fraîcheur. Faites-vous montrer par le patron volubile la chemise contenant les coins de nappes en papier écrits par les visiteurs et qui fait office de livre d'or. Accueil sans chichis et digestif offert sur présentation de ce guide.

|●| *Bar Salomon* *(hors plan couleur II par E5, 66)* : c/ Lopez de Gomara, 11. ☎ 954-33-35-21. Fermé le lundi. Congés : en août. C'est sur cette avenue populaire de Triana, nettement moins branchée que la calle Betis, que l'on finit par dénicher « El rey de los pinchitos » au milieu d'autres terrasses. Ici, le soir, ça vibrionne, ça parle fort et ça déguste les fameuses brochettes de poulet à 2 € environ, accompagnées de *papas bravas* (patates sauce piquante). Au comptoir, les serveurs vous font le compte à la craie sur le zinc. Mais on peut poser son auguste postérieur à l'extérieur... si on trouve de la place. *Raciones* un poil chères, en revanche.

|●| *La Gamba Blanca* *(plan couleur II, E6, 60)* : c/ de Febo, 20, à l'angle de Trabajo. ☎ 954-00-13-41. Ouvert tous les jours de 12 h à 16 h 30 et de 20 h à 1 h environ. De 5 à 10 € la *ración*. Voici un bar de quartier spécialisé dans les fruits de mer. Un peu désordonné mais très familial. On y mange à la bonne franquette sur un coin de table en déchiffrant les plats affichés sur les murs. Bien sûr, il y a les traditionnels jambons suspendus au plafond mais on vient surtout ici pour avaler une assiette de langoustines, de crevettes tigrées, de *chipirones* (calamars) ou un mérou *a la plancha*. C'est bon, c'est frais et sans chichis.

|●| *Alcoy 10* *(plan couleur I, B2, 74)* : c/ Teodosio, 66. Derrière l'église San Lorenzo. Ouvert du mardi au samedi de 11 h 30 à minuit. Un petit bar en angle avec quelques tables à l'extérieur. À l'ardoise, un bon choix de tapas autour de 2,50 € et des plats un peu plus chers. Ici, outre la fraîcheur, la particularité est de servir tapas et *raciones* avec un zeste de branchitude et ce n'est pas au détriment de la qualité. On a notamment aimé les élégantes salades, au fromage de chèvre, au thon, etc. Bon *rioja* au verre. Service aimable quoiqu'un peu speed.

|●| *Lizzaran Tapas* *(plan couleur I, B3, 68)* : c/ Javier Lasso de la Vega, 14. ☎ 954-90-91-99. Fait l'angle avec Trajano. Tapas-pintxos entre 1 et 1,25 € environ. Le décor est moderne et assez banal mais la formule est sympa. On se sert soi-même dans les vitrines au bar, ou directement sur les plateaux lorsque les serveurs surgissent de la cuisine chargés de la dernière fournée chaude (*chichas* dégoulinantes, fritures de poisson...). Attention, il faut garder les cure-dents pour le calcul de l'addition. Facile et animé, des tables pour les plus fatigués. Pas les meilleures tapas de la ville, mais on s'y sent bien et les bonnes adresses sont assez rares dans le coin...

De prix moyens à plus chic (de 15 à 30 €)

|●| *Bodega Extremeña (plan couleur II, H4, 65)* : c/ San Esteban, 17. ☎ 954-41-70-60. *Raciones* de 6 à 15 € mais certaines sont facturées au poids. Une *bodega* d'Extremadura servant surtout de juteuses cochonnailles à la *ración* : *solomillos, chuletas, huevos con chorizo, morcilla...* Certes, c'est un peu gras mais c'est délicieux et servi copieusement. Également un grand choix de fromages. Cinq tables disposées autour d'un lampadaire en fer forgé, dans une salle où trônent les bouteilles de vin et une déco de brocante. Sinon, il y aura toujours un p'tit bout de comptoir. D'ailleurs, il faut commander au bar, on vous appelle dès que c'est prêt. Et ici, l'ambiance est plutôt derrière le comptoir...

|●| *Cañas y Tapas (plan couleur II, E4, 67)* : c/ Julio César, 14. ☎ 954-50-28-94. Ouvert tous les jours midi et soir. Plats de 10 à 19 €. *Raciones* de 5 à 12 €. Quelques originalités telles que la *Luna de miel (jamón ibérico* au miel) et des *tostas* à un peu moins de 11 €. Une *cervecería* chaleureuse et animée qui honore la vieille tradition d'offrir une tapa pour accompagner chaque bière... Pour manger, il faudra donc boire de la *cerveza,* tirée d'un énorme fût au plafond. Bien sûr, les tapas gratos ne sont pas les meilleures (pas copieuses non plus). Plutôt pour s'ouvrir l'appétit et passer aux bons plats, dans un environnement de murs crème et d'azulejos, parés de quelques gravures de corrida. Tables au coude à coude et en terrasse.

|●| *Thebussem (plan couleur Santa Cruz, G5, 70)* : c/ Mateos Gago, 9. ☎ 954-21-40-30. Plats de 10 à 19 €. En moyenne, donc, compter 30 € pour un repas complet. À 200 m de la cathédrale, voici une des meilleures adresses de la ville. Tissus orientaux dans les tons roses, décor sobre et intime, évoquant à la fois l'Orient proche et lointain, rien de rustique dans ce resto dédié au docteur Thebussem, un grand gastronome. Cuisine andalouse raffinée et créative. Spécialité : le filet de veau avec des piments *piquillo.* Service impeccable et attentif. Bon rapport qualité-prix.

|●| *Casa Robles (plan couleur Santa Cruz, F4, 71)* : c/ Alvarez Quintero, 58. ☎ 954-21-31-50 et 954-56-32-72. ♿ Repas autour de 15 € au bar et 30 € au resto. On a adoré les *alcaparras* (entre la câpre et la figue miniature) pour l'apéro, ainsi que les tapas de champignons et d'étranges fruits de mer. Installez-vous dehors, en terrasse, ou, encore mieux (et moins cher), au comptoir, couvert de bricoles à grignoter. Le resto (au 1er étage), chicos, est spécialisé dans le poisson et les fruits de mer. Bon, à part les serveurs, pas grand monde parlant l'espagnol, mais les prix restent corrects et le service est accueillant pour un établissement aussi proche de la cathédrale. L'apéritif est offert à nos lecteurs sur présentation de ce guide.

Très chic (plus de 30 €)

|●| *Enrique Becerra (plan couleur II, F4, 63)* : c/ Gamazo, 2. ☎ 954-21-30-49. Plats entre 15 et 24 €. Ouvert de 13 h à 17 h et de 20 h à minuit. Fermé le dimanche. Le cuisinier jouit d'une grande réputation pour sa cuisine andalouse de terroir : rôti d'agneau au miel farci aux épinards et pignons, morue à la sauce d'asperges vertes, et toutes les déclinaisons du *jamón ibérico.* La maison (en fait, 2 petites maisons du XVIIe siècle réunies au début du XXe) s'ouvre sur le bar à tapas. Et pour dîner assis, ça se passe dans la salle à manger, sous un plafond à caissons, parmi les colonnes en marbre et les poutres en acajou. Cave qui ravira les œnologues et une attention toute particulière portée au xérès. Le lieu de rencontre des intellectuels et des artistes. D'ailleurs, Arturo Pérez-Reverte cite ce restaurant dans plusieurs de ses romans. Voir aussi dans « Où manger des tapas ? ».

IOI *La Albahaca (plan couleur Santa Cruz, G5, 72)* **:** plaza de Santa Cruz, 12. ☎ 954-22-07-14. Ouvert jusqu'à minuit. Fermé le dimanche. Menus à partir de 28 €. Plats de 18 à 22 €. Sur une charmante placette, un resto raffiné dont la cuisine s'inspire des traditions de la gastronomie andalouse et basque. Épurée, dégraissée : entrecôtes de cerf sauce champignons, saumon à la sauce de fèves sur un lit d'artichauts frits. On dîne soit sur la petite place à la lueur des bougies, tranquille, soit dans une des 3 salles de cet ancien hôtel particulier du XVIIe siècle, serti d'une abondance de lustres, d'azulejos, d'antiquités et de tableaux. Bien d'illustres personnages sont venus se régaler ici (Gabriel García Marquez, la reine d'Espagne...). Encore une adresse fétiche de l'écrivain Arturo Pérez-Reverte. Très jet-set tout ça !

Où manger très très chic dans les environs ?

IOI *Hacienda Benazuza, restaurant La Alqueria :* à Sanlucar la Mayor, à l'ouest de Séville. ☎ 955-70-33-44. Sortir de Séville et prendre l'autoroute A 49-E1 en direction de Huelva, sortie n° 16 Benacazón/Sanlucar. Fléchage à partir de Sanlucar. Congés : en janvier et février. Ouvert le soir du mardi au dimanche et pour déjeuner (à partir de 13 h 30), du jeudi au samedi. Menu-dégustation le soir à 118 € ou selon les choix autour de 60-70 € à la carte. Le nom d'*El Bulli*, vous connaissez ? Si oui, vous avez déjà une petite idée de ce qui vous attend. Sinon, c'est le moment de casser votre tirelire pour vivre une expérience culinaire assez décoiffante. Imaginez une magnifique propriété du Xe siècle transformée en hôtel d'hyper-luxe (et on pèse nos mots, les chambres les plus modestes commencent à 230 €), où se produit côté restaurant Rafa Morales, un des plus fidèles disciples du légendaire catalan Ferrán Adriá. Il propose, et c'est là que c'est original, les « collections » des années précédentes et déjà « présentées » par *El Bulli* en Catalogne. Pour ne pas manquer à notre devoir d'information, on vous dira que le décor, bien sûr, est des plus cosy, le service hyper stylé mais aussi décontracté et pas du tout intimidant ; et puis, il suffit d'écouter la fréquence des oh ! et des aaah ! des tables voisines pour se dire que le plaisir d'être là est partagé. Après tout, en plus de déguster, on est aussi là pour s'amuser d'une cuisine qui joue parfois sur le registre humoristique. Sinon, on peut manger à l'air libre le midi au resto voisin *La Alberca* et s'y contenter de tapas et de casse-croûtes, de luxe bien sûr... Pour digérer, demandez à visiter la cuisine *(cocina)* et terminez par les splendides jardins.

Où manger des tapas ? Où boire un verre ?

Nous vous conseillons de suivre la bonne vieille tradition des tournées, de manière à tester plusieurs adresses au cours de votre itinéraire de visite. Vous verrez, ça repose et c'est fou comme vos journées passeront vite ! Et puis, on peut contenter son estomac rien qu'en enchaînant 2 ou 3 bars à tapas. En prime, ambiance chaleureuse et animation garantie, sauf à l'heure de la sieste (entre 15 h et 19 h environ), où la plupart des bars sont fermés.

🍷 *Hijos de Morales (plan couleur II, F5, 104)* **:** c/ García de Vinuesa, 11. À l'angle de la calle Cristóbal de Castillejo. Non loin de la cathédrale, en allant vers le fleuve. Fermé le dimanche. Le bistrot à vin le plus vieillot de la ville : près de 150 ans d'existence, et pas un coup de peinture depuis 50 ans ! Installez-vous de préférence dans l'ancienne cave, laissée pratiquement intacte : immenses cuves à vin en forme de jarre, vieux tonneaux. Le *vino* est *bueno* et, vu l'atmosphère générale, on se sent prêt à tous les essayer !

Y Enrique Becerra (plan couleur II, F4, 63) : c/ Gamazo, 2. ☎ 954-21-30-49. Fermé le dimanche. Tapas succulentes, essayez la *vieira gratinada* (coquille Saint-Jacques gratinée), les *albondigas de cordero con hierbabuena* (boulettes d'agneau à la menthe) ou bien sûr, très prisé ici, les recettes à base de porc ibérique. Une atmosphère assez magique dans ce repaire d'hommes d'affaires, d'artistes et d'intellectuels, entre les *jamones,* les murs ornés de céramiques, les hautes tablettes pour s'accouder. Cave qui ravira les œnologues et les adeptes de xérès. Voir également dans « Où manger ? ».

Y Café-bar Las Teresas (plan couleur Santa Cruz, G5, 115) : c/ Santa Teresa, 2. ☎ 954-21-30-69. Tout y est : le sol à carreaux, le bar en marbre et en bois, les murs tapissés d'affiches jaunies, une vieille pendule arrêtée, des jambons qui dégraissent doucement et un joyeux brouhaha... La carte postale ! L'une des rares adresses qui valent le détour dans le quartier. D'ailleurs, son succès ne se dément pas. Terrasse pour prendre l'air.

Y Patio San Eloy (plan couleur I, B3, 100) : c/ San Eloy, 9. ☎ 954-22-11-48. Fermé en août. Taberna où l'ambiance est vraiment chaude aux heures de pointe. On boit beaucoup, bien sûr, et on mange des petits sandwichs de toutes sortes (saumon, roquefort) ou des *empanadas,* assis sur de jolis gradins en carreaux de faïence ou sous la ribambelle de jambons qui sèchent. La déco est vraiment formidable. On se croirait plus dans un ancien hammam que dans un bar ! Dès l'entrée sur la droite, petit bar à vin. Salle plus intime à l'étage, clientèle plutôt jeune. Apéritif offert aux routards sur présentation de ce guide.

Y Bodega Santa Cruz (plan couleur Santa Cruz, G5, 116) : c/ Rodrigo Caro, 1. ☎ 954-21-32-46. Au cœur du quartier de Santa Cruz. Ouvert tous les jours jusqu'à minuit. Plus connu sous le nom de *Las Columnas,* en raison des colonnes qui se trouvent juste devant. Le week-end, l'animation délirante rend l'accès au bar plutôt périlleux. Pour les courageux qui y seront parvenus, goûtez les *tortillitas de bacalao* ou le *montadito pringá,* délicieux petit sandwich chaud garni avec les viandes du pot-au-feu hachées menues. Et puis, faites comme tout le monde : essayez de ressortir avec votre verre et votre sandwich, et allez déguster tout ça adossé aux voitures dans la rue... L'une des rares bodegas encore authentiques du quartier. Voir les serveurs s'agitant en tous sens, propulsant leur pourliche avec dextérité dans la coupe derrière le comptoir ou engueulant presque les clients est un spectacle à lui tout seul.

Y La Goleta (plan couleur Santa Cruz, G5, 117) : c/ Mateos Gago, 20. ☎ 954-21-89-66. Ouvert midi et soir. Finalement, dans ce quartier hyper touristique de Santa Cruz, pas besoin de chercher midi à quatorze heures sauf, bien sûr, à l'heure du déjeuner. Avec la *Bodega Santa Cruz* et *Las Teresas* (voir plus haut), voici l'un des rares endroits réellement fréquentables. Attention, c'est minuscule et on ne peut pas s'asseoir ! Alors on mange son excellent *montadito* (petit sandwich), servi chaud pour 1,50 à 2 € seulement, à même le trottoir et accompagné d'une *cerveza* ou d'un *vino de naranja,* autre spécialité de la maison. Et on dit merci, patron ! Parce que c'est bon, sympa et pas cher.

Y Bodeguita Antonio Romero II (plan couleur II, F4, 105) : c/ Gamazo, 16. ☎ 954-21-05-85. Les clients se serrent le long du comptoir pour savourer d'excellentes tapas particulièrement inventives. Il faut essayer le *bacalao en aceite,* genre de carpaccio version morue, absolument succulent, ou le *piripi al cerdo.* Ambiance bavarde et lieu méconnu des touristes... Profitons-en, ça risque de ne pas durer ! Bon accueil.

Y El Rinconcillo (plan couleur I, C3, 103) : c/ Gerona, 42. ☎ 954-22-31-83. Derrière l'église Santa Catalina ; à l'angle d'Alhondiga. Ouvert toute la journée, sans interruption. Fermé le mercredi. Superbe bar fondé en 1670, dans la grande tradition : jambons au plafond en bois, murs jaunis, azulejos, etc. Goûtez, par exemple, aux *espinacas con garbanzos* (épinards aux pois chiches), très bien préparés. Les *pavias de bacalao* (beignets de morue) sont également excellents. Jetez un coup d'œil à la salle sur la gauche, remarquable meuble-vitrine et plafond peint, héritages d'un ancien magasin d'alimentation contigu. Profitez-en pour jeter un œil à la belle placette voisine (terrasse au soleil) et à un autre vieux bar sympa, *Las Claveles*, presque en face.

🍴 *La Antigua Bodeguita* et *La Alicantina (plan couleur II, F4, 110 et 111) :* plaza El Salvador, à côté de l'église du même nom. Le premier est ouvert uniquement le soir et ils sont fermés le dimanche. Dans l'un des quartiers les plus jolis de Séville. Les 2 salles accolées de *La Antigua Bodeguita* sont si petites que les clients s'installent dehors. Grosse ambiance le soir. Si vous recherchez une terrasse au soleil en journée, allez plutôt à *La Alicantina* voisine, une brasserie banale mais bien située. Juste en face, un glacier assez réputé du nom de *Bornay*. Bref, on trouve de tout dans le secteur !

🍴 *Eslava (plan couleur I, B2, 102) :* c/ Eslava, 5. ☎ 954-90-65-68. Sur la plaza San Lorenzo, à gauche de l'église du même nom. Fermé le dimanche après-midi. Un petit bar dans les tons bleu ciel qui ne désemplit pas à l'heure sacrée de l'apéro-tapas. D'ailleurs, le plus difficile sera de se frayer un chemin et de commander. Mais si vous êtes un aficionado du genre, concentrez-vous et, tel le taureau désespéré à l'idée de ne pas boire rouge, prenez votre courage à deux mains car l'ambiance y est vraiment sévillane et chaleureuse. Excellentes tapas dans les 2,50 €. Salle de resto plus chère au fond.

🍴 *Bar Alfalfa (plan couleur II, G4, 107) :* à l'angle de la calle Alfalfa et de la calle Candilejo. ☎ 654-80-92-97 (portable). Ouvert de 12 h à 16 h et de 20 h à minuit. Une petite *bodega* tranquille et pleine de charme grâce à un décor authentique et des bouteilles de vin dans des casiers qui montent jusqu'au plafond. On s'y arrête pour faire une pause, boire un petit verre de vin ou de manzanilla tout en grignotant des tapas ou une *bruschetta* à l'italienne. Bonne musique de fond et bon accueil.

🍴 *Bar Santa Ana (plan couleur II, E5, 123) :* c/ de la Pureza, 82. ☎ 954-27-21-02. Si vous voulez du típico de chez típico à Triana, venez donc faire un tour dans ce bar constellé d'antiques bondieuseries et de photos de corrida. Ici, on se repasse les processions de la *Semana santa* à la télé en éclusant moult *cañas...* Pour ceux qui voudraient se reposer les gambettes, terrasse sur le trottoir d'en face où passe parfois un accordéoniste. Les tapas ne sont pas ce qu'ils font de mieux (c'est gras !) mais on y vient pour l'atmosphère un peu décatie, plutôt nostalgique...

🍴 *Cervecería Internacional (plan couleur II, F4, 108) :* c/ Gamazo, 3. ☎ 954-21-17-17. Ouvert de 14 h à 16 h et de 20 h à 2 h. Fermé le dimanche. C'est surtout le soir qu'il faut y aller. Bienvenue au royaume de la bière. Plus de 200 marques sont proposées, tous pays confondus... Il y en a partout, et leur dégustation peut s'accompagner de tapas bon marché !

🍴 *Cañas y Tapas (plan couleur II, E4, 67) :* c/ Julio César, 14. ☎ 954-50-28-94. Une belle et grande *bodega* à la déco typique, qui honore la vieille tradition d'offrir une tapa pour accompagner chaque bière... Pour manger, il faudra donc boire de la *cerveza*, contenue dans un énorme fût au plafond. Ambiance chaleureuse. Voir aussi « Où manger ? ».

🍴 *Chez Sylvie (plan couleur I, A3, 124) :* c/ de San Vicente, 13 (à l'angle de Cardenal Cisneros). ☎ 954-37-54-12. Derrière le musée des Beaux-Arts, à côté de l'église San Vicente. Ouvert de 8 h à 19 h du lundi au mercredi et jusqu'à 23 h les jeudi et vendredi. Fermé le week-end et en août. Une enclave francophone au royaume des tapas, voilà qui change un peu. Sylvie, une Charentaise qui a du caractère, vous accueille dans son petit bar de quartier en distillant infos sur la ville, apéros, vins bien de chez nous, et petits en-cas. Tartines grillées, sandwichs, pâtés, fromages, crêpes et petit dej' à la française, le tout pour pas cher.

🍴 *Horno de San Buenaventura* (plan couleur II, F5, **109**) : angle de l'avenida de la Constitución et de la calle Vinuesa. ☎ 954-22-18-19. Face à la cathédrale. Ouvert tous les jours de 7 h à 23 h. C'est une grande cafétéria qui fait bar-salon de thé-épicier-pâtissier-traiteur. Pas notre adresse préférée mais ça a le mérite d'être ouvert toute la journée. Grande salle archi-propre et clinquante. On y trouve presque tout, comme à feu *La*

Samaritaine : petit déjeuner, tapas, plats cuisinés, gâteaux, glaces et sandwichs. Qualité sans surprise et plutôt bon marché (les familles s'y réunissent volontiers). Service un peu impersonnel.

🍴 *Lizzaran Tapas* (plan couleur I, B3, **68**) : c/ Javier Lasso de la Vega, 14. ☎ 954-90-91-99. Tapas entre 1 et 1,25 €, en fonction de la forme des cure-dents qui sont plantés dedans. Voir aussi la rubrique « Où manger ? » pour le mode d'emploi ! Concept facile et ambiance sympa. Pas de la grande cuisine, mais on s'y sent bien...

Où manger de bons gâteaux et de bons churros ? Où déguster une bonne glace ?

🍽 *Confitería La Campana* (plan couleur I, B3, **90**) : c/ Sierpes, 1. ☎ 954-22-35-70. Ouvert tous les jours de 8 h à 22 h ; 23 h le week-end. Au bout de cette rue piétonne et à l'angle de la plaza La Campana. Agréable terrasse. Existe depuis 1885 et fut moult fois photographiée pour sa superbe vitrine. Frise coquette d'angelots en azulejos derrière le comptoir et bonnes pâtisseries. Pas si cher que ça pour un tel raffinement. Pendant la Semaine sainte, goûtez aux *torrijas*, pain de mie frit nageant dans le miel... Bonjour le régime ! Si vous avez une angoisse, une vieille balance vous attend à la sortie. Pas de panique, elle fait du zèle de 5 kg !

🍽 *Confitería-bar Cáceres* (plan couleur Santa Cruz, G4, **93**) : c/ San José, 24. *Desayuno* à moins de 5 €. Pour les voyageurs hébergés dans l'une des pensions du barrio Santa Cruz, vous pourrez ici, à 2 pas de la petite place Santa María la Blanca, prendre un petit dej' sucré, salé ou casser la croûte. Le choix est inversement proportionnel à la taille de la salle : gâteaux, viennoiseries, petites portions de fromage, confitures, tapas, sandwichs... La clientèle est composée de jeunes touristes, surtout anglo-saxons, mais aussi de gens du quartier. Prix raisonnables,

mais accueil impersonnel ; on ne peut pas tout avoir...

🍽 *Convento Santa Inés* (plan couleur I, C3, **91**) : c/ María Coronel, 5. Au fond de la cour, sous les arcades. Il faut sonner pour que quelqu'un vienne. Ouvert de 9 h à 13 h et de 16 h à 19 h. Fermé les dimanche et jours de fêtes religieuses. Les nonnes font passer leurs petits paquets de gâteaux sur un plateau tournant et l'on utilise le même moyen pour payer. Le plus drôle, c'est que tout est prévu pour qu'il n'y ait aucun contact visuel avec les clients... Ce qui n'empêche pas un accueil particulièrement attentionné. En tout cas, les sœurs savent préparer les gâteaux, notamment les *tortas de chocolate*... On se régale, c'est un vrai péché !

🍦 *Rayas* (plan couleur I, C3, **92**) : c/ Almirante Apodaca, 1. Ouvert de 12 h à 1 h. Congés annuels en janvier. Cornets entre 2 et 4 €. Glacier absolument délicieux, proposant une cinquantaine de parfums, dont certains assez délirants. Entre autres, vous pouvez goûter le sorbet au citron avec des morceaux de génoise, la *crema sevillana* ou encore la glace au mascarpone... Mémorable !

🍦 *Calentería* (plan couleur Santa Cruz, G5, **94**) : c/ Cano y Cueto, 7C

(Puerta de la Carne). ☎ 954-41-22-56. En plein Santa Cruz, proche de la calle de Menendez. Ouvert de 8 h à 13 h et de 16 h à 20 h. Petite boutique moderne et centrale proposant de vrais *churros*, croustillants à souhait, pour 2 € la portion ou 4 € si on veut les tremper dans un gobelet de chocolat chaud (et on veut, non ?). Micro-terrasse.

Où sortir ? Où écouter un concert ?

Les bars à tapas accaparent facilement jusqu'à des heures assez tardives, mais la nuit ne s'arrête pas là ! Les Sévillans sortent le soir dès leur plus jeune âge et ce, jusque fort tard dans la nuit. On appelle ça la *Marcha*. Vieille tradition ici, puisque Séville est la ville dans laquelle l'animation nocturne est la plus vivante d'Europe depuis le XVIe siècle. Attention, en été, quand les étudiants désertent la ville, l'ambiance se fait un peu la malle, elle aussi. Voici quelques points névralgiques...

Autour des plaza Alfalfa et plaza El Salvador

Autour de la plaza El Salvador, une des plus jolies de Séville, le soir et surtout le week-end, le quartier se transforme en gigantesque rassemblement de jeunes (et moins jeunes), attirés par toute une guirlande de bars.

🍷 **Bar Garlochi** *(plan couleur II, G4, 106)* **:** c/ Boteros, 26. Ouvre tous les soirs vers 22 h. Un bar original, décoré dans un style baroque avec une collection de statues religieuses du Christ et de la Vierge. On se croirait dans un musée, chez un antiquaire ou dans une église. Clientèle de branchés sympas qui viennent pour les cocktails. Déguster le *sangre de Cristo* ou l'*agua de Sevilla* : cognac, cointreau et whisky, jus d'ananas, champagne et crème Chantilly.

🍷 🎵 **La Carbonería** *(plan couleur II, G4, 114)* **:** c/ Levíes, 18. ☎ 954-56-37-55. Ouvert tous les soirs de 20 h à 4 h. Entrée gratuite, conso payante (compter moins de 2 € pour une bière). Surtout des spectacles de flamenco mais parfois aussi d'autres types de concerts (jeter un œil dans *El Giraldillo*). Voir aussi dans « Où voir et écouter du flamenco ? ».

🍷 🎵 **El Mundo Otro Bar** *(plan couleur II, G4, 118)* **:** c/ Siete Revueltos, 7. ☎ 954-21-53-35. Ouvert dès 23 h. Soirée flamenco le mardi. Ambiance du tonnerre dans ce bar gay et lesbien sans fenêtre, décoré d'une fresque murale d'hommes et de femmes nus. L'esprit de fête qui règne ici rassemble des gens de tous les bords.

Attention, c'est vraiment très petit ! Voir aussi dans « Où voir et écouter du flamenco ? ».

🍷 🎵 **El Perro Andaluz** *(plan couleur I, C3, 125)* **:** c/ Bustos Tavera, 11. ☎ 954-22-20-29. ● www.elperroandaluz.es ● Vers Santa Catalina, au nord d'Alfalfa. Ouvert du lundi au mercredi jusqu'à 2 h 30 et du jeudi au dimanche jusqu'à 4 h. Bière dès les 2 €. Un bar culturel au décor de garage amélioré. On vient y boire un verre en écoutant toutes sortes de musiques live. En général, le mardi c'est chanson, et les mercredi et jeudi c'est... très éclectique (rock, flamenco, musique brésilienne, etc.). Le reste du temps, ce chien andalou mange de tout : théâtre, lectures ou simple musique d'ambiance (consulter le site Internet). Rien d'extraordinaire mais ça a parfois du chien après minuit.

🍷 Dans la **calle Pérez Galdós** *(plan couleur II, G4, 112)*, nombreux bars attirant les foules. Roulez jeunesse ! On vous conseille notamment **La Rebotica** (c/ P. Galdos, 11), proposant des *chupitos* aux noms farfelus, et le **Cabo Loco** (c/ P. Galdos, 26), à thème améridien, débordant de monde jusque dans les rues voisines.

Dans le quartier de l'Alameda de Hercules

Ne quittez pas la ville avant d'avoir traîné un soir dans le quartier : on se croirait à Barcelone ! Quelques cafés ouverts toute la journée. Mais pour la vraie *fiesta*, ne pas se pointer avant minuit, au risque de se trouver seul avec les chats pour faire la causette. Voici quelques adresses, bien que la mode de l'Alameda soit plutôt au *botellón,* cette habitude qui hérisse les autorités et qui consiste à réunir sa bande de potes sur une place avec des bouteilles et des gobelets : gare aux vols planés d'objets non identifiés... Outre cet aspect « beuverie », l'Alameda est un lieu culturellement riche, avec un cinéma d'art et d'essais, un théâtre, des cafés-concerts, etc. En 2006, la place était en travaux, qui sait ce que vous découvrirez de nouveau quand vous y arriverez...

SÉVILLE ET SES ENVIRONS

¶ *Café Central (plan couleur I, B1, 121) :* Alameda de Hercules, 64. ☎ 954-38-73-12. Une colonie de jeunes debout bière à la main, un joyeux brouhaha de conversations ? Vous distinguez tout de même, derrière la foule en folie, une enseigne : le *Café Central,* c'est bien ici, vous ne risquez pas de vous tromper. Lieu de nuit ultra populaire et vraiment bon enfant.

¶ Juste en face, la population du *Café Central* se mêle allègrement à celle du *Habanilla Café* à la déco intérieure joliment arabo-andalouse. À le point que les soirs de fin de semaine, on a du mal à y retrouver ses petits ! À vous de surveiller vos verres et vos z'ouailles mais rien n'empêche de boire à tous les râteliers, finalement...

¶ *Bulebar Café (plan couleur I, B2, 101) :* Alameda de Hercules, 82.

☎ 954-90-19-54. Ouvert de 16 h à 2 h, le week-end jusqu'à 3 h. Un café où la bohème sévillane se retrouve sur la super terrasse. Plus tranquillou que le *Café Central.*

¶ *Naima Café (plan couleur I, B2, 122) :* c/ Trajano, 47, pour le bar mais attention, les concerts ont lieu désormais à Mairena del Aljarafe, à 5 km du centre. ☎ 954-38-24-85. ● www. naimacafejazz.com ● Le bar de Trajano est ouvert de 15 h à 3 h tous les jours. Salle agréable et colorée, aux murs couverts de photos de musiciens célèbres. Mais ici, on écoute du jazz seulement en fond sonore depuis que les voisins se sont plaints... Pour assister à un concert, il faut donc aller à Mairena del Aljarafe. Se renseigner ici pour la programmation, sur le site Internet ou dans *El Giraldillo.* Entrée libre.

Dans le quartier de Triana

De l'autre côté du fleuve, Triana a au moins deux visages : celui, branché et parfois même un peu snob, de la calle Betis, quoiqu'elle demeure une des favorites de la jeunesse sévillane. Et l'autre, plus populaire, fier de ses racines *trianeras,* et plus traditionnel, entretient une vie nocturne axée sur le flamenco et les *sevillanas,* mais nous en traiterons dans les parties « Où danser ? » et « Où voir et écouter du flamenco ? ».

¶ *Casa Cuesta (plan couleur II, E5, 113) :* c/ Castilla, 1. ☎ 954-33-33-35. Dans une rue parallèle à la rive. Vieux bar rénové avec des vieilles affiches de corridas et des tables imitant du papier journal. Un de ces troquets authentiques dans le quartier des céramistes. Pour manger c'est un peu cher (compter 30 € au bas mot).

¶ *Casa Anselma (hors plan couleur II par E5) :* à l'angle de la c/ Antillano Campos et du 49, c/ Pagés del Corro. N'ouvre pas avant minuit. Lire dans « Où voir et écouter du flamenco ? ».

¶ ♪ *La Madrugá (plan couleur II, E6, 126) :* c/ Salado, 11. ☎ 657-97-06-10 (portable). Ouvert du mardi au dimanche de 23 h à 4 h. Lire dans « Où voir et écouter du flamenco ? ».

Tout au long de la **calle Betis** qui suit le Guadal' (c'est le p'tit nom du fleuve), nombreux **bars** modernes et branchés. Mais pas forcément passionnants car on trouve ce genre de bars dans toutes les capitales d'Europe. Pas toujours évident de se faufiler entre l'encadrement de la porte et la carrure du videur, sauf dans les bars flamenco. Prévoir de quoi se faire une beauté et éviter les baskets, c'est la meilleure des clefs.

Où danser ?

> « Près des remparts de Séville,
> chez mon ami Lillas Pastia,
> j'irai danser la séguedille
> et boire du manzanilla. »

Séville a dû bien changer depuis que *Carmen* ne danse plus chez Lillas, mais elle n'a pas perdu ses traditions. Le flamenco y est bien présent, mais plus vivante encore est la **sevillana,** ce dérivé populaire et domestiqué du flamenco. On la danse le soir dans les boîtes du **corso de Salado** *(plan couleur II, E6)*, à Triana, accompagné par de petits groupes locaux parfois excellents. Là, on s'aperçoit que la *sevillana* – et à plus forte raison le flamenco – ne s'improvise pas. Les couples virevoltent avec grâce (ou lourdeur). Outre la technique, la *sevillana* demande un talent inné pour être bien dansée. Allez donc faire un tour, un vendredi ou un samedi soir.

Autrement, pour les discothèques branchées, vous avez le choix entre la VIP **Antique** située dans l'ancien pavillon du Comité international olympique de l'Expo 92 sur l'île de la Cartuja (à côté d'*Isla Mágica,* dur-dur de passer le videur) ; le **Babilonia** de l'autre côté du pont de los Remedios (ambiance ethnique *hype* entre Marrakech et Goa, mais ne rentre pas qui veut) ; l'**Itaca** dans le centre (c/ Amor de Dios, 31), la meilleure boîte gay de Séville ; le **Weekend** (c/ Torneo, 43) dans le centre, qui joue de la musique house ; ou encore le **Boss** (c/ Betis, 57), à Triana, très bien en after. Elles sont gratuites certains jours ; sinon, compter environ 6 €.

Où voir et écouter du flamenco ?

Berceau contesté du flamenco (Jerez le lui dispute !), Séville offre toute une kyrielle d'endroits où assister à un spectacle. On peut évidemment aller dans les *tablaos,* ces salles de spectacle dédiées au flamenco, mais où les artistes sont aussi bons que l'ambiance est (souvent) factice. On vous conseille plutôt de feuilleter le *Giraldillo,* qui vous donnera tous les renseignements sur les bars qui programment du flamenco. Ou de consulter le site ● www.andalucia.org/flamenco ● ou celui du guide *Flama* ● www.guia flama.com ●. Sinon, vous pouvez toujours vous faire tout petit pour essayer de vous infiltrer dans une *peña flamenca,* ces clubs réservés aux aficionados...

Les *tablaos*

Les *tablaos flamencos* sont souvent présentés comme des pièges à touristes et, certes, la réaction du public étranger manque de ce petit plus qui donne la chair de poule ; mais les artistes qui s'y produisent sont de niveau national, voire international, et livrent de beaux spectacles. En fait, le principe général consiste à applaudir à la fin de la danse ou du morceau, ou à suivre les initiés qui ponctuent plutôt les morceaux de bravoure par des *olé !* que par des applaudissements à tout bout de champ. Question de vibrations...

♪ **Casa de la Memoria de Al-Andalus** (plan couleur Santa Cruz, G5, **119**) **:** c/ Ximenez de Enciso, 28. ☎ 954-56-06-70. Dans le quartier de Santa Cruz. Ouvert tous les jours ; spectacles de flamenco tous les soirs à 21 h (et parfois 22 h 30), sur réservation ; passer sur place la veille. Entrée : 12 € ; étudiants : 10 €. Ce vieux palais andalou a gardé toute sa splendeur et son élégance orientale. Au rez-de-chaussée, le patio intérieur, entouré d'arcades, sert de cadre à des spectacles de flamenco. Le spectacle est de très bonne qualité, même s'il est touristique, car il est assuré par les meilleurs élèves de l'École nationale de flamenco de Séville. Au 1er étage, le palais abrite un petit musée de la Mémoire judéo-andalouse (entrée : 1 €).

♪ **Casa Carmen** (plan couleur II, E4, **127**) **:** c/ Marqués de Parada, 30. ☎ 954-21-28-89 ou 56-33. ● www.casacarmenarteflamenco.com ● Spectacle à 20 h 30 (et à 22 h selon l'affluence). Entrée : 12 € environ ; sangria à 4 €. Réservation conseillée. Petite salle rouge comme le plaisir avec quelques jolies colonnes et un bar. Ce n'est pas le tablao le plus réputé de la ville mais on tombe régulièrement sur de bonnes prestations. Compter 1 h de spectacle.

♪ **Los Gallos** (plan couleur Santa Cruz, G5, **120**) **:** plaza de Santa Cruz, 1. ☎ 954-21-69-81. ● www.tablaolosgallos.com ● Congés annuels en janvier. Deux spectacles par soir, à 20 h et 22 h 30, de 2 h chacun. L'entrée est à 27 €, une consommation comprise. Il est nécessaire de réserver : tous les jours sur place après 16 h 30 ou, avant 16 h 30 à l'hôtel Murillo, au n° 9 de la calle Lope de Rueda, petite rue située juste derrière la place Santa Cruz. Une des grandes qualités de ce tablao est son côté intime et sa petite scène. On devrait bien s'y sentir et voir les artistes de près à condition de ne pas se retrouver à l'arrière de la salle à côté du bar où les serveurs ne font aucun effort pour atténuer les bruits de leur activité, ne se gênent pas pour chuchoter au milieu des moments les plus poignants du concert et passer entre les rangées pour encaisser le prix des consos. Voilà, c'est dit ! Sinon, groupes de musiciens et danseuses de très bonne qualité, qui donnent toute leur énergie.

♪ Pour ceux qui se casseraient le nez à Los Gallos, tentez votre chance juste en face chez **Los Amigos del Tamboril** (☎ 954-22-38-26). Ce n'est pas un tablao mais un bar où se produisent de bons musiciens pour aficionados de sevillanas et de rumbas. Attention, c'est petit, souvent plein comme un œuf et un peu étouffant ! Pas avant minuit.

Les bars de flamenco

À Triana

La plupart des bars où l'on peut voir du flamenco, programmé ou spontané, se trouvent à Triana. Berceau de nombreux grands artistes flamenco, le quartier ne s'est jamais départi de son addiction au cante jondo. Déambulez l'oreille dressée, et vous trouverez certainement votre bonheur.

♪ **Casa Anselma** (hors plan couleur II par E5) **:** à l'angle de la c/ Antillano Campos et du 49, c/ Pagés del Corro. Vous ne pouvez pas le rater : c'est la superbe maison recouverte d'azulejos anciens. Ouvert seulement le soir, à partir de minuit (si, si, vous avez bien lu). Fermé le dimanche. Mme Anselma est une célébrité dans tout Séville. Au grand dam de certains ! Mais si les touristes affluent, le lieu vaut encore le détour. Décoration soignée : petits objets liés à la corrida, miroirs, portraits... Un guitariste prend son instrument et hop, on se lève et on danse ! Olé !

♪ **La Madrugá** (plan couleur II, E6, **126**) **:** c/ Salado, 11. ☎ 657-97-06-10 (portable). Ouvert du mardi au dimanche de 23 h à 4 h. Entrée libre ; bière dans les 3 €. Petite salle du quartier de Triana qui ne paie pas de mine mais accueille chaque soir

3 sessions de 30 mn de flamenco à partir de minuit et demi. La musique bascule parfois vers la rumba ou la salsa. C'est sans fioritures et tout dépend, bien sûr, du groupe qui s'y produit. Mais l'ambiance est souvent excellente et parfois un client ou un habitué se lance dans une impro ! Pas mal de jeunes viennent juste écouter la musique et repartent. Mais d'autres arrivent ensuite... Et ce, jusqu'à l'aube, ce que *madrugá* signifie d'ailleurs.

♪ ▮ *Lo Nuestro (plan couleur II, E5, 128) :* c/ Betis, 31A. Pas de téléphone ! Consulter le site internet (● www.lonuestrobar.com ●) ou venir directement entre 23 h et 6 h du matin. Attention, il arrive que le bar soit fermé sans explication... C'est pourtant un des hauts lieux de la calle Betis pour écouter du flamenco ou de la rumba et danser des sevillanas. Souvent plein à craquer. Et même si on ne danse pas, on observe les petites mimines des Sévillanes qui tournicotent joliment au-dessus de la foule compacte. Idéal aussi pour faire quelques rencontres.

♪ ▮ *Rejoneo :* juste à gauche de *Lo Nuestro*. Mêmes bizarreries concernant les ouvertures, donc rien de sûr... Avec un peu de chance, si l'un est fermé l'autre sera ouvert. Ici aussi, en principe, on écoute du flamenco en fin de semaine. Enfin, ça se joue entre les deux !

Dans le centre

♪ *La Carbonería (plan couleur II, G4, 114) :* c/ Levíes, 18. ☎ 954-56-37-55. Ouvert tous les soirs de 20 h à 4 h. Entrée gratuite. Bière à moins de 2 €. Derrière une jolie porte en bois, une ancienne fabrique de charbon transformée en un ensemble de salles de concerts-bars, dont une grande salle aux murs chaulés et à la superbe cheminée sculptée. On vient boire un coup en assistant à un spectacle de flamenco. Au fond, immense patio rempli de plantes vertes pour prendre un bol d'oxygène. Fréquenté à la fois par les étudiants espagnols ou étrangers et les familles sévillanes, selon les heures et les saisons. Plus on avance dans la nuit, plus l'animation s'intensifie. Parfois, un petit morceau improvisé s'élève d'une table et capte l'attention de la salle...

♪ *El Mundo Otro Bar (plan couleur II, G4, 118) :* c/ Siete Revueltos, 7. ☎ 954-21-53-35. Entrée libre. Soirée flamenco le mardi à partir de 23 h. Voir aussi la rubrique « Où sortir ? Où écouter un concert ? ».

♪ *Los Amigos del Tamboril (plan couleur Santa Cruz, G5, 129) :* plaza de Santa Cruz, jardines de Murillo. ☎ 954-22-38-26. À partir de minuit en fin de semaine, joueurs de *sevillanas* et de *rumbas* s'y produisent dans une bonne atmosphère mais dans un espace malheureusement assez confiné.

– Tous les 2 ans, un *festival de flamenco* se tient dans les lieux les plus importants de la ville. Le prochain aura lieu lors de l'automne 2008. Renseignements : ☎ 954-59-28-70. ● www.bienal-flamenco.org ●
– Signalons également un autre festival de flamenco dans les villages autour de Séville chaque été. Se renseigner auprès de l'office du tourisme de la province. ☎ 954-50-10-01. ● www.turismosevilla.org ●
– Enfin, si vous voulez acheter un CD de flamenco, allez chez le disquaire spécialisé *Compás Sur*, c/ Cuesta del Rosario, 7 *(plan couleur II, G4)*. ☎ 954-21-56-62. Ouvert tous les jours de 10 h 30 à 14 h 30 et de 17 h 30 à 22 h.

La Semaine sainte

Pendant la Semaine sainte, Séville, plus que toute autre ville espagnole, est envahie par les touristes, eux-mêmes noyés dans la foule locale. Relisez à ce sujet ce que nous écrivons dans les « Généralités ».

À Séville, ce sont plus de 60 confréries qui, tout au long de la semaine, animent la ville par leurs défilés. Le feuillet d'itinéraire indique l'heure de sortie de la procession *(salida)*, l'heure de passage à la tribune *(tribuna)* de la place San Francisco, transformée pour l'occasion en grande scène comme s'il s'agissait d'un vaste théâtre religieux, l'heure de retour dans l'église de départ *(entrada)*, ainsi que l'itinéraire détaillé qui, depuis 1604, traverse obligatoirement la cathédrale. La nuit du jeudi au vendredi est l'occasion de *La Madrugá* – moment inoubliable – au cours de laquelle les 6 plus importantes confréries défilent tout au long de la nuit. Nuit de culte, nuit de vie, nuit de piété, nuit de spectacle, nuit d'émotion. Bars et restaurants restent ouverts pour vous permettre de tenir le coup, vous qui irez de procession en procession jusqu'aux petites heures de l'aube. Ne manquez sous aucun prétexte la procession des Gitans, pendant laquelle des chanteurs scandent des *saetas*, incantations poignantes et déchirantes, à vous retrouver à genoux, tout mécréant que vous soyez !

Sachez aussi qu'à Séville plus qu'ailleurs, trouver au dernier moment une bonne place pour assister à une procession est une vraie gageure. Si vous n'êtes pas trop ric-rac côté portefeuille, vous pouvez prendre une place assise dans l'une des rangées installées le long du parcours officiel, mais vous devrez réserver la semaine entière et il vous en coûtera de 52 à 115 € par personne environ (selon la position sur le parcours). C'est pourtant la meilleure solution pour attendre confortablement le défilé, patienter pendant les longues pauses qui permettent aux *costaleros* de reprendre leur souffle et charger votre appareil photo de ces scènes au mysticisme coloré.

La feria

Elle a lieu tous les ans, 1 à 2 semaines après la Semaine sainte, soit à la **fin du mois d'avril** en général (parfois début mai), et elle se déroule dans un terrain spécialement aménagé entre les avenues Ramón de Carranza et García Morato dans le quartier de los Remedios, sur la rive droite. Au départ, il s'agissait d'une vaste foire agricole organisée pour stimuler l'économie locale. La feria ressuscite la grandeur passée d'une aristocratie attachée aux traditions. Néanmoins, au fil des années, elle devint de plus en plus festive et, aujourd'hui, c'est un étonnant rassemblement de couleurs, de danses et de joie simple, aux racines paysannes. Attention, ne pas confondre avec l'ouverture de la saison de tauromachie, bien que les 2 événements soient concomitants.

L'endroit est ouvert à tous et accessible par le portique du Real situé au bout de la rue Asunción. Plus de 1 000 *casetas* (sorte de loges-tentes publiques ou privées) sont disséminées autour d'un périmètre dont les rues portent les noms de fameux toreros. Les grandes familles et la bourgeoisie se ruinent dans l'entretien de ces loges de bois où, durant 6 jours, on danse des *sevillanas* et des *seguidillas* au son des guitares, des tambourins et des castagnettes. Ces familles reçoivent leurs amis et connaissances (souvent leurs clients, car l'environnement festif est aussi une excellente occasion de conclure une affaire...) pour une dégustation de manzanilla, un moment de *tapeo* très convivial, voire un déjeuner ou un dîner. À moins d'être invité, vous n'aurez pas accès à ces lieux privés ; toutefois, vous pourrez toujours admirer l'arrivée des belles Andalouses vêtues de leur splendide robe à volants (flamencas), avec leurs cavaliers sanglés dans leur gilet court, dans des calèches magnifiquement attelées. L'ambiance monte à partir de 16 h (*grosso modo* après le déjeuner) et les *paseos* à cheval continuent jusqu'à 20 h.

En revanche, plusieurs *casetas* appartiennent à des clubs sportifs, des institutions religieuses, des associations de quartier, des partis politiques, etc., ont un bar ouvert à tous où l'on peut déguster sa *caña* de *fino* ou de *solera* jusqu'à plus d'heure. Les consommations dans les *casetas* sont payantes.

Il y a des petits kiosques un peu partout, où l'on achète des bons que l'on échange ensuite dans les divers comptoirs. Une tenue correcte est souhaitée, d'autant plus que vous remarquerez l'effort vestimentaire des Sévillans lors de leur fête annuelle.

– Pendant la feria, les magasins ferment pour la plupart dès 14 h.

– Pour les dates, renseignez-vous auprès de l'office national du tourisme espagnol (voir le chapitre « Généralités » en début de guide) ; elles varient, en effet, de quelques jours chaque année. Plan officiel de la feria à demander auprès des offices du tourisme sur place (pour connaître l'emplacement des loges).

– **Courses de taureaux** *(corridas)* **:** pour les petites corridas comme pour les grandes, acheter ses places directement aux arènes *(plaza de Toros)*. Sinon, on peut réserver par Internet (● www.plazadetorosdelamaestranza.com ●) ou encore se rendre calle Tetuán à « La Teatral », mais c'est plus cher. L'office du tourisme délivre le programme de l'année.

À voir

Les horaires que nous vous indiquons sont donnés à titre indicatif. Mais ils peuvent changer. Et ils varient d'une saison à l'autre. L'office du tourisme édite une fiche d'actualisation des horaires de visite, prenez-la en passant, histoire d'être sûr des horaires du moment. Attention, le lundi est un jour de fermeture fréquent et les horaires sont souvent réduits le dimanche.

Notez que certains sites sont **gratuits** pour les ressortissants européens et les étudiants munis de leur carte internationale (musée des Beaux-Arts, musée des Arts et Coutumes populaires, Casa de Pilatos le mardi après-midi) ; et aussi le mardi (Cartuja et Torre del Oro) et le dimanche (cathédrale). Dans le mensuel gratuit *El Giraldillo,* distribué dans les lieux touristiques, vous trouverez également des informations sur l'actualité culturelle, un bon complément à votre guide préféré !

– **Sevilla Card :** cette carte à puce ne s'avérera intéressante que si vous voulez tout voir en très peu de temps. Bref, si vous disposez d'une furieuse curiosité. Calculez bien votre coup et votre coût (en additionnant les tarifs des musées, notamment) mais à notre avis seule la carte de 3 jours peut éventuellement s'avérer rentable. Elle est en vente sur le site internet ● www.sevillacard.es ● ou dans les offices du tourisme, et comprend l'entrée à la plupart des musées, monuments et sites *(Alcázar, Casa de Pilatos, Itálica...),* l'accès à un bus touristique, ainsi que des tours sur le Guadalquivir, l'entrée à *Isla Magica,* des réduc' sur les locations de voitures, certains *tablaos,* boutiques, restaurants, etc. À vous de voir : 50 € pour 1 journée, 60 € pour 2 jours et 65 € pour 3 jours. Un peu plus cher avec transports publics inclus. Notez que c'est l'heure de sa 1re activation qui détermine la fin de sa validité (soit 24, 48 ou 72 h plus tard). La carte est nominative, ne donne droit qu'à une seule visite par site et n'inclut pas forcément les expos temporaires.

Dans le quartier historique de Santa Cruz

🏛🏛🏛 *La catedral (plan couleur Santa Cruz, F-G5) :* plaza Virgen de los Reyes. ☎ 954-21-49-71. ♿ Ouvert du lundi au samedi de 11 h à 18 h et le dimanche et les jours fériés de 14 h 30 à 19 h, ainsi que pendant les offices. En juillet et août, mêmes horaires le dimanche mais en semaine, ouvre de 9 h 30 à 15 h 30. Attention, dernières entrées 1 h avant la fermeture. Fermé les 1er et 6 janvier, les 2 et 4 avril, le 10 juin, le 15 août, les 8 et 25 décembre. Entrée (couplée avec la *Giralda)* bien chère : 7,50 € ; réductions ; gratuit pour les enfants jusqu'à 12 ans, les chômeurs et les handicapés ; et le dimanche pour tous. Audioguide à 3 €, mais il n'est pas fantastique. Prévoir au minimum 20 mn d'attente en saison. Essayer d'y aller vers 15 h, il y a nettement moins de monde, ou alors pendant les offices, mais il faudra être très discret (visite restreinte). Plan disponible à l'entrée.

Comme beaucoup d'autres édifices catholiques de la région, celui-ci fut bâti sur l'emplacement d'une mosquée, en l'occurrence celle des Almohades, édifiée au XIIe siècle ; de cette époque ne subsistent que la Giralda et quelques murs. Le retentissement de la conquête de Séville par Ferdinand III de Castille en 1248 fut tel qu'au XVe siècle, la grande mosquée fut transformée en gigantesque cathédrale, symbole de la victoire chrétienne sur l'Islam, troisième du monde par sa taille et la plus large de toutes les cathédrales gothiques, après Saint-Pierre de Rome et Saint-Paul de Londres. Les chanoines qui en conçurent le projet avaient déclaré à propos de sa taille : « une église si grande que ceux qui la verront penseront que nous étions fous ! ». C'est dire...

L'accès se fait par la ***puerta de San Cristóbal,*** et la visite démarre plaza del Triunfo, au sud du bâtiment. Maintenant qu'on est à l'intérieur, on se sent un peu perdu ! Dieu que c'est grand : 130 m de long, 76 m de large et des voûtes qui culminent à 56 m de hauteur ! Savoir que ces chiffres sont approximatifs : ils changent à chaque fois que la cathédrale est à nouveau mesurée. On ne va pas vous faire une liste détaillée des choses à voir, un guide entier n'y suffirait pas, mais voici quelques éléments à ne pas rater.

– Passé les premiers cris d'admiration étouffés, rendez-vous directement au ***monument funéraire de Christophe Colomb,*** dont les restes furent rapatriés de La Havane à la fin du XIXe siècle. Son tombeau est porté par 4 chevaliers aux visages d'albâtre, représentant les 4 grands royaumes d'Espagne : à l'avant gauche, Léon tient une croix symbolisant la victoire du christianisme sur l'Islam (la grenade dans laquelle elle est plantée) ; celui de droite, la Castille, porte une rame, emblème de la découverte de l'Amérique ; à l'arrière, Aragon est symbolisé par des chauves-souris ; le dernier, Navarre, avec chaînes et fleurs de lys. Christophe Colomb est peut-être le seul défunt à posséder 2 tombeaux : un à Séville et l'autre à Saint-Domingue, première terre américaine qu'il découvrit. Il transita de Saint-Domingue à Cuba avant d'être ramené à Séville. Mais Saint-Domingue soutient que les restes embarqués n'étaient pas ceux de l'illustre personnage et que, par conséquent, il y est toujours. En 2003 fut menée une série de tests sur la dépouille de Séville, avec l'aide du FBI (!), pour comparer son ADN avec ceux du fils et du frère de Colomb, dont les tombes sont connues. Le résultat, confirmé dernièrement, révéla que l'homme contenu dans ce tombeau serait bien ce cher Christophe. Nouvelle enquête des généticiens : son lieu de naissance... Alors, génois ou catalan ?

– ***La sacristía de Los Calices,*** à gauche du tombeau quand on regarde celui-ci, renferme une œuvre de Goya représentant sainte Rufine et sainte Juste, potières martyres du IIIe siècle, qui, dit la légende, descendirent du ciel lors d'un tremblement de terre au XVIIe siècle pour soutenir la Giralda et l'empêcher de s'écrouler.

– À côté, dans la ***Grande Sacristie,*** de style plateresque, l'ostensoir en argent de Juan de Arfe, pièce d'orfèvrerie massive de style Renaissance, pesant plus de 300 kg ; à ne pas rater non plus, la *Santa Teresa* de Zurbarán.

– Passer ensuite dans la ***salle Capitulaire (Cabildo),*** achevée en 1592 et dont la coupole est ornée de 8 saints, peints par Murillo. Voir *La Inmaculada,* l'un de ses chefs-d'œuvre, au-dessus du siège de l'archevêque.

– Une fois sorti, dirigez-vous vers le centre de la cathédrale. Derrière les superbes grilles plateresques de la ***capilla Mayor,*** le maître-autel est sans doute l'œuvre la plus marquante de la cathédrale : 220 m² de figurines sculptées ! En tout, 1 500 figures ciselées dans le bois de cèdre, puis – 1 200 kg d'or fin furent utilisés pour recouvrir cette œuvre magistrale. C'est le plus grand retable au monde, d'une richesse époustouflante, réalisé dans un style gothique fleuri. Commencé par le sculpteur flamand Pieter Dancart en 1482 et terminé par d'autres en 1564, il illustre 45 scènes de la vie du Christ et de la Vierge. Au centre, tableau de la *Nativité*. À noter que l'artiste a réalisé ses personnages en se servant de la perspective pour que les scènes soient lisibles (un peu comme une B.D.) pour tout le monde, aussi hautes soient-elles. Les figurines de la partie haute sont donc en fait beaucoup plus grandes (2 m) que celles du bas.

– En face de la capilla Mayor, jetez donc un œil aux belles **stalles** gothiques du **chœur** et à l'immense **orgue** en acajou de Cuba du XVIIIe siècle. Autrefois, il fallait 20 hommes pour activer sa soufflerie ! Aujourd'hui, c'est électrique.

– **La capilla Real,** de style Renaissance (XVIe siècle), est fermée au public. Elle abrite le *tombeau de Ferdinand III le Saint,* patron de la ville, et celui d'*Alphonse X le Sage,* roi de Castille et de León ; c'est également ici que se trouve la patronne de Séville, *Notre-Dame des Rois (la Virgen de los Reyes).*

🎎🎎🎎 *La Giralda (plan couleur Santa Cruz, F-G5) :* mêmes horaires que la cathédrale et billet combiné à 7,50 €. ♿ Accès à l'intérieur de la cathédrale, angle nord-est. C'est la grande tour (97,50 m) superbement sculptée qui domine la cathédrale. C'était autrefois le minaret de la Grande Mosquée et un des bâtiments les plus hauts du monde. L'observateur sera frappé par l'élégance et la légèreté que les arabesques et les aérations conférèrent à cette tour, malgré sa large section carrée. Un clocher baroque la surmonte, ajouté par les catholiques, afin de rappeler qu'il s'agissait de la maison de Dieu et non plus de celle d'Allah. On voit bien la parenté qui existe entre ce monument et la Koutoubia de Marrakech, ou la tour Hassan de Rabat ; les 3 constructions datent de la fin du XIIe siècle, époque almohade.

Le nom *Giralda* est une altération de *Giraldilla,* nom de l'allégorie du *Triomphe de la foi* qu'on a placée au sommet de la tour. Cette pièce tourne au moindre souffle de vent, c'est pourquoi les Sévillans utilisent le mot *giralda* pour désigner une girouette, au lieu de dire *veleta.*

La large rampe, conçue sans escaliers par l'architecte arabo-andalou, permettait au muezzin d'aller à cheval jusqu'au sommet du minaret ! Vous, en revanche, serez prié de laisser votre destrier à l'entrée et de faire le chemin à pied. Ça tourne, ça monte, mais en fin de compte, la seule chose qui vous fera souffler, c'est la queue leu leu qui empêche de grimper à son rythme.

La Giralda offre un superbe panorama sur Séville, dont les environs se diluent dans l'intense lumière. Vue également sur les fines arches de la cathédrale qui semblent se multiplier à l'infini. De là-haut, on saisit mieux la configuration de ce vaste édifice. Entre deux groupes de touristes, n'oubliez pas de lever la tête pour admirer les cloches (sans jeu de mots).

🎎🎎 *Patio de los Naranjos (la cour des Orangers) :* on remarque encore dans ce joli jardin accolé à la cathédrale, qui servait aux ablutions des musulmans, les canaux d'irrigation creusés par les Arabes (attention, on se prend si facilement les pieds dedans que le passage du Samu local est devenu coutumier). Au-dessus de la porte d'entrée (Puerta del Perdón, côté rue), admirez cette splendide scène des *Marchands chassés du temple.* Sur les lourdes portes d'entrée, des inscriptions coufiques et au centre, une fontaine datant de la cathédrale wisigothique.

🎎🎎🎎 *Reales Alcázares (l'Alcázar ; plan couleur Santa Cruz, G5) :* entrée par la plaza del Triunfo. ☎ 954-50-23-24 ou 56-00-40 (réservations). ♿ D'avril à septembre, ouvert du mardi au samedi de 9 h 30 à 19 h (17 h les dimanche et jours fériés) ; d'octobre à mars, ouvert du mardi au samedi de 9 h 30 à 17 h (13 h 30 les dimanche et jours fériés). Fermé le lundi et certains jours fériés. Entrée : 7 € ; gratuit pour les étudiants, les moins de 16 ans, les handicapés et les personnes de plus de 65 ans membres de l'UE. Audioguide intéressant à louer à l'entrée.

Classé patrimoine de l'humanité depuis 1987, l'*Alcázar* se compose d'un ensemble de palais et de patios, construits, décorés, rénovés par différents monarques au fil du temps. Il fut la résidence de nombreux représentants royaux, dont Isabelle la Catholique et Charles Quint. Depuis 1931, l'*Alcázar* n'appartient plus à la couronne d'Espagne, mais c'est toujours ici que séjourne la famille royale lorsqu'elle est de passage à Séville.

L'histoire de l'*Alcázar* commence au Xe siècle, quand le calife omeyyade Abderraman III ordonna la construction d'une forteresse à l'emplacement de l'actuel palais (les murailles qui s'érigent autour du *patio de Banderas* en sont les seuls vestiges). Deux siècles plus tard, le règne des Almohades nous lègue le magnifique *patio de Yeso,* qui fut une des sources d'inspiration pour la construction de l'Alhambra de Grenade. Et l'inspiration se fit en sens inverse. Car lorsque le roi catholique Pierre Ier (dit *le Cruel* par les uns, *le Justicier* par les autres) décida de faire de Séville sa capitale, son goût pour les arts et les coutumes musulmans l'amena tout naturellement à faire appel à son allié Mohammed V de Grenade pour la construction de son palais. En 1364, les meilleurs artisans mauresques de Tolède et de Grenade affluèrent à la capitale catholique et entamèrent la réalisation de ce chef-d'œuvre absolu de l'architecture *mudéjar*. Au fil des siècles, tous les illustres occupants de l'Alcázar ajoutèrent leur pierre à l'édifice, ce qui explique que se mélangent allègrement le mudéjar, le gothique, le baroque et tous les styles intermédiaires. Parmi les nombreuses histoires que pourraient vous conter les murs, en voici une : c'est ici que Christophe Colomb et Magellan vinrent chercher des subventions pour leurs voyages.

– On pénètre dans l'enceinte de l'Alcázar par le **patio de León** (audioguide n° 0), réalisé au XVe siècle, au-dessus de ce qui fut la cour d'une caserne militaire de l'époque almohade. À gauche du patio, la **salle de Justice** (n°1), aux stucs mudéjar. Pierre le Cruel fit exécuter son demi-frère ici même. Faut dire qu'il faisait la bête à deux dos avec sa femme ! Qui était française, soit dit en passant. La salle s'ouvre sur la dentelle de plâtre du **patio de Yeso** (n° 2), reconstruit au XIXe siècle.

Autour du patio de la Montería

Le style mudéjar, mélange d'art chrétien et d'art musulman, est à l'honneur dans ce vaste patio. Piliers octogonaux, belles arches polylobées sous la corniche et colonnettes de marbre. « Et le seul vainqueur est Allah », annoncent les inscriptions sur la façade du palais de don Pedro.

– **El Cuarto del Almirante** (*la salle des Amiraux* ; n° 3) **:** du début du XVIe siècle. On peut y voir des tableaux des XIXe et XXe siècles. Notez le détonant tableau sur l'inauguration de l'Exposition internationale ibéro-américaine de 1929. Petite collection d'éventails anciens dans la pièce attenante.

– **La salle des Audiences** (n° 4) **:** dans le prolongement de la précédente. Les murs sont tapissés des armoiries des amiraux de Castille qui participèrent à la découverte des Amériques. Frise plateresque tout autour. On va ici surtout s'intéresser au tableau de la *Vierge des navigateurs*. Sous son large manteau, celle-ci protège Christophe Colomb, Ferdinand, Charles Quint, Amerigo Vespucci... ainsi que quelques Indiens ramenés de là-bas. Œuvre du début du XVIe siècle réalisée par Alejo Fernández, c'est le tout 1er tableau traitant de la conquête des terres nouvelles.

– **El cuarto Real Alto :** situé au 1er étage. La visite (payante ; environ 4 €) ne peut se faire qu'avec un guide sur réservation. Les groupes étant limités à 15 personnes, mieux vaut réserver à l'avance. La famille royale loge ici quand elle séjourne à Séville (mais aucune chance de les croiser lors de la visite...).

Palacio Mudéjar (ou Don Pedro)

– **Le vestibule** (n° 6) **:** c'est là qu'étaient reçus les visiteurs de marque. On leur ôtait les armes. De ce lieu, il leur était impossible de voir l'intérieur du palais. Ainsi la vie privée était-elle préservée des regards extérieurs, tout en proposant à l'hôte une réception personnalisée. On ne vous décrit pas la richesse des entrelacs géométriques, polychromes, d'une extraordinaire variété. Remarquable porte marquetée qui mène au patio de las Doncellas.

– *El patio de las Doncellas* (n° 7) : l'âme du palais, son poumon et son cœur à la fois. Il possède les plus beaux azulejos du palais et des panneaux de stucs finement ouvragés dans la pure tradition d'Afrique du Nord. Dans certains patios, les frises sont en fait des versets du Coran qui s'intègrent merveilleusement à l'art décoratif. C'est ici que les grandes réceptions avaient lieu, et notamment les rencontres entre princes et califes, sultans et rois. Ici, on trouve les styles mudéjar et plateresque combinés fort harmonieusement. Au-dessus des portes, les armoiries de Castille et León. Bassin central et sol en marbre blanc, réfléchissant abondamment la lumière.

– *Le salon des Ambassadeurs* (n° 8) : nous sommes dans le cœur politique du palais et l'un des joyaux de l'Alcázar. Arabesques de stucs polychromes, linteaux finement ciselés, extraordinaire coupole en forme de demi-orange décorée de stalactites. Les portes en bois sculpté datent de 1366 : on peut lire les noms des artistes tolédans. À l'époque où Edison n'avait pas encore éclairé le monde de ses lumières, les architectes usaient d'ingénieux artifices pour dompter les sources lumineuses. Ainsi, vous remarquerez dans les niches du plafond de minuscules miroirs d'acier. La lumière qui entre par les arches est d'abord réfléchie par le marbre clair du sol, puis va frapper ces petits miroirs qui illuminent à leur tour la pièce. Si l'on n'était pas attentif, toutes ces beautés relégueraient presque à l'arrière-plan la richesse infinie des azulejos. Il n'y a pas un motif identique. La salle du trône est la plus décorée. Triples arcs outrepassés de chaque côté de la salle. Balcons soutenus par des dragons de bois. Notez les portraits peints des fameux ambassadeurs sous la coupole.

– Les autres salles sont plus belles les unes que les autres et tout n'y est qu'azulejos, *yeserías* (plâtres) polychromes, plafonds *artesonados* (à caissons), portes finement travaillées. Parmi les plus magnifiques, le *salón del Techo* de Felipe II (n° 9) ou *las habitaciones de los Infantes,* notamment pour leurs plafonds.

– *El patio de las Muñecas* (le patio des Poupées ; n° 10) : cour attribuée à Pierre le Cruel et consacrée à la vie familiale. Son nom proviendrait des petits visages que l'on devine (il faut bien chercher) à l'intersection des arches et qui ressemblent (vaguement) à ceux de poupées. Stucs extrêmement raffinés. Petit patio entouré de galeries superposées. Certains plâtres ont été copiés sur ceux de l'Alhambra de Grenade. Superbe.

À l'étage

– *Capilla Palacio Carlos V* (la chapelle de Charles Quint) : on grimpe à la chapelle. Admirables motifs d'azulejos dans les tons vert-bleu, du XVIe siècle. Tableaux religieux.

– *Palacio Carlos V :* on y verra de remarquables tapisseries sur la conquête du Maghreb. L'une d'elles, tissée avec de la soie de Grenade, illustre la bataille de Tunis. Voir aussi la carte des continents. Étonnant de voir comment on imaginait les contours des pays aux siècles précédents. À regarder de près, on découvre que la carte a été réalisée à l'envers, avec l'Espagne sur la gauche.

– On passe ensuite par ce qu'il est convenu d'appeler el *Palacio gótico* mais son intérêt est moindre. En revanche, il permet d'accéder aux superbes...

Jardins de l'Alcázar

Mêmes horaires et billet que l'Alcázar. Seuls les Arabes ont su allier avec autant de génie la végétation et l'eau. Les allées sont recouvertes de briques plates. Certaines d'entre elles sont percées de trous d'où s'échappent des filets d'eau. Le roi, Pierre le Cruel, qui était un grand plaisantin, organisait souvent de vastes fêtes dans ces jardins. Il aimait à y réunir les femmes. Alors, il faisait ouvrir largement les vannes, et les filets d'eau venaient jaillir sous leurs robes. Amusant, non ? Une autre tradition consistait à boire l'eau des bassins dans lesquels les femmes se baignaient. On raconte qu'un jour un des invités de la cour refusa de boire cette eau. Le roi s'en étonna. Le courtisan lui répondit que « s'il ne buvait pas la sauce, c'était de crainte de la trouver trop à son goût et de convoiter alors la perdrix ! »... De l'art de dire élégamment des choses crues.

Balade très agréable aux heures les plus chaudes de la journée, tout empreinte de tranquillité et de fraîcheur. On déambule au gré de son inspiration au milieu des allées, des fontaines, des orangers et des palmiers. Au centre des jardins, le *pavillon de Charles-Quint*, en style mauresque, précède un labyrinthe de haies, charmant et moins complexe qu'il n'y paraît. Cela dit, n'y laissez pas vos enfants en bas âge...

En allant vers la partie gauche, on déambule sur *la galerie du grotesque*, une ancienne muraille qui se termine en cul-de-sac mais surplombe agréablement le bassin appelé *Étang de Mercure* et le *jardín del Chorrón*, où l'on peut prendre un rafraîchissement ou une glace (ou encore se soulager si besoin est... mais pas dans le jardin !). Notez la jolie *puerta del palacio de los duques de Arcos* en quittant ce jardin.

La sortie de l'Alcázar se fait par le **patio de las Banderas,** une place à l'architecture harmonieuse bordée d'immeubles à 2 étages et plantée d'orangers entourant une fontaine. C'est de cette place que vous ferez la plus belle photo de la *Giralda*. À droite de la sortie, dans le coin, un passage voûté mène par la *Judería* vers le quartier de Santa Cruz.

➤ Derrière la cathédrale, la charmante **plaza de la Virgen de los Reyes.** Remarquez le palais archiépiscopal, doté d'une belle porte baroque.

🐾🐾🐾 **Barrio de Santa Cruz** *(plan couleur II, G5 et plan couleur Santa Cruz, G5) :* probablement le quartier le plus enchanteur de Séville sur le plan historique et architectural, même s'il est évidemment très touristique. Bâti sur les fondations de l'ancien quartier juif coincé entre l'Alcázar et la cathédrale, son nom vient de la croix en fer forgé datant de 1692 qui trône sur la place Santa Cruz. On peut commencer par le *patio de las Banderas*, en sortant de l'Alcázar, et se rendre sur la magnifique *plaza de Doña Elvira*. Ensuite, le mieux est de se perdre joyeusement au hasard de ces belles ruelles tortueuses. Placettes bordées d'orangers, églises, superbes demeures aux couleurs chaudes, maisons blanchies à la chaux avec leurs fenêtres protégées par des grilles en fer forgé d'où dégoulinent plantes et fleurs, patios délicieux... L'Andalousie des cartes postales ! Balade merveilleuse à la nuit tombée. Dans l'après-midi, tout est calme. Profitez-en pour pousser les portes et admirer les patios.

➤ Dans la *calle Guzmán el Bueno* notamment, au n° 4, un superbe exemple de cet art qui marie lumière et végétation au cœur des demeures.

■ **Baños árabes :** c/ Aire, 15. ☎ 955-01-00-24. ● www.airedesevilla.com ● À 50 m de la iglesia de Santa Cruz. Réservation conseillée. Ouvert de 10 h à 2 h du matin. Installé dans un splendide palais du XVIIe siècle, il ne s'agit pas d'un hammam populaire, mais plutôt sélect. Trois bains de 16 à 40 °C, jacuzzi. Comptez 18 € le bain, et 26 € avec un massage de 15 mn en prime. Un tas de soins sur demande. On peut ensuite prendre un thé, dans un joli patio garni de coussins et décoré de dizaines de bougies.

🐾 **Archivos de Indias** *(Casa Lonja ; plan couleur Santa Cruz, F5) :* plaza del Triunfo. ☎ 954-50-05-28. Entre la cathédrale et l'Alcázar. Ouvert du lundi au samedi de 10 h à 16 h (14 h les dimanche et les jours fériés). Entrée gratuite.

Édifice du XVIe siècle récemment restauré abritant les « archives des Indes ». On sait que les grands navigateurs découvrirent les Amériques alors qu'ils voulaient atteindre les Indes. Depuis, la navigation s'est quelque peu améliorée ! En haut de l'escalier monumental en marbre, très impressionnant, des portraits de gouverneurs et des milliers de documents et d'archives, parmi les plus riches du monde dans le genre. En fait, relativement peu de choses à voir, outre quelques vues anciennes de Séville, des plans, carnets de voyage, documents sur les coutumes indigènes... Et quelques autographes de célèbres navigateurs : Magellan, Pizarro, Amerigo Vespucci... Expos temporaires aussi.

Dans le reste de la ville

🌂🌂🌂 *Casa de Pilatos* (plan couleur II, G-H4) : plaza de Pilatos, 1. ☎ 954-22-52-98. ♿ (uniquement au rez-de-chaussée). Le rez-de-chaussée est ouvert tous les jours de 9 h à 19 h de mars à septembre ; jusqu'à 18 h le reste de l'année. Le 1er étage est ouvert de 10 h à 14 h et de 15 h à 18 h. Entrée : 5 € pour le rez-de-chaussée et 8 € pour le rez-de-chaussée et le 1er étage ; gratuit le mardi de 13 h à 17 h pour les ressortissants de l'UE. Visites guidées en espagnol et en anglais.
Superbe palais construit aux XVe et XVIe siècles, peut-être la demeure seigneuriale la plus éblouissante de Séville. Son nom viendrait de Pilate (Ponce pour les intimes), dont la maison à Jérusalem aurait une certaine ressemblance avec celle-ci. Admirable expression de l'art mudéjar où, au-delà de l'aspect purement esthétique, on perçoit un art de vivre d'un raffinement extraordinaire. Dans le patio principal, sous les arcades, superbes panneaux d'azulejos tous différents et, à chaque angle, des statues grecques et romaines. Dans les corniches, bustes d'empereurs romains rapportés d'Italie. Les salles autour du patio présentent toutes un intérêt et leurs portes d'accès sont de remarquables exemples de marqueterie. Dans celle de droite, les murs d'azulejos sont d'une richesse folle avec des motifs moulés en plâtre et un plafond à caissons en bois sculpté.
En continuant, le *salon de détente des juges* est également tapissé de stucs et d'azulejos impressionnants, avec les armoiries des familles *Enríquez* et *Ribera*, propriétaires dès le XVe siècle. Au fond, la *chapelle de la Flagelación* (!), considérée comme la partie la plus ancienne du palais. En poursuivant, autre salle dotée d'une minuscule fontaine centrale et d'un plafond en marqueterie remarquable.
On rejoint un somptueux *jardin* plein de senteurs autour duquel dorment quelques statues romaines. Retour dans le patio central. Gravir le majestueux escalier entièrement tapissé de mosaïques en admirant la stupéfiante coupole de bois en nid d'abeilles.
Après la grille, visite obligatoirement guidée pour la *partie haute,* qui fut la plus récemment habitée. Il s'agit d'une succession de vastes salons encore richement meublés, souvent décorés de tableaux et de tapisseries. Visite un peu pauvre, mais si vous décidez tout de même d'y participer, remarquez la longue table de la *salle à manger,* avec ses 2 chaises, celles du duc et de la duchesse, se faisant face. Une des salles de la demeure servit d'hôpital pendant la guerre civile.

🌂🌂 *Museo del Baile Flamenco* (le musée du Flamenco ; plan couleur II, G4) : c/ Manuel Rojas Marcos, 3. ☎ 954-34-03-11. ● www.museoflamenco. com ● Ouvert en principe tous les jours de 9 h à 19 h. Entrée : 10 € (ou inclus dans la *Sevilla Card*) ; réductions.
Tout nouveau, tout beau, ce musée installé dans un ancien lycée du XIXe siècle vaut vraiment le détour. Créé notamment sous l'impulsion de Cristina Hoyos, danseuse et chorégraphe internationale, il présente une muséogra-

phie totalement en phase avec son sujet, la danse du flamenco, en utilisant à cette fin toute la technologie moderne. Prenez l'ascenseur rouge jusqu'au 1er étage où un jeu d'images et de sons évoque d'abord les origines mystérieuses du flamenco, avec un petit parfum de contes et légendes... Le mot *gitano* viendrait-il de *egyptanos* suite au passage des Gitans en Petite Égypte, l'actuelle Grèce ? Et le mot *flamenco,* date-t-il du règne du Roi Soleil quand ces mêmes *gitanos* bataillaient pour lui au pays des Flamands ? Nul ne le sait avec certitude. En tout cas, un grand écran présente les 6 principales danses du flamenco, complété par quelques écrans tactiles sur les différentes techniques. Cerné par l'image et le son, on commence à sentir la flamme qui anime cet art si particulier. La salle suivante présente l'évolution des lieux de représentation, du *patio de vecinos* (littéralement « patio des voisins ») au *tablao* d'aujourd'hui (mettez-vous donc sous les douches sonores avec option en français) ainsi qu'un spectacle complet de Cristina Hoyos. Même principe dans la salle des objets et des costumes offerts par quelques étoiles nationales. Enfin, on s'immerge totalement dans la projection sur 3 murs d'un spectacle spécialement filmé pour l'occasion. La visite s'achève avec une expo des superbes photos noir et blanc signées Colita et une expo temporaire au dernier étage généralement consacrée à la peinture. Notez que l'édifice héberge des cours de danse, chant, guitare, *compás* (rythme) pour tous niveaux grâce à un studio au revêtement spécial (il y en a deux de ce type en Europe). Le patio devrait accueillir de futurs spectacles. Également un projet d'animation avec la collaboration de Carlos Saura. Une très belle visite. Aussi instructive que sensorielle.

🎥🎥 *Parc María Luisa et plaza de España* (plan couleur II, G-H6) **:** ferme à 22 h. Grands jardins aménagés en 1929 pour l'Exposition hispano-américaine et dessinés par le Français Forestier. Allez vous promener l'été, à l'ombre de ses orangers, palmiers et eucalyptus. Il ne faut pas manquer, le long du *paseo de las Delicias,* ces extraordinaires pavillons de l'Exposition. Cachées derrière les palmiers, les somptueuses demeures de grandes familles sévillanes sont encore visibles.
La plaza de España, grandiose, aérée, forme un demi-cercle de 200 m de diamètre dans lequel s'élèvent les installations de l'Exposition. Elle était destinée à héberger des *spectacles athlétiques,* au temps des manifestations de masse. Gracieux, élégants, les pavillons ont été construits avec des matériaux nobles : brique, azulejos, pierre ; tout fut conçu pour durer. Pari tenu puisque, aujourd'hui, les parcs, les bassins et les arcades des pavillons accueillent tous les week-ends des milliers de Sévillans qui viennent s'y promener. Vous pourrez surtout voir 48 bancs d'azulejos représentent les différentes provinces espagnoles (par ordre alphabétique de gauche à droite) et des épisodes de leur histoire (on est en train de les restaurer l'un après l'autre), 4 élégants ponts enjambant les bassins (ponts symbolisants les 4 royaumes de la couronne d'Espagne : Castilla, Aragón, León et Navarra), etc. Une scène de *L'attaque des Clones,* 2e épisode de *Star Wars,* a été tournée ici, et l'endroit avait déjà servi de décor pour des scènes du *Lawrence d'Arabie* de David Lean (comme bien d'autres lieux de la ville, d'ailleurs !). Une bien belle balade, en vérité. N'oubliez pas de saluer les 3 charmantes Sévillanes de pierre qui se prélassent autour d'un arbre. Location de barques.

🎥 *Museo Arqueológico* (le *Musée archéologique* ; hors plan couleur II par H6) **:** plaza de América, dans le parc María Luisa. ☎ 954-23-24-01. Ouvert le mardi de 14 h 30 à 20 h 30, du mercredi au samedi de 9 h à 20 h 30 et les dimanche et jours fériés de 9 h à 14 h 30. Fermé le lundi. Simple comme tout, non ? Entrée à 1,50 € (gratuit pour les ressortissants de l'UE et les étudiants munis de leur carte internationale) par le paseo de las Delicias qui longe le Guadalquivir ou en traversant le parc à pied. Bâtiments construits pour l'Exposition de 1929. Nombreuses œuvres de l'époque romaine et beaucoup d'objets en or d'inspiration orientale. On suit chronologiquement le parcours des différents peuples ayant sévi dans la région. À noter surtout, les mosaïques des IIe et IIIe siècles, provenant pour certaines du site d'Itálica, dans les environs de Séville. Et puis le torse supposé de Claudio, très expressif, remontant au Ier siècle de notre ère.

🔦 *Museo de Artes y Costumbres Populares* (hors plan couleur II par H6) : plaza de América dans le pabellón Mudéjar, face au Musée archéologique. ☎ 954-23-25-76. Mêmes horaires, tarifs et réductions que son vis-à-vis. Gratuit pour les membres de l'UE et étudiants munis de leur carte internationale, 1,50 € pour les autres. Superbe édifice avec ses 2 grandes tours ajourées en brique et à colonnettes de marbre. À l'intérieur, le musée flotte un peu dans des habits trop grands : costumes (très belles dentelles), instruments de musique, objets religieux, intéressant mobilier... Bon, l'ensemble se révèle tout de même un peu ennuyeux et semble avoir été posé là pour occuper l'espace.

🔦 *Torre del Oro* (musée maritime ; plan couleur II, F5) : paseo Cristóbal Colón, le long du fleuve. ☎ 954-22-24-19. Ouvert du mardi au vendredi de 10 h à 14 h, le week-end de 11 h à 14 h. Fermé le lundi et les jours fériés, ainsi qu'en août. Entrée : 2 €, incluant un audioguide ; réductions ; gratuit le mardi. C'est non point, comme son nom inclinerait à le croire, un hôtel des Monnaies ou une tour renfermant un trésor, mais le môle d'ancrage d'une énorme chaîne que l'on tendait en travers du río pour en barrer l'amont aux éventuelles incursions des navires chrétiens. Son nom vient des azulejos dorés qui le couvraient autrefois. Petit *Musée maritime* à l'intérieur : gravures, demi-coques, quelques instruments de marine, cartes... Ne vaut pas plus que son prix d'entrée.

🔦🔦 *Plaza de Toros* (plan couleur II, E-F5) : s'il s'agit des célèbres arènes de Séville. Entrée par le paseo de Cristóbal Colón. ☎ 954-22-45-77. ● www.plazadetorosdelamaestranza.com ● Ouvert tous les jours de 9 h à 19 h ; les dimanches de corrida et pendant la feria, de 9 h 30 à 15 h. Visite guidée en espagnol et en anglais uniquement, toutes les 20 mn : 4 € ; réductions. Hélas, courte et frustrante, voire expéditive et banale, entre autres parce qu'il est interdit de fouler le sable de la piste sur laquelle « les plus grands » ont toréé depuis le début de sa construction, en 1761.

L'ocre du sable (couleur *albero*) et le rouge du sang (*almagra*). Voilà les couleurs dominantes des arènes qui peuvent, ici, accueillir jusqu'à 14 000 spectateurs. La forme légèrement ovale provient d'une erreur de l'architecte qui s'est un peu planté dans ses calculs, le plan original s'étant perdu au cours du siècle et demi qu'a duré sa construction. Dans le petit musée situé dans les caves voûtées sous les gradins, gravures (copies) ayant appartenu à la reine Eugénie. Informations sur le *juego de cabezas y lanzas* en vogue jusqu'à la fin du XVe siècle et considéré comme l'ancêtre de la corrida. Portraits de toreros, costumes. Trois pièces à noter : la tête naturalisée de la mère du taureau qui tua Manolete en août 1947 à Linares, *Cape rose* peinte par Picasso et enfin un dessin de Cocteau. Bon, visite probablement passionnante pour les aficionados, mais les banderilles resteront en travers de la gorge des autres, sans aucun doute. Il y a une quarantaine de corridas par an à Séville, entre Pâques et octobre, en général le dimanche. On peut réserver sur place.

➤ À partir de la torre del Oro, une longue promenade s'étire le long du Guadalquivir, sur le *paseo de Cristóbal Colón*. Agréable en fin d'après-midi.

➤ *Plaza del Salvador* (plan couleur II, F4) : hyper animée le week-end (plus calme en août). Beaucoup de monde aux terrasses des cafés, devant la façade baroque de l'église (voir « Où manger des tapas ? »), qui est malheureusement en restauration depuis un bon moment. Les rumeurs prétendent que la ville serait en train de faire des fouilles à la recherche d'une mezquita enfouie, ou peut-être de vestiges wisigoths... On dit même qu'ils auraient fait une trouvaille plutôt lugubre : les cadavres d'un cimetière du XVIIIe siècle !

Sympa ! Ce qui est sûr, c'est qu'une fois l'église terminée, la place et les rues environnantes seront transformées en zones piétonnes. Non loin, la *calle Sierpes,* longue rue piétonne, centre commercial le plus animé de la ville, très vivant en fin d'après-midi. Belle façade d'azulejos au n° 39.

➤ Tout le **quartier situé en face de la cathédrale** *(plan couleur II, F5),* de l'autre côté de l'avenue de la Constitución, se révèle moins touristique, plus populaire que Santa Cruz. S'il n'a pas le charme des maisons blanches et des placettes endormies, on y trouve une atmosphère peut-être plus vraie. Baladez-vous autour des *rues García de Vinuesa, Gamazo, Arfe...*

Museo de Bellas Artes *(plan couleur I, A3) :* plaza del Museo, 9. ☎ 954-22-07-90. ✆ Ouvert le mardi de 14 h 30 à 20 h 30, du mercredi au samedi de 9 h à 20 h 30 et le dimanche et jours fériés de 9 h à 14 h 30. Fermé le lundi. Gratuit pour les citoyens de l'UE et les étudiants munis de leur carte internationale ; 1,50 € pour les autres.

Installé dans un ancien couvent du XVIIe siècle, dont la décoration intérieure vaut à elle seule le détour, il se compose de 3 patios et d'un cloître. Dans les 14 salles, 2 000 tableaux sont exposés, dont près de la moitié en alternance. Les collections proviennent essentiellement des couvents et des monastères ; elles ont été vendues lors de leur dépossession par un gouvernement libéral. On y trouve donc en majorité des œuvres à caractère religieux, vous voilà prévenu. On trouve regroupés ici l'art médiéval espagnol, l'époque maniériste, le baroque européen, la peinture sévillane des XVIIIe et XIXe siècles, le romantisme et une approche du début du XXe siècle.

La partie médiévale possède de petites merveilles dont un magnifique retable de la passion du Christ (salle III) et un admirable *Christ* du XVe siècle. La salle suivante présente une étonnante *Vierge à l'Enfant* avec un *Calvaire* (encore !) de Lucas Cranach où les mauvais larrons ont vraiment de sales tronches. Dans l'ancienne église devenue le grand atelier, on peut remarquer au passage les belles fresques des voûtes et de la coupole, grands tableaux d'autel de Roelas et de Murillo (Vierge à l'enfant, encore !).

À l'étage, baroque sévillan avec d'intéressantes natures mortes, on y sent l'influence flamande, et beaucoup d'œuvres de Murillo et de Zurbarán *(Apothéose de saint Thomas d'Aquin)* et d'autres saints en pagaille comme ce *Saint Jérôme* impressionnant pour l'intensité de son regard. Également dans la salle VIII, plusieurs toiles de l'excellent Juan de Valdés Leal *(Apologie des religieux frappés par la grâce)* et ses étranges moines encapuchonnés.

Salle IX, un magnifique tableau de l'atelier de Bruegel, représentant Adam et Ève au Paradis terrestre, entourés de tous les animaux de la création, rappelant le travail du Douanier Rousseau. Salle X, 8 peintures de Domingo Martinez, intéressantes à titre documentaire, relatent les défilés de chars qui se sont déroulés lors de l'avènement de Fernando VI. Dans la section consacrée au XXe siècle, voir les travaux de Gonzalo Bilbao et de Villegas Cordero.

Basílica de la Macarena *(plan couleur I, C1) :* c/ Becquer, 1. ☎ 954-90-18-00. Ouvert de 9 h 30 à 14 h et de 17 h à 20 h (21 h le week-end). Cette basilique est célèbre pour sa statue baroque de la Vierge de la Macarena (œuvre anonyme du XVIIe siècle). On la confond souvent avec la patronne de Séville mais elle n'est que l'objet d'une gigantesque vénération ! Sa sortie, le Jeudi saint à minuit, constitue l'un des temps forts de la *Semana santa*. Le petit musée attenant (3 € l'entrée ; réductions) est ouvert tous les jours de 9 h 30 à 14 h et de 17 h à 20 h. Il rassemble les ornements de la Macarena : bijoux, vêtements brodés... En face de l'église, ne pas manquer la *puerta de la Macarena,* reconstruite au XVIIIe siècle à partir de vestiges musulmans. Au sud s'étend le quartier de la Macarena, paisible et parsemé de belles églises (San Luis, San Marcos). Promenade agréable, loin de l'agitation des quartiers plus centraux et plus touristiques.

Universidad de Sevilla *(faculté de Droit et de Lettres ; plan couleur II, G6) :* entrée en face de la calle San Fernando, 31. Non loin de l'hôtel

Alfonso XIII. Fermé le dimanche. Ancienne fabrique de tabacs, construite au XVIIIe siècle dans un beau style sobre et classique. Il s'agit de la 2e plus grande construction d'Espagne après l'Escorial, où travaillaient plusieurs milliers de cigarières (dont la célèbre Carmen).

🎭 *Hospital de la Caridad (plan couleur II, F5) :* c/ Temprado, 3. ☎ 954-22-32-32. Ouvert du lundi au samedi de 9 h à 13 h 30 et de 15 h 30 à 19 h 30, les dimanche et jours fériés de 9 h à 13 h. Entrée : 4 €.
Cet hospice ancien possède une église baroque, la seule partie ouverte au public, intéressante surtout pour les peintures qui l'ornent. De l'extérieur, on aura déjà noté son beau clocher multicolore. Dans la cour-patio, plusieurs allégories religieuses en azulejos dont les thèmes sont très parlants (la Passion du Christ, la Tentation...). La décoration de l'église est due à *don Miguel de Manara,* personnage du XVIIe siècle à la vie dissolue, qui ressentit le besoin de racheter tous ses péchés. Grâce à ses dons, on bâtit donc cet hôpital pour les pauvres, ainsi que cette église, au seuil de laquelle il se fit enterrer. La légende voudrait que ce soit ce personnage qui inspirât à Molière son *Don Juan.* Manque de chance, il faudrait une sacrée gymnastique de calendrier pour aboutir à un tel résultat.
Reste que don Miguel demanda aux peintres Valdés Leal et Murillo de traiter les sujets qui lui tenaient à cœur : le premier peignit ainsi la Mort et la Vanité avec un réalisme cru et implacable (toiles qui encadrent la nef, à l'entrée). Voir la Mort apportant un cercueil sous son bras et éteignant la dernière lueur de vie. L'autre toile présente un seigneur vaniteux, rongé par les vers. Dans un tout autre registre, Murillo peignit *La Multiplication des pains* et *Le Miracle de Moïse faisant jaillir une source.* Là, c'est le bonheur qui resplendit, la douceur. On devine, grâce à ces 4 toiles, les contradictions et les remords qui devaient ronger le malheureux don Miguel.

➤ *Barrio de Triana (le quartier de Triana ; plan couleur II, E5) :* passé le pont de Triana (ou puente de Isabel II), au bout duquel s'élève la petite chapelle *del Carmen* (1926), vous voilà plaza del Altozano. D'ici partent plusieurs rues intéressantes. Architecturalement, il n'y a pas de quoi se pâmer : Triana, c'est surtout une multitude de petits instants qu'on saisit au passage et qui, petit à petit, permettent de comprendre ce qui rend ce *barrio* de Séville si emblématique. Évitez l'heure de la *siesta* : c'est mort (sauf pour déjeuner bien sûr).
Triana était un quartier d'ouvriers, mais aussi de céramistes : la céramique est fabriquée ici depuis l'époque romaine. C'était d'ailleurs le métier qu'exerçaient les deux saintes martyrisées, Justa et Rufina, et toutes deux *trianera.* Le long des *calles Antillano Campos* et *Alfarería,* les ateliers se succèdent, ainsi que les maisons couvertes de céramiques. Autrefois, habitait ici une importante communauté gitane, jusqu'à sa délocalisation en 1950. Mais le flamenco a subsisté. Sur la plaza del Altozano veille une gitane dansante : « Triana al Arte Flamenco », dit l'inscription. Et Triana appartient encore au flamenco corps et âme. Il n'y a qu'à flâner *calle Rodrigo,* où s'alignent les écoles de danse et se traînent les *bailaores* en herbe, tandis que des fenêtres s'échappent des grattement des guitares et le claquement des *zapateos* (voir aussi « Où écouter et voir du flamenco ? »). Passez par la jolie *calle Pelay Correa* avant de remonter vers la célèbre *calle Betis,* avec vue imprenable sur Séville et le Guadalquivir. Vous trouverez là la meilleure terrasse de tout Séville : le muret qui court le long de cette longue rive branchée. La brise du fleuve, une petite friture de poisson : le bonheur est juste de l'autre côté du pont (de Triana) !

En dehors du centre

🎭 *Cartuja :* av. Américo Vespucio, 2, sur la rive droite du Guadalquivir. ☎ 955-03-70-83. On peut parfaitement y accéder à pied en empruntant la pasarela de la Cartuja, située à l'extrémité de la calle de Baños (plan couleur I, A2). Ouvert du mardi au samedi de 10 h à 21 h (20 h d'octobre à mars) et le dimanche de 10 h à 15 h. Fermé le lundi. Entrée : 3 € (monastère et musée) ; gratuit le mardi. Visites guidées à 12 h et à 19 h d'avril à septembre, à 12 h et à 17 h d'octobre à mars. Brochure en français distribuée à l'entrée, avec un plan. Pratique.

Cœur et symbole de l'Expo universelle de 1992 comme l'avait été la tour Eiffel, la Cartuja, restaurée en 1986, est une ancienne chartreuse. Elle est tout ce qui reste de vivant sur le site de l'Expo. Tout autour, ce ne sont qu'installations défraîchies, pour la plupart ceintes de grands grillages pour en empêcher l'accès. On mesure une nouvelle fois dans ce type de projet une certaine vanité incurable de l'homme. De vastes projets devaient permettre d'exploiter de manière intelligente et rationnelle nombre de pavillons pour le futur. Il ne fut fait grand-chose. Restent la Cartuja, à nouveau largement restaurée pour l'Expo de 1992, et le parc des Sciences et des Technologies, zone d'activité qui semble assez dynamique.

Fondée à la fin du XIVe siècle à la suite d'une apparition de la Vierge en 1248, la Cartuja subit des hauts et des bas. Les images les plus fortes de son histoire sont évidemment ses grandes cheminées qui témoignent de sa transformation en fabrique de céramique en 1841. Par chance, ces hautes tours en forme de bouteilles entourant l'église ne la déparent en rien et lui confèrent même un supplément d'harmonie. Les autres grands jalons historiques sont le séjour de Christophe Colomb à la Cartuja, de son vivant, pour préparer son second voyage, puis son long séjour de 30 ans (de 1509 à 1536) dans la chapelle Sainte-Anne, une fois mort. On se souvient également encore de l'invasion des troupes napoléoniennes en 1810, qui en délogèrent les chartreux. À noter tout particulièrement le parvis de l'église, l'église elle-même, le cloître mudéjar, la chapelle Sainte-Anne... Au passage, sachez qu'est ici enterré Diego Colón, le fils de Christophe. Ce n'est donc pas lui qui a pris la place de son père dans le tombeau de la cathédrale, contrairement à ce que certains prétendent.

– Dans la chartreuse se trouve le **Centro andaluz de Arte contemporáneo,** réunissant des collections de peinture, sculpture et céramique espagnoles de ce siècle. Œuvres très diverses et expos temporaires. Une balade agréable, avec un parfum d'insolite, puisqu'il peut vous arriver de la faire seul, même en pleine saison touristique.

🚶 🚶 *Isla Mágica :* isla de la Cartuja, Pabellón de España. ☎ 902-16-17-16. ● www.islamagica.es ● Un parc d'attractions sur le site de l'Expo de 1992, autour du lac, non loin de la Cartuja. Accessible par les bus circulaires C1-C2. Ouvert de début avril à fin octobre : en avril, du mercredi au dimanche de 11 h à 19 h (22 h le week-end) ; de mai à mi-juin environ, mêmes horaires qu'en avril mais ouvre également le mardi. De mi-juin à mi-septembre, tous les jours de 11 h à 23 h (minuit le week-end ainsi qu'en août) ; puis, uniquement les week-ends de 11 h à 21 h jusqu'à fin octobre. Tarifs : 23,50 € par adulte et 16,50 € par enfant ; compter environ 2 € de moins en basse saison. Dès 16 h (17 h en été), c'est moins cher : 16,50 € et 12 € pour un enfant ! Plan parfaitement détaillé offert à l'entrée, dans le *Guía del explorador.*

On reste donc dans le thème moteur de l'Expo de 1992, puisque le fil conducteur tourne autour de la découverte de l'Amérique. Six thèmes composent ce parc de 35 ha plutôt bien ficelé où le visiteur, devenu un authentique explorateur, revit l'esprit colonial : Séville-Port des Indes ; Balcon de l'Andalousie ; Quetzal ; Puerta de América ; l'Amazonie ; le Repaire des Pirates ; la Fontaine de Jouvence (pour les tout petits) et enfin l'Eldorado. Attractions à sensations, balade en bateau, spectacles, cinéma, vidéos, boutiques, restos, décors, pirates... bref, tout y est, dans une ambiance « Devinez qui, du père ou du fils, s'éclate le plus ? ».

Achats

Les marchés

– **Mercado de Triana** (plan couleur II, E5) : plaza del Altozano, à Triana. Parking juste en dessous. Ouvert le matin jusqu'au déjeuner. Fermé le dimanche. Marché couvert neuf, installé dans une sorte de sous-sol climatisé en brique (entrée par un escalier à côté de la Capillita del Carmen). Une multitude d'étals spécialisés (olives, huiles d'olive, fromage, *jamón*, fruits et légumes, poisson et même escargots...), aux enseignes élaborées en céramique typique, autour d'une sorte de puits vitré donnant sur quelques vestiges. On achète quelques produits, on prend une bière, puis on s'installe tranquillement à l'une des petites tables pour goûter tout ça. Génial.

– **El jueves** (plan couleur I, B2) : c/ Feria, près de l'Alameda de Hércules. Comme son nom l'indique, il a lieu tous les jeudis matin près des halles. Cette brocante se tient ici depuis plusieurs centaines d'années. Venir tôt si vous voulez faire des affaires. Antiquités, vieilles affiches de la feria, vinyles des années 1960 et toutes sortes de babioles.

– **Mercadillo de Pintura** (plan couleur I, A3) : plaza del Museo. Le dimanche matin. Juste à côté du musée des Beaux-Arts, les artistes vendent leurs tableaux, esquisses, aquarelles... De très belles choses à glaner et en plus l'ambiance est bien paisible. À ne pas manquer.

– **Plaza del Cabildo** (plan couleur Santa Cruz, G5) : face à la cathédrale, le dimanche matin. Pour les philatélistes et les collectionneurs de pièces de monnaie et de cartes postales.

– **Hippies** (plan couleur I, B3) : plaza del Duque de la Victoria. Les jeudi, vendredi et samedi de 10 h à 21 h. Comme son nom l'indique, c'est le rendez-vous des babas cool en quête de bijoux en argent, colliers exotiques, T-shirts, etc. Attention à vos poches ici, ou vous pourriez retrouver vos affaires en vente dans le même marché la semaine suivante...

– **Plaza Alfalfa** (plan couleur II, G4) : sur la place éponyme, le dimanche matin, un curieux petit marché d'animaux domestiques. Colombes, canaris, lapins, chiots... Un bonheur pour les enfants, un enfer pour les parents !

– **El Rastro :** le dimanche matin à la Cartuja. Accès par le bus C2. Immense marché aux puces super sympa et très populaire. On y voit encore de petits Gitans courir pieds nus entre les stands de broc...

Artisanat

Céramiques et céramiques ! C'est le maître mot de l'artisanat sévillan. Même sans acheter, un vrai plaisir pour les yeux, encore une occasion de se balader. La calle *García de Vinuesa* (plan couleur II, F5) en possède de belles, ainsi que la calle *Antillano Campos* (hors plan couleur II par E5), dans le quartier de Triana. Sinon, également calle *Sierpes* (plan couleur I, B3 et plan couleur II, F4), de très bonnes qualité mais alors c'est vraiment très cher...

Pour se rafraîchir

■ ✝ ⃗ **Aquopolis :** av. del Deporte s/n, 41020. ☎ 954-40-66-22. ● www.aquopolis.com ● À l'est de la ville. Bus n° 22 au départ de la gare routière de Prado de San Sebastián. Ouvert en mai, juin et septembre de 12 h (11 h lés week-ends et jours fériés) à 19 h. En juillet et août jusqu'à 20 h. Entrée : 15,50 € ; enfants de moins de 10 ans : 11 €. Parking, vestiaires et bouées de sécurité payants. C'est le parc aquatique de Séville : toboggans de toutes tailles, tunnels, vagues... Pour calmer les ardeurs de la ville. Plusieurs restos-snacks.

➤ *DANS LES ENVIRONS DE SÉVILLE*

🏃🏛 *Itálica :* av. de Extremadura, 2. À Santiponce. ☎ 955-99-65-83. 🏃 À une dizaine de kilomètres, par la route de Mérida. Pour les transports, voir plus haut « Arriver – Quitter ». D'avril à septembre, ouvert du mardi au samedi de 8 h 30 à 20 h 30 et le dimanche de 10 h à 15 h. D'octobre à mars, ouvert du mardi au samedi de 9 h à 17 h 30 et le dimanche de 10 h à 16 h. Fermé le lundi. Entrée gratuite pour les membres de l'UE, 1,50 € pour les autres.

De l'antique *Hispalis,* on ne sait pratiquement rien. Plusieurs passages de populations successifs semblent avoir marqué ce site superbe avant sa réelle fondation par les Romains qui y posèrent leurs valises. Ainsi Scipion l'Africain fonda-t-il, en l'an 206 av. J.-C., la partie appelée « vieille ville », pour accueillir ses blessés. Puis Trajan y naquit, mais c'est Hadrien, bien qu'originaire de Rome, qui fit construire « la nouvelle ville ». Cette dernière est la partie la plus intéressante. Depuis la découverte du site en 1781, les fouilles n'ont pratiquement pas cessé.

Entre les larges dalles des rues qui desservent les différents quartiers, on peut apercevoir le système d'égouts, étonnamment sophistiqué pour l'époque. Parmi les principaux édifices, vous ne pouvez manquer l'*amphithéâtre,* un des plus grands de l'Empire romain, avec sa capacité de 25 000 spectateurs. À voir également, la *maison du Planétarium* pour ses exceptionnelles mosaïques en forme de médaillons représentant les divinités planétaires, et la *casa de los Pájaros* dont les murs ont été remontés entièrement. Indépendamment de son intérêt archéologique évident, Itálica peut être le prétexte d'une balade très sympa dans un site agréable.

ARACENA   (21200)   6 720 hab.

Joli village blanc un peu ensommeillé, dominé par les ruines d'un château almohade, Aracena, « capitale » de la *Sierra* éponyme, se visite surtout pour sa superbe grotte. Ses attraits ne s'arrêtent pourtant pas là : vous êtes ici sur les terres de sa majesté le Porc ibérique avec, à proximité, le village de Jabugo, illustrissime producteur de *jamón.* Le cochon est certes roi, mais depuis quelques années, c'est la chèvre qui est reine (drôle de couple !). Son lait sert à fabriquer un fromage classé parmi les meilleurs d'Espagne. Belles excursions en prévision dans le *parc naturel d'Aracena Picos de Aroche,* à travers les forêts de chênes-lièges, d'oliviers et de châtaigniers. À propos de châtaignes, ne repartez pas sans avoir goûté la crème de marron !

Arriver – Quitter

En voiture

➤ À 86 km au nord-ouest de *Séville.* Emprunter la N 630 sur 34 km, puis la N 433 (Séville-Lisbonne) sur 52 km. La 2e portion de route traverse d'agréables paysages verdoyants et des champs d'oliviers.

➤ À 100 km au nord de *Huelva.* Emprunter l'A 49/E1 sur 10 km en direction de Séville, puis la N 435 en direction de San Juan del Puerto Trigueros sur 53 km, ensuite l'A 461 via *Minas de Riotinto* pendant 15 km. Finalement suivre l'A 479 sur 20 km jusqu'à Aracena. En passant, allez donc jeter un œil à la mine à ciel ouvert de *Corta Atalaya* – billets et départ des visites guidées au *museo Minero* de Minas de Riotinto (prévoir 5 € par personne ; 7 € avec la visite du musée).

En bus

🚌 *Gare routière d'Aracena :* c/ José Andrés Vasquez s/n. Cette rue démarre au niveau de l'*Antiguo Ayuntamiento* (à côté du *Convento Santa Catalina*) et se prolonge vers le sud-est du village. Passé le parc *Arias Montano*, la station se trouve à gauche, avant le croisement avec la route de Séville. À 10 mn à pied de la plaza Marqués de Aracena, à peine plus depuis les grottes. Guichet des bus *Casal* (☎ 954-99-92-85 ; ● www.autocarescasal.com ●) et *Damas* (☎ 954-90-77-37 ; ● www.damas-sa.es ●)

➤ *Bus de/vers Séville :* pour rejoindre Aracena, prendre un bus *Casal* en direction de Rosal de la Frontera, à partir de la gare routière plaza de Armas à Séville. Un bus en matinée et un autre dans l'après-midi tous les jours (horaires variables). Compter 1 h 20 et autour de 6 €.
Le trajet se fait via *Higuera de la Sierra* avant d'arriver à Aracena, puis continue vers *Fuenteheridos, Jabugo, Cortegana* et *Aroche* avant de terminer à *Rosal de la Frontera,* non loin de la frontière portugaise (correspondances pour Lisbonne).
Dans l'autre sens, départ d'Aracena vers 7 h 45, 10 h 30 et 17 h.

➤ *Bus de/vers Huelva :* les bus *Damas* à destination d'Aracena partent à 13 h 30 (du lundi au vendredi) et à 15 h (du lundi au samedi), les dimanche et jours fériés à 9 h 30. Dans l'autre sens, départs d'Aracena à 7 h (du lundi au vendredi) et à 7 h 45 (du lundi au samedi), les dimanche et jours fériés à 18 h.

Adresses utiles

🛈 *Centro de Visitantes Cabildo Viejo :* plaza Alta, 5. ☎ 959-12-88-25. Tout en haut de la colline autour de laquelle est construit le village, sur une très jolie place à deux pas du *castillo* et en face de l'église *Nuestra Señora del Mayor Dolor* (XIIIe siècle). Attention, ça grimpe ! Ouvert d'avril à septembre de 10 h à 14 h et de 18 h à 20 h (de 16 h à 18 h en hiver). Infos et brochures sur les sentiers dans la *Sierra de Aracena y Picos de Aroche.* Bon accueil.

🛈 *Office du tourisme municipal :* c/ Pozo de la Nieve s/n. ☎ 959-12-82-06. Dans la billetterie de la *Gruta de las Maravillas,* sur une placette (plaza San Pedro) derrière l'av. de Huelva. Ouvert de 10 h à 13 h 30 et de 15 h à 19 h. Carte du village, infos hébergement et transports.

Où dormir ? Où manger ? Où boire un verre ?

🏕 *Camping Aracena :* à 5 km à l'est de la ville, sur la droite quand on vient de Séville. ☎ 959-50-10-04 et 05. Compter 16 € pour 2, avec voiture et tente (12 € sans la voiture). Bien situé, sur une petite colline. Moderne et propre. Piscine. Pas beaucoup de monde : un avantage.

🛏 Sinon, vous pouvez toujours essayer l'*Hôtel Los Castaños :* av. Huelva, 5. ☎ 959-12-63-00. Fax : 959-12-62-87. ● www.loscastanoshotel.com ● Propose des doubles entre 50 et 65 €, dotées de salles de bains et TV. Une hôtellerie standard plutôt d'un bon confort, à 2 pas de la grotte. Les chambres sont toutefois assez tristes et le bâtiment témoigne d'un certain laisser-aller dans l'entretien.

🍴 *José Vicente Restaurante :* av. de Andalucia, 53. ☎ 959-12-84-55. Menu à 20 €. Voilà l'endroit rêvé pour goûter ce *pata negra* dont on vous parle tant. Des portions généreuses et des mets tout simplement succulents, à base de produits de saison (champignons, escargots...), le chef étant un spécialiste de la cuisine du terroir. Salle stylée et climatisée. Apéritif maison offert à nos lecteurs sur présentation de ce guide.

🍴 Nombreux *restos* à prix moyens sur la plaza San Pedro, à 50 m en contrebas des grottes.

🍸 *Café Manzano :* plaza del Marqués de Aracena, 22. À l'angle avec la Gran Vía. Fermé le mardi. Assiettes de tapas combinées à 9 €. Pour boire un verre en terrasse avec quelques tapas, ou un café accompagné d'un savoureux gâteau maison. Sur la place la plus animée du village. Service très accueillant.

Achats

⚙ *Cosierra Artesanía :* av. de Huelva, 3. 959-12-83-81. Non loin de la grotte, une boucherie-charcuterie tout ce qu'il y a de plus habituelle, sauf que vous n'êtes pas n'importe où ! Au pays du *jamón ibérico de bellota,* une adresse pour s'en payer une tranche (voire la jambe entière). Le boucher se fera un plaisir de vous expliquer les variétés (mais en espagnol).

À voir. À faire à Aracena et dans les environs

🏶🏶 *Les grottes :* accès clairement indiqué à l'entrée du village. Entrée : 7,70 € ; réductions. Visite guidée tous les jours, environ toutes les heures de 10 h à 13 h 30 puis de 15 h à 18 h, *siesta* oblige ; le week-end, visite toutes les 30 mn. Durée : 1 h.

Les 1 200 m de galeries naturelles, creusées dans la colline autour de laquelle Aracena s'est enroulée, sont superbes, il est vrai ; on emprunte d'étroits boyaux pour se retrouver dans de vastes poches où stalactites et stalagmites paraissent féeriques. Pour qui n'a jamais vu ce genre de curiosité, c'est impressionnant ; pour les autres, ce sera une répétition. On peut regretter que les visites ne se fassent que lorsque le nombre de visiteurs a atteint un groupe de 25 et que les commentaires ne soient donnés qu'en espagnol. Mieux vaut venir le matin ou avant 16 h 30. La voix monocorde et lénifiante du guide, le flash aveuglant du photographe qui vous attend au détour d'une grotte, tout cela ôte au site beaucoup de son romantisme et, finalement, les visiteurs raisonnablement l'impression d'être pris pour un troupeau de beaufs cabuesque. Pour la petite histoire, c'est quand même là qu'ont été tournées certaines scènes des *Mines du roi Salomon* et de *Voyage au centre de la Terre.*

➤ *Le parc de la Sierra de Aracena y Picos de Aroche :* occupant 187 000 ha au nord de Huelva, à la frontière du Portugal et de la province de Badajoz, ce parc englobe les villages d'Aracena et de Jabugo. De Séville, accès en voiture par la N 433 (environ 1 h de voiture jusqu'à Higuera de la Sierra) et de Huelva par la N 435 (1 h 30 jusqu'à Santa Ana la Real). Un grand nombre de sentiers pour tous les niveaux, certains démarrant juste à la sortie des villages qui jalonnent la route entre *Aracena* et *Aroche.* Ces villages sont relativement bien desservis par les bus locaux, mais pour les zones les plus éloignées, une voiture reste indispensable. Des panoramas surprenants de vallées et de forêts, parsemés de pittoresques villages blancs. Le paysage le plus caractéristique étant la *dehesa,* ces forêts de chênes sous lesquels nos futurs jambons trouvent les *bellotas* (glands) qui parfument leur viande. Parmi les bourgs qui valent un petit détour, celui de *Zufre,* en nid d'aigle sur une colline, *Almonaster la Real* et sa mosquée maure du Xe siècle, celui d'*Aroche,* connu pour ses menhirs et ses influences portugaises, ou encore *Castaño del Robledo* et ses maisons du XVIe siècle...

➤ *Jabugo :* à 20 km d'Aracena par la N 433. Le village n'est pas très intéressant d'un point de vue culturel mais, de toute façon, on n'y va pas pour ça ! Vous verrez partout la star du coin pointer son groin, *Don Jamón...* Sur la route N 433, comme dans le village, une pléiade de magasins proposant jusqu'au JJJJJ (le *Cinco Jota,* la qualité ultime !) et toutes sortes d'autres bons produits locaux. Il est cependant impossible de visiter des séchoirs à jambon pour des raisons d'hygiène.

CARMONA

(41410)   25 500 hab.

Perchée à 430 m d'altitude, au-dessus des plaines vallonnées de *la Campiña,* à l'est de Séville, Carmona dissimule derrière ses remparts une superbe petite cité médiévale. Peuplée depuis 5 000 ans, la ville a vu passer du monde... Il en résulte une quantité assez extraordinaire d'églises et de monuments, réunissant tous les styles possibles en Andalousie, allant de la simplicité romaine au délire baroque en passant par la subtile beauté orientale.

Arriver – Quitter

En voiture

À 38 km à l'est de Séville : prendre la N IV/E5 en direction de l'aéroport et Carmona puis l'A 467. Une fois à Carmona, mieux vaut laisser votre véhicule à l'extérieur des fortifications et vous balader à pied dans les ruelles tortueuses et paisibles. La voiture vous sera en revanche utile pour faire un tour à la nécropole romaine, située à la sortie de la ville.

En bus

🚌 Pas de véritable gare routière à Carmona, les bus passent le long de la route de Cordoue, à 300 m en contrebas de la Puerta de Sevilla, et s'arrêtent devant une petite esplanade sur le paseo del Estatuto.

➤ *La ligne 735 Séville – Jaen :* la Cie *Alsina Graells* (☎ 954-41-88-11 ; ● www.alsinagraells.es ●) relie Carmona à *Ecija* (45 mn ; 4 €), *Cordoue* (2 h ; 8 €) et *Jaén* (4 h ; 15 €) dans les 2 sens. De Carmona en direction de Jaén, le départ se fait à 10 h (tous les jours) et à 15 h 15 (tous les jours sauf le dimanche).

➤ *Bus de/vers Séville :* avec la compagnie *Casal* (☎ 954-99-92-85 ; ● www.autocarescasal.com ●), un bus toutes les heures à partir de la gare du Prado San Sebastián à Séville entre 7 h et 21 h 30 du lundi au vendredi ; le samedi, entre 7 h 45 et 21 h 30 ; le dimanche, 7 bus entre 9 h et 21 h 30. De Carmona à destination de Séville, 20 départs quotidiens du lundi au vendredi entre 6 h 15 et 21 h ; 10 départs le samedi entre 6 h 30 et 20 h 30 et 7 le dimanche entre 8 h et 20 h 30.

Adresse utile

🅸 *Office du tourisme :* alcázar de la puerta de Sevilla ; sous l'arche de cette large porte. ☎ 954-19-09-55. Fax : 954-19-00-80. ● www.turismo. carmona.org ● Bien indiqué dès l'entrée en ville. Ouvert du lundi au samedi de 10 h à 18 h et le dimanche de 10 h à 15 h. Bonne documentation sur la ville et plan. Très bon accueil en français.

Où dormir ?

Carmona vit au rythme de 2 saisons touristiques seulement. La haute, correspondant à la Semaine sainte et à la feria de Séville – proximité oblige –, est une courte période au début du printemps où les prix augmentent de 30 à 50 %. Le reste de l'année, c'est la basse saison.

De prix moyens à plus chic (de 30 à 72 €)

🛏 *Hostal Comercio :* c/ Torre del Oro, 56. ☎ et fax : 954-14-00-18. 🛝 À l'intérieur des remparts. En entrant par la puerta de Sevilla, juste sur la gauche le long des remparts. Compter 45 € la chambre double avec salle de bains, TV et AC, sans le petit dej' ; 65 € en haute saison. En dortoir, de 20 à 25 € par personne. Maison typiquement andalouse, avec un patio très agréable et une terrasse face aux remparts et à l'église San Pedro. Repas possible au petit resto (menu à 9 € ; fermé le dimanche).

🛏 *Hospedería Palacio Marqués de las Torres :* c/ Fermín Molpeceres, 2. ☎ 954-19-62-48. Fax : 954-19-61-82. ● www.hospederiamarquesdelas torres.com ● 🛝 Dans une ruelle derrière le musée de la ville. Chambres doubles de 57 à 112 € selon le confort et la saison. Sinon compter de 24 à 32 € par personne en dortoirs assez particuliers : 2 grandes pièces, divisées en petits box, cha-cun ayant sa porte et pouvant loger 2 à 4 personnes. Petit dej' inclus. Pas le top de l'intimité, mais ces « chambrettes » sont vraiment soignées, avec lampe de chevet, petite déco, bonne literie... L'avantage, c'est qu'on profite à prix encore raisonnable de ce magnifique palais du XVIIIe siècle aux couleurs chaudes, avec poutres apparentes, belles charpentes, piscine, jardin, patios superbes et meubles d'époque. À nos lecteurs, un café est offert ainsi que 10 % de remise sur le prix de la chambre double en basse saison, sur présentation de ce guide.

🛏 *Hotel San Pedro :* San Pedro, 1. ☎ et fax : 954-14-16-06. Dans la rue principale qui mène à la vieille ville. Chambres doubles avec AC, TV et salle de bains à 50 €. En haute saison, prévoir 65 €. Chambres donnant sur la rue ou sur l'arrière. Très bien entretenu mais pas le grand charme. Petit dej' offert à nos lecteurs sur présentation de ce guide.

Très chic (plus de 100 €)

🛏 *Parador Alcazar del Rey Don Pedro :* tout en haut de la ville ancienne, dans l'Alcázar. ☎ 954-14-10-10. Fax : 954-14-17-12. ● carmo na@parador.es ● Parking ombragé juste devant. À partir de 140 € environ la chambre double (plus cher avec balcon). Petit dej' à 13 €. Installé dans une forteresse musul-mane transformée en résidence par Pierre le Cruel au XIVe siècle, le parador surplombe toute la plaine sur des kilomètres. Piscine, jardins et restaurant. Plutôt austère mais superbe. Vous pouvez aussi vous contenter de prendre un verre dans le patio fleuri ou sur la terrasse.

Où manger ? Où boire un verre ?

Bon marché (moins de 12 €)

🍴🍷 *Bar Plaza :* à l'angle de la calle José Ramón de Oya et de la plaza San Fernando, centre névralgique de la vieille ville. Ouvert tous les jours. Dégustation de *tapas caseras* variées pour 10 €. *Medias raciones* à 6 €. Un petit bar sur la place, comme son nom l'indique, qui sert d'excellents *pulpos, espinacas, merluza* et des salades croustillantes de fraîcheur. Le dimanche, c'est le jour de la paella. Très bon accueil, et un service qui assure quelle que soit l'affluence.

🍴🍷 *Casa Puerta de Córdoba :* Dolores Quintanilla, 1. En s'enfonçant dans la vieille ville vers la puerta de Córdoba. Idéal pour déguster des tapas ou boire un verre dans le patio aux tons ocre. La patronne y expose les toiles de ses amis.

|●| ▼ *Bar Mingalario :* c/ Salvador,

7. ☎ 954-14-22-13. Au pied de l'église du Salvador, un bar à tapas à la fois typique, tranquille et élégant. Caché du soleil dans sa petite ruelle, donc bien frais, et pratiquant des petits prix.

Prix moyens (de 12 à 25 €)

|●| *El Tempranillo :* c/ Prim, 7. ☎ 954-14-47-07. Depuis la Puerta de Sevilla, juste avant la plaza San Fernando. Fermé le mardi. Compter environ 17 € pour un assortiment de tapas, dessert et vin compris. Le cuistot Christophe Vallier allie la cuisine typique de sa belle-mère andalouse à son savoir-faire de chef français. Succulentes paellas. Grand choix de salades, poisson, viande et vins, ainsi que des desserts incontournables tels l'*Élixir du Sultan.* Soirée flamenco le mercredi dès 21 h 30.

|●| *La Almazara :* Santa Ana, 33. ☎ 954-19-00-76. Près de l'église Santa Ana, prendre d'abord la calle González Girón juste avant d'entrer dans la vieille ville. Menu dégustation à 25 €. Dans un ancien moulin à huile (en espagnol *almazara*), une bonne table constituée d'un bar à tapas et d'une salle de restaurant avec cheminée et azulejos. Plats plutôt typiques et élaborés : viande, poisson et fruits de mer, et quelques incartades du côté de la gastronomie française (foie gras, confits de canard...).

À voir. À faire

➤ Sillonner les *ruelles de la vieille ville* qui convergent vers la place centrale est un véritable plaisir. Quelques palmiers et de vénérables demeures à arcades, à doubles arcades parfois, ornées de balcons, d'azulejos, aux façades de brique ou de pierre, ocre ou saumonées. Un fort bel ensemble d'une grande cohérence. Les ruelles adjacentes abritent de vieux palais aux façades travaillées. La calle Martín Lopez mène à l'*église Santa María,* massive et austère. À l'intérieur, retable platéresque typique. Un peu plus loin, derrière, le couvent Santa Clara.

🍖 *Alcázar de la puerta de Sevilla :* entrée par l'office du tourisme et mêmes horaires que celui-ci. Entrée : 2 € ; réductions. Brochure en français. Agréable balade sur les ruines restaurées de l'ancien alcázar. Escaliers, terrasses, tourelles. Chouette point de vue sur la ville et la plaine.

🍖 *Iglesia San Pedro :* c/ San Pedro. Ouvert de 11 h à 14 h du lundi au dimanche, et les lundi et jeudi après-midi de 17 h à 19 h. Fermé les mardi et mercredi, ainsi que tous les après-midi en juillet-août. Entrée : 1,20 €. Juste à l'extérieur des remparts. Surtout notable pour sa tour construite d'après celle de Séville (Giralda). Intérieur baroque.

🍖 *Museo Casa Palacio del Marqués de las Torres :* c/ San Idelfonso, 1. À côté de l'église Santa María. Ouvert de 11 h à 19 h (14 h le lundi). En été, de 10 h à 14 h et de 18 h 30 à 20 h 30. Ouvert de 10 h à 14 h seulement le mardi et le dimanche. Entrée : 2 € ; réductions ; gratuit le mardi. Dans une demeure construite entre le XVIe et le XVIIIe siècle, le musée retrace l'histoire de Carmona et des multiples cultures qui l'ont traversée, au travers de pièces archéologiques. Voir notamment les collections romaine et tartessienne.

🍖 *La nécropole romaine :* à l'entrée de la ville, bien indiqué. Ouvert du mardi au vendredi de 9 h à 17 h (de 8 h 30 à 14 h en été) et le week-end de 10 h à 14 h (uniquement le samedi en été). Fermé les lundi et jours fériés.

Gratuit pour les ressortissants de l'UE. Vaste nécropole romaine où l'on trouve plus de 900 tombes datant du IIe siècle av. J.-C. au IVe siècle de notre ère. Voir aussi les vestiges du grand amphithéâtre, dont on devine la forme.

CORDOUE (CÓRDOBA)   (14000)   314 800 hab.

Cordoue, ville de tolérance, de fusion des cultures, d'harmonie réussie entre des peuples différents : musulmans, juifs et catholiques y vécurent long-temps dans un accord presque parfait. Cette tolérance amena une telle expansion que Cordoue devint la plus grande ville d'Europe. C'est en ayant toujours présente à l'esprit cette sagesse d'antan qu'il faut visiter la ville. Bien sûr, les hordes de touristes ne facilitent pas cette entreprise, mais pourtant, c'est ainsi que l'on parvient à comprendre l'infinie richesse du vieux quartier juif, la *Judería,* qui se blottit autour de la Grande Mosquée, la *Mezquita,* joyau architectural d'une incomparable pureté. La *Judería,* c'est un peu comme un village à part entière posé au milieu d'une grande ville. Rien n'est plus séduisant que de se perdre dans ses ruelles étroites et biscornues, de jouer avec la lumière réfléchie par les façades si blanches, de se laisser mener par la découverte des patios toujours plus exubérants de fleurs, de feuillages et de céramiques. À tel point qu'il existe un concours du plus beau patio cordouan. Une promenade qui vous ravira d'autant plus en soirée, quand les touristes sont repartis sur la côte et que les boutiques de souvenirs ont fermé. Cordoue reprend alors ses airs d'éternité. D'ailleurs, l'Unesco a inscrit son centre historique au patrimoine culturel de l'humanité en 1994.

Sorti du cœur de la ville, on pourra également se balader sur les bords du Guadalquivir, mais le charme de la cité demeure bien dans son centre. D'ailleurs, vous avez de la chance, c'est là que se trouvent les charmants petits hôtels et les chouettes petits bars.

UN PEU D'HISTOIRE

On se demande pourquoi les Carthaginois, puis les Romains, fondèrent une ville en un lieu si vulnérable sur le plan militaire. Peut-être furent-ils enchantés par la beauté et la fertilité des terres environnantes ? Quand les Maures s'emparèrent de la cité, sans doute furent-ils séduits à leur tour, puisqu'ils en firent la capitale d'un vaste empire musulman. Les émirs tentèrent d'étendre leur territoire vers le nord et furent arrêtés par Charles Martel, en 732 bien sûr. À l'époque, Cordoue rivalise par son faste avec Constantinople et compte plus de 300 mosquées.

Pendant près de 3 siècles, une grande harmonie régnera entre les cultures musulmane, juive et catholique. Le raffinement oriental laisse son empreinte sur chaque maison. Les califes et les émirs, amoureux d'art et de savoir, évitent les ségrégations religieuses. Les artistes et penseurs de l'Europe entière affluent à Cordoue, la tolérance n'étant pas si fréquente à cette époque. Philosophes, historiens, scientifiques de différentes obédiences partagent leur savoir. Ciseleurs d'or, tisserands, céramistes et musiciens sont reçus et choyés par des souverains qui apprécient les belles choses.

Pourtant, cette tolérance que l'histoire retient ne va pas sans une grande sévérité des lois qui régissent la ville et qui retiennent moins l'attention aujourd'hui : les habitants sont soumis à une taxe s'ils veulent conserver leur autonomie civile et pratiquer leur religion. L'esclavage est autorisé. Il faut aussi offrir une part de sa récolte aux émirs ou les couvrir de dons pour qu'ils ne se fâchent pas. C'est que ces derniers sont irascibles... et rusés : sachant diviser pour mieux régner, ils ont l'art de semer la discorde entre les différentes communautés. Tolérance donc, mais sous bonne garde.

La ville vit son apogée tout au long du Xe siècle. Cordoue est alors la « *cité phare* » *de l'Europe.* Mais des querelles intestines qui opposent différents émirs surviennent et marquent le début d'une certaine décadence. En 1212, l'écrasement des troupes almohades par celles des rois de Castille, d'Aragon et de Navarre porte un coup fatal à l'islam. Les musulmans repassent alors le détroit de Gibraltar, tentent timidement de revenir mais sont refoulés. Les siècles qui suivent n'auront pas le prestige des califats. Les catholiques font subir aux musulmans plus d'humiliations que les musulmans ne leur en avaient imposées. Cordoue délaisse son agriculture, abandonnant les ingénieux systèmes d'irrigation mis au point par les Maures.

Aujourd'hui, c'est pourtant l'agriculture qui reprend le dessus, et les vastes étendues cultivées qui ondulent tout autour de la ville se parent de chaudes couleurs.

PRÉCAUTIONS ANTI-VOL

Comme à Séville, nombreux vols à la tire, « visites » des voitures à l'immatriculation étrangère, même dans les parkings gardés. Soyez très vigilant, gardez un œil sur votre sac et veillez à ne rien laisser d'attirant dans la voiture. Il paraît que les petits voleurs surveillent les touristes qui cachent leurs affaires dans le coffre... On ne sait plus quoi vous conseiller...

Arriver – Quitter

En train

🚆 *Gare RENFE (gare centrale ; hors plan par B1) :* plaza de las Tres Culturas. ☎ 902-24-02-02. ● www.renfe.es ● Au nord de la ville. Toute neuve. Essentiellement pour les longs trajets. Office du tourisme sur place, ouvert tous les jours de 9 h 30 à 14 h et de 16 h 30 à 19 h 30. ☎ 902-20-17-74. Bonne documentation. Consignes automatiques en face.

➤ Le train *Alta Velocidad* (un rapide, comme son nom l'indique) relie Cordoue à *Séville* en 45 mn. Plusieurs départs chaque jour dans les 2 sens. Prix : 13,50 €.

➤ Le train grande vitesse *AVE* (ligne Séville-Madrid) relie Cordoue à *Séville* en 45 mn (22 €) et à *Madrid* en un peu moins de 2 h (53 €). De très nombreux départs quotidiens dans les 2 sens.

➤ Une dizaine de trains *Andalucía Express* relient Cordoue et *Séville,* compter 1 h 20 de trajet pour à peine 8 € ; et Cordoue et *Jaén,* 1 h 35 pour 8,50 €.

➤ Le train *Altaria* relie Cordoue à *Jerez de la Frontera* (2 h ; 31 €), *Séville* (1 h 05 ; 26 €) et *Madrid* (2 h 10 ; 45 €). Entre Cordoue et *Cadix* compter 2 h 45 et 33 €.

➤ Pour *Barcelone,* un train de nuit à partir de 76 € (9 h 30 en couchette). Sur ce trajet, le moins cher est le *García Lorca* (52 €) mais il roule de jour et pendant 11 h. Y'en a qu'ont essayé, ils n'ont pas eu de problèmes ; maintenant, c'est vous qui voyez...

➤ Pas de train direct pour *Grenade,* trajet beaucoup plus rapide en bus.

En bus

🚌 *Gare routière (hors plan par B1) :* plaza de las Tres Culturas. ☎ 957-40-40-40. Derrière la gare RENFE.

Plusieurs compagnies, dont *Alsina-Graells* (à Cordoue : ☎ 957-27-81-00 ; guichet dans la gare ; ● www.alsinagraells.es ●) ; la fréquence des bus est valable dans les 2 sens :

➢ **Pour Grenade :** environ 7 bus par jour dans les 2 sens, entre 8 h et 16 h 30 ; un peu moins le week-end (2 h 40 ; 12 €).
➢ **Pour Almería :** un bus quotidien (5 h 30 de trajet ; 22 €).
➢ Plusieurs liaisons avec **Ecija** (1 h ; 4 €), **Carmona** (1 h 40 ; 8 €) et **Séville** (2 h ; 10 €).
➢ **Pour Cadix :** 1 bus par jour (4 h ; 17 €).
➢ **Pour Algésiras :** 1 bus le matin et 1 l'après-midi (6 h ; 22 €).
➢ **Pour Málaga :** (3 h ; 12 €), 5 bus par jour, deux d'entre eux faisant halte à **Antequera** (2 h 15 ; 9 €), 2 autres poursuivant jusqu'à **Marbella** (4 h 30 ; 17 €).

Adresses utiles

Infos touristiques

🛈 **Kiosques touristiques :** il y en a plusieurs en ville, dont un à la gare ferroviaire (voir plus haut) ; un autre face à l'Alcázar (Campo Santos de los Martires ; plan A3) ouvert en saison de 9 h 30 à 19 h sauf certains jours fériés (horaires réduits en hiver) ; un autre plaza de las Ten-

CORDOUE

■ **Adresses utiles**

  🛈 Kiosques touristiques
  🛈 1 Office du tourisme de la province
  ✉ Poste
  🚆 Gare RENFE
  🚌 Gare routière
  🅿 2 Parking Edaco
  🅿 3 Parking Corte Inglés
  @ 4 La Estrella de Tartesos
  @ 5 Hostal del Potro
  @ 6 Tele-Click !
    7 Solo Bici (location de vélos)

🛏 **Où dormir ?**

  10 Albergue juvenil
  11 Hostal Alcázar
  12 Hostal El Portillo
  13 Hotel Lola
  14 Hostal Seneca
  16 Hostal La Milagrosa
  17 Hostal Trinidad
  18 Hostal Internacional
  19 Hostal Maestre
  20 Hostal Los Arcos
  21 Hostal Almanzor
  22 Hostal Luis de Góngora
  23 Hostal Osio
  24 Hotel Albucasis
  25 Hotel González
  26 Hotel Marisa
  27 Hostal El Reposo de Bagdad
  28 Hotel Mezquita
  29 Huéspedes Martínez Rucker
  30 Hostal Agustina
  31 Hostal Lineros 38
  32 Casa de los Azulejos

🍽 **Où manger ?**

  40 Comedor Arabe Andalussi
  41 La Viuda

  42 La Estrella
  43 Bodegas Mezquita - Vinos y Tapas
  44 El Toreo
  45 Mesón Restaurante El Burlaero
  46 Casa Pepe de la Judería
  47 Taberna Salinas
  48 Casa El Pisto - Taberna San Miguel
  49 El Churrasco
  50 El Caballo Rojo

🍸🍽 **Où boire un verre en grignotant des tapas ?**

  60 Bar Santos
  62 Bodega Guzman

☕ **Où manger des churros ?**

  65 Mari Paz Churrería

■🍸 **Où aller au hammam et assister à une danse du ventre ? Où boire un thé à la menthe ?**

  61 Tetería Salón de Té
  64 Hammam et salon de thé oriental

♪🍸 **Où voir et écouter du flamenco ? Où sortir ?**

  63 Tablao Cardenal
  66 Jazz Café
  67 Soul

❧ **Achats**

  43 Bodegas Mezquita - Tienda Gourmet

CORDOUE

NORD

Camping ↑   ↑ Estación RENFE

LORA DEL RIO ←

Avenida de Medina Azahara

Antonio Maura

C. de los Sastres

Av. del Aeropuerto

LORA DEL RIO ←

Avenida Conde de Vallellano

Av. Conde de Vallellano

Av. Doctor Fleming

Puerta de Almodóvar
Synagogue

Museo taurino

PL. MAIMONIDES

Puerta de Sevilla

C. Enmedio

Caballerizas Reales

Alcázar

Avenida del Alcázar

Noria de la Albolafia

Molinos Arabes

Avenida de la República Argentina

Paseo

L. de Hoces

V. de la Victoria

Concepción

Eduardo Dato

Pérez de Castro

San Felipe

C. Gondomar

Góngora

Conde Rubledo

Gran Capitan

Ronda de los Tejares

José Cruz Conde

Claudio

PLAZA DE LAS TENDILLAS

Málaga

R. Sanchez

Jesús Maria

PLAZA DE SEVILLA

PLAZA TRINIDAD

Tejón y Marín

S. de Feria

Torres

Fernández

Judíos

Almanzor

Buen Pastor

Pineda Saravia

C. Barroso

Aguilar

Santa Victoria

Av. del Saavedra

Banco Av. Belmonte

Museo arqueológico

PLAZA J. PÁEZ Castillo

C. de Rey Heredia

Romero

Torres

Encarnación

Bosco

Romero

Deanes

Luque

Salazar

Manriquez

Torrijos

Herrero

Palacio episcopal

Mezquita Catedral

CAMPO SANTO DE LOS MÁRTIRES

C. Reales

A. de los Rios

Puerta del Puente

Ronda

PUENTE ROMANO

La Calahorra

G. Rucker

Frances

Luis de la Cerda

Corregidor

Isasa

M.

SÉVILLE, GRENADE ↙

3 P

P 2

6 @

48

18

22

27

62

49

61

24

45

14

13

46

50

26

10

25

63

11

1

41

60

23

16

28

17

40

30

21

64

7

43

12

44

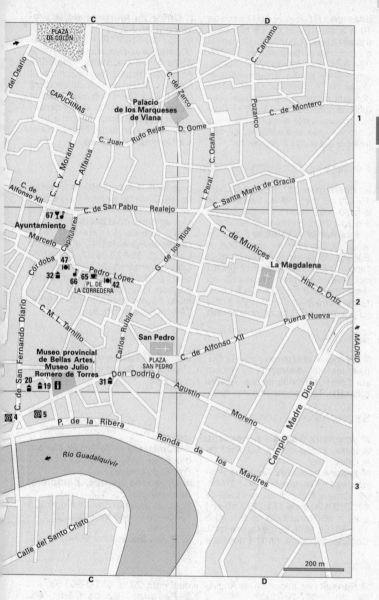

CORDOUE

dillas *(plan B1-2)* ouvert en saison de 10 h à 13 h 30 et de 18 h à 22 h (horaires réduits en hiver). N° central d'informations touristiques : ☎ 902-20-17-74. • www.turismodecordoba.org • Très bonne documentation. Vente de la *Córdoba Card*, forfait donnant accès aux principaux sites (plus de détails dans « À voir »). Également une visite nocturne du vieux Cordoue, très intéressante. Le site Internet est bien fait également.

🛈 *Office du tourisme de la province (plan B3, 1) :* c/ Torrijos, 10. ☎ 957-35-51-79. Fax : 957-35-51-80. • www.andalucia.org • En face de la Mezquita, dans l'ancienne église de l'hôpital (beaux porche et retable). Ouvert du lundi au vendredi de 9 h 30 à 18 h (19 h 30 en été), le samedi de 10 h à 18 h 30 et le dimanche et les jours fériés de 10 h à 14 h. Informations sur toute l'Andalousie et sur Cordoue en français.

Poste et télécommunications

✉ *Poste (plan B1) :* c/ Cruz Conde, 15. Ouvert du lundi au vendredi de 8 h 30 à 20 h 30 et le samedi de 9 h 30 à 14 h. Fermé le dimanche.
@ *Internet et téléphone :* dans le vieux centre, aller au snack-bar *La Estrella de Tartesos (plan C3, 4),* à l'angle de Cardenal González et Cruz del Rastro. Ouvert du mardi au dimanche de 8 h à 23 h. Ou à l'*Hostal del Potro (plan C3, 5),* juste à côté (c/ Lucano, 12). Les deux adresses

proposent des ordinateurs à pièces (si, si). Compter environ 0,50 € pour 12 mn de connexion. Autre adresse, plus agréable mais pas meilleur marché : *Tele-Click ! (plan B1, 6)* à l'angle de Eduardo Dato et Perez de Castro. ☎ 957-29-05-87. Ouvert du lundi au vendredi de 10 h à 15 h et de 17 h 30 à 22 h 30, le week-end et les jours fériés de 12 h à 23 h. Minimum 15 mn pour environ 0,50 €. Téléphone international.

Banques

■ *Banques et change :* pour la plupart, les établissements se situent sur l'avenue Ronda de los Tejares *(plan B1).* Tous possèdent des distri-

buteurs. Les plus simples à trouver : *Caja Sur* et *Telebanco,* autour de la mosquée.

Services et urgences

■ *Journaux français :* Prensa Al Andalus, c/ Manriques, 1D. Près de la cathédrale.
■ *Laverie (plan A3) :* Tintorería Solymar, av. Dr Fleming, 8. ☎ 957-29-89-29. Ouvert du lundi au vendredi de 9 h à 13 h 30 et de 17 h (18 h en été) à 20 h 30 ; le samedi de 9 h 30 à 13 h 30. En août, fermé l'après-midi. Compter quand même 11 € pour une

machine !
■ *Hôpital Reina Sofia :* av. Menendez Pidal. ☎ 957-01-00-01 ou 02. À l'ouest du centre.
■ *Urgences (police, pompiers, ambulances) :* ☎ 112.
■ *Commissariat :* av. Dr Fleming, à l'angle de Conde Vallellano. ☎ 957-59-45-00.
■ *Objets trouvés :* ☎ 957-47-75-00.

Garages

■ *Renault :* av. Virgen de las Angustias, 30. ☎ 957-28-12-03.
■ *Citroën :* polígono Las Quema-

das, Parc. 20. ☎ 957-32-63-63.
■ *Peugeot :* av. de Cádiz, 68. ☎ 957-29-21-22.

Transports

■ *Taxis :* ☎ 957-76-44-44.
🅿 *Parkings :* dans la vieille ville, se

garer relève souvent du défi. Plutôt que de galérer des heures, passez déposer vos bagages à votre hôtel et allez mettre votre véhicule ailleurs ! De toute façon, le centre historique de Cordoue se découvre à pied. Peu de parkings surveillés proches de la Mezquita, le plus pratique étant momentanément fermé (av. Dr Fleming). Compter environ 12 €/24 h. *Parkings publics* (horodateurs ; 1,50 €/2 h) au bas de la Mezquita *(plan B3)*, le long de Ronda Isasa, et av. Conde Vallellano *(plan A3)* à la Puerta de Sevilla (gardiennage officieux). Un parking de 8 étages, *Edaco (plan B1, 2)*, c/ Conde de Rubledo (perpendiculaire à av. Gran Capitán), un autre au *Corte Inglés* de l'av. de los Tejares *(plan B1, 3)* et un dernier av. del Aeropuerto *(hors plan par A2)* surveillés 24 h/24. Autres endroits, non loin du centre : le long du paseo de la Victoria et de República Argentina, ou de l'autre côté du fleuve, le long de l'avenida de Confederación. Évitez de vous garer n'importe où, sous peine de fourrière.

■ *Location de vélos (plan B3, 7) :* *Solo Bici,* ronda de Isasa, 10. ☎ 957-48-57-66. Sur le quai, non loin de la mosquée. Compter environ 3 € pour 3 h, 10 € pour 6 h et 15 € par jour. Caution de 50 € et pièce d'identité demandées.

Où dormir ?

Cordoue reste une ville chère pour se loger. La saison basse dure normalement de novembre à mi-mars, la moyenne saison de mi-mars jusqu'à fin octobre et à la saison haute les prix grimpent durant la *Semana santa,* la *feria de Mayo,* les ponts et jours de fêtes locales. Juillet et août sont aussi parfois inclus dans la saison basse, cela dépend des établissements. Comme le flot de visiteurs ne se tarit plus autant qu'avant pendant les grosses chaleurs et l'hiver, beaucoup d'hébergements pratiquent les mêmes prix toute l'année, en dehors des fêtes.

On vous conseille vraiment les hôtels du vieux quartier, pleins de charme, avec leurs belles grilles en fer forgé qui gardent les merveilleux patios fleuris, toujours très soignés. Les hôtels proches de la gare sont fonctionnels et sans âme. Un peu moins chers. Si vous arrivez par le train, faites donc l'effort de téléphoner aux hôtels du centre pour voir s'il y a de la place, vous ne le regretterez pas.

Auberge de jeunesse

🛏 *Albergue juvenil (plan B2-3, 10) :* plaza Juda Levi, 14003. ☎ 957-35-50-40 ou 902-51-00-00 (central de réservation). Fax : 957-35-50-44. ● www.inturjoven.com ● À 2 mn à pied de la mosquée. Ouvert toute la nuit, toute l'année. Selon la saison, compter de 10 à 15,50 € la nuit pour les moins de 26 ans et de 13,50 à 19,50 € pour les plus de 26 ans (avec la carte FUAJ). Une soixantaine de chambres de 2, 3 ou 4 lits, avec bains et AC froid/chaud. Très propre, fonctionnel et moderne. Mixité autorisée. Personnel aimable, parlant parfois le français ou l'anglais. Consignes. Donne sur une placette sympa avec une terrasse de café.

De bon marché à prix moyens (de 26 à 45 €)

🛏 *Hostal El Portillo (plan B2, 12) :* c/ Cabezas, 2, 14003. ☎ et fax : 957-47-20-91. ● www.hostalelportillo.com ● Pas d'accès en voiture. On peut toutefois déposer ses bagages à l'entrée de la rue en passant par c/ San Fernando. Chambres doubles de 30 à 35 € avec douche et w.-c. Voilà une bonne adresse, dans une jolie maison, avec une propriétaire très gentille qui soigne sa petite affaire. Les chambres sur la rue sont assez bruyantes et celles sur le patio un peu sombres. L'ensemble est très

CORDOUE

joli et l'accueil familial. Remise de 10 % à nos lecteurs en basse saison sur présentation de ce guide.

🛏 *Hostal Internacional (plan B2, 18) :* c/ Juan de Mena, 14, 14003. ☎ et fax : 957-47-83-49. Parking proche (c/ Sévilla, ou parking *Edaco*). Charmante pension dans une rue étroite interdite aux voitures, à 2 pas de la plaza de las Tendillas. Chambres simples, calmes et jolies entre 28 et 38 €, avec sanitaires privés ou extérieurs. Petite terrasse. Chauffé en hiver. Possibilité de loger à 3 ou 4 personnes. L'accueil est très sympathique, ce qui semble devenir de plus en plus rare dans cette ville touristique.

🛏 *Hostal El Reposo de Bagdad (plan A2, 27) :* c/ Fernandez Ruano, 11, 14003. ☎ et fax : 957-20-28-54. ● hostal-el-reposo-bagdad@wanadoo.es ● Chambres doubles de 36 à 45 € selon la saison ; et lit en dortoir à 12 € environ par personne. Une petite adresse qu'on aime beaucoup. D'abord parce qu'elle se trouve en pleine Judería, un superbe quartier, sans être trop près de la Mezquita. Et puis, pour son salon oriental relaxant et ses chambres calmes autour du patio fleuri. Elles sont anciennes mais rénovées et bien tenues. Petites salles de bains. Petit dej' doucement arabisant à 3 €. Bon accueil mais pensez à réserver.

🛏 *Hostal Los Arcos (plan C2-3, 20) :* c/ Romero Barros, 14, 14003. ☎ 957-48-56-43. Fax : 957-48-60-11. ● hostallosarcos@yahoo.com ● Chambres doubles de 32 à 40 €, selon la saison et le confort. Une belle entrée et des chambres propres, de tailles différentes, avec ventilo, TV et d'assez bons lits. Elles donnent pour la plupart sur le patio fleuri ou sur une petite rue tranquille et sont plutôt bien arrangées même si le confort demeure basique. Éviter les chambres à côté de la sonnette ! Le soir, de la terrasse, superbe vue sur la Mezquita. Accueil variable mais encore correct.

🛏 *Hostal Alcázar (plan A3, 11) :* c/ San Basilio, 2, 14004. ☎ et fax : 957-20-25-61. ● www.hostalalcazar.com ● Compter de 27 à 45 € la chambre double, et de 55 à 72 € pour un appartement de 3 ou 4 personnes (sans cuisine). Dans une rue piétonne, ce modeste petit hôtel est divisé en 2 parties : la vieille pension, avec son patio andalou et ses petites chambres propres, et la partie récente, moins sonore que l'ancienne, qui abrite des appartements (bien pour les familles) et 2 chambres avec douche, w.-c. et AC. Une pension assez « monacale », à l'ancienne, mais accueil gentil. Sur présentation de ce guide, apéritif maison offert à nos lecteurs.

🛏 *Hostal Maestre (plan C2, 19) :* c/ Romero Barros, 16, 14003. ☎ et fax : 957-47-53-95. ● www.hotelmaestre.com ● Chambres doubles de 32 à 38 € environ selon la saison. Également quelques appartements pour familles de 50 à 60 €. Ne pas confondre avec l'hôtel du même nom, situé juste à côté, très bien aussi mais plus cher ; les patrons sont les mêmes (ainsi que le numéro de téléphone). Entièrement refaite, l'*hostal* propose du petit luxe à un prix abordable. Intérieur élégant, avec son carrelage blanc et ses céramiques. Petits patios agrémentés de plantes vertes. Salle du petit dej' bien équipée (buffet). Bon accueil. Parking privé à prix raisonnable, pas bien grand pour manœuvrer mais gratuit pour nos lecteurs en saison basse, sur présentation de ce guide.

🛏 *Hostal Osio (plan B2, 23) :* c/ Osio, 6, 14003. ☎ 957-47-25-93. Fax : 957-48-51-65. ● www.hostalosio.com ● ♿ À 50 m de la Mezquita, très central. De 40 à 50 € pour une double selon la saison. Un joli petit hôtel tenu avec soin par une dame accueillante, qui parle un peu le français. Disposées sur 2 niveaux autour de 2 patios intérieurs, les chambres aux murs blancs ont toutes douche, w.-c. et clim'. Certaines donnent sur la rue. Accès Internet. Vraiment une bonne adresse. Attention, pensez à réserver. Réduction de 10 % aux routards munis de ce guide, en basse et moyenne saison uniquement.

🛏 *Hostal Seneca (plan B2, 14) :* c/ Conde y Luque, 7, 14003. ☎ et fax : 957-47-32-34. ● hostalseneca@eresmas.com ● Congés annuels : du 15 au 30 août et du 20 décembre au

30 janvier. Chambres doubles de 36 € pour celles avec lavabo à 45 € pour celles dotées d'une salle de bains. Également des appartements, de 68 à 89 € (2 à 4 personnes), dont un bien agréable avec une terrasse. Pension sans prétention avec un patio agréablement fleuri. Propreté au rendez-vous et accueil sympathique. Peu cher au vu des prestations.

▪ **Hostal Almanzor** *(plan B3, 21) :* c/ Cardenal González, 10, 14003. ☎ et fax : 957-48-54-00. À 5 mn de la mosquée. Chambres doubles de 30 à 40 €, avec bains, TV et AC pour la plupart. Pas de patio, pas de déco particulière, dénué de charme, mais petites chambres confortables et impeccablement tenues. Parking couvert inclus mais assez étroit, alors attention à la manœuvre. Accueil moyen. Cartes de paiement acceptées.

▪ **Hostal La Milagrosa** *(plan B2, 16) :* c/ Rey Heredia, 12, 14003. ☎ 957-47-33-17. Chambres doubles très propres à 40 €. Jolie façade blanc et ocre, dans une rue relativement calme bien que très proche de la Mezquita. Chambres disposées autour d'un patio coquet, agrémenté de fleurs et autres bibelots. Préférez la n° 6, prolongée d'une terrasse. Bon rapport qualité-prix.

▪ **Hostal Trinidad** *(plan B3, 17) :* c/ Cardenal González, 58, 14003. ☎ 957-48-79-05. Petite pension tenue par Antonio, un vieux monsieur, et sa fille. Ils proposent 5 chambres pas bien grandes mais propres

entre 30 et 34 €, avec douche commune. Courette fermée. Pas le grand luxe, mais calme et sympa.

▪ **Huéspedes Martínez Rucker** *(plan B3, 29) :* c/ Martínez Rucker, 14, 14003. ☎ 957-47-25-62. Fax : 957-47-67-97. ● www.hmrucker. com ● Doubles dans les 26 € toute l'année (et même, en principe, pendant les fêtes). Une quinzaine de chambres autour d'un patio charmant, avec plein de plantes vertes. Douche commune. Certes, l'accueil et l'entretien pourraient être améliorés mais le rapport qualité-prix reste quand même bien correct dans le secteur.

▪ **Hostal Agustina** *(plan B3, 30) :* Zapatería Vieja, 5, 14003. Dans une ruelle donnant sur la calle Corregidor, avant l'hôtel *Almanzor.* Quelques chambres chez l'habitant dans les 30 € pour 2. Accueil très authentique, voire un peu rustique, comme le confort, mais le lieu est mignon et pas cher.

▪ **Hostal Luis de Góngora** *(plan B2, 22) :* Horno de la Trinidad, 7, 14003. ☎ 957-29-53-99. Fax : 957-29-55-99. À la lisière de la Judería et à côté de la *escuela de Artes aplicadas.* Congés : une semaine en juin et à Noël. Doubles de 35 à 45 € selon le confort et la saison, sans la taxe. Hôtel classique, un peu vieillot, avec un petit patio. Chambres doubles avec salles de bains et quelques familiales. Accueil variable et, attention, la porte ferme à 1 h 30 ! En dépannage.

De prix moyens à un peu plus chic (de 45 à 75 €)

▪ **Hostal Lineros 38** *(plan C2, 31) :* c/ Lineros, 38. ☎ et fax : 957-48-25-17. ● www.hostallineros38.com ● Doubles de 48 à 55 € environ selon la saison et une suite autour de 100 €, sans la taxe. Légèrement à l'écart de la mosquée-cathédrale, chambres non dénuées de charme autour d'un patio fermé aux couleurs chaudes. Têtes de lit en bois et douches un rien design (parois de verre). Bien situé. Bon accueil. Pas de petit dej' mais on peut le prendre

facilement dans le coin.

▪ **Hotel Mezquita** *(plan B3, 28) :* plaza Santa Catalina, 1, 14003. ☎ 957-47-55-85. Fax : 957-47-62-19. ● www.hotelmezquita.com ● Face à l'une des portes de la Mezquita. Chambres doubles très confortables avec TV, téléphone et AC, de 44 à 74 € selon la saison, sans le petit dej' (mieux vaut d'ailleurs le prendre à la terrasse du café d'en face). Magnifiques horloges et meubles anciens un peu partout, beaux tableaux dans toutes les pièces communes, ensemble élégant et idéalement situé : en résumé, pas ruineux pour un tel luxe. Mention spéciale à la chambre n° 10. Parking de l'hôtel *Conquistador* à côté mais compter environ 14 € par jour.

🛏 **Hotel González** *(plan B3, 25)* : c/ Manriquez, 3, 14003. ☎ 957-47-98-19. Fax : 957-48-61-87. ● www. hotelgonzalez.com ● Face à l'auberge de jeunesse de la plaza Juda Levi. Chambres doubles de 49 à 60 € environ selon la saison. Une sympathique adresse de caractère dans un hôtel particulier du XVIe siècle, entièrement restauré. Beau patio intérieur, bien lumineux. En revanche, chambres à la déco banale, assez mal insonorisées (éviter celles sur rue), mais avec bains, AC, TV et téléphone. Accueil de jour parfois en français. Petit déjeuner offert à nos lecteurs en basse saison, sur présentation de ce guide.

🛏 **Hotel Marisa** *(plan B2, 26)* :

c/ Cardenal Herrero, 6, 14003. ☎ 957-47-31-42. Fax : 957-47-41-44. ● www.hotelmarisacordoba. com ● En face de la Mezquita. Chambres doubles de 68 à 75 € environ selon le confort et la saison, sans compter les taxes. Très bien situé, mais les chambres sont assez quelconques bien que confortables (salle de bains, AC, chauffage, téléphone). Parking payant. Accueil en français.

🛏 **Hotel Albucasis** *(plan B2, 24)* : c/ Buen Pastor, 11, 14003. ☎ et fax : 957-47-86-25. ● www.hotelalbucasis. com ● ⚒ Congés annuels : de mi-janvier à mi-février. Chambres doubles dans les 75 €. Hôtel récent, agréable et confortable (bains, AC) mais sans aucun charme, dans un coin joli et calme. De certaines chambres, on peut apercevoir la tour de la Mezquita. Prix un peu surévalués, d'autant qu'on nous a signalé des problèmes d'eau chaude, mais accueil très gentil. Parking payant.

Plus chic (de 85 à 140 €)

🛏 **Casa de los Azulejos** *(plan C2, 32)* : c/ Fernando Colón, 5, 14002. ☎ 957-47-00-00. Fax : 957-47-54-96. ● www.casadelosazulejos.com ● Fermé à Noël. Chambres doubles de 85 à 140 € environ selon le confort et la saison, sans les taxes mais avec le petit dej'. Dans une superbe maison du XVIIe siècle restaurée, 7 chambres de charme et une suite autour d'un magnifique patio fleuri. Azulejos, couleurs chaudes et volupté. On a un faible pour la chambre baptisée *Ceiba*, particulièrement lumineuse. Deux restaurants (mais oui, on ne se refuse rien) : l'un pratiquant une cuisine fusion, latino-américaine et andalouse (compter environ 25 € le repas) ; l'autre, une cuisine mexicaine un peu moins

chère. Petite bibliothèque et accès Internet gratuit. Une belle adresse.

🛏 **Hotel Lola** *(plan B2, 13)* : c/ Romero, 3, 14003. ☎ 957-20-03-05. Fax : 957-20-02-18. ● www.hotel conencantolola.com ● ⚒ Parking payant. Dans la Judería. Doubles de 85 à 125 € en fonction de la saison, petit déjeuner compris. Demi-pension possible avec le resto *Casa Pepe de la Judería* (même maison). À chaque chambre son petit nom et sa propre touche décorative, dans un hôtel familial particulièrement soigné, décoré d'antiquités. Tout confort, avec TV. Terrasse sur le toit avec vue sur la tour de la Mezquita. Pour nos lecteurs, remise de 10 % toute l'année sur les chambres doubles, sur présentation de ce guide.

Où camper dans les environs ?

⛺ **Camping M. El Brillante :** av. El Brillante, 50, 14012 Córdoba. ☎ 957-40-38-36. Fax : 957-28-21-65. ● www. campingelbrillante.com ● À 2 km au

nord de la ville, direction Villaviciosa. Bus nos 10 ou 11 (toutes les 10 mn jusqu'à 23 h), devant la plaza de Colón. En voiture, emprunter le viaducto El Nogal qui passe au-dessus de la voie ferrée ; ensuite, suivre l'avenue El Brillante : c'est sur la droite ; bien indiqué. Compter environ 18 € pour une voiture, une tente et 2 personnes (n'accepte pas les cartes de paiement). Entièrement clos de murs. Ombragé par des eucalyptus. Laverie, épicerie. Installations sanitaires rénovées mais pas toujours impeccables. Piscine (2 €) juste à côté. Sol dur, accueil sympa. Son vrai plus, c'est sa proximité de la ville.

⚔ *Camping Los Villares :* parc de Los Villares, 14811 Córdoba. ☎ 957-33-01-45. À environ 7 km au nord de Cordoue. Pas évident de s'y rendre en bus. En voiture, prendre l'avenue El Brillante, puis suivre les panneaux « Parque forestal Los Villares ». Compter 14 € pour 2 adultes, voiture et tente comprises. Au cœur d'un parc naturel. Atouts : beaucoup d'espace et de verdure, l'ombre de la forêt de pins et des sentiers de balades. Petites ombres au tableau : le sol est un peu dur, les sanitaires sont moyennement équipés et le poste de coordination des opérations d'incendie d'Andalousie n'est pas loin. En plein été, les petits avions et autres hélicos bourdonnent sec !

⚔ *La Campiña :* 14547 La Guijarrosa. ☎ et fax : 957-31-53-03. À 32 km de Cordoue. De Cordoue, prendre la N IV, sortie n° 424 (Aldea Quintana) ; aller jusqu'à Aldea Quintana, poursuivre jusqu'à Victoria et prendre ensuite la direction La Guijarrosa ; c'est à 2 km après le village. Si l'on vient de Séville, sortir à La Carlota ; à l'entrée de La Carlota, prendre à droite vers La Guijarrosa. En bus, ça fait vraiment trop loin. Ouvert toute l'année. Environ 16 € pour 2, une voiture et une tente. Accueil familial sympathique. Agréable, en plein milieu d'une oliveraie, et très bien tenu. Très calme durant la journée. La nuit, les insectes font du ramdam. On y parle le français. Piscine, bar-resto (bonne cuisine et pain maison). Petite épicerie.

Où manger ?

Beaucoup d'attrape-touristes dans le centre. Regardez-y à deux fois. Demandez de préférence de l'eau en bouteille, sous peine de turista. Pour s'éloigner un tout petit peu des chemins battus et rebattus, allez donc manger un morceau sur la plaza de la Corredera, où l'on trouve de nombreux bars à tapas proposant de grandes terrasses.

Bon marché (moins de 15 €)

|●| *Comedor Arabe Andalussi* (plan B3, 40) : c/ Alfayatas, 6. ☎ 957-47-51-62. ⚒ Ouvert de 12 h à 16 h et de 19 h 30 à 22 h 30. Fermé en principe le vendredi. Congés annuels : du 15 janvier au 10 février et du 15 au 30 juillet. Pitas dans les 5 €, plats dans les 10 € et tajines dans les 17 €. Caché au fond d'une petite place tranquille et blanche, un salon oriental comme au Maroc et des tables dehors. On y sert du thé et des petits plats bien faits qui suffisent aux heures chaudes de l'été : olives, *shawarma, falafel,* kebab. Cela dit, mieux vaut ne pas être pressé...

|●| *Bodegas Mezquita – Vinos y Tapas* (plan B3, 43) : c/ Corregidor Luis de la Cerda, 73. ☎ 957-49-81-17. ⚒ Ouvert de 12 h à minuit sans interruption. *Medias raciones* et *raciones* de 4 à 10 € pour un choix extraordinaire de tapas (une quarantaine au bas mot) accompagnées d'un bon vin local. Pour un repas complet, compter une quinzaine d'euros. Ah ! ces rognons de lait *a la plancha* et ces croquettes de morue... On s'assoit dans une grande salle récemment rénovée et on inscrit sa commande sur un calepin. Une excellente adresse, d'un rapport qualité-prix étonnant. Digestif offert à nos lecteurs sur présentation de ce guide. Au sous-sol, la boutique *Tienda Gourmet* (voir la

rubrique « Achats »). En revanche, évitez l'annexe de la calle Céspedes de l'autre côté de la mosquée (salle impersonnelle et accueil froid).

|●| *La Viuda* (plan A3, 41) : c/ San Basilio, 42. ☎ 957-29-69-05. Fermé entre 17 h et 20 h 30. *Tapas* et *raciones* de 3 à 15 € environ. Une petite auberge agréable dans un joli quartier souvent oublié des touristes, la Puerta de Sevilla, après les jardins de l'Alcázar et les anciennes écuries. L'occasion de faire la différence entre le *gazpacho rojo* (à la tomate) et le *blanco* (aux amandes) et de goûter aux *rabo de toro, tortillas, revueltos* ou autres fritures. Si vous êtes fauché, l'*albondigón del convento* est une boulette de viande nappée de *salmorejo* qui nourrit bien son homme (et sa femme) à moindres frais. Également de la musique chaque jeudi à 22 h (piano, jazz ou flamenco). Pour une table plus chic ou un repas en terrasse, allez à la *Taberna Puerta Sevilla* juste en face (même direction). Menu à partir de 16 € ou carte.

|●| *La Estrella* (plan C2, 42) : plaza de la Corredera, 14. ☎ 957-47-42-60. Ouvert tous les jours de 11 h à 1 h 30 mais la cuisine ferme avant minuit. Prévoir de 3 à 12 € pour une *media ración* ou un plat. Menu le midi en semaine autour de 8 €. Le bar en lui-même, avec son *comedor* moderne, n'a rien d'extraordinaire,

mais sa terrasse fait partie des plus populaires de la place. On vient là pour boire une bière accompagnée de tapas ou de *raciones* copieuses et bien préparées, tels le *lomo con pimiento,* les *gambas* ou le *solomillo...* en se laissant bercer par l'agréable brouhaha provenant des autres terrasses, dans la fraîcheur du soir.

|●| *El Toreo* (plan B2, 44) : c/ de las Flores, 5. ☎ 957-47-53-32. Menu autour de 15-20 €. Près de la Mezquita, ce restaurant se fait un devoir de vous proposer de la viande ibérique certifiée. Vous pourrez aussi être séduit par les plats traditionnels comme le *arroz caldoso con mariscos* (riz en sauce aux coquillages) ou encore la bonne charcuterie espagnole.

|●| *Mesón Restaurante El Burlaero* (plan B2, 45) : c/ de la Hoguera, 5. ☎ 957-47-27-19. C'est dans une ruelle étroite accessible par la rue Deanes ou Céspedes, derrière la Mezquita. Ouvert de 12 h à 16 h et de 20 h à minuit. Menus honorables sans plus à 10, 12 et 18 €. Tables sur une placette ensoleillée et calme, et c'est là son grand plus. Cela dit, mieux vaut viser les tapas avec un petit verre de vin au comptoir, entouré par des souvenirs de corrida. Attention quand même à ne pas vous faire refiler le digestif le plus cher, l'air de rien...

Prix moyens (de 15 à 24 €)

|●| *Taberna Salinas* (plan C2, 47) : Tundidores, 3. ☎ 957-48-01-35. Ouvert de 12 h à 16 h et de 20 h à minuit. Fermé le dimanche. Congés : en août. Longue carte de *raciones* à environ 5 € l'unité, ce qui fait qu'un repas savoureux revient à environ 15 €. À l'entrée, joli bar à tapas, décoré de tonneaux, photos, cadres anciens et tout ce qui caractérise un bar andalou typique. Maison pleine de charme fondée en 1879, avec un patio couvert, de jolies salles sur le côté et une ambiance douce et élégante. La cuisine ne déçoit pas et ressemble bien au lieu. Quelques plats typiques, comme les *naranjas*

picas con aceite y bacalao, un mariage inhabituel et heureux d'oranges et de morue. Très fréquentée par les gens du coin. Cadre tranquille, avec un excellent service. Une valeur sûre. En plus, le patron offre le digestif aux lecteurs de ce guide.

|●| *Casa El Pisto – Taberna San Miguel* (plan B1, 48) : plaza San Miguel, 1. ☎ 957-47-83-28. Ouvert de 12 h à 16 h et de 20 h 30 à minuit. Fermé le dimanche. Congés annuels : en août. Compter de 9 à 16 € pour une *ración* et entre 25 et 30 € à la carte. Un des restos les plus typiques de Cordoue. Maison fondée en 1880. Plusieurs petites salles

aux atmosphères différentes, c'est toute l'Andalousie traditionnelle qui se trouve ici : lanternes, azulejos anciens, tonneaux, miroirs, photos de toreros, et même des proverbes inscrits sur des carreaux de faïence d'une des salles. Excellent *salmorejo* (le gazpacho andalou, plus épais).

De plus chic à très chic (plus de 25 €)

|I●I *Casa Pepe de la Judería* (plan B2, 46) : c/ Romero, 1. ☎ 957-20-07-44 ou 66. Fermé le 24 décembre. Compter environ 25 € pour un repas tout en haut du restaurant et dans le patio. Sinon, menus à 32 et 46 €. Plantée au cœur du quartier historique (et touristique), cette *casa* reste une adresse incontournable pour les Cordouans. S'installer au bar ou dans une des salles du rez-de-chaussée pour manger sur le pouce d'excellentes tapas : beignets d'aubergines au miel, chorizo frit, anchois marinés ou encore salade de merlu aux poivrons. Superbe *rabo de toro*. Bon accueil. Et pour nos lecteurs exhibant leur guide, 10 % de remise toute l'année.

|I●I *El Churrasco* (plan B2, 49) : c/ Romero, 16. ☎ 957-29-08-19. Fermé à Noël et au Nouvel An, les Jeudi saint et Vendredi saint et le 24 octobre. Congés annuels : en août. Premier menu à 26 €. Sinon, compter environ 40 € pour un repas complet, boisson incluse. Jeter un coup d'œil sur le présentoir de viande et de poisson. Ici, qualité et fraîcheur vont de pair. On dîne dans un patio andalou très agréable. La côte de bœuf pour 2 personnes est exquise et inoubliable, tout comme le thon aux morilles et l'*ajo blanco*. Plats traditionnels andalous soignés, raffinés et copieux. Réservation impérative.

|I●I *El Caballo Rojo* (plan B2, 50) : c/ Cardenal Herrero, 28. ☎ 957-47-53-75. Compter entre 35 et 40 € à la carte ; sinon, le menu le moins cher est à 24 €. Une bonne table de Cordoue, à la cuisine raffinée. Si la déco de la salle fait un peu nouveau riche, la table est inventive et traditionnelle à la fois, le service attentionné et la carte variée. Joli patio.

Où boire un verre en grignotant des tapas ?

Y |I●I *Bar Santos* (plan B2, 60) : c/ Magistral González Frances, 3. Dans la rue longeant le côté est de la Mezquita. Fermé le jeudi. Petit bouiboui dans lequel vous n'auriez jamais eu l'idée de mettre les pieds si on ne vous l'avait pas conseillé (si, si, avouez-le). Intérieur typiquement populo-andalou, aux murs ornés de photos jaunissantes de toreros. L'endroit est réputé pour ses *tortillas españolas*. On pourra également opter pour le fameux chorizo frit, à déguster, comme il se doit, au comptoir, accompagné d'une *cerveza*. C'est gras et bon à la fois. Simple mais mille fois mieux que bien des attrape-touristes du secteur...

Y *Bodega Guzman* (plan A2, 62) : c/ Judíos, 7. Ouvert midi et soir. Fermé le jeudi. *Bodega* spécialisée dans le vin blanc. Photos de toreros, azulejos, tête de taureau. Au fond, on peut apercevoir la cave et éventuellement demander à y jeter un œil, si les garçons ne sont pas trop occupés. Néons blafards et TV, pas de concession touristique et un excellent *montilla* en direct du tonneau. Quelques tapas à grignoter sur le pouce, pour accompagner le vin.

Où manger des churros ?

☞ *Mari Paz Churrería* (plan C2, 65) : plaza de la Corredera, 5. ☎ 957-47-98-52. Ouvert de 8 h à minuit. Fermé le mardi. Grande terrasse qui continue sous les arcades d'une place très populaire. C'est ici que l'on vient déguster, notamment le dimanche matin en famille, de bons *churros* croustillants avec du chocolat chaud bien épais. Également des *jeringos*, plus gros. Attention, pas après 13 h. Sinon, carte de plats assez bon marché.

Où aller au hammam et assister à une danse du ventre ? Où boire un thé à la menthe ?

■ ▼ *Hammam (baños árabes ; plan B3, 64) :* c/ Corregidor Luis de la Cerda, 51. ☎ 957-48-47-46. ● www.hammamspain.com/cordoba ● Ouvert tous les jours de 10 h à minuit. Réservation impérative sur place ou par Internet. En semaine, 1 jour avant ; le week-end, jusqu'à 2 semaines avant ! Bain seul : 20 €. Bain + 15 mn de massage : 27 € ; réduction enfants. Durée : 1 h 30 quelle que soit la formule. Apporter son maillot de bain. Serviettes fournies. L'endroit est joli, de style mauresque avec arcades. Il y a un vestiaire et des douches où l'on passe avant de s'immerger dans les bassins. Les bains sont mixtes. Le 1er bassin, le plus grand, est à 36 °C et les tables de massage sont disposées autour. Le 2e bassin est à 40 °C et éclairé par des bougies. Le 3e, minuscule, contient de l'eau froide (8 °C). Bien agréable, même si le concept s'éloigne fort de la tradition nord-africaine. À l'étage, *salon de thé oriental (teteria ;* ☎ 957-47-42-14) qui sert... du thé, aussi fou que cela puisse paraître, mais aussi du café et des pâtisseries. Également un restaurant oriental pour les *aficionados.* Tous les jours de 21 h 30 à 23 h, on peut assister à un spectacle de *danza del vientre* (danse du ventre, si, si !). Places limitées, donc nécessité de réserver en se rendant sur place. Billet : autour de 13 €.

▼ *Tetería Salón de Té (plan B2, 61) :* c/ Buen Pastor, 13. ☎ 957-48-79-84. Ouvert de 11 h à 22 h 30. Dans le quartier de la Judería. De 3 à 6 € selon la taille de la théière. Grand choix d'infusions et de thés – menthe fraîche, orange, coco, amande (notre préféré) – dans un joli petit patio couvert, à la lumière tamisée, au son de musique arabe. Un sol de galets, avec un puits au centre, des tables basses couvertes de mosaïques et des petits salons attenants, le tout décoré de plantes artificielles. Tous les ingrédients sont exposés, les pignons, les noix... Propose également des assiettes de pâtisseries orientales et de fruits secs dans les 3 €. Service très relax, comme l'atmosphère.

Où voir et écouter du flamenco ? Où sortir ?

♪ *Tablao Cardenal (plan B3, 63) :* c/ Torrijos, 10. ☎ 957-48-33-20. ● www.tablaocardenal.com ● ♿ En face de la Mezquita. Fermé le dimanche. Congés annuels : en janvier, du jeudi au dimanche durant la Semaine sainte et la feria, ainsi qu'à Noël et au Nouvel An. Spectacles de qualité (vers 22 h 30) pour 20 € (une conso comprise), avec des artistes de grand renom ; 10 % de remise avec la Córdoba Card. Durée : 1 h 50. Réservation conseillée. L'été, on est dans le grand patio, l'hiver dans la salle à l'étage. Alors, oui, c'est très touristique. Mais le patron, francophone, est un grand *aficionado* du flamenco et gère son affaire avec toute la passion que cet art lui inspire. Renseignez-vous sur les artistes à l'affiche, car il y a souvent du beau monde qui passe par là...

♪ *Rutas Flamencas por las Tabernas de Cordoba :* de janvier à avril, concerts de flamenco dans diverses tavernes et *bodegas* de la ville. Voir « Fêtes et manifestations ».

♪ *Jazz Café (plan C2, 66) :* c/ Esparteria. Ouvert de 21 h 30 à 3 ou 4 h. Juste derrière la plaza de la Corredera. Dans un joli bar à l'ancienne avec un vieux zinc et une petite scène. En principe, sessions de jazz le mardi et le mercredi à partir de 22 h. Joli décor, bonne atmosphère et boissons à prix abordables.

♪ *Soul* (plan C2, 67) : c/ Alfonso XIII, 3. ☎ 957-49-15-80. Derrière la mairie (Ayuntamiento). Ouvert de 9 h à 3 h en semaine et le week-end de 17 h à 4 h. Un bar jeune avec quelques toiles et des couleurs chaudes. Un rien branché mais pas trop. On y écluse des verres en papotant ou en écoutant une bonne musique de fond. Du *live* de temps à autre. Équipé wi-fi.

🍸 Enfin, n'oubliez pas les grandes *terrasses de la plaza de la Corredera* (plan C2), cette ancienne arène animée chaque soir et bondée en fin de semaine. Parfait pour écluser longuement en écoutant l'horloge de la place qui donne l'heure à coups de guitare flamenca... Autres lieux jeunes et animés le soir en fin de semaine : la *plaza Costa del Sol* et la *calle de los Sastres,* derrière *l'avenida de la República Argentina* (hors plan par A2), avenue réputée pour ses *botellones* (beuveries improvisées sur le trottoir). En été, bonne animation dans les *avenidas del Brillante et Libertad* au nord de la ville (hors plan par B1).

À voir

Certains musées et sites sont gratuits un jour par semaine. On vous l'indique, mais, malheureusement, ce jour à la bougeotte. Alors, vérifiez à l'office du tourisme ! Et, comme partout, les horaires indiqués ci-dessous le sont à titre indicatif. On peut les vérifier sur ● www.turismodecordoba.org ●
Comme à Séville, il existe désormais une *Córdoba Card*. Compter environ 17 € pour 1 jour, 27 € pour 2 jours et 37 € pour 3 jours. Elle comprend la visite de tous les musées et monuments ainsi qu'une visite nocturne du vieux Cordoue, le transport pour se rendre au site de Medinat Azahara et quelques réductions dans certains commerces et lieux de sorties et de loisirs. Moins chère que celle de Séville, il faut quand même visiter plus de 3 monuments par jour pour commencer à faire des économies... Donc, on n'est pas très convaincu... Elle s'achète en ligne (● www.cordobacard.com ●), par téléphone (☎ 902-08-89-08) ou dans les kiosques touristiques (voir « Adresses utiles »).

🚶🚶🚶 *La Mezquita* (mosquée-cathédrale ; plan B2-3) : ☎ 957-47-05-12. 🚶 Bonne nouvelle pour les routards, l'entrée est en principe gratuite de 8 h 30 à 10 h (qui plus est avant le flot des touristes), sauf le dimanche. En principe, le site est ouvert ainsi : en janvier et décembre de 10 h à 17 h 30, en février et novembre de 10 h à 18 h, en mars et de juillet à octobre de 10 h à 19 h et d'avril à juin de 10 h à 19 h 30 ; horaires réduits le dimanche : en gros de 9 h à 10 h 15 et de 14 h à 19 h 30. Entrée : 8 € ; réduction enfants. Audioguide intéressant à 3 €. Couvre-chef interdit pour la visite, sauf pour les femmes qui peuvent se couvrir d'un foulard.
Seule grande mosquée conservée en Espagne, une des plus grandes du monde, la Mezquita est considérée comme le monument islamique le plus important d'Occident. Avec sa forêt de colonnes parmi les plus belles de toute l'histoire de l'architecture, elle incarne sans aucun doute l'un des plus purs exemples d'art religieux.
Déambulant dans la Mezquita, on s'imprègne à la fois de l'histoire de Cordoue et de celle de toute l'Andalousie. Quelques éléments d'histoire. Après que son clan a été décimé en Syrie en 750, Abd Al Rahman arrive à Cordoue, alors chef-lieu d'Al-Andalous et simple province du califat de Damas. Pour établir son règne, Abd Al Rahman Ier décide d'élever la ville au rang d'émirat en 756 et fait ériger une grande mosquée, symbole de l'indépendance de

l'Islam occidental, à l'endroit même où se dressait la basilique wisigothe Saint-Vincent, démolie pour l'occasion. La basilique avait jusqu'alors servi de lieu de culte aux chrétiens comme aux musulmans, mais le califat l'avait petit à petit rachetée, au fur et à mesure qu'augmentait le nombre des croyants. Certains supputent qu'en dessous se trouveraient les vestiges d'un temple romain. Il est même question d'un temple celtique, dédié au dieu Luc, ou d'un temple juif élevé par le roi Salomon... Quoi qu'il en soit, bouclez vos ceintures, car vous entrez là dans l'une des plus belles machines à voyager dans le temps.

La cour des Orangers

C'est l'accès principal à la Mezquita. Comme dans toute mosquée, elle était le lieu des ablutions rituelles, étape obligatoire avant d'entrer dans la salle de prières. Il faut s'imaginer que la cour initiale n'était pas séparée de la salle de prière comme elle l'est aujourd'hui. Dix-neuf arcades, en somme toute la façade ou presque, permettaient une circulation fluide des croyants entre patio et mosquée. À la place des orangers, qu'Isabelle la Catholique, gourmande de marmelade d'oranges amères, aurait fait planter au XVe siècle, se seraient dressés des palmiers. L'eau pour les ablutions était à l'origine extraite d'un puits creusé dans la cour. Mais on n'en voit plus trace aujourd'hui, pas plus que des bassins d'Al Hakam II, vers lesquels étaient canalisées les sources de la sierra. Il n'y a que le réservoir (600 000 litres !) de l'époque d'Al Mansour qui ait à peu près survécu à la morsure du temps. Des 5 fontaines, les 3 grillagées sont de style mudéjar (XVe siècle) et les 2 dernières baroques (XVIIIe siècle), donc bien plus tardives. Malgré l'entretien quelque peu négligé de la cour, on aperçoit encore les canaux d'irrigation entre les arbres, creusés à l'époque chrétienne et largement inspirés des techniques arabes.

– **Le minaret,** dans la cour des Orangers, est en fait la dernière de 2 moutures arabes, transformée au XVIe siècle et renforcée solidement par les chrétiens au XVIIe pour rehausser le clocher. Le 1er minaret mesurait 23 m (sous Hisham Ier). Le 2e, sous Abd Al Rahman III, atteignait 47 m ; il en subsiste des éléments, intégrés à la tour actuelle.

La salle de prière

Entamée par Abd Al Rahman Ier (dit *l'Immigré*) en 785-86, la mosquée fut agrandie en 3 temps, par Abd Al Rahman II tout d'abord (IXe siècle), puis par Al Hakam II (Xe) et enfin par Al Mansour (Al-Mansur-bi-Allah, *le victorieux de Dieu*) en l'an 987. La partie initiale d'Abd Al Rahman Ier donne directement sur le patio des Orangers. C'est donc son sol que l'on foule en premier. Elle s'étale jusqu'au niveau de la cathédrale.

On pénètre dans la forêt de colonnes. Avant la Reconquête catholique, la mosquée en comportait plus de 1 000. Aujourd'hui, il en subsiste 854. Véritable trait de génie du constructeur, la surélévation de la voûte par une hauteur d'arcades doublant la première lui fut certainement inspirée par le dessin des aqueducs antiques, qui sont l'une des gloires de la péninsule. L'élégance et la finesse des arches superposées sont étonnantes. Les colonnes de marbre montrent d'incroyables couleurs et sont quasiment toutes d'origines et d'aspects différents, de même que les chapiteaux. On reconnaît facilement ceux qui proviennent de la basilique Saint-Vincent, d'un style très épuré. Notez que certaines colonnes sont plus longues que d'autres ; ainsi, il a fallu les enfoncer plus profondément dans le sol. L'une d'elles provient même d'Égypte. Quelques colonnes sont penchées, souvenir du grand tremblement de terre de Lisbonne. De la basilique subsiste également les vestiges d'une mosaïque wisigothe. Il faut errer au milieu des colonnes, laisser jouer son regard avec les perspectives et les alignements, s'étonner de la multitude des sources lumineuses et s'abandonner à cette sensation d'infini qui habite encore l'édifice.

La chapelle principale

En suivant l'ordre chronologique des extensions de la mosquée cordouane, la prochaine étape n'est autre que... la chapelle principale, que certains nomment la *cathédrale* (mais en fait, la cathédrale, c'est *toute* la mosquée). Elle s'élève donc dans l'extension d'Abd Al Rahman II. Presque 300 ans après la reconquête de Cordoue, malgré les protestations des Cordouans et contre l'avis du chapitre de la cathédrale, Charles Quint donna son accord pour détruire la partie centrale de la mosquée afin d'ériger cette chapelle. Quand il vint ensuite à Cordoue, il regretta amèrement cette décision : « Si j'avais su ce que vous aviez là, dit-il aux chanoines, je n'aurais pas permis que l'on y touche, car vous avez fait ce qui peut se faire n'importe où et vous avez détruit ce qui était unique au monde ! ».

Cette cathédrale fut entamée en 1523, mais il fallut 243 ans pour la mener à bien. Malgré tous les remords, on peut saluer le travail de l'architecte, qui parvint à conserver la nef axiale de la mosquée, sans que la chapelle, pourtant au centre et en forme de croix latine, ne cache jamais le *mihrab*. Elle présente un florilège de styles : gothique tardif, Renaissance, baroque... Ainsi, le maître-autel, les colonnes et le transept sont gothiques, la nef est baroque et la coupole principale Renaissance. Voir aussi les belles stalles baroques sculptées en acajou de Cuba, les deux orgues des XVIIe et XVIIIe siècles, qui fonctionnent encore. Les chaires aux sculptures représentant le tétramorphe (symboles des évangélistes : le lion pour Marc, le taureau pour Luc, l'aigle pour Jean tandis que Matthieu conserve son visage d'homme) méritent également de s'attarder.

Le macsura et le mihrab

On atteint ici le sommet du « baroque » arabe, œuvre d'Al Hakam II : moulures, mosaïques byzantines, arabesques et inscriptions coufiques se mêlent dans une étroite harmonie. Cœur de la mosquée, le *macsura* est l'espace situé devant le mihrab, lieu le plus sacré de l'édifice puisqu'il indique la direction de La Mecque. Seuls le calife et sa cour y avaient accès. L'imam y donnait le signal de la fin de la prière. Le mihrab, où se trouvait le Coran, est malheureusement fermé au public. On ne peut le voir que de l'extérieur. Dommage car sa coupole, exécutée dans un unique bloc de marbre, est d'une richesse époustouflante. Elle est de style byzantin et fut offerte au milieu du Xe siècle à l'émir en signe d'amitié. Elle se compose de milliers de petits carreaux d'or, de cristal et de céramique. Tout autour du mihrab court une frise or et bleu qui donne les 99 noms d'Allah. Au-dessus, on devine les fenêtres par lesquelles on autorisait les femmes à voir ce qui se passait à l'intérieur de la mosquée. De chaque côté du mihrab, un arbre de vie en albâtre, symbole de l'éternité (pas de début ni de fin). La chaîne qui pend de la coupole retenait une lampe à huile, probablement volée par les Berbères (les Almohades) au XIe siècle.

– La partie la plus récente de la mosquée (fin du Xe siècle) : tout au long du règne des califes omeyyades, les extensions de la mosquée se firent toujours vers le sud, mais à l'heure d'Al Mansour (le vizir qui réussit à devenir calife à la place du calife Hisham II), la proximité du fleuve le força à opter pour l'ajout de 8 nefs vers l'est. Cette partie se différencie par ses colonnes toutes identiques, en marbre noir. Les arches, quant à elles, sont en pierres recouvertes de peinture rouge pour imiter la brique, afin de s'harmoniser avec la partie la plus ancienne. À noter que chaque colonne porte la signature en arabe du sculpteur qui l'a façonnée. Une vitrine regroupe les empreintes des signatures de tous les artistes.

La chapelle Santa Teresa

À gauche du mihrab. Une chapelle baroque, accueillant la sépulture du cardinal Salazar et quelques tableaux. Le trésor, juste à côté, abrite un christ en ivoire du XVIIe siècle, admirable de finesse (regardez les dents !), ainsi qu'un ostensoir gothique en or et argent, élaboré par l'orfèvre allemand Enrique de Arfe au début du XVIe siècle.

🎾 **La Judería** *(plan A-B2) :* ancien ghetto juif, ce quartier, le plus ancien de la ville, entoure la mosquée. La communauté juive de Cordoue était la plus importante du monde ibérique au XIe siècle et elle contribua beaucoup à la prospérité de la ville. Il faut se perdre dans ses venelles biscornues, longeant des demeures opulentes, des couvents, des églises. Là, Cordoue respire déjà l'Orient. La synagogue et la casa de Sefarad sont les seuls lieux ouverts au public qui rappellent la judaïcité de ce quartier.

– **La Sinagoga** *(plan A2) :* c/ Judíos, 20. ⚓ Ouvert du mardi au samedi de 9 h 30 à 14 h et de 15 h 30 à 17 h 30, et les dimanche et jours fériés de 9 h 30 à 13 h 30. Fermé le lundi. Entrée gratuite. Il s'agit d'une toute petite synagogue ayant appartenu à un particulier et datant du début du XIVe siècle. C'est la seule (avec celle de Tolède) qui subsiste de cette période. Partie supérieure décorée de stucs mêlant inscriptions hébraïques et motifs géométriques.

– **La casa de Sefarad** *(plan A2) :* c/ Judíos, et angle Averroes. ☎ 957-42-14-04. En face de la synagogue. Ouvert du lundi au samedi de 11 h à 19 h et le dimanche de 11 h à 14 h. Entrée : 4 € ; réductions. La visite est plus symbolique qu'inoubliable. Malgré le fond musical, peu de choses à voir si ce n'est un patio avec un puits, des objets quotidiens et religieux, quelques costumes et instruments de musique et des panneaux d'explications sur la tradition juive séfarade. Un peu court.

– **La casa Andalusí** *(plan A2) :* c/ Judíos, 12. ☎ 957-29-06-42. Non loin de la synagogue. Ouvert de 10 h 30 à 21 h 30 (20 h au printemps et 19 h en hiver). Entrée : 2,50 €. Une vieille maison du XIIe siècle joliment restaurée dont on visite le sous-sol (mosaïques de l'époque romaine et puits), le patio rafraîchissant et le salon accueillant avec ses poufs et ses beaux livres à consulter. Tapis, vaisselle, mobilier et une pièce-boutique consacrée à la fabrication du papier, Cordoue ayant été la 1re ville d'Europe à en produire au Xe siècle. Atmosphère bien reconstituée, le tout sur fond musical relaxant.

– En ressortant, descendre la petite rue, sur la droite, pour se retrouver face à un *bronze de Moïse Maimonide,* savant juif andalou, qui marqua de son intelligence l'âge d'or d'*Al Andalus.*

➤ **Calle de las Flores :** non loin de la cathédrale, elle donne dans la calle Velázquez Bosco. Cette jolie ruelle, ornée de pots débordant de fleurs et de plantes, aboutit à une place charmante. Demandez, tout le monde connaît cette rue, image de carte postale. De la place, on a vue sur la tour de la cathédrale.

➤ Dans le même genre, la *calle Pedro Jiménez* est célèbre comme étant la plus petite de la ville. Connue sous le nom de *calle del Pañuelo* (rue du Mouchoir), en raison de sa taille.

➤ À l'angle des calles Cardenal Herrero (flanc nord de la Mezquita, face à l'hôtel *Marisa*) et Magistral González Frances, en haut d'une double volée de marches, trône la *Virgen de los Faroles* (Vierge des Lampes). Il s'agit d'une copie d'une toile réalisée par le frère du peintre Julio Romero de Torres. Les deux femmes au pied de la Vierge représentent l'Amour profane et l'Amour sacré.

🏃 *Museo taurino* *(plan A2)* *:* plazuela de Maimonides. ☎ 957-20-10-56. À 150 m à l'ouest de la mosquée. En principe, ouvert en été du mardi au samedi de 10 h à 14 h et de 18 h à 20 h, et les dimanche et lundi de 9 h 30 à 15 h ; en hiver, de 10 h à 14 h et de 17 h à 19 h. Entrée : autour de 3 € ; gratuit le vendredi. Attention, le musée était fermé pour agrandissement en 2006. Cependant, on devrait retrouver cette maison du XVIᵉ siècle, égayée par un joli patio, et présentant un tas d'objets, affiches, peintures, habits de lumière, documents liés à la tauromachie et la copie du mausolée de Manolete, célèbre torero *corneado* en 1947. Avec peut-être de nouvelles surprises.

🏃🏃 *Alcázar de los Reyes Cristianos* *(plan A3)* *:* entrée par la calle Caballerizas Reales. ☎ 957-42-01-51. En été, ouvert de 10 h à 14 h et de 18 h à 20 h avec parfois des nocturnes dans les jardins ; d'octobre à avril, de 10 h à 14 h et de 16 h 30 à 18 h 30 ; le dimanche, ouvert de 9 h 30 à 14 h 30. Fermé le lundi. Entrée : 4 € ; réduction étudiants ; gratuit le vendredi.
Forteresse datant du XIVᵉ siècle et dominant le Guadalquivir. Ancien palais des Rois Catholiques, il fut le siège de l'Inquisition pendant plus de 300 ans. Rien à voir avec celui de Séville. Celui-ci est beaucoup plus modeste, en tout cas pour ce qu'on en voit aujourd'hui. Après la statue d'Alfonso X un livre à la main, on entre à gauche pour visiter quelques pièces possédant des éléments d'archéologie. À voir surtout, les mosaïques romaines du temps de l'empereur Auguste, découvertes sous la grande plaza de la Corredera au moment de sa restauration. L'une d'elles alterne d'intéressants motifs géométriques que l'on a pu retrouver également dans d'autres cités, comme Avignon. D'autres représentent Galatée, Éros ou encore Psyché. Voir encore, dans un couloir, le remarquable sarcophage romain du IIIᵉ siècle, d'un étonnant réalisme. Mais le plus intéressant est sans doute la vue sur le patio fleuri, les fouilles et celle sur le Guadalquivir, que l'on surplombe de la tour des remparts. Panorama sur le pont romain (celui de gauche), long de 240 m, dont la construction est attribuée à l'empereur Auguste. C'est grâce à ce pont que la ville put se développer. Il était défendu par l'imposante tour carrée et crénelée que l'on observe sur l'autre rive, construite par les Maures, et appelée tour de la Calahorra (voir plus bas). En redescendant, on parvient aux *jardins de l'Alcázar.* Moins grands, moins marqués par l'empreinte arabe que ceux de Séville, ils sont caractérisés par leurs allées de cyprès taillés (quelques sculptures modernes) et leurs bassins en enfilade. Jeter un œil également aux bains arabes.

➤ *Petite balade dans le quartier :* en sortant de l'Alcázar, tourner à gauche et jeter un œil aux anciennes écuries royales du XVIᵉ siècle, les *Caballerizas Reales,* dans la rue éponyme (ouvert de 10 h à 14 h sauf le samedi, entrée libre). On peut prolonger la balade dans ce joli quartier, classé par l'Unesco comme le reste du centre historique, jusqu'à la *Puerta de Sevilla,* ses remparts et sa statue du poète cordouan Aben Hazam (IX-Xᵉ siècles). Quelques adresses dans le coin pour se restaurer (voir « Où manger ? »). Presque en face de la Puerta de Sevilla, en descendant sur la gauche, se trouve le *jardin botanique,* un petit espace de verdure sympa avec sa petite cafétéria (entrée payante ; inclus dans la *Córdoba Card*).

🏃🏃🏃 *Torre de la Calahorra* *(plan B3)* *:* de l'autre côté du pont romain en restauration. ☎ 957-29-39-29. De mai à septembre, visite de 10 h à 14 h et de 16 h 30 à 20 h 30 ; d'octobre à avril, de 10 h à 18 h. Entrée : 4,50 € ; 6 € avec projection. Dans cette grosse tour mauresque a été installé un splendide musée consacré à l'islam, composé surtout de superbes maquettes représentant la vie à l'époque du califat. Cela dit, on doit l'initiative de cette fondation à Roger Garaudy (négationniste, condamné par la justice française pour avoir nié à plusieurs reprises l'existence des chambres à gaz, converti à l'islam), auteur des textes que vous entendrez. À l'entrée, on vous fournit un audiocasque à infrarouge (en français). En pénétrant dans les différentes salles, on peut ainsi entendre le commentaire approprié. Inutile d'y chercher l'histoire du califat de Cordoue, les textes exposent la conception religieuse de l'islam à l'origine : tolérance, égalité des sexes, Dieu comme seul maître... Des principes qui existaient à l'âge d'or de Cordoue. Ils sont dits avec beaucoup de lyrisme et, selon la sensibilité propre à chacun, ils peuvent émouvoir... ou bien agacer. Dans la salle 7, la *maquette de la Mezquita de Cordoue* est une réussite. On la voit dans son état initial du XIIIe siècle. L'éclairage est savamment distillé. Pour terminer, séance multivision, *Comment l'homme devient humain ?* qui pose, en 800 diapos sur 1 h, de grandes questions philosophiques. On a bien aimé la vue du haut de la tour.

🎎 *Museo provincial de Bellas Artes (plan C2-3) :* plaza del Potro. ☎ 957-47-33-45. ♿ Ouvert le mardi de 14 h 30 à 20 h 30, du mercredi au samedi de 9 h à 20 h 30 et les dimanche et jours fériés de 9 h à 14 h 30. Fermé le lundi. Gratuit pour les ressortissants de l'UE ; 1,50 € pour les autres. Ce musée et le suivant sont situés dans un beau patio ombragé par des orangers et pavé de minuscules cailloux qui décrivent d'élégantes arabesques. Une plaque en façade rappelle que dans *Don Quijote,* Cervantes fait dormir ses héros dans la *Posada del Potro* en face du musée, une sympathique maison des XVe-XVIe siècles visitable de 10 h à 14 h 30 et de 17 h à 20 h (19 h en hiver). Il faut dire qu'il passa une partie de son enfance à Cordoue et y fut même un temps collecteur d'impôts !

Dans une belle bâtisse qui fut un hôpital des Rois Catholiques au XVIe siècle, le musée expose quelques toiles de peintres baroques espagnols, dont certains de l'école de Zurbarán. Le rez-de-chaussée est consacré aux XIXe et XXe siècles, avec plusieurs toiles intéressantes d'artistes de Cordoue. Dans une salle principalement consacrée aux sculptures de Mateo Inurria Lainosa, on peut aussi voir de belles toiles de Rafael Romero de Torres (frère du célèbre Julio), dont la très pathétique *Últimos sacramentos.* Le travail de Tomás Muñoz Lucena est également fort intéressant. Dans la chapelle, peinture baroque, dont quelques œuvres de Valdés Leal. En haut, jolie collection de dessins et d'estampes, et très intéressants tableaux des XVe et XVIe siècles, dont un curieux et beau *Christ à la colonne* qui mêle conception médiévale de la peinture (dans les proportions des personnages) et influences Renaissance nouvelle (dans le décor et la perspective utilisée).

🎎 *Museo Julio Romero de Torres (plan C2-3) :* même adresse que le précédent. ☎ 957-49-19-09. En été, ouvert du mardi au samedi de 8 h 30 à 14 h 30 ; aux intersaisons, du mardi au samedi de 10 h à 14 h et de 17 h 30 à 19 h 30 ; en hiver du mardi au samedi de 10 h à 14 h et de 16 h 30 à 18 h 30. Le dimanche et les jours fériés, ouvert uniquement jusqu'à 14 h 30. Fermé le lundi. Entrée : 4 € ; réductions ; gratuit le vendredi.

Ce peintre cordouan, du début du XXe siècle, est né dans cette belle maison du XVIe siècle, aujourd'hui transformée en musée. Il peignit essentiellement des femmes, aux regards sombres et envoûtants, toujours plus ou moins à connotations érotiques. Grande star à Cordoue, vous trouverez des cartes postales de ses œuvres à chaque coin de rue. Voir les superbes *Naranjas y Limones, Nieta de la Trini,* les regards froids de *Angeles y Fuensanta.* Plus lugubre est *Salomé,* plus tragique *Mira que bonita ere,* tandis que les yeux des femmes de *Poema de Córdoba* ne peuvent laisser indifférent. Troublantes et vibrantes, sans aucun doute, sont la toile *Cante Hondo,* qui semble relater les différentes phases d'une tragique passion, et la superbe *Chiquita piconera,* son œuvre la plus connue. Un bien joli musée qui mérite une visite, d'autant que des donations récentes ont permis d'enrichir sa collection.

🎎 *Museo arqueológico (plan B2) :* plaza Jerónimo Paez, 7. ☎ 957-47-10-76. Ouvert le mardi de 14 h 30 à 20 h 30, du mercredi au samedi de 9 h à 20 h 30 et le dimanche de 9 h à 14 h 30. Fermé le lundi. Entrée gratuite pour les ressortissants de l'UE, sinon 1,50 €. Abrité dans une belle demeure Renaissance, un musée très agréable. Dans les salles entourant des patios, riche collection allant de la préhistoire au Moyen Âge. Parmi les pièces importantes, de superbes mosaïques, statues, sarcophages et autres vestiges romains. Également nombre de très beaux objets datant de la domination musulmane, avec toute une série de margelles de puits mudéjars.

🏃🏃 *Palacio de Viana* (plan C-D1) : plaza Don Gome, 2. ☎ 957-49-67-41. Au bout de la calle Enrique Redel. Attention, ouvert seulement de 9 h à 14 h en été ; en hiver, de 10 h à 13 h et de 16 h à 18 h. Fermé le samedi après-midi, le dimanche et les jours fériés. Entrée : 6 € (patio seul : 3 €). Splendide. La visite se déroule en 2 parties : on peut tout d'abord se balader à travers les 13 superbes patios qui entourent la demeure, avant de participer à la visite guidée (en espagnol) du palais (tickets séparés ou pour l'ensemble). Patios à arcades, d'autres avec des bassins, jardins, parterres fleuris, cours avec orangers et belles glycines... il y en a pour tous les goûts. Un document en français est délivré avec le ticket. Bien fait.

Le palais proprement dit date du XIVe siècle mais fut plusieurs fois transformé, notamment au XVIIe siècle. Pour la plupart, les pièces visitées ont une décoration des XVIIe et XVIIIe siècles. Outre l'intérêt que présente l'aménagement intérieur du palais, on verra aussi de nombreuses toiles, une collection de céramiques de l'aristocratie espagnole, une galerie de cuirs superbement travaillés (du XVe au XIXe siècle), des tapisseries réalisées à partir de dessins de Goya, de jolies vitrines de porcelaines du XVIIIe siècle et de beaux plafonds en bois richement sculptés. La « chambre française » abrite un tableau de Franco, qui y séjourna. Sans doute a-t-on oublié de le mettre au feu ! La visite est instructive, bien que les guides ne parlent que l'espagnol.

À voir encore

🔎 *Plaza de la Corredera* (plan C2) : grande place avec arcades, très populaire. Son nom rappelle qu'auparavant les corridas se déroulaient sur des places de ce type. Lorsqu'elle fut restaurée, on découvrit dans le sous-sol des mosaïques romaines, aujourd'hui exposées à l'Alcázar. Marché sur la place tous les matins sauf le dimanche. Terrasses très animées le soir. Notez que l'horloge de la place donne l'heure à coups de riffs de guitare flamenca (comme sur la plaza de las Tendillas), signés Vicente Amigo... Olé !

➤ Pour en savoir plus sur la ville, nous vous conseillons une jolie visite nocturne, *Paseos de Córdoba,* organisée par les kiosques touristiques de la ville. Visite incluse dans les *Córdoba Cards* de 2 ou 3 jours ; sinon, 14 € ; réductions.

➤ *Les quais du Guadalquivir :* multitude d'îles sur lesquelles, au milieu des lauriers-roses, on peut voir de vieux moulins arabes, notamment la noria de la Albolafia, restaurée, qui servait à irriguer les jardins de l'Alcázar.

Achats

⊛ *Bodegas Mezquita – Tienda Gourmet* (plan B3, 43) : corregidor Luis de la Cerda, 73. ☎ 957-49-81-17. ● www.bodegasmezquita.com ● Ouvert de 10 h 30 à 21 h 30. Au sous-sol du resto, la boutique propose un grand choix d'huiles d'olive, plus de 60 vins et d'autres spécialités. Également le livre de recettes des tapas du restaurant. Pas si cher en fin de compte.

Fêtes et manifestations

– **Rutas Flamencas por las Tabernas de Córdoba :** concerts de flamenco organisés par l'*Association des Artistes Flamenco de Cordoue,* de janvier à avril, dans diverses tavernes et *bodegas* de la ville, sans danseurs. Cela permet, primo, de découvrir un flamenco peut-être plus « authentique », et secundo, de boire une bière et manger un morceau dans un nouvel endroit à chaque date. Renseignez-vous auprès de vos hôtes, dans la presse locale ou sur Internet ● www.andalucia.org/flamenco/ ● (rubrique « Agenda »).

– **Fête des Croix** *(Las Cruces) :* tout début mai. On célèbre le printemps. Les dates précises varient un peu.

– **Fête des Patios :** en mai. La ville est en folie tous les soirs. Les patios se mettent sur leur trente et un, s'habillant de mille fleurs. Un jury passe dans chacun d'entre eux pour les admirer et les classer. Attention où vous garez votre voiture, car les panneaux d'interdiction sont placés tardivement ! ● www. patiosdecordoba.net ●

– **Cata del Vino :** dégustation de vin, en mai, pendant quelques jours. Tous les producteurs apportent leur vin. Cela se passe en général avenida de America, à l'angle d'Acera Guerrita.

– **Feria :** fin mai, durant une semaine. Toujours beaucoup d'animation pour la feria. La fête bat son plein et l'ambiance est chaude. Billets aux arènes ou au ronda de los Tejares. Attention, les musées et certaines boutiques ferment en début d'après-midi pendant toute la semaine de la feria.

– **Fête-Dieu :** en juin. On sort en procession le splendide ostensoir d'Arfe, devant lequel dansent les enfants de chœur de la cathédrale, vêtus comme au XVIᵉ siècle et agitant des castagnettes.

– **Festival international de Guitare :** de fin juin à début juillet pendant 15 jours. Certains concerts, le soir, ont lieu dans les jardins de l'Alcázar, notamment pour les concerts d'artistes internationaux. La guitare dans tous ses états, flamenco, rock, blues, etc. ! Infos sur ● www.guitarracordoba.com ●

➤ *DANS LES ENVIRONS DE CORDOUE*

🎎 **Medinat Azahara** *(hors plan par A1) :* à environ 8 km à l'ouest de Cordoue. ☎ 957-32-91-30. Prendre l'avenue Medina Azahara à partir de l'avenue de la República Argentina ; tout droit sur 5 km puis à droite ; c'est encore à 3 km. Bien fléché. Pour y aller, le plus simple est de réserver une place à 5 € dans l'un des kiosques touristiques ; les bus partent en général à 10 h, 11 h et 16 h 30 au pied de l'Alcázar (de l'autre côté de l'entrée principale, sur le quai), puis marquent un arrêt au milieu du Paseo Victoria. En bus normal, c'est moins cher mais compliqué : ligne nº 0-1 à prendre sur l'avenue de la República Argentina, un peu avant l'angle avec l'avenue Medinat Azahara ; toutes les 45 mn environ ; on vous dépose au bord de la route ; ensuite, 3 km à pied. Ouvert de 10 h à 20 h 30 (18 h 30 l'hiver, d'octobre à avril), le dimanche de 10 h à 14 h. Fermé le lundi. Entrée : gratuit pour les ressortissants de l'UE ; sinon, 2 €. Brochure avec plan en français distribuée à l'entrée (quand il en reste !). Le site est toujours en cours de restauration, le projet le plus ambitieux consistant à redonner vie aux jardins en réutilisant un ancien bassin.

Il s'agit des ruines d'une véritable ville, la « ville de la fleur », fondée au Xᵉ siècle par Abd al Rahman III pour son califat. Elle était reliée à Cordoue par d'importantes voies de communication. Sa vie fut éphémère puisque, moins d'un siècle après sa construction, elle périclita lors de l'invasion des Berbères d'Afrique du Nord. Il n'est pas vraiment évident de « lire » ce site composé essentiellement de ruines, à part une petite partie.

La ville fut organisée en 3 terrasses : la première, tout en haut, accueillait la résidence des dignitaires et celle du calife ; l'intermédiaire abritait les jardins, les potagers et les administrations ; les habitations, les casernes et la mosquée se situaient tout en bas, sur la terrasse inférieure. Malheureusement, les limites de chacune de ces terrasses ne sont pas très visibles.

Parmi les principaux points d'intérêt, voir le *dar Al-Wazara (maison des Vizirs),* où se tenaient les conseils et les audiences civiles et où gouvernait le vizir (et sa vizirette, justement nommée al-Zahara, la fleur). Quelques chapiteaux ciselés subsistent, tranchant par leur style avec la simplicité des arches outrepassées. Plus grand-chose à voir dans ce qui fut la zone résidentielle.

Passons au *salon d'Abd al Rahman III,* l'édifice le mieux reconstitué. Il s'agit d'un superbe salon, composé d'une remarquable série d'arcades outrepassées, supportées par des colonnes de marbre, alternant le rose et le noir, et d'arches alternant le rouge et le blanc, agrémentées de riches et fins motifs floraux. Les murs sont recouverts de feuillages ciselés en stuc, décoration originale, mais aussi de motifs épigraphiques laïcs qui racontent la construction de l'édifice par ses architectes. C'est ici que se déroulaient les audiences politiques. Nous sommes dans le cœur de la demeure du calife. Beaucoup d'arbres de vie un peu partout, très stylisés. Il faut, bien entendu, imaginer cet ensemble avec des tapis, coussins, danseuses et musique. La grande mosquée, un peu à l'écart, n'offre que des ruines.

Peu avant le parking, un chemin sur la droite vous mènera en 20 mn à pied au *monastère San Jerónimo de Valparaiso.* Il ne se visite pas, mais sa façade faite de plusieurs niveaux d'arcades, les terrasses d'orangers en contrebas et la montagne couverte d'oliviers qui le surplombe constituent un magnifique paysage, surtout au printemps. La famille du gardien, qui vit dans une maison à côté, a bien de la chance...

🏃 *Castillo d'Almodóvar del Río :* situé à environ 25 km à l'ouest de Cordoue, dans le village d'Almodóvar del Río. En arrivant près du village, on voit d'emblée ce château qui trône au sommet de la colline. Visite possible tous les jours de 11 h à 14 h 30 et de 16 h à 19 h (20 h en été), pour 2 €. C'est le gardien qui dirige la visite. On peut le joindre au : ☎ 957-63-51-16 ou 670-33-83-30 (portable).

Pas grand intérêt, si ce n'est la vue sur la région du haut des 5 tours crénelées. Cette forteresse, édifiée par les Arabes au XIIe siècle, est malgré tout particulièrement bien conservée. Le château appartient aujourd'hui à l'Opus Dei. Si vous passez par là, c'est une halte possible, mais ne faites pas le détour exprès.

🏃 *La Rambla :* à 30 km au sud de Cordoue, sur la route de Málaga. Vous trouverez là de belles céramiques et terres cuites. Ouverture au public des usines et magasins vers 18 h.

DE CORDOUE À GRENADE

La traversée de ces plaines vallonnées et fertiles, plantées de vastes champs d'oliviers, fait du parcours une balade agréable au point qu'on en oublie les camions qui lambinent et derrière lesquels on risque fort de rester coincé.

Ceux qui ont du temps profiteront des jolis villages anciens disséminés sur le parcours, comme *Alcalá la Real* (50 km avant Grenade), surmonté d'un château d'époque arabe. Plus à l'ouest, la charmante cité de *Cabra,* pleine de maisons baroques. Tous les ans, le 18 juin, des gitans venus de tout le pays se réunissent sur une colline des environs, c'est la *romería de Los Gitanos,* fête inoubliable.

JAÉN

(23000) 112 900 hab.

Située à 107 km de Cordoue et à 93 km de Grenade, Jaén, capitale de la province du même nom, n'a pas vraiment le charme de ses voisines Baeza et Úbeda. Sur un très haut piton rocheux et escarpé se dresse une forteresse mauresque, reconstruite au XIIIe siècle, qui permet de découvrir une des plus belles vues qui soient sur la région. Un parador y est installé, le *castillo Santa Catalina.* La vieille ville, toute petite, mérite également une balade. Quelques églises intéressantes et des rues agréables. On jettera aussi un coup d'œil sur la cathédrale. Franchement, on ne séjourne pas ici. On s'y arrête un petit moment si l'on passe par là, au moins pour voir le musée d'Art naïf (un vrai bijou)... et on file.

Arriver – Quitter

☛ **Station de bus :** plaza Coca de la Piñera. ☎ 953-25-01-06.
➤ La ligne *Jaén-Séville* de la Cie Alsina Graells (☎ 953-25-50-14 ; ● www.alsinagraells.es ●) relie *Ecija, Cordoue* et *Séville* dans les 2 sens. Bus également pour *Carmona* avec 2 départs tous les jours, sauf le dimanche (1 seul bus).
➤ Sur la ligne *Grenade-Cazorla,* 2 départs tous les jours au départ et à destination de Jaén, continuant vers *Baeza* et *Úbeda,* dont certains poursuivent jusqu'à *Málaga, Marbella* et *Algésiras.*
➤ Deux bus quotidiens, aux environs de midi et de 16 h 30, à destination du village de *Cazorla* permettent, à l'arrivée, de prendre la correspondance pour *Carceja,* c'est-à-dire tout droit vers le parc de la Sierra de Cazorla y Segura.

Adresses utiles

▪ *Office du tourisme :* c/ Maestra, 13. ☎ 953-19-04-55. ☎ et fax : 953-24-26-24. Ouvert du lundi au vendredi de 9 h à 19 h 30 en hiver, jusqu'à 20 h en été ; les week-ends, toute l'année de 10 h à 14 h. Plan de Jaén gratuit et infos sur la sierra de Cazorla.

▪ *Pharmacie :* c/ Navas de Tolosa. Ouvert de 9 h 30 à 22 h, tous les jours sauf le dimanche.
▪ *Parkings :* à la hauteur de la *plaza de Toros,* en empruntant l'av. de Granada ; ou en descendant le paseo de la Estación, une autre option très centrale, *plaza de la Constitución.*

Où dormir ? Où manger ?

Prix moyens

⌂ *Hostal La Española :* c/ Bernardo Lopez, 9, 23004. ☎ 953-23-02-54. Dans le quartier piéton, près de la cathédrale. Prendre la calle Maestra (la rue piétonne à droite de la façade de la cathédrale), puis la 2e ruelle sur la droite. Chambres doubles entre 30 et 32 €, selon le confort (avec ou sans bains) et la saison. Pas de petit dej'. Patio lugubre, chargé de fleurs artificielles. Cham-

bres un peu chères et tristounettes, l'accueil laisse à désirer : pour dépanner.
|●| *Marisquería La Gamba de Oro :* c/ Nueva, 3. ☎ 953-24-17-46. Dans une ruelle entre Roldán y Marin et V. de la Capilla. Ouvert tous les jours, midi et soir. Menu du jour à 12 €. Populaire à fond, avec son comptoir en alu, ses néons blafards et sa joyeuse animation. On vient ici

déguster des coquillages, des crevettes, des crabes tout frais, frits ou *a la plancha*. Simple et bon.

D'ailleurs, les gens du coin connaissent l'adresse depuis bien longtemps.

Très chic

🏠 |●| *Parador de Jaén, Castillo de Santa Catalina :* c'est le château au sommet de la colline, 23001. ☎ 953-23-00-00. Fax : 953-23-09-30. ● jaen@parador.es ● Bien fléché. Chambres doubles à partir de 125 €. Repas autour de 27 € (petit dej' à 11 €). Rien de l'ancienne forteresse n'a été utilisé pour l'hôtel de luxe qui est une copie, bien réalisée, de l'ancien *castillo* du Moyen Âge. Les chambres, petites, disposent de tout le confort et d'un petit balcon d'où la vue sur la vallée est époustouflante. Le restaurant, dans une grande salle haute de plafond, propose une cuisine particulièrement intéressante. Menu assez cher, mais la carte permet de choisir certains plats traditionnels savoureux. Parking, à l'espace compté car le parador est construit comme un nid d'aigle.

À voir

🌿 *La calle San Clemente,* piétonne, constitue le point d'animation principal de la ville, ainsi que la *plaza de la Constitución.*

🌿 *La catedral :* c/ Campanas. ☎ 953-23-42-33. Ouvert en semaine de 8 h 30 à 13 h et de 16 h à 19 h (de 17 h à 20 h en été) ; les dimanche et jours fériés, de 9 h à 13 h et de 18 h à 20 h en été. Façade à l'allure de retable baroque. Date du XVIIe siècle. On trouve son intérieur lourd et pompeux. À noter toutefois les stalles du chœur, très ouvragées, et, derrière l'autel, un tabernacle porté par une volée d'anges. Dans la chapelle de gauche (derrière le déambulatoire), le char de procession utilisé pendant les fêtes.

🌿🌿 *Palacio de Villardompardo :* plaza Santa Luisa de Marillac s/n. Ouvert du mardi au vendredi de 9 h à 20 h et le week-end de 9 h 30 à 14 h 30. Fermé les lundi et jours fériés. Gratuit (dépôt d'une pièce d'identité à l'entrée, ainsi que du sac). Anciens bains arabes (au sous-sol) sur lesquels fut édifié un palais assez austère abritant aujourd'hui un musée d'Art et des Costumes populaires.
Voir d'abord les *bains,* superbement restaurés, avec leur coupole de brique et leurs chapiteaux sculptés. Le *musée d'Art populaire,* modeste, mérite pourtant un petit coup d'œil.
Mais on vient surtout pour le *musée d'Art naïf,* qui expose des artistes du monde entier. À l'origine de cette initiative, le legs d'un peintre originaire de la ville. Aujourd'hui, le musée a acquis une renommée internationale. Un vrai voyage autour du monde, coloré et vivant, ainsi qu'aux tréfonds de la culture andalouse, les thèmes de la corrida et de la *Semana santa* étant largement représentés. On vous le recommande vivement.

BAEZA   (23440)   16 200 hab.

À 48 km au nord-est de Jaén, au cœur du « royaume » des oliviers (l'huile d'olive est la 1re source d'activité de la région), Baeza est une petite ville riche en monuments, aux rues dallées et étroites. D'origine lointaine, cette ville fut successivement ibérique, romaine, wisigothe et musulmane. Elle atteindra son apogée au XVIe siècle (fondation d'une université) et au XVIIe siècle. Une petite visite pour ses quelques monuments sera un complément sympathique à la visite d'Úbeda sur la route de Grenade. L'odeur persistante qui flotte dans l'air ne provient pas d'une usine chimique, comme on serait tenté de le penser, mais des nombreuses fabriques d'huile d'olive qui entourent la ville.

Ne soyez pas étonné de croiser dans les rues de nombreux jeunes gardes civils en uniforme, car la ville abrite l'*académie de la Guardia Civil*.

Arriver – Quitter

🚌 *Gare routière :* c/ Coca de la Piñera. ☎ 953-74-04-68.

➤ La ligne *Grenade-Cazorla* de la *Cie Alsina Graells* (☎ 953-25-50-14 ; ●www.alsinagraells.es ●) relie Baeza à *Grenade, Jaén, Úbeda* et *Cazorla* plusieurs fois par jour. Certains bus continuent vers *Málaga, Marbella* et *Algésiras.*

➤ Également un bus par jour pour *Cordoue* et *Séville* via Jaén (dans les 2 sens).

Adresses utiles

🛈 *Office du tourisme :* plaza del Pópulo. ☎ 953-74-04-44. ●www.baeza.net ● Ouvert du lundi au vendredi, de 9 h à 14 h 30 et de 16 h à 18 h en hiver, de 17 h à 19 h en été ; le samedi, de 10 h à 14 h et le dimanche, de 10 h à 13 h. Plan gratuit très bien fait, où figurent tous les monuments de la ville. Bureau très accueillant et bien documenté.

✉ *Poste :* c/ Julio Burell, 19. ☎ 953-74-08-39.

■ *Distributeur automatique :* c/ de San Pablo, 3.

@ *Internet Micro Ware :* Punto de Tundidores, 17. Ouvert de 11 h à 14 h et de 17 h à 22 h. Fermé le jeudi.

@ *Cybercafé Double Click :* c/ San Pablo, 39. Ouvert tous les jours. Des dizaines d'ordinateurs. Fréquenté le dimanche par les étudiants de l'académie de la Guardia Civil.

■ *Journaux étrangers :* plaza de la Constitución, 1.

Où dormir à Baeza et dans les environs ?

Il faut se lever de bonne heure pour trouver à se loger dans la petite ville de Baeza, depuis que le bruit s'est répandu qu'elle était inscrite au patrimoine de l'humanité. Beaucoup de tourisme espagnol.

Bon marché (de 15 à 30 €)

🏠 *Hostal El Patio :* c/ Conde Roma-nones, 13. ☎ 953-74-02-00. Fax : 953-74-82-60. Chambres doubles à 22, 25 ou 30 € (avec ou sans douche et w.-c.). Dans le cœur historique, un ancien palais du XIIIe siècle trans-formé en *hostal*. Le mobilier est de la fin du XXe siècle, genre galeries Barbès. Accueil pas très dynamique et confort sommaire, mais rien de mieux à ce prix-là.

Plus chic (plus de 72 €)

🏠 *Hacienda la Laguna :* Puente del Obispo, à 8 km de Baeza sur la N 321 Baeza - Jaén. ☎ 953-77-10-05. Fax : 953-76-50-12. ●www.ehlaguna.com/ hotel ● ♿ Pas dans le village de Puente del Obispo, mais près de la station-service. Congés : une semaine à Noël. La nuitée en dortoir est à 16 €. Compter de 66 à 75 € la chambre double (petit dej' compris) dans cette école hôtelière, à 1,5 km du parc naturel de la Laguna Grande, au sein d'une exploitation agricole produisant de l'huile d'olive. Tout est impeccable. Grandes chambres situées autour d'une large cour, très agréables et plutôt mignonnes, chacune du nom d'une variété d'olive. Piscine et bar, parc pour enfants. Son resto *La Campana*, situé au même endroit, est tout simplement excellent (voir « Où manger ? »). Remise

de 10 % accordée à nos lecteurs, sur le prix de la chambre, hors période de fête, Semaine sainte et août, sur présentation de ce guide.

🛏 *Hotel TRH Baeza :* c/ Concepción, 3. ☎ 953-74-81-30. Fax : 953-74-25-19. ● www.trhhoteles.es ● ⚹. À 5 mn du centre à pied. Doubles à environ 95 €. Dans un ancien couvent carrément massacré par une modernisation affreuse. Aseptisé à mort. Cela dit, les chambres sont plutôt agréables, parfaitement confortables, et l'accueil tout sourire. Parking payant. Café offert à nos lecteurs sur présentation de ce guide.

DE CORDOUE À GRENADE

Où manger ?

De bon marché à prix moyens (de 10 à 20 €)

|●| *Taberna El Pájaro :* portales Tundidores, 5. ☎ 953-74-43-48. Sous les arcades de la plaza de la Constitución. Compter environ 10 € pour calmer une petite faim. Pas le grand charme inoubliable, mais de quoi passer un moment agréable autour d'un bon jambon ou de plats *a la plancha*, dans une ambiance chaleureuse et animée.

|●| *La Bodega :* c/ San Francisco, 49. ☎ 953-74-03-75. Du haut de la place de la Constitución (*Café Mercantil*), remonter cette rue sur 600 m

environ, jusqu'au bout ; juste avant le couvent de la Encarnación, c'est à gauche. Ouvert du lundi au vendredi de 10 h à 16 h et de 19 h à 1 h du matin. Le week-end, ouvre et ferme 1 h plus tard. Menu *de la casa* à 9 €, avec un assez large choix (boisson incluse), ou menu-dégustation à 12 €. Restaurant fréquenté par les employés du quartier, malgré son aspect un peu touristique. Cuisine locale à prix doux, dans un cadre ordinaire.

Plus chic (plus de 25 €)

|●| *Restaurante La Campana :* Puente del Obispo, sur la route entre Jaén et Baeza. ☎ 953-77-10-05. À 8 km de Baeza en direction de Jaén sur la N 321. Pas dans le village de Puente del Obispo, mais près de la station-service. Ouvert tous les jours de 13 h 30 à 15 h 30. Compter de 20 à 25 € à la carte. C'est le restaurant de l'*Hacienda la Laguna* (voir « Où dormir ? »), une école hôtelière. Cuisine gastronomique du terroir, raffinée et goûteuse. L'endroit rêvé pour essayer le typique *bacalao a la Baezana*, délicieux filet de morue à l'huile d'olive (produite par l'hacienda). Salle aux tons chaleureux, plutôt chicos mais sans excès.

Service sympathique, dans les règles de l'art, par les étudiants de l'école, et bonne cave à vin.

|●| *Juanito :* paseo del Arca del Agua, s/n. ☎ 953-74-00-40. À la sortie de la ville sur la route d'Úbeda, à côté d'une station-service *Campsa*, à 15 mn à pied du centre. Fermé les dimanche soir et lundi soir. Congés annuels : du 1er au 20 juillet. Compter un bon 35 € sans faire de folies (1er menu à 30 €). À l'entrée, les photos de nombreuses célébrités (vedettes, toreros) rappellent que cette auberge est réputée d'abord pour la personnalité de son patron, Juanito, un cuisinier devenu grand producteur d'huile d'olive de la région. On y

sert une bonne cuisine andalouse classique mais qui gagnerait à être un peu plus inventive. Décor provincial et agréable. Accueil jovial. Possibilité d'acheter de l'huile d'olive, bien sûr. Propose également quelques chambres dans les 45 €.

Où boire un verre ?

🍸 *Café Mercantil :* sous les arcades, sur la gauche, en haut de la place principale (plaza de la Constitución). Un grand café qui fait l'angle, avec une grande terrasse. Très populaire.

À voir

🔭 *Plaza de los Leones ou plaza del Pópulo :* on peut y voir deux intéressants monuments Renaissance, de l'époque glorieuse de Baeza. L'actuel office du tourisme est installé dans la *casa del Pópulo,* bâtisse de 1530 remarquable pour sa façade platéresque. Dans le prolongement de celle-ci, la *porte de Jaén,* crénelée et armoriée, sous laquelle passa Charles Quint pour se rendre à son mariage à Séville. De l'autre côté, l'*Antigua Carnicería,* les anciennes boucheries, datant du XVIe siècle. Au milieu de la place, la *fuente de los Leones,* fontaine dont les éléments proviennent des ruines romaines de Cástulo, près de Linares.

🍴 *La catedral :* plaza Santa María. Ouvert de 10 h 30 à 13 h et de 16 h à 18 h (de 17 h à 19 h en été). C'est gratuit, à moins d'entrer dans le musée de la cathédrale, où il faudra se délester de 2 €. L'extérieur, bien que très chaotique et sans homogénéité, ne manque pas de puissance. Deux portes particulièrement belles, la *puerta de la Luna,* de style mauresque, et la *puerta del Perdón,* de style gothique. À l'intérieur, c'est bien le style Renaissance qui l'emporte, avec des chapelles richement décorées, comme celles d'*El Sagrario* et de *la Dorada,* d'inspiration italienne. Au fond, un petit escalier discret mène en haut de la tour. En face, remarquer sur les murs de l'ancien séminaire (aujourd'hui université d'été) les inscriptions que les étudiants fraîchement diplômés traçaient avec du sang de taureau. Au centre de la place, petite *fontaine* Renaissance.

🍴 *Palacio de Jabalquinto :* plaza Santa Cruz. Ouvert du lundi au vendredi de 9 h à 14 h. Superbe façade aux 8 blasons de style isabellin très pur, avec d'élégantes fenêtres gothiques magnifiquement ouvragées. Un mélange superbe de styles gothique flamboyant et platéresque. Hélas, l'intérieur très ruiné ne se visite pas. On ne peut qu'entrer dans le patio et voir l'incroyable escalier baroque... s'écrouler peu à peu. En fait, encore en pleine restauration. À suivre...

Où acheter de l'huile d'olive exquise et des produits du terroir ?

⚙ *Casa Cantos :* c/ San Pablo, 10. Une épicerie datant de 1927, débordant de bons produits du terroir. De l'huile d'olive exquise de la région, évidemment, mais également des jambons et des saucissons de la sierra de Cazorla, du pâté de perdrix et des douceurs confectionnées au couvent de Santa Ana de Úbeda.

⚙ *La Casa del Aceite :* paseo de la Constitución, 9. ☎ 953-74-80-81. À 50 m de l'office du tourisme, sur la droite en allant vers la grande et centrale plaza de la Constitución. Ce petit magasin vend des bouteilles d'huile d'olive produite dans la région.

ÚBEDA   (23400)   32 900 hab.

Bâtie à 757 m d'altitude, Úbeda surplombe depuis des siècles, telle une sentinelle, un vaste paysage de collines couvertes par les plantations d'oliviers. Ceux-ci courent jusqu'aux montagnes de la sierra Mágina. Úbeda constitue une halte agréable encore timidement visitée par les touristes (étrangers en tout cas). Il ne faut pas quitter la ville sans avoir fait une balade sur les remparts et, pour les amateurs de céramiques, aller jusqu'à la calle Valencia qui part de la plaza Olleros (attention, les noms de rue sont rarement indiqués).

UN PEU D'HISTOIRE

D'abord arabe, puis reconquise en 1234 par Ferdinand III, Úbeda est une ville de caractère, rude et noble, ayant maintenu en son centre un ensemble d'une grande beauté architecturale. En se promenant dans ses rues pavées, on comprend vite qu'elle connut ses jours de gloire au XVIe siècle, époque à laquelle furent construits un grand nombre d'églises ambitieuses et d'élégants palais. La ville est d'ailleurs inscrite depuis 2003 au patrimoine mondial de l'Humanité par l'Unesco.

Arriver – Quitter

🚌 *Gare routière (hors plan par A1) :* c/ San José. ☎ 953-75-21-57.
➤ La ligne *Grenade-Cazorla* de la Cie *Alsina Graells* (☎ 953-25-50-14 ;
● www.alsinagraells.es ●) relie Úbeda à *Grenade, Jaén, Baeza* et *Cazorla* plusieurs fois par jour. Certains bus poursuivent vers *Málaga, Marbella* et *Algésiras.*
➤ Également un bus par jour pour *Cordoue* et *Séville,* via Jaén, dans les 2 sens.

Adresses utiles

🛈 *Office du tourisme (plan A2) :* palacio Marqués de Contadero, c/ Bajo del Marqués, 4. ☎ 953-75-08-97. ● otubeda@andalucia.org ● Ouvert du lundi au vendredi de 9 h à 19 h (20 h en été) et le week-end de 10 h à 14 h. Plan gratuit de la ville, liste des monuments civils et religieux ouverts au public, hébergements. Aimable et serviable.
■ *Distributeurs automatiques :* un peu partout, et plus particulièrement autour de la plaza de Andalucía *(plan A1).*
■ *Taxis :* plaza de Andalucía *(plan A1).* ☎ 953-75-12-13.

Où dormir ?

Dur, dur d'être un routard fauché à Úbeda ! Pas le moindre petit hôtel économique. En revanche, une étape divine pour les autres. Dans la calle Ramón y Cajal, grande artère bruyante et sans le moindre charme, quelques hôtels plutôt quelconques et à prix moyens. Haute saison de mars à octobre.

Prix moyens (de 30 à 45 €)

🛏 *Hostal Victoria (plan A1, 10) :* c/ Alaminos, 5. ☎ et fax : 953-75-29- 52. Au 1er étage, dans une rue calme. Des chambres doubles plus ou

DE CORDOUE À GRENADE

moins grandes autour de 37 €, confortables, avec bains, AC et TV, bien tenues, dans un petit immeuble sans intérêt. Patronne très souriante. Loin d'être génial mais le moins cher de sa catégorie. Parking (payant).

🛏 **Hotel Dos Hermanas** *(hors plan par A1) :* c/ Risquillo Bajo, 1. ☎ 953-75-21-24. Fax : 953-79-13-15. Fermé à Noël. Au nord de la vieille ville, à 1 km sur la gauche en suivant l'avenida de la Libertad ; juste avant la calle Enrique Reyes Católicos. Chambres doubles à 50 €, sans le petit dej'. Bâtiment de 4 étages, moderne et peint en jaune et blanc. Correct. Chambres sans prétention mais propres. Toute l'année, nos lecteurs se verront accorder une remise de 10 % sur présentation de ce guide.

De plus chic à très chic (à partir de 80 €)

🛏 **Hospedería El Blanquillo** *(plan B2, 13) :* plaza del Carmen. ☎ 953-795-405. Compter de 60 à 80 € environ pour une chambre double en fonction de la saison, avec AC, petit dej' compris. Dans un ancien palais Renaissance (XVIe siècle) récemment rénové, des chambres aux murs de pierre assez simples et bien jolies, autour d'un ravissant patio. Toutes disposent d'une vue sur les champs d'oliviers ceignant Úbeda et, au loin, la sierra de Cazorla. Mais c'est surtout le panorama qui s'offre à la vue depuis la terrasse qui remporte tous les suffrages ! Resto sans intérêt.

🛏 **Palacio de la Rambla** *(plan A2, 11) :* plaza del Marqués, 1. ☎ 953-75-01-96. Fax : 953-75-02-67. ● www. palaciodelarambla.com ● Dans le centre historique. Congés annuels du 16 juillet au 10 août. Chambres doubles sublimissimes à partir de 108 €, copieux petit dej' compris (quand même !). Alors là, on a rarement vu plus beau ! Il s'agit d'un palais du XVIe siècle d'une beauté renversante, avec un patio central superbe entouré d'élégantes arcades. Seulement 8 chambres, toutes différentes, d'une préciosité inimaginable, où chaque objet semble sorti d'un musée (y compris la literie, qui mériterait bien d'être changée). Un univers où tout est luxe, calme et raffinement. Incroyable ! Le café est offert à nos lecteurs sur présentation de ce guide.

🛏 **Parador Nacional** *(plan B2, 12) :* plaza de Vásquez de Molina. ☎ 953-75-03-45. Fax : 953-75-12-59. ● ube da@parador.es ● Chambres doubles autour de 150 € en haute saison, 140 € le reste de l'année. Calme et sérénité sont les maîtres mots de cet établissement de charme et de luxe, organisé autour d'un élégant patio. Ceux qui n'auront pas les moyens de s'offrir ce palace pourront peut-être néanmoins faire une entorse à leur budget pour se mettre à table. En effet, le resto est tout simplement formidable (voir « Où manger ? »), contrairement au petit dej'.

Où manger ?

Bon marché (de 7 à 12 €)

|●| **« Luis » Casa del Jamón** *(plan A1, 23) :* c/ Real, 17. ☎ 665-54-31-09 (portable). Une charcuterie, ou plutôt un spécialiste du jambon ibérique, où pour 3 € le patron vous confectionne un sandwich au jambon.

|●| **Restaurante El Gallo Rojo** *(plan A1, 20) :* Manuel Barraca, 16. ☎ 953-75-20-38. Menu à 15 €, copieux et réconfortant. Auberge qui porte la marque du temps et de l'expérience. Ce n'est pas le resto le plus typique d'Espagne, ni la table la plus fine, mais l'accueil est soigné et le rapport qualité-prix intéressant. Une remise de 5 % est consentie à nos lecteurs, sur présentation de ce guide.

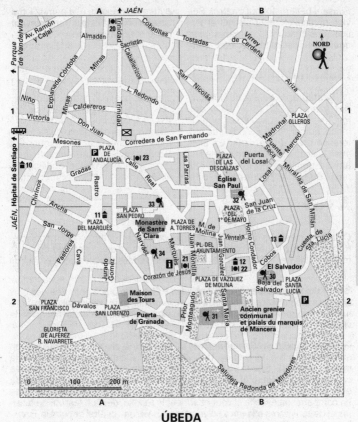

ÚBEDA

■ **Adresses utiles**

🛈 Office du tourisme
🚌 Gare routière

🛏 **Où dormir ?**

10 Hostal Victoria
11 Palacio de la Rambla
12 Parador Nacional
13 Hospedería El Blanquillo

|●| **Où manger ?**

20 Restaurante El Gallo Rojo

21 Restaurante El Seco
22 Restaurant du Parador Nacional
23 « Luis » Casa del Jamón

🏃 **À voir**

30 Sacra Capilla del Salvador
31 Iglesia Santa María
32 Iglesia San Pablo
33 Palacio de los Condes de Guadiana
34 Casa-museo Andalusí

Prix moyens (de 12 à 24 €)

|●| **Restaurante El Seco** *(plan B2, 21)* : c/ Corazón de Jesús, 8. ☎ 953-79-14-52. ♿ En plein centre, près de la plaza del Ayuntamiento. Congés : 1re quinzaine de juillet. Ouvert le midi et les soirs de vendredi et samedi uniquement. Menus à partir de 14 €. À la carte, compter environ 20 €.

Plaisant petit resto tout propret. Service particulièrement attentif et pro, cuisine simple mais agréable (avec quelques spécialités locales, entre autres les haricots à la perdrix), rustique et bonne à la fois. Terrasse tranquille sur une placette.

Plus chic (plus de 24 €)

|●| *Restaurante del Parador Nacional (plan B2, 22) :* voir « Où dormir ? ». Plutôt que d'opter pour le menu, autour de 28 €, choisir de préférence un plat à la carte. En effet, avec les copieuses tapas servies en amuse-bouches (gratuites), votre repas est fait ! Voilà une cuisine classique de bon aloi, parfaitement réalisée, goûteuse et parfumée : *perdriz estafada con ciruelas* (perdrix à l'étuvée aux prunes), *cabrito guisado con piñones* (chevreau aux pignons)... Service stylé, cadre élégant (bien qu'un tantinet vieillot) et addition justifiée.

À voir

Cette liste n'est pas exhaustive, Úbeda compte de nombreux bâtiments intéressants. Votre flânerie vous conduira naturellement devant églises ou palais méritant une halte. Souvent, les édifices sont fermés, visibles uniquement de l'extérieur.

🏛🏛 *Plaza de Vásquez de Molina (plan B2) :* vaste place entourée des plus célèbres monuments de la ville, ensemble architectural imposant d'une étonnante homogénéité. C'est le cœur de la vieille ville, départ quasi obligé de la visite.

🏛 *Sacra Capilla del Salvador (plan B2, 30) :* sur la place. Ouvert du lundi au samedi de 10 h à 14 h et de 16 h 30 à 19 h. Le dimanche, ouvre après la messe, à 10 h 45. Entrée : 3 € ; réductions. On doit ce chef-d'œuvre à Andrés de Vandelvira, célèbre et richissime architecte de la Renaissance. La façade et le porche, pourtant généreusement sculptés, paraissent presque sobres en comparaison avec le chœur et surtout le retable, délirant festival de dorures et de sculptures en pierre polychrome. Le tableau central dépeint la Transfiguration : le Christ, entre Moïse et Élie, devant trois apôtres (Pierre, Jacques et Jean) stupéfaits. Pour protéger cette profusion ornementale, une élégante grille platéresque du XVIᵉ siècle, œuvre de Bartolomé.
Dans le même registre, ignorant toute sobriété, une sacristie bien gardée par une porte remarquable, décorée de nymphettes aux seins nus... ce qui est pour le moins inhabituel.

🏛🏛 *Casa-museo Andalusí (plan A2, 34) :* c/ Narváez, 11. ☎ 619-07-61-32 (portable). À deux pas de l'office du tourisme. Horaires variables, parce que le propriétaire fait lui-même visiter sa demeure, tout comme il l'a lui-même restaurée. Mais a priori, visite tous les samedis, et pour les groupes réserver pour visiter en semaine. Entrée : 1 €. Un bel édifice typique de la ville, et l'occasion d'en découvrir un de l'intérieur : beau patio, plafonds peints, collections de poteries et d'azulejos (du Xᵉ au XVIᵉ siècle), caves voûtées, etc. Au prix de la visite, ce serait dommage de vous en priver, d'autant que le propriétaire, amoureux de ses vieux murs, se révèle passionnant, surtout si vous manifestez un poil d'intérêt pour ses trésors.

🏛 *Palacio de los Condes de Guadiana (plan A1, 33) :* à l'angle des calles Real et Juan Pasquau-Lopez. Construit en pleine Renaissance (XVIᵉ et XVIIᵉ siècles), il possède 3 étages et des linteaux de fenêtres sculptés de visages humains. Le dernier étage se termine par une élégante loggia.

🏃 *Iglesia Santa María (plan B2, 31)* : également sur la place, en face de la mairie. Belle église du XIIIe siècle, construite sur les vestiges d'une ancienne mosquée. Chaque siècle laissa sa marque : le cloître gothique fut bâti au XVe siècle, les grilles plateresques au XVIe siècle ; au XVIIe siècle, on refit la façade, au XVIIIe siècle, les voûtes intérieures, au XIXe siècle, le clocher, et, au XXe siècle, on installa l'électricité !

🏃 *Iglesia San Pablo (plan B1, 32)* : plaza del 1^{ero} de Mayo. Très belle église qui marie allègrement les styles. Néanmoins, il s'en dégage une harmonie et un esthétisme surprenants, alliant sobriété et élégance. On ne peut y entrer que pendant les offices religieux. Visite de la chapelle des Archives du lundi au vendredi de 18 h à 19 h uniquement.

➤ *Les remparts :* très agréable balade à faire dans un joli quartier aux rues pavées qui montent et descendent, bordées de maisons aux murs chaulés. Dans la calle Valencia, nombreux potiers. La plus belle vue sur la région (les monts couverts d'oliveraies et au loin la sierra) se découvre depuis les remparts, à l'est et au sud de Úbeda.

CAZORLA ET SA SIERRA

(23470)

Blotti au pied de la montagne, on est bel et bien en altitude, très très loin de l'agitation balnéaire de la Costa del Sol. Étagé au pied d'une fière chaîne de montagne, Cazorla est un bourg typique où domine la blancheur des maisons. Ses vieilles ruelles, en labyrinthe serré, ont un certain cachet, et c'est un bon point de départ pour la sierra. Tout en haut, du *château de la Yedra,* on surplombe les splendides ruines plateresques de l'*église Santa María,* d'innombrables toits qui paraissent anarchiquement enchevêtrés, et un superbe paysage de montagnes et de plantations d'oliviers.

Arriver – Quitter

➤ Au départ de *Jaén,* avec la *Cie Alsina Graells* (☎ 953-25-50-14 à Jaén ; ● www.alsinagraells.es ●) : 2 bus quotidiens, vers midi et 16 h 30, à destination de *Cazorla,* permettent, à l'arrivée, de prendre la correspondance pour *Carceja,* c'est-à-dire tout droit vers le parc de la Sierra de Cazorla y Segura. Un autre départ vers 18 h, mais sans possibilité de correspondance. Davantage de bus dans le sens *Cazorla-Jaén,* 3 à 4 liaisons par jours, bien réparties dans la journée.

➤ *Cazorla* est également accessible en bus (même compagnie) au départ de *Séville, Cordoue* et *Grenade,* mais c'est longuet : mieux vaut faire une étape.

Cela dit, pour vraiment explorer la sierra, une voiture est plus que conseillée...

Adresses utiles

🛈 *Oficina de tourismo :* paseo de Santo Cristo, 17. ☎ 953-71-01-02. Ouvert en saison de 10 h à 14 h.
🛈 *Oficina de información del Parque Natural de Cazorla, Segura y*

las Villas : c/ Martinez Falero, 11, à Torre del Vinagre, à une trentaine de kilomètres de Cazorla, dans la vallée du Guadalquivir sur la route A 319. ☎ 953-72-01-25. Jardin botanique.

Où dormir ?

Campings

⋊ *Camping-Cortijo San Isicio :* camino San Isicio s/n, apartado 33. ☎ et fax : 953-72-12-80. ● camping cortijo@hotmail.com ● Compter 15 € pour 2 personnes avec voiture et tente. Aménagé en terrasses, ce camping fait partie d'une ferme écologique tenue par un Néerlandais fort sympathique qui a planté oliviers, figuiers, amandiers... Propose des randos pour découvrir la faune et la flore. Également 2 gîtes pour 4 ou 6 personnes, de 45 à 80 € la nuit.

⋊ Nombreux *campings* le long du Guadalquivir et du lac de barrage *(embalse)* del Tranco, à une distance de 20 à 50 km de la ville. Sortir en direction de la sierra, dépasser Burunchel et suivre la route A 319 vers le nord.

Bon marché (de 15 à 30 €)

🛏 *Albergue de la Juventud :* plaza Mauricio Martinez. ☎ 953-72-02-03. Sur les hauteurs de la ville, dans un quartier très calme. 129 lits en dortoirs. Possibilité de s'inscrire à une descente des torrents du parc naturel (en groupe uniquement).

🛏 *Pensión Bétis :* plaza de la Corredera, 19. ☎ 953-72-05-40. En face de l'église, sur une place animée les soirs d'été. Doubles à environ 24 €. Une pension de famille ancienne mais bien tenue. Accueil jovial d'une dame âgée. Chambres sans prétention mais propres, avec lavabo et douche. Certaines avec vue sur la vallée ou sur la place.

Prix moyens (de 30 à 45 €)

🛏 *Pensión Taxi :* travesía San Antón, 7. ☎ 953-72-05-25. ● www.tu rismoencazorla.com ● De la place de la Constitución, entre les n⁰ˢ 7 et 9, une ruelle monte vers le haut de Cazorla ; c'est là. Compter 36 € la chambre double. Repas sur demande à 9 €. À deux pas de l'animation, et pourtant très calme, cet immeuble envahi par les plantes grimpantes abrite une petite pension familiale. Les chambres, récemment refaites, sont impeccables et claires : carrelage, douche et w.-c. Notre préférée est la n° 6, pour sa vue et sa petite terrasse ensoleillée. Vue sur les toits et les montagnes. Apéritif maison offert à nos lecteurs sur présentation de ce guide.

🛏 ●I●I *La Finca Mercedés :* ctra de la Sierra, km 1, 23476 La Iruela. ☎ et fax : 953-72-10-87. ● www.lafincamer cedes.com ● Sortir de Cazorla par la route de La Iruela ; en montant, il y a une fourche : suivre à gauche la pancarte « Parador de Turismo » et « Hotel Sierra de Cazorla » (panneau bleu) et ne pas aller vers le village de La Iruela (route de droite). Chambres doubles de 38,50 à 42 €, selon la saison. Au resto, compter 15 € pour un repas à la carte. Cette auberge jaune, surplombant la vallée, possède des chambres très propres, équipées de douche, w.-c. et chauffage. Très calme jusqu'au réveil de vos voisins, car les bruits de tuyauterie sont tout simplement anthologiques ! Vue très étendue sur les oliveraies. Jardin, piscine, parking (payant). Au resto, bonne cuisine de la région. Salle à manger décorée de trophées de chasse, de têtes de sangliers et de cornes de cerfs. L'accueil est excellent. Apéritif ou digestif offert à nos lecteurs sur présentation de ce guide.

Un peu plus chic (de 45 à 72 €)

🏠 *Molino La Farraga :* camino de la Hoz s/n. ☎ et fax : 953-72-12-49. Prendre la route qui monte de la plaza Santa María, entre les ruines et la cueva de Juan Pedro, puis suivre les indications ; à 5 mn à pied de la place. Congés annuels de décembre à février. Chambres doubles à 76 €, petit dej' inclus. Dans une très jolie maison restaurée et décorée avec goût, quelques chambres impeccables et personnalisées, superbes en somme. Joli jardin en terrasses, petit ruisseau qui glougloute, piscine, cadre magnifique et accueil toujours adorable. Bref, une adresse délicieuse et paisible. Restauration dans une salle datant du XIXe siècle, où le café est offert à nos lecteurs sur présentation de ce guide.

Où manger ?

De prix moyens à chic (de 12 à 30 €)

🍴 *La Cueva de Juan Pedro :* c/ La Hoz, 2. ☎ 953-72-12-25. Dans une vieille maison, une salle agréablement décorée. Personnel sympa et accueillant. Carte très riche, avec beaucoup de spécialités. Les plats de gibier (cerf, daim, sanglier) méritent largement la visite du fait de l'excellent rapport qualité-prix (des assiettes gargantuesques à moins de 10 € !). Dispose également de quelques chambres autour de 15 € par personne. Apéritif maison offert à nos lecteurs sur présentation de ce guide.

🍴 *Restaurant La Sarga :* plaza de Andalucía. ☎ 953-72-15-07. Fermé le mardi. Congés annuels : en septembre. Repas à la carte autour de 24 €. Le meilleur resto de Cazorla sert une cuisine délicate et inventive, dans une grande salle à la décoration bourgeoise et chic. Vue sur la vallée. Apéritif ou digestif offert à nos lecteurs sur présentation de ce guide.

À voir

🏹 *Museo de Artes y Costumbres Populares :* dans le château de la Yedra qui domine le village. ☎ 953-71-00-39. Ouvert du mardi au samedi de 9 h (15 h le mardi) à 20 h, le dimanche de 9 h à 15 h. Collection d'outils agricoles d'autrefois, ainsi que 3 maquettes de moulins à huile d'olive et une cuisine typique de la région.

À faire dans les environs

Le parc naturel de la sierra de Cazorla, Segura y las Villas est le plus vaste des parcs naturels espagnols. Le Guadalquivir y prend sa source pour aller irriguer toute l'Andalousie. Même au cœur de l'été, la température y est clémente, d'où une fréquentation touristique intense. En mai, juin, septembre et octobre, le routard amoureux de la nature s'y ressource en toute quiétude en profitant de ses richesses naturelles. Au milieu de paysages bucoliques et agrestes, vous parcourez de beaux villages d'où partent d'agréables balades peu connues. À l'étape, vous dégustez une cuisine à base de gibier (cerf, sanglier, perdrix et lièvre), des fruits savoureux et des olives parmi les meilleures d'Espagne.

🎦 *La ruta del agua* (la route de l'eau) : de Cazorla, il existe une boucle de 120 km dans le parc naturel, qui emprunte une route parfaitement asphaltée.

DE CORDOUE À GRENADE

Sortir de Cazorla en direction de la sierra et dépasser Burunchel. À la hauteur du puerto de las Palomas, 2 belvédères proposent de beaux points de vue, l'un vers le nord (plantations d'oliviers à perte de vue), l'autre vers le sud (vallée du jeune Guadalquivir). Au carrefour, laisser l'A 319 sur la gauche et continuer par un chemin de terre en direction du *Nacimiento del Guadalqui-vir*. À quelques kilomètres, un panneau indique le site de la *Cerrada de Utrero*. Ne manquez pas cette belle balade facile et aménagée d'environ 30 mn qui permet d'admirer une gorge taillée par le fleuve naissant ; après les pluies, les parois de la gorge ruissellent de cascades. On repart jusqu'au lieu-dit *Nacimiento del Guadalquivir*, belle vasque mythique dans laquelle se jettent des cascatelles. On croyait y voir une vraie source, mais le fleuve naît en réalité d'une multitude de ruisseaux qui déboulent des versants alentour.
Ensuite, la route goudronnée longe un magnifique lac de barrage, cerné de collines et de forêts. Puis, retour à Cazorla, avec un joli panorama sur le village.

➤ *Canyoning :* se renseigner à l'*Albergue de la Juventud* (voir « Où dormir ? » à Cazorla). Excursions en groupe uniquement.

➤ *Location de chevaux :* au lieu-dit Torre del Vinagre. Baladez-vous seul ou accompagné sur les bords du Guadalquivir. Sortir en direction de la Sierra, dépasser Burunchel et suivre la route A 319 vers le nord.

➤ *Itinéraires pédestres, cavaliers, VTT et 4x4 :* décrits dans une brochure gratuite intitulée *Senderismo*, disponible dans les offices du tourisme de Cazorla et des villes alentour (notamment Úbeda).

– *Baignades :* dans le pántano del Tranco de Reau et dans le Guadalquivir.

GRENADE (GRANADA)   (18000)   240 520 hab.

« Un doigt de la treille, un rai de soleil désignent le lieu où est mon cœur », écrivait Federico García Lorca en évoquant Grenade. Il est vrai qu'en terre andalouse, peu de lieux vous bercent d'une pareille beauté. Séduisante, dynamique, coquette dans son cannage de clairs-obscurs, Grenade reste l'une de nos villes préférées d'Andalousie. Un site grandiose : la ville est construite au pied de l'imposante barrière montagneuse de la sierra Nevada. Au 1er plan se détache l'*Alhambra,* chef-d'œuvre de l'architecture arabe. C'est là que se réfugièrent les derniers musulmans, alors que les Rois Catholiques gagnaient sans cesse du terrain. Grenade a bien plus de charme que Cordoue. Il faut aller chercher sa beauté sur ses collines, là où se trouve l'Alhambra et dans les vieux quartiers de l'*Albaicín* et de *Sacromonte*.
Grenade est avant tout une grande ville qui bouge (pas moins de 85 000 étudiants !), avec des avenues encombrées, des rues piétonnes étroites, des quartiers vivants, tel l'Albaicín, avec ses vieilles maisons blanches et son lacis de ruelles tortueuses. Et puis, si vous avez le temps, allez passer la journée dans la *sierra Nevada*, dont les sommets enneigés donnent à l'Alhambra une magnifique toile de fond (« Les deux rivières de Grenade descendent de la neige au blé », disait le poète), ou encore mieux dans les Alpujarras. Enfin, sachez que Grenade (située à 680 m d'altitude) ne connaît pas la chaleur étouffante de Séville ou de Cordoue, et ce n'est pas le moindre de ses charmes.

LE NOM DE GRENADE

Chateaubriand séjourna à Grenade en avril 1807. Il s'en inspira pour écrire son récit *Les Aventures du dernier Abencérage,* qui relate une histoire d'amour impossible entre un noble maure et une princesse chrétienne. Dans cet écrit romantique, il note que « les maisons placées sur la pente des coteaux dans l'enfoncement de la vallée donnent à la ville l'air et la forme d'une grenade entrouverte, d'où lui est venu son nom. »

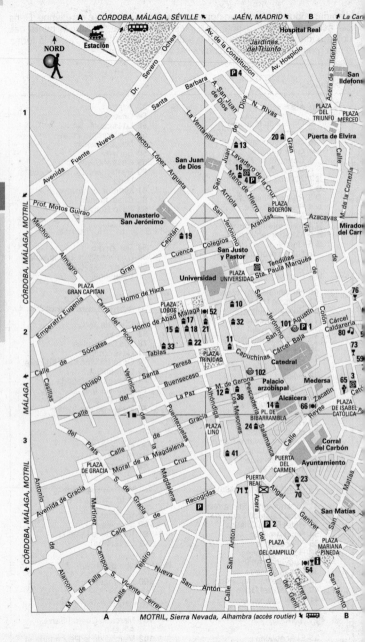

NORD

A   B

CÓRDOBA, MÁLAGA, MOTRIL ↙

MÁLAGA ↙

CÓRDOBA, MÁLAGA, MOTRIL ↙

Estación

Dr. Severo Ochoa

Santa Barbara

Avenida Fuente Nueva

Rector López Argueta

Prof. Motos Guirao

Melchor Almagro

Gran

Emperatriz Eugenia

Carril del Picón

Sócrates

Calle de Casillas

Calle del Prats

Antonio de Gracia

Avenida de Gracia

Martínez

Calle de

M. de Falla   S. Vicente Ferrer

Alarcón

Campos

Nueva San

Calle Antón

A. San Juan de Dios

La Ventanilla

San Juan de Dios

Capitán

Cuenca

Colegios

Homo de Haza

Homo de Abad

PLAZA LOGOS

PLAZA GRAN CAPITAN

Tablas

Obispo

Santa Teresa

Buenseceso

La Paz

Vernica del

Alhondiga

Puentezuelas

Gracia

PLAZA LINO

Moral de la Magdalena

S. de Gracia

Cruz

Recogidas

Teñero

Av. de la Constitución

Av. del Hospicio

Jardines del Triunfo

Hospital Real

N. Rivas

Gran

Acera de S. Ildefonso

San Ildefons

PLAZA DEL TRIUNFO   PLAZA MERCED

Puerta de Elvira

Calle

M. de la Cortezia

Mirado del Carr

🅿4

20 🏛

13 🏛

Juan Lavadero de la Cruz

16 🏛
🅿4

Maño de Hierro

San Arriola

San Jerónimo

Azacayas

Via

de

PLAZA BOQERÓN

Monasterio San Jerónimo

19 🏛

San Justo y Pastor

6 @

Tendillas

Sta. Paula Marqués

Universidad   PLAZA UNIVERSIDAD

Málaga

10 🏛

17 🏛

15 🏛   18 🏛   21 🏛

33 🏛

22 🏛

32 🏛

San Agustín

San

Jerónimo

101 @   🅿1

Colón

Cárcel Caldarería

76

80 ♪

73

59

52 ▮❙

11

Capuchinas

Cárcel Baja

Catedral

102 ✡

M. de Gerona

12 🏛   36 🏛

PLAZA TRINIDAD

Palacio arzobispal

14 🏛

Pescadería

PL. DE BIBARRAMBLA

24 🏛

Mesones

Salamanca

Medersa

Alcaicera

66 ▮❙

Zacatin

Reyes

PLAZA DE ISABEL CATÓLICA

65

3

Catc

41 🏛

PUERTA DEL CARMEN

Corral del Carbón

Ayuntamiento

Magdalena

PLAZA DE GRACIA

PUERTA REAL

71 ✉

🅿

2 🅿

PLAZA DEL CAMPILLO

Angel

Acera del Darro

San Antón

23 🏛
70

San Matías

San

Ganivet

Matías

PLAZA MARIANA PINEDA

54 ▮❙ 🏛

Carrera del Genil

San Jacinto

A   B

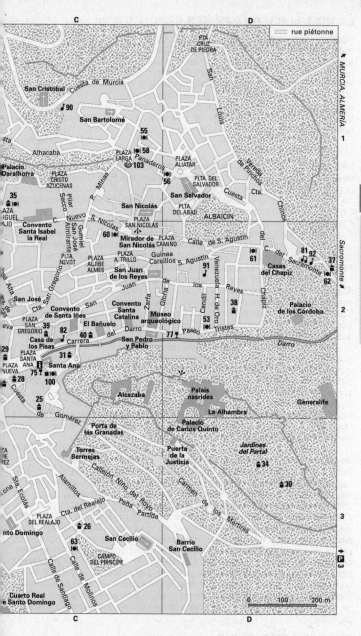

GRENADE

LA NOSTALGIE DU PARADIS PERDU

Pendant longtemps, dans le monde arabe, on disait de quelqu'un de mélancolique ou de dépressif : « Il songe à Grenade ». Grenade et Al-Andalus apparaissent dans certaines prières de l'islam. Chateaubriand écrit : « Le paradis de Grenade vivait toujours dans leur mémoire ; les mères en redisaient le nom aux enfants qui suçaient encore la mamelle. Elles les berçaient avec les romances des Zégris et des Abencérages. Tous les cinq jours on priait dans la mosquée, en se tournant vers Grenade. » Encore aujourd'hui, la fin de Al-Andalus et la chute de Grenade, en 1492, représentent, pour nombre d'Arabes, la perte d'un paradis.

UN PEU D'HISTOIRE

Le 2 janvier 1492, à 15 h, **Muley Boabdil**, dernier roi maure de la dynastie des Abencérages, remet les clés de l'Alhambra aux Rois Catholiques. C'est la fin d'une ère de 777 ans de domination musulmane sur une grande partie de l'Espagne. L'épopée arabe d'Al-Andalus s'achève à Grenade tandis que Christophe Colomb découvre les Amériques.

Pour Grenade, tout a commencé en 1236. À la suite de la reconquête de Cordoue par les chrétiens, les Maures s'y réfugient. Le véritable essor de la cité commence alors. Les **Nasrides** dominent l'émirat de Grenade, qui restera sous leur contrôle du milieu du XIIIe siècle à la fin du XVe siècle.

Pendant près de 250 ans, cet émirat indépendant conserve son pouvoir, sa culture, sa force, alors que les Castillans et leurs armées sont à sa porte. Al-Ahmar et ses successeurs ont tous été des vassaux du roi de Castille, lui versant un tribut annuel. Les Maures devaient défendre le roi chrétien de Castille dans ses guerres contre leurs propres frères musulmans. Les guerriers nasrides participèrent ainsi au siège de Séville en 1248, luttant au côté des chrétiens.

Si Grenade a résisté longtemps, c'est parce que les sultans ont satisfait les exigences des chrétiens... Et les richesses du sol, la production agricole et l'organisation exemplaire de la cité ont fait que celle-ci parvint à perdurer tant bien que mal. Mais les offensives catholiques se font de plus en plus dures, surtout à partir de 1482 : pillages, attaques soudaines, combats répétés, les assaillants sont décidés à s'emparer du royaume de Grenade. Des dissensions au sein des familles de l'émirat accélèrent le processus. Ronda puis Málaga tombent. Quelques années plus tard, privée de toute ressource, Grenade cède à son tour.

Malgré la promesse d'Isabelle la Catholique de respecter la liberté de culte et de préserver les mosquées, peu à peu, les musulmans sont victimes de persécutions et de violences. C'est maintenant à leur tour de se convertir. Les mosquées sont saccagées, les palais idem, sauf l'Alhambra, dont la splendeur transcende les religions. De la tolérance promise, on passe à la vengeance sauvage. Le petit peuple arabe et juif se fait encore plus petit. **Charles Quint** décrète en 1526 que les *moriscos* (musulmans repentis) doivent adopter la langue, les coutumes et les vêtements des chrétiens. Il suspend cependant la mise en vigueur de cette loi en échange d'un tribut versé par la communauté maure pendant 40 ans. Tribut qui lui permettra de financer la construction de son palais à Grenade. En 1568, son fils **Philippe II** applique la loi sans ménagement et ajoute des mesures visant à priver la communauté de ses droits fonciers et commerciaux. Une révolte éclate à Grenade et dans les Alpujarras, donnant lieu à une véritable guerre civile et se terminant par l'expulsion du royaume de tous les *moriscos* qui y avaient participé.

GRENADE LITTÉRAIRE

Originaire de Fuentevaqueros, près de Grenade, Federico García Lorca (1898-1936) publie à 20 ans ses premiers poèmes. Très influencé par la vie à la campagne, il sut en exprimer de manière fine et précise toute la force et la noblesse. Il se sent proche de l'âme gitane, et la tauromachie l'inspire. C'est *Romancero gitano* qui le fera connaître en 1928. Puis il y aura *Poeta en Nueva York*, qu'il publiera à l'issue d'un voyage aux États-Unis. Il revient à Grenade en 1936, en pleine terreur phalangiste. On l'arrête comme sympathisant républicain. Il est très rapidement et sommairement exécuté à Víznar la même année.

Washington Irving (1783-1859), quant à lui, considéré comme le véritable fondateur de la littérature américaine et natif de la Grosse Pomme, fait plusieurs périples à travers l'Europe avant de décider, vers 1815, de s'installer pour de bon sur le vieux continent et tombe finalement sous le charme de l'Espagne. Ses pérégrinations ibériques, en tant qu'ambassadeur, le mènent en Andalousie, plus précisément à Grenade, dans l'enceinte même de l'Alhambra. Il y occupera une chambre plusieurs mois durant, récoltant légendes et récits, publiés en 1832 sous le titre de *Contes de l'Alhambra*.

Le livre est sur tous les étalages de la ville, dans toutes les langues, mais que cela ne vous rebute pas. La 1re partie évoque le voyage d'Irving à travers une Espagne encore mythique : les *bandoleros,* les *arrieros* (muletiers) traversant en chantonnant la sierra, le cliquetis des castagnettes qui naît spontanément parmi les villageois... Puis il vous entraîne à travers l'Alhambra, la vallée du Darro, le quartier de l'Albaicín, ensorcelant petit à petit chaque endroit au travers de ses observations de voyageur, des légendes glanées auprès des Grenadins et des récits palpitants de son compagnon Mateo, autoproclamé « fils de l'Alhambra ».

Arriver – Quitter

En avion

➤ **Aéroport Grenade-Jaen** *(aeropuerto Federico García Lorca) :* ctra de Málaga s/n. ☎ 958-24-52-23. À environ 15 km de la ville par l'A 329 en direction de Málaga. Dans l'autre sens, prendre l'A 92 puis l'A 329 vers Grenade (via Santa Fe) puis suivre les panneaux *av. de la Constitución* (N 323) et *Centro Recogidas*.

➤ **Bus de/vers l'aéroport :** la compagnie J. González (☎ 958-49-01-64) assure 9 à 11 liaisons par jour dans les 2 sens ; départ de l'aéroport selon les horaires d'arrivée des avions ; dessert la gare routière, l'av. de la Constitución (d'abord au niveau de la gare puis devant l'hôtel *Vinci*) et poursuit jusqu'au palacio de Congresos. En sens inverse, il part également du palacio de Congresos (à côté du bar *Ventorillo*), et s'arrête Gran Vía de Colón (à peu près à la hauteur de la cathédrale), av. de la Constitución (au niveau des Jardines del Triunfo puis de la gare Renfe) et à la gare routière. Horaires précis par téléphone ou à l'office du tourisme. Compter 3 € pour 30 mn de trajet environ.

En train

➤ **Gare ferroviaire** *(plan A1) :* av. Andaluces. ☎ 902-24-02-02 (n° national). ● www.renfe.es ● À l'ouest de la ville. Pour y aller, bus n° 11 depuis la Gran Vía de Colón.
– Pour aller de la **gare ferroviaire** au centre, remonter à pied la rue de la gare (av. Andaluces, très courte) jusqu'à l'av. de la Constitución. À l'angle, un arrêt de bus « Constitución 3 ». Plusieurs bus (n°s 11, 10, 3, etc.) conduisent alors à la Gran Vía de Colón. Également un arrêt du bus desservant l'aéroport.

➤ **De/vers Séville et Almería :** une ligne relie ces 2 villes entre elles, via Grenade, 4 fois par jour. De Grenade à Séville, compter 3 h de trajet et 20 €. D'Almería à Grenade, environ 2 h 15 et 12 €.

➢ **De/vers Madrid :** 2 départs par jour, dans les 2 sens. Prévoir 6 h de trajet et 30 à 35 €.

➢ **De/vers Valence et Barcelone :** un à deux trains par jour effectuent le trajet aller-retour entre Grenade et Barcelone, en passant par Valence. De Grenade à Valence (et inversement), prévoir 42 € la place assise et à partir de 64 € en couchette (8 h de trajet). De/vers Barcelone, c'est 52 € la place assise et à partir de 73 € en couchette (12 h de trajet).

➢ **De/vers Algésiras et Ronda :** par l'*Andalucía Express*, 3 départs par jour (dans les 2 sens), 4 h 30 de trajet et environ 16 €. Ce train passe par **Ronda** (2 h 40 de trajet et 11 €).

➢ **De/vers Linares-Baeza :** de 4 à 5 trains par jour dans les 2 sens ; environ 2 h 30 de trajet ; compter entre 10 et 18,50 €, le train *Andalucía Express* étant le moins cher (1 seul par jour).

En bus

🚌 **Gare routière** *(hors plan par A1) :* ctra de Jaén. À 2 km à l'ouest du centre. Pour s'y rendre ou en revenir, bus nᵒˢ 3 ou 33 depuis et vers la Gran Vía de Colón. Toutes les compagnies sont réunies dans cette station. Pratique. Desservie également par le bus de/vers l'aéroport. En voici quelques-unes :

■ **Alsina-Graells :** ☎ 958-18-54-80. ● www.alsinagraells.es ● Nombreuses liaisons quotidiennes entre Grenade et **Málaga** ; le trajet dure 1 h 45 et coûte 8,30 € environ. De/vers **Cordoue,** environ 7 bus par jour en 2 h 45 pour 12 €. Pour **Jaén** et retour, une petite dizaine de bus par jour (1 h 30 ; 6,50 €). Environ 7 bus directs par jour de/vers **Séville** (3 h ; 16,50 €). De/vers **Almería,** à peu près 6 bus quotidiens (2 h 15 ; 9,40 €). Le trajet entre **Cadix** et Grenade se fait 3 fois par jour (5 h 30 ; 26 €). Pour **Huelva,** il n'y a qu'un bus quotidien, à 16 h 30 au départ de Grenade (5 h ; 23 €) et pas de bus retour. Le bus de/vers **Úbeda** et **Baeza** circule au moins 7 fois par jour entre ces 2 villes et Grenade (2 h 30 ; 10 €). Quant à la ville de **Murcie,** elle est reliée à Grenade 6 fois par jour (4 h 30 ; 17 €). Également 4 liaisons directes avec **Algésiras** (3 h 30 ; 18 €). Et pour **Madrid,** une dizaine de départs quotidiens, et autant au départs de Madrid (av. América), environ 6 h ; 14 €.

■ **Compañía Bacoma :** ☎ 958-15-75-57. Dessert essentiellement **Alicante** (6 fois par jour pour 25 € ; 6 h de trajet), **Valencia** (7 bus quotidiens ; 37 € ; 9 h de route) et **Barcelone** (6 départs par jour ; 71 € ; 14 h).

■ **Autocares Bonal :** ☎ 958-27-31-00. Bus de/pour la **sierra Nevada.** En hiver, 3 départs par jour en semaine, 4 le week-end, et autant dans l'autre sens. En été, 1 départ le matin vers 9 h, 1 retour à 17 h depuis la Sierra Nevada. Le voyage prend 1 h et coûte 3,60 € l'aller.

Topographie de la ville et transports

Grenade est une ville étendue, mais on s'y repère facilement. Cela dit, en voiture, c'est assez infernal à cause des sens uniques et des plaques de rues souvent absentes... La *plaza Isabel la Católica* constitue le carrefour quasi obligé des automobilistes, car 2 artères principales s'y croisent : la *Gran Vía de Colón,* qui traverse le centre historique et remonte jusqu'au quartier de la gare routière (au nord). Et la *calle Reyes Católicos,* qui débouche à l'ouest sur le périph' *Camino de Ronda* (via la Puerta Real et la calle de Recogidas), et à l'est sur la *Cuesta del Chapíz* qui monte vers le Sacromonte et l'Albaicín.
– Très bon **réseau de bus urbains** (*Rober,* ☎ 900-71-09-00 pour infos), assez facile, même pour le routard fraîchement débarqué. En général, le trajet coûte 1 €. On peut acheter un ticket valable pour 9 voyages à 5,45 €

pour 20 voyages à 10,80 € ou un coupon mensuel à 32 € (en vente dans les bus ou les bureaux de tabac). Ces billets multi-voyages sont utilisables par plusieurs voyageurs en même temps : composter votre coupon autant de fois que de passagers (ça peut être vraiment intéressant pour une famille, par exemple).

– Tout le **quartier des rues piétonnes** autour de la cathédrale se trouve à 5 mn à pied de la plaza Isabel la Católica. On trouve en son centre la *plaza Bibarrambla* et, à deux pas, la *plaza de la Trinidad.* Beaucoup d'hôtels dans cette zone. Plan du réseau à l'office de tourisme.

– **L'Alhambra** est situé sur une colline à l'est du centre-ville. On y accède à pied en 25 mn environ, mais ça grimpe dur. Des minibus (nos 30 et 32) relient le centre à l'Alhambra, à partir de la plaza Nueva. Très pratiques, très fréquents (toutes les 3-4 mn) de 7 h à 23 h et pas chers (1 €). Également, éventuellement le n° 34, qui commence par monter à l'Alhambra avant de redescendre vers la plaza Nueva et de poursuivre vers le Sacromonte.

– Le vieux quartier de l'**Albaicín** est situé au nord-est du centre, sur une colline au nord-ouest de celle de l'Alhambra. De là, on a une vue superbe sur le palais et la ville à la fois. C'est dans ce quartier que se retrouve le charme du Grenade populaire, même si les maisons sont aujourd'hui habitées aussi bien par des gens simples que par des familles bourgeoises. Depuis la plaza Nueva, bus nos 31 et 32 (et 34 jusqu'à la casa del Chapíz).

– Le dernier quartier, **Sacromonte,** se trouve derrière l'Albaicín, sur la même colline. On peut s'y rendre par les bus nos 32 et 31 (départ de la plaza Nueva), qui mènent à l'entrée du *camino del Sacromonte,* au niveau de la casa del Chapíz ; mais il reste un bout de chemin à pied. Plus pratique, le bus n° 34, qui part également de la plaza Nueva, et qui s'engage sur le *Camino* en question. Ce dernier n'effectue toutefois le trajet qu'une fois par heure entre 8 h 25 et 23 h 25. Y grimper à pied peut s'avérer assez pénible, surtout un jour de cagnard. Mais rapide en redescendant (10-15 mn jusqu'à plaza Nueva).

Parkings

▣ On vous conseille donc d'oublier la vilaine voiture polluante au parking et de sillonner la ville sur vos lestes gambettes écologiques. Sinon, un vrai budget est nécessaire : compter 16 € les 24 h. Un parking bien central, le **parking San Agustín** *(plan B2, 1),* sur la plaza du même nom, à 2 pas de la Gran Vía de Colón et de la cathédrale ; mais franchement pas facile à atteindre, et cher (18 €/24 h). Sinon, le **parking Puerta Real** *(plan B3, 2),* plaza del Campillo, facilement accessible car situé au n° 30 de la grande artère Acera del Darro. De l'autre côté de la plaza del Campillo, une autre option, le **parking Ganivet,** dans la rue éponyme. Non loin de la gare ferroviaire, en face des *jardines del Triunfo,* le **parking Triunfo** *(plan B1, 4),* avenida de la Constitución, peut également être utile, notamment si vous logez autour de la plaza Trinidad et du monastère San Jerónimo. Nombre d'hôtels du coin proposent des réductions dans ce parking. Le plus pratique, c'est tout de même l'immense **parking de l'Alhambra** *(hors plan par D3, 3),* accessible par le périph' en suivant les panneaux « Alhambra » et voilà ! Arrêts des minibus à quelques centaines de mètres (essayez de trouver de la place le plus bas possible pour vous en rapprocher) pour descendre sur la plaza Nueva.

Adresses utiles

Infos touristiques

🛈 **Office du tourisme** *(junta andalucía ; plan C2) :* c/ Santa Ana, 4. ☎ 958-57-52-02. • www.andalucia. org • À côté de l'église Santa Ana. Pas de possibilité de se garer à proximité. Ouvert du lundi au samedi de

9 h (10 h le samedi) à 19 h 30, et les dimanche et jours fériés de 10 h à 14 h. En juillet et août, ouverture jusqu'à 20 h 30 du lundi au samedi. On y parle le français. Documentation sur la ville et sur toute l'Andalousie, ainsi que des infos sur les transports. Plan des bus urbains et carte gratuite. Excellent accueil.

🛈 *Office du tourisme (turismo de Granada ; plan B3)* **:** plaza Mariana Pineda, 10. ☎ 958-24-71-28. ● www.turgranada.es ● Dans le centre, proche du parking plaza del Campillo. Ouvert du lundi au vendredi de 9 h à 20 h, le samedi de 10 h à 19 h et les dimanche et jours fériés de 10 h à 15 h. Accueil très sympa. On y parle le français. Plan de la ville gratuit.

Représentations diplomatiques

■ *Consulat de Belgique (hors plan par A3)* **:** c/ Neptuno, 66, 1°A. ☎ 958-25-16-31.

■ *Consulat de France et Maison de France (plan A2-3, 1)* **:** c/ Carlos Pareja, 5. ☎ 958-26-14-47.

Poste et télécommunications

✉ *Poste (Correos ; plan B3)* **:** puerta Real. Ouvert du lundi au vendredi de 8 h 30 à 20 h 30 et le samedi de 9 h 30 à 14 h. Guichet *Western Union* à l'intérieur.

@ En plein centre, *Navegaweb (plan B2, 3)*, c/ Reyes Católicos, 55 ; ouvert tous les jours de 10 h à 23 h : une très grande salle fonctionnelle très bien située. À quelques pas, *Madar Internet (plan B2, 5)*, Calderería Nueva, 12 ; ouvert de 10 h (12 h le dimanche) à minuit : petite salle pleine d'ordinateurs.

@ Dans le quartier étudiant, le *Café Internet Seven (plan B1, 4)*, c/ Lavadero de la Cruz, 23. Ouvert de 10 h 30 (17 h 30 le week-end) à 22 h : plutôt enfumé mais on peut y surfer dans une ambiance détendue, en sirotant un café ou un thé, dans un agréable fond musical. Encore plus proche de la fac, *Uninet (plan B2, 6)*, sur la plaza de la Incarnación. Ouvert de 9 h 30 (10 h 30 le week-end) à 23 h ; vraiment peu cher, anglophone et exclusivement non-fumeurs.

Banques

■ *Banques et change* **:** les grandes banques *(Banco Central, Banco Bilbao, Banco Santander...)* sont autour de la plaza Isabel la Católica *(plan B2-3)*. Et sur la Gran Vía de Colón *(plan B2)*. Ouvertes du lundi au vendredi de 8 h 30 à 14 h, ainsi que le samedi matin sauf en été. Elles font toutes le change et possèdent un distributeur.
– Et pour trouver un guichet *Western Union*, c'est à la poste que ça se passe (voir ci-dessus).

Santé, urgences

■ *Croix-Rouge* **:** c/ Escoriaza, 8. ☎ 958-22-22-22.
■ *Hospital Virgen de las Nieves* **:** av. Fuerzas Armadas. ☎ 958-02-16-00.
■ *Commissariat de police (plan B3,* *7)* **:** plaza de los Campos. ☎ 958-24-81-11 ou 092 (n° national). Ouvert 24 h/24. Pour tous les problèmes.
■ *Objets trouvés* **:** ☎ 958-24-81-03.

Garages

■ *Garage Renault* **:** av. de Andalucía. ☎ 958-27-28-50.

■ *Garage Peugeot* **:** ctra de Jaén, 19.

Location de voitures

■ *Avis :* c/ Recogidas, 31. ☎ 958-25-23-58. À l'aéroport, ☎ 958-44-64-55.
■ *Europcar :* av. del Sur, 12. ☎ 958-29-50-65. À l'aéroport, ☎ 958-24-52-75.

■ *Hertz :* Fuentenueva s/n, edificio H, Granada Center. ☎ 958-20-44-54. À l'aéroport, ☎ 958-24-52-77.

Où dormir ?

Les *hostales* et pensions de Grenade n'ont pas le charme de celles de Cordoue ou de Séville. Peu de pensions dans le vieux quartier de l'Albaicín. À la gare, on peut vous raconter que certains hôtels sont complets pour vous entraîner ailleurs. Téléphonez, c'est plus simple. Certains hôtels proposent parfois un parking privé, parfois une place dans un parking public. Dans les deux cas, ce n'est jamais offert par la maison, toujours assez cher et quasiment indispensable.

Auberge de jeunesse

🛏 *Albergue juvenil :* av. Ramón y Cajal, 2, 18003. ☎ 958-00-29-00. Fax : 958-00-29-08. ● www.inturjoven.com ● En sortant de la gare routière, prendre à gauche et demander *el estadio de la juventud* (25 mn à pied). Ouvert toute l'année, 24 h/24. Les prix de mars à octobre sont de 14,50 € pour les moins de 26 ans et de 19 € environ pour les plus de 26 ans (avec la carte FUAJ) ; moins cher le reste de l'année. Aucun intérêt. C'est loin, pas pratique, sans charme et, à 2, sensiblement au même prix qu'une petite pension du centre.

Près de la cathédrale (centre-ville)

Les petites rues alentour ont subi de nombreux travaux pour que le quartier se transforme presque exclusivement en zone piétonne. Très joli, très calme, mais pour les automobilistes, un peu casse-bonbons. Passez à votre hôtel déposer vos bagages, ils vous donneront les indications pour le parking le plus proche (parfois avec réduction). Un conseil : bétonnez vos réservations (fax de confirmation...) et arrivez tôt. Attention, l'accès à certaines rues est restreint par des pylônes, notamment calle Laurel de las Tablas. Il suffit toutefois de repérer la colonne couleur argent située juste avant, d'appuyer sur l'interphone et de dire que vous vous rendez dans un hôtel du coin. Vous n'aurez aucun problème pour passer.

Bon marché (de 15 à 30 €)

Également d'autres adresses dans la Gran Vía de Colón, peut-être moins calmes.

🛏 *Hospedaje Almohada (plan B2, 10) :* c/ Postigo de Zarate, 4, 18001. ☎ 958-20-74-46. ● hospedajealmohada@hotmail.com ● Chambres doubles à 30 €, ou 14 € par personne en dortoir de 4 lits. Petite pension centrale (tout près de la fac de droit) et presque cachée au fond d'une impasse. La patronne fait dans l'artisanat et son mari dans la peinture : leurs œuvres colorent toute la maison. Chambres propres et simples ; 3 salles de bains impeccables, une par étage. La cuisine commune, assez bien équipée, est à disposition. Ambiance sympathique et accueil attentionné. Une adresse pas comme les autres ! Réservation conseillée.

▪ *Pensión Muñoz* *(plan B2, 12) :* c/ Mesones, 53, 18001. ☎ 958-26-38-19. Dans une rue piétonne. Osez pénétrer malgré l'entrée peu engageante et montez au 2e étage. Chambres doubles avec lavabo autour de 25 €. Tout à fait monacales, mais agréables et calmes. Salle de bains impeccable à l'étage. Le patron est très gentil et son fils parle un peu l'anglais. Le prototype même

de la pension familiale à l'ancienne.

▪ *Pensión Romero* *(plan B2, 11) :* c/ Sillería, 18001. ☎ 958-26-60-79. Dans une rue débouchant sur la plaza de la Trinidad, au-dessus de la librairie *Flash*. Chambres doubles à moins de 30 € ; salle de bains commune dont la propreté rassurera les plus maniaques. Pension éminemment centrale, simple, dont les petites chambres sont claires et nettes. Préférer celles donnant sur la ruelle. Terrasse modeste mais bienvenue. Accueil un peu froid.

Prix moyens (de 30 à 50 €)

▪ *Hostal Sevilla* *(plan A2, 17) :* Fábrica Vieja, 18, 18002. ☎ 958-27-85-13. ● hostalsevilla@telefonica.net ● À côté de la plaza de los Lobos. Chambres doubles de 28 à 35 €, selon le confort. Parking pas trop cher. À l'exception des 2 petites chambres donnant sur le patio, elles disposent toutes d'un petit balcon. Les hôteliers parlent le français et sont généreux en conseils. Excellente adresse familiale, une valeur sûre, mais frisquet en hiver. Attention à bien confirmer votre réservation et votre heure d'arrivée.

▪ *Hostal Los Jerónimos* *(plan A2, 19) :* Gran Capitán, 1, 18002. ☎ 958-29-44-61. Fax : 958-29-45-00. ● www.hotellosjeronimos.com ● À côté du monastère San Jerónimo, pas loin des bars animés. Cet hôtel offre un fort bon confort pour un excellent rapport qualité-prix avec la remise de 30 % que le patron et son équipe – qui parlent le français – accordent à nos lecteurs du lundi au jeudi, en dehors de la Semaine sainte et des jours fériés ; présentez votre guide dès l'arrivée à l'hôtel. Réduction faite, la chambre double aux installations modernes vous coûtera un peu plus de 41 €, avec salle de bains. Demandez à voir plusieurs chambres avant de vous décider, certaines peuvent être bruyantes, notamment au 1er étage. En revanche, les nos 501 et 502 ont été rénovées et offrent une vue superbe depuis la terrasse. Toujours une bonne adresse.

▪ *Hostal Meridiano* *(plan A2, 15) :*

c/ Angulo, 9, 18002. ☎ 958-25-05-44. ● www.hostalpensionmeridiano.com ● Parking (payant) à 100 m. Chambres doubles de 32 à 38 € selon la saison et le confort. Un très joli petit hôtel, où un effort particulier a été fait pour soigner la décoration. Chambres agréables avec ventilos ou AC. Accueil aimable. Très bon rapport qualité-prix. Accès gratuit à Internet. Remise de 10 % pour nos lecteurs du 1er novembre à fin février sur présentation de ce guide.

▪ *Hostal Marquez* *(plan A2, 17) :* Fábrica Vieja, 8, 18002. ☎ et fax : 958-27-50-13. ● hostal-marquez@ozu.es ● Parking La Paz. De 32 à 40 € la double ; douche, w.-c. (pour les plus chères) et AC. Également des dortoirs de 3 ou 4 lits à 16 € par personne. C'est une petite pension propre et familiale, bien arrangée. Voilà une bonne literie, on l'a vérifiée ! Accueil jovial. Encore un bon rapport qualité-prix.

▪ *Hostal Mesones* *(plan B2, 36) :* c/ Mesones, 44, 18001. ☎ et fax : 958-26-32-44. ● mesones44@hotmail.com ● Parking privé à 50 m. Compter 39 € avec salle de bains et 30 € sans. Une pension familiale, accueillante et rutilante de propreté. Tout est neuf, décoré de façon typique avec des miroirs partout. Les chambres sont petites et assez simples, mais coquettes et gaies, avec des dessus-de-lit assortis aux rideaux à carreaux et des murs jaunes. On s'y sent comme chez soi.

▪ *Hostal Zurita* *(plan A2, 22) :* plaza

de la Trinidad, 7, 18002. ☎ et fax : 958-27-50-20. ● pensionzurita@gmail.com ● Parking payant. Chambres coquettes et climatisées, certaines avec bains et balcon à 40 €, d'autres à 32 € avec lavabo. Timide patio fleuri couvert, sur lequel donnent quelques chambres bien équipées (douche et w.-c.). Celles sur rue sont plus bruyantes mais plus grandes. D'autres encore donnent sur la place plantée d'arbres. Très bon accueil. Bien demander les instructions pour le chauffage en hiver.

📧 *Hostal Lima (plan A2, 18) :* Laurel de las Tablas, 17, 18002. ☎ et fax : 958-29-50-29. ● www.hostallimagranada.com ● Parking privé payant. La double est à 40 € avec salle de bains impeccable, AC, TV. Également une « suite » plus confortable à 55 €. Petite *hostal* familiale « super tranquillou » où l'on est bien accueilli.

📧 *Hotel Alcazaba (plan B1, 13) :* c/ San Juan de Dios, 38, 18001. ☎ 958-29-13-80. Fax : 958-80-06-73. ● www.hostalalcazaba.com ● Situé près du quartier historique. Compter entre 31 et 38 € pour une chambre double avec lavabo ou baignoire. À proximité des monuments, une prestation vraiment honorable pour un bon rapport qualité-prix. Très bon accueil.

📧 *Hostal Duquesa (plan A-B2, 21) :* c/ Duquesa, 10, 18001. ☎ 958-27-96-03. ● www.hostalduquesa.com ● Près de la plaza Trinidad. Une pension toute simple avec des chambres doubles entre 28 € sans salle de bains et 33 € avec. Les néons dans les chambres donnent un peu mauvaise mine, mais tout est nickel chrome. Accueil en français car le patron a vécu 37 ans à Orléans et a gardé un petit accent fort sympathique. Le quartier est très vivant le soir, avec des bars un peu partout. Réduction de 10 % aux lecteurs de ce guide jusqu'à juin à août.

📧 *Hostal Arroyo (plan B1, 16) :* c/ Mano de Hierro, 18, 18001. ☎ 958-20-38-28. Fax : 958-20-10-66. ● www.hostalarroyo.com ● Chambres de 30 à 40 € selon le confort. Elles sont propres, avec ventilo, et disposées autour d'une cour intérieure. Décor classique et bon

accueil. Terrasse pour faire sécher le linge. Pour nos lecteurs et sur présentation de ce guide, remise de 10 % sur le prix des chambres si vous restez au moins 2 nuits consécutives.

📧 *Hostal Zacatin (plan B2, 14) :* c/ Ermita, 11, 18001. ☎ et fax : 958-22-11-55. ● http://hostalzacatin.tripod.com.mx ● Entrer par l'Alcaicería, joli souk arabe aujourd'hui récupéré par les boutiques à touristes, ou directement par la plaza Bibarrambla. Différents types de chambres doubles : de 30 à 42 € selon le confort (lavabo, douche ou bains). Également des triples et des quadruples. Les chambres donnant sur la rue piétonne sont un peu bruyantes dans la journée. Bon à savoir, les n°s 17 et 18 ont 2 balcons donnant sur l'Alcaicería. Vieillot (néanmoins quelques chambres ont été rénovées), confort de base mais les proprios sont adorables. De novembre à février inclus, remise de 10 % pour nos lecteurs sur présentation de ce guide.

📧 *Hostal Atlántida (plan B1, 20) :* Gran Vía de Colón, 57, 18001. ☎ 958-28-04-23. Fax : 958-20-07-52. ● cyp1313@hotmail.com ● Parking El Triunfo. Au 2ᵉ étage. Chambres à 48 €, agréables et propres. Quelques chambres tout en haut, avec terrasse et vue, mais à éviter car l'avenue est bruyante ! Une adresse un peu incolore, mais pro et bien tenue. Et une remise de 10 % sur le prix des chambres est offerte à nos lecteurs sur présentation de ce guide, sauf les vendredi et samedi.

📧 *Hotel Niza (plan B3, 23) :* c/ Navas, 16, 18009. ☎ 958-22-54-30. Fax : 958-22-54-27. ● www.hniza.com ● Parking privé gardé à 25 m. Chambres climatisées ou non autour de 47 € avec douche ou bains riquiqui. Petit dej' à 5 €. En voir plusieurs, car elles sont inégales et un peu chères pour les prestations, plutôt vieillottes dans l'ensemble, mais pas désagréables. Proprios sympas et francophones. Chambres sur rue bruyantes. Sur présentation de ce guide, nos lecteurs bénéficient d'une remise de 10 %, sauf pendant la Semaine sainte.

De plus chic à très chic (plus de 50 €)

🛏 *Hotel Casa de Federico (plan B2, 32)* : c/ Horno Marina, 13, 18001. ☎ 958-20-85-34. Fax : 958-29-42-59. ● www.casadefederico.com ● En haute saison, doubles à partir de 85 €, et environ 120 € la suite. Petit dej'-buffet à 8-9 € dans une salle voisine sortie tout droit des *Mille et Une Nuits*. Un hôtel de charme magnifique et tout récent, entièrement dédié à Federico García Lorca et, pour cette raison, empli de poésie. De la récupération des vieux volets convertis en têtes de lit, aux lavabos de marbres tous différents, en passant par les somptueuses œuvres qui décorent chaque couloir, ou encore les anciens sols en damier, tout est affaire d'artistes et d'artisans. Un petit recueil de poésie sur chaque table de chevet, à lire calé par un gros coussin coloré, ou sur la terrasse au dernier étage, avec vue sur tout Grenade : que demande le peuple ? Et un café un un digestif gracieusement offert à nos lecteurs sur présentation de ce guide.

🛏 *Hotel Los Tilos (plan B3, 24)* : plaza Bibarrambla, 4, 18001. ☎ 958-26-67-12. Fax : 958-26-68-01. ● www.hotellostilos.com ● Accès difficile en voiture. Parking plaza del Campillo. Réception au 1er étage. Compter 65 €, petit dej' compris, pour des chambres doubles assez confortables, récemment rénovées et 75 € en haute saison. La situation de l'hôtel sur cette place animée est un plus et l'accueil est sympathique. Petit dej'-buffet offert sur présentation de ce guide.

🛏 *Hotel Las Nieves (plan B3, 41)* : Alhóndiga, 8, 18001. ☎ 958-26-53-11 et 51. Fax : 958-52-31-95. ● reservas@hotellasnieves.e.telefonica.net ● www.hotellasnieves.com ● Des chambres doubles de 50 à 80 € selon l'affluence, et des triples d'un bon rapport qualité-prix. Outre ses chambres à la déco classique, plutôt confortables et assez vastes pour certaines, outre son ascenseur, l'intérêt de l'endroit tient surtout aux nombreuses promos souvent consenties. Particulièrement sur ses triples ou familiales en basse saison.

🛏 *Hotel Reina Cristina (plan A2, 33)* : c/ Tablas, 4, 18002. ☎ 958-25-32-11. Fax : 958-25-57-28. ● www.hotelreinacristina.com ● Parking valet payant. Chambres doubles de 96 à 111 €. Petit dej' à 7,50 €. Demi-pension obligatoire durant la Semaine sainte et les ponts fériés. Un 3-étoiles central et raffiné, dont le hall se situe dans un patio décoré d'une fontaine en marbre blanc et d'un salon de style mauresque. Les chambres donnant sur cour sont étriquées pour le prix, les autres sont plus grandes et lumineuses. Fait aussi restaurant.

Près de l'Alhambra

Bizarrement, la calle Cuesta de Gomérez *(plan C2-3)*, qui mène à l'Alhambra, est bourrée de pensions bon marché (mais attention, elle n'est plus accessible aux voitures). Très agréable pour se balader dans les jardins de l'Alhambra, un peu plus haut. Malheureusement, ces hôtels sont vite complets, et la rue est un peu bruyante dans la journée. Par ailleurs, il semble que les établissements de ce quartier, bénéficiant d'une rente de situation, ne fassent plus beaucoup d'effort dans l'accueil de la clientèle.

De bon marché à prix moyens (moins de 45 €)

🛏 *Hostal Venecia (plan C2, 27)* : c/ Cuesta de Gomérez, 2, 18009. ☎ et fax : 958-22-39-87. ● hostalvenecia@grupobbva.net ● Au 2e étage. Une dizaine de chambres très bien tenues de 30 à 40 € en fonction de la taille et du confort (avec salle de bains privée ou commune). Une *hostal* assez sombre, mais la déco, très soignée, est plutôt mignonne. Vaste salle de bains commune. Accueil un peu expéditif.

🛏 *Pensión Navarro Ramos* (plan C2, 25) : c/ Cuesta de Gomérez, 21, 18009. ☎ et fax : 958-25-05-55. Au 1er étage. Chambres de 25 à 34 € selon le confort (lavabo, douche ou baignoire) et la salle de bains. Rien ne laisse supposer qu'on va arriver à dormir dans une rue aussi bruyante, mais ici, pour la plupart, les chambres donnent sur l'arrière et sont très calmes.

En revanche, et c'est dommage, on ne vous accueille pas exactement à bras ouverts.

🛏 *Hostal R. Britz* (plan C2, 28) : c/ Cuesta de Gomérez, 1, 18009. ☎ 958-22-36-52. Chambres de 34 à 44 € selon qu'on bénéficie d'un lavabo ou d'une salle de bains. Dans certaines chambres, petit balcon donnant sur la plaza Nueva. Accueil courtois.

Un peu plus chic (de 45 à 72 €)

🛏 *Hotel Maciá* (plan C2, 29) : plaza Nueva, 4, 18010. ☎ 958-22-75-36. Fax : 958-22-75-33. Chambres doubles autour de 70 €. Elles sont lumineuses et confortables, avec bains,

TV, téléphone, AC et double vitrage. Demander une chambre donnant sur la plaza Nueva, les autres offrant une vue plus banale. Le patron parle le français.

Dans l'Alhambra même

Très chic (plus de 100 €)

🛏 *Hotel America* (plan D3, 34) : Real de la Alhambra, 53, 18009. ☎ 958-22-74-71. Fax : 958-22-74-70. ● www.hotelamericagranada. com ● 🍴 Chambres doubles à 114 € ; petit dej' en plus. Une situation exceptionnelle, puisqu'il est installé à l'intérieur des remparts de l'Alhambra. Un hôtel de charme avec vieux tableaux et objets décoratifs à profusion. On regrette un peu que l'effort de déco s'arrête à la porte des chambres, assez banales au regard du charme global de l'hôtel. Tout confort évidemment, mais une insonorisation pas toujours au point. Réserver 1 à 2 mois à l'avance en été, car il n'y a que 15 chambres.

🛏 *Parador Nacional San Francisco* (plan D3, 30) : Real de la Alhambra, 18009. ☎ 958-22-14-40.

Fax : 958-22-22-64. ● granada@parador.es ● Chambres doubles autour de 250 €. C'est le *parador* le plus cher d'Espagne. Mais qui, ayant les moyens, ne se paierait pas une nuit à l'Alhambra, dans cet ancien palais maure converti un temps en monastère franciscain ? On vient même du Japon pour s'y marier ! Plein de recoins à découvrir, tels que le tombeau provisoire de la reine Isabel, avant qu'on ne l'inhume dans la chapelle Royale. Des jardins somptueux, dont une roseraie. Une adresse de rêve, mais pas de piscine. Bon resto. Les non-résidents peuvent prendre un verre ou une collation dans un patio ombragé qui donne sur les jardins de l'Alhambra. Réserver plusieurs mois à l'avance : il n'y a que 35 chambres.

Dans le quartier d'Albaicín

De prix moyens à plus chic (de 35 à 70 €)

🛏 *El Acebuche* (plan C1, 35) : plaza San Miguel Bajo, 6, 18008. ☎ 958-20-71-08. Congés annuels : du 1er au 20 novembre. Chambres doubles de 36 à 40 € selon qu'on se loge en chambre double avec salle de bains

ou dans un petit appartement pour 2 personnes. María Jimenez propose quelques chambres simples et propres, dans un *carmen* (demeure ancienne) traditionnel, autour d'un patio du XIIIe siècle. Petit dej' en option (voir aussi « Où manger ? »).

🏠 *Apartamentos Santa Ana (plan C2, 31) :* c/ Puente Cabrera, 9, 18009. ☎ et fax : 958-22-81-30 ou 647-77-41-73 (portable). ● www.apartamentos-santaana.com ● Parking Puerta Real ou plaza del Triunfo. Pas d'accès en voiture. De 70 à 120 € la nuit en appartement de 2 à 6 personnes. Idéalement situé au pied de l'Alhambra, sur la route qui mène au Sacromonte, juste de l'autre côté du 1er pont qui enjambe le Darro. Des appartements de type moderne, vastes, clairs et très confortables, avec cuisine équipée. L'un d'entre eux, au dernier étage, dispose d'une grande terrasse panoramique, avec vue sur l'Albaicín. Il faut réserver à l'avance ! Bon accueil, et plus encore pour nos lecteurs.

Très chic (plus de 80 €)

Le long du Darro, au pied de l'Albaicín, quelques très belles demeures des XVe et XVIe siècles, des petites structures, et toutes pleines de charme. Voici nos préférées :

GRENADE ET SES ENVIRONS

🏠 *Casa Morisca (plan D2, 38) :* cuesta de la Victoria, 9, 18010. ☎ 958-22-11-00. Fax : 958-21-57-96. ● www.hotelcasamorisca.com ● Presqu'au bout du paseo de los Tristes. À partir de 120 € pour une chambre donnant sur le patio intérieur et 145 € sur la *cuesta*. Pour le grand jeu, à savoir la suite avec vue sur l'Alhambra, ou celle décorée de fresques du XVe siècle, compter tout de même 200 €. Quel que soit votre choix, vous profiterez de cette belle demeure de la fin du XVe siècle, où dans le patio couvert glougloute une adorable fontaine : le long des murs de brique sore magnifiquement restaurés, rehaussés par endroits de moucharabiehs en pierre, courent les belles galeries de bois qui desservent les chambres. Toutes sont d'un bon confort (la plupart avec baignoire) et meublées dans un esprit mudéjar. Agréables parties communes, et excellent accueil. Éviter toutefois les chambres du rez-de-chaussée, plus exposées à un éventuel brouhaha.

🏠 *Casa de los Migueletes (plan C2, 39) :* c/ Benalúa, 11, 18010. ☎ 958-21-07-00. Fax : 958-21-07-02. ● www.casamigueletes.com ● ♿ À deux pas de la plaza Nueva, au pied de l'Albaicín. Ici encore, plusieurs tarifs, en fonction de la situation de la chambre : sur le patio (à partir de 129 €) ou, pour les plus perchées, sur l'Alhambra (compter alors le triple...). Encore une très belle maison du XVIIe siècle, organisée autour d'un vaste patio agréablement aménagé, où l'antique pavement de larges dallages le dispute en éclat à l'ocre des briques et au bois sombre des galeries. Dans les chambres comme dans le patio, un bel effort de décoration (meubles travaillés et beaux tapis) et de confort, ce qui justifie presque ces prix très élevés. Accueil courtois et souriant.

🏠 *Zaguán del Darro (plan C2, 40) :* carrera del Darro, 23, 18010. ☎ 958-21-57-30. Fax : 958-21-57-31. ● www.hotelzaguan.com ● Au bord du Darro, à mi-chemin entre la plaza Nueva et la cuesta del Chapiz. Réception au 1er étage, dans le chaleureux patio de ce petit palais du XVIe siècle. Un poil moins cher que ses plus prestigieux voisins : à partir de 80 € la double sur le patio, et de 90 € avec le Darro sous votre fenêtre, et, pour les plus chanceux, un petit bout de l'Alhambra. Chambres d'un confort correct mais pas très grandes, et côté Darro, animation garantie sous vos fenêtres. Des petits défauts, mais un bel endroit à des prix presque raisonnables.

Dans le quartier de Sacromonte

🏠 *Cuevas El Abanico (plan D2, 37) :* Verea de Enmedio, 89, 18010. ☎ et fax : 958-22-61-99. ● www.el-abanico.com ● De 62 à 107 € la nuit dans un appartement troglodytique (de 2 à 5 personnes). Séjour minimum de 2 nuits. Également des tarifs à la semaine. Ce sont des grottes creusées dans le flanc rocailleux du quartier du Sacromonte, abritant des appartements aux murs chaulés et à la décoration épurée. À l'intérieur, confort moderne : coin cuisine, coin salon. Peu de places, il est préférable de réserver.

Dans le quartier du Realejo

En contrebas de l'Alhambra, le *Realejo,* ancien quartier juif, reste un peu à l'écart des cars de touristes et plutôt résidentiel, mis à part le Campo del Príncipe, principal centre d'animation où il fait bien bon traîner le soir. Assez facilement accessible en voiture et pas trop de problème pour se garer (hourra !).

🛏 *Hostal La Ninfa* (plan C3, 26) : Campo del Príncipe, s/n, 18010. ☎ 958-22-79-85. Fax : 958-22-26-61. ● www.hostallaninfa.net ● De 52 à 65 € la double avec TV et AC. Dans cet ancien quartier de potiers, il fallait bien une adresse couverte de céramiques ! La façade de *La Ninfa* en est tout simplement tapissée. Tout comme l'intérieur, tendance rustique. La propriétaire est elle-même céramiste (ceci explique cela). Chambres nettes, confortables et mignonnes. Fonctionne avec une pizzeria du même nom, à deux pas, sur la même place, qui dispose d'une terrasse assez rigolote.

Où camper dans les environs ?

⚔ *Camping Granada :* Cerro de la Cruz, à Peligros (18210). ☎ et fax : 958-34-05-48. ● www.campinggranada.com ● À 5 km du centre de Grenade. En bus, de la plaza del Triunfo, dans le centre, liaison toutes les 30 mn de 7 h à 22 h ; descendre au village de Peligros, puis 1 km à pied. En voiture, emprunter la carretera de Jaén y Madrid (ou *circunvalación*) ; sortie n° 121 ; le camping est indiqué au niveau du 1er rond-point. Fermé de mi-octobre à mi-mars. Compter environ 21 € pour 2 adultes, une voiture et une tente. Un des campings les mieux équipés. Situé en léger surplomb de la plaine, dans une oliveraie. Calme. Sanitaires rénovés, douches chaudes. Piscine (payante), tennis, épicerie, laverie automatique. Emplacements agréables mais peu ombragés. Très bien et accueil souriant. Pratique, un minibus dessert la cathédrale de Grenade ; départ à 9 h et retour à 18 h.
⚔ *Camping Motel Sierra Nevada :* av. Madrid, 107, 18014 Granada. ☎ 958-15-00-62. Fax : 958-15-09-54. ● www.campingsierranevada. com ● Le plus proche du centre (à 3 km), juste à côté de la gare routière de la ville. Bus n° 3 sur l'avenue de la Constitución, en face de la gare, toutes les 15 mn. En voiture : à l'ouest de la ville, sur la carretera de Jaén y Madrid. Fermé de début novembre à début mars. Près de 23 € la nuit pour 2 personnes, une voiture et une tente. Également des bungalows, autour de 52 € la nuit pour deux. Grand camping un peu concentrationnaire, sans charme, entouré de murs. Un peu l'usine. Arriver tôt car souvent complet en été, et prévoir une moustiquaire. En été, deux piscines payantes, dont une pour les enfants. Assez bien ombragé pour la partie ancienne. Cafétéria, restaurant. Sanitaires refaits à neuf. Aire de jeux pour les bambins. Assez bruyant pour certains emplacements à cause de la grande route devant. À proximité, un hypermarché.
⚔ *Las Lomas :* ctra Güejar-Sierra 6,5. ☎ 958-48-47-42. En fait, à 18 km de Grenade, sur la route de la sierra Nevada, sortie « Guejar-Sierra ». Liaison en bus avec

Empresa Lioran, départ du paseo del Salón. Ouvert toute l'année. En été, arriver en tout début d'après-midi, car vite complet. Environ 21 € pour 2 adultes, une tente et une voiture. Également quelques bungalows en location. En pleine nature, calme total. Pour les amoureux de la tranquillité, ou pour rayonner tranquillement entre mer et montagne. Très verdoyante vue sur la montagne. Spacieux. Piscine gratuite. Sanitaires bien entretenus. Eau chaude. Restaurant correct, bon menu *del día,* grillades le soir. Supermarché. A l'avantage d'être plus frais la nuit, car situé à 1 000 m d'altitude. On y parle le français.

Où manger ?

Étonnante, cette cuisine de Grenade. Bonne, rustique et consistante. Certaines recettes mijotées trouvent leurs origines dans les cuisines arabe et juive. Avant tout, il faudra goûter les excellentes fèves au jambon *(habas con jamón).* On y retrouve la force du jambon de Trevélez, préparé dans la sierra, et le fondant des fèves. Ce mets typique est servi dans la plupart des restaurants. Testez aussi l'*omelette Sacromonte,* avec des abats de mouton et de veau, et le *pollo al ajillo* (poulet à l'ail). De succulents piments farcis sont également servis dans les bars à tapas, ainsi que le *hígado de ternera* (foie de veau). On pourra parfois trouver la *gallinata granadina,* une poule aux épinards, patates et bananes. Quelques plats à base de gibier également. On terminera par les exquis beignets de Grenade et les indescriptibles pâtisseries dégoulinantes de miel et d'amandes. Beaucoup de bonnes adresses populaires et pas chères. À vos babines !

Dans le centre

De très bon marché à bon marché (moins de 13 €)

|●| *Central Café (plan B2, 59) :* c/ Elvira, 3. ☎ 958-22-58-98. Juste à côté de la plaza Nueva, une équipe jeune et dynamique propose des menus de 9 à 11 €, d'une excellente qualité. Ambiance chaleureuse, déco flirtant avec le style troquet parisien, où habitués et touristes se sustentent. Certains soirs, spectacles ou concerts de rock.

|●| *Casa de Todos (plan C2, 50) :* c/ Elvira. ☎ 958-22-80-62. À deux pas de la plaza Nueva, presque en face du *Central Café.* Ouvert tous les jours, du matin au soir. *Todos,* ici, ce sont tous les *bocadillos,* plusieurs dizaines, froids ou chauds, moyens ou grands, à partir de 1,80 €. Bon *queso,* classique *lomo,* ou délicieuses *havas con jamón* : c'est copieux, vraiment pas cher, et tout se passe au bar. Pour s'asseoir, direction les bancs de la plaza Nueva.

|●| *Naturi Albaicín (plan B2, 57) :* c/ Calderería Nueva, 10. ☎ 958-22-06-27. Le vendredi, ouvert uniquement le soir. Compter autour de 13 € pour un repas complet et copieux. Un petit resto végétarien dont la cuisine s'inspire de recettes andalouses et arabes, utilisant en majeure partie des produits bio. Couscous aux légumes donc (un peu sec quand même), sur fond de musique d'Afrique du Nord. Solide paella végétarienne au riz brun, assez réussie. Au dessert, on vous conseille la tarte aux amandes, faite maison. Deux salles non-fumeurs, aux murs lambrissés et fleurs artificielles. Calme et intime. Clientèle à la fois de touristes et de locaux. Service souriant et attentionné.

|●| *Botánico (plan A-B2, 52) :* c/ Málaga, 3. ☎ 958-27-15-98. ☏ Ouvert sans interruption tous les jours, même en août. Ferme à 1 h du matin, le week-end à 2 h. Menu à 10 € de 13 h 30 à 16 h. Juste en face de la fac de droit, un resto au design tendance « Odyssée de l'Espace » écolo, où l'on peut manger à toute

heure. Bonne mixité de tous les âges et de tous les bords. Sur le pouce, des soupes, sandwichs et salades, mais également des plats inspirés d'Asie, du Mexique et du Maroc. On vous recommande le steak de thon avec mousse de gazpacho et la soupe de lentilles. Cuisine savoureuse et la terrasse, qui donne sur le jardin botanique, est géniale (plus cher). DJ les vendredi et samedi soir. Et café offert à nos lecteurs sur présentation de ce guide.

Plus chic (plus de 22 €)

|●| **Chikito** (plan B3, 54) **:** plaza del Campillo, 9. ☎ 958-22-33-64. Près de l'office du tourisme de la plaza Mariana Pineda. Ouvert de 12 h à 16 h et de 19 h 30 à 23 h 30. Fermé le mercredi. En salle, menu à 22 €, ou 30 € à la carte. Sinon, grand choix de tapas au bar. Le lieu vaut plus pour son histoire que pour sa cuisine, un peu surfaite : la rançon de la notoriété ! Car c'est dans cette belle salle, aux murs couverts de photos de célébrités (fierté du patron), que se réunissait la *tertulia* (sorte de club de discussion) El Rinconcillo, dont Federico García Lorca était membre. Agréable terrasse sur la plaza. À tout prendre, une incursion au bar à tapas permet de marcher dans les pas du poète à moindres frais, et sans déception. Côté resto, digestif offert à nos lecteurs sur présentation de ce guide.

Dans le quartier d'Albaicín

De bon marché à prix moyens (de 6 à 25 €)

|●| **El Acebuche** (plan C1, 35) **:** plaza San Miguel Bajo, 6. Congés annuels : 1re quinzaine de décembre. Ouverture un peu aléatoire hors saison (janvier-février). Menus de 9 à 12 € (6 plats typiques) ; repas à la carte à 13-14 €. Demandez s'il y a un plat à l'huile d'olive, car María connaît quelques bons plats traditionnels. N'attendez pas une cuisine grasse, bien au contraire. Parfois un peu d'attente, parfois beaucoup... María vous conseillera peut-être d'aller faire un tour dans le quartier le temps qu'elle finisse de concocter une de ses petites merveilles dont elle a le secret. Peu de tables. Apéritif et digestif offerts à nos lecteurs. Voir également la rubrique « Où dormir ? ».

|●| **La Higuera** (plan C1, 55) **:** c/ Horno del Hoyo, 17. ☎ 958-29-44-82. Resto caché dans un angle au fond de la placeta de Fatima. Fermé le mercredi d'octobre à avril, le dimanche midi de mai à septembre. On vient à midi en semaine pour le menu à 7,50 €, copieux et honorable. À la carte, un peu cher. Cuisine du cru bien consistante. La salle du bar, à la déco colorée et sympa et meublée de grandes tables en bois, est construite sur un ancien *aljibe* (citerne) arabe, que le proprio a dû combler. Ce qui n'empêche pas que le sol continue de s'enfoncer lentement ! Patio très agréable en été. Accueil sans façon.

|●| **Bar Aixa** (plan C1, 58) **:** plaza Larga. Entre l'église San Nicolás (le plus beau panorama sur l'Alhambra) et la placeta de Fatima. Ouvert toute la journée. Fermé le mardi. Des menus autour de 8 € ; compter environ 15 € à la carte. Animé et populaire, particulièrement folklo à l'heure du petit dej'. Très agréable aussi de dîner sur la placette (à midi, elle est occupée par le marché !). Attention, la salle est minuscule et loin d'être nickel. Bonnes fritures de poisson, gambas, *migas con tropezones*, excellent gazpacho et très bonne paella. Accueil débonnaire.

|●| **Restaurante Zoraya** (plan D1, 56) **:** c/ Panaderos del Albaicín, 32. ☎ 958-29-35-03. Fermé le mercredi. Congés annuels : 2e quin-

zaine de juillet. Repas autour de 20 à 25 €. En fonction de la saison, on choisit la salle (dont le plafond est traversé par un palmier) ou la grande cour-jardin, ombragée et close, malheureusement un peu à l'abandon (c'est dommage, ces haies qui dépérissent !). Préférer les spécialités rustiques goûteuses et goûtes (comme le *choto al ajo* – cabri à l'ail), réalisées avec soin, aux paellas et autres pizzas, un peu décevantes. Assez touristique en soirée, mais c'est aussi l'emplacement qui veut ça...

Plus chic (plus de 25 €)

|●| *Azafrán* (plan D2, 53) : paseo de los Tristes, 1. ☎ 958-22-68-82. ♿ Ouvert tous les jours de 13 h à 23 h (minuit le week-end). À la carte, compter de 30 à 35 € par personne. Loin des clichés d'une Andalousie traditionnelle, une belle salle design, où touches de bois et couleurs acidulées réchauffent les lignes sobres du mobilier. Spécialités grenadines à l'avenant, réveillées par la créativité du chef : fèves et jambon se retrouvent en salade, le *lubina al pil-pil* (le bar au piment), grillé, se love autour de son poivron et s'adoucit d'une réduction de miel. Bref, une cuisine un peu gastronomique, légère et cependant copieuse. Une salade, complétée d'un dessert, suffira à combler les petits appétits (et les petites bourses). Belle cave, terrasse sur le Darro aux beaux jours, et service discret et souriant pour parfaire encore l'endroit.

|●| *Restaurant Carmen Verde Luna* (plan C2, 60) : camino Nuevo de San Nicolás, 16. ☎ 958-29-17-94. ♿ Congés : de janvier à mi-mars. Ouvert du mercredi au dimanche de 20 h 30 à minuit (mais ils n'acceptent plus de monde après 23 h) en été. Le reste de l'année, les horaires varient, mais en général, ouvert les vendredi et samedi de 19 h 30 à 22 h 30 et le week-end de 13 h 30 à 15 h 30. Compter environ 32 € le repas complet ou 30 € pour le menu-dégustation. Ce restaurant dispose d'une superbe terrasse d'où la vue embrasse la colline de l'Alhambra. Un bien bel endroit et une nouvelle cuisine andalouse bien faite, mêlant tradition grenadine et nouvelles saveurs, sans être sophistiquée. Réservation indispensable. Et *tapitas* (mini-tapas) de bienvenue offertes à nos lecteurs sur présentation de ce guide.

|●| *Mirador de Morayma* (plan D2, 61) : c/ Pianista García Carrillo, 2. ☎ 958-22-82-90. Fermé le dimanche soir (et le dimanche tout court en juillet et août). Menu-dégustation à 55 € pour 2 personnes. L'une des adresses les mieux situées, et l'occasion de goûter du jambon Pata Negra et du fromage des Alpujarras... Un *carmen* (demeure ancienne) d'autrefois accroché sur les hauteurs de l'Albaicín, avec une vue superbe de la terrasse sur l'Alhambra. Bons plats régionaux traditionnels. Les prix sont, cependant, un poil surestimés : ils doivent tenir compte du cadre... Attention, toutes les tables ne bénéficient pas de la vue ! Apéritif maison offert à nos lecteurs sur présentation de ce guide.

Dans le quartier de Sacromonte

|●| *Casa Juanillo* (plan D2, 62) : camino del Sacromonte, 83. ☎ 958-22-30-94. On y mange des petits plats simples autour de 7 €, dans une salle largement vitrée pour profiter de la vue spectaculaire sur l'Alhambra. C'est le moment de faire l'expérience de la *tortilla de Sacromonte*, la fameuse omelette à la cervelle et aux... testicules de bélier. Parfois, le patron prend sa guitare, mais ça, c'est moins régulier que l'omelette ! Parmi nos adresses préférées, même si l'attente est parfois un peu longue et que la carte multicolore (traduite dans toutes les langues) a de quoi rebuter (épargnez-vous : n'essayez pas les paellas). Réservation conseillée car le resto accueille des groupes certains soirs.

🍸 Ce serait dommage de quitter le coin sans avoir fait un tour au **bar Los Faroles,** juste à côté du *Juanillo,* en haut d'un escalier. Pénétrer dans la cave d'Antonio, c'est plonger dans l'âme gitane de Sacromonte. Entre 12 h et 13 h, il ouvre la porte de son petit *museo del Prado del Sacro-monte,* chargé de souvenirs touchants. Au coucher du soleil, un verre de sangria à la rose à la main, de la musique flamenco dans les oreilles, on peut s'installer sur la terrasse pour savourer ce moment rare. Une belle émotion qui risquerait bien de toucher les plus blasés.

Dans le quartier du Realejo

C'est le quartier où les Espagnols aiment sortir. Autour de l'immense place Campo del Príncipe, très agréable, des tas de restaurants et bars à tapas avec de grandes terrasses, d'où l'on profite de la brise du soir et de la vue sur l'Alhambra illuminée, perchée sur sa colline juste au-dessus. Très sympa, surtout en été, à partir de 22 h. Des tapas pour tous les goûts. Prix plutôt moyens à chers, mais les portions sont plus généreuses que dans les quartiers plus touristiques. Sinon, pour des prix plus doux, rendez-vous juste derrière, dans la calle Molinos, où vous trouverez un bon choix de bars et restos.

🍴 **Patio Rossini** (plan C3, **63**) : Campo del Príncipe, 15. ☎ 686-31-21-18 (portable). Compter de 15 à 20 € pour être rassasié. Spécialités de fromage, dont on peut humer le doux parfum dès l'entrée de cette belle *quesería* italienne, aux aspects de bodega typique. Tables à l'intérieur ou en terrasse pour déguster toutes sortes de *raciones* et tapas, dont les sempiternels gazpachos et tortillas, mais aussi du jambon de Trevélez et d'autres charcuteries.

Spécial gourmands

🍴 **López Mezquita Café Pastelería** (plan B2, **66**) : c/ de los Reyes Católicos, 39-41. ☎ 958-22-12-05. Fermé le dimanche après-midi. Cette jolie pâtisserie propose un grand choix de feuilletés au saumon, au fromage, à la viande ou au chorizo. Pâtisseries pas données, mais vraiment bonnes, et délicieux *chocolate con churros*. Bar au fond pour s'accouder, avec des tapas évidemment. Vraiment une bonne adresse.

🍴 On ne vous apprendra rien si l'on vous dit que, à Grenade comme partout en Espagne, il y a, tout le monde succombe au *chocolate con churros*, un peu comme nous et nos croissants. Dans le centre, autour de la cathédrale, plein de **petits cafés** en servent d'excellents. Le dimanche, c'est aussi vers 11 h, en guise de brunch, que les familles espagnoles s'offrent ce plaisir. Plaza Bibarrambla, quand sonne l'heure, la marée de consommateurs de *churros* en terrasse est assez impressionnante.

🍴 Dans la Calderería Nueva, petite rue arabisante très animée, un chapelet de **teterías** (salons de thé orientaux) superbes proposent des pâtisseries raffinées et toutes sortes de thés. Nous les aimons tous. Parmi eux, le **Dar Ziryab** (plan B2, **64**), au n° 11 de la rue (☎ 948-22-94-29), présente des groupes de musique orientale les mardi et mercredi soir en saison. Et si vous n'avez pas vu les palais nasrides, vous pourrez peut-être vous consoler avec sa décoration intérieure. Pas très loin, la **tetería Nazarí** (au n° 13, ☎ 948-22-06-82) est aussi très sympa, et l'atmosphère feutrée est apaisante. Déco de bon goût, thés savoureux et serveurs parlant le français. Prix abordables.

🍸 **La Veneziana, Los Italianos** (plan B2, **65**) : Gran Vía de Colón, 4.

Ouvert tous les jours de 8 h à minuit. Pour les gourmands, un choix de glaces plutôt complet (marron glacé, jerez, etc.) et des spécialités maison, dont la *copa Venezia*. Qualité irréprochable mais souvent bondé (canicule andalouse oblige !).

Où boire un verre ? Où manger des tapas ?

Quasiment partout à Grenade, quelque chose à grignoter est systématiquement offert avec un verre de vin ou une bière. Ce peut être un bout de fromage, quelques escargots, quelques copeaux de jambon, ou n'importe quoi d'autre. On appelle ça une *tapilla*. Maintenant, si vous souhaitez une tapa précise, il faut la commander et la payer, évidemment. On trouve d'excellentes tapas dans le centre, mais les meilleures, les plus copieuses, se trouvent dans les faubourgs ouvriers de Zaidín et La Chana.

🍷 **Bodega Castañeda** *(plan B2, 74)* : Almireceros, 1-3. ☎ 958-22-32-22. Juste derrière la plaza Nueva, l'un des comptoirs les plus sympathiques et les plus savoureux du coin, avec ses saucissons, chorizos, jambons de Trevélez et de *bellota* (cochons nourris aux glands), fromages *manchegos* et solides riojas. Tout ce qu'il faut pour apaiser rapidement les faims les plus gaillardes dans une bonne ambiance et pour une somme relativement modique (entre 8 et 12 €). Attention, peu de places assises et accueil parfois rude.

🍷 **Casa de Todos** *(plan C2, 50)* : c/ Elvira. Voir « Où manger ? » ci-dessus. Spécialité de *bocadillos* en tout genre, à faire glisser au bar par un verre de *cerveza*. Vraiment bon marché.

🍷 Derrière la *Castañeda*, 2 petites rues piétonnes servent de terrasse à quelques **bars.** Archibondé aux heures de pointe, très agréable, typiquement espagnol ; et, ici, la *tapilla* arrive tout naturellement avec votre verre.

🍷 **La Mancha** *(plan B2, 73)* : c/ Joaquin Costa, 10. ☎ 958-22-89-68. Entre la cathédrale et la plaza Nueva. Ouvert tous les jours de 8 h à 16 h et de 18 h à 1 h ou 3 h, c'est selon. Congés annuels la 1re quinzaine de juillet. Portes en bois sculpté, tonneaux patinés par le temps, jambons exquis et tapas particulièrement bonnes. Authentique, simple et abordable. Une sorte de *Café du Commerce*, version andalouse. Clientèle d'habitués (seniors).

🍷 **Casa Enrique** *(plan B3, 71)* : Acera del Darro, 8. ☎ 958-25-50-08. Près de la puerta Real. Entrée plus que discrète à côté de la banque *Sabadell,* plus que visible. Fermé le dimanche. Prévoir entre 10 et 12 € pour une *ración*. Vieux bar populaire, étriqué et superbe, connu pour son *vino costa*, petit vin doux qui passe fort bien avec les délicieuses tapas. *Raciones* de jambon ou de fromage essentiellement, d'excellente qualité. Quelques tables sur le trottoir à partir de 22 h, mais c'est plus cher. Une bonne adresse, et si l'accueil vous semble un peu froid, il n'est en fait que réservé...

🍷 **Chikito** *(plan B3, 54)* : voir « Où manger ? Dans le centre. Plus chic ».

🍷 **Los Diamantes** *(plan B3, 70)* : c/ Navas, 28. Dans une rue piétonne, une perle rare que ce bar à tapas très populaire, qui ne paie vraiment pas de mine. Spécialité de *marisquerías* (fruits de mer) et poisson frit, mais également des *tortillas Sacromonte*. Les gens qui travaillent dans le coin viennent s'y rassasier le midi, debout au coude à coude, vraiment serrés, dans un brouhaha sympathique. Pas de quoi s'asseoir. Les plus fatigués auront le choix entre les multiples terrasses des autres bars de la rue, mais c'est plus cher et plus touristique.

🍷 **La Tortuga** *(plan B2, 76)* : c/ Elvira, 46. Un bar à tapas en duplex, passage obligatoire par le comptoir dès l'entrée. Mur bleu intense, tableaux colorés et psychés, musique alternative. Au mur, un distributeur de papier à rouler ainsi qu'un panneau interdisant de fumer des pétards. Et des coupes de cheveux vraiment très intéressantes. Ici se côtoient donc tapas savoureuses et punk attitude estudiantine, très courtoisement, pour des prix dérisoires.

🍷 *Pilar del Toro* (plan C2, 75) : Hospital de Santa Ana, 12. ☎ 958-22-54-70. Près de la plaza Nueva. Ouvert de 9 h à 3 h du mat'. Autour de 30 € le repas complet, et 1er menu à 29 €. Une maison fondée au XVIIe siècle. Une lourde porte ouvre sur un bar où se retrouvent les jeunes. Fontaine et canapés en rotin dans un splendide patio couvert pour prendre le thé l'après-midi ; le resto, lui, se trouve à l'étage. Apéritif maison ou café offert aux lecteurs sur présentation de ce guide.

🍷 Tout le quartier autour de la plaza Bibarrambla possède d'agréables *terrasses,* avec *granizado* et glaces pour se rafraîchir. Et sur la petite plaza de la Pescadería presque contiguë, les tapas de *Oliver* (fermé le dimanche) attirent la foule midi et soir ; debout au bar ou accoudé aux quelques tables hautes en terrasse.

🍷 *Casa de Vinos La Brujidera* (plan C2-3, 72) : Monjas del Carmen, 2. ☎ 958-22-25-95. De la plaza Isabel la Católica, prendre la rue Pavaneras, puis au niveau de la statue de Yehuda Ibn Tibon (patron des traducteurs), la rue Colcha à gauche. Ensuite c'est presque tout de suite à droite sur une placette. Petit bar tout en bois, connu pour son grand choix de bouteilles de toute la péninsule. Également une bonne charcuterie de montagne. Atmosphère sagement jazzy ou latino. Serveurs sympathiques et clientèle espagnole. Bien, quoi !

🍷 Vous trouverez en outre un assez large choix d'endroits où prendre un verre le long du *Paseo de los Tristes* (plan D2, 77), de préférence en terrasse donnant sur le Darro et la colline de l'Alhambra.

Où sortir ?

– Zone animée le long du *Darro,* au pied de l'Alhambra. Les vieilles bâtisses de la *carrera del Darro* (plan C2) abritent une multitude de *bars* et *pubs* très divers.

– *La calle Pedro Antonio de Alarcón* (hors plan par A2) est un autre rendez-vous nocturne des jeunes de Grenade, surtout entre la plaza Albert Einstein et la calle Recogidas.

– *La plaza Nueva* (plan C2) et le début de la *calle Elvira* constituent un autre centre de l'animation nocturne, qui coexiste avec le précédent.

🎵 *Granada 10* (plan B2, 80) : Cárcel Baja, 10. ☎ 958-22-40-01. Tout près de la Gran Vía de Colón. Ouvert de minuit à 6 h. L'entrée est à 6 €. C'est le rendez-vous nocturne, un endroit assez incroyable puisqu'il s'agit d'un cinéma ancien d'allure baroque (canapés et sièges dorés, tables basses...). Après les séances du soir, on retire les chaises et ça fait boîte ! Inutile d'y aller avant 3 h le week-end ; à Grenade, on attend le cœur de la nuit pour faire la fête. La clientèle est triée sur le volet, donc gare aux physionomistes ! Public un peu chicos (mi-sport, mi-costume-cravate).

🎵 *El Camborio* (plan D2, 81) : camino del Sacromonte, 47. Dans le quartier de Sacromonte. ☎ 958-22-12-15. Ouvre vers 22 h, mais inutile d'espérer y voir la moindre animation avant 2 h ou 3 h. Fermé les dimanche et lundi. Entrée avec conso : environ 6 €. Ici se jouent les fins de nuits, dans une immense grotte où tout se danse, de la *sevillana* à la salsa en passant par la techno. En haut, terrasse superbe avec barbecue et une vue à tomber sur l'Alhambra. Inoubliable.

🎵 *Upsetter* (plan C2, 82) : carrera del Darro, 7. ☎ 958-22-72-96. Dans la rue qui mène au paseo de los Tristes, le long du Darro. Prix doux (moins de 10 €), en fonction des concerts. On passe d'abord par la petite antichambre où se trouve le bar avant de s'aventurer en bas des escaliers, dans le sombre sous-sol avec piste de danse (un ancien *aljibe*) où ont lieu des concerts de flamenco (sans danseur) quatre soirs par semaine (jours variables) à partir de 22 h ou 23 h. Les autres soirs, c'est fusion, salsa ou reggae et DJ. Drôle de mix !

♫ *Palacio de la Música :* c/ Arabial,

presque à l'angle de Escultor Antonio Martinez Olalla. Enfilez vos pantalons à pattes d'éph' et vos semelles compensées ! Musique années 1960 et 1970, évidemment. Clientèle assortie : trentenaires et quadras.

♫ Le *Perkusión* (plaza de Gracia ; *hors plan par A3*) draine un public nettement plus jeune et branché.

Où voir du flamenco et de la *zambra* ?

Comme les autres grandes cités andalouses, Grenade propose ses spectacles de flamenco. Mais la spécialité ici, c'est la *zambra* (voir dans les « Généralités »). On peut assister à un spectacle dans un *tablao,* ou encore dans les bars et diverses salles de concerts plus ou moins dédiés à cet art (généralement moins cher et moins touristique).

La plupart des *cuevas* (grottes) ou *tablaos de zambra* se trouvent dans le quartier du Sacromonte, toutes alignées sur le même camino del Sacromonte. Prendre le minibus n° 34 (mais descente à pied ou en taxi). C'est souvent plein, donc il vaut mieux réserver, surtout si la durée de votre séjour ne vous permet pas de flottement. Il faut savoir que même si les *tablaos* sont axés sur le tourisme, les salles appartiennent à d'authentiques familles du Sacromonte, souvent respectées pour leur art. Si on se joint à un groupe, les spectacles tournent autour de 25 €, transport et consommation compris. Mais si vous voulez prendre le risque de ne pas trouver de place un soir, mieux vaut y aller seul et sans résa. Les prix sont alors un peu plus doux.

♪ *Peña de la Platería* (plan D2, 91) : placeta Toqueros, 7. Les jeudis soir, *Jueves flamencos,* spectacles et concerts de flamenco ouverts à tous vers 22 h ou 23 h, pour moins de 10 €. C'est une *peña de flamenco,* donc un « club » où les membres sont de véritables *aficionados.* Elle existe depuis 1949 et ce fut la toute première de Grenade. On ne peut pas se tromper en assistant à un spectacle ici. Le but des *Jueves flamencos* est de faire découvrir de jeunes artistes talentueux. De nombreux grands sont passés par là. On l'appelle même la *Chapelle Sixtine du flamenco.* Pas de réservation, il faut juste se pointer tôt. Renseignez-vous sur les jours d'ouverture aux non-membres.

♪ *Sala Albaizín* (plan C1, 90) : ctra de Murcia s/n. ☎ 958-80-46-46. En bordure du quartier de l'Albaicín, sur la petite place du mirador de San Cristóbal. Spectacle à 22 h 15. Compter 25 € le spectacle avec une consommation et le transport en bus, 22 € si vous y allez par vous-même.

Petite salle, ce qui est agréable pour bien voir les danseurs, de bon niveau. Vaut vraiment le coup, même si c'est touristique. Réservation indispensable. Une seconde boisson offerte sur présentation de ce guide.

♪ *La Chumbera* (hors plan par D2) : camino del Sacromonte s/n. Sacromonte. ☎ 958-22-24-92. Entrée généralement à 5 € et spectacles dès 21 h 30. Uniquement le samedi de février à fin juin : des spectacles de danse mais aussi de guitare ou de chant flamenco dans le cadre d'un petit cycle annuel, le *Patrimonio flamenco.* Renseignez-vous bien sur les dates des spectacles avant d'y aller, car c'est en fait un resto, en partie logé dans une *cueva* chaulée, typique du quartier. Sert souvent de salle de fête lors des mariages.

♪ *Museo-Cuevas del Sacromonte (musée des grottes de Sacromonte ; hors plan par D2) :* Barranco de los Negros s/n. ☎ 958-21-51-20. ● www. sacromontegranada.com ● Accessible en bus n° 34 à la plaza Nueva. Demandez au chauffeur de bus de vous laisser au plus près. En juillet et août, le mercredi à partir de 22 h, spectacles de flamenco en plein air, les meilleurs de Grenade. Pour plus de renseignements sur cet endroit étonnant, se reporter à la rubrique « À voir ».

♪ *Upsetter (plan C2, 82) :* carrera del Darro, 7. ☎ 958-22-72-96. Dans la rue qui mène au paseo de los Tristes et au Sacromonte. Prix doux (moins de 10 €). Pas de résa non plus, c'est une sorte de café-concert avec piste de danse. Concerts de flamenco (sans danseurs) 4 soirs par semaine (jours variables) à partir de 22 h ou 23 h. Voir aussi dans « Où sortir ? ».

♪ *La Bulería (plan D2, 92) :* camino del Sacromonte, 51. À côté du *Camborio* dans le Sacromonte. On assiste là à une vraie démonstration de *zambra* pour 24 €, telle que les gitans la pratiquent entre eux, mais d'une part c'est touristique, d'autre part c'est irrégulier (donc, se renseigner sur place et pour réserver). Atmosphère chaleureuse et agréable.

♪ *Venta El Gallo (hors plan par D2) :* Barranco de los Negros, 5, Sacromonte. ☎ 958-22-24-92. Deux spectacles tous les jours, à 21 h et 23 h. C'est une des grandes maisons de flamenco et *zambra* du Sacromonte, très respectée par les gens du quartier pour sa qualité. Malheureusement très touristique, mais si vous supportez cela, le spectacle sans transport et sans repas (un verre seulement) revient à 20 € par personne. Salle très grande dans une *cueva* voûtée, ressemblant plus à un restaurant (dîner pour 25 € environ) qu'à une salle de spectacle. Un des lieux où se passent les *Trasnoches flamenco* lors du festival international de Musique et de Danse de Grenade (voir plus bas).

Fêtes et manifestations

– **Festival international de Musique et de Danse de Grenade :** ☎ 958-22-18-44. ● www.granadafestival.org ● Ce festival de haute volée a lieu chaque année de fin juin à mi-juillet environ et propose une animation nommée *Trasnoche flamenco,* des soirées flamenco à partir de minuit, dans le quartier de l'Albaicín et du Sacromonte. Renseignements et programmes à l'office du tourisme. S'y prendre à l'avance, car lorsque les réservations s'ouvrent sur Internet, en février, les spectacles les plus prestigieux se remplissent très vite. Le festival propose cependant tout autant, voire surtout, de la musique classique et du monde, ainsi que des ballets, dans les plus beaux lieux de Grenade (en plein air au Generalife, par exemple...).

Où prendre un cours de flamenco ?

Pour apprendre à danser le flamenco (et à parler l'espagnol au passage), cette adresse propose depuis pas mal d'années des cours pour étrangers :

■ **Escuela Carmen de las Cuevas :** cuesta de los Chinos, 15. ☎ 958-22-10-62. Fax : 958-22-04-76. ● www.carmencuevas.com ● Dans le quartier de Sacromonte. Un centre de cours de langues, d'art et d'histoire, de littérature et de culture espagnole en général, mais aussi une école de flamenco pour étrangers et Espagnols. À vos castagnettes !

Où se délasser ?

■ |●| **Hammam (plan C2, 100) :** c/ Santa Ana, 16. ☎ 958-22-99-78. ● www.hammamspain.com/granada ● Réservation obligatoire. Un lieu magique pour découvrir le monde mystérieux des bains arabes. Pour l'accès au hammam uniquement, compter 16 € pour 1 h 30. Mais 25 € si vous prenez le forfait bain avec un massage de 15 mn à la fin (promo du lundi au jeudi de 10 h à 14 h). Le hammam recrée cet espace de la vie quotidienne *nazarí* et offre un moment de détente avec sa piscine tempérée et un salon de thé-restaurant où il fait bon se dorloter.

Le resto propose une cuisine aux saveurs orientales autour de 15-20 €. ■ Une autre adresse si celle-ci est complète, mais plus excentrée : *Aljibe – Baños árabes,* San Miguel Alta, 41. ☎ 958-52-28-67. ● www.aljibesanmiguel.es ● Réservation obligatoire. Bain à partir de 15 €, et 22 € avec massages ; là encore, succession de 7 bassins, dans des installations récentes qui se veulent fidèles à l'esprit hammam.

À voir

Il existe un *bono turístico (un forfait touristique)* : pour 22,50 €, il vous permet de visiter les principaux monuments et musées de la ville (dont l'Alhambra, le museo de Bellas Artes, la Cartuja, la cathédrale, la Capilla Real, le monastère San Jerónimo, le Museo arqueológico...), de faire 9 voyages sur les lignes des bus urbains, et de profiter du bus touristique rouge qui fait le tour de la ville. Valable une semaine, en vente aux guichets de l'Alhambra et de la Capilla Real, entre autres. Vous pouvez aussi l'acheter à l'avance, sur ● www.granadatur.com ●

Un conseil : avant de commencer la visite de la ville, pour éviter d'être harcelé par les gitanes qui veulent vous « offrir » un œillet « porte-bonheur » ou une branche de romarin... (contre 3 ou 6 €), achetez-en un(e) chez le fleuriste et portez-le (la) visiblement ; vous serez plus tranquille.

Conseil bis : les horaires des musées ci-dessous sont susceptibles de changer, ou d'être aménagés lors de certaines fêtes (Semana santa, Corpus Cristi, etc.). À vérifier à l'office du tourisme. Sachez aussi qu'à Grenade, la plupart des monuments ont des horaires d'hiver (de novembre à mars) et d'été (d'avril à octobre).

L'ALHAMBRA *(plan C-D2-3 et plans de l'Alhambra et des palais nasrides)*

ATTENTION, SELON LES SAISONS, RÉSERVEZ LE PLUS TÔT POSSIBLE ! (voir plus loin).

🖌🖌🖌 Bâtie sur un promontoire surplombant Grenade, cette énorme forteresse attire chaque année des millions de visiteurs et génère près de 190 millions d'euros par an pour la ville. Voici le monument le plus visité d'Espagne. L'Alhambra, « la Rouge » en arabe, doit son nom à la coloration que prend sa pierre quand le soleil la caresse doucement. Plus qu'un simple palais, l'Alhambra est une véritable cité, ceinte de hauts murs (2 200 m de remparts). On y trouve des palais (les palais nasrides et celui de Charles Quint), des bains, une mosquée, une forteresse (l'Alcazaba) et surtout, liant merveilleusement toutes les richesses de ce territoire magique, d'harmonieux jardins (le Generalife notamment), ainsi qu'une forêt d'arbres feuillus qui couronne de vert les versants du mont.

Les week-ends et fêtes, de manière générale, beaucoup, beaucoup de monde. Essayez de visiter l'Alhambra de jour. La visite nocturne ne peut être, à notre avis, qu'une façon supplémentaire et complémentaire de le voir, d'autant plus qu'on ne visite alors que les palais nasrides. Il y aurait moins de monde vers 18 h en été, car les bus de touristes font l'aller-retour entre la côte et Grenade en une journée, visitant l'Alhambra plutôt en matinée.

À savoir qu'une partie de l'Alhambra est **accessible gratuitement** en passant par la puerta de la Justicia *(plan Alhambra, 2)* : l'esplanade de los Aljibes, le palais de Charles Quint et le museo de Bellas Artes (ainsi que l'*Hostal America* et le parador).

Comment y aller ?

➤ **À pied :** finalement pas si difficile, au départ de la plaza Nueva. Environ 25 mn de bonne grimpette par la calle Cuesta de Gomérez ; c'est toujours tout droit. Pour redescendre, on peut prendre à droite le large chemin (cuesta de los Chinos) qui longe le bas des remparts, passe sous la passerelle d'entrée et plonge sur l'Albaicín.

➤ **En minibus :** la meilleure solution à notre avis est de grimper jusqu'à l'Alhambra par le minibus et de redescendre à pied après la visite. Ces minibus rouges se prennent plaza Nueva, de 7 h à 23 h (lignes nos 30 et 32), et passent toutes les 4-5 mn. La ligne 32 relie également l'Alhambra à l'Albaicín. Billet à 1 €, comme tous les bus urbains de la ville.

➤ **En voiture :** la galère, mes amis ! La municipalité a eu la riche idée de désengorger de ces satanées voitures la montée vers l'Alhambra, en interdisant l'accès de la calle Cuesta de Gomérez aux véhicules privés. Ainsi, l'itinéraire oblige à sortir de la ville et à prendre la route de la sierra Nevada ; ensuite, c'est fléché.

Horaires et tarifs

De mars à octobre, ouvert tous les jours de 8 h 30 à 20 h, le reste de l'année jusqu'à 18 h. Les guichets du pavillon d'entrée *(plan Alhambra, 2)*, à côté du parking, ferment une heure plus tôt. Nocturne tous les jours de 22 h à 23 h 30 de mars à octobre. En hiver de 20 h à 21 h les vendredi et samedi. Fermé le 25 décembre et le 1er janvier. Palais de Charles Quint et museo de Bellas Artes (en restauration jusqu'à début 2007) fermés le lundi (accès gratuit).
Attention : afin d'éviter l'engorgement de touristes, les autorités limitent l'accès à 7 700 visiteurs par jour en été et 6 300 en hiver. Quand le quota est atteint, la vente de billets s'arrête, et ça peut être à n'importe quelle heure de la journée. Mieux vaut donc réserver (voir plus bas).
– Le billet revient à 10 € en plein tarif. Il y a parfois des frais de dossier (en cas de réservation depuis un hôtel ou par téléphone) ; réduction pour les retraités ressortissants de l'UE ; gratuit jusqu'à 8 ans (mais réservation nécessaire quand même).

Réservation et achat des billets

– **Réserver par téléphone :** vous pouvez le faire en appelant de l'Espagne au ☎ 902-22-44-60, ou de l'étranger au ☎ 00-34-915-37-91-78 (règlement par carte de paiement). La réservation se fait entre 8 h et 17 h tous les jours, mais on ne peut pas réserver pour le jour même : anticipation maximum d'un an et minimum d'une journée. Le prix de l'entrée s'élève alors à un peu moins de 11 €.
– **Réserver sur Internet :** ● www.alhambratickets.com ● Prévoir des frais liés à l'achat par Internet.
– **Achat sur place :** un guichet au pavillon d'entrée *(plan Alhambra, 1)* est prévu spécialement. Théoriquement, 1 500 places sont gardées chaque jour pour les entrées du jour même. Mais si vous n'avez pas réservé, vous prenez le risque d'attendre des heures, sans aucune garantie. Enfin, sachez que, sur place, ils ne vendent des billets que pour le jour même (impossible de réserver pour le lendemain ; cartes de paiement refusées) ; impératif d'arriver tôt (vers 7 h du matin, en haute saison) !

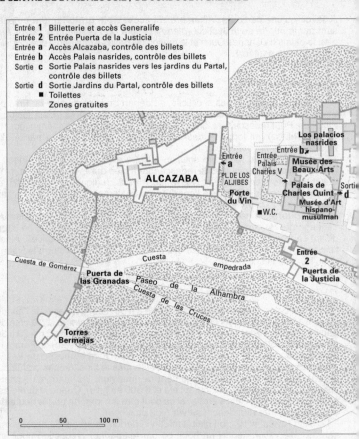

Entrée **1** Billetterie et accès Generalife
Entrée **2** Entrée Puerta de la Justicia
Entrée **a** Accès Alcazaba, contrôle des billets
Entrée **b** Accès Palais nasrides, contrôle des billets
Sortie **c** Sortie Palais nasrides vers les jardins du Partal, contrôle des billets
Sortie **d** Sortie Jardins du Partal, contrôle des billets
■ Toilettes
Zones gratuites

– Enfin, on peut réserver auprès de la *Banco Bilbao Vizcaya Argentaria* (la *BBVA* ; attention aux horaires espagnols) et c'est dans une de ses agences qu'il faut acheter son billet, à Grenade bien sûr, ou dans n'importe quelle autre ville (mais pas du tout dans leurs agences à l'étranger). La *BBVA* vous demandera de donner votre numéro de carte de paiement. En échange, on vous donnera un numéro de réservation, avec lequel vous pourrez retirer votre billet le jour même au guichet des réservations de l'Alhambra. Attention, cela ne signifie en aucun cas que vous évitez de faire la queue... Certains hôtels se chargent aussi de réserver les billets à l'avance, mais il faudra prévoir des frais de dossier. En pleine saison (été), on vous conseille de l'acheter quelques jours, voire quelques semaines à l'avance.

Le billet

Le billet doit être utilisé le jour dit et à une heure précise, ce qui n'est pas toujours facile à prévoir. Il se compose de 3 coupons correspondant aux 3 parties de l'Alhambra : l'*Alcazaba*, les *palacios nasrides* et le *Generalife*. Sur le billet est inscrit l'heure **exacte** à laquelle vous devez vous présenter à

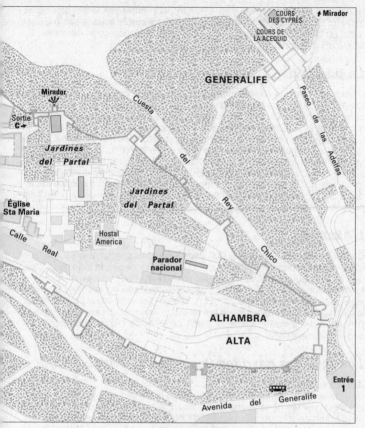

Mirador

COURS
DES CYPRÈS

↑ Mirador

COURS DE
LA ACEQUID

GENERALIFE

Cuesta

Paseo de las Adelfas

Mirador

Sortie
C→

Jardines

del Partal

del

Église
Sta Maria

Jardines

del Partal

Rey

Chico

Calle

Real

Hostal
America

**Parador
nacional**

ALHAMBRA

ALTA

Entrée
1

Avenida del Generalife

GRENADE ET SES ENVIRONS

L'ALHAMBRA

l'entrée des palais nasrides *(plan Alhambra, b)* pour les visiter : il faut retirer les billets à l'entrée de l'Alhambra *(plan Alhambra, 1)* au moins 2 h avant ce rendez-vous.

Cela dit, avant et/ou après la visite des palais nasrides, vous pouvez rester le temps que vous voulez dans l'Alhambra (dans les jardins du Generalife ou l'Alcazaba) jusqu'à la fermeture du site. Compter au moins une demi-journée pour tout visiter.

La visite

L'Alhambra est non seulement superbe, mais également d'un intérêt histori-que considérable, puisque c'est le seul palais arabe construit au Moyen Âge qui soit encore intact. Au lieu de le saccager, les catholiques l'ont restauré. À l'origine, les populations arabes vivaient sur la colline voisine, l'Albaicín (une sorte de médina). Le 1er roi de la dynastie nasride décida d'émigrer sur celle-ci et fit construire un palais qui ne cessa de s'agrandir jusqu'au XIVe siè-cle. Toutes les constructions principales datent donc du Moyen Âge, à part la *casa Real,* édifiée par Charles Quint qui n'avait pas son pareil pour briser l'harmonieuse composition d'un site. On peut entrer par le pavillon où se trouvent les guichets *(plan Alhambra, 1)* et commencer la visite par le Generalife, ou bien passer d'abord par la Puerta de la Justicia *(plan Alhambra, 2)*, ce qui est plus habituel.

La puerta de la Justicia

C'est plutôt par ici qu'on commence la visite. Elle donne accès à la plaza de los Aljibes, autour de laquelle s'articulent l'Alcazaba, la puerta del Vino, le palais de Charles Quint et les palais nasrides. La puerta de la Justicia est quasiment la seule entrée d'origine qui ait subsisté jusqu'à nos jours. Elle faisait partie des remparts qui englobaient la *Médina Al Hamrá,* en fait la ville fortifiée de l'Alhambra, habitée de tous les artisans de la couronne, des familles des soldats et des aristocrates. Vous remarquerez la main sculptée sur la 1re arche (symbole musulman). En dessous, on peut voir une clef (peut-être un blason nasride). La légende veut que le jour où la main atteindra la clef, Grenade reviendra à ses anciens propriétaires musulmans. C'est peut-être pourquoi une vierge gothique a été glissée entre les deux.

L'Alcazaba

C'est la partie la plus ancienne (XIe siècle), la moins spectaculaire aussi, bien qu'elle offre un panorama exceptionnel sur la ville, depuis la torre de la Vela, de 27 m de haut, probablement érigée par Mohammed ben Nasr Al-Ahmar, le fondateur de la dynastie nasride. L'Alcazaba, dressée sur la colline telle une vigie, était la forteresse de la cité. On y aperçoit les remparts qui grimpent sur la colline. De la tour de veille, on prévenait de tous les dangers et on rythmait l'irrigation de la vallée. Dans la partie centrale de l'Alcazaba, ruines des anciennes casernes.

Los palacios nasrides (les palais nasrides)

À la fois forteresse et résidence des émirs, construite entre 1238 et 1391. Le clou de la visite. Il faut savoir que le palais a été remanié plusieurs fois et entretenu par les générations successives, si bien qu'il est difficile de dater avec précision telle ou telle pièce, telle ou telle arabesque. Mais l'important est que l'unité architecturale ait été conservée. Il s'agit de trois ensembles de salles, le *Mexuar,* le *Comares* et le *patio de los Leones,* composés de patios, salons, corridors, alcôves... Toute une ambiance dont on s'imprègne au fil de la visite.

El Mexuar (salle du Conseil)

C'est la partie la plus ancienne des palais, mais également celle qui a subi le plus de transformations. Dans cette salle, finalement assez petite mais d'une rare élégance, siégeait le tribunal royal. On étudiait donc ici, dans le carré central délimité par les colonnes aux chapiteaux polychromes, les grandes affaires judiciaires. Remarquables arabesques et superbes revêtements d'azulejos mauresques (ou *alicatados* – marqueterie de pierre) datant du XVIe siècle. La finesse des colonnes tranche avec la richesse des chapiteaux. Remarquer également ce qui devait être une mezzanine, et dont il subsiste une balustrade. C'était le chœur d'une chapelle installée à l'occasion d'une visite du roi Philippe IV ; le plancher s'étant écroulé, il ne reste plus que la balustrade. Vous observerez que le *mirhab* de l'oratoire du Mexuar est orienté sud-est pour se tourner vers La Mecque (très endommagé par l'explosion de 1590). Excellente vue sur l'Albaicín. On poursuit par l'élégant patio du Mexuar, aux murs foisonnant de motifs délicats.

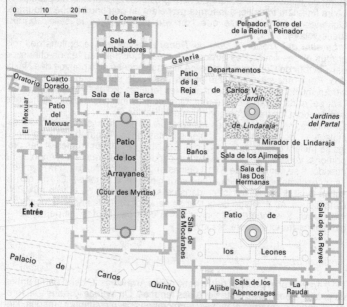

L'ALHAMBRA – LES PALAIS NASRIDES

– **El cuarto Dorado** *(la chambre Dorée)* : superbe, avec ses murs couverts d'ornementations et d'inscriptions. Vue extra sur la ville depuis les hautes ouvertures. Plafond mudéjar ouvragé et doré, présentant des motifs gothiques. C'est probablement ici que les visiteurs attendaient l'autorisation d'entrer dans le *patio de los Arrayanes* du temps des Nasrides.

El Comares

Centre de l'activité diplomatique et politique de l'Alhambra, la partie publique des palais nasrides.

– **El patio de los Arrayanes** *(la cour des Myrtes)* : une des réalisations les plus parfaites. Passage obligé des invités en grande pompe le long du bassin, avant d'accéder à la Sala de la Barca. L'harmonieux équilibre entre la lumière, l'eau et l'espace donne au visiteur une impression de pureté remarquable émanant du vaste bassin rectangulaire, parfaitement calme. Le soleil réfléchi par l'eau du bassin ondoie en arabesques lumineuses sur les murs du patio, animant celles ciselées dans le plâtre. C'est dans ce genre de réalisation que l'on perçoit à quel point les Arabes maîtrisaient le jeu des volumes et de l'espace. Les larges arcades aérées confèrent à l'ensemble un aspect paisible et voluptueux. Au 1er étage de la galerie sud, les fenêtres à jalousies sont celles du sérail, qui n'était pas placé là par hasard. En effet, le harem du sultan était preuve de son pouvoir et ses femmes pouvaient faire fléchir les plus récalcitrants... Regardez dans l'autre sens, vers la galerie sud : horreur ! La corniche du palais de Charles Quint vient briser toute cette belle harmonie. On se gratte la tête en se demandant à quoi lui et son architecte (Pedro Machuca) pouvaient bien penser.

– **La sala de la Barca** : tout en longueur, c'est l'antichambre coincée entre le patio de los Arrayanes et le salon des Ambassadeurs. Ultime salle d'attente avant de rencontrer le sultan. Le nom proviendrait peut-être du plafond de cèdre finement travaillé, à la forme rappelant un peu une barque retournée. Ou encore de la formule que l'on voit partout dans la salle : *baraka* (bénédiction).

– **La sala del Trono** *(la salle du Trône)* **:** destiné aux réceptions des rois arabes et des émissaires étrangers, ce salon, installé au rez-de-chaussée dans la tour de Comares, symbolise la magnificence et le pouvoir des Nasrides. Pour recevoir ses sujets et ses invités, le sultan s'asseyait dos aux vitraux multicolores qui ornaient alors les fenêtres de l'alcôve centrale, face à l'entrée, et de ce fait à contre-jour. Quoi de plus intimidant qu'une silhouette sombre dont les traits demeurent indéchiffrables ?

Là encore, on retrouve toutes les splendeurs de l'art nasride : arabesques, stalactites, balcons ajourés, azulejos fantastiques. Aux arabesques orientales se mêlent des versets du Coran. Équilibre parfait des formes et des proportions. Vous remarquerez surtout le plafond, chef-d'œuvre de l'ébénisterie nasride. Il se compose de 8 017 pièces en bois de cèdre du Liban, symbolisant l'eschatologie islamique (les sept cieux et le paradis). On dit que le sultan Boabdil aurait remis ici, dans ce salon, les clés de la ville aux Rois Catholiques. Au 4e étage de la tour se seraient situés les appartements privés du roi. Ses fenêtres, donnant sur la cour des Myrtes, lui permettaient d'observer tranquillement ses invités.

El patio de los Leones (la cour des Lions)

On y accède en repassant par le patio de los Arrayanes. C'est la partie privée du palais, réservée au sultan et à ses femmes. On avance ici dans une forêt de colonnes de marbre élancées, surplombées par d'élégantes arcades dont les stucs, d'une finesse remarquable, ont l'aspect de dentelles. On se demande d'ailleurs comment l'ensemble, à l'apparence si fragile, a pu résister aux tremblements de terre qui ont plusieurs fois secoué les environs : à chaque extrémité des colonnes, vous apercevrez des joints de plomb, auxquels on doit cette surprenante solidité et cette souplesse à la fois. Les arabesques des chapiteaux et des arcs paraissent à première vue tous identiques, mais en les scrutant plus longuement, on découvre leur incroyable diversité.

Au centre, le patio même, avec la célèbre fontaine aux 12 lions, symbolisant les 12 mois de l'année, crachant chacun son jet d'eau. Ils dateraient du Xe ou XIe siècle.

Le patio représente le paradis musulman. Les colonnes se dressent tels les palmiers d'une oasis, au centre de laquelle jaillit la source, alimentant quatre rigoles qui symbolisent les rivières du paradis, coulant vers les quatre points cardinaux. Les lions soutiennent un bassin circulaire, symbolisant l'océan qui reçoit la pluie. Une inscription arabe sur le bord de la vasque dit ceci : « Qu'est-elle sinon un nuage qui verse ses bénéfices sur les Lions ? La main du calife, comme elle, déverse ses bienfaits sur les lions de la guerre. »

Plusieurs salles s'articulent autour du patio. Nous commencerons par celle située à droite de l'accès depuis la cour des Myrtes :

– **La salle des Abencérages :** remarquable *muquarnas* (plafond ou voûte à stalactites) en forme d'étoile, impossible à reproduire paraît-il et sur lequel de nombreux mathématiciens se sont cassé la tête. À propos de tête, c'est ici que celles de 36 chevaliers abencérages tombèrent sur ordre du sultan, l'un d'entre ces malheureux ayant séduit sa femme. En sortant de la salle, on distingue deux couloirs. L'un, à gauche, conduit à l'entrée d'origine, aujourd'hui condamnée. L'autre, à droite, mène à l'escalier qui monte au sérail, au-dessus d'une citerne.

– **Le sérail** – qui ne peut être visité – , au 1er étage, s'étend jusqu'à la cour des Myrtes. Les femmes pouvaient donc passer de la partie privée à la partie publique sans être vues. Elles avaient d'ici également accès au hammam, coincé entre la cour des Lions et la cour des Myrtes.

– **La sala de los Reyes** *(la salle des Rois) :* en face de l'entrée. Longue salle divisée en plusieurs parties, dont tous les plafonds sont couverts de stalactites. Voûtes à arches presque brisées, ce qui est assez rare. Noter aussi, dans toutes les niches du fond, les plafonds ornés et recouverts de cuir d'agneau, peints par des artistes errants (fin XIVᵉ ou début XVᵉ siècle), représentant les rois de la dynastie nasride et des scènes chevaleresques.

– **La sala de las Dos Hermanas** *(la salle des Deux-Sœurs) :* située à gauche de l'entrée, c'était la salle officielle des épouses du roi. Il avait généralement 4 épouses. La préférée (la sultane) n'était ni la plus intelligente, ni la plus belle, ni la plus jeune, mais celle qui donnait le 1ᵉʳ fils. Au centre, deux grandes dalles en marbre, auxquelles on attribue son nom (deux sœurs). On notera ici surtout les magnifiques *alicatados*, considérés comme les plus beaux de l'Alhambra. C'est sur l'un des piliers de marbre de cette salle qu'Aben Hamet, le héros des *Aventures du dernier Abencérage* (le récit de Chateaubriand), inscrit au clair de lune le nom de sa douce Blanca. Au milieu du XIXᵉ siècle, l'Alhambra était si peu visité que certains voyageurs avaient le droit de dormir dans ces salles. L'écrivain Théophile Gautier eut ce privilège. En 1840, il passa 4 nuits dans le palais nasride : « Nous couchions tantôt dans la salle des Deux-Sœurs, tantôt dans celle des Abencérages... » Les temps ont bien changé !

Appartements de Charles Quint et cour de Lindaraja

À l'arrière de la *sala de las Dos Hermanas,* on accède au **Mirador de Lindaraja,** qui donne aujourd'hui sur un jardin (le *patio de Lindaraja*), car les galeries construites par les chrétiens lui ont bouché la vue. Voir les sublimes inscriptions arabes en mosaïque de céramique, noir sur blanc.

On traverse ensuite les appartements de Charles Quint, datant de 1526, où il ne résida que très peu de temps lors de son voyage de noces. Vous y trouverez un écriteau rappelant que Washington Irving logea ici. C'est sa passion pour l'Alhambra qui initia la remise en état du site, plus ou moins laissé en ruine à l'époque, devenu squat de gitans et de romantiques. Plusieurs galeries articulées autour du *patio de Lindaraja,* l'une permettant d'entrevoir l'intérieur des bains, que l'on ne peut pas visiter autrement, une autre offrant une vue extra sur l'Albaicín. Vous passerez également par la **sala de los Secretos,** une galerie de brique qui, faute de secret, abritait le bois de chauffage pour les bains. La sortie se fait vers les **jardines del Partal,** élégamment organisés en allées et qui concluent en douceur la visite des palais nasrides.

Le palais de Charles Quint

Construit au XVIᵉ siècle, son architecture massive et austère surprend quelque peu dans ce site si raffiné. Les bâtiments carrés et brutaux d'aspect extérieur entourent une vaste cour circulaire pleine d'élégance et comportant 2 étages de galeries, la première dorique et la seconde ionique. De là, on peut accéder à la chapelle octogonale.

Ce palais abrite le musée des Beaux-Arts et le musée de l'Alhambra.

– **Le musée des Beaux-Arts :** à l'étage du palais. ☎ 958-22-14-49. Le bâtiment, en restauration, doit rouvrir ses portes début 2007. Les nouveaux horaires et nouveaux tarifs ne sont pas encore connus ! Très belle collection de peintures et sculptures du XVIᵉ siècle notamment, réalisées par des artistes grenadins.

Dans la 1ʳᵉ salle, un magnifique petit triptyque en émail aux couleurs chatoyantes et une belle *Descente de croix* de Francisco Chacón du XVᵉ siècle.

Salle suivante, quelques toiles de Juan S. Cotan, dont on dit qu'il a inspiré Zurbarán. Il se dégage de ces toiles une certaine naïveté, soutenue par une lumière douce et sereine, des couleurs bienveillantes. Continuez la visite et remarquez sur la gauche un tableau flamand du XVIIe siècle représentant la fuite en Égypte... située dans la Hollande du XVIIe siècle. Deux salles plus loin, nombreuses sculptures d'Alonso Cano, peintre et sculpteur du XVIIe siècle. Œuvres empreintes de réalisme simple et expressif. De la salle 5, on retiendra un Christ pathétique de José de Mora. On verra encore des œuvres de Pedro A. Bocanegra, très touchantes, dans la lignée d'Alonso Cano. Scènes sculptées de *Jésus portant la croix* et de la *Nativité*. Les dernières salles présentent du mobilier ainsi que des tableaux du XIXe siècle. Voir notamment les œuvres de José María López Mezquita et celles de Gabriel Morcillo. Beau travail et excellent musée qui a choisi de montrer peu d'œuvres mais d'une grande qualité.

– **Le musée de l'Alhambra :** au rez-de-chaussée du palais. Ouvert du mardi au samedi de 9 h à 14 h. Fermé les jours fériés. Gratuit pour les ressortissants de l'UE, sinon 1,50 €. Très beaux stucs, bois sculptés dont une monumentale porte marquetée, marbres polychromes et azulejos du IXe au XIVe siècle.

Le Generalife *(plan D2-3)*

Rien de plus joli et agréable que le chemin bordé de cyprès, fleuri par une végétation exubérante, qui conduit au Generalife. Ce palais était le lieu de repos des rois de Grenade, leur résidence d'été. Ils pouvaient s'isoler, tout en étant à proximité de l'activité politique et de l'Alhambra. Les bâtiments, d'architecture assez simple, sortent d'une jolie restauration. Jardins magnifiques. C'était déjà l'avis de Théophile Gautier en 1840 : « Le véritable charme du Generalife, ce sont ses jardins et ses eaux. » Fidèles à leurs habitudes, les Arabes ont réuni dans la plus parfaite harmonie l'eau et les végétaux. L'eau jaillit d'un rocher en hauteur. Autrefois, cette source si précieuse était contrôlée par une clef. Ceci dit, ce que vous en voyez aujourd'hui n'a plus rien à voir avec la version médiévale. Le jardin a subi de multiples transformations par toutes les familles nobles qui ont habité les lieux. En 1921, il fut vendu à la ville pour 1 peseta ! Les pavillons sont disséminés au milieu des bassins et des jets d'eau. Tout au bout, un kiosque avec une vue admirable sur Grenade et l'Alhambra en contrebas. Plus haut, des jardins suspendus qui rappellent ceux qui ont fait la réputation de Babylone.

Iglesia Santa María de Alhambra

Derrière le palais de Charles Quint. Après plusieurs années de rénovation intense, théoriquement rouverte à la visite... sauf qu'il semble n'y avoir pas d'horaires fixes. Si elle est ouverte lorsque vous passez devant, profitez-en, nous n'avons pas eu cette chance !

À voir encore

🐾🐾 **L'Albaicín** *(plan D1-2)* : notre quartier préféré à Grenade. Pour y aller, minibus n°s 31 ou 32 à prendre plaza Nueva. Il y a encore quelques années, la réputation de l'Albaicín faisait froid dans le dos, et les agressions n'étaient pas rares. Depuis quelque temps, le quartier s'embourgeoise et devient très branché... même le maire y habite, c'est dire ! Il semble que les touristes rencontrent aujourd'hui plus de problèmes près de la cathédrale que dans le quartier de l'Albaicín ou celui de Sacromonte. Cela dit, le bon sens et une vigilance tranquille restent, comme partout, la formule la plus efficace. Un petit truc tout bête : porter son sac du côté du mur et non de la rue.

Quartier de style arabe, surplombant la ville à flanc de coteau, qui a sauvegardé son aspect de médina tel qu'il était il y a plusieurs siècles. Du XIᵉ au XIVᵉ siècle, c'était une ville riche, comptant à son apogée pas moins de 26 mosquées et 600 000 habitants, ce qui était bien inhabituel en Europe. Au milieu du XIIIᵉ siècle, le quartier se gonfla de l'exode des musulmans fuyant Cordoue reconquise par les Rois Catholiques. C'est également là que, après la reconquête de Grenade, les Maures se réfugièrent. Ils furent en partie massacrés dans la nuit de Noël 1568, puis finalement chassés en 1609. Au hasard de ses ruelles étroites, de ses passages, de ses escaliers, de ses culs-de-sac, de ses placettes pavées, il a conservé le charme de ses patios fleuris et de ses demeures anciennes appelées *cármenes*. L'Unesco l'a d'ailleurs classé au patrimoine de l'humanité en décembre 1994.

Vous indiquer un itinéraire ressemblerait à une mauvaise blague dans ce dédale de ruelles. On peut visiter l'Albaicín en 2 h ou y passer la journée. À notre avis, il faut choisir la 2ᵉ solution ! On a plutôt envie de vous proposer de mettre votre guide préféré au fond de votre sac et de vous égarer joyeusement dans ce labyrinthe magnifique. Une promenade qui sera peut-être votre meilleur souvenir de Grenade. Un petit conseil : évitez les sandalettes (et les talons !), à cause des ruelles pavées de petits galets pointus. Ça forme de jolis motifs mais, sans semelles dignes de ce nom, ça transforme vite la promenade en torture !

Cela dit, le mieux est de commencer par la plaza Nueva et de longer la rivière. À la hauteur de la *calle Bañuelo* (la 4ᵉ rue à gauche), les bains maures se visitent (voir « El Bañuelo » plus bas).

Puis continuer jusqu'au *paseo Tristes* et, au bout à gauche, commencer la grimpette par la *cuesta del Chapiz.* Une certaine logique devrait vous faire passer par la *plaza San Salvador.* Sur celle-ci, l'église du même nom fut construite sur une ancienne mosquée, comme c'est souvent le cas. Toute proche, la *plaza Aliatar,* puis la jolie et vivante *plaza Larga.*

Un peu à l'écart, l'église *San Bartolomé,* du XVIᵉ siècle, est l'une des seules à ne pas avoir été crépies et peintes en blanc, laissée dans sa version originale en briques ocre. Du *mirador de la plaza San Nicolás,* on a la vue la plus photographiée sur l'Alhambra, Grenade et la sierra Nevada... Mais pour une vision vraiment bouleversante et superbe du soleil couchant sur l'Alhambra, il faut se rendre au mirador San Cristóbal ou à San Miguel Alto... Ensuite, de *San Miguel Bajo,* on peut descendre jusqu'à la *calderería Nueva,* où se trouvent toutes les *teterías* (salons de thé arabes).

Autre solution : grimper jusqu'à San Salvador avec les minibus et se laisser ensuite porter par la descente.

– *El mirador del Carril :* y aller au crépuscule. Cette placette domine la ville à l'ouest.

🎥🎥 *Le quartier du Sacromonte* (hors plan par D2) : quartier des gitans, au-dessus de l'Albaicín. Pour s'y rendre, seulement 1 bus par heure, le n° 34, relie directement la plaza Nueva au Sacromonte entre 7 h 25 et 20 h 25. On peut aussi y aller à pied, en empruntant le même itinéraire que pour l'Albaicín le long du Darro puis, après le paseo de Los Tristes, la cuesta del Chapiz sur la gauche. Au niveau de la casa del Chapiz, la route sur la droite mène au Sacromonte. C'est indiqué de toute façon. Après 5 mn de marche, on entre dans un univers complètement différent, plus aride ; les cactus et les agaves percent la rocaille, et les habitations, les *cuevas,* sont creusées dans la colline crayeuse, maisons troglodytiques caractéristiques. C'est dans l'une de ces *cuevas,* au sommet du mont, qu'à la fin du XVIᵉ siècle furent découverts des tombeaux, dont l'un supposé être celui de San Cecilio, évangélisateur de Grenade, et dans ces tombeaux, de curieuses plaques de plomb gravées en arabe (révélant que Cecilio aurait été arabe, ce dont doutent toujours les

historiens). Quoiqu'il en soit, la ferveur populaire ne se fit pas attendre : l'endroit devint un lieu de pèlerinage, et y gagna son nom de « Sacro Monte ». Aujourd'hui, une abbaye et une collégiale, datant du XVIIe siècle, coiffent les *santas cuevas* initiales. Plantées comme au milieu de nulle part, leur visite vaut le détour (accès par le minibus n° 34, descendre au dernier arrêt ; ouvert du mardi au samedi de 11 h à 13 h et de 16 h à 18 h, le dimanche de 16 h à 18 h ; entrée 3 € ; visite guidée) : autant l'extérieur en est impressionnant, avec vue sur tout Grenade et l'Alhambra, autant l'intérieur en est sobre. Outre les *santas cuevas*, qui se visitent aussi, faites un tour au petit musée, plutôt riche, dépositaire de nombreux manuscrits, en particulier d'Averroès.
Mais le Sacromonte et ses *cuevas*, souvenirs d'une époque où les gitans étaient les principaux habitants du lieu, abritent surtout de nombreuses boîtes de flamenco où assister aux spectacles de *zambra* (voir plus haut « Où voir du flamenco et de la *zambra* ? »).

🎭 Pour en savoir plus sur le monde des *gitanos*, s'impose la visite du **Museo-Cuevas del Sacromonte** : ☎ 958-21-51-20. ● www.sacromontegra nada.com ● Bus n° 34 depuis la plaza Nueva (toutes les heures, on vous le rappelle), puis demander au chauffeur de vous rapprocher le plus possible. Juste après *Juanillo*, suivez à pied sur votre gauche le fléchage (sur panneau de bois) le long du barranco de los Negros (le ravin des Noirs...) ; attention, ça grimpe dur (mais le centre dispose d'un bar à l'arrivée). En été (d'avril à octobre), ouvert du mardi au vendredi de 10 h à 14 h et de 17 h à 21 h, et le week-end de 11 h à 21 h ; ferme un peu plus tôt l'hiver. Entrée : 4 €. On vous distribue un cahier avec les traductions en français des panneaux, à rendre à la fin.
Le Museo-Cuevas est une sorte d'écomusée, fondé et géré par une association socioculturelle du Sacromonte. Le but est de fournir une présentation à la fois ethnographique et environnementale de la vie des gitans jusqu'il y a peu : grottes réaménagées (étables, ateliers, chambres, forge, etc.), autour d'un jardin botanique qui présente la géologie et la flore de la région, avec la symbolique et les fonctions médicinales (et culinaires) qui s'y rattachent. Ici, on a le droit de toucher, c'est même recommandé ! L'idée étant de découvrir plantes et roches sous tous leurs angles. Dans l'une des grottes, un petit musée très bien fait raconte l'histoire du Sacromonte, ce quartier gitan éternellement à la marge, puisqu'il fut et reste isolé sur sa colline, hors des remparts. Également une grotte dédiée à l'histoire du flamenco et de la *zambra*, ainsi qu'une petite salle d'exposition d'art. À la fin de la visite, profitez du bar et du très beau point de vue et mon n'aurez qu'une envie : rester ! Il paraît qu'il y a encore quelques grottes inhabitées... mais la spéculation immobilière qui a ravagé l'Albaicín s'est aussi attaquée au Sacromonte ! Les vues sur l'Alhambra sont presque aussi belles que depuis l'Albaicín, mais ici, vous serez seul (ou presque) à en profiter.
– En juillet-août, **spectacles de flamenco** le mercredi à partir de 22 h et le mardi et le jeudi, **ciné en plein air** avec des documentaires et des films en rapport avec les gitans et le flamenco (Tony Gatlif, Emir Kusturica...).

🎭 **La catedral** (plan B2) **:** dans le centre-ville. L'entrée se situe au début de la Gran Vía de Colón, à droite du n° 3, par une porte en fer forgé. ☎ 958-22-29-59. Visites de 10 h 45 (10 h en juillet-août) à 13 h 30 et de 16 h à 20 h (19 h en hiver) ; le dimanche, seulement l'après-midi. Entrée : 3 €.
Commencée au XVIe siècle en style gothique et achevée en style Renaissance très pompeux. Vaste ensemble à 5 nefs, froid. Jetez un coup d'œil à la capilla Mayor (le chœur), haute de 45 m : statues d'apôtres sur les colonnes, peintures d'Alonso Cano dans les galeries. Magnifiques orgues du XVIIe siècle. Au bas du bras gauche de la nef, dans la salle capitulaire, collections d'orfèvrerie religieuse, quelques tapisseries flamandes et sculptures, le tout dans un meuble-vitrine impressionnant. Buste de San Pablo superbe, par

Alonso Cano. Intéressera surtout les spécialistes. Si vous manquez de temps, visitez plutôt la capilla Real.

Capilla Real : accès par la calle Oficios, perpendiculaire à la Gran Vía. ☎ 958-22-92-39. ✋ Ouvert de 10 h 30 (11 h le dimanche) à 13 h et de 16 h à 19 h (15 h 30 à 18 h 30 en hiver). Entrée : 3 €.
On y accède par le côté gauche, à l'extérieur de la cathédrale (en venant de l'arrière). La chapelle royale, de style gothique, est protégée par une superbe grille en fer forgé de style isabellin. Elle fut édifiée pour recevoir les dépouilles des Rois Catholiques (Isabelle de Castille et Ferdinand d'Aragon). À côté de ces étonnants cénotaphes en marbre de Carrare ont été placées les dépouilles de Jeanne la Folle – fille d'Isabelle et de Ferdinand et mère de Charles Quint – et de Philippe le Beau, son époux. Votre œil observateur aura immédiatement noté que les cénotaphes de droite (Isabelle et Ferdinand) sont un peu plus bas que ceux de gauche, plus tardifs et de style purement maniériste. Dans la crypte, sous les cénotaphes, les sarcophages des rois. Il paraît que les troupes napoléoniennes auraient tout saccagé là-dedans et qu'ils seraient vides.
Noter le beau retable du maître-autel, relatant la prise de Grenade et la conversion massive des Maures. Il a été composé comme une B.D., dans un style particulièrement réaliste. Tout en haut, triptyque de la *Passion,* superbe. Sur le côté droit, la sacristie et son petit musée. À ne pas manquer. On y trouve une collection d'œuvres flamandes, collection privée de la reine Isabelle. Tout d'abord, dans la vitrine centrale, l'épée de Ferdinand et le sceptre de la reine. Et puis sur les murs, de nombreux chefs-d'œuvre, de petits tableaux du XVe siècle, de véritables merveilles : triptyque de Bouts, admirable de finesse, aux couleurs chaudes. Que dire des tableaux de Hans Memling (série sur la *Descente de la croix*) et de celui de Rogier Van der Weyden, le grand maître flamand ? Vraiment étonnant de beauté et d'émotion. Il y a même un Botticelli (à vous de le trouver) et un diable truculent dans un coin.

✋ En face de la capilla Real, belle entrée. C'est celle de la *medersa,* ancienne université arabe, édifiée sous Yusuf Ier. Si c'est ouvert, voir la très jolie salle de style mudéjar au fond du petit patio.

✋ Tout à côté de la cathédrale, allez jeter un coup d'œil à l'**Alcaicería** *(plan B2-3),* ancien souk arabe où l'on vendait, au Moyen Âge, les tissus de soie. Même si l'architecture est très belle, les boutiques de souvenirs ont totalement investi le quartier, masquant les façades. Le moment idéal pour en découvrir l'architecture : à la nuit tombée, vers 22 h ou 23 h, lorsque les boutiques ont fermé leurs portes : mis en valeur par un éclairage approprié, le vieux souk retrouve toute sa magie. L'*Alcaicería* accueille aussi un centre d'art contemporain, le *Centro José Guerrero,* c/ Oficios, 8 (ouvert du mardi au samedi de 11 h à 14 h et de 17 h à 21 h, le dimanche de 11 h à 14 h) : c'est gratuit, et les expos y sont d'excellente qualité.

✋ *Plaza Bibarrambla :* juste à côté. Très bien pour prendre un verre, surtout le matin assez tôt, pour voir l'animation monter en puissance. Plusieurs terrasses agréables.

✋ Traverser ensuite la calle de los Reyes Católicos, pour visiter le *corral del Carbón.* Accès du lundi au vendredi de 10 h 30 à 13 h 30 et de 17 h à 20 h ; le samedi de 10 h 30 à 14 h. Ancien caravansérail-marché construit au XIVe siècle, on y hébergeait les voyageurs. Entièrement rénové, il loge aujourd'hui diverses agences et boutiques.

Monasterio de San Jerónimo *(plan A1-2) :* c/ Rector López Argüeta, 9. ☎ 958-27-93-37. ✋ Ouvert de 10 h à 13 h 30 et de 16 h à 19 h 30 (de 15 h à 18 h 30 en hiver). Entrée : 3 €. Brochure disponible en français, payante. Vous êtes dans le monastère des sœurs de Saint-Jérôme, qui, au nombre de seize, coulent ici une vie contemplative. Fondé à la fin du XVe siècle, abandonné au milieu du XIXe siècle, le monastère a repris sa vie religieuse depuis une bonne vingtaine d'années. L'église, le réfectoire, les chapelles et toutes les autres pièces s'organisent autour d'une grande cour plantée d'orangers. On visite uniquement le rez-de-chaussée de ce superbe cloître composé de 2 galeries à arcades.

À 18 h (19 h en été), on peut – silencieusement – assister aux vêpres chantées. Le pourtour du cloître est dallé de pierres simples et de pierres tombales où reposent les moines. En cheminant sous les arcades, on découvre plusieurs portails Renaissance ou plateresques. Mais le clou de la visite reste l'*église* (entrée par le cloître), qui mélange les styles gothique élisabéthain et Renaissance à partir du transept. Très chargé et léger à la fois. Pas un seul centimètre carré n'a échappé au coup de pinceau de l'artiste. Plafond à caissons où trônent moult bustes de personnages, angelots, chérubins, monstres. La merveille reste l'incroyable *retable*. Œuvre admirable de la fin du XVIe siècle, qu'on doit à un groupe d'artistes espagnols. Là encore, une véritable B.D. qui nous raconte, en vrac, le Saint Sacrement, la naissance du Christ, l'Adoration... Noter comme les multiples niveaux, les différents étages sont soutenus par des colonnes doriques, puis ioniques et enfin corinthiennes. Tout en haut, au centre, Dieu le Père, et, en dessous, son fils en croix.

🌂 Les amateurs d'églises iront encore faire un tour à la ***iglesia San Juan de Dios*** *(plan A-B1)*, bel exemple de baroque grenadin (colonnes torsadées travaillées, chœur doré...). Il s'agit, en fait, de la chapelle de l'ancien *Hospital*. Jetez d'ailleurs un œil sur ses 2 cours intérieures, ainsi que sur l'escalier qui les sépare et son beau plafond *artesonado*.

🌂 Sur la gauche du río Darro, au pied de l'Albaicín, s'étend un ***vieux quartier*** populaire, peut-être moins typique que le cœur de l'Albaicín, mais les amateurs de vieilles rues et de pierres sans âge apprécieront. Il suffit de longer la rivière et de prendre les ruelles perpendiculaires.

🌂 ***Bañuelo*** *(les bains arabes ; plan C2) :* carrera del Darro. ☎ 958-02-78-00. Ouvert du mardi au samedi de 10 h à 14 h. Fermé les jours fériés. Entrée gratuite. La restauration du bâtiment devrait être terminée lors de votre passage. Après avoir traversé la courette abondamment fleurie, plusieurs salles voûtées s'enchaînent. La plus vaste possède de belles arcades et une voûte percée d'étoiles pour accueillir la lumière. Chaque petit chapiteau est sculpté différemment, car issu de différents monuments antérieurs. Il devait faire bon se baigner et prendre les eaux dans cet espace de paix et de sérénité. L'ensemble fut édifié au XIe siècle.

🌂 ***Museo arqueológico*** *(casa de Castril ; plan C-D2) :* carrera del Darro, 43. ☎ 958-22-56-40. À l'angle de Zafra, le long du río Darro, au pied de l'Alhambra. Ouvert le mardi de 14 h 30 à 20 h 30, du mercredi au samedi de 9 h à 20 h 30 et le dimanche de 9 h à 14 h 30. Gratuit pour les membres de l'UE, sinon 1,50 €. Autour d'un charmant patio, on passe en revue les différentes époques de la terre andalouse : néolithique, paléolithique, époque romaine, âge du bronze, etc. Quelques jolies urnes funéraires et statues romaines. Fouilles provenant de la nécropole d'Almuñécar.

🌂🌂 ***Cartuja*** *(la chartreuse ; hors plan par B1) :* paseo de la Cartuja. ☎ 958-16-19-32. Sur une colline au nord-ouest du centre. Pour y aller, prendre le bus n° 8 dans le centre de Grenade. Ouvert de 10 h à 13 h et de 16 h à 20 h (de 15 h 30 à 18 h en hiver). Entrée : 3 €. Les amateurs de baroque ne devront en aucun cas manquer cette visite. Après la paix et la sérénité qui se dégagent des édifices de l'Alhambra, on ne pourra que sourire devant l'« hyper-baroquisme » du presbytère, du Sagrario et de la sacristie. Une fois franchie la sobre entrée de la chartreuse, on accède à un patio planté d'orangers, dont les salles qui l'encadrent renferment d'étonnantes œuvres de Sanchez Cotán. Ce moine peintre entra dans l'ordre des Chartreux et intégra la chartreuse de Grenade au début du XVIIe siècle. Les nombreuses toiles exposées ici ont été peintes pour la décoration de ces salles. On constate un ténébrisme exacerbé dans plusieurs de ces œuvres. Celle du réfectoire, sur la vie et le martyre de saint Bruno, est d'une dureté troublante. La simplicité apparente de ces œuvres les rend d'autant plus violentes. Les frères durent en avoir l'estomac tout retourné. Les salles suivantes présentent des toiles du même registre.

L'église dévoile déjà le délire baroque, avec ses angelots qui se multiplient et ses stucs tarabiscotés. Appréciez la belle porte incrustée de marbre, dorures, nacre et argent. Dans la nef, tableaux de Bocanegra et Sanchez Cotán. Sous un baldaquin du XVIIIe siècle trône une *Ascension*.

Derrière celle-ci, ne loupez pas le *Sagrario,* petite chapelle du Saint-Sacrement, du XVIIIe siècle, d'un style baroque exubérant (utilisation de plusieurs marbres colorés, surabondance de dorures, reliefs démentiels...), où le regard ne trouve aucun repos. Là, on atteint franchement le délire. Devant tant d'extravagance et d'agitation, les adjectifs nous manquent ! Essayez d'arrêter votre regard sur les statues des saints placées aux quatre coins. Les tissus qui les couvrent sont en bois sculpté et peint, y compris les franges, ce qui paraît invraisemblable. Au centre de la chapelle, l'énorme tabernacle en marbre de différentes couleurs semble s'élever sans fin vers l'extravagante coupole en trompe l'œil. Dire que c'est chargé est un euphémisme.

À côté, sur la gauche, la sacristie, de style churrigueresque. Les murs sont littéralement recouverts de marbre et d'ornementations en stuc d'une complexité extrême. Remarquez les meubles disposés dans les embrasures : ils sont en ébène incrusté d'écailles de tortue, et le moine qui les a réalisés a mis 34 ans pour achever son œuvre. C'est ce qu'on appelle un travail de bénédictin, non ?

🎣 *Huerta de San Vicente – Casa Museo Federico García Lorca :* c/ Virgen Blanca ; en fait, dans le parc Federico García Lorca, à l'ouest de la ville. ☎ 958-25-84-66. ● www.huertadesanvicente.com ● À 15 mn à pied de la plaza de Isabel la Católica, ou bus n° 6 de la Gran Vía (arrêt « Calle Neptuno »). Ouvert du mardi au dimanche, de 10 h à 12 h 30 et de 17 h à 19 h 30 (de 16 h à 18 h 30 en hiver) ; uniquement de 10 h à 14 h 30 en juillet et août. Visite guidée toutes les 45 mn. Entrée : 3 € ; gratuit le mercredi (sauf jours fériés).

Les aficionados du poète et les admirateurs de grands hommes ne manqueront pas cette visite : achetée en 1925 par Federico, comme maison d'été (et rebaptisée *Vicenta* en hommage à sa mère), cette *huerta* était alors entourée de 2 ha de plantations et de vergers... en pleine campagne. Ce qui donne une idée de l'expansion de la ville ! Pendant les 10 étés suivants, il y écrivit nombre de ses œuvres (*Bodas de sangre,* entre autres). Aujourd'hui meublée comme à l'époque, sur les directives de sa sœur cadette Isabel, la *casa* est une plongée émouvante dans l'intimité de l'homme et de l'artiste, qui passa ici, en 1936, les jours précédant son assassinat.

Achats

Marchés

En général, ils se tiennent tous les jours de 8 h à 15 h, sauf le dimanche.

– *Mercado Central San Agustín (plan B2, 101) :* dans la rue éponyme, un grand marché couvert avec des étals de légumes, fruits, charcuterie... Ambiance chaleureuse.

– *Pescadería (plan B2, 102) :* sur la jolie placette de la Pescadería, marché aux fruits, légumes, poisson...

GRENADE ET SES ENVIRONS

– **Plaza Larga** (plan C1, **103**) **:** sur la place du même nom, dans le quartier de l'Albaicín, du mardi au samedi. Fruits et légumes, fleurs, vêtements et babioles.

Produits typiques

◈ **Comestibles Cristóbal** (plan B2, **102**) **:** plaza de la Pescadería, où se tient aussi le marché. Fermé le dimanche. Épicerie minuscule. On y trouve du bon jambon, d'excellentes tartes à la viande, du fromage de qualité et du pain frais. Idéal pour un casse-croûte à emporter avant de se balader dans le quartier.

Souvenirs et artisanat

◈ **Atelier A. Morales :** c/ Cuesta de Gomérez, 9. ☎ 958-81-43-08. Dans la rue qui mène à l'Alhambra. Ouvert de 9 h à 14 h et de 17 h à 20 h 30. Fermé le dimanche. Un joli choix de guitares (flamenco, classique) et bandurrías, la plupart de fabrication artisanale, mais également des pièces bas de gamme made in China ! ◈ Toujours sur c/ Cuesta de Gomérez, en remontant, d'autres ateliers : **Casa Ferrer, Antonio Duran...**

➤ DANS LES ENVIRONS DE GRENADE

⚲ **Fuentevaqueros :** à environ 20 km à l'ouest de Grenade, dans la direction de Loja. En voiture, prendre l'autoroute en direction de Málaga et sortir tout de suite après l'aéroport. Également un bus de Grenade à prendre près de la gare ferroviaire, avenida Andaluces.
On pourra voir la jolie maison natale du poète Federico García Lorca, transformée en musée, c/ Poeta Federico García Lorca, 4. ☎ 958-51-64-53. Fax : 958-51-67-80. Officiellement ouvert de 10 h à 13 h et de 17 h à 19 h, mais mieux vaut appeler pour vérifier. Fermé le lundi. Entrée : 1 € (environ). Vous y verrez photos, manuscrits divers, lettres, une vidéo avec quelques images rares de Lorca, etc. Assez touchant, une correspondance fournie avec Dalí et la sœur de celui-ci, Anna Maria, qui témoigne de l'écriture parfois extrêmement nerveuse de Lorca. Dans le patio, un géranium blanc amoureusement entretenu, en mémoire du poète.

LA SIERRA NEVADA
(18196)

La sierra Nevada est un grand parc national se composant d'une large cordillère située au sud-ouest de Grenade, culminant à 3 481 m. Contrairement à ce que croient les touristes, pour la plupart, il n'y a pratiquement pas de villages dans la sierra, mais uniquement une grosse et vilaine station de ski, Prado Llano. Si vous avez du temps, vous pouvez parfaitement y passer une petite journée, mais, très franchement, il vaut mieux pousser jusqu'aux Alpujarras. Sinon, il s'agit d'une agréable balade dans les montagnes, mais on n'y séjourne pas vraiment.

Arriver – Quitter

En bus

➤ En hiver, la Cie **Bonal** (☎ 958-27-31-00) assure 3 fois par jour (4 fois le week-end) la liaison entre Grenade et la sierra Nevada ; l'été, 1 départ de

Grenade vers 9 h, et retour depuis la sierra Nevada vers 17 h. Départ de la gare routière. ☎ 958-27-31-00. Durée du trajet : 1 h. Le bus s'arrête à la station de ski *Prado Llano*, sur le grand parking. Les retours ont lieu à 9 h, 16 h et 18 h 30 (et à 13 h le week-end en plus). On peut donc parfaitement partir le matin et revenir en fin d'après-midi (retour depuis la place Soly-nieve). Se renseigner par téléphone, car les horaires changent réguliè-rement. On achète le billet directement dans le bus.

En voiture

➤ Une autoroute, un peu ravageuse pour le paysage, tracée pour les cham-pionnats du monde de ski de 1996, permet de rejoindre la sierra au départ de Grenade.

Où dormir ? Où manger ?

La station, comme beaucoup de stations, est peu esthétique. Plusieurs dizai-nes d'hôtels sans intérêt. Plein de restos en tout genre. On vous laisse choi-sir. Prado Llano s'est en effet énormément développée à la suite des cham-pionnats du monde de 1996. Une partie de la station est fermée l'été, ce qui la rend encore plus triste.

🛏 |●| ***Albergue juvenil Sierra Nevada :*** c/ Peñones, 22. ☎ 958-48-03-05. Fax : 958-48-13-77. ● www.in turjoven.com ● À 1,5 km, après la station de Prado Llano. Ouvert toute l'année. Selon l'âge, compter de 15 à 19 € de janvier à avril. Très moderne et hyper propre. En fait, un véritable hôtel pour les sports d'hiver. Cham-bres de 2 et 4 lits, avec sanitaires. Menu unique midi et soir.

À voir. À faire

🚶🚶 Ceux qui sont véhiculés pourront grimper au ***pic de Velata.*** C'est la route la plus haute d'Europe. Il faut grimper à pied à partir de l'*albergue universi-tario*, car plus, haut, il s'agit d'une zone protégée, inaccessible aux voitures particulières (en revanche, les services du Parc National organisent des excursions ; infos auprès de l'office du tourisme de Grenade). Tout là-haut, possibilité d'effectuer une randonnée tranquille qui vous mènera au ***mont Mulhacén***, à 3 481 m d'altitude, point culminant de la péninsule Ibérique. Beaucoup de monde en été, et c'est un euphémisme. Comme dans de nom-breuses stations de sports d'hiver, pas mal d'activités se développent en été : VTT, randonnées balisées, etc. L'hiver, toute cette partie-là est complètement enneigée et la balade ne pré-sente d'intérêt qu'à ski.

DE GRENADE À GUADIX

Belle autoroute (A 92) assez montagneuse, qui traverse de beaux paysages très changeants.
➤ **Alsina Graells** (☎ 958-18-54-80 à Grenade ; ● www.alsinagraells.es ●) dessert Guadix (via Purullena) 5 à 6 fois par jour en semaine, et 2 fois le dimanche (départ de Grenade à 10 h 15 et 17 h).

PURULLENA   (18519)   2 400 hab.

À 58 km à l'est de Grenade, en retrait de la route d'Almería, dans un paysage d'aiguilles calcaires érodées par le temps. Petit village sans grand charme a priori, où la poterie est une spécialité. Tout au long de la rue principale, quelques boutiques. Pas forcément moins cher que dans les grandes villes. Comme Guadix, le quartier troglodytique présente des habitations creusées dans la roche (possibilité d'en visiter une, la *Inmaculada,* pour 3 €). Mais on préfère celui de Guadix, mieux conservé.
– On n'est pas vraiment certain que ce soit une bonne idée de dormir ici, le village ne présentant pas un intérêt débordant, les hôtels non plus. Un avantage : on est à 20 mn en voiture de Grenade.

GUADIX   (18500)   20 000 hab.

À 6 km au sud de Purullena, en allant vers Almería, une ville plus importante et bien plus sympathique. Entouré, là encore, de pointes de calcaire, ce gros bourg possède un charme certain. On a pris plaisir à se balader dans les rues du centre où règne une animation débonnaire. La cathédrale est le seul monument vraiment notable. Au nord de la ville, le quartier troglodytique (Las Cuevas) est assez intéressant et beaucoup moins touristique que celui de Purullena.
– Spécialité culinaire de la région : la *cuña de San Antón,* plat roboratif et un peu lourd. Il s'agit de pied de porc en sauce (carottes, dattes, fruits secs et vin de la région).

LAS CUEVAS : LES TROGLODYTES DE GUADIX

Le principal attrait de Guadix réside dans ses surprenants monticules calcaires, criblés de cavernes creusées par l'homme : des habitats troglodytiques, en fait. On dit que les Maures expulsés de Grenade après la Reconquista (XVIe siècle) vinrent s'établir dans cette région où ils firent construire ces demeures précaires dans le style de l'Afrique de Nord. Pour bien voir ces habitations creusées dans la roche ocre et souvent blanchies à la chaux, il faut se promener au hasard des ruelles. Au sommet de ces « maisons » se dressent de fières antennes de TV qui semblent sortir de nulle part. Tiens, il y a même une caverne qui fait chambres d'hôtes (voir ci-dessous) et une autre qui sert de *discoteca* !

Où dormir ? Où manger ?

De bon marché à prix moyens

🛏 *Chez Jean et Julia :* c/ Ermita Nueva, 67. ☎ et fax : 958-66-91-91. ● www.altipla.com/jj ● Dans le quartier des grottes et des habitations troglodytiques *(barriada de cuevas),* au sud de la ville. Mal indiqué ; pour le trouver, passer à gauche derrière la petite église blanche de Ermita Nueva, puis tourner à droite au 1er croisement ; c'est 150 m plus loin (panneau). Des chambres doubles ou triples à 35 €, petit dej' en sus à 2,50 € ; bains à l'extérieur. Chambres sans prétention mais suffisantes, dans une maison troglodytique habitée par un couple franco-espagnol très aimablement accueillis. Également 2 appartements (6 personnes maximum) tout confort, à partir de 52 € la nuit pour 4 personnes en basse saison. Téléphoner avant pour réserver. Bon accueil, d'ailleurs : à leur arrivée, nos lecteurs recevront un cadeau. Le petit dej' est offert à ceux qui prennent une chambre, sur présentation de ce guide.

|●| *Brasería El Churrasco :* c/ Poetisa Halsa, 3. ☎ 958-66-91-53.

Compter environ 12 € pour un repas. Bonne petite brasserie-auberge tenue par le sympathique et francophone Rafaël. La viande y est succulente et le flan maison délicieux. Apéro maison ou digestif offert (sauf pour les menus) sur présentation de ce guide.

Un peu plus chic

🏠 |●| *Hotel-restaurante Comercio :* c/ Mira de Amezcua, 3. ☎ 958-66-05-00. Fax : 958-66-50-72. ● www.hotelcomercio.com ● En plein centre-ville, à 5 mn de la cathédrale. Chambres avec bains à environ 72 €. Premier menu autour de 20 € (11,50 € au déjeuner). Hôtel très bien tenu, sentant bon la province. Chambres avec salles de bain qui accusent un petit côté nouveau riche. Excellent accueil, francophone de surcroît. Bon resto à prix corrects. Réservation recommandée. Pour nos lecteurs, 10 % de remise sur le prix de la double en saison basse, sur présentation de ce guide.

À voir

🍴 *Le quartier des grottes* (barriada de cuevas) : au-dessus du centre. Bien fléché. Les grottes sont généralement habitées par des gitans. Balades agréables dans ce coin calme et populaire.
Sur la petite place du village, près de la chapelle blanche de Ermita Nueva, allez voir le musée ou *cueva museo*. Ouvert de 10 h à 12 h et de 16 h à 18 h ; le dimanche, de 10 h à 14 h. Entrée : 1,30 €. Le réceptionniste peut donner des explications. On voit 8 pièces souterraines qui ont été arrangées dans l'esprit des troglodytes (blanchies à la chaux), où sont exposés quelques objets usuels et un peu d'artisanat du début du XXᵉ siècle. La température à l'intérieur des grottes est constamment de 20 °C, été comme hiver.
Attention, il existe une autre *cueva museo*, située sur la gauche de la route en venant du centre de Guadix, près du fort crénelé et à 50 m du collège public. Ce n'est pas le musée que l'on recommande.

🍴 *L'Alcazaba :* actuellement fermé, pour restauration. Pour y accéder, il faut traverser un collège religieux. On aime plutôt bien cette forteresse brute de décoffrage, avec ses créneaux, ses tours carrées, construite par les Arabes au IXᵉ siècle sur une colline artificielle. De la terrasse, on embrasse un superbe panorama sur la ville, la cathédrale, le quartier troglodytique... et le terrain de foot. Rien de particulier, mais bonne atmosphère.

🍴 Sur le côté gauche de l'Alcazaba, le *palacio de Peñaflor,* vieux palais en brique, massif, du XVIᵉ siècle.

🍴 Au cours de votre petite balade, vous pourrez aller jeter un coup d'œil à la *cathédrale,* où se côtoient styles gothique et Renaissance. À l'intérieur, stalles copieusement travaillées et chaires en marbre. L'ensemble est globalement lourdingue. Face à la cathédrale, en passant sous un porche, on accède à la jolie place entourée d'arcades.

LA COSTA DE LA LUZ

La côte de la Lumière s'étend du golfe de Cadix au détroit de Gibraltar. La mer y est moins douce, le climat moins clément que du côté méditerranéen. Voici le sauvage littoral atlantique avec des vents qui ravissent les fondus de planche à voile ! Tant mieux, il y a moins de touristes...

HUELVA

(21000)   144 800 hab.

Pas très excitante, cette grosse bourgade qui se cherche un peu entre passé industriel et ville moderne. Huelva n'a pas vraiment de centre historique qui pourrait rivaliser avec Séville, Grenade ou même Cadix. La ville vit surtout sur son passé colombien qui, dans la terminologie des panneaux de l'Équipement, revient sous le terme de « Lugares Colombinos ». En effet, c'est du petit port de Palos de la Frontera que partit Christophe Colomb à la découverte de la Chine. On connaît la suite. De Cathay il ne trouva rien, et posa le pied aux Caraïbes. En dehors de cet aspect historique, Huelva constitue une excellente échappatoire au cagnard sévillan. Non, il ne fait pas moins chaud sur les côtes de Huelva qu'à Séville. Mais il y a dans les environs immédiats de superbes plages, bien souvent désertes. L'autre raison pour y faire une halte, c'est le parc naturel de Doñana, on vous en parle plus loin. Alors Huelva, ville de passage ?
De fait, le Portugal est tout proche. Pourquoi ne pas se laisser tenter par un peu de *vinho verde* ?

Arriver – Quitter

En bus

🚌 *Gare routière (plan A2) :* av. de Alemania ou c/ Dr Rubio. ☎ 959-25-69-00 et 62-24. En face de l'office du tourisme. Bon réseau, avec de nombreuses destinations desservies par la *Cie Damas* qui couvre le sud-ouest de l'Espagne. ● www.damas-sa.es ● Guichets de vente ouverts de 6 h 10 à 21 h. Consignes également dans la gare (3 €).
À noter que *Damas* assure aussi une liaison avec Faro, puis Lisbonne au Portugal.
Voici les principales destinations :
➤ *Pour Punta Umbría :* avec la compañía *Damas,* toutes les 45 mn, de 8 h 15 à 22 h. De Punta Umbría, toutes les 45 mn de 7 h à 22 h. Quelque bus plus tard le week-end.
➤ *Pour les plages de El Rompido : grosso modo,* départs à peu près toutes les heures en semaine de 7 h à 21 h et de 9 h à 20 h le week-end avec *Damas.* Fréquences similaires au retour ; attention, le dernier part à 20 h 10.
➤ *Pour Málaga :* un départ par jour à 8 h avec *Damas.* De Málaga, départ à 15 h.
➤ *Pour Séville :* avec *Damas ;* en semaine, 1er départ à 6 h, puis en gros toutes les 30 mn jusqu'à 21 h. Quelques bus de moins le week-end. Depuis Séville, mêmes fréquences, dernier départ à 22 h (21 h le samedi).
➤ *Pour Niebla :* avec *Damas ;* en semaine, 8 bus par jour, entre 6 h et 20 h 30 ; 6-7 départs le week-end. De Niebla, 10 bus quotidiens en semaine (de 7 h 15 à 21 h 45), 6 bus le week-end.

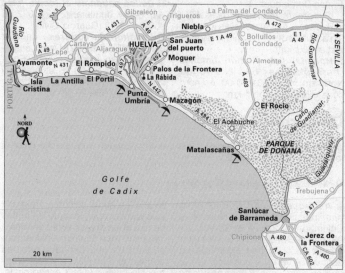

HUELVA ET SES ENVIRONS

➤ **Pour Palos de la Frontera :** avec Damas ; en gros, bus toutes les 30 mn en semaine, un peu moins le week-end. Même topo depuis Palos de la Frontera.

➤ **Pour Cadix :** départ tous les jours (sauf le dimanche) à 9 h 30, avec Damas. De Cadix, départ tous les jours à 17 h sauf le dimanche.

➤ **Pour Madrid :** 5 départs par jour entre 9 h 15 et 22 h 45 avec la compañía Socibus. Compter 7 h 15 de trajet. De Madrid, fréquence variable de 8 h à 23 h.

En train

🚆 **Gare RENFE** (plan B2) : av. de Italia s/n. ☎ 959-24-66-66 et 902-24-02-02. Guichets ouverts de 7 h à 21 h 30. Consigne sur le quai à 3 €/24 h. Attention, aucune liaison en train avec le Portugal. Tous les départs depuis Huelva se font via Séville. C'est un moyen de transport valable pour les grandes villes uniquement.

➤ **Vers Séville :** par l'Andalucía Express. Trois liaisons par jour (7 h 15, 14 h 40 et 19 h). Bon à savoir, la réservation de ce train est ouverte 15 jours à l'avance. Trajet : 1 h 30. Même fréquence depuis Séville.

➤ **De/vers Cadix, Málaga, Cordoue, Jaén et Almería :** correspondance à Séville, plus ou moins longue.

➤ **De/vers Madrid :** 1 train par jour. Départ de Huelva vers 16 h 50 et de Madrid-Atocha vers 10 h. Durée : 4 h 50.

Adresses utiles

🛈 **Office du tourisme** (plan A2) : av. de Alemania, 12. ☎ et fax : 959-25-74-03. ● othuelva@andalucia.org ● Ouvert du lundi au vendredi de 9 h à 19 h et le week-end de 10 h à 14 h. Accueil efficace, ils sont bien renseignés et parlent le français.

✉ **Poste centrale** (plan A2) : av.

Tomás Domínguez, 1.

@ *Cybercafé Interpool* (plan A2) : c/ Puerto, 1. Ouvert tous les jours de 9 h à 14 h et de 16 h à minuit. Break- fast et boissons.

■ *Hospital Juan Ramón Jiménez* (hors plan par B1, **2**) : ronda Norte s/n. ☎ 959-01-60-00. Au nord de la ville, à environ 4 km.

■ *Police nationale et locale* (plan A2, **1**) : av. de Italia. ☎ 091, 092 ou 959-24-19-10 (Guardia Civil).

■ *Location de voitures :* dans la gare RENFE (plan B2). Deux compa- gnies se disputent les clients. *Europ- car :* ☎ 959-28-53-35 et *National Atesa :* ☎ 959-28-17-12.

■ *Taxis :* ☎ 959-26-13-13.

Où dormir ?

Le moins que l'on puisse dire, c'est que le couchage bon marché n'est ni folichon ni très développé.

Bon marché (de 15 à 30 €)

🛏 *Albergue juvenil Huelva* (hors plan par B1, **10**) : av. Marchena Colombo, 14, 21004. ☎ 959-25-37- 93. Fax : 959-25-34-99. ● www.intur joven.com ● Un peu excentrée au nord de la ville. Le bus n° 6, de la gare routière, vous dépose en bas de la rue, 1re à droite. Côté prix, environ 13 € (en basse saison, moins de 26 ans) ou 19 € la nuitée en haute saison. La haute saison correspond ici à juillet et août, lorsque les boîtes de nuit et les plages sont saturées... Joli patio rose saumon, malheureu- sement un peu défiguré par des armatures métalliques. C'est sûre- ment la solution la plus économique. Chambres de 2 à 5 lits avec bains. Salle TV, consigne et laverie.

D'un peu plus chic à chic (de 45 à 100 €)

🛏 *Hotel Los Condes* (plan B2, **12**) : av. Alameda Sundheim, 14, 21003. ☎ 959-28-24-00. Fax : 959-28-50- 41. ● www.hotelloscondeshuelva. com ● Chambres doubles à partir de 59 € (62 € en haute saison et 48 € en fin de semaine), petit dej' à 9 €. Hôtel rénové correct, bien situé, tout confort, très bon accueil. Demander une chambre au dernier étage, plus lumineuse, ou sur cour car l'hôtel est proche d'une discothèque. Cham- bres spacieuses aux dessus-de-lit fleuris. Ascenseur, parking. Resto attenant.

🛏 *Hotel Monteconquero* (plan B1, **14**) : Pablo Rada, 10, 21003. ☎ 959- 28-55-00. Fax : 959-28-39-12. ● www. hotelesmonte.com ● En plein cœur de la zone où sortent les étudiants. Chambres toutes standardisées pour environ 100 €, mais souvent des pro- mos. Cet hôtel de clientèle d'affaires en semaine se distingue par son ser- vice irréprochable, une réception effi- cace, un garage ouvert 24 h/24 ; bref, une bonne adresse. On aime ou pas la déco, moderne et sans cachet. Atrium intérieur avec ascenseur et plantes qui dégoulinent des mezza- nines. Restaurant fermé le week- end.

🛏 *Hotel NH Luz Huelva* (plan B2, **15**) : Alameda Sundheim, 26, 21003. ☎ 959-25-00-11. Fax : 959-25-81- 10. ● www.nh-hoteles.com ● Bien situé, cet hôtel de la chaîne 4 étoiles *NH Hoteles,* s'il facture les cham- bres entre 80 et 87 € en semaine, propose ses doubles à 59 € le week- end ; réduc' si vous réservez sur leur site Internet. Aucune personnalité, mais tout confort, évidemment. Resto chic.

🛏 *Hotel Costa de la Luz* (plan A2, **13**) : José María Amo, 8, 21001. ☎ 959-25-64-22 et 32-14. Prix très élevés pour la qualité proposée : environ 55 €. Chambres gigantes- ques, avec AC, c'est leur seul intérêt. Déco vieillotte. Accueil plutôt mol- lasson. En dépannage, par consé- quent.

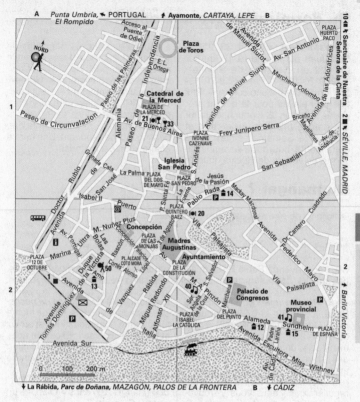

HUELVA

■ **Adresses utiles**	|● **Où manger ?**
🛈 Office du tourisme	**20** El Rincón
✉ Poste centrale	**21** El Burger de la Merced
🚂 Gare RENFE	
🚌 Gare routière	� **Où boire un verre ?**
@ Cybercafé Interpool	**Où sortir ?**
1 Police nationale et locale	**21** El Burger de la Merced
2 Hospital Juan Ramon	**33** El Saxo
Jimenez	
	♫ **Où danser ?**
🛌 **Où dormir ?**	**40** Cochabamba
10 Albergue juvenil Huelva	**41** Alameda 9
12 Hotel Los Condes	
13 Hotel Costa de la Luz	✹ **À voir**
14 Hotel Monteconquero	**50** Mercado del Carmen
15 Hotel NH Luz Huelva	

Où dormir dans les environs ?

🏠 **Hostal Real :** c/ Real, 35, 21610 San Juan del Puerto (à 12 km sur l'A 472 en direction de Séville). ☎ 959-70-13-31. Fax : 959-70-13-34. ● hostalreal@ono.com ● ♿ Prix très peu élevés pour la qualité proposée : environ 36 € pour une chambre double (43 € en juillet-août et pendant la Semaine sainte). Dans cette petite bourgade à moins de 15 mn de voiture de Huelva, tourner à gauche dans la rue principale en venant de l'autoroute. Dans son style moderne, un petit bijou d'hôtel bon marché avec 15 chambres colorées, impeccablement tenues et tout équipées : AC, TV, téléphone. Il y en a même quelques-unes avec bains à bulles ! Terrasse à l'arrière. Internet, parking. Accueil souriant. Une bonne affaire si on est motorisé.

Où manger ?

Difficile ici de trouver beaucoup d'adresses valables.

De prix moyens à plus chic (moins de 30 €)

C'est sur l'avenue Pablo Rada que l'on retrouve la plupart des bars à tapas, des snacks, des restos passe-partout et des cafés fréquentés par les jeunes.

🍽 **El Rincón** (plan B2, 20) : Pablo Rada, 2. ☎ 959-25-07-29. Fermé le lundi. On s'en tire, en picorant, à plus ou moins 25 €. Menu à... 50 €. À première vue, ce petit bar se distingue des autres par sa petite terrasse arborée, au coin d'une rue. Tabourets à l'intérieur. La carte change régulièrement, mais vous y trouverez toujours une sélection relativement originale de taquitos de pescados variados : anchois, foie de morue fumé (hmm !), langoustines et aïoli... et de tapas diverses. Excellent rioja. Service gentil. Café ou digestif offert à nos lecteurs, sur présentation de ce guide.
🍽 Voir aussi **El Burger de la Merced** (plan A1, 21) dans « Où boire un verre ? Où sortir ? ».

Où boire un verre ? Où sortir ?

Pour la plupart, les jeunes se donnent rendez-vous sur Pablo Rada. Ils achètent une bouteille de whisky ou autre alcool fort qu'ils mélangent avec une bouteille de Coca ou de jus d'orange et de la glace qu'ils sirotent en se passant le breuvage. La maréchaussée surveille du coin du cil sa jeunesse qui s'amuse...

🍷 Peu d'animation dans la ville, la solution est de prendre son verre dans un bar sur la place de la Merced et d'aller poser son séant sous les palmiers. Si la faim vous tenaille, direction **El Burger de la Merced** (plan A1, 21), un chiringuito urbain au centre de la place, pour les fringales nocturnes.
🍷 **El Saxo** (plan A1, 33) : plaza de la Merced. Déco dernier cri, genre repaire de chasseur de caribous en pattes d'èph'.

Où danser ?

🎵 **Cochabamba** (plan B2, 40) : entre la plaza de la Constitución et la plaza del Punto, sur l'avenida Martín Alonso Pinzón. Ouvre à minuit, mais éviter de s'y pointer avant 2 h-2 h 30. Entrée : un bon 7 €, conso comprise. Facilement repérable, avec sa devanture mauve et ce nom de cordillère inscrit parmi des motifs floraux un peu hawaiiens. Deux salles, l'une au rez-de-chaussée, l'autre au sous-sol. La première avec 2 bars où se trémousse une clientèle 25-30 ans au son de la variété espagnole. La deuxième est plus agressive pour les tympans et les yeux : techno à donf. Service d'ordre musclé mais sympathique.

♪ *Alameda 9 (plan B2, 41) :* Alameda Sundheim, 9. Ouvert seulement en fin de semaine. Porte le nom de son adresse. À côté du musée de Huelva. Dans un joli parc.

À voir. À faire

On aura vite fait le tour des curiosités de la ville.

🕴 *Catedral de la Merced (la cathédrale ; plan A1) :* sur la place du même nom. Ancienne église conventuelle de style Renaissance, elle est devenue cathédrale en 1953. Elle se distingue par une belle façade rose et blanche qui forme un décor plaisant avec les palmiers de la place. La statue de la patronne de la ville, la Virgen de Cinta, se trouve à l'intérieur.

🕴 *Iglesia San Pedro (plan B1) :* le plus ancien édifice religieux de la ville, bâti sur une éminence aux XV et XVI siècles, là où se trouvait une forteresse et une mosquée arabe. Remaniée au XVIII siècle, après le tremblement de terre de Lisbonne, elle est couverte de carreaux de faïence. Joli clocher et à l'intérieur un tabernacle d'argent en provenance du Mexique.

🕴 *Barrio reina Victoria (hors plan par B2) :* une curiosité urbanistique en bordure de la plaza España. Une cité de maisonnettes ouvrières pimpantes et fleuries dans le style anglais, construites par la compagnie minière du Río Tinto.

🕴 *Museo de Huelva (Museo provincial ; plan B2) :* c/ Alameda Sundheim, 13. ☎ 959-25-93-00. Ouvert le mardi de 14 h 30 à 20 h 30, du mercredi au samedi de 9 h à 20 h 30 et le dimanche de 9 h à 14 h 30. Fermé certains jours fériés. Entrée gratuite pour les ressortissants de l'UE, 1,50 € pour les autres. Jolie façade Art déco. Composé d'une intéressante section archéologique sur le passé de la cité, malheureusement mal présentée. On aurait aimé en savoir un peu plus sur l'ancienne cité de Tartessos, l'une des principales de l'Antiquité. Expos temporaires.

🕴 *Mercado del Carmen (plan A2, 50) :* marché couvert depuis 1868, il est très animé dès le matin. C'est l'occasion de parcourir les étals de poisson, de faire provision de fruits ou de grignoter quelques tapas et du poisson frit au *bar Alba,* en face de l'entrée principale.

Fête

– *Fête de Christophe Colomb :* en août. Cette fête de tradition andalouse ne manque pas de baraques, de danses sévillanes, de démonstrations équestres et de courses de taureaux pour donner lumière et couleur à l'ensemble.

➤ DANS LES ENVIRONS DE HUELVA

NIEBLA

À 29 km à l'ouest de Huelva en direction de Séville, cette cité dont les origines remonteraient au VIII siècle av. J.-C. (comme Rome !) peut s'enorgueillir d'une ceinture de murailles qui totalise cinquante tours défensives et cinq portes d'accès. Construites en pisé avec la terre extraite du río Tinto par les Almohades au XIIe siècle, elles prennent une belle couleur ambrée au coucher du soleil et sont habitées par une colonie de cigognes qui ont installé leurs nids sur les tours crénelées.

On peut visiter le *castillo de los Guzmán* (office du tourisme à l'entrée) dont les possessions s'étendaient du XIIIe au XVIe siècles sur des territoires immenses allant jusqu'au Portugal. La *iglesia de San Martin* (autrefois mosquée et aussi synagogue) présente la curiosité d'avoir été coupée en deux par le percement d'une rue au début du XXe siècle et d'offrir donc une abside ouverte à tous vents. La *iglesia de Santa María,* quant à elle, est une mosquée transformée, qui mêle assez harmonieusement des colonnades antiques, des éléments arabes (comme un patio aux orangers et le bas du minaret – actuellement un clocher) et des éléments gothiques.

Non loin de là, un *pont romain* enjambe toujours le río Tinto.

LES « CHAMPS » DE FRAISES

On ne peut pas louper les centaines d'hectares de terres en bordure des pinèdes et couvertes de toiles de plastique plutôt inesthétiques. Depuis que notre belle société de consommation a pris l'habitude de proposer dans ses supermarchés des fruits et des légumes frais en toute saison et de présenter notamment des fraises en plein hiver, la région de Huelva s'est spécialisée dans la culture intensive de ce fruit fragile mais très rentable pour ses producteurs et terriblement attractif pour le rayon primeurs de nos grandes surfaces. Il n'y aurait rien à redire à cela si, sur plusieurs plans, cette monoculture ne constituait un vrai problème social, une menace pour la santé publique et une atteinte à l'environnement.

Sans parler du peu de saveur de ces fraises forcées (ça, Jean-Pierre Coffe le dénonce bien mieux que nous), il faut savoir que, selon 2 enquêtes du magazine télévisé des consommateurs *À bon entendeur* de la télévision suisse romande (TSR), les conditions d'exploitation posent de vrais problèmes. Sur le plan social d'abord : les producteurs font appel à une main-d'œuvre saisonnière constituée, par le passé, essentiellement de Maghrébins. Depuis quelques années, ce sont des Africains et récemment des ressortissants des pays de l'Est (Roumains, Ukrainiens...), en grande majorité des femmes, qui constituent une main-d'œuvre fragile et peu consciente de ses droits, ce dont certains employeurs (pas tous, il ne faut pas généraliser) profitent sans vergogne en les logeant dans des baraquements aux conditions de salubrité médiocres.

Deuxième observation des enquêteurs suisses : le respect de l'environnement. À l'origine, la région était constituée d'une des plus grandes pinèdes du littoral atlantique européen. Une partie de cette forêt constitue un parc naturel : c'est le parc de Doñana, qui est donc protégé. En théorie, le reste de la région l'est aussi, mais régulièrement des arbres sont incendiés et sur ces plaies ouvertes poussent les fraises. Après avoir gagné le terrain sur la forêt, l'avoir aplani et utilisé les terres enlevées pour la construction, les entrepreneurs préparent les plastiques pour la fraise. Ils s'emparent en fait de la forêt de type méditerranéen, la convertissent en terrain agricole et, après 3 ans, selon la politique du fait accompli, ils en obtiennent l'autorisation d'exploitation. Dans cette région, 3 000 ha de forêts ont disparu entre 1980 et 1990, détruits et remplacés par les tunnels de plastique. Les responsables ont rarement été condamnés et, de toute manière, dans le business de la fraise, les amendes font partie des coûts d'investissement. Une partie des gens gagne énormément d'argent aux dépens des immigrés et des ouvriers de la fraise. Cette richesse leur permet de contrôler efficacement le pouvoir économique et politique.

Le plus inquiétant est à venir : les enquêtes de la TSR ont démontré, analyses de labo à l'appui, que les pesticides se retrouvent présents dans des barquettes de fraises importées de la région de Huelva.

Les tunnels de plastique qui permettent aux fraises de pousser doivent régulièrement être remplacés. Ces plastiques imprégnés de pesticides sont alors entreposés dans des décharges à ciel ouvert et, du coup, ont un point commun avec la forêt : eux aussi brûlent, comme par accident. Les fumées de combustion génèrent une contamination par la dioxine et les métaux lourds. De plus, dans la région, les feux de plastique ne sont pas la seule cause de pollution. Dans la zone de Huelva, les champs s'arrêtent à la porte des usines. En dehors de la fraise, l'autre activité économique de la région est concentrée dans l'une des zones industrielles les plus denses d'Europe, bâtie dans les années 1960 dans le delta du río Tinto et du río Odiel, sous le gouvernement de Franco. Cette zone industrielle est directement bordée par les cultures maraîchères. À quelques kilomètres des usines, parmi les centaines de producteurs alignés le long de la nationale A 494, se trouve un pôle industriel comprenant une raffinerie, une centrale thermique, des fabriques de cellulose ou encore d'engrais. On se doute qu'aucun producteur de fraises de la région n'ait tenté d'obtenir le label bio.

Les tests effectués par les labos sollicités n'ont pas donné de résultats uniformes même si des traces de soufre et de fongicides ont été décelés. De plus, aucune législation européenne claire ne fixe de normes de tolérance pour les pesticides différents en effet cumulé. Si chacun est dans la norme, le produit sera considéré comme conforme et très peu d'études existent sur les mélanges et sur les effets qu'ils peuvent avoir sur la santé.

La seule solution préconisée par les observateurs est de faire pression sur les distributeurs, sensibles à leur image, pour imposer une charte de qualité aux producteurs et de la faire régulièrement vérifier.

LA RÁBIDA

🥾🏛 ***Monasterio Santa María :*** ☎ 959-35-04-11. Ouvert du mardi au dimanche de 10 h à 13 h et de 16 h à 18 h 45 (18 h 15 en hiver et 16 h 45 à 20 h en août). Fermé le lundi. Visite guidée toutes les 45 mn. Entrée : 2,50 €. Ticket familial à 6 €. Audioguide en français : 3 €.

C'est dans ce monastère que Christophe Colomb trouva son fidèle allié qui, jusque dans les pires moments de doute, lui assura un soutien indéfectible. Le père franciscain Diego de Marchena était plus qu'un religieux, il recueillit et éleva Fernando, le fils de Colomb, et présenta Colomb à Antonio Marchena, un autre franciscain lui aussi passionné de cosmographie. Une fois à Séville, Antonio Marchena fit intervenir son réseau de connaissances pour permettre à Colomb de monter son projet et l'introduisit dans l'entourage de la reine Isabel la Católica.

Le monastère peut se résumer en un mot : simplicité. Il n'héberge plus que 5 moines. Campé sur une petite colline parmi les pins qui surplombent le río Tinto, il est ramassé sur lui-même et invite à la méditation. Il s'organise autour d'un joli patio mauresque en brique. Aux murs, fresques très modernes, presque surréalistes, de Daniel Vasquez Díaz illustrant la saga Colomb. À l'étage, une galerie avec toute l'iconographie colombienne que l'on connaît. À voir, les différents portraits de Colomb (coupe à la Chantal Goya et dais rouge d'« amiral de la mer océane »), on peine à savoir à quoi il ressemblait vraiment ! Toujours à l'étage, faire un arrêt dans la salle capitulaire, là où se tenaient les réunions de Colomb et ses capitaines.

Au fil des salles, on découvre des fac-similés de différentes archives, telles que les fameuses capitulations de Santa Fé. À cet acte juridique correspondent 2 volets. D'une part, la reddition du royaume nasride de Grenade et d'autre part les modalités du contrat liant Fernando et Isabel au Génois.

Les capitulations colombiennes furent le résultat d'âpres négociations car, en demandant le titre d'« amiral de la mer océane », Colomb, un peu arriviste, se plaçait au même rang que l'oncle du roi, à égalité avec l'amiral de Castille ! Culotté, Colomb demanda aussi le titre de vice-roi et gouverneur de toutes les terres découvertes (empiétement direct sur la souveraineté des Rois Catholiques), un dixième de l'or, des perles, des épices et toute autre denrée précieuse acquise pendant le voyage, de même que son intégration à la noblesse castillane... On connaît la suite. Pour l'or, il attendra longtemps, mais il devint très vite un peu mégalo sur les bords. Au départ, les Rois Catholiques le congédièrent, pensant que Cristóbal Colón ne s'était pas servi avec le dos de la cuillère. Puis, pour une raison difficilement explicable, ils se rétractèrent et concédèrent au découvreur, le 30 avril 1492, ce qu'il demandait.

À voir également, le Christ polychrome du XIIIe siècle, un peu de terre de tous les pays du continent américain sous leurs drapeaux respectifs et une belle chapelle.

🚶 🏃 *El muelle de las carabelas* (les caravelles de Colomb) : ☎ 959-53-04-97. En été, ouvert du mardi au vendredi de 10 h à 14 h et de 17 h à 21 h, et les week-ends et jours fériés de 11 h à 20 h ; en hiver, c'est plus simple : du mardi au dimanche de 10 h à 19 h. Entrée : 3,10 € ; réductions. Intéressant surtout pour les enfants qui peuvent déambuler dans les répliques des 3 navires, en fait, quasiment des coques de noix... On a du mal à imaginer que les 90 hommes d'équipage et les 30 fonctionnaires ont vécu dans un espace aussi réduit pendant 2 mois et 10 jours. Film de 20 mn qui peut constituer une bonne amorce pour les enfants, pas forcément réceptifs au charme franciscain du monastère de la Rábida.

Également une petite exposition très bien faite décrivant le contexte historique de la découverte des Amériques par Colomb et ses successeurs. Documents d'époque, fac-similé du traité de Tordesillas où le pape partagea le nouveau monde entre Portugais et Espagnols. Vie quotidienne à bord des caravelles : costumes de marins et instruments de navigation, armes et outils. Le monde indigène à l'arrivée des Espagnols illustré par le *codex* maya, un almanach divinatoire qui couvre des thèmes comme la chasse, l'agriculture et les rituels religieux (il n'y en a que trois autres dans le monde, les autres furent détruits par les moines qui y voyaient l'œuvre du diable). Enfin, les apports de l'Amérique à l'Europe : le maïs, la patate, la tomate, la coca, le tabac, la cacahuète, les piments, etc., et pour finir une évocation de l'action pro-indigène du dominicain Bartolomé de Las Casas qui, lors de la fameuse *controverse de Valladolid*, réussit à convaincre le légat du Pape que les Indiens avaient une âme et qu'ils ne pouvaient être traités en esclaves. Résultat, l'église suggéra de les remplacer par les Noirs d'Afrique... On sait ce qu'il en advint. Sur le quai, petite reconstitution de village indien avec échoppes et taverne.

En face, le forum ibéro-américain propose parfois des concerts. Renseignements : ☎ 959-53-02-54.

PALOS DE LA FRONTERA

🏛️🏛️ *La iglesia :* ouverte de 10 h 30 à 13 h et de 19 h à 20 h. Consacrée à San Jorge Martir. Au soleil couchant, son style gothico-mudéjar ne laisse pas indifférent. C'est dans cette petite église que Colomb reçut la bénédiction pour son entreprise.

Mais on vient surtout à Palos parce que c'est la patrie des frères Pinzón. Au passage, ça nous permet d'en remettre une louche sur l'histoire colombine. Pourquoi Colomb s'est-il lancé à la découverte de l'Amérique depuis le minuscule port de Palos ? En effet, partir de Cadix aurait été plus simple et aurait facilité l'avitaillement des caravelles. Sauf que Palos était l'un des seuls ports possédés par la Couronne. Par ailleurs, vu que Torquemada sévissait, de nombreux juifs se pressaient vers les autres ports pour fuir la péninsule. Mais la principale raison est que les frères Pinzón étaient *paleños*. En raison d'un acte de piraterie, Martín Alonso et Vicente Yáñez Pinzón étaient sous le coup d'une sanction royale. Ils écopèrent donc de la découverte de l'Amérique...

PUNTA UMBRÍA

(21100)   12 500 hab.

Cette bourgade est séparée du port et de la zone industrielle de Huelva par une longue pointe de terre gagnée sur les méandres des ríos Odiel et Tinto, *el Espigón*. Recroquevillée également sur une pointe (plus courte toutefois), Punta Umbría faisait partie au Moyen Âge du système de défense du port. D'où les quelques tours qui subsistent ici et là parmi les constructions pré et postfranquistes. Au début du XXe siècle, Punta Umbría était principalement habitée par des pêcheurs. On en voit encore de nombreux qui, le soir tombant, ravaudent leurs filets sur la grève. Au loin, de vieilles carcasses de bateaux, rouillées et mangées par le sel. Il suffit de se retourner pour voir que le village tourne un peu le dos à l'océan pour se protéger de ses assauts. Et que découvre-t-on ? De superbes plages aussi longues que sablonneuses. Un endroit rêvé pour les campeurs pas forcément attirés par les rallyes historico-culturels sévillans.

Adresses et infos utiles

🖪 *Office du tourisme :* av. Ciudad de Huelva s/n. ☎ 959-49-51-60. ● www.puntaumbria.es ● Dans une construction sur pilotis et sous les pins, en plein centre-ville. Ouvert du lundi au vendredi de 10 h à 14 h et de 17 h à 20 h (de 18 h à 21 h l'été), et le week-end de 10 h à 13 h (fermé le dimanche en hiver).

🚍 *Gare routière :* derrière l'office du tourisme. Desservi par *Damas*. Les billets s'achètent auprès du chauffeur.

■ *Sports nautiques :* 2 clubs nautiques à Punta Umbría, dont *Escuela Nautica Norax*, playa La Canaleta. ☎ 959-39-90-74 et 619-19-95-25 (portable). Bateau, planche à voile, plongée et scooter des mers.

Où dormir ?

⚕ *Camping Playa La Bota :* apartado 580, 21080. ☎ 959-31-45-37. Fax : 959-31-45-46. ● www.campin gplayalabota.es ● En venant de Huelva, bien fléché avant d'arriver à Punta Umbría. Réception ouverte de 8 h 30 à 23 h 30. Compter environ 20 € pour 2 avec voiture et tente. Grand camping de plus de 1 000 places. Contrairement à ce que l'on pourrait craindre, ça ne fait pas trop usine. Les emplacements sont harmonieusement insérés dans la verdure, les dunes, et il y a même une zone protégée. L'équipe, un brin écolo, prend garde à l'eau qui s'écoule un peu trop. Il faut dire que c'est une denrée rare dans la région... Trois blocs sanitaires hyper propres, bien intégrés dans le site. Douche gratuite, mais n'en abusez pas. Location de bungalows. Pub, restaurant (en été seulement), *supermercado* et tout le tralala. Sûrement la meilleure adresse pour profiter des plages superbes de la région (accès direct depuis le camping). Accepte les cartes de paiement.

🏠 *Albergue juvenil Punta Umbría :* av. Océano, 13. ☎ 959-31-16-50.

Fax : 959-31-42-29. ● www.inturjo ven.com ● En arrivant à Punta Umbría, prendre sur la gauche en direction des plages. Bâtiment à arcades. Réception ouverte en permanence. Trois saisons (donc 3 tarifs), selon l'âge : d'octobre à mai, de 9,50 à 22 € selon la formule choisie : hébergement, demi-pension ou pension complète ; en juillet et août, plein pot : de 14,50 à 29 € ; entre les 2 périodes, prix intermédiaires. Beaux bâtiments s'offrant en pleine face les flots atlantiques. Demander absolument les chambres à l'étage donnant sur une petite galerie avec arcades et balcons en bois vert. Chambres doubles, triples ou quadruples avec bains à partager. Plusieurs activités possibles, grand terrain de basket notamment. Les plus fainéants n'auront qu'à se laisser glisser de leur lit pour se retrouver sur la plage. Cartes de paiement acceptées.

Où manger ? Où boire un thé ?

Pléthore de bars où l'on peut manger quelques snacks et autres *pescaditos fritos*. Mais Punta Umbría est une petite ville : ne pas s'attendre, donc, à de la grande cuisine.

|●| *Cervecería Los Manueles :* río Odiel, 3. Dans une rue perpendiculaire à la partie piétonne de la c/ Ancha. Ouvert tous les jours en juillet et août, le week-end le reste de l'année. Bar où l'on achète sa *ración de langostinos* autour de 9 € les 250 g, ou de grosses pinces de crabe autour de 8 € les 250 g. Le tout est pêché dans la nuit, donc très frais, et déjà cuit. On vous engage à faire un tour pour comparer les prix, qui dépendent de l'approvisionnement et du cours du marché.

♟ *Bar La Pequeña Alhambra :* c/ Ancha, à l'angle de la plaza 26 de Abril 1963. Comme son nom l'indique, c'est une « petite Alhambra ». Il faut toutefois pas mal d'imagination car même si la façade en faux stuc rappelle les motifs de Grenade, il semble que l'édifice se soit fait emboutir par un gros bloc de béton blanc et bleu. Chouettes azulejos à l'intérieur, tables-plateaux, lumières tamisées et petites stalles intimes. Agréable pour un thé, ou un narghilé (2 €). Il y a même du thé aphrodisiaque.

Où manger dans les environs ?

Bon marché (de 7 à 12 €)

|●| *El Lobito :* c/ La Rábida, 31, à Moguer (7 km au nord de Palos de la Frontera). Dans ce gros village tout blanc, avec en son centre un imposant couvent de San Francisco, une taverne très populaire qui a du être un relais de poste (grandes portes et cour intérieure). Salle sombre aux hauts murs, couverts de suie, de graisse et de graffitis qui doivent s'y accumuler depuis un bon bout de temps. Gigantesque cheminée où une armée de marmitons font griller brochettes, saucisses, pièces de viande et poissons (sardines, harengs, maquereaux). Salades et petits vins du pays à prix dérisoires. Quand il fait beau, la tonnelle sur la cour héberge quelques tables. Y venir tôt pour avoir une chance de poser ses fesses. Service *speedy gonzales* lors des coups de feu.

De prix moyens à plus chic (de 12 à 30 €)

|●| *El Bosque :* ctra El Rompido-El Portil. ☎ 959-50-40-99. De Punta Umbría, longer la côte vers El Rompido ; c'est après El Portil, sous la

pinède en bord de mer, avec vue sur la lagune. Grand *chiringuito* campé sur la pointe de la Culata, sous les pins. Ouvert tous les jours midi et soir. Envahi par les familles le week-end. Compter 10 € pour un plat de coquillages ou de poisson, ou par la *ración de pescadito frito* (*chocos, pijotas* ou *acedias*). Excellentes *coquinas* à la marinière. Et tout cela est d'une grande fraîcheur...

|●| *Caribe II :* c/ Nao, 13, El Rompido. ☎ 959-39-90-27. Compter de 15 à 25 € pour un repas. En bordure de la petite plage sur la lagune, une adresse dédiée aux produits de la mer. Salle à arcades, murs décorés d'azulejos. Terrasse sous auvent de plastique jaune. Excellents coquillages et poisson au poids. Service avenant.

Très chic (plus de 30 €)

|●| *El Paraíso :* route de Huelva à El Portil, El Rompido, 21100 Punta Umbría. ☎ 959-31-27-56. 🍴 Le resto se trouve en face d'un gros transfo haute tension pas beau du tout, même si son sommet est squatté par un nid de cigogne. En restant raisonnable, on s'en sort rassasié pour 40 €. Ce restaurant, au décor moderne et rustique à la fois, s'est taillé une belle réputation. Superbe carte de poisson, notam-

ment une *lubina* (loup de mer) *al la sal* pour deux, quelques poissons en sauce, ce qui change des éternels *a la braza* et *al ajillo*. Côté viande, belles entrecôtes bien servies. Pour ne rien gâcher, les desserts sont maison, et on n'a fait qu'une bouchée d'un *cheesecake* aux pignons de pin et au chocolat. Pour ne rien oublier, enfin, carte des vins plutôt bien faite, avec même des demi-bouteilles de *viña Ardanza* (environ 15 €).

Les plages

🏔 *La playa de los Enebrales :* très belle plage séparée de la route par une grande pinède où pullulent les lapins. Bien signalée sur la gauche avant d'arriver à la station-service et à Punta Umbría. Il s'agit d'une zone protégée. Un petit chemin qui borde la route permet de faire un jogging ou une belle virée à vélo. La plage en elle-même est en escalier. Le vent vient chatouiller les aiguilles de la pinède qui se prolonge par des touffes chevelues d'herbe. La rive même se trouvant à 4 ou 5 m en contrebas, on n'entend que de très loin les rouleaux qui viennent y mourir. Une zone naturiste officieuse se trouve sur la gauche de la plage. Il n'y a pas de douches, mais sur une plage sauvage et aussi belle, faudrait tout de même pas trop en demander...

🏔 *La playa El Espigón :* il est nécessaire de bifurquer dès Corrales pour y accéder. Moins sympa que la playa de los Enebrales, mais peut-être un peu plus tranquille.

➤ DANS LES ENVIRONS DE PUNTA UMBRÍA

LE PARC NATIONAL DE DOÑANA

À une cinquantaine de kilomètres de Huelva en allant vers Cadix. Déjà mentionnée par les Romains, la région de Doñana s'étendait il y a 3 siècles sur *grosso modo* 300 000 ha. Situés à l'ouest de l'embouchure du Guadalquivir et au sud-ouest de Séville, plusieurs espaces naturels s'imbriquent les uns dans les autres. Ils ont été classés depuis 1969 par l'Unesco « réserve de la biosphère et patrimoine de l'humanité » pour leur richesse en bêtes à plumes : échassiers, longs becs, petits becs, cigognes, cols verts, cols de cygne... Le cœur du domaine protégé comprend une belle zone littorale où les dunes se déplacent au gré des humeurs du vent. C'est le parc national. Pour y entrer, il faut obligatoirement être accompagné d'un guide. De part et d'autre du parc national, 54 250 ha de parc naturel et, tout autour, une vaste zone qui constitue un grand anneau où tout le monde s'est plus ou moins mis d'accord pour conserver le paysage à l'état sauvage, c'est le « pré-parc ». Ce sont les parties les plus faciles d'accès, idéales pour de grandes balades. Important : à noter que l'accès au parc est limité (voire interdit) durant les six jours de pèlerinage du Rocio à la Pentecôte.

Pinèdes, salines, plaines marécageuses, dunes de sable blanc et fin, romarin, thym, chênes-lièges, composent un paysage encore préservé. Bref, les quelques couples d'aigles impériaux et de lynx, symboles de Doñana, attendent de serres et de crocs fermes tous les passereaux et autres grandes zoreilles qui trouvent ce « petit coin » de verdure ad hoc pour se reproduire sous les bons auspices de dame Nature.

Si les plages qui bordent le parc de la Doñana sont encore peu fréquentées, la zone commence à faire l'objet d'une exploitation touristique intensive. On s'en aperçoit aux abords de la station balnéaire-champignon de **Matalascañas** qui peut accueillir près de 100 000 estivants. Si l'architecture – pas déplaisante – de cette cité sortie du néant en un rien de temps a tiré parti d'un point de vue esthétique des erreurs urbanistiques de la Costa del Sol, elle n'en présente pas moins les caractéristiques d'une erreur de planification du point de vue écologique : il suffit d'évaluer les besoins en eau d'une telle population au cœur de la fournaise de l'été andalou pour se rendre compte à quel point sont compromis les fragiles équilibres du réseau hydrographique du parc de Doñana tout proche. Néanmoins, les amateurs de vie nocturne et d'activités sportives le long de l'immense plage trouveront à Matalascañas de quoi combler leurs appétits. Un tuyau pour ceux qui apprécient une baignade tranquille : rejoindre la limite de la ville à l'est et s'éloigner de la foule en marchant le long du rivage vers les plages (sur 30 km) incluses dans la zone du parc, elles sont autorisées à la randonnée et très vite il n'y aura plus que vous, le sable blond, les oiseaux marins et les rouleaux des vagues de l'Atlantique...

Adresses et infos utiles

🖪 *Centro de visitantes El Acebuche :* ctra Rocio-Matalascañas. ☎ 959-44-87-39. ● www.parquenacionaldonana.com ● À 4 km de Matalascañas en allant vers El Rocio. Ouvert de 8 h à 21 h en été, jusqu'à 19 h ou 20 h hors saison. C'est le principal centre d'accueil des visiteurs et lieu de départ de beaucoup de circuits. On vous y expliquera les circuits, les guides, les excursions ornithologiques, etc. Réserver pour l'été. Attention, beaucoup de moustiques dans le parc, prendre ses précautions.

■ Il existe d'autres points d'entrée et centres des visiteurs dans le parc. Un à Rocio au *palacio de El Acebrón* et un à Sanlúcar de Barrameda (voir ces localités) ; un autre, à l'est, le centre *José Antonio Valverde* le long du Caño de Guadiamar, et un nouveau au centre, tout au nord du parc, *Los Centenales* à Hinojos, avec une expo didactique multimedia sur la pinède et son biotope.

■ *Visites en véhicules tout terrain :* à El Acebuche. ☎ 959-43-04-32 et 51. Réservations obligatoires, de 9 h à 19 h. S'y prendre à l'avance. Des circuits en véhicules pouvant contenir une vingtaine de personnes. Visites 2 fois par jour sauf le lundi.

■ *Visites à cheval :* club hípico El Pasodoble, sector G, parcela 90, Matalascañas. ☎ 959-44-82-41 et 629-06-05-45 (portable). Promenades sur la partie plage du parc ou alors dans le parc mais avec pique-nique.

⚠ *Belles dunes et large plage :* à Cuesta de Maneli, sur la route qui mène de Huelva au parc par la côte, à une dizaine de kilomètres de Mazagón. Depuis le parking, une passerelle en bois traverse de grandes dunes sur plus d'1 km avant d'arriver sur une immense plage assez préservée (sans constructions). Quelques séances officieuses de fesses à l'air peuvent s'y pratiquer.

Où dormir ? Où manger dans le coin ?

⚑ *Camping Doñana :* ctra Huelva-Matalascañas, Km 36, 21130 Mazagón. ☎ 959-53-62-81. Fax : 959-53-63-13. ● www.campingdonana.com ● Au bord de l'immense plage et à quelques kilomètres du parc. Un 3-étoiles à 6 € par personne, par tente et par voiture en haute saison. Location de bungalows pour 2, 4, 5, 6 ou 8 personnes de 42 à 156 € selon la saison et la taille. Fait un peu usine à campeurs, mais c'est bien tenu et pas mal ombragé. Piscine, tennis et supermarché. On notera les vestiges d'une tour sur la plage.

⚑ *Albergue-campamento juvenil Mazagón :* cuesta de la Barca s/n, 21130 Mazagón. ☎ 959-52-45-29. Fax : 959-52-45-31. ● www.inturjoven.com ● Plusieurs bus par jour depuis Huelva pour Mazagón, à environ 20 km du parc de Doñana et à 500 m de la plage. Dispose de petits bungalows en bois pour 4 personnes de 52 à 65 €. Nuitée entre 13 et 18,50 € par personne selon la saison et l'âge (plus ou moins 26 ans). *Campamentos* pour 6 €, la solution la plus économique.

▤ *Alvarez Quintero Pensión :* c/ Hernando de Soto, 174, 21130 Mazagón. ☎ 959-37-61-69. À une rue de la plage. Chambres doubles climatisées à partir de 30 €. Un bon plan économique doublé d'un accueil tout ce qu'il y a de plus aimable.

▤ |●| *Parador Cristóbal Colón :* playa de Mazagón, 21130 Mazagón. ☎ 959-53-63-00. Fax : 959-53-62-28. ● mazagon@parador.es ● Idéalement situé en bordure du parc de Doñana, ce parador se niche au milieu d'un vaste jardin avec piscine. Chambres spacieuses de 138 à 150 €, selon la saison, avec terrasse sur la mer, comme il se doit dans ce genre d'installation, plus escalier privé débouchant directement sur la plage. Jacuzzi, salle de sport, tennis et location de vélos. Petit déjeuner à 13 €. Resto de très bon niveau traitant avec talent tant les produits de la mer, comme les *gambas*, les coquillages et les langoustes, que les jambons et les pâtés de la sierra. Compter 28 € pour le menu du soir.

EL ROCIO

Au nord du parc, au milieu d'étendues uniformément plates, composées de marécages, El Rocio est un étonnant village qui prend des airs de Far West mexicain avec ses rues sablonneuses et les façades des « ermitages » des confréries andalouses aux allures de saloon, devant lesquelles on peut attacher son cheval à une barre métallique. Il faut savoir que si cette bourgade de moins de 800 habitants semble faire la sieste toute l'année, elle draine à la Pentecôte près d'un million (oui, vous avez bien lu) de pèlerins venus célébrer la *Paloma Blanca,* la Vierge locale, lors de la *Romería* del Rocio. Ce jour-là, si vous parvenez à rejoindre le lieu, vous pourrez voir défiler des attelages de chariots de gitans ornés de guirlandes de fleurs. Ce pèlerinage est considéré par les Espagnols comme le plus important du pays. N'espérez pas y trouver un logement pour ce week-end de Pentecôte, tout est réservé plusieurs années à l'avance. Vous pouvez éventuellement vous rabattre sur les campings provisoires installés pour la circonstance par la municipalité, mais là aussi, il vaut mieux réserver son petit carré de sable plusieurs mois à l'avance.

Où dormir ?

🛏 *Alojamiento rural Puerta Doñana :* av. Santa Olalla, 254, 21750 El Rocio. ☎ 959-44-38-76. ● puertadonana@infodonana.com ● Chambres doubles à partir de 65 € en fonction de la saison, avec le petit dej'. En bordure des marais, une maison qui propose 7 chambres d'hôtes avec salle de bains et AC. Un grand salon et une cuisine sont à la disposition des hôtes. Déco rustique-rurale mais pas dénuée d'originalité. Terrasse. Accueil tout à fait charmant. Pas de paiement par carte bancaire. Remise de 10 % sur les chambres en juin, juillet, octobre et novembre sur présentation de ce guide.

À voir. À faire

■ *Parc de la Doñana, centre d'accueil Palacio del Alcebrón :* arroyo de la Rocina. ☎ 959-50-61-62. Dans une magnifique demeure blanche, l'expo s'attache à décrire l'aspect humain du parc avec l'évocation d'un personnage important, le garde, et ses missions.

■ *Centre d'accueil la Rocina :* ctra El Rocio-Matalescas 2. ☎ 959-44-23-40. Le point d'entrée nord du parc. Tous les renseignements sur les différentes possibilités d'excursions.

SUR LA ROUTE DU PORTUGAL

De Huelva, la frontière portugaise se situe à seulement 40 km. C'est le río Guadiana qui de tout temps a séparé les deux rivaux ibériques. *Ayamonte* est une bourgade plaisante avec un port actif, un quartier commerçant autour du paseo Ribera et des rues pentues qui s'étalent à flanc de colline. Beaucoup d'émigrés revenus d'Amérique latine s'y sont installés à la fin du XIXe siècle, ce qui confère aux maisons colorées un petit air colonial.

Où dormir ? Où manger ?

🏕 *Camping Giralda :* ctra Provincial, km 117, Isla Cristina-La Antilla, km 1,5. ☎ 959-34-33-18. Fax : 959-34-32-84. ● www.campinggiralda.com ● À 1,5 km de l'arrêt du bus *Socibus* Madrid-Séville-Huelva-Ayamonte. En bord de route, de plage et de rivière (donc moustiques). Compter autour de 21 € pour 2 personnes avec tente et voiture. À l'ombre de grands pins, ce camping est assez bien tenu. Éviter les emplacements proches de la route. Deux piscines circulaires et belle plage à proximité. Bungalows à 49 € pour 2 et 90 € pour 4.

🛏 |●| *Parador Ayamonte :* El Castillito s/n, 21400 Ayamonte. ☎ 959-32-07-00. Fax : 959-02-20-19. ● ayamonte@parador.es ● À Ayamonte, bien fléché. Dans un grand bâtiment moderne assez bien conçu mais pas spécialement esthétique. Trois saisons : chambres doubles à partir de 100 € en basse saison et 130 € en haute saison. Petit déjeuner à 12 €. Un menu à 27 €. À vrai dire, on vient surtout dans ce parador pour sa superbe vue sur le pont qui enjambe le río Guadiana, frontière naturelle entre l'Espagne et le Portugal. S'il est évidemment confortable, il manque en revanche singulièrement de cachet. Piscine et salon de thé. Le restaurant propose une cuisine de qualité : raie au paprika, baudroie au safran... Essayez de réserver une table avec vue !

|●| *Casa Barberi :* plaza de la Coronación, 12, 21400 Ayamonte. ☎ 959-47-02-89. Fermé le mardi. Congés : 15 jours fin septembre -

début octobre. Sur le Paseo marítimo, devant le port, sur une placette dotée de bancs d'azulejos et flanquée aux 4 coins de Manneken Pis (!). Ce resto familial au décor rustique régale depuis près d'un siè-

cle ses convives avec la meilleure paella de la région. Menu du jour à 9 €, sinon de 20 à 30 €. Quelques tables en terrasse. Un digestif vous sera offert sur présentation de ce guide.

SANLÚCAR DE BARRAMEDA   (11540)   61 900 hab.

Dans la province de Cadix, face à l'océan, à environ 100 km au sud de Séville et à 22 km à l'ouest de Jerez de la Frontera, Sanlúcar de Barrameda est à la fois un port et une petite station balnéaire à taille humaine, à l'embouchure du fleuve Guadalquivir. La partie la plus intéressante est le vieux centre (partie haute de la ville) où se trouve le palais de los Guzmanes (de Medina Sidonia) qui, à lui tout seul, mérite le détour. C'est de Sanlúcar que, le 30 mai 1498, Christophe Colomb appareilla pour son 3e voyage vers l'Amérique. C'est d'ici aussi que partit Fernand de Magellan en septembre 1519, effectuant le 1er tour du globe de l'histoire. Sanlúcar est aussi la capitale incontestée du *manzanilla*, ce vin de Jerez à la robe très claire, sec au palais et au bouquet très particulier, un poil salé, provoqué par la proximité des vignobles avec la mer. On peut y visiter les chais de la maison *Antonio Barbadillo*.

Adresse utile

🛈 *Office du tourisme :* Calzada del Ejército s/n. ☎ 956-36-61-10. • www.turismosanlucar.com • Ouvert du lundi au vendredi de 10 h à 14 h et

de 17 h à 20 h (de 18 h à 20 h l'été), et le week-end de 10 h à 14 h (fermé le dimanche en hiver).

Où dormir ? Où manger ?

🛏 *Hostal Blanca Paloma :* San Roque, 15. ☎ 956-36-36-44. • hostalblancapaloma@msn.com • Chambres doubles à 30 € et triples à 45 €. Sur la place principale de la vieille ville, une adresse bon marché au confort basique, mais chambres immaculées avec lavabo et sanitaires en sus. Certaines n'ont pas de fenêtre. Rien à redire à ce prix-là. Pas de petit dej' mais bar juste à côté.
🛏 *Le palais de los Guzmanes (ou palacio de Medina Sidonia) :* plaza Condes de Niebla, 1. ☎ 956-36-01-61. • www.fcmedinasidonia.com • ♿ Au sommet du vieux village de Sanlúcar, adossé à l'église Nuestra Señora de la O. Neuf chambres d'hôtes dans ce palais ancestral, de 65 à 80 € pour deux avec le petit dej'. Prix très modestes pour le confort proposé. Chambres toutes neuves,

richement décorées et calmes, certaines avec terrasse entre des murs anciens, avec salle de loisirs et possibilité de profiter d'un patio intérieur fleuri. Appartement à 115 €. Salle du petit déjeuner avec photos très anciennes, certaines datent des années 1850. Idéal pour faire une retraite ou écrire un livre. Internet haut débit dans certaines chambres. Les hôtes peuvent évidemment profiter du palais et en visiter les salles. Cafétéria, avec pâtisseries maison, ouverte en hiver de 8 h 30 à 14 h et de 16 h à 22 h. En été, de 7 h 30 à 2 h du mat'.
🛏 *Posada de Palacio :* c/ Caballeros, 9. ☎ 956-36-50-60. • www.posadadepalacio.com • En face du *palacio de los Infantes de Orleáns* (la mairie). Congés : en janvier. Chambres un peu austères tout en étant

élégantes, à un prix tout à fait intéressant pour cette catégorie : entre 80 et 100 € pour 2, sans le petit déj'. Chambres pour 4. En plein quartier historique, une demeure aristocratique datant du XVIIIe siècle, complètement aménagée pour offrir calme et confort à ceux qui savent apprécier les meubles anciens et une décoration raffinée. Porte d'entrée massive avec clous et heurtoir, qui s'ouvre sur un charmant patio avec puits, bar et terrasse avec parasols et meubles de teck. Bar avec quelques tables dans la cour fleurie. Remise de 10 % sur le prix de la chambre en saison basse sur présentation de ce guide.

|●| **Mirador de la Doñana :** Bajo de Guía. ☎ 956-36-42-05. On s'en tire avec une addition autour de 25 €. En bordure de la plage, en face du Guadalquivir, une des meilleures adresses du coin pour les produits de la mer. Préférez la salle à l'étage avec ses fenêtres grand ouvertes sur le fleuve. Déco maritime un peu bateau (normal !). Chaises hautes et coussins mandarine. On est ici pour les coquillages, le poisson et les crustacés. Essayez une soupe de poisson aux clovisses, le bar sauce langoustine ou le colin au fenouil. Desserts décevants. C'est aussi l'occasion de vous essayer au *manzanilla*. Une demi-bouteille ne dépasse pas les 5 €. Service stylé.

À voir. À faire

🎥 **Palacio ducal de Medina Sidonia :** ☎ 956-36-01-61. ● www.fcmedina sidonia.com ● Visites guidées en espagnol le dimanche de 11 h à 13 h, sur réservation téléphonique ; 3 €. Archives ouvertes du lundi au vendredi de 9 h à 14 h.

Ce palais est le plus impressionnant monument de la ville. Construit entre les XIIIe et XVIIIe siècles, doté de très beaux jardins, il est encore habité. Son actuelle propriétaire, Doña Isabel Alvarez de Toledo, duchesse de Medina Sidonia, descend d'une des plus vieilles dynasties d'Espagne. Parmi ses aïeux, l'un était Guzmán El Bueno, potentat andalou et héros de la Reconquista, un autre dirigea l'Invincible Armada contre les Anglais, un autre encore fut l'ami d'Hernán Cortés, conquistador du Mexique. Éprise de justice et de liberté, cette femme de caractère, surnommée la Duchesse rouge, fut une farouche antifranquiste. Emprisonnée pour avoir pris la défense des villageois de Palomares (victimes de contamination lors du crash de 2 avions américains armés de bombes nucléaires), puis exilée en France, elle y écrivit des livres *(La Grève, La Base)*. Revenue en Espagne après la mort de Franco, elle se consacre à présent à la *fondation Medina-Sidonia* dont l'objectif est le maintien du prestigieux patrimoine familial légué par son père.

Au sein de ce palais, tout est restauré, tout est maintenu avec le plus grand soin. Dans le salon des Colonnes, une des plus belles pièces, les colonnes de marbre portent des chapiteaux en bois de style aztèque du XVIe siècle, inspirées du palais de Moctezuma, à Mexico. Le palais abrite aussi les plus grandes archives privées d'Espagne (et du monde, selon certains experts), soit 6 314 liasses (environ 2 millions de documents) que la duchesse a classées et répertoriées seule.

Pour en savoir plus sur la *Duchesse rouge* et ses révélations qui remettent en cause la thèse de la découverte de l'Amérique par Christophe Colomb, on vous recommande l'excellent reportage de notre collègue Olivier Page mis en ligne sur ● www.routard.com ●

➢ **Visites en bateau du parc de la Doñana :** départ *Centro de visitantes de Doñana « Fabrica de Hielo »*, av. Bajo de Guia s/n. Réservations : ☎ 956-36-38-13. ● www.visitasdonana.com ● Dans ce centre, ouvert de 9 h à 19 h (20 h d'avril à octobre), tous les renseignements indispensables pour visiter le parc national. Deux excursions par jour d'avril à octobre avec le Real

Fernando, une seule le reste de l'année ; itinéraire, Sanlúcar-Guadalquivir-Doñana, environ 3 h 30 de bateau et d'excursion à pied. Prix 15 €. Réservation recommandée. Location de jumelles à bord.

JEREZ DE LA FRONTERA (11400) 187 000 hab.

Ville assez importante, ni belle ni laide. Célèbre avant tout pour son vignoble, cette cité moderne est plutôt mal conçue. On s'y perd facilement, surtout en voiture. Les quartiers ont poussé un peu de manière anarchique, et les sens interdits pullulent. Si vous devez y séjourner, munissez-vous d'un plan et marchez. On vient surtout à Jerez pour visiter les *bodegas* et goûter ses vins trop méconnus en France.

Mais Jerez est aussi célèbre pour ses chevaux et pour sa tradition très puriste du flamenco.

Plusieurs villes de la région ont un nom qui se termine par « la Frontera » ; en effet, c'était la ligne de démarcation, souvent garnie de forteresses, entre les territoires occupés par les Arabes et ceux contrôlés par les catholiques.

LE VIGNOBLE DE JEREZ

On dit que c'est le plus ancien du monde encore en exploitation. De fait, les premières vignes furent plantées par les Phéniciens, 1 000 ans av. J.-C. Ensuite, les Romains intensifièrent cette culture et baptisèrent la ville Ceret. Les conditions climatiques sont, il est vrai, exceptionnelles : 295 jours de soleil par an et une production de plus d'un million d'hectolitres. La terre, de marne crayeuse, émergée au tertiaire, boit la pluie d'hiver comme une éponge, mais, l'été, elle durcit en une croûte claire qui réverbère le soleil et conserve l'humidité.

Les grappes sont encore foulées par des hommes chaussés de bottes de cuir qui piétinent les montagnes de raisin. Ensuite, les vins fermentent en fûts de chêne américain pour atteindre de 11,5° à 13,5° d'alcool. Particularité étonnante : le vin est volontairement exposé à l'air après un an de fermentation. Les tonneaux, aux trois quarts pleins, sont débouchés dans les caves, contrairement à tous les principes de la vinification. En fait, la flore (levure) forme à la surface du vin une couche épaisse, protectrice. Le vin s'oxyde sans se piquer. En fonction de la qualité de cette flore, le vin sera *fino* (fin) ou *oloroso* (odoriférant).

Pour finir, une autre technique originale est employée : la *solera.* Ainsi est appelée la barrique la plus proche du sol (les fûts forment des pyramides). C'est de ce fût qu'on tire le jerez à mettre en bouteilles. Le vin du tonneau supérieur sera transvasé pour moitié dans celui du dessous, et ainsi de suite. La barrique du sommet restée vide sera remplie par du vin nouveau *(crianza)*. Ainsi le vin vieux « éduque » le vin jeune. Par ce savant mélange de générations, le jerez n'a pas d'âge !

Ce sont bizarrement les Anglais qui ont fait le succès du jerez. Ils absorbent à eux seuls 43 % des exportations, celles-ci représentant 85 % de la production. D'ailleurs, ils n'ont jamais pu prononcer ce mot et l'ont déformé en *sherry.* Encore aujourd'hui, les plus grandes maisons de jerez s'appellent *Williams and Humbert, John Harvey and Sons, Osborne...* des familles d'origine britannique. Mais la plus célèbre des maisons reste encore *Domecq* (origine béarnaise !), qui possède 70 ha de caves. Certains fûts entreposés ont plus de 300 ans. Seize membres de la famille gèrent le vignoble Domecq. Sur 403 descendants, la sélection est sévère ! L'entreprise vient cependant d'être rachetée par le groupe Pernod-Ricard. Mais le jerez fait vivre les trois quarts des habitants de la ville. Une dernière chose : les Français ont toujours snobé le jerez... à tort.

Les différents vins

Les blancs secs sont la spécialité de la région.
– *L'amontillado :* titre entre 8 et 16°, et plus de 21° quand il vieillit. Très bien pour accompagner les fruits de mer et le jambon. Bel arôme.
– *Le manzanilla :* ambré, léger et fin, se déguste en apéritif. La couleur de sa robe varie entre le vert pâle et le doré. Dégage un parfum de pomme mûre, d'où son nom. Titre entre 18° et 20°.
– *Le fino :* très sec, parfumé et fleuri. Moins alcoolisé que les précédents. Titre entre 15° et 17°. Se boit frais, en apéritif ou pour accompagner des fruits de mer. D'une robe très claire, presque transparente. Son côté très sec peut être gênant pour les non-initiés.
– *L'oloroso :* plus alcoolisé (titre entre 18° et 20°). Bien pour l'apéritif ou en fin de repas. Un peu moins sec. Couleur ambrée. Légèrement oxydé grâce à son contact avec l'air.
– *Cream :* mélange de *pedro jimenez* et d'*oloroso,* avant la mise en bouteilles. Jolie couleur tuilée et assez doux. Pas le grand raffinement, mais agréable.
– En rouge, le *moscatel,* bien sûr, obtenu avec du muscat, et le *pedro jimenez,* très sucré, quasiment couleur pruneau. Nous, on trouve que son côté trop sucré tue les arômes.

Arriver – Quitter

En train

🚃 *Gare RENFE :* plaza Estación. ☎ 956-34-23-19. Infos et réservations : ☎ 902-24-02-02. ● www.renfe.es ●
➢ Trains de et pour *Séville, Cadix, Madrid, Barcelone...*

En bus

🚌 *Gare routière :* c/ Cartuja. ☎ 956-34-52-07. Ouvert de 6 h 15 à minuit. Toutes les compagnies sont réunies au même endroit.

■ *Comes :* ☎ 956-34-21-74. ● www. tgcomes.es ● De/vers *Málaga* et *Ronda* surtout, et toute la *Costa del Sol.*
■ *Secorbus :* ☎ 902-22-92-92. ● www.secorbus.es ● De/vers *Madrid.*

■ *Linesur :* ☎ 956-34-10-63. ● www. linesur.com ● De/vers *Sanlúcar* et *Chipiona.*
■ *Los Amarillos :* ☎ 956-32-93-47. ● www.losamarillos.es ● De/vers toute la province.

En avion

✈ *Aéroport :* à 7 km de la ville, sur la nationale 4. ☎ 956-15-01-83 (infos) et 956-15-00-00 *(Iberia).* ● www.aena.es ● Pas de bus pour l'aéroport. Taxis uniquement. La plupart des grandes compagnies de location de voitures ont un bureau à l'aéroport.
➢ Deux compagnies assurent les liaisons de/vers *Madrid, Barcelone* et *Valence.*

En voiture

Par l'autoroute, depuis Séville, il est bon de savoir que le péage coûte un peu plus de 5 €.

Adresses utiles

ℹ️ *Office du tourisme :* Alameda Cristina, edificio los Claustros. ☎ 956-32-47-47. ● www.turismojerez.com ● Ouvert du lundi au vendredi de 10 h à 15 h et de 17 h à 19 h, et le week-end de 10 h à 14 h 30. Le personnel est charmant, généreux en documentation et parle souvent le français. Propose aussi des visites-dégustation de caves... bof !

✉️ *Poste centrale :* c/ Cerrón, 1. ☎ 956-34-22-95.

■ *Banques :* nombreuses sur la calle Larga, la plupart possédant un distributeur.

🚌 *Autobus urbains :* plaza de Arenal s/n. ☎ 956-14-36-08.

■ *Teltaxi :* ☎ 956-34-48-60.

▣ *Ciber Jerez :* c/ Santa María, 3. ☎ 956-33-40-16. Ouvert tous les jours de 10 h (12 h le dimanche) à 23 h. Environ 2 €/h.

▣ *Intern@ut@ :* c/ Bodegas, 6. ☎ 956-34-58-18. Ouvert tous les jours.

Où dormir ?

Jerez de la Frontera n'est *a priori* pas vraiment une ville dans laquelle on a envie de séjourner longtemps. Elle est plus tournée vers les terres que vers la mer. Il paraît plus intéressant, donc de pousser jusqu'à Arcos de la Frontera, mais ce serait passer à côté de la découverte d'une ville andalouse typique avec son quartier commerçant, désert le soir, mais aussi quelques monuments hérités des périodes anciennes. Au-delà de la cathédrale et de l'Alcázar, le quartier gitan ne manque pas de mystère.

Attention, il existe 2 « supersaisons » au milieu de la haute saison, qui se déroule, elle, généralement, entre mars et septembre. Elles sont dues, en mai, à la feria et au Grand Prix de moto, et, en août, aux célébrations du 15 du mois ; les prix peuvent carrément doubler.

Bon marché (moins de 30 €)

🛏️ *Albergue juvenil Jerez :* av. Blas Infanto, 30, 11408. ☎ 956-14-39-01. Fax : 956-14-32-63. ● www.inturjoven.com ● Grand bâtiment moderne, trop loin du centre malheureusement. Le bus n° 1 vous y mène en 10 mn. Liaison avec la gare RENFE grâce aux bus nos 8 et 9. Nuitée de 9,50 à 13,50 € d'octobre à mai et de 14 à 19 € de juin à septembre, selon l'âge (plus ou moins de 26 ans). Jolie piscine (ouverte l'été seulement). Chambres de 2 ou 4 lits, avec bains communs.

Prix moyens (de 30 à 45 €)

🛏️ *Hostal Las Palomas :* c/ Higueras, 17 (donne sur la plaza de los Angustias), 11402. ☎ 956-34-37-73. Fax : 956-16-96-34. ● www.hostallas-palomas.com ● Compter un bon 40 € pour une petite chambre double avec lavabo (douche dans le couloir), et 50 € avec bains ; plus cher lors des grandes manifestations locales. Calme, convivial et assez central, mais il faut savoir qu'il s'agit aussi d'une école de flamenco, alors mieux vaut ne pas être allergique à cette musique. Patio coloré en rouge et jaune agrémenté d'azulejos et de plantes vertes. Accueil souriant. Idéal pour s'imprégner du mode de vie andalou ou apprendre l'espagnol.

🛏️ *Hotel San Andrés II :* c/ Morenos, 12-14, 11402. ☎ 956-34-09-83. Fax :

LA COSTA DE LA LUZ

956-34-31-96. • www.hotelsanandres. info • Compter 28 € (45 € en haute saison) pour une chambre double avec lavabo (bains collectifs). Une bonne affaire dans sa catégorie que cette petite pension au patio abondamment fleuri. Très simple mais charmant. Les chambres sont aussi bien entretenues que les plantes. Au n° 14, le même adorable proprio tient une autre pension plus classique, un peu plus chère, mais où toutes les chambres disposent de bains.

Un peu plus chic (de 45 à 85 €)

🛏 **Hotel El Coloso :** c/ Pedro Alonso, 13, 11402. ☎ et fax : 956-34-90-08. • www.elcolosohotel.com • Compter de 50 à 85 € la double en haute saison, négociable hors feria et Grand Prix. Un hôtel classique et bien tenu dans une rue calme. Chambres avec bains, w.-c. et TV. Pas de petit dej'. Depuis sa récente rénovation, l'hôtel vit une 2e jeunesse et se permet le luxe de proposer des appartements. Accueil adorable. Pour nos lecteurs, 10 % de réduction sur la chambre en basse saison sur présentation de ce guide.

🛏 **Hostal Serit :** c/ Higueras, 7, 11402. ☎ 956-34-07-00. Fax : 956-34-07-16. • www.hotelserit.com • 🍴 Dans une petite rue pavée. Les chambres doubles se monnaient de 60 à 80 € au gré des mois, mais les prix doublent lors des « supersai-

Compter alors 38 € pour une double avec bains.

🛏 **Nuevo Hotel :** c/ Caballeros, 23, 11403. ☎ 956-33-16-00. Fax : 956-33-16-04. • www.nuevohotel.com • Entre 38 et 50 € la double selon la saison, sans petit dej'. Ensemble bien tenu et chambres spacieuses, la plupart avec AC et TV, mais éviter celles du 1er étage (plus sombres) et celles sur rue (plus bruyantes). La n° 208 est très belle : azulejos, colonnades et faux stucs.

sons » ! Petit dej' à 6 €. Beau hall. Trente-cinq chambres doubles et deux simples, toutes avec bains et TV. Trois étoiles. Ici, l'AC n'est pas un luxe ! Très propre et service au top. Parking payant. Pour nos lecteurs, un petit déjeuner offert en basse saison, sur présentation de ce guide.

🛏 **Hotel Doña Blanca :** c/ Bodegas, 7, 11402. ☎ 956-34-87-61. Fax : 956-34-85-86. • www.hoteldonablan ca.com • À partir de 67 € pour une double. Un hôtel plutôt traditionnel, mi-affaires mi-tourisme, au cœur de la ville. Chambres de belle taille, climatisées, confort standardisé. Pas un coup de cœur, mais un bon compromis qui permet de rayonner facilement dans la ville. Garage payant. Accueil pro. Petit dej' moyen.

Plus chic (plus de 80 €)

🛏 **Hotel Casa Grande :** plaza de Las Angustias, 3, 11402. ☎ 956-34-50-70. Fax : 956-33-61-48. • www.casa grande.com.es • Doubles de 82 à 100 € (et jusqu'à 165 € lors des événements exceptionnels). Suites un peu plus chères. Petit dej' en plus avec fruits frais. Une ancienne demeure bourgeoise transformée en hôtel de charme sur une place ombragée du centre. Grand patio au

rez-de-chaussée. Une quinzaine de chambres décorées avec sobriété et goût, toutes avec salles de bain et AC. Terrasse sur le toit, accessible à tous, avec chaises de jardin et parasols. L'un des appartements donne d'ailleurs sur le toit. Beaucoup d'allure et très bon accueil de la gérante francophone. Internet. Café offert à nos lecteurs sur présentation de ce guide.

Où manger ?

Les restos étant assez chers, on vous conseille de vous rabattre sur les bars à tapas.

De prix moyens à plus chic (de 12 à 30 €)

|●| *La Carbona :* c/ San Francisco de Paula, 2. ☎ 956-34-74-75. Fermé le mardi. Bons plats de viande autour de 11 €, mais un peu chiches en accompagnements. La tarte au chocolat maison est divine. Dans une immense salle aux murs et voûtes chaulés. Le contraste avec les poutres inclinées rappelle les haciendas de westerns. Clientèle essentiellement familiale et espagnole. Vente de cigares.

|●| *Restaurante Gaitan :* c/ Gaitan, 3 (perpendiculaire à Porvera). ☎ 956-34-58-59. Ouvert de 13 h à 16 h 30 et de 20 h 30 à 23 h 30. Fermé le dimanche soir (le dimanche midi et soir en juillet et août). Sert des plats typiques, un peu plus chers que *La Carbona.* Un peu touristique mais excellente cuisine. Menu de bon niveau, assez cher. Salle décorée de tableaux divers et de photos de célébrités. Le resto a été primé... il y a plus de 20 ans. Parking gratuit à 150 m.

Où boire un verre ?

🍷 Entre les plazas de Arenal et Rivero, le long de la calle Larga, nombreux *bars-cafés* avec terrasse sur la rue semi-piétonne.

🍷 *Cervecería Gorilla :* plaza Pateros. Impressionnante carte de bières de toutes provenances en fût et en bouteilles. Mezzanine avec collection de verres et photos anciennes. Tapas et sandwichs pour calmer les petites faims. Patron aimable.

🍷 *El Bereber :* c/ Cabezas, près de l'église San Lucas. Un bar pour se perdre aux confins de la nuit près de la plaza San Mateo. S'anime après minuit, surtout en fin de semaine, dès le jeudi. Décor très réussi : cour pavée avec fines colonnades, fresques d'inspiration romaine et statues en trompe l'œil. Sièges dignes de sénateurs romains autour de plateaux de cuivre marocains. Concerts jazzy tous les jeudis soir.

Où voir et écouter du flamenco ?

Les habitants de Jerez sont très attachés au flamenco. Difficile d'éviter les endroits par trop touristiques. Voici quelques adresses de qualité :

♪ *El Lagá de Tío Parilla :* plaza del Mercado s/n. ☎ 956-33-83-34. Dans un quartier gitan. Fermé le dimanche. Spectacles à 22 h 30 (entrée : 12 €, boisson incluse). Bar et resto (autour de 9 €). Le meilleur flamenco de la ville.

♪ *La Taberna flamenca :* angostillo de Santiago, 3. ☎ 956-32-36-93. ● www.latabernaflamenca.com ● Près de l'église Saint-Jacques. Fermé le dimanche et le lundi sauf de mi-mai à fin octobre. Spectacles tous les soirs à 22 h et à 14 h 30 les mardi, jeudi et samedi. On peut y manger.

♪ *El Rincón del Duende :* c/ Velázquez, 20. Spectacles flamencos les vendredi et samedi soir. Ne pas arriver avant 22 h 30.

♪ *Camino del Rocio :* urbanización Divina Pastora. Pour voir danser et danser vous-même la *sevillana.* Ne pas arriver avant 23 h. À minuit, on éteint tout, et le patron, accompagné des habitués, chante l'*Ave Maria Flamenca.* Impressionnant ! À ne pas manquer.

– *Viernes Flamencos* (Vendredis du Flamenco) : en août. Festival authentique très suivi par les aficionados.

À voir

🏃 *Les bodegas :* le principal attrait de la ville. Plusieurs *bodegas* proposent des visites guidées payantes, variant de 3 à 6 €, dégustation comprise la plupart du temps. Attention, pour la plupart d'entre elles, réservation conseillée. Pas de visite le week-end. Certaines sont fermées en août. La meilleure période pour les visiter reste septembre, à l'époque des vendanges.
– *Bodega Williams & Humbert :* ctra N IV 642. ☎ 956-35-34-06. ● www.williams-humbert.com ● Visite à 13 h 30.
– *Bodega Maestro Sierra :* plaza de Silos, 5. ☎ 956-34-24-33. ● www.maestrosierra.com ● Deux visites par jour du lundi au vendredi, à 12 h et à 14 h.
– *Bodega Harvey's :* c/ Pintor Muños Cebrián. ☎ 956-15-15-00. Deux visites par jour, à 10 h et à 12 h. L'après-midi et en soirée, sur réservation uniquement. Entrée : 4,50 €. Un verre de *Bristol Cream* en prime.
– *Bodega Sandeman :* c/ Pizarro 10. ☎ 956-31-29-95. ● www.sandeman.com ● Du lundi au vendredi de 10 h 30 à 17 h. Visite en plusieurs langues (sauf le français !). Entrée : 6 €. Les caves du plus emblématique des sherries.
– *Bodega Gonzalez Byass :* c/ Manuel María Gonzalez, 12. ☎ 956-35-70-60. ● www.gonzalezbyass.es ● Ce sont les caves de la célèbre marque *Tío Pepe*. Visites du lundi au dimanche à 11 h, 12 h, 13 h, 14 h, 17 h et 18 h, sauf le dimanche après-midi. Une visite en français à 16 h 30 (7,50 €). Cher et hyper-touristique, mais les caves sont splendides.
– *Bodega Pedro Domecq :* c/ San Idefonso, 3. ☎ 956-15-15-00. On vous la déconseille, même s'il s'agit de la plus fameuse. L'accueil est assez exécrable. Entrée à 5 €, plus cher le week-end.
– Si avec cela vous n'avez pas encore fait le plein, on vous signale qu'il y en a encore une bonne douzaine. Voir la liste à l'office du tourisme.

🏃 *Real Escuela andaluza del arte ecuestre* (l'*École royale andalouse d'art équestre*) : av. Duque de Abrantes, s/n. ☎ 956-31-96-35 (infos) et ☎ 80-08 ou ☎ 80-15 (réservations). ● www.realescuela.org ● Au nord de la ville. Parking gratuit à droite de l'entrée. Une école d'équitation style Vienne ou Saumur. La classe ! Jerez est en effet le fief du cheval andalou. Dès le XVe siècle, les moines chartreux y faisaient l'élevage des chevaux en les sélectionnant par croisement pour leurs qualités.
Chaque année, début mai, se tient la *feria del Caballo,* une gigantesque manifestation avec attelages superbes, courses et défilés... et belles andalouses en robes à volants.
– Ce qu'il faut voir : *Cómo bailan los caballos andaluces,* un véritable show, le jeudi toute l'année (sauf jours fériés), à 12 h pétantes et le mardi de mars à octobre. Prix : de 15 à 23 € selon l'emplacement et l'âge. On vous conseille de réserver vos billets au moins 2 mois à l'avance ; sinon, vous risquez de faire la queue pour apprendre que c'est complet. Ce ballet équestre fut présenté pour la première fois en 1973. La bande sonore est réalisée par l'Orchestre royal philharmonique de Londres. Très intéressant. Prendre la « tribune générale », moins chère. Attention, photos et vidéo interdites.
– À ceux qui ne viendraient pas à cette période ou un autre jour, on conseille d'assister aux entraînements ouverts au public moyennant 6 € ; les lundi, mercredi et vendredi (sauf jours fériés), toute l'année, et les mardi de 10 h à 13 h de novembre à février. On vient un peu quand on veut, vu que l'entraînement dure 3 h.
Par ailleurs, on peut visiter les écuries, les selleries, ainsi que les jardins. Les chevaux sont de pure race « Cartujaño ». L'école compte 20 cavaliers et 3 amazones (c'est comme ça qu'on les appelle). Le palais dans les jardins fut édifié par Garnier, celui de l'Opéra de Paris.

🏃 *Les haras de la Cartuja Hierro del Bocado :* ctra Medina-El Portal, km 6,5, à 500 m de la *Cartuja*. ☎ 956-16-28-09. ● www.yeguadacartuja.

com ● Pour les fanas des dadas, la manade de la *cartuja* est la plus grande réserve de chevaux de pure race espagnole. Tous les samedis à 11 h (toute l'année), spectacle équestre plutôt balèze.

🏇 *Museo del Enganche (le musée des Carrosses) :* av. Duque de Abrantes s/n. ☎ 956-31-96-35. Ouvert du lundi au samedi de 11 h à 15 h. Entrée : 3 €. Qui dit chevaux dit attelages. Juste à côté de l'école équestre, un musée moderne qui présente, à l'aide d'équipements multimédia, une large collection de tout ce qu'on peut faire tirer par des chevaux et comment leur faire faire le boulot. Quelques très belles pièces.

🏇🏇 *Palacio del Tiempo (Museos de la Atalaya) :* c/ Cervantes, 3. ☎ 902-18-21-00. ● www.elmisteriodejerez.org ● De mars à octobre, ouvert du mardi au samedi de 10 h à 15 h et de 18 h à 20 h, le dimanche de 10 h à 15 h ; le reste de l'année, uniquement de 10 h à 15 h du mardi au dimanche. Entrée : 6 €. Visite accompagnée en français, si vous le souhaitez. Deux parties : d'abord une sorte de spectacle multimédia, le mystère du Jerez (sponsorisé par les grandes marques locales), qui se veut didactique et qui décrit de façon grandiloquente l'environnement naturel et même mythologique du Jerez pour illustrer le génie des hommes qui ont réussi à élever ce nectar hérité des dieux. Plus classique, au fond d'un beau jardin, dans un palais du XIXᵉ siècle, l'attachant musée regroupant plus de 300 horloges européennes de très belle facture. À l'heure pile, vous pourrez entendre sonner ces horloges en concert. Effets spéciaux à l'aide d'hologrammes.

🏇 *Alcázar de Jerez :* c/ Alameda Vieja, s/n. ☎ 956-31-97-98. Ouvert tous les jours de 10 h à 20 h (18 h l'hiver). Entrée : 3,35 €. Si le terme « alcázar » évoque Séville, celui de Jerez sent le pétard mouillé. Pas grand-chose à se mettre sous la dent, hormis quelques salles voûtées, des bains arabes, un ancien moulin à huile et un jardin fleuri, et une maquette de la ville au XIIᵉ siècle. Pour la visite complète (ou 2 € si vous ne voulez visiter que celle-ci), la *cámara oscura* (chambre noire) ajoute de l'intérêt à la visite. Cependant, moins intéressante que celle de la *torre* de Cadix, car la ville offre tout simplement moins de monuments à voir.

🏇 *Catedral (la cathédrale) :* sur une plate-forme à l'emplacement d'une ancienne mosquée, remplacée elle-même par une église gothico-mudéjar. La cathédrale mélange une série de styles différents, du gothique au néoclassique. Elle ne manque cependant pas d'allure, en particulier à la nuit tombée : le clocher (sans doute à la base un minaret) répond alors à son dôme en brique pour former, avec l'Alcázar en toile de fond, un bel ensemble illuminé. L'intérieur fait plutôt dans la surcharge, mais on y trouve une *Vierge à l'enfant* de Zurbarán.

🏇 *Iglesia San Miguel :* c/ San Miguel. Ouvert généralement le soir. Étonnante façade classique, très chargée, dans le style isabellin. On peut ne pas aimer cette construction très gothique sur les flancs, qui date du XVIᵉ siècle. La porte gauche de l'église est joliment ouvragée dans le style baroque. À l'intérieur, lourdes colonnes et voûte gothique. Retable avec scènes sculptées de Martinez Montañéz et José de Arce. Chargé et élégant à la fois.

🏃 *Cabildo municipal :* sur la plaza de la Ascunción. Croquignolet bâtiment Renaissance de 1575, avec un portail flanqué d'un Hercule et d'un Jules César bien charnus, et renforcés par les vertus cardinales (courage, justice, tempérance et prudence, si vous avez oublié). Sur la même place, la *iglesia San Dioniso,* à laquelle s'adosse une ancienne tour de guet.

🏇 *Estación de ferrocarril (la gare de chemin de fer) :* à notre avis, le plus beau bâtiment de la ville ; pourtant, les guides n'en parlent jamais. Imaginez une superbe construction dans le style Art déco de l'expo de 1929 et décorée d'azulejos.

🎋 *Centro andaluz de Flamenco :* palacio Pemartin, plaza de San Juan, 1. ☎ 956-34-92-65. ● www.caf.cica.es ● Ouvert du lundi au vendredi de 9 h à 14 h. Entrée gratuite. Intéressant déjà pour le bâtiment datant du XVIIIᵉ siè-cle. Le patio principal, avec ses voûtes sculptées et ses azulejos, est superbe. Vous trouverez ici tout ce qui concerne le flamenco : archives, livres, docu-ments sonores, peintures, programmation et festivals... Une phono-vidéo-thèque permet de visionner cet art en mouvement.

🎋 👫 *Zoobotánico :* c/ Taxdirt. ☎ 956-15-31-64. ● www.zoobotanicojerez. com ● Ouvert de 10 h à 18 h (20 h en été). Fermé le lundi sauf férié. Entrée : 6,30 €. Au nord-ouest de la ville, dans un parc bien ombragé, un vrai poumon pour la ville. C'est le plus grand zoo d'Espagne, pas moins de 1 300 bes-tioles. Sa vedette est un tigre blanc. Utile si on a un enfant à distraire lors d'une après-midi un peu chaude.

🎋 *Les marchés aux puces :* plaza del Mercado et plaza Santa Isabel. Le dimanche matin.

🎋 Le dimanche à 12 h, sur la plaza del Banco, dans le centre, à côté de l'office du tourisme, interprétations de paso doble, valses, marches... offertes gratuitement par la *banda municipal de Jerez.* Bravo !

Fêtes

– *La fête de San Antón :* généralement, le dernier dimanche de janvier ; se faire confirmer. Fête assez pittoresque, puisque chacun vient y faire bénir ses animaux domestiques. Tout le monde y amène ce qu'il peut ! Les grand-mères avec leur hamster, leur perruche ou autre gros matou y jouent des coudes avec les exploitants de la région qui amènent leurs chevaux ou leurs vaches. On voit aussi quelques spécimens plus exotiques : serpents, myga-les ou wombats à narines poilues, ce qui ne semble pas effrayer les prêtres.
– *La Semaine sainte* de Jerez se tient généralement fin mars et est assez peu connue, mais elle y gagne en authenticité.
– *La feria del Caballo :* début mai. Vous verrez parader les plus beaux spé-cimens de chevaux andalous. Concours d'attelage, costumes traditionnels. S'y prendre à l'avance pour réserver des places aux arènes. À la différence de Séville, les *casetas* de la feria sont d'accès libre. On peut circuler de l'une à l'autre, boire un *fino* et grignoter des tapas. Beaucoup d'ambiance, les femmes revêtent leurs plus belles robes à volants et les *hidalgos* caracolent, bottes cirées, taille cambrée, le chapeau plat crânement posé sur un œil de velours.
– *Las fiestas de Otoño :* en septembre. Fête des vendanges. Très haute en couleur.

➤ DANS LES ENVIRONS DE JEREZ DE LA FRONTERA

🎋👫 *La Cartuja :* une belle chartreuse située à 7 km de Jerez, sur la route de Cadix, sur la droite. ☎ 956-15-64-65. Ouvert de 9 h 30 à 11 h et de 12 h 45 à 18 h 30. Autrefois réservée aux hommes, la visite est enfin mixte. L'église est toujours en restauration, mais vous pouvez profiter des agréables jardins et du patio central pour admirer la façade richement ornée, splendide exemple du gothique flamboyant du XVᵉ siècle. C'est aussi ici (voir plus haut) que s'est fait le croisement des chevaux napolitains, andalous et allemands au XVIᵉ siècle. Cette nouvelle race, toujours représentée, s'appelle « Cartujaño ».

CADIX (CÁDIZ)   (11000)   136 200 hab.

Une ville très étendue et assez décevante au premier abord, avant tout un grand port qui assure le commerce avec l'Afrique. Pour atteindre la partie ancienne de la ville, il vous faudra traverser les quartiers modernes. La vieille ville fut construite sur un gros rocher entouré par la mer, si bien qu'aujourd'hui encore on a l'agréable impression d'être cerné par la Grande Bleue. Seule une voie rapide relie cette ancienne ville fortifiée au continent. C'est évidemment dans ce site chargé d'histoire que la vie est la plus animée et que les ruelles délivrent le plus de charme. Perdez-vous dans la ville. Il y règne une surprenante atmosphère de tranquillité et de douceur hospitalière. Cadix a une réputation de tolérance unique en Andalousie. Flânez-y en toute quiétude. Pas de grands monuments à voir, mais on y trouve quelques belles plages, même si la côte est bétonnée.

UN PEU D'HISTOIRE

Au bord de l'océan, la *Tacita de Plata* (« Petite Tasse d'Argent », son surnom) recèle son lot de conflits, de mouvances et d'histoires.
La légende raconte que Cadix fut fondée par Hercule il y a près de 3 000 ans. À l'époque, la ville s'appelait *Gadir*. Ce qui est plus certain, c'est que les

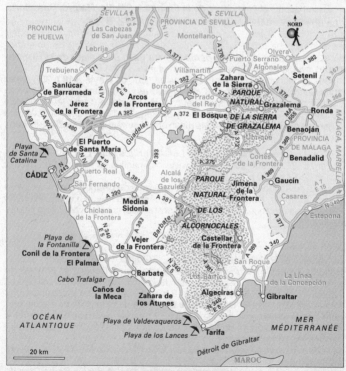

LA PROVINCE DE CADIX

Phéniciens fondèrent la ville (vers l'an 1100 av. J.-C.) dans ce lieu occupé primitivement par les Tartésiens. Cadix peut donc revendiquer son titre de plus ancienne ville d'Occident. Vers 501 avant notre ère débarquèrent les Carthaginois. Puis les Romains en 206 av. J.-C. Jules César y séjourna de 69 à 61 av. J.-C. Vinrent ensuite les Wisigoths et les musulmans. En 1262, Alphonse X reprit Cadix des mains de ceux qui y avaient prospéré durant 500 ans.

La ville joua, deux siècles plus tard, un rôle important dans la conquête des Amériques. C'est d'ici que Colomb entreprit son second voyage pour le Nouveau Monde, en 1493. À la fin du XVIe siècle, les Anglais s'emparèrent de ce port qui ouvrait les voies de l'Amérique. Ce n'est qu'au XVIIIe siècle que Cadix connut vraiment son apogée. Son commerce avec le Nouveau Monde était florissant et sa réputation avait franchi bien des frontières. Napoléon décida de s'en emparer et l'occupa. Cadix devint alors la capitale de l'Espagne envahie.

Bien plus tard, durant la guerre civile, la ville résista vaillamment aux franquistes et consolida sa réputation libérale.

Arriver – Quitter

En train

▒ **Gare RENFE** (plan D3) : plaza de Sevilla et av. del Puerto. ☎ 956-25-43-01. Consigne.

➢ Trains depuis et vers **Jerez de la Frontera, Séville, Madrid, Barcelone.**
➢ **De/vers Málaga et Grenade,** changement à Bodadilla.

En bus

▦ **Gare routière de la compañía Comes** (plan D1) : plaza de la Hispanidad, 1. ☎ 956-80-70-59. ● www.tgcomes.es ●
➢ Bus depuis et vers **Tarifa** (5 liaisons par jour, de 6 h 45 à 18 h 30), **Jerez** (10 liaisons par jour, de 7 h à 22 h), **Algésiras** (12 liaisons par jour), **Murcie** (2 par jour), **Almería** (1 départ vers 14 h), **Cordoue** (2 par jour), **Séville** (10 liaisons par jour, de 7 h à 21 h), **Málaga** (4 liaisons par jour), **Arcos** (5 liaisons par jour), **Grenade** (2 le matin et 2 l'après-midi) et **Ronda** (2 liaisons par jour).

▦ **Gare routière de la compañía Los Amarillos** (plan C2) : av. Ramón de Carranza, 31. ☎ 956-28-58-52. ● www.losamarillos.es ● Ouvert de 10 h à 14 h et de 17 h à 20 h 30.
➢ Cette compagnie dessert surtout la **province de Cadix** : **Puerto de Santa María, Sanlúcar, Chipiona** (10 liaisons), **Arcos** (5 liaisons) et les différents villages de la province. Si les guichets sont fermés, achetez vos tickets auprès du chauffeur.

En bateau

➢ **De/vers El Puerto de Santa María :** El Vapor, ☎ 956-85-59-06 et 629-46-80-14 (portable). ● www.vapordeelpuerto.com ● Départs et arrivées du port de Cadix (embarcadère du vaporcito ; plan D1-2, **3**). Cinq allers-retours par jour de 10 h à 18 h 30 ; retour de 9 h à 17 h 30 ; 3 € par personne et par trajet (4 € l'aller-retour). Belle balade de 40 mn dans le golfe de Cadix, toujours plus intéressante que la 4-voies. Le ticket s'achète directement à l'embarquement auprès de l'équipage. Pour les pressés, un hydroglisseur. Liaisons plus fréquentes mais c'est plus cher.

⛴ **Gare maritime Trasmediterránea** (plan D2, **1**) : ☎ 902-45-46-45 (appel gratuit). ● www.trasmediterranea.es ●
– Départ pour **les Canaries** tous les mardis à 18 h. Arrivée à Santa Cruz de Tenerife, Las Palmas le jeudi et à Santa Cruz de la Palma le vendredi. On

peut se procurer les tickets aux guichets de *Trasmediterranea* (ouvert de 9 h à 14 h et de 17 h à 19 h) et dans les agences de voyages traditionnelles. Évidemment, les prix sont plus abordables lorsqu'on occupe une cabine quadruple.

■ *Euro-Mer :* en France, 5-7, quai de Sauvages – CS 10024, 34078 Montpellier Cedex 3. ☎ 04-67-65-95-11 ou 04-67-65-67-30. Fax : 04-67-65-77-57. ● www.euromer. net ● Traversées en ferry depuis Cadix vers les îles Canaries (Tenerife, Santa Cruz de Palma, Las Palmas). Départs tous les mardis soir à 18 h. Navires confortables, restaurant, cafétéria, bars...

Adresses utiles

Infos touristiques

🛈 *Office municipal de tourisme* (plan C2) : plaza San Juan de Dios, 11, 11005. ☎ 956-24-10-01. ● www. cadizayto.es ● Ouvert du lundi au vendredi de 9 h à 14 h et de 16 h à 19 h ; le week-end, accueil au kiosque en face, de 10 h à 13 h 30 puis de 16 h à 18 h 30. Accueil courtois, de bonnes infos.

🛈 *Office provincial de tourisme* (plan C2) : av. Ramon de Carranza ou c/ Nueva. ☎ 956-25-86-46. ● www.cadizturismo.com ● www.guia decadiz.com ● Ouvert du lundi au vendredi de 9 h à 19 h et le week-end de 10 h à 13 h 30. Moins bien que le précédent.

Poste et télécommunications

✉ *Poste* (plan C2) : plaza de las Flores (de son vrai nom : plaza Topete).

@ *Enred@2* (plan C1, 5) : Isabel la Católica. Ouvert de 11 h à 23 h.

CADIX

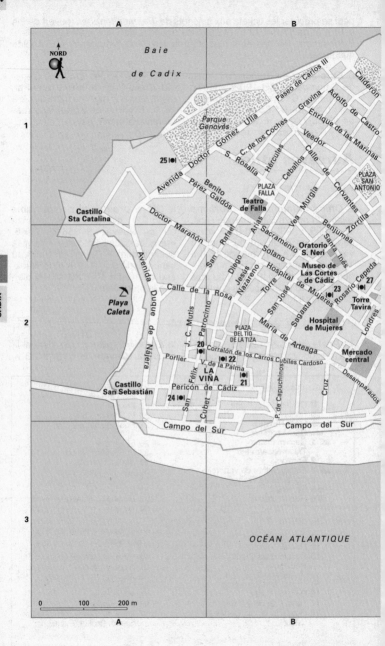

CADIX

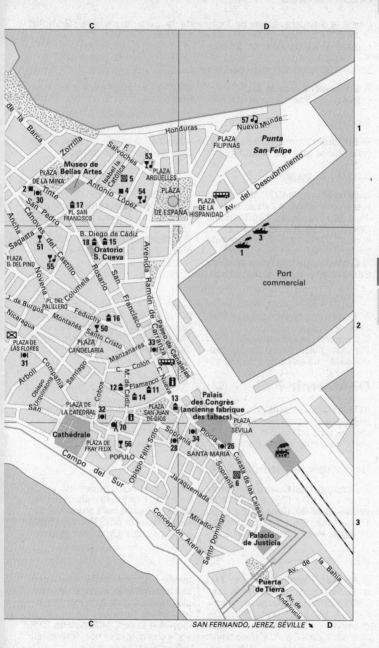

C   **D**

Punta
San Felipe

57   Nuevo Munde

Honduras

PLAZA
FILIPINAS

Zorrilla

Salvoches

de la Barca

F.

53

Isabel la
Católica

PLAZA
ARGÜELLES

Museo de
Bellas Artes

PLAZA
DE LA MINA

Antonio López

5

Tinte

2

30

54

Av. del Descubrimiento

San Pedro

17

4

PL. SAN
FRANCISCO

PLAZA
DE ESPAÑA

PLAZA
DE LA
HISPANIDAD

Cánovas del Castillo

B. Diego de Cádiz

18   15

Sagasta

51

Oratorio
S. Cueva

3

Ancha

PLAZA
G. DEL PINO

55

1

Port
commercial

Novena

Rosario

Avenida Ramón de Carranza

Paseo de Canalejas

CADIX

J. de Burgos

PL. DEL
PALILLERO

Columela

Feduchy

16

2

Nicaragua

Montañés

San Francisco

PLAZA DE
LAS FLORES

Santo Cristo

PLAZA
CANDELARIA

33

31

Manzanares

Colón

C. Nueva

Arboli

Compañia

Santiago

M. de Cádiz

Flamenco

Obispo
Surquincuona

12

14

11

San

Cobos

PLAZA DE
LA CATEDRAL

32

13

Palais
des Congrès
(ancienne fabrique
des tabacs)

PLAZA
SAN JUAN
DE DIOS

PLAZA
SEVILLA

70

Cathédrale

PLAZA DE
FRAY FELIX

56

POPULO

Obispo Félix Soto

Sopranis

Plocia

34

26

28

Campo del Sur

SANTA MARÍA

Jaraquemada

Sopranis

Cuesta de las Calesas

6

Mirador

Concepción Arenal

Santo Domingo

Palacio
de Justicia

Puerta
de Tierra

Av. de la Bahía

Av. de Andalucía

C   *SAN FERNANDO, JEREZ, SÉVILLE*   **D**

CADIX

Fermé le dimanche. Moins de 3 €/h. **@ Red Netcenter** *(plan D3, 6)* : cuestas de las Calesas, 43. En face de la gare ferroviaire. Compter 1,80 €/h.

Représentation diplomatique

■ **Consulat de France** *(plan C1, 4)* : c/ Real, 251, San Fernando. ☎ 956-88-97-35. ● consulfrance_cadix@hotmail.com ●

Banques

■ **Banques :** nombreuses sur la calle Nueva *(plan C2)* à partir de la plaza San Juan de Dios, ainsi que calle San Francisco *(plan C2)*.

Santé, urgences

■ **Farmacia** *(plan C1, 2)* : sur la plaza de la Mina, à l'angle de San José et Enrique de Las Marinas. Ouvert en semaine de 9 h à 13 h 30 et de 17 h 45 à 21 h, et le samedi de 9 h à 13 h 30.
■ **Croix-Rouge** *(hors plan par D3)* : Santa María de la Soledad, 10. ☎ 956-25-42-70 et 956-07-30-00.
■ **Police nationale** *(hors plan par D3)* : av. Andalucía, 28. ☎ 956-28-61-11.
■ **Police locale** *(hors plan par D3)* : plaza Elio, dans la nouvelle ville. ☎ 092.

Transports

■ **Taxis :** ☎ 956-22-15-03 et 956-21-21-21.
■ **Location de voitures** *(plan D3)* : Europcar, plaza Sevilla ; sur la gauche de la gare en sortant. ☎ 956-28-05-07 et 650-45-31-24 (portable). Ouvert du lundi au vendredi de 8 h à 14 h et de 16 h 30 à 20 h, et le samedi de 9 h à 14 h.

Où dormir ?

ATTENTION, les pensions qui suivent ne prennent aucune réservation par téléphone et encore moins par courrier. Il faut y passer avec son bagage et y aller au petit bonheur la chance. Toutes les adresses sont situées dans la vieille ville, autour de la plaza San Juan de Dios *(plan C2-3)*.

Bon marché (moins de 30 €)

🛏 **Pensión Las Cuatro Naciones** *(plan C2, 13)* : Plocia, 3, 11005. ☎ 956-25-55-39. Congés : du 1er au 15 octobre. En plein centre. Au 1er étage. Passer le matin pour réserver. Chambres doubles qui culminent à 30 € en haute saison, pas des plus spacieuses mais propres et correctes pour le prix. Pour quelques jours, pas plus. On paye à l'avance.

Prix moyens (de 30 à 45 €)

🛏 **Pensión Fantoni** *(plan C2, 11)* : c/ Flamenco, 5, 11005. ☎ et fax : 956-28-27-04. ● www.hostalfantoni. net ● À 100 m du port. En saison, chambres de 35 à 45 € avec lavabo et à partir de 42 à 70 € avec bains. Chambres bien tenues, surtout celles du 2e étage, rénovées, avec salle de bains et AC. Pension gérée en famille ; accueil malheureusement pas très agréable. Rapidement complet. Beaucoup de fleurs et de plantes. Petite terrasse. En basse et moyenne saison, réduction de 10 % sur la chambre pour nos lecteurs, sur présentation de ce guide.
🛏 **Hostal Colón** *(plan C2, 12)* : c/ Marqués de Cádiz, 6, 11005. ☎ et

fax : 956-28-53-51. Dans un dédale de petites rues derrière l'*archivo municipal.* Neuf chambres doubles ou triples avec lavabo (bains à l'extérieur), propres et spacieuses, entre 36 et 60 € selon la saison. Petite pension très propre. Préférez celle du 3e étage avec une terrasse. Accueil Dr Jekill ou Mr Hyde, ça dépend du perroquet. Boulangerie en face.

🏠 **Hostal San Francisco** *(plan C2, 15) :* c/ San Francisco, 12, 11004. ☎ 956-22-18-42. De 31 € la double sans bains hors saison à 48 € avec bains en haute saison. Propre, avec son hall carrelé et ses ferronneries. Mieux vaut choisir des chambres aux étages, moins bruyantes, car l'hôtel est sur une rue très commerçante. Location de vélos.

🏠 **Hostal Marqués** *(plan C2, 14) :* c/ Marqués de Cádiz, 1, 11005. ☎ 956-28-58-54. Chambres avec lavabo de 30 à 40 € selon la saison ;

un peu chères mais correctes. Et pour 40 à 50 €, des chambres avec bains, à éviter car la différence de prix ne vaut pas la peine. Propre. En somme, on arrive, on dort, on se lave et on s'en va. Voilà, c'est tout. L'accueil est jovial.

🏠 **Pensión Cádiz** *(plan C2, 16) :* c/ Feduchy, 20 bis, 11005. ☎ 956-28-58-01. Réception au 1er étage. Chambres doubles sans bains à 32 € en basse saison, 40 € en haute saison ; respectivement 40 et 50 € avec bains. Le hall d'entrée vaut le déplacement : patio intérieur ancien avec verrière, élevé sur 3 étages. En revanche, l'immeuble a l'air abandonné, les chambres sont banales et sombres, certaines avec fenêtre donnant sur... le couloir. Globalement un peu bruyant et assez mal entretenu. Accueil pas formidable. N'accepte pas les cartes de paiement. Le moins bon choix dans cette catégorie.

Un peu plus chic (de 45 à 72 €)

🏠 **Hotel Francia y Paris** *(plan C1, 17) :* plaza San Francisco, 6, 11004. ☎ 956-21-23-19. Fax : 956-22-24-31. ● www.hotelfrancia.com ● Chambres de 65 à 85 € selon la saison, avec bains, w.-c., TV et AC ; petit dej'-buffet à 6 €, correct sans plus. Au cœur du vieux quartier. Très classique, en fait plutôt une adresse

d'affaires. Certaines chambres donnent sur une mignonne place entourée d'orangers. On peut presque cueillir les fruits de la fenêtre... mais aussi profiter des fiestas de la place : préférez donc les autres chambres. Attention à la hausse des prix, régulière. Accueil pro mais sans âme. Cher pour la qualité des prestations.

Plus chic (plus de 80 €)

🏠 **Hospedería Las Cortés de Cádiz** *(plan C2, 18) :* c/ San Francisco, 9, 11004. ☎ 956-22-04-89. Fax : 956-21-26-68. ● www.hotellascortes. com ● ♿ Chambres doubles de 80 à 135 € selon la saison. Un nouvel hôtel en plein quartier commerçant. Patio monumental, fauteuils d'osier, rambardes à moulures, couleurs vives. Belles chambres tout équipées avec AC et connexion Internet.

Salles de bains un peu petites. Préférez les chambres au 3e étage, moins bruyantes. Personnel stylé. Salle de fitness, sauna et jacuzzi. Petite tour au sommet pour observer les toits de la ville. À côté, le bar à tapas-cafétéria sert de salle de petit déjeuner. Pour nos lecteurs, une remise de 10 % est accordée toute l'année sur présentation de ce guide.

Où manger ?

Dans le quartier de Viña

Notre quartier coup de cœur, celui où se concentrent toutes les *peñas* (flamencas ou non), tous les cercles, où se réunissent les aficionados d'une passion commune. Les enfants chahutent le soir sur la rue Virgen de la Palma et les plus grands dragouillent, sous le regard bienveillant d'une pâle Vierge décorée comme un arbre de Noël. Les « anciens » sirotent leur énième *fino*, et il n'est pas rare d'entendre quelqu'un pousser une complainte qui sera reprise en *siguirya* ou en *bolero*. C'est un quartier parfois un peu crapouilleux, certes, mais où peu de touristes pointent le bout de leurs tongs. Petite précaution : en Andalousie, on dit souvent qu'il n'y a que les Anglais et les chiens pour traverser la place du village à 14 h. Ce n'est pas loin d'être vrai à Viña. Un quartier à fréquenter le soir, sans modération.

Bon marché (moins de 12 €)

|●| *Taberna Casa Manteca* (plan A2, **20**) **:** corralón de los Carros, 66. ☎ 956-21-36-03. Ouvert de 12 h 30 à 16 h 30 et de 20 h à 1 h 30. Fermé le lundi. Congés : entre Noël et le Jour de l'an. José Ruiz Manteca est l'un de ces toreros qui, croisant la corne d'un taureau de trop près, décide un jour de raccrocher la muleta. À présent, il cultive ses souvenirs dans cette *taberna* traditionnelle. Et elle ne manque pas de chien, la bougresse ! Avec ses *azulejos*, ses photos de célébrités, sa TV qui aboie, ses papiers gras, ses gros tonneaux poussiéreux... on tombe rapidement sous le charme. Si José Ruiz n'est pas là, ce sera peut-être l'un de ses fils, Tomás, ou son serveur à l'accent belge, qui vous serviront un *manzanilla* ou un *fino* à 1 € accompagné d'une *tapita* sur un bout de papier sulfurisé. Ou peut-être tomberez-vous sur l'une des figures du coin du chant flamenco, Piti de Cádiz. De nombreuses figures *gaditanas*, avocats, médecins, juristes, viennent également dans ce repaire d'habitués. Parfois des soirées flamenco y sont organisées et se prolongent tard dans la nuit. Pour nos lecteurs, un digestif est offert sur présentation de ce guide.

|●| *Mesón Ca' Felipe* (plan B2, **21**) **:** Virgen de la Palma, 2. ☎ 956-22-21-25. Fermé le lundi et en octobre. Même topo que la *Casa Manteca*, mais moins incontournable et un chouia racoleur. Compter 6 € pour une *tortilla de camarones* et une *caña* (bière). Ah, on allait oublier : olives extra !

|●| *Bar La Palma* (plan B2, **22**) **:** Virgen de la Palma. Fermé le lundi. *Grosso modo*, les mêmes prix que précédemment. Là encore, une adresse bien sympathique où l'on pose le coude sur le bar, puis on commence à discutailler avec ses voisins sur les grands cadres remplis de photos-souvenirs de corridas.

|●| *Freiduría Europa* (plan B2, **23**) **:** Hospital de Mujeres, 51. Menus allant de 7 à 15 €. L'endroit pour les grosses faims. C'est le fast-food-rôtisserie, avec toujours un demi-poulet rôti que l'on agrémente d'un *surtido* de *pescadito frito* en entrée ou d'*empanadas* (chaussons fourrés à la viande). À emporter uniquement. Un peu « grassouille » mais très reconstituant.

Plus chic (plus de 24 €)

|●| *El Faro de Cádiz* (plan A2, **24**) **:** c/ San Félix, 15. ☎ 956-21-10-68. Service de 13 h à 16 h et de 20 h 30 à 23 h 30. Attention, il y a un menu, servi même le soir, à 25 € environ, qui n'est presque jamais présenté. N'hésitez pas à le demander, car il comporte une salade ou une soupe, un plat et un dessert, assorti d'un quart de vin, ce qui, tout compte fait, n'est pas si cher. Ce resto reste une référence sur la place *gaditana*. Il est donc plus sûr de réserver. L'intérieur ressemble fortement à un club anglais, avec sa vaisselle vieillotte, ses verres fumés et ses serveuses habillées en garçon, la serviette calée au millimètre près sur l'avant-bras. Un bon point, on ne pousse pas à la conso puisque l'on sert des vins au verre.

|●| *Restaurant de l'hôtel Atlántico*

(plan A1, 25) : av. Duque de Nájera, 9. ☎ 956-22-69-05. Menu de très bonne qualité à 30 €. L'hôtel de la chaîne Parador est certes classieux mais il est loin d'en être le fleuron. Le restaurant a cependant une belle vue sur la mer. Excellent service comme il se doit.

Autour de la plaza San Francisco

Bon marché (moins de 12 €)

|●| *El Fogón de Mariana (plan B2, 27) :* Sacramento, 39. ☎ 956-22-06-00. À l'angle de Rosario Cepeda. Ouvert de 12 h à 16 h et de 20 h à minuit. Petits prix à la pièce, et assortiment *(asado especial)* à partir de 12 €. Un petit bar comme on les aime. Foultitude de jambons accrochés au plafond, *embutidos* à volonté, bref, le royaume de la barbaque et l'on ne s'en plaindra pas, car le régime *pescadito frito,* à force, ça porte un peu sur le système. *Solomillo de ternera, asado especial* (un échantillonnage) avec une jarre de vin. Pour ceux qui seraient effrayés par un tel programme, il y a aussi de petits *montaditos* plus raisonnables. |●| *Mesón Miguel Angel (plan C1, 30) :* plaza de la Mina, 1. ☎ 956-21-35-00. Ouvert tous les jours. Menu à 10 €. Bar en longueur, avec dans le fond une salle garnie de tables en bois. Possibilité de manger en terrasse des tapas variées. Bien pour les fringales nocturnes mais sans plus.

Autour de la plaza de las Flores

|●| *Freiduría de las Flores (plan C2, 31) :* plaza de las Flores. ☎ 956-22-61-12. Ouvert tous les jours jusqu'à 1 h. Poisson frit, mollusques et autres crevettes au kilo ou en portion (entre 2 et 3 €), à manger dehors sur la terrasse de préférence, vu la déco. On s'en met plein les doigts, les fesses posées éventuellement sur l'un des bancs de la magnifique « place des Fleurs ». |●| *Bar Terraza (plan C2, 32) :* plaza de la Catedral. Ouvert midi et soir. Fermé le dimanche. Tapas vraiment excellentes, qu'on déguste en terrasse, sur la grande place de la cathédrale où les mômes jouent au foot le soir. Atmosphère très espagnole. Un peu pousse-conso.

Près du port

Bon marché (moins de 12 €)

|●| *Bar La Rambla (plan C3, 28) :* c/ Sopranis, 11. Salle banale carrelée où se serrent à midi les ouvriers qui travaillent dans le coin. Longue liste de tapas (plus de 75) au tableau lumineux ou suggestions du jour placardées dans tous les coins. Ne ratez pas les piments du patron, le *gazpacho,* les *sepie a la plancha* dans leur encre et les *chipirones fritas.* Une curiosité : les *ortiguillas,* des anémones de mer que l'on fait frire. Service souriant et addition modérée. |●| *Marisquería Joselito (plan C2, 33) :* c/ San Francisco, 38 bis. Également une 2e enseigne sur le port, 10 m derrière. ☎ 956-26-65-48. Fermé le dimanche soir. À partir de 9 € la portion. Premier menu à 18 €. Spécialités de fruits de mer et poisson. L'endroit ne paie pas de mine (il peut être assez bruyant), mais les *calamares* et les *boquerones* sont excellents. Apéritif maison offert à nos lecteurs sur présentation de ce guide.

CADIX

Prix moyens (de 12 à 24 €)

El Ajibe (plan D3, *26*) **:** c/ Plocia, 25. ☎ 956-26-66-56. Fermé le dimanche soir. Menu tapas (3 + un verre) à 6 €. Un resto-bar à tapas, à la déco qui renouvelle le genre de façon inventive. Chaque *ración* est une véritable composition gastronomique en soi. On a vraiment été bluffé par les *choquitos de la Bahia con arroz blanco* ou les *tortillas de camarones* et au final un fromage de chèvre aux oignons avec miel. À ce niveau de qualité, les tapas reçoivent leurs lettres de noblesse culinaire. Déco plaisante mais sans ostentation.

Achuri (plan D3, *34*) **:** c/ Plocia, 15. ☎ 956-25-36-13. Fermé le dimanche, lundi, mardi et mercredi soir. Resto tout en mosaïque vert épinard. Son nom vient d'un quartier de Bilbao. Une partie bar pour déguster des tapas et une salle de resto tout en longueur pour s'asseoir et profiter d'une cuisine inventive et pas trop chère, aux accents basques. Les suggestions du jour sont écrites sur les vitres. On a aimé les artichauts au jambon fumé, les *almejas* (coques) à la sauce verte persillée et les étonnants ris de veau grillés, pommes allumettes. Service souriant.

Où boire un verre ? Où sortir ?

Autour de la plaza San Francisco

Comme un peu partout en Espagne, les jeunes s'achètent des bouteilles dans les débits de boissons et vont siroter le tout avec quelques copains sur la place San Francisco : c'est le *botellón*. Les étudiants plus en fonds, eux, se replient sur les nombreux *bars de copas* qui pullulent dans le centre historique.

Taberna La Manzanilla (plan C2, *50*) **:** c/ Feduchy, 19. ☎ 956-28-54-01. Le week-end, fermé le soir. Difficile de trouver plus local et plus authentique. On y sert (évidemment) toutes sortes de jerez, à partir de 1 € le verre. Nombreux *olorosos, amontadilladas, finas* et *viejas*. On peut même y acheter du vinaigre de Sanlúcar de Barrameda ou faire réparer son tonneau. À bon entendeur...

Woodstock Bar (plan C2, *51*) **:** à l'angle de Sagasta et de Canovas del Castillo. Compter autour de 3 € pour une pinte. Solide bar irlandais où quelques groupes viennent parfois faire pleurer leur biniou. Clientèle étudiante, atmosphère chaleureuse et festive.

Sala Central Lechera (plan C1, *53*) **:** plaza de Argüelles. ☎ 956-22-06-28. Dans ce centre culturel, nombreux concerts (en général, les jeudi, vendredi et samedi soir) pour une entrée dépassant rarement les 6 €. C'est la salle alternative du quartier.

Bon, quand on dit « alternative », Berlin et Cadix, c'est 2 poids, 2 mesures...

Club Ajo (Pop Art ; plan C1, *54*) **:** plaza de España. Difficile à trouver, car l'entrée n'est pas indiquée. Repérez donc le *centro médico de la Bahia de Cádiz*. De part et d'autre de l'enseigne, 2 grilles en fer forgé blanc. Visez celle de droite (éclairage rouge), descendez quelques marches et vous serez dans le *Club Ajo*, sorte de MJC où de jeunes artistes locaux viennent gratouiller une guitare sèche, acoustique ou électronique.

Tribal Club (plan C2, *55*) **:** Cánovas del Castillo, 27. L'un de nos bars préférés, avec une chouette tapisserie en cuir simili poil de vache. À part ça, beaux logos en acier dépoli, quelques hologrammes laser donnent la tonalité du lieu : *drum'n'bass*, hip-hop et quelques *mixes*. À éviter avant 1 h 30-2 h.

Autour de la plaza de la Catedral

🍷 **La Favorita** *(plan C3, 56)* : c/ Mesón Nuevo, 8. Fermé le dimanche. Congés : en novembre. Petit bar coloré avec un comptoir rond en mosaïque. Petits plats à petits prix pour petites faims. Digestif offert à nos lecteurs, sur présentation de ce guide.

Vers la punta San Felipe

🎵 Plusieurs **boîtes** *(plan D1, 57)* se serrent les coudes sous les arcades de béton, face aux containers du port. Parmi d'autres, **Zona 10, Blues, Kim, Aqui te quiero, Broker** ou **Excalibur.**

Où voir et écouter du flamenco ?

🎵 **La Cava, Taverna flamenca** : c/ Antonio López, 16 Bajo. ☎ 956-21-18-66. Ouvert les mardi, jeudi et samedi. Spectacle à 21 h pour 22 € avec un verre, 36 € avec repas. Assez touristique, et cher.
🎵 **Peña La perla de Cadiz :** c/ Carlos Ollero. ☎ 956-25-91-01. Artistes locaux.
🎵 **Peña Juanito Villar :** puerta de la Caleta. ☎ 956-22-52-90.
🎵 **Peña Enrique El Mellizo :** plaza Filipinas. ☎ 956-22-19-85.

À voir

Si vous n'avez pas beaucoup de temps, vous vous contenterez d'une balade dans les vieux quartiers de la ville, la partie la plus intéressante de Cadix. Quelques immeubles anciens ont pas mal de cachet.

🎭 **Torre Tavira** *(cámara oscura ; plan B2)* : c/ Sacramento, angle de Marqués del Real Tesoro. ☎ 956-21-29-10. ● www.torretavira.com ● Ouvert tous les jours de 10 h à 18 h (20 h de juin à septembre). Fermé les 25 décembre et 1er janvier. Entrée : 3,50 € ; réductions.
Cette haute tour baroque (l'une des plus vieilles de Cadix) abrite une ingénieuse chambre noire, au dernier étage. Un effet d'optique permet une vue complète et panoramique de la ville, projetée sur un écran parabolique blanc. Il paraît que l'on doit le procédé à Léonard de Vinci. Les mauvaises langues disent même qu'il n'a jamais rencontré la « Joconde » et qu'il l'aurait « matée » en cachette depuis sa tour ! Un guide commente l'histoire de Cadix au travers de ses monuments (parfois en français). Accès limité à 20 personnes et visite toutes les 30 mn. S'il y a trop de monde, rabattez-vous sur la terrasse tout en haut, d'où la vue est absolument superbe. Également des expos artistiques dans d'autres salles, ainsi que des projections vidéo (reportages sur la région) et un ordinateur interactif donnant des infos sur la province et ses villages blancs... Une belle initiative culturelle, entre patrimoine et modernité. Certainement la visite la plus intéressante de la ville.

🎭 **Catedral** *(la cathédrale ; plan C2-3)* : plaza de la Catedral. ☎ 956-28-61-54. Ouvert du mardi au vendredi de 10 h à 13 h 30 et de 16 h 30 à 19 h (18 h 15 les mercredi et vendredi). Entrée à 4 €. Chaque jour rongée un peu plus par le sel, l'humidité et le temps, mais en phase terminale de restauration. Commencée en 1723, elle fut achevée en 1853. Surmonté par un immense dôme doré, l'édifice mélange sans grand bonheur des éléments Renaissance, baroques et néoclassiques. Large façade pompeuse, imposante. À l'intérieur, on notera un *Christ* de Juan de Arce et une *Vierge endormie* de Zurbarán. Dans la crypte reposent les restes du célèbre compositeur Manuel de Falla.

On peut accéder à la tour du clocher (*Torre de Poniente* ; ouvert tous les jours de 10 h à 18 h, et même 20 h de mi-juin à mi-septembre) et suivre un guide dont le commentaire retrace l'histoire de Cadix au moment de sa plus grande prospérité. Entrée : 3,50 € ; réductions. Départ toutes les 30 mn.

– À 50 m sur la droite de l'édifice, petit ***museo catedralicio*** composé de 3 maisons. Ouvert du mardi au vendredi de 10 h à 13 h 30 et de 16 h 30 à 19 h. Le samedi, ouvert uniquement le matin. Entrée : 3 €. Musée d'objets religieux agrémenté d'un joli patio mudéjar.

– Derrière la cathédrale, en bord de mer, les ruines d'un grand *théâtre romain* récemment mises au jour. Ouvert tous les jours de 10 h à 14 h, entrée gratuite.

🍴 Entre la cathédrale et la plaza San Juan de Dios s'étend un ***vieux quartier*** sympathique et populaire aux maisons fleuries, aux patios décorés... En empruntant la calle San Martín, on note une belle façade baroque avec balcon.

🍴 ***Casa del Almirante*** *(plan C2-3, 70) :* sur la place du même nom. Un joli petit palais baroque, un peu rongé peut-être mais qui, à l'époque, avec son portail de marbre de Gênes, a dû valoir une belle dose de fierté à son proprio... dont tout le monde a oublié le nom par ailleurs.

🍴 ***Oratorio de la Santa Cueva*** *(plan C2) :* c/ Rosario, juste à gauche du n° 10 D. ☎ 956-22-22-62. Ouvert du mardi au vendredi de 10 h à 13 h et de 16 h 30 à 19 h 30. C'est au sous-sol qu'on trouve cette chapelle du XVIIIe siècle. On y découvre notamment des œuvres de Goya et Cavallini réalisées sous le dôme de la coupole. Entre autres, une *Cène* et la *Multiplication des pains*.

🍴 ***Oratorio de San Felipe Neri*** *(plan B2) :* c/ Santa Inés, 9. ☎ 956-21-16-12. Ouvert tous les jours de 10 h 30 à 13 h 30. Entrée : 1,20 €. Ce monument national et historique (inauguré en 1719) renferme une *Immaculée Conception* de Murillo. Pour les amateurs de grand art. C'est là que la Constitution du pays fut signée.

🍴 ***Museo de las Cortés de Cadiz*** *(plan B2) :* c/ Santa Inés, 9. ☎ 956-22-17-88. Ouvert du lundi au vendredi de 9 h à 13 h et de 17 h (16 h en hiver) à 19 h, et les samedi et dimanche matin. Gratuit. Maquette superbe de la ville, réalisée au XVIIIe siècle. Tableaux et documents divers concernant la cité. Surtout pour les spécialistes d'histoire espagnole.

🍴 ***Museo de Bellas Artes*** *(le musée des Beaux-Arts ; plan C1) :* plaza de Mina. ☎ 956-22-42-65. Ouvert de 9 h (14 h 30 le mardi) à 20 h 30 (ferme à 14 h 30 le dimanche) ; fermé le lundi. Gratuit pour les ressortissants de l'UE. Ce petit musée très moderne et bien éclairé présente au rez-de-chaussée des pièces d'archéologie et des statues issues des époques phénicienne, carthaginoise et romaine (colossale statue de Trajan). Cadix s'appelait alors *Gadir*. Les coquins repéreront les petites amulettes phalliques liées aux rites de fertilité. À l'étage, salles consacrées à la peinture espagnole contemporaine (quelques toiles du paysagiste Carlos de Haes). On y voit également des œuvres de Murillo, Zurbarán (le retable de la Cartuja de Jerez), Van Eyck (un portrait de femme) et Rubens (une petite *Sainte Famille*). On s'arrêtera sur une vision gratinée des enfers du Hollandais Pickenooy avec des diables grimaçants entraînant les damnés vers les flammes éternelles. Une dernière salle expose des scènes de marionnettes.

🍴 ***Castillo San Sebastián et castillo Santa Catalina*** *(plan A1-2) :* de part et d'autre de la playa Caleta. L'accès de ces redoutes est libre. Régulièrement, des comédiens y assurent une animation en restituant par des saynètes des épisodes de l'histoire de Cadix. Il faut un bon niveau d'espagnol pour les suivre.

🔪 *Hospital de Mujeres* (l'hôpital des Femmes ; plan B2) : dans la rue homonyme. Visite tous les jours sauf le dimanche, de 10 h à 13 h 30. Moins de 1 € pour voir la jolie petite chapelle baroque. Également appelé *hospital de la Misericordia,* il est encore en activité. On peut aussi en visiter le patio.

Les plages

⊿ *La playa La Caleta,* l'unique plage de la vieille ville, se situe à l'extrémité sud-ouest de la cité, longeant l'avenue Duque de Nájera. C'est là qu'ont été tournées certaines scènes d'un James Bond, *Die Another Day,* censées se dérouler à... Cuba !

⊿ L'autre plage fréquentable se trouve dans la ville moderne, bordée d'immeubles immondes. C'est la *playa de la Victoria (hors plan par D3),* à laquelle on accède par l'avenue de Andalucía ou par le bus n° 1.

Fêtes

– *Le carnaval* de Cadix est célèbre dans toute l'Espagne. Il se déroule généralement la 2e semaine de février, à peu près 40 jours avant la Semaine sainte. Des joutes musicales animent la grisaille de l'hiver : guitares, mandolines, tambours, sifflets... Toute la population se costume et défile dans les rues. On danse, on chante, on rit tout au long de la nuit. Cela se termine souvent devant un lever de soleil en dégustant des *churros. Un momento inolvidable !*
– Début juillet et durant 3 jours, superbe *fête internationale de Danse folklorique.*

EL PUERTO DE SANTA MARÍA (11500) 77 700 hab.

Agréable petite ville portuaire située à moins de 20 mn en voiture de Cadix, et facilement accessible par la mer. On appréciera surtout ses petites rues animées, sa promenade le long du río Guadalete, ses quelques monuments... et ses *bodegas.*
Avant que cette ville devienne un port important vers l'Amérique du Sud, c'est ici que Christophe Colomb noua des relations afin de financer son voyage vers les Indes. Il y rencontra notamment le capitaine de la *Santa María,* pour le voyage de 1492.

Adresses utiles

🅸 *Office du tourisme :* c/ Luna, 22. ☎ 956-54-24-13. ● www.elpuertosm. es ● Ouvert tous les jours de 10 h à 14 h et de 18 h à 20 h (de 17 h 30 à 19 h 30 en hiver). Accueil avenant, mais mieux vaut parler la langue de Cervantes pour se faire comprendre.

🚌 *Gare routière :* les départs se font depuis la *plaza de Toros* ou à la gare RENFE. Les tickets s'achètent auprès du chauffeur. Nombreuses liaisons quotidiennes avec Cadix et Jerez avec *Los Amarillos.*
🚆 *Gare RENFE :* plaza de la Esta-

ción. ☎ 902-94-02-02. Plusieurs trains chaque jour pour Jerez, Cadix et Séville.

🛥 *Embarcadères sur le río Guadalete :* dans le centre-ville. Voir « Arriver – Quitter Cadix. En

bateau ». Pour les pressés, le catamaran *Rápido del Puerto* fait des allers-retours plus fréquents, trajet de 20 mn. Plus cher. ☎ 670-69-79-05 et 610-45-90-78 (portables).

Où dormir ? Où manger ?

Camping

⋏ *Camping Playa las Dunas :* paseo marítimo Playa la Puntilla s/n. ☎ 956-87-22-10. Fax : 956-86-01-17. ● www.lasdunascamping.com ● À 20 mn à pied environ du centre. Autour de 4 € par personne, par tente et par voiture. Plus de 1 200 places, une grosse partie bien à l'ombre de la pinède. Également des bunga-

lows. Une grande piscine. La plage juste en face n'est malheureusement pas la plus belle de la baie ; à un bon quart d'heure à pied, les playas Santa Catalina puis Fuenterrabia sont mieux. Pour les routards, 10 % de remise en basse saison, sur présentation de ce guide.

De prix moyens à chic

🛏 *Chaikana :* c/ Javier de Burgos, 17. ☎ 956-54-29-02. Fax : 956-54-29-22. Situé dans le centre-ville mais dans une rue assez calme, perpendiculaire à la promenade. Trois saisons, trois tarifs : de 44 à 64 € la double très propre avec TV et AC. Sans personnalité, déco ringarde mais service irréprochable. Parking à 200 m.

🍴 *Romerijo :* Ribera del Marisco, 1. ☎ 956-54-16-62. Sur la promenade le long du río Guadalete. Ouvert de 11 h à 23 h. *Parilladas* de crustacés au poids (autour de 16 € les 100 g). *Romerijo,* c'est LA promenade dominicale par excellence. Cette vénérable maison (une institution incontournable) emploie quelque 125 personnes, depuis le pêcheur jusqu'au chef de pub, et affiche 40 ans d'existence. On y achète au poids ses fruits de mer selon le cours du marché à d'affables serveuses, qui ébouillantent les crustacés devant vous et les emballent dans du papier sulfurisé estampillé *Romerijo.*

À déguster sous les grandes bâches de la terrasse. Le cadre n'est cependant pas extraordinaire, et la circulation lèche les tables en terrasse.

🍴 *Casa Flores :* Ribera del Río, 9. ☎ 956-54-35-12. Un peu plus loin que le *Romerijo.* Double entrée, l'autre côté berge du fleuve. Compter un bon 30 € par personne, tout dépend de votre choix. Une adresse chic et feutrée, fréquentée par le gratin local. Dotée d'une belle verrière Art nouveau dans l'entrée et d'une succession de petites salles sur le thème marin, avec azulejos aux murs. Spécialités de crustacés, on s'en doutait un peu, homards, gambas, langoustines, sans oublier le poisson comme la daurade ou la *lubina,* le loup de mer et la *urta,* tous habitués des filets des pêcheurs locaux. En saison, la perdrix a ses amateurs. On peut aussi se contenter de *raciones* (notamment de moules) plus économiques, à consommer au bar.

À voir. À faire

Pour vous faciliter la tâche, les autorités de la ville ont tracé une ligne rouge sur le trottoir. Tel un fil d'Ariane, elle vous guidera depuis l'office du tourisme vers la plupart des sites de la ville. Demandez la brochure avec l'itinéraire, mais pour l'avoir testé pour vous, on peut vous dire qu'on peut le réduire de moitié.

🦌 *Castillo de San Marcos :* ☎ 956-85-17-51. Ouvert les lundi, mercredi (12 h) et vendredi de 11 h à 14 h. Entrée : 5 €. Gratuit le mercredi. Construit au XIIIᵉ siècle, il a subi de nombreuses modifications au fil des âges. Des remparts intacts avec des créneaux et de belles frises. Plusieurs tours sur lesquelles viennent nidifier des cigognes. Exposition archéologique qui s'étend du néolithique à nos jours. Expositions de peinture.

🦌 *Bodega Osborne :* deux adresses pour la célèbre marque à la silhouette de taureau :
– *Bodega Osborne de Mora :* c/ Los Moros. ☎ 956-86-91-00. Pas loin de la plaza de Toros et dédiée aux *vinos.* Fermé le dimanche. Visite : 5 € en semaine de 10 h 30 à 13 h, et 8 € le samedi de 11 h à 12 h. Compter 30 mn de visite.
– *Bodega Osborne El Tiro :* ctra N IV 651. ☎ 956-85-42-28. ● www.osborne. es ● Y aller en voiture. Visite à 5 € du lundi au vendredi de 10 h 30 à 13 h 30. Dédiée au brandy.

🦌 *Plaza de Toros :* c/ Luna, 22. ☎ 956-54-15-78. Ouvert du mardi au dimanche de 10 h à 14 h. Entrée gratuite. Construite à la fin du XIXᵉ siècle. Avec plus de 15 000 places, c'est l'une des plus grandes arènes d'Espagne.

🦌 *Fuente de las Galeras Reales :* sur la promenade face à l'embarcadère du *vaporcito.* Construite à l'âge d'or du commerce vers l'Amérique du Sud, cette fontaine approvisionnait en eau les navires en partance pour un long voyage sur l'Atlantique.

⌔ *Les plages :* éviter la playa Puntilla, avec superbe vue sur le port industriel de Cadix. À environ 30 mn du centre-ville à pied, les *playas Santa Catalina* puis *Fuenterrabia* sont plus agréables.

AUTOUR DE CADIX

La province de Cadix arbore de beaux visages comme de beaux paysages. Il faut savoir musarder parmi les élevages de toros et les grands *cortijos* qui se protègent du regard du visiteur. Ces vastes domaines sont souvent exploités par les grandes familles espagnoles. Une fois l'œil exercé, vous pourrez reconnaître la marque des toros sur les portails des *ganaderías.*

MEDINA SIDONIA

Perchée sur une colline dominant la campagne de Grazalema où l'on trouve quelques fameux élevages de taureaux de combat, le beau village tout blanc de Medina Sidonia, déjà habité au temps des Phéniciens, fut le siège d'un concile sous les Wisigoths et prospéra à l'époque arabe, d'où son titre de Medina. Son nom fut accolé à celui de Guzmán pour former un duché parmi les plus puissants d'Espagne, et une famille prestigieuse (voir « Sanlúcar de Barrameda »).
On peut y découvrir un *site archéologique* assez étonnant, composé d'un réseau d'égouts romains des plus ingénieux. Et sur la place qui domine la ville (où se trouve l'office du tourisme), sous les ruines de l'ancien Alcázar, visiter l'*église de Santa María, la Coronada,* de style gothique avec tour-clocher baroque. Entrée payante. L'église eut le grand privilège de servir de siège épiscopal à l'évêque de Cadix, lorsque la ville fut détruite et pillée en 1473 par les Portugais (alliés aux Anglais). À l'intérieur, au maître-autel, un magnifique retable platéresque dédié à la Vierge. Et, sur un côté, deux bancs d'Inquisition de sinistre mémoire.

Où dormir ?

🏠 *Apartamentos - Casa Rural Los Balcones :* c/ La Loba, 26. ☎ 956-42-30-33. Fax : 956-41-01-27. ● www.losbalcones.net ● Au cœur du petit bourg, 7 appartements joliment meublés à 50 ou 60 € (selon la saison) avec kitchenette et salon, le tout plutôt sobre mais bien décoré. Heures de réception : 9 h-14 h et 17 h 30-21 h le mardi, et, en fin de semaine, seulement le matin. Une terrasse-solarium à partager, autour d'une verrière couvrant le patio intérieur et donnant sur les toits. Accueil réservé mais courtois. Pour nos lecteurs, 10 % de remise sur le prix de l'appartement consentie en basse saison sur présentation de ce guide.

Où boire un verre, tant qu'on est là et qu'on a soif ?

🍷 *Restaurant Mesón Machin :* à gauche du petit office du tourisme, sur la place, face à l'église. Un resto local avec quelques propositions honnêtes de viande et de gibier mais aussi une belle terrasse pour se désaltérer et pour se repaître à satiété du paysage : le regard porte jusqu'à Cadix par beau temps.

ARCOS DE LA FRONTERA   (11630) ·   27 000 hab.

À 33 km à l'est de Jerez de la Frontera. Superbe village andalou perché sur un promontoire rocheux, surplombant le río Guadalete. Une vraie halte plaisir. Presque toutes nos adresses se concentrent dans la partie haute du village, la plus ancienne et la plus belle. Attention, en haute saison, circulation en voiture quasi impossible. Laisser la voiture au bas de la colline.

Adresses utiles

🗓 *Office du tourisme :* plaza del Cabildo. ☎ 956-70-22-64. ● www.ayuntamientoarcos.org ● En haut du village. Ouvert de 10 h à 14 h et de 16 h à 20 h (de 15 h 30 à 19 h 30 en hiver). Fermé le dimanche après-midi. Un peu mollasson. Un plan du bourg tout de même.

🚌 *Gare routière :* c/ de los Alcades. À l'entrée de la ville. Deux compagnies desservent Jerez, Cadix, Séville, Marbella, Málaga et d'autres villes dans les environs. *Bus Comes,* ☎ 956-70-20-15, et *Bus Los Amarillos,* ☎ 956-70-49-77.

Où dormir ?

Éviter le camping, situé très loin du centre d'Arcos. Le centre du village n'est pas des plus abordables. On se consolera avec le cadre.

Prix moyens (de 30 à 45 €)

🏠 *Hostal San Marcos :* c/ Marqués de Torresoto, 6. ☎ 956-70-07-21 et 653-79-73-22 (portable). Pension dans une ruelle du vieux centre, à 2 mn de la plaza de Cabildo où, d'ailleurs, vous pourrez vous garer. Compter de 35 à 45 € la chambre double ou triple avec ou sans bains en haute saison. Quatre chambres seulement, hyper-propres mais au charme limité. La plus spacieuse, la « Piano », dispose d'un... piano. Évitez celle qui donne sur le couloir. Barresto correct au rez-de-chaussée pour le petit dej'. Terrasse tout en haut. Accueil irrégulier.

🛏 *Mesón El Patio :* callejón de las Monjas, 6. ☎ 956-70-23-02 et 605-83-33-95 (portable). ● www.mesonel patio.com ● Dans une ruelle de la vieille ville qui longe l'église Santa María, juste sous l'arc-boutant qui enjambe la ruelle. Compter de 30 à 40 € la chambre double et 70 € pour un appartement de 4 personnes. Pension de 6 chambres petites, propres, avec ou sans bains. La n° 4, très petite, possède une charmante terrasse donnant sur les toits moussus et la campagne. Des 2 appartements, vue exceptionnelle également. Nickel. Le proprio tient le salon de coiffure du rez-de-chaussée (à côté duquel il a aménagé un restaurant). Si c'est le moment de la tonte, pourquoi ne pas en profiter ? Accueil un peu aléatoire cependant.

Un peu plus chic (de 45 à 72 €)

🛏 *La Casa Grande :* c/ Maldonado, 10. ☎ 956-70-39-30. Fax : 956-71-70-95. ● www.lacasagrande.net ● Fermé du 7 janvier au 8 février. Sept chambres et un appart'. Autour de 75 € pour une double d'un excellent confort, plus cher sur la terrasse. Petit dej' à 8,50 €. Grande maison seigneuriale du XVIIIe siècle, aménagée de façon à restituer toute la majesté des demeures de cette époque : colonnes de pierre, sols carrelés, tapis artisanaux, poutres massives, meubles anciens. Salon accueillant avec bibliothèque (il y a même d'antiques *Guides du routard* !). Au sommet, magnifique terrasse avec vue époustouflante sur les environs. On peut y observer le vol des oiseaux d'en haut, ce qui est plutôt inhabituel. Sens de l'hospitalité très aigu. Il est fortement recommandé de réserver longtemps à l'avance, l'adresse est très demandée. Bar à tapas. L'apéritif maison et les olives seront offerts à votre arrivée, sur présentation de ce guide.

🛏 *Hotel Marqués de Torresoto :* c/ Marqués de Torresoto, 4. ☎ 956-70-07-17. Fax : 956-70-42-05. ● www. hmdetorresoto.com ● Du petit luxe encore abordable : autour de 55 € la chambre double sans le petit dej' ; de 65 à 100 € lors de la Semaine sainte, de la feria et à Noël. En dortoir, compter 18 €. Dans l'ancienne demeure du XVIIe siècle du marquis de Torresoto. Élégant patio à arcade et chambres très soignées, à la taille et au confort parfaits, donnant sur le patio justement, ou sur la rue. Éviter les chambres au rez-de-chaussée, pas des plus claires. Fait également resto, mais cuisine particulièrement médiocre. Apéritif maison et 10 % de remise toute l'année (sauf en juillet-août) offerts à nos lecteurs sur présentation de ce guide.

🛏 *Hotel El Convento :* c/ Maldonado, 2. ☎ 956-70-23-33. Fax : 956-70-41-28. ● www.webdearcos.com/el convento ● Après la plaza del Cabildo. Congés : 15 jours en janvier. Nuitée en dortoir à 18 €. Les doubles vont de 60 à 65 € selon la saison ; ajouter 20 € pour le balcon avec vue sur la vallée, et 6 € pour le petit dej'. Petit hôtel de 11 chambres seulement, propre et de bon confort : AC, TV câblée, téléphone. Décoration d'inspiration légèrement mauresque et terrasse sur le toit. Accueil familial et cordial. Dans le même genre, le propriétaire possède aussi l'hôtel *Los Olivos* à l'entrée de la ville, à côté de la poste, qui pratique des prix entre 60 et 70 € pour 2. Réduction de 10 % sur la chambre accordée à nos lecteurs en cas de paiement cash, sur présentation de ce guide.

Très chic (plus de 100 €)

🛏 *Parador Casa del Corregidor :* plaza del Cabildo. ☎ 956-70-05-00. Fax : 956-70-11-16. ● arcos@para dor.es ● Chambres doubles climatisées avec bains à 125 € ; ajouter 20 € pour la vue. Au resto, menu à partir de 27 €. Un 3-étoiles superbe, qui en mérite bien 5 ! Certaines chambres ont un balcon surplombant la falaise, mais malheureusement, on ne peut pas les réserver par téléphone. Premier arrivé, premier servi ! Les autres donnent sur la place. Petit patio arabe agréable dans les tons rose saumon, portes en fer forgé, bar avec azulejos et coin lecture. À certaines périodes de l'année, notamment l'été, 20 % de réduction si vous passez plus de 2 nuits en demi-pension. Si, malgré les diverses ristournes, vous ne pouvez vous y offrir une nuit, allez y boire un verre : 2 des tables jouxtent la grande baie vitrée (voir aussi « Où manger ? »). Panorama imposant sur la vallée du río Guadalete. En voiture, demander à la réception une autorisation pour se garer sur la place du Cabildo.

🛏 *Hacienda El Santiscal :* av. del Santiscal, 129, à Lago de Arcos. ☎ 956-70-83-13. Fax : 956-70-82-68. ● www.santiscal.com ● C'est à 4 km d'Arcos, dans la plaine : prendre l'A 382 direction Antequera puis, à la sortie du village, sur la gauche en direction d'El Bosque ; le pont franchi, suivre le fléchage *Santiscal.* Doubles entre 65 et 99 €, de 106 à 145 € pour les suites. Petit dej' en sus. Hacienda jaune et blanche du XVe siècle au bord d'un lac. Patio ombragé et fleuri recouvert d'un vélum l'été. Chambres de grand confort, climatisées, toutes différentes, meublées à l'ancienne, les plus belles avec vue sur le jardin. Salle à manger-véranda ouverte sur les alentours et menu du soir soigné autour de 25 €. Un bien bel endroit, même s'il ne procure pas le panorama qu'on a depuis Arcos. Pour nos lecteurs, un verre de cava offert à l'arrivée, sur présentation de ce guide.

Où manger ?

|●| *Bar Típico Alcavarán :* c/ Nueva, 1. ☎ 956-70-33-97. C'est la rue qui part de la plaza de Cabildo, sur la gauche de la place en regardant le clocher de l'église. Fermé le lundi et en septembre. Dans une cave voûtée en forme de T, sous l'ancien château. On s'en tire autour de 9 €. Quelques tables basses. Bonnes tapas chaudes, *salchichas piquentes, riñones al jerez, queso de cabra, pimientos rellenos,* etc. et bonne sangria. Une bonne adresse.

|●| *Hostal San Marcos :* voir « Où dormir ? ». Menu autour de 8 €. Grosse TV et éclairage au néon. Populaire.

|●| *Mesón Los Murales :* plaza Boticas, 1. ☎ 956-70-06-07. Derrière l'église. Fermé le jeudi. Congés : en janvier et février. Menu autour de 8 €, un peu trop touristique à notre goût, mais bon et reconstituant. Classique.

|●| *Restaurant El Convento :* Marqués de Torresoto, 7. ☎ 956-70-32-22. ♿ Mêmes propriétaires que l'hôtel du même nom. Congés : une semaine en juillet. Compter 30 € à la carte, mais sachez que les prix sont affichés sans IVA. Une maison qui jouit d'une bonne réputation locale, sa patronne alignant les récompenses. Décor ancien du XVIIe siècle, patio à colonnades, quelques natures mortes aux murs. Cela dit, sans être usurpée, cette renommée nécessite un recadrage : il ne s'agit pas de gastronomie comme on pouvait s'y attendre mais bien d'une honnête cuisine de recettes locales puisant dans la tradition régionale, solides et bien tournées mais sans inventivité. Partant de ce constat et au vu du contenu des assiettes, on trouve quand même les prix un peu surfaits. Desserts maison. Vins du mois en promo.

|●| *Resto du parador Casa del Corregidor :* voir « Où dormir ? Très chic ». Très bonne cuisine dans ce resto aussi classe que l'hôtel. Serveuses en costume traditionnel.

|●| Avis aux gourmands, on achète de bons gâteaux à la *Mercedarías Descalzas,* plaza de Boticas, 2. Située dans le couvent. Pas mal de choix.

À voir

À l'inventaire, pas tellement de monuments ou de lieux à visiter. Reste la situation privilégiée de la ville haute et le plaisir d'en arpenter les rues, à la découverte des maisons-palais.

Plaza del Cabildo : tout en haut de la ville haute, offrant une vue magnifique sur la plaine en contrebas. Sur la place, le parador et la *basílica Santa María de la Asunción,* de style plateresque. Clocher carré, agrémenté de balcons et d'éléments baroques. Ouvert tous les jours de 10 h à 18 h sauf les jours fériés. Entrée : 1 € ; réductions. À l'intérieur, retable Renaissance, belles voûtes et lourdes colonnes affinées de cannelures et nervures, chapelle et chœur dégoulinant de dorures. Énorme peinture représentant saint Christophe.

Ciudad vieja *(la vieille ville) :* découvrez à pied les petites ruelles autour de la plaza de España. Vous y trouverez des maisons médiévales avec des patios mystérieux, des arches superbes... et une vie douce et agréable.

LA SIERRA DE GRAZALEMA ET LES VILLAGES BLANCS AUTOUR DE RONDA

À cheval sur les provinces de Málaga et de Cadix, le parc naturel de la Sierra de Grazalema, qui totalise plus de 50 000 hectares, a été classé en 1977 par l'Unesco au titre de réserve de la biosphère. Sa flore est constituée de chênes-lièges et d'une espèce unique de pin. C'est le pinsapo, un fossile vivant unique en Europe. L'*Abies Pinsapo Boiss* (son vrai nom au registre d'état civil des botanistes) se développe à plus de 1 000 m d'altitude et descend tout droit de l'ère tertiaire. De forme pyramidale, il peut atteindre 20 m de haut et a besoin de beaucoup d'eau, ce qui tombe bien puisque la pluviométrie de la sierra est abondante et donne au paysage une coloration verdoyante, peu habituelle en Andalousie. Le bois du pinsapo sert à confectionner les guitares. Côté faune, vous aurez peut-être la chance d'apercevoir un aigle impérial ou un vautour-griffon.

Comment y aller ?

➢ Liaisons en bus uniquement : depuis Arcos de la Frontera, la *C^(ie) Los Amarillos,* ☎ 956-70-49-77, assure 4 à 5 trajets quotidiens vers El Bosque. Avec *Comes,* ☎ 956-70-20-15, liaisons intervilles dans la région, et également 5 liaisons quotidiennes de Cadiz vers Ubrique dont 1 (à 12 h 30) passe par Grazalema.

Adresse utile

Centre d'information : av. de la Diputación, à El Bosque, à l'ouest de la Sierra, soit à 18 km de Grazalema. ☎ 956-71-60-63. Toutes les infos et les itinéraires de randonnées. Guide audiovisuel sur tous les aspects du parc.

LA COSTA DE LA LUZ

SETENIL

Au nord de Ronda, à 6 km, un village un peu étrange dont le cœur est blotti dans un canyon creusé par le río Trejo. Habitations troglodytiques creusées dans le roc et dont la falaise en surplomb constitue le toit. Circulation infernale en voiture, car la largeur des ruelles n'excède que de quelques centimètres celle des rétroviseurs. Il vaut mieux se garer hors du village sous peine de devoir se payer une nouvelle peinture.

🛈 Petit *office du tourisme* qui fait aussi boutique de souvenirs près de la mairie, c/ Villa, 2. ☎ 956-13-42-61.

Où casser la croûte ?

Le choix se limite à quelques bars à tapas sous la falaise dont *La Frasquita* ou *La Tasca,* ou plus haut, en face de l'*Ayuntamiento,* avec quelques terrasses sous parasol. *La Casa Palmero* propose une honnête paella pour 2 à 14 €.

ZAHARA DE LA SIERRA

Entre Séville et Ronda (à 30 km au nord), un des plus beaux sites de la sierra del Jaral. Nid d'aigle sur un escarpement dominé par une ancienne forteresse maure, surplombant un paysage de collines verdoyantes, Zahara reflète ses maisons blanches dans les eaux turquoise d'un lac de barrage, au pied des ruines de la tour. Pour la petite histoire, après avoir été plusieurs fois pris et repris, Zahara fut l'un des derniers bastions musulmans à tomber en 1481, lors de la Reconquistá. La fête principale de Zahara a lieu début juin lors de la Fête-Dieu, avec une procession solennelle.

Adresse utile

🛈 *Office du tourisme :* sur la place principale, la plaza del Rey, 3. ☎ 956-12-31-14. ● www.zaharacatur. com ● Ouvert en été de 9 h à 14 h et de 17 h à 20 h. Zahara est aussi une base de départ de randonnées pédestres dans le parc. Itinéraires et produits locaux en vente.

Où dormir ? Où manger ?

🛏 |●| *Hotel Arco de la Villa :* c/ Nazari s/n. ☎ et fax : 956-12-32-30. ● www.tugasa.com ● Tout au bout du village, un hôtel de la chaîne *Tugasa.* Doubles à partir de 55 €. Déco fonctionnelle mais ce n'est pas cela qui compte. Tout son intérêt tient à la situation des chambres : les fenêtres donnent toutes sur le paysage du lac de barrage. Restaurant honnête en dépannage avec plats à moins de 10 €. Parking sur le toit.

|●| Quelques *petits restos touristiques* tout au long de la rue principale. Le resto-bar *Nuevo* (c/ San Juan, 10) nous a paru le plus approprié pour une halte-tapas, avec sa terrasse au pied du clocher. Pour une grosse faim, on y prépare une belle truite en croûte de gros sel.

GRAZALEMA (11610 ; 2 220 hab.)

À 33 km à l'ouest de Ronda et à 900 m d'altitude. Voici l'étape parfaite pour une journée variée. On y accède par de belles routes serpentant à travers les paysages de chênes-lièges, où les vaches paissent tranquillement. Puis, tout à coup, on tombe dans une vaste prairie verte qui ressemble très nettement à un cirque glaciaire. Le petit village et sa marée de tuiles latines se love dans le fond du cirque. Grazalema tire son nom d'une origine berbère. La tribu des Saddinas s'est installée à Grazalema pendant quelque 8 siècles et, un jour, un proche du calife (de Cordoue, évidemment) en a fait don à sa fille Zulema, sous le nom de Villa Ben Zalema. De Ben Zalema à Grazalema, il n'y avait qu'un pas !

Le petit village ne paraît pas avoir beaucoup changé depuis l'âge médiéval. Les petites rues sont mignonnes et pavées, les façades des maisons on ne peut plus blanches et les fenêtres protégées par de grosses grilles en fer forgé. Une curiosité : le long des rues vous verrez fleurir au printemps un arbre étonnant, appelé ici *árbol del amor,* qui se pare de gros bouquets de petites fleurs mauves.

Lire aussi, à côté de l'église, l'histoire picaresque d'*El Tempranillo* et de sa femme María, les *Bonnie and Clyde* locaux. Dans le même registre, on se félicitera de découvrir dans le village ces jolis panneaux de céramique historiques et didactiques mettant en scène plusieurs aspects de l'histoire et du folklore local.

Arriver – Quitter

– *Bus Los Amarillos :* ☎ 952-18-70-61 ou 952-87-22-64. ● www.losamarillos.es ● Ligne Ronda - Séville. Cinq liaisons vers Séville du lundi au vendredi, entre 7 h et 19 h. Dans l'autre sens, vers Ronda, 1er départ à 6 h et dernier à 19 h 30.

Adresses utiles

LA COSTA DE LA LUZ

🛈 *Office du tourisme :* plaza de España, 11. ☎ 956-13-22-25. Sur la place centrale. Accueil gentil, mais doc limitée. Pour les randonnées, on préfère nettement l'adresse suivante.

■ *Horizon :* c/ Agua, 5. ☎ 956-13-23-63. ● www.horizonaventura. com ● Plusieurs chemins de randonnée vous permettront de découvrir le parc naturel de la sierra de Grazalema. Il y en a 5, que l'on peut parcourir uniquement accompagné par un guide (anglophone). Ils sont classés selon la difficulté et la durée du parcours (de 4 à 6 h). Compter de 8 à 17 €. Possibilité également de faire du canyoning, de la spéléologie, du saut à l'élastique, de l'escalade ou même... du *paint-ball.*

Où dormir ? Où manger ?

Camping

⚲ *Camping Tajo Rodillo :* ☎ 956-13-20-63. À 200 m au-dessus du village, un 2-étoiles tout neuf. Ouvert de mars à fin octobre. Compter 13 € par jour pour 2 personnes avec une tente. Douches gratuites. Barbecue, snack et resto. Piscine.

De bon marché à prix moyens

🛌 ⃒●⃒ *Hostal-restaurante Casa de Las Piedras :* c/ Las Piedras, 32. ☎ et fax : 956-13-20-14. ● www.ca sadelaspiedras.net ● ⚒ Dans une ruelle qui part de la plaza de España, à gauche de la « Unicaja ». Nuitée en dortoir de 10 à 18 € et chambres doubles avec bains à 45 €. Également des apparts pour 2 à 6 personnes de 50 à 80 €. On pourra par ailleurs s'offrir le petit dej'-buffet à 5,70 €. Menu à partir de 12 € ; à la carte, compter autour de 28 €. Seul hôtel-pension du centre. Quelques dizaines de chambres impeccables, bien que dépourvues de caractère particulier. Bon resto avec nappes à carreaux sur lesquelles on vous sert de bonnes spécialités locales. Desserts décevants. Bon accueil des jeunes patrons. Pour nos lecteurs qui y résideraient, en basse saison (du 1er novembre au 26 février, hors fêtes et en juin), 10 % de réduction sur les doubles avec bains, ou bien 8 % en mars et septembre au-delà de 2 nuits, sur présentation de ce guide.

|●| *El Torreón :* Agua, 44. ☎ 956-13-23-13. Congés annuels : fin juin-début juillet. Au-dessus du bar *Zulema*. Menu à 11 € environ, comprenant entrée, plat, dessert, vin et café. Réputé parmi les habitants, correct mais sans plus.

|●| *Cadiz el Chico :* plaza de España, 8-10. ☎ 956-13-20-27. Une adresse qui cultive la cuisine traditionnelle de la sierra. Charcuteries, truite et gibier en vedette.

Plus chic

🏠 *Villa turística de Grazalema :* en arrivant dans le village, prendre à droite juste avant la station-service ; fléché. ☎ 956-30-56-11 (central de réservation). Fax : 956-30-55-59. ● www.tugasa.com ● Compter 55 € pour une chambre double. Également des appartements, jusqu'à 115 € pour 4 personnes. Une *villa turística* des plus traditionnelles, organisée comme un petit village. Établissement moderne, assez luxueux, respectant l'architecture locale. Chambres avec TV, téléphone, bains donnant sur une chouette piscine, le tout avec un panorama admirable sur le village et la vallée. Pas si cher que ça pour un confort qui, malheureusement, pèche un peu dans les finitions.

DE RONDA VERS ALGÉSIRAS PAR CASTELLAR DE LA FRONTERA

Cet itinéraire emprunte au départ de Ronda la C 341 jusqu'à Jimena de la Frontera et les confins du *parc naturel de los Alcornocales,* puis la C 3331 qui poursuit vers Castellar de la Frontera. Pour les amoureux de villages où l'on flâne au gré de son humeur. Ceux-là ne sont quasiment pas fréquentés. Impossible de vous dire lequel on préfère. Ils sont tous beaux et méritent le coup d'œil. Un tortillard traverse également les chaînes de moyennes montagnes et les vallons verdoyants de la région pour relier Ronda à Algésiras avec des arrêts à Benaoján, Jimena et Castellar (se renseigner dans les gares concernées).

CARTAJIMA

Descendre vers San Pedro de Alcántara sur 11 km environ et prendre à droite la petite route qui s'enfonce à travers les collines rocailleuses. Pour les amoureux de la tranquillité, voici un endroit où presque personne ne va. Possibilité de boucler la boucle par une charmante escapade bucolique, via Júzcar, Faraján et la route A 369.

BENAOJÁN (29370)

À seulement 10 km de Ronda par la route ou le train, et moins fréquenté. Le village, sous le promontoire rocheux de la sierra de Juan Diego, sans intérêt particulier, peut constituer une bonne retraite pour rayonner dans la région. En particulier, ne manquez pas d'aller musarder vers le nord, jusqu'à **Montejaque** et au **défilé de Mures** (870 m d'altitude). On dirait qu'un géant s'est amusé à découper la roche à coups de burin et de marteau, et qu'il a quitté précipitamment son chantier. Des blocs gigantesques gisent au pied d'un piton rocheux. Question conduite, c'est un peu olé olé, car 2 voitures ne passent pas de front.

– Sur la route de Ronda à Benaoján, ne ratez pas la **cueva de El Gato,** trou béant dans la montagne d'où surgit une rivière souterraine qui rejoint peu après le cours paisible du río Guadiaro.

Où dormir ?

Prix moyens (de 30 à 45 €)

🛏 **Albergue La Ermita :** bajada de la Estación s/n. ☎ 952-16-75-08 et 600-77-46-96 (portable). Près de la gare. Mal indiqué. À 30 m au-dessus de la « fontaine au petit train », montez les marches, c'est là. Huit chambres qui se font face autour d'un petit jardin pour 52 places en lits superposés. Confort élémentaire. Propose des activités de *turismo rural* : escalade, spéléo, VTT, etc. Se renseigner avant.

Chic (plus de 72 €)

🛏 **Molino del Santo :** bajada de la Estación s/n. ☎ 952-16-71-51. Fax : 952-16-73-27. ● www.molinodelsanto.com ● En bas du village. Congés annuels : de novembre à février. À partir de 80 € la chambre double en basse saison (en février, par exemple), jusqu'à 120 € en haute saison ; réductions à discuter pour une semaine complète. Petit dej' à 10 €. Au bord du río Guadiaro, très bien situé et au calme, ce charmant moulin englobe plusieurs bungalows offrant une quinzaine de chambres bien équipées, avec bains, meublées à la campagnarde. Piscine en haricot sous les saules pleureurs. Restauration de 15 à 25 €. Pour nos lecteurs, 10 % de remise sur le prix de la chambre, selon les disponibilités, sur présentation de ce guide.

Où manger ?

🍽 **Bar-Restaurante Acuario :** av. Constitución s/n. ☎ 952-16-74-19. Compter environ 6 € pour un menu complet, pain, vin et dessert compris. C'est juste un bar-restaurant comme il y en a tant dans les villages espagnols. Mais on y sert de la bonne cuisine familiale, des plats copieux et bon marché.

À voir

🎎 **Cueva de la Pileta :** sur la route de Ronda, à 4 km de Benaoján. ☎ 952-16-73-43. Visites guidées d'une heure, tous les jours de 10 h à 13 h et de 16 h à 17 h (18 h en été). Entrée : 6 €. Nombre de visiteurs limité, il vaut mieux réserver. Fabuleux : des peintures rupestres de plus de 25 000 ans d'âge ! Nombreux bisons mais aussi des taureaux, des chèvres et des poissons. On s'éclaire dans les cavernes avec des lanternes. Prévoir une petite laine.

BENADALID

Petit village de montagne à quelque 25 km de Ronda. Ses rues blanches et son cimetière planté d'imposantes tours amputées lui confèrent un charme singulier.

GAUCÍN (29480)

Encore un charmant village qui s'accroche sur une ligne de crêtes à seulement 30 mn de la côte. Sa blancheur immaculée en fait tout simplement un petit joyau. Belles rues escarpées aux façades de maisons portant encore çà et là quelques blasons. En grimpant en haut du village, on découvre les ruines d'un château romano-musulman, *el castillo de Águila*. C'est dans ce dernier que se réfugièrent bon nombre de guérilleros aux temps des guerres carlistes et contre les... Français. Quelques concerts lyriques, en été et en hiver aussi, dans la chapelle baroque de Gaucín. Belles balades à pied le long de la rivière jusqu'à *El Colmenar,* à 13 km. Possibilité également de descendre le cours du Guadiaro. Le jour de Pâques, un taureau est lâché dans les rues du village. Gare à vos fesses !

Où dormir ? Où manger ?

Le lieu se prête volontiers aux adresses de charme. De quoi regretter de ne pas être en vacances toute l'année...

🛏 |◉| *La Fructuosa :* c/ Convento, 67. ☎ 952-15-10-72 et 617-69-27-84 (portable). Fax : 952-15-15-80. ● www.lafructuosa.com ● Une poignée de chambres à 85 € avec douche ou 95 € avec jacuzzi, petit dej'-buffet compris. Au resto (uniquement le soir, et fermé hors saison), compter autour de 35 € sans le vin. Chambres spacieuses, avec TV satellite. La décoration personnalisée de chaque chambre est directement inspirée de *Casa y Campo,* le magazine de décoration intérieure de référence en Espagne. L'excellent petit dej' est servi sur l'une des 2 terrasses. En compagnie de Jesús, l'avenant Luis tient avec beaucoup de raffinement leur établissement. Restaurant aménagé dans un pressoir bicentenaire. Terrasse sur le toit pour embrasser du regard les montagnes du Maroc et le rocher de Gibraltar. Prudent de réserver. Adresse qui a beaucoup de charme et un accueil vraiment agréable. Petits veinards : 10 % de réduction sur les chambres sur présentation de votre guide et ce, toute l'année.

🛏 |◉| *Hacienda La Herriza :* ctra Gaucín, à El Colmenar 6. ☎ 951-06-82-00. Fax : 951-06-82-19. ● www.la herriza.com ● Prendre la route de Gaucín vers Jimena ; après 3 ou 4 km, tourner à droite, c'est fléché. Congés annuels : du 8 janvier au 10 février. Maisonnettes de style andalou avec hébergement pour 2 (de 90 à 110 €) à 6 personnes (de 220 à 264 €), petit déjeuner inclus. Cette *hacienda* entourée d'amandiers est située en haut d'une colline à une altitude de 626 m, juste à côté de Gaucín. Vues merveilleuses sur les montagnes, les vallées, la réserve naturelle d'Alcornocales, de magnifiques amandiers et des pins parasols. Chaque maison, peinte de différentes nuances de couleurs, se compose d'une salle de séjour et de 1 à 3 chambres doubles avec 1 ou 2 salles de bains. Équipement complet : TV, AC et déco très agréable. Piscine, VTT, randonnées et promenades à cheval. Parking gratuit. Le restaurant avec vue sur la superbe décor de végétation sert une bonne cuisine locale à prix raisonnable, de 20 à 35 €, pour un repas complet. Excellent service. Sur présentation de ce guide, nos lecteurs auront droit à l'apéritif maison ainsi que 10 % de remise pour plus de 2 nuits consécutives.

🛖 |●| *Hotel Casablanca :* c/ Teodoro de Molina, 12. ☎ 952-15-10-19. Fax : 952-15-14-95. ● www.casablanca-gaucin.com ● Restaurant fermé le lundi, ainsi qu'à midi. Compter de 140 à 160 € la chambre double (une avec jacuzzi à 200 €), petit dej' compris. Au resto, compter 40 €. Superbe petit hôtel de charme repris récemment par des Anglais. À l'entrée, lourdes portes cloutées au jambage en métal. Parmi les 9 chambres aux noms de peintres, déco-

rées avec goût et soin, l'une, de style marocain, est perchée sur une terrasse avec vue sur le village et les montagnes ; une autre, aménagée tel un petit cottage, se blottit sous la charpente. Très bon restaurant. Végétation « palmesque » ondulant au-dessus de la piscine. Adresse non-fumeurs et enfants au-dessus de 10 ans uniquement. Depuis le changement de direction, les prix ont fait un joli bond, les nouveaux proprios désirant positionner leur acquisition dans la catégorie luxe...

JIMENA DE LA FRONTERA *(11330)*

Encore un petit village authentique à quelques kilomètres seulement de l'étagement concentrationnaire des villes du littoral. Ah, qu'il fait bon respirer le calme de la nature ! Là aussi, un château au sommet de la colline sur laquelle fut construit le village, repris aux Arabes par les chrétiens au XVe siècle. Situé en bordure du *parc naturel Los Alcornocales,* c'est un excellent camp de base pour faire de bonnes balades et croiser aigles et autres bêtes à cornes. Ce parc n'est d'ailleurs pas des moindres, puisqu'il s'étend sur plusieurs centaines de kilomètres carrés. Il doit son nom aux chênes-lièges *(alcornocales)* qui y pullulent.
– En juillet, *festival de Musique andalouse* dans l'église réformée qui héberge l'*oficina de turismo.*

Adresse utile

🛈 *Office du tourisme :* en haut du village, près de l'église *Misericordia.* ☎ 956-64-05-69. Pas beaucoup

d'infos, mais un petit imprimé anglo-espagnol sur les balades à faire dans les environs.

Où dormir ? Où manger ?

Camping

⛺ |●| *Camping Los Alcornocales :* ☎ 956-64-00-60. Fax : 956-64-12-90. Environ 16 € pour 2 adultes, une tente et une voiture. Beau camping qui fait le pari de rester ouvert (dur, dur à côté du littoral surpeuplé) sur

l'un des contreforts du village, au milieu des champs fleuris. Bon accueil. Grand restaurant rustique, genre *clubhouse* de centre équestre. Piscine (payante).

De prix moyens à un peu plus chic

🛖 *Posada La Casa Grande :* Fuentenueva, 42. ☎ 956-64-05-78. Fax : 956-64-04-91. ● www.posadalacasagrande.com ● Compter 55 € la chambre double avec douche ; également

des appartements pour 2 de 60 à 75 €. Tom, un Norvégien, a quitté ses fjords pour les *cortijos,* les élevages de *toros* et cette petite maison patiemment restaurée au cœur du village. Le résultat est saisissant. Les chambres sont cosy. Les tommettes cirées à l'huile de lin (et de coude) dégagent une bonne odeur d'antan. En plus, bibliothèque, petit salon et bar dont les hôtes peuvent disposer. Accueil chaleureux. Bref, une bonne adresse. Bar à tapas à côté. Petit déjeuner offert à nos lecteurs, sur présentation de ce guide.

🏠 |●| *Hostal El Anón* : c/ Consuelo, 34. ☎ 956-64-01-13. Fax : 956-64-11-10. ● www.andalucia.com/jimena/hostalanon ● Dans une rue qui grimpe sec vers le château. Resto fermé le mercredi et 15 jours en juin et en novembre. Miser sur 60 € la double toute l'année, petit dej' inclus. Au resto, compter environ 25 € par personne à la carte, boisson comprise. Une douzaine de chambres agréablement décorées, manquant toutefois de confort pour ce prix mais avec AC. Ce qui nous plaît le plus ici ? La succession de petites terrasses à la végétation luxuriante et le bar qui distille dans toute la maison une atmosphère de convivialité. Piscine. Collection ferroviaire datant du proprio précédent. Dans ces mêmes murs chaulés, un restaurant, qui n'ouvre que le soir. Cuisine pour tous les goûts, notamment bon tagine de poulet avec semoule.

CASTELLAR DE LA FRONTERA *(11350)*

Castellar de la Frontera ! Un endroit chargé de souvenirs. En 1971, ce petit joyau andalou, construit au XIIIe siècle par les souverains nasrides de Grenade, tombait en ruine, et tous les habitants, trop à l'étroit dans leurs murailles et trop isolés par la mise sous eau de leurs terres cultivables, s'en furent à 9 km en aval pour créer le nouveau Castellar, une cité moderne bâtie au cordeau. Une poignée d'hurluberlus, surtout en provenance de Germanie, s'est venue réinvestir ce village, perché sur un éperon, dominant le lac de retenue du río Guadarranque. Ils ont bouché les trous dans les toits, repavé les ruelles et chaulé les bâtisses. Bon, on ne va tout de même pas vous faire croire que c'était une armée de terrassiers ! Quelques *full moon parties* ont bien eu lieu à Castellar, et les hippies ont pris le temps pour réaliser leurs travaux d'Hercule. Qui leur jettera la pierre ?

Le fait est que ce petit village qui se pelotonne au sein des murs de son château médiéval a infléchi son funeste destin et échappé à une mort lente. Une belle route qui sinue entre les genêts en a facilité l'accès, et 3 hôtels ont ouvert dans le cœur de cette petite perle qui n'a rien à envier aux médinas marocaines. On y respire un doux parfum de chèvrefeuille et d'oranger en arpentant des ruelles pentues bordées de quelques ateliers d'artiste. Souhaitons que cela en reste là pour préserver la magie du site. Un bon conseil, allez-y à la fraîche, quand le soleil dépose une dernière caresse sur le gris moutonneux des oliviers, quand les rainettes entament leurs palabres et qu'apparaît la ligne bleue du Rif marocain.

➤ Surtout, ne pas confondre, sur l'A 369 (direction Ronda), Nuova Castellar (dans la plaine) et Castellar de la Frontera (dans la montagne), et suivre sur 7 km les panneaux en direction de *castillo de Castellar* ou *Fortaleza medieval*.

Où dormir ? Où manger ?

De prix moyens à un peu plus chic

🏠 |●| *Casas rurales Castillo de Castellar* : ☎ 956-23-66-20. Fax : 956-64-71-13. ● www.tugasa.com ● Après avoir passé les portes du château, prendre sur la gauche, continuer tout droit, et arrivé à une fourche, prendre sur la droite ; remonter la ruelle, les *casas rurales* se trouvent quelque part sur la droite. Tarifs très alléchants pour les familles, puisque les appartements se louent à partir de 70 € pour 2 personnes et 120 € pour 4 personnes ; 15 % de plus lors de la Semaine sainte et à

Noël ; en revanche, 10 % de ristourne au-delà de 10 nuits. Il s'agit de petites maisons dotées de tout le confort du monde moderne, avec beaucoup de charme et de rusticité en prime. La n° 5, la plus grande, a la plus belle vue sur la plaine. Un des derniers établissements ouverts par la chaîne *Tugasa*. Accueil des plus professionnels. Un restaurant complète l'ensemble, avec des prix très intéressants, menu à 10 € ; à la carte, compter 25 €. Pour nos lecteurs l'apéritif maison et un petit dej' sera offert sur présentation de ce guide.

Où dormir ? Où manger chic dans les environs ?

🛏 |●| *Convento La Almoraima :* ☎ 956-69-30-02. Fax : 956-69-32-14. ● www.la-almoraima.com ● Situé à 2 km de Castellar Nuovo. Chambres doubles de 70 à 95 € ; petit dej' à 8 €. Menu autour de 20 €. Ce couvent s'étend au beau milieu du parc des Alcornocales. Après avoir abrité des sœurs de la Merced (superbe chapelle au retable doré), cette halte « chic » est désormais l'un des domaines de chasse les plus étendus de la région. Le patio – avec sa petite fontaine qui glouglloute – est un lieu tout trouvé pour les photographes de mode. Les chambres sont disposées autour de ce patio, à l'étage, sur une galerie. Même si le luxe est au rendez-vous, elles manquent un peu de ce confort moelleux que l'on trouve dans les paradors. Piscine, minigolf et tennis gratuits, promenades en 4x4 avec supplément. Bon restaurant.

VEJER DE LA FRONTERA   (11150)   12 700 hab.

À 50 km au nord-ouest de Tarifa. Un village andalou superbe, perché sur une colline, à une dizaine de kilomètres de la mer. Avec ses maisons blanches, ses ruelles tortueuses, son labyrinthe de marches escarpées et son atmosphère chaleureuse, Vejer est le parfait exemple du village andalou tel qu'on se l'imagine. Amoureux d'images d'Épinal, étape obligatoire. Retiré dans les terres, Vejer ne connaît heureusement pas les hordes de touristes.
Les Romains avaient su tirer parti de la position stratégique du site et y fondèrent la ville. Par la suite, les Arabes lui donnèrent une configuration qui n'a guère changé depuis.

Adresses et infos utiles

🛈 *Office du tourisme :* av. de los Remedios, 2. ☎ 956-45-17-36. ● www.turismovejer.com ● À l'entrée du village, près de la gare routière. En été, ouvert du lundi au samedi de 9 h à 14 h 30 et de 16 h à 20 h, et le dimanche de 9 h à 14 h 30 ; en hiver, ouvert du lundi au vendredi de 9 h à 14 h 30. Bien documenté et relativement sympa.

✉ *Poste :* c/ Juan Bueno, 10.
🚌 *Gare routière :* plazuela s/n. *Bus Comes :* ☎ 956-45-10-50. ● www.tgcomes.es ● Bus pour La Linea, Jerez, Cadix, Algésiras, Séville, Málaga, Huelva, Rota et Almeria.
– *Marché :* tous les jours sauf le dimanche, dans le centre, derrière la *plazuela*.

Où dormir ?

Peu d'adresses dans la partie haute, la plus ancienne et la plus agréable.

Camping

⋏ **Camping Vejer :** sur la N 340, au km 39. ☎ 956-45-00-98. ● www.camping vejer.com ● En direction d'Algésiras, à 4 km de la ville. Ouvert de Pâques à octobre. Le sympathique propriétaire anglais, David, applique des tarifs on ne peut plus simples : selon la saison, de 6 à 10 € par adulte, 4 ou 6 € par marmot en dessous de 10 ans, et c'est tout. À l'ombre des pins, chaque emplacement est judicieusement bordé d'arbustes. Piscine.

Prix moyens (de 30 à 45 €)

🏠 **Hotel La Posada :** av. Los Remedios, 21. ☎ 956-45-01-11 et 02-58. ● www.hostal-laposada.com ● Bonnes chambres récentes et propres à 38 € en haute saison touristique. Attention, certaines sans fenêtre, d'autres avec vue agréable sur la vallée. Pas un charme fou, mais rien à redire et l'accueil reste courtois.

Un peu plus chic (de 45 à 72 €)

🏠 **El Cobijo :** c/ San Filmo, 7. ☎ 956-45-50-23. Fax : 956-45-17-20. ● www.elcobijo.com ● Congés : du 9 au 30 janvier. Prendre l'escalier à la hauteur de la station de taxis sur l'av. de Los Remedios. Doubles (pas très grandes mais fonctionnelles) de 58 à 75 € en basse saison et de 90 à 109 € en haute saison, petit dej' compris. Un petit *B & B* (une *casa rural*) aménagé tout en hauteur autour d'un patio dans une maison traditionnelle andalouse. Quatre chambres sur six sont équipées d'un coin cuisine. Elles portent toutes un nom de village. Les plus chères bénéficient d'une vue splendide. Petit dej' copieux, le pain est fait maison, jus d'oranges pressées. L'eau est chauffée par des panneaux solaires. Connexion Internet. Très bon accueil du proprio, Juan, qui parle le français et peut vous orienter vers d'autres adresses si nécessaire. Pour nos lecteurs, 10 % de remise en février et en novembre, sur présentation de ce guide.

🏠 **La Casa del Califa :** plaza de España, 16. ☎ 956-44-77-30. Fax : 956-45-16-25. ● www.lacasadelcalifa.com ● Congés : du 9 au 26 janvier. À partir de 61 € la double tout confort, petit dej'-buffet compris ; ajouter 18 € en haute saison et pendant la Semaine sainte. Un petit coin de palais maure avec décoration arabe du sol au plafond, alcôves troglodytiques pour boire un verre et terrasse avec très belle vue pour faire bronzette ou prendre le petit dej'-buffet. Accueil indifférent, dommage car le cadre et l'atmosphère y sont adéquats, et le resto est de qualité (voir « Où manger ? »).

🏠 **Hotel Convento de San Francisco :** sur la *plazuela*. ☎ 956-45-10-01. Fax : 956-45-10-04. ● convento-san-francisco@tugasa.com ● Dans le centre. Compter 65 € pour une chambre double ; 15 % de plus lors de la Semaine sainte et à Noël. L'un des fleurons de la chaîne *Tugasa*. Au cœur du vieux village, un ancien couvent franciscain restructuré en hôtel mais ayant conservé une atmosphère un rien ascétique. Demandez les chambres nos 24, 25 ou 26, celles qui ont d'anciens vestiges : dans les volumes de maçonnerie apparaissent encore d'antiques voûtes. Lits en bois brut, armoires massives. Rien de bien folichon dans la déco. Avec tout ça, confort normal (douche, w.-c., téléphone, TV...). Il est plus sûr de réserver. Bon accueil. Restaurant dans la même bâtisse. Petit déjeuner riquiqui.

🏠 **Hotel Sindhura :** N.R. de Patría, 73. ☎ 956-44-85-68. Fax : 956-44-85-50 ● www.hotelsindhura.com ● ⋔ Doubles de 60 à 95 €, petit déjeuner inclus. Restaurant (fermé le lundi) avec menu de 25 à 30 €. Un hôtel tout neuf à quelques encablures de Vejer, au lieu-dit Patría. Un peu isolé à flanc de colline, dans un environnement agricole, mais bien au calme. Décor moderne mais pas dénué de raffinement. Piscine. Apéritif maison offert à nos lecteurs sur présentation de ce guide.

Où manger ? Où boire un verre ?

|●| La Brasa de Sancho : c/ Sancho IV El Bravo, 1. ☎ 956-45-51-89. Pas loin du *Vera Cruz,* dans une rue piétonne qui surplombe la place d'Espagne. Fermé le mercredi. Congés : janvier. Prix modérés. D'ailleurs c'est Damian, le proprio du *Vera Cruz,* qui a ouvert cette rôtisserie : les viandes et le poisson de bonne qualité sont préparés sur le gril avec pommes de terre et salades. Quelques tables à l'extérieur. Digestif offert à nos lecteurs sur présentation de ce guide.

|●| Restaurante La Vera Cruz : c/ Eduardo Shelly, 1. ☎ 956-45-16-83. Au-dessus de la plaza de España. Fermé le mercredi, sauf en août. Congés annuels : en janvier. Premier menu à 18 €. À la carte, compter autour de 30-35 € avec les vins. Décoration agréable (c'est une ancienne chapelle du XVIe siècle) et bonne cuisine andalouse-européenne avec des produits qui viennent de France. Le chef, Ardéchois d'origine, s'est marié à une Andalouse du cru et, avec elle, à sa cuisine. On vous recommande le poisson pour sa fraîcheur ! Digestif offert à nos lecteurs, sur présentation de ce guide.

|●| La Casa del Califa : plaza de España, 16. Voir aussi « Où dormir ? ». ☎ 956-45-15-06. Compter 25 € au moins. Un dédale d'escaliers mène à cette superbe réalisation en contrebas de l'hôtel. Décor nord-africain, et plats de la même inspiration avec brochettes, couscous, pastilla et desserts délicieusement sucrés. Bons vins maghrébins et service prévenant. Mieux vaut réserver.

|●| Cafetería-restaurante La Posada : av. Los Remedios, 19. ☎ 956-45-01-11. Menu avec poisson ou plat en sauce à 10 €. Cadre moyen. Pour nos lecteurs, digestif offert sur présentation de ce guide.

♟ Bars avec musique le soir, près de l'église et des remparts comme *la Bodeguita,* le *Janis Joplin* ou le *Bouh Bar,* c/ San Filmo.

À voir

🚶 Tout d'abord, perdez-vous au gré de votre intuition dans le labyrinthe des ruelles escarpées, suivez la lumière et les odeurs, poussez les portes pour découvrir les patios, et montez doucement vers l'*église Divino Salvador,* mariage des styles mudéjar et gothique. De belles arches subsistent. Autour, les vestiges d'une forteresse mauresque.

🚶 Puis redescendez vers la *plaza de España,* lieu de repos et de rencontre pour les vieux du village. Belle fontaine et bancs avec carreaux de faïence. Sur la place, petits cafés sympas, notamment au n° 27, à côté d'une tour et des remparts. Les vieux y jouent aux dominos le dimanche.

🚶 Un peu partout, *vestiges* de créneaux et de morceaux de muraille.

🚶 Après avoir vidé un verre, on peut aller se promener sous les palmiers de la *corredera* qui borde le village et offre un panorama sur les collines environnantes.

Fête

– Le 11 août, c'est la *fête du village et de l'olive,* très sympa.

CONIL DE LA FRONTERA (11150)

À 38 km au sud de Cadix et à 15 km de Vejer, un port de pêche reconverti dans le tourisme familial avec de belles plages : longues de 14 km entre mer et pinèdes, voilà une assurance de ne pas trop se marcher sur les pieds. Le centre a conservé quelques bouts de muraille médiévale et une tour gothique attribuée aux Guzmán (ils sont partout ceux-là !).

Adresse utile

🛈 *Office du tourisme :* Carretera, 1 ; sur la droite, dans la grand-rue qui descend vers la Puerta de la Villa. ☎ 956-44-05-01. ● www.conil.es ● Ouvert de 8 h à 14 h et de 18 h à 21 h en été. Petit point d'information à côté de la *Torre Guzmán* de juin à septembre. La **station de bus** se trouve un poil plus haut.

Où dormir ? Où manger ?

⚊ *Camping Los Eucaliptos :* ctra del Pradillo. ☎ 956-44-12-72. ● www.campingloseucaliptos.com ● Compter 21,50 € pour 2 avec tente et voiture. Location de bungalows (maxi 5 personnes) sur la base de 70 € pour 2 en haute saison, 7 jours minimum (moitié moins cher en basse saison). Grande piscine. Bar-resto et supermarché. Pas de cartes de paiement. Cher mais super-équipé et très bien situé.

🛏 *Hostal Lojo :* c/ Canarias, 2. ☎ 956-44-15-31. ● www.hostal-lojo.com ● Une adresse au cœur du village derrière l'office du tourisme, donc assez loin de la plage, mais tranquille. Chambres doubles pas très grandes, de 30 à 65 € selon la saison. Hôtel agréable, ambiance andalouse et couleurs vives, bar, patio garni de plantes vertes et bon accueil. Une bonne affaire.

🛏 ❙●❙ *Hostal Restaurante La Posada :* c/ Quevedo. ☎ et fax : 956-44-41-71. ● www.laposadaconil.com ● ♿ De 33 à 72 € (50 € en juillet et septembre), petit dej' inclus. Près de la Puerta de la Villa, dans une impasse à proximité de la plage, 9 belles chambres lumineuses avec balcon dont 2 en surplomb du jardin de citronniers. Terrasse avec fauteuils en osier et vue sur l'océan. Resto de poisson avec paella à 8 € et plats autour de 13 €. Accueil chaleureux.

🛏 *Almadraba Conil :* c/ Señores Curas, 4. ☎ 956-45-60-37. ● www.almadrabaconil.com ● Fermé de novembre à janvier. De 63 à 110 € (en août), petit dej' inclus. Chambres ou suites (40 € plus chères). Patio andalou à colonnades, mobilier élégant, déco de très bon goût, en rapport avec l'*almadraba*, cette pêche au thon traditionnelle pratiquée sur le rivage atlantique. Terrasse avec solarium. Un petit parfum de luxe à bon compte.

À voir. À faire au sud de Conil

⚏ *La playa El Palmar :* à 10 km de Vejer entre Conil et Zahora, grande plage sauvage bordée de petits restos de poisson tout à fait abordables. Spot de surf très couru.

■ *Surfparaiso :* La Chanca, 11159 El Palmar. ☎ 618-43-12-80 (portable). Deux jeunes Français se sont installés là, louent du matériel de surf et proposent aussi du kayak de mer. Petit snack avec jus de fruits.

🦐 *El cabo Trafalgar :* c'est là, au large, il y a 200 ans, le 21 octobre 1805 très exactement, que l'Angleterre assura pour un bon siècle sa suprématie sur les mers du monde. Près du phare, la mer se couvre de voiles multicolores, celles des fondus de kite-surf.

Petit rappel des faits

En 1805, la flotte franco-espagnole de Cadix, commandée par l'amiral Villeneuve, reçoit de Napoléon l'ordre de faire la jonction avec celle basée à Carthagène puis de faire mouvement pour soutenir Masséna en Italie. Nelson l'intercepte au large du cap Trafalgar. Villeneuve fait alors retraite vers Cadix. Ses unités s'étirent en une ligne irrégulière de près de 8 km de long. L'amiral anglais applique alors un plan prémédité : sa flotte est divisée en 2 colonnes qui frappent le centre de la ligne de bataille franco-espagnole, la scindant en deux. En 5 h de combat, 18 bâtiments sont pris par les Anglais ; les autres prennent la fuite mais seuls 11 d'entre eux peuvent rejoindre Cadix. Les Anglais ne perdent aucun bâtiment, mais Nelson est mortellement touché par un *sniper* lors du duel entre son navire amiral, le *Victory,* et le *Redoutable* français. Son corps est placé dans un tonneau de brandy pour être ramené à Portsmouth dans un état de conservation acceptable (!). Villeneuve, accablé par la défaite, se suicide quelques semaines plus tard.
La mort de Lord Nelson n'aura pas d'influence sur la suite de la guerre en mer car la défaite française met définitivement un terme aux ambitions maritimes de Napoléon et le force à renoncer à débarquer en Angleterre. Pour les Espagnols, la destruction de leur flotte aura des conséquences plus graves : le commerce avec les Amériques est compromis et les colonies profiteront de cette faiblesse pour s'émanciper de la couronne espagnole...

CAÑOS DE LA MECA (11150)

Beaucoup moins de charme que Tarifa, mais sûrement plus brute, plus libertaire, voire moins frime. En fait, pour tout vous dire, on y va pour sa superbe pinède protégée, ses grottes naturelles dans la falaise d'où surgissent des chutes d'eau, ses spots de planche et de kite-surf et pas grand-chose de plus. Plus au sud, la route traverse un parc naturel avant de rejoindre le port de pêche de Barbate.

Adresse utile

■ *Croix-Rouge :* ☎ 956-43-04-25. Ça peut toujours servir.

Où dormir ?

Campings

🏕 *Camping Camaleón Caños :* av. Trafalgar, 121, dans Caños même, à droite de la route qui longe la plage juste après l'*hostal Miramar* en venant de Barbate. ☎ 956-43-71-54. Mêmes prix toute l'année : 5,10 € la tente, 5,50 € par personne, autant pour la voiture. Ambiance *roots* : pas très grand, beaucoup d'ombre, des tentes plantées n'importe comment, des pieds qui dépassent des hamacs... C'est les vacances, quoi !
🏕 *Camping Caños de Meca :* sur la route de Vejer à Caños, km 10, Barbate. ☎ 956-43-71-20. Fax : 956-43-71-37. ● www.camping-canos-de-meca.com ● Deux saisons mènent la valse des prix, de 17 à 20 € pour

2 adultes, une tente et une voiture. Un poil moins cher que le *Camaleón Caños*, mais plus excentré et moins sympa. Pas mal d'ombre mais aussi de béton : ressemble davantage à un parking à campeurs. Bon accueil, notamment des moustiques. Piscine, supérette, bar-resto. Location de bungalows.

Prix moyens (moins de 60 €)

🛏 *Casas Karen :* Fuente del Madroño, 6, 11159 Caños de la Meca. ☎ 956-43-70-67. Fax : 956-43-72-33. ● www.casaskaren.com ● Compter 62 € par jour pour 2 (en basse saison). Une survivante de l'époque *Flower Power*... Dans un jardin, des petites constructions traditionnelles de chaume et de bois *(choza)* autour d'un corps de ferme restauré, à 5 mn de la plage. Les intérieurs sont très joliment aménagés et relativement confortables malgré une apparence de fragilité. Leur technique de construction traditionnelle leur assure même de la fraîcheur en été. Pas d'AC donc. Tranquillité assurée et une façon originale de faire un retour aux sources. Massages holistiques (si, si !). Remise de 10 % sur le prix de la location accordée à nos lecteurs, en basse et moyenne saison, sur présentation de ce guide.

Plus cher mais pas forcément plus chic

🛏 *Hostal Miramar :* av. Trafalgar, 112. ☎ 956-43-70-24. Fax : 956-43-70-24. ● www.hostalmiramar.com ● Trois saisons saucissonnent l'année ; chambres doubles à 80 € avec balcon en haute saison, 50 € en saison intermédiaire et 40 € hors saison. Assez cher pour ce que l'on y trouve mais petit dej' inclus. Bon, dire que l'on voit la mer *(Miramar)*, c'est un peu mentir : un gros bâtiment bouche complètement la vue. Malgré tout, ce petit hôtel est bien situé (très propre, chambres très simples) pour les séjours de 1 ou 2 nuits et conviendra à ceux qui ne sont pas adeptes du camping. Bon accueil moustachu du patron. Une piscine a été construite, peut-être la raison de la flambée des prix... Parking.

Où manger ?

🍽 *Venta Curro :* Zahora s/n, Caños de la Meca-Barbate. ☎ 956-43-70-64. Suivez les indications pour accéder au camping *Caños de Meca* ; contournez le camping par la gauche, puis par la droite, comme si vous vous rendiez vers la mer. Fermé le mardi. Congés : en novembre. Menu à 15 €. Bon poisson *a la plancha* ou frit à moins de 8 €. Une *venta* traditionnelle refaite à neuf en pierre et tuile. Son intérêt ? Elle est *bien de precio*, et c'est devenu le rendez-vous des familles sévillanes en week-end à la mer. Service rapide. Un digestif est offert à nos lecteurs sur présentation de ce guide.

Plage libre

🏖 En descendant de la pinède, prendre sur la gauche en arrivant face au rivage. Continuer jusqu'au bout de la route et se garer. Puis contourner sur la droite le petit mur d'une propriété qui descend vers la mer, la *plage nudiste* de Caños est là. Si la marée rend impossible la descente, contourner la propriété en remontant la rue vers la pinède. Lorsqu'il n'y a plus de bitume, ôter les tongs et suivre le littoral qui tombe en à-pic sur le rivage. Des petits sentiers descendent entre les criques et les promontoires que dessine la falaise. Sans mauvais jeu de mots, n'allez pas poser vos fesses n'importe où. Plus vous quittez la zone sableuse, moins tranquille est la sieste « à oualpé ». Quelques mâles esseulés viennent y draguer avec insistance.

Quoi qu'il en soit, cette plage peut faire l'objet d'une visite à part entière. De nombreux hippies ont planté leur tente entre 2 promontoires. Poussez votre curiosité plus loin et vous verrez qu'ici et là de petites rigoles *(caños)* débouchent de la falaise. Les Arabes, remarquant cette eau douce qui arrivait d'une nappe phréatique située quelque part sous la pinède, y ont vu un signe de Dieu. Du coup, pour remercier Allah, ils ont appelé l'endroit *Caños de la Meca*. Un peu plus loin, noter les gros blocs de roche qui jonchent le rivage dans un joli chaos. Ils se sont tous détachés sous l'action conjuguée de l'eau, du sel et du vent. Pour les curieux, il s'agit de dunes fossiles quaternaires. Le sable s'est à la fois lentement tassé et plus ou moins compacté (ce qui explique d'ailleurs pourquoi des morceaux se détachent de la falaise). Pour s'en convaincre, on peut encore voir sur la partie inférieure de la falaise des incrustations de coquillages, lesquels batifolaient dans le cloaque sableux puis se sont fait piéger et n'ont jamais pu remonter. Autres témoins, les pins « doncel » de la pinède de Barbate qui s'épanouissent au-dessus. Ce sont des pins pionniers qui ne se développent que sur des terrains très sableux. Sans eux, il y a fort à parier que le paysage serait long et rectiligne.

➤ DANS LES ENVIRONS DE CAÑOS DE LA MECA

BARBATE *(11160)*

À 12 km de Caños. Comme sa voisine Zahara de los Atunes, c'est un centre de pêche qui a toujours vécu de la présence au large du rivage des bancs de thon en route pour leur migration bisannuelle. La technique pratiquée depuis les temps immémoriaux s'appelle la *almadraba* (madrague en français) et consiste en un réseau de filets tendus sur plusieurs kilomètres de façon à entraîner ces naïfs de grands thons vers une sorte de nasse dont ils ne peuvent s'échapper. La pêche se transforme alors en carnage organisé et ces énormes poissons se retrouvent aussi sec conditionnés en tranches et mis en boîte. On apprendra avec étonnement que c'est à Barbate que Franco venait passer ses vacances.

LA COSTA DE LA LUZ

Où dormir ? Où manger ?

🛏 |○| *Hotel rural Palomar de la Breña :* Pago de la Porquera. ☎ 956-43-50-03. Fax : 956-43-48-47. • www. palomardelabrena.com • ✂ Congés : en novembre. Selon la saison, chambres doubles de 50 à 78 €, petit dej' inclus. Nichée dans un vallon du parc naturel de la Breña, à 5 km des plages de Caños de Meca et Trafalgar, et autant de Vejer, cette ancienne *hacienda* du XVIIIᵉ siècle, entre pinède et campagne, propose 8 chambres dotées d'une terrasse et réparties de part et d'autre de la cour. Piscine, TV et clim'. Bon niveau d'équipement et déco assurée par des œuvres contemporaines originales. Bar et petit resto (fermé le lundi, plats entre 8 et 14 €). Une curiosité : la propriété recèle le plus grand pigeonnier du monde (selon le *Guinness des records*) : 7 700 nids sur 400 m² ; plus de 10 000 pigeons habitaient là. Rassurez-vous, ils n'y sont plus ! L'apéritif maison est offert à nos lecteurs sur présentation de ce guide.

ZAHARA DE LOS ATUNES

À 10 km de Barbate, c'est une petite cité de pêcheurs qui garde en témoignage du passé les ruines d'un château du XVᵉ siècle des ducs de Medina

Sidonia, et le souvenir d'un séjour forcé de Cervantes, accusé d'espionnage. Elle vit surtout à notre époque des revenus du tourisme et les Espagnols y viennent pour profiter de la magnifique plage de sable fin.

Où dormir ?

🏠 **Hotel Almadraba :** c/ María Luisa, 15. ☎ 956-43-93-32. Dans la rue commerçante principale. Petites chambres simples et fraîches à 40,

65 ou 78 € pour 2 selon la saison. Petit déjeuner en sus à prendre dans le resto-bar du rez-de-chaussée, toujours très animé.

TARIFA (11380) 17 200 hab.

Située à la pointe extrême sud de l'Espagne, sur le détroit de Gibraltar, Tarifa se serre au pied de hautes collines pelées plantées de gigantesques éoliennes. Le panorama, en direction d'Algésiras (à 22 km), est tout simplement splendide : face à vous, les côtes du Maroc et de l'enclave espagnole de Ceuta se dessinent nettement, tandis que glissent sur les eaux des dizaines de cargos et de tankers. Le soir, les lumières africaines semblent à portée de main.

Situation oblige, Tarifa est une petite ville entourée de murailles, dont l'atmosphère rappelle nettement l'Afrique du Nord. Les maisons sont blanches comme celles d'une casbah et le *mercado central* est lui aussi inspiré du style mauresque.

De fait, Tarifa est la première bourgade véritablement sympathique de toute cette côte. La partie moderne qui encercle la vieille ville a su ne pas l'écraser. On a respecté une hauteur raisonnable pour les immeubles et la même tonalité de couleur. On le signale, c'est rare ! Alors bien sûr, il y a du monde, mais rien à voir avec Marbella ou Torremolinos. La petite ville s'est mise au rythme du tourisme sans trop y perdre son âme. La vieille ville, adorable et piétonne, est un lacis de ruelles, passages, placettes... où l'on se perd avec un délectable plaisir.

Mais il n'y a pas que Tarifa intra-muros. La commune s'étend des confins d'Algésiras à Zahara de los Atunes. Cette dernière (littéralement, « l'éclat des Thons », sic !) est appelée ainsi parce qu'elle se situe sur un courant emprunté par les thons. Il y a donc ici autant de thons que de grains de sable dans le Sud algérien.

Mais revenons à LA raison pour laquelle on vient tous à Tarifa. C'est la ville la plus venteuse d'Europe. Un zef régulier (orienté sud-ouest - nord-est), qui atteint en pointe jusqu'à 120 km/h, en a d'abord fait la Mecque des véliplanchistes et, plus récemment, des *kite surfers*. On comprend le pourquoi du comment car, à Tarifa, les plages sont longues, superbes et désertiques. Quant au vent, il est non seulement fort, mais aussi régulier, sans pour autant créer trop de clapot. Ce savoureux cocktail permet aux pros de « jiber » à donf ! De nombreux centres de glisse ont élu domicile le long de la côte. On peut y louer du matériel, prendre des cours, se perfectionner... ou simplement regarder.

Certains campent face à la plage, avec femme et enfants, dans de vieux camping-cars bricolés dont ils ne redécollent plus. La glisse est leur seul monde, le vent leur seul horizon. La popularité des lieux attire aussi un nombre croissant de novices, dont beaucoup d'Anglais et, la nuit tombée, en saison, Tarifa se mue en une grande discothèque à ciel ouvert vibrant au son de la techno. Glisse et fête ont toujours fait bon ménage.

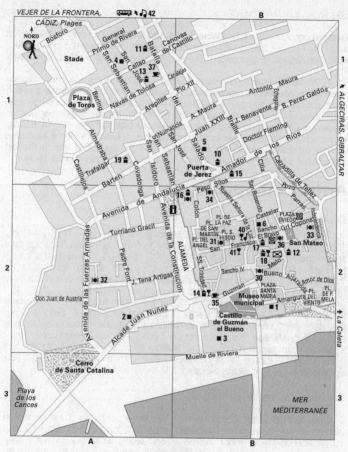

TARIFA

UN PEU D'HISTOIRE

D'abord occupé par les Romains, Tarifa a toujours été un port de pêche fort actif. En 711, les troupes musulmanes de Tarik, débarquant à peine d'Afrique, l'assiègent et s'emparent du lieu. La ville est alors rebaptisée Yebel Tarik.

En 1292, les chrétiens (menés par Sancho IV) reprennent la cité, mais les musulmans reviennent rapidement à l'assaut. Un événement dramatique survient alors, qui va marquer à tout jamais l'histoire de Tarifa. Le fils du gouverneur chrétien Guzmán el Bueno, âgé de 9 ans, est fait prisonnier par les Maures qui exigent, en échange de sa vie, que leur soit livrée la place forte. La réponse de Guzmán ne se fait pas attendre. Il lance lui-même sa dague du haut du château et son fils est égorgé sous ses yeux. Cet acte de foi (fort discutable) a fait de Guzmán el Bueno la figure emblématique de Tarifa.

Arriver – Quitter

En bus

🚌 **Gare routière Transportes Comes** (hors plan par A1) : Batalla del Salado s/n, à l'entrée nord de la ville, juste à côté de la station *Repsol* et face au garage *Renault*. ☎ 956-68-40-38 ou 902-19-92-08. • www.tgcomes.es • Le guichet est ouvert en semaine de 7 h 30 à 9 h 30, de 10 h à 11 h 30 et de 14 h 30 à 18 h 30. Il est fermé le samedi et ouvert le dimanche et les jours fériés de 15 h à 19 h 45 : on prend alors son billet dans le bus.

➤ Liaisons avec **Algésiras** (11 à 12 par jour selon le sens, 7 à 9 le week-end) pour 1,70 € seulement, **Cadix** (7 par jour) pour 7,70 €, **Séville** (3 par jour dans les 2 sens) pour 15 €, **Jerez** (2 par jour aller-retour) pour un peu plus de 8 €, **Málaga** (2 par jour depuis Tarifa, 3 depuis Málaga) pour 12 € ; également un départ par jour pour **Huelva** et un autre pour **Rota**. Un bus assure aussi la liaison Tarifa-Zahara-Barbate-Caños-Conil une fois par jour en semaine. Un peu moins de liaisons le week-end.

En bateau, pour le Maroc

■ **Agence FRS** (plan B2, 3) : estación marítima, PO/aptdo de Correos, 13. ☎ 956-68-18-30. Fax : 956-68-48-35. Au Maroc : ☎ (212) 39-94-26-12. • www.frs.es • À l'intérieur de la gare maritime. Ouvert de 8 h à 21 h. Compter 35 mn pour rallier Tanger en hydroglisseur. Cinq à huit traversées par jour. Propose notamment des allers-retours dans la journée à 49 € (ou 27 € aller simple). Si vous n'avez pas de passeport valide, il vous faudra vous contenter d'une excursion d'un ou 2 jours (52 ou 89 €). Ce prix comprend alors les services d'un guide, ainsi qu'un repas sur place. Les tarifs affichés sont les mêmes au bureau du port que dans les agences en ville.

Ceux qui voudraient passer leur voiture (pas de véhicule de location) débourseront 75 à 90 € selon sa taille.

Adresses utiles

Informations touristiques et services

🛈 **Office du tourisme** (plan A-B2) : paseo de la Alameda. ☎ 956-68-09-93. • www.aytotarifa.com • Dans le petit parc tout en longueur qui borde la vieille ville. Ouvert quand il peut et quand il veut ; en théorie, de 10 h 30 à 14 h et de 16 h à 18 h en semaine (18 h à 20 h en été) et de 9 h 30 à

15 h le week-end et les jours fériés. Ne pas en attendre beaucoup d'aide. Peut vous indiquer la quinzaine de centres de *windsurf* et *kite surf* (liste aussi disponible sur le Net) ou l'un des 5 centres de plongée.

Pour toutes les infos météo et *wind sports* : ● www.windtarifa.com ●

✉ *Poste (plan B2) :* c/ Coronel Moscardó, à l'angle de la calle Melo, dans la vieille ville. Ouvert du lundi au vendredi de 8 h 30 à 14 h 30 et le samedi de 9 h 30 à 13 h.

@ *Pandora (plan B2) :* c/ Sancho el Bravo, 5. Ouvert de 10 h à 15 h et de 17 h à 22 h. Une douzaine de postes. Accès rapide mais accueil nul.

@ *El Navegante (plan B2) :* c/ General Copons. À deux pas de *Pandora,* derrière l'église San Mateo. Accès moins rapide, mais ouvert jusqu'à 23 h. Une dizaine de postes squattés par les jeunes de la ville jusqu'à la fermeture.

■ *Supermarché Eroski (plan A1, 4) :* c/ San José, juste derrière la *pensión Facundo.* Ouvert du lundi au samedi de 9 h à 21 h.

Santé, urgences

■ *Croix-Rouge (plan A2, 2) :* c/ Juan Nuñez. ☎ 956-68-20-20.

■ *Police municipale (plan B2, 1) :* plaza de Santa María, 3. ☎ 956-68-21-74.

■ *Windsurf Emergency :* ☎ 900-20-22-02 (appel gratuit), en cas de pépin.

Transports locaux

■ *Taxis :* av. de Andalucía (à la hauteur de la porte de Jerez). ☎ 956-68-42-41.

■ *Location de vélos et motos : Speed Lines (plan B1, 5),* c/ Batalla del Salado, 10. ☎ 956-62-70-48. Compter 12 € par jour. Loue aussi des motos (30 € la journée) et des voitures (à partir de 42 € par jour). On peut aussi s'adresser à *Tarifa Bike,* situé à 6,4 km de la sortie nord de la ville, sur la route des plages (N 340, km 77), juste derrière une pharmacie. ☎ 696-97-36-56 (portable). ● www.tarifabike.de ● Ouvert de 10 h à 19 h. Stefan, un Allemand fana de sports *outdoor,* loue des VTT bien équipés (casque, matos et même itinéraire des sentiers) de 18 à 22 € par jour ou 13 à 16 € les 4 h. Les tarifs sont dégressifs en fonction du nombre de jours de location. Attention, rien n'indique le lieu depuis la route.

Où dormir ?

Pas vraiment d'hôtels bon marché à Tarifa en saison. D'ailleurs, les tarifs varient considérablement selon la période de l'année. C'est le mois d'août qui remporte la palme de la popularité : prix boostés et réservation fortement conseillée.

De bon marché à prix moyens (autour de 25 €)

⌂ *Casa de huéspedes Eusebio (plan B1, 10) :* Amador de los Ríos. Ni téléphone, ni réservations. En face de la puerta Jerez, dans une petite maison tenue par une vieille dame, face aux feux rouges. Compter environ 25 € pour deux. Le moins qu'on puisse dire, c'est que ce n'est pas le grand luxe mais, vu le prix, il fallait s'en douter. Cinq chambres un peu cracra autour d'un patio sombre rempli de plantes ; salle de bains commune à peu près correcte. Le prix est susceptible d'augmenter légèrement pendant la haute saison mais, de toute façon, il se fait à la tête du client. Donc, négociez !

TARIFA

De prix moyens à plus chic (de 35 à 75 €)

🛏 *Hostal El Asturiano* (plan B1, 15) : Amador de los Ríos, 8. ☎ 956-68-06-19. Compter entre 35 et 65 € selon la saison, la taille et la vue, petit déjeuner inclus (une rareté dans cette catégorie). Ce vieil hôtel pépère a été récemment repris par la fille de la famille, très dynamique, et toutes les chambres ont été rénovées et joliment redécorées. Couvre-lits aux tons chauds, azulejos et tableaux confèrent à chacune une touche personnelle. Le confort est au rendez-vous (AC, chauffage, TV) et la plupart sont assez lumineuses (évitez juste celles donnant sur la rue). L'hôtel étant l'un des plus hauts bâtiments de Tarifa, les chambres des 2e et 3e étages offrent un beau panorama sur le Maroc et les toits de la ville. Pour ceux qui en ont les moyens, la suite « arabe » (85 à 135 €) est géniale : l'une de ses deux chambres a été aménagée sous la coupole d'une mosquée vieille de 1 000 ans ! Pour ne rien gâcher, l'accueil est excellent.

🛏 *Hostal Facundo I et II* (plan A1, 11) : c/ Batalla del Salado, 47. ☎ 956-68-42-98. Fax : 956-68-45-36. ● www.hostalfacundo.com ● À 5 mn à pied de la vieille ville. Encore relativement abordable en juillet et septembre : de 35 € la chambre double sans bains à 50 € avec ; attention, en août, c'est 50 % de plus. Propose aussi des lits en dortoir (de 4 à 6 places) de 15 à 22 € par personne. Deux bâtiments de part et d'autre de la rue, avec des chambres dénuées de charme, mais propres et bien tenues. Préférer celles donnant sur le patio à celles sur rue, bruyantes. Rez-de-chaussée un peu sombre, comme toujours. On peut utiliser la cuisine, sauf en août quand il y a trop de monde et que, du coup, elle est fermée pour éviter les micmacs... Accueil un peu grinçant. Accepte les cartes de paiement. En basse saison, une réduction de 10 % sur le prix de la chambre est offerte sur présentation de ce guide.

🛏 *Pensión Correo* (plan B2, 12) : c/ Coronel Moscardó, 8. ☎ 956-68-02-06. ● pensioncorreo@hotmail.com ● Face à la poste, ça coule de source. En haute saison, chambres doubles à 55 € sans douche ou à 75 € avec ; respectivement 35 et 45 € hors saison. Petite pension charmante où l'on note enfin un véritable effort de décoration. Murs jaune ocre et petites coquetteries rappelant le Mexique. Tenue par Luca, un Bolognais fana de Tarifa. Chambres sobres et plutôt agréables, quoiqu'un peu sombres au rez-de-chaussée. Celles pour 3 ou 5 personnes, au dernier étage, donnent sur les toits, avec terrasse ceinturée par des petits murets blancs. Et, comme par hasard, l'accueil est sympa.

🛏 *Hostal Alborada* (plan A1, 13) : c/ San José, 52. ☎ 956-68-11-40. Fax : 959-68-19-35. ● www.hotelalborada.com ● À portée de mollets du centre et derrière la rue principale, où se succèdent toutes les *surf-shops*. Chambres doubles entre 43 et 70 € selon les 3 saisons qui rythment l'année. Dans un grand édifice jaune et ocre, cet hôtel offre de belles chambres avec TV câblée, AC et bains bien équipés. Grand patio avec galerie sur plusieurs étages, murs en azulejos et, pour couronner le tout, bon accueil de Rafael ou de ses fils. Accès Internet. Une bonne adresse. En prime, hors saison, réduction de 10 % sur les chambres sur présentation de ce guide.

🛏 *Hostal Alameda* (plan B2, 14) : paseo Alameda, 4. ☎ et fax : 956-68-11-81. ● www.hostalalameda.com ● En lisière de la vieille ville, situation très agréable au bout de la promenade principale, à 2 pas du château et du port. En haute saison, compter au moins 65 € la chambre double (50 € le reste de l'année). Dans un édifice de caractère, une dizaine de chambres tout confort, impeccables, avec TV et AC. On peut prendre le petit dej' dans la véranda, qui fait aussi restaurant et donne sur l'Alameda. Bon accueil.

🛏 *Hostal Villanueva* (plan B2, 16) : av. de Andalucía, 11. ☎ 956-68-41-49. À l'entrée de la vieille ville, à côté de l'arrêt des taxis. Congés : de début janvier à fin février. Pour une chambre double, compter de 30 à 70 €... selon la saison et votre talent de négociateur(rice) ; demandez Pépé, le patron, qui a grandi au Maroc et parle le français. Il est toujours prêt à renseigner les visiteurs sur la ville et la région. Resto familial pas mal (voir « Où manger ? »). Terrasse au dernier étage avec vue sur les toits. Toutes les chambres, réno-vées, possèdent bains et TV et sont d'une propreté irréprochable. Préfé-rer celles côté mer, plus calmes et avec une belle vue sur la ville. La patronne est adorable, et des lecteurs nous ont signalé qu'elle avait vraiment le cœur sur la main en cas de pépin ; c'est suffisamment rare pour qu'on lui tire notre chapeau.

Plus chic et bien plus cher (plus de 100 €)

🛏 *Posada La Sacristía (plan B2, 18)* : San Donato, 8. ☎ 956-68-17-59. Fax : 956-68-51-82. ● www.lasa cristia.net ● Chambres doubles de 115 à 135 € selon la taille, petit dej' inclus. Ce petit hôtel de charme, installé dans une vieille maison de 1680 dont sont pieusement conservés les éléments d'origine, s'organise autour d'un petit patio où se dressent deux colonnes romaines. Les dix chambres sont toutes décorées sur des notes personnelles, mais la plupart se révèlent assez petites. Qui plus est, vous n'y trouverez ni climatisation, ni téléphone, ni TV. Une volonté affichée de sobriété et de simplicité qui arrange bien le tiroir-caisse... Le restaurant du rez-de-chaussée n'est ouvert que le week-end hors saison et tous les jours de juin à septembre. Cher comparé à la *Casa Amarilla* (voir ci-après), mais la maison offre une réduction de 10 % à nos lecteurs d'octobre à février, sur présentation de ce guide.

Appartements

🛏 *La Casa Amarilla (plan B2, 17)* : Sancho IV El Bravo, 9. ☎ 956-68-19-93. Fax : 956-68-40-29. ● www.laca saamarilla.net ● Pour 2, selon la saison, compter 34 à 56 € la chambre double et 44 à 66 € l'appartement ; réduction de 10 % sur demande pour les séjours de plus d'une semaine. En plein cœur de la vieille ville, cet immeuble de caractère, réhabilité, offre à la fois des chambres doubles et de très beaux appartements pour 2 ou 3 personnes avec cuisine, salon, chambres et bains pour un prix dérisoire par rapport aux hôtels de luxe qui sont ses concurrents directs. Notre préféré est le n° 1, avec un beau carrelage marron à motifs floraux, une voûte centrale, sa chambre qui se cache derrière une rambarde-jalousie et son bow-window s'ouvrant sur l'une des rues les plus animées. Également intéressant, le n° 6 (triple) avec une double arche, style mosquée en plâtre (on aime ou pas !). Très beaux bains, équipés de mitigeurs à thermorégulation, faïences aux couleurs fortes. Au rez-de-chaussée, un excellent restaurant. Bref, l'adresse qui manquait à Tarifa. Notre coup de cœur charme de la ville. Ah ! on allait oublier, excellent accueil.

🛏 *South Apartments Tarifa (plan A1, 19)* : c/ Trafalgar, 1. ☎ 956-62-72-29. ● www.casa-tarifa.com ● Studios de 35 à 80 € selon la saison (50 € maximum, sauf en juillet-août) et triplex de 50 à 110 € pour 2 ou plus avec cuisine, salon et 2 chambres (65 € maximum, sauf... en juillet-août). Cette petite résidence simple mais confortable est située au-dessus du *surf-shop* de Sam, le jeune patron français, qui dispose de six appartements équipés pouvant accueillir jusqu'à 6 personnes. Si le sport extrême vous titille, il vous expliquera tout sur le X-Kat, un nouvelle manière de jouer avec les vagues importée d'Afrique du Sud, sur des bateaux de sauvetage filant à 45 nœuds (pression de 3G à la clef !)... Il en est l'un des rares spécialistes mondiaux.

Où dormir dans les environs ?

Campings

Nombreux terrains de camping aux abords des longues plages qui s'étendent au nord de Tarifa, lieu de rencontre des véliplanchistes. Ce sont parmi les plus agréables de toute la côte andalouse, plus vastes, plus intimes (l'espace est moins compté que sur la Costa del Sol). Profitez-en ! Les prix varient significativement, mais ce qui fait vraiment la différence, ce sont les équipements et l'ombre, car il y a beau avoir du zef, le cagnard tape parfois dur. Voici les principaux dans l'ordre d'apparition quand on vient de Tarifa sur la N 340 en direction de Cadix. Toutes les distances sont données depuis l'embranchement menant au centre-ville, à la sortie nord de Tarifa.

– Accessibles depuis Tarifa par un **bus** qui fait une rotation toutes les 1 h 30 environ, uniquement l'été. Départ depuis la gare routière *Comes,* c/ Batalla del Salado (voir « Arriver – Quitter »). Dessert également la plage de Bolonia et le site archéologique de Baelo Claudia.

⚹ *Tarifa :* à 4,5 km au nord-ouest de Tarifa, ctra N 340, km 79. ☎ et fax : 956-68-47-78. ● www.camping-tarifa. com ● En été, pour 2 personnes avec une tente et une voiture, compter environ 25 et 29 € selon la place des parcelles ; réductions concédées pour les paiements cash et les séjours de plus de 10 jours en basse saison. Loue également des bungalows en bois à 107-118 € pour 4 personnes. Cher pour des prestations moyennes. Bien ombragé dans 3 ha de beaux pins, mais peu d'intimité. Sanitaires assez propres mais un peu loin pour certains emplacements. Accès direct à la plage. Accueil très pro, piscine bordée de palmiers, supérette, jeux pour les enfants, bar et resto. Un bon point pour l'environnement : le camping possède sa propre station d'épuration. Chiens interdits.

⚹ *Torre de la Peña I :* à 5,3 km au nord-ouest de Tarifa, ctra N 340, km 78. ☎ 956-68-49-03. Fax : 956-68-14-73. ● www.campingtp.com ● En été, compter 22 € pour 2 personnes avec tente et voiture. Trois saisons, différents rabais selon la durée du séjour. Fait aussi location de bungalows, de 70 à 115 € selon la saison et possède même quelques chambres toutes simples au-dessus de l'accueil (de 32 à 51 €). Le camping est en 2 parties, l'une côté plage et l'autre côté colline, au pied de la vieille tour *(torre).* Côté plage, on est à côté... de la plage, ce qui est plus

sympathique, bien qu'on soit un peu entassés. Bien ombragé cependant. Petit bar à 5 m des flots écumeux. Côté colline, on est un peu plus proche de la route, mais on est plus à son aise. Des emplacements avec belle vue, d'autres avec de l'ombre et d'autres sans l'une ni l'autre. Piscine, supermarché, accès Internet et restaurant. Là aussi, les chiens sont interdits.

⚹ *Torre de la Peña II :* ctra N 340, km 75,3 ; à 8 km au nord-ouest de Tarifa, côté opposé à la plage et même assez loin de celle-ci. ☎ 956-68-41-74. Fax : 956-68-18-98. ● www. campingtp.com ● Prix identiques au *Torre de la Peña I,* puisqu'il s'agit du même propriétaire. Les installations viennent d'être rénovées mais le site reste malheureusement assez peu ombragé. Supérette, tennis et piscine.

⚹ *Paloma :* ctra N 340, km 74 ; à 9,2 km au nord-ouest de Tarifa, prendre à gauche vers la plage de Valdevaqueros, haut lieu du kite surf, située dans une baie magnifique. ☎ 956-68-42-03. Fax : 956-68-42-33. ● www.campingpaloma.com ● Le camping se trouve 800 m avant la plage. Réception ouverte de 9 h à 22 h. En haute saison, compter environ 17 € pour deux personnes, une tente et une voiture. Location de bungalows. Bien ombragé par des pins et des palmiers, pelouse verdoyante. Spacieux, calme et assez propre. Quelques haies de sapins permettent d'avoir un peu d'intimité. Le bon point : le tintement des cloches des vaches vient vous titiller les oreilles. Le bémol : une petite rigole attire pas mal de moustiques. Supérette, resto, piscine. On peut louer des chevaux juste en face de l'entrée du camping. Pas de chiens en août.

⏘ *El Jardín de las Dunas :* juste en face de la playa de Valdevaqueros. ☎ 956-68-91-01. Fax : 956-68-91-06. ● www.campingjdunas.com ● Même route que pour le *Paloma*, mais continuer et prendre la 1re bifurcation à gauche. Généralement fermé en novembre. Affiche à peu

près les mêmes tarifs mais avec de très fortes réductions hors saison (jusqu'à 45 %). Location de bungalows de 46 à 100 € pour 4 à 7 personnes, avec 10 % de réduction pour nos lecteurs sur présentation de ce guide en basse saison. Un peu moins ombragé, moins intime et dans l'ensemble moins agréable que le *Paloma* – surtout en été, où les lieux s'avèrent assez bruyants. En revanche, les sanitaires sont très propres et la situation est imbattable : il ne reste qu'à gravir les dunes pour dévaler jusqu'à la mer. Supermarché et restaurant avec buffet assez cher.

D'un peu plus chic à très chic (de 50 à 160 €)

Les trois établissements suivants sont présentés dans l'ordre géographique, du plus proche au plus éloigné de Tarifa.

🛏 *Arte Vida Hotel :* sur la plage, à 4 km au nord-ouest de Tarifa, ctra N 340, km 79,3. ☎ 956-68-52-46. Fax : 956-68-91-33. ● www.artevida hotel.com ● Chambres doubles de 85 à 130 € selon la saison, petit déjeuner inclus. Planté face à la grande playa de Los Lances, l'*Arte Vida* est l'un des favoris des amateurs de glisse un peu friqués. Les chambres, bien que très correctes, sont assez spartiates pour le prix, mais la situation en lisière de plage est imbattable et les espaces de détente communs sont bien agréables, avec leurs sièges suspendus en bambou. Parfois un peu bruyant. Location de matériel de glisse directement sur place.

🛏 *Hurricane Hotel :* sur la plage, à 5 km au nord-ouest de Tarifa, ctra N 340, km 78,2. ☎ 956-68-49-19. Fax : 956-68-03-29. ● www.hotelhur ricane.com ● Compter de 90 à 107 € pour une chambre double hors saison, selon l'orientation (mer ou route), et de 150 à 160 € en saison, petit dej' compris. L'hôtel est idéalement situé dans un grand parc arboré à la végétation luxuriante, juste en retrait de la plage, accessible par un escalier. Belle architecture avec un luxe d'arcades blanches, et piscine. Les chambres sont claires et l'ameublement de style colonial (meubles en rotin, draps de couleur grège...).

Quitte à dépenser autant, choisissez celles donnant côté mer. Petit dej'-buffet un peu chiche. C'est l'adresse VIP par excellence et, en haute saison, tout est réservé d'une année sur l'autre. Possibilité de louer de mignons petits chevaux aussi espiègles que fougueux ; pour cavaliers confirmés, donc.

🛏 *Hotel 100 % Fun :* à 7,4 km au nord-ouest de Tarifa, ctra N 340, km 76. ☎ 956-68-03-30. Fax : 956-68-00-13. ● www.100x100fun.com ● À la hauteur de la plage de Valdevaqueros, mais du mauvais côté de la N 340, assez loin de la plage. Congés annuels : de début novembre à fin février. Chambres doubles de 53 à 115 € selon la saison, petit dej' compris. Appartements pour 3 ou 4, entre 22 et 35 € par personne. Chambres un peu étroites, un peu chères et un peu bruyantes (à cause de la route), mais, de toute façon, les proprios remplissent. Ils n'hésitent d'ailleurs pas à augmenter leurs prix régulièrement ! Petit *resort* à l'anglo-saxonne situé dans un havre de verdure : gazon fraîchement tondu, fontaine et bâtiments bas aux murs délavés couleur rouge brique coiffés de toits de palmes. Grande hutte centrale veillée par un dieu du vent hawaiien très kitsch aux yeux exorbités, où le petit dej'-buffet est servi. Les chambres les plus agréables donnent sur une mignonne piscine, avec pour chacune une petite terrasse et deux chaises. Resto tex-mex, *surf-shop* dans l'hôtel et *shapers* pour ceux dans le besoin.

Où manger ?

De très bon marché à bon marché (de 7 à 15 €)

|●| *El Pasillo* (plan B2, **30**) : c/ Guzmán el Bueno, 14. Fermé le lundi. *Montaditos* (foie, brochettes, escargots, coquillages) et autres *bocadillos* de 1 à 2 € environ. Comme son nom l'indique, c'est tellement petit qu'il faudrait presque un chausse-pied pour y entrer. Jetez un œil dans la drôle de cuisine, aussi enfumée que verte. On dirait vraiment le garage du voisin éclairé au néon ! Les tapas sont bonnes et chaque verre de bière est accompagné de sa *tapita* d'olives. Accueil courtois. On se serre rapidement les coudes : idéal pour socialiser. S'il est trop plein ou fermé, repliez-vous chez son voisin *Los Melli*, tout aussi convivial.

|●| *La Cabaña de Ana* (plan B2, **31**) : c/ Lorito, 5. Dans la vieille ville. Ouvert tous les jours, le soir seulement. On s'en sort facilement à moins de 5 €. Authentique et chaleureux. Tout petit : un bar, le patron, sa femme, sa fille, 5 clients, et c'est complet. Délicieuses tapas sous forme de petits sandwichs (*montaditos*) pas chers et copieux. Bonnes tortillas et rations de cochonnaille.

|●| *Bar Las Cuatro Esquinas* (plan B2, **34**) : derrière la porte de Jerez. Ouvert midi et soir, mais ferme tôt. Fermé le dimanche. Toute petite maison familiale, propre et fleurie avec des géraniums aux balcons. Miguel, le fils, est au comptoir, tandis que sa mère assaisonne le thon dans une

petite cuisine. D'ailleurs, on ne vient que pour ses tapas *combinadas* à 3 € avec 4 ou 5 types de sauces : il faut demander avec du jerez *oloroso*, au cumin, aux amandes... Un régal. Elle compte déjà 107 recettes à son actif rien que pour le thé et se vante d'en avoir préparé une pour le prince des Asturies ou encore pour Jesús Quintero, le Patrick Sébastien andalou. Vraiment bon et convivial.

|●| *Restaurante Villanueva* (plan B2, **16**) : av. de Andalucía, 11. ☎ 956-68-41-49. Voir « Où dormir ? ». Fermé le lundi. Congés : début janvier à fin février. Un des rares restos ouverts le midi. Compter autour de 9 € pour le menu. Souvent bondé. Si le décor fait un peu cantine, la cuisine est correcte et l'ambiance familiale. Nombreux poissons achetés au marché et cuisinés selon votre humeur (*a la plancha*, *al ajillo* ou en sauce). Également bon thon de Tarifa à la carte et *paella valenciana*. Fréquenté par des touristes mais également par des Tariféens.

|●| *Pizzeria La Tabla* (plan A2, **32**) : dans une rue piétonne entre quelques HLM, très proche de la vieille ville. ☎ 956-68-04-42. Pizzas traditionnelles à partir de 10 €, pas forcément les meilleures de la ville mais les moins chères. Très fréquenté par les jeunes du coin, qui s'y pointent rarement avant 22 h. Également des pizzas à emporter.

Prix moyens (de 15 à 25 €)

|●| *Mandrágora* (plan B2, **33**) : c/ Independencia, 3. ☎ 956-68-12-91. Derrière l'église San Mateo, dans une petite rue étroite. Ouvert uniquement le soir. Fermé le dimanche. Congés : en janvier-février. Compter largement 20 € par personne. Dans un style plutôt rustique chic, petites

salles voûtées, poutres apparentes et dauphins Shéhérazade peints aux murs sur un fond musical jazzy. Manuel est en salle et Gloria aux fourneaux. Elle ne doit d'ailleurs pas chômer, car absolument tout est fait maison. Excellents poivrons farcis à la morue, *cordero con ciruelas y almendras* et *solomillo* au miel. Malheureusement, pas de desserts et prix tout de même assez élevés. Un petit bar dans la 1re salle, mais les premières *raciones* sont à 9 €. Attention, cartes de paiement refusées.

Où prendre le petit déjeuner ? Où manger une pâtisserie ?

☛ **Bamboo** (plan B2, 35) : paseo Alameda, 2. ☎ 956-62-73-04. Situé au pied de l'Alameda, face au port et au château. Fauteuils et banquettes, poufs, tables basses et chaises en toile, musique douce et plantes vertes à profusion invitent à se relaxer dès le début de la journée face à un bon petit déjeuner ou, dans l'après-midi, devant une part de gâteau aux carottes ou un bon brownie, 100 % *English made*. La maison propose un nombre incroyable de cocktails de jus de fruits (et de légumes), numérotés de A à Z, du plus classique au plus surprenant. Que diriez-vous d'un poire-céleri ? Salades et sandwichs, servis avec diligence et efficacité, viennent compléter le menu à midi.

▐●▌ **Pastelería Bernal** (plan B2, 36) : c/ Sancho IV el Bravo, 5. Tout le monde y converge en fin d'après-midi pour ses excellentes pâtisseries aux amandes et son *turrón*. Alors, attention, n'oubliez pas de prendre votre numéro pour faire la queue ! Libre à vous, ensuite, d'imiter les familles du coin et de vous installer à la terrasse du bar restaurant *Morilla*, juste en face.

☛ **Las Delicias** (plan A1, 37) : Batalla del Salado s/n. ☎ 956-08-46-77. Voici l'endroit tout désigné pour commencer la journée si vous logez dans l'une des pensions situées à l'extérieur de la vieille ville. Habitués et visiteurs se croisent tous les matins dans cette bonne pâtisserie-cafétéria de quartier. Quelques tables alignées le long de la rue invitent à profiter du soleil en lisant le journal ; l'intérieur est nettement plus enfumé.

Où boire un verre ? Où sortir ?

Les adresses les plus sympas se situent dans la vieille ville. Difficile de dire que l'une est meilleure que l'autre, vu que les clients tournent sans cesse de bar en bar. Il y en a pour toutes les heures du crépuscule à l'aube, pour tous les âges, tous les goûts musicaux, tous les looks... à vous, donc, de composer votre circuit, sachant que le prix de la *caña* de bière reste à peu près le même partout. C'est une bonne nouvelle, non ? Voici notre sélection.

🍸♪ **Misiana** (plan B2, 40) : plaza San Francisco. Hôtel chic, resto, bar *lounge*... c'est l'endroit tendance de la chanteuse Ana Torroja (mais si, vous connaissez, celle du groupe *Mecano*) avec une déco éclectique et un poil londonienne faite de poufs couleur sucette, d'un piano et de meubles récup' peints en blanc pour l'effet rétro-pop. Cela dit, huppé ou pas, ça chauffe à bloc et on y danse jusqu'à 3 h du mat'.

🍸 **La Tribu** (plan B2, 40) : c/ de La Luz. À côté du *Misiana*, plus petit et moins je-me-la-pète-à-mort-dans-les-before-fashion. Les routards iront mater les beaux *guiris* surfeurs (tout ce qui est blond et bronzé, quoi !). Et puis, si entre deux *cervezas* la faim vous tenaille, vous pourrez faire un saut pour manger une part de pizza dans la calle. Patrons allemands et francophiles.

🍸 **La Sacristía** (plan B2, 18) : au rez-de-chaussée de l'hôtel chic du même nom. Plus cool, plus âgé, plus luxe – plus cher aussi – , avec des canapés moelleux pour le *chill-out* et les soirées musicales (jazz). Aussi quelques expos temporaires de photo ou de peinture, histoire de se la jouer intello-branché.

🍸 **La Ruina et Soul Café** (plan B2, 14) : attenants, derrière l'*hostal Ala-*

meda, dans la calle Santísima Trinidad. La Sainte Trinité des lieux, ce serait plutôt sea, sex and sun... Deux classiques de Tarifa où tout le monde converge à la sortie des boîtes. Chaud, très très chaud même aux heures les plus avancées.

🍸 *Moskito* *(plan B2, 41)* **:** c/ San Francisco. Beaucoup d'étrangers, on se mélange volontiers. Il est maintenant temps de trouver quelqu'un pour aller danser – sur des rythmes souvent latino et souvent mâtinés d'autre chose... Un bon point : tôt ou tard, le lieu est toujours bondé en saison.

♫ Pour les *boîtes,* on peut commencer la tournée en ville par des déhanchés sur les tubes espagnols au *Riff* *(hors plan par A1, 42)* sur la calle Batalla del Salado – en face de la station-service *Repsol* – du moins s'il a rouvert –, puis aller faire un tour à la playa de Los Lances, au nord-ouest de la ville. Les *chiringuitos* (bars de plage) vont et viennent d'une année sur l'autre en fonction des modes et des autorisations municipales, mais renseignez-vous pour voir si le *Jaima* et le *Serengueti* sont encore dans le coin. Sinon, tablez sur au moins une bonne fiesta par semaine en été. Ici aussi, le cycle techno-afters a le vent en poupe.

À voir. À faire

🏃 *Le vieux Tarifa :* déambuler dans ses ruelles blanches constitue un plaisir en soi et une occupation en tant que telle. À chaque heure du jour ou de la nuit, la lumière est différente et l'intérêt toujours renouvelé.

🏃🏃 *Castillo de Guzmán el Bueno (plan B2) :* en bord de mer, entre la vieille ville et le port. Fermé le lundi et le dimanche après-midi. Ouvert de 11 h à 14 h et de 17 h à 19 h en hiver (18 h à 20 h en été). Il faut acheter son billet (1,80 €) à la librairie *EuropaSur,* juste en face. Balade sympa sur les ruines de cet ancien château bien restauré où se déroula la tragédie décrite dans notre rubrique « Un peu d'histoire ». Remparts et chemin de ronde mènent à la tour de Guzmán. De là-haut, on peut voir distinctement les côtes africaines, le port et la casbah.

🏃🐟 *Observation de baleines et dauphins – FIRMM (plan B2, 6) :* Pedro Cortés, 4. ☎ 956-62-70-08 ou 619-45-94-41 (portable). ● www.firmm.org ● À côté de la *Farmacia Central.* Ouvert tous les jours de 9 h à 21 h. Excursions en mer par groupe de 24 personnes au maximum. Compter 3 h (dont 1 h de présentation avant le départ) et 30 € (10 € jusqu'à 6 ans, 20 € de 6 à 14 ans). Les baleines sont visibles dans la région en été, et les dauphins toute l'année selon les espèces. En juillet-août, réserver 48 h avant.

◼ *Aventura Marina :* av. Andalucía, 1. ☎ 956-25-46-26 et 609-59-40-20 (portable). ● www.aventuramarina. org ● Organise aussi des sorties en mer pour observer les cétacés – dauphins, orques, cachalots et petits rorquals. Si vous ne voyez pas au moins l'un de ceux-là, ils vous offrent une seconde excursion.

Pour les fous de glisse

Tarifa et ses belles plages attirent tout le gotha de la planche à voile et du kite surf, car le vent y est plus fort que partout ailleurs. Mieux, les vagues de l'Atlantique se brisant sur la côte sud, c'est idéal pour pratiquer la planche de vitesse et de saut en hiver ; en été, c'est *flat*. Entre Tarifa et Conil de la Frontera, plusieurs baies se succèdent. Le spot principal se situe à 10 km au nord-ouest de la ville, à la *playa de Valdevaqueros*. Il y a d'ailleurs un petit parking pour les camping-cars, ce qui permet de faire la sieste en attendant que le vent se lève.

Pour trouver les meilleurs tubes, allez dans le creux ouest au pied du phare de Trafalgar (prenez la route de Caños vers Conil, tournez à gauche au panneau « Faro de Trafalgar »). Et si vous n'êtes pas sportif, la vue à partir de cette pointe est magnifique.

De manière générale, quand le vent souffle *poniente* (de l'ouest), allez plutôt sur la *playa de Valdevaqueros* ; il y a toujours un beaufort de plus là-bas. À l'inverse, quand le vent souffle *levante* (de l'est), il y a toujours plus de vent au stade de Tarifa. À bon entendeur...

– Une quinzaine de clubs, boutiques et ateliers de réparation se livrent une concurrence acharnée en ville ou aux abords des plages. Difficile de faire un choix, dans la mesure où les changements de propriétaires sont fréquents. Mais voici au moins une personne sur laquelle vous pourrez vous reposer sans hésitation : Sylvain Moreau, Breton et ancien moniteur de l'UCPA, installé à Tarifa depuis sept ans. Il connaît le coin comme sa poche et il est l'un des seuls à être ouvert toute l'année. *Tarifa Smile,* ctra N 340, km 75,3. ☎ 619-98-03-03 (portable). ● www.tarifasmile.com ● Pour le trouver, juste après le camping *Torre de la Peña II,* prendre, de l'autre côté de la route, le chemin tout cabossé qui s'approche de la plage. Cours de windsurf, de kite surf et même de surf en hiver, location de matos et *chiringuito sano* sur place pour les petites faims.

Les plages

Toutes sortes de plages à Tarifa, de la plus urbaine à la plus sauvage. Notre cœur penche (évidemment) pour les plages désertiques. À quelques kilomètres au nord, l'immense playa de Los Lances, accotée à plusieurs petits espaces naturels préservés, répond tout à fait à cette description hors saison. L'été, c'est une autre histoire. Au-delà, un bel anneau de dunes ferme la *baie de Valdevaqueros,* port d'attache des windsurfers et kite surfeurs les plus accros. Pour les amateurs de naturisme, prendre à droite de la plage et la parcourir jusqu'au bout de la baie. Passer entre deux rochers (facilement repérables) par un petit chemin qui débouche sur une série de petites criques solitaires. Compter bien 15 mn de marche depuis le petit parking en face du camping *El Jardín de las Dunas.* C'est aussi l'occasion d'une belle balade dans les dunes, en particulier au soleil couchant ou au printemps lorsqu'elles se couvrent de fleurs. Attention toutefois de ne rien laisser dans votre voiture, certains lecteurs se la sont fait vider alors qu'ils prenaient le soleil. Plus loin encore (22 km de Tarifa), Bolonia est, pour beaucoup, la plus belle de toutes les plages (voir ci-après).

➤ *DANS LES ENVIRONS DE TARIFA*

🎬🎬 *Le site archéologique de Baelo Claudia :* sur la plage de Bolonia, à 22 km au nord-ouest de Tarifa. De la ctra N 340, prendre la bifurcation à hauteur du km 70,4, puis parcourir environ 6 km sur la petite route. Une fois à Bolonia, le site est atteint par la branche de droite. Horaires assez complexes : ouvert du mardi au samedi de 10 h à 18 h de novembre à février, jusqu'à 19 h en octobre, mars, avril et mai, et jusqu'à 20 h en été ; dimanche et jours fériés de 10 h à 14 h toute l'année. ☎ 956-68-85-30. Gratuit pour les ressortissants de l'UE ; 1,50 € pour les autres.

Superbe découverte d'un site magique entouré de dunes et d'une mer azur, à fréquenter surtout en fin d'après-midi sous une lumière rasante. Localisée dans la partie nord de l'anse de Bolonia, cette cité hispano-romaine datant de la fin du IIe siècle av. J.-C. a fait l'objet de fouilles archéologiques dès mai 1917, sous l'égide d'abord de l'École des hautes études hispaniques de Bordeaux. L'endroit fut utilisé comme port d'embarquement pour la navigation et le commerce avec l'Afrique du Nord. Sa localisation, à la sortie de la Méditerranée et à une faible distance (30 km) de *Tingis* (Tanger), capitale de la *Mauritania,* explique son rôle politique et administratif. Sous le règne de l'empereur Claude et au cours des premières décennies du Ier siècle apr. J.-C., Baelo Claudia se transforma en une ville de type impérial : elle fut dotée d'un théâtre, de thermes, d'un marché, d'un vaste forum entouré de boutiques, et des principaux édifices religieux et administratifs.

Dès l'arrivée, en abordant le forum, flanqué d'un côté par la basilique et, de l'autre, par un petit théâtre, les visiteurs sont plongés dans la cité. Les eaux du détroit de Gibraltar, qui constituent l'une des grandes routes migratoires des thonidés, ont converti Baelo en *emporium* de salaison du poisson et de production de *garum.* Extrait des intestins, des têtes et autres déchets de poissons, qui étaient macérés dans du sel jusqu'à obtenir une sorte de « jus de poisson pourri » (rappelant le nuoc-mâm vietnamien), ce produit, cher et recherché, faisait alors la renommée de la région. On le mêlait, pour la préparation, à du vin, de l'huile, du miel et toutes sortes d'épices. Dans la partie basse de la ville, face à la mer, on peut encore voir un quartier dévolu aux salaisons, où les petites conserveries côtoyaient de plus vastes établissements. Mais cette activité périclita dans la seconde moitié du IIe siècle de notre ère, probablement à cause de phénomènes sismiques. D'ailleurs, lors de votre visite, vous foulerez les pierres fendillées du *Decumanus,* voie d'accès principale et lieu de la faille. Attention à la marche !

Où dormir ? Où manger ?

🛏 *Hostal La Hormiga Voladora :* El Lentiscal, 18, 11391 Bolonia. ☎ 956-68-85-62. Fax : 956-68-85-63. Chambres doubles de 42 à 70 € hors saison et de 55 à 85 € de mi-juin à mi-septembre. En arrivant à Bolonia, prendre la route qui part sur la gauche en longeant à distance le rivage, et laisser le site archéologique sur la droite. Fort bien placée au-dessus de la plage (mais sans accès direct), la « fourmi volante » dispose d'un ensemble de petites unités très propres bercées par le bruit des vagues. Deux des 14 chambres (n°s 3 et 4) possèdent une cuisinette, une machine à laver et une chambre en mezzanine. Il y a aussi trois appartements, mais sans clim', contrairement aux chambres, et pas vraiment plus grands.

🍴 *Restaurant Las Rejas :* à Bolonia. ☎ 956-68-85-46. Juste après la *Hormiga Voladora.* Ouvert en principe tous les jours de la Semaine sainte à novembre, uniquement le week-end hors saison. Congés : en janvier et février. Pour un repas complet, compter largement 15 €. Les produits de la pêche arrivent directement dans votre assiette ! Le patron, jeune, sympa et hippie, négocie directement avec les pêcheurs, quand il ne pêche pas lui-même. Bonne soupe de poisson.

LA COSTA DEL SOL
ET L'ARRIÈRE-PAYS

La Côte du Soleil... un nom qui en a fait rêver plus d'un(e), et qui n'est pas usurpé : ce n'est pas le soleil qui manque... On compte à peine 40 jours de mauvais temps par an, et beaucoup d'assoiffés en été ! Ajoutez environ 600 km de côtes (d'Algésiras à Almería), une toile de fond montagneuse, des villages de pêcheurs, des allées de palmiers, des fruits de mer à gogo... et vous comprendrez comment la Costa del Sol est devenue dans les années 1960-1970 le lieu de villégiature favori des congés payés français et allemands, avant d'attirer Anglais, Néerlandais et autres Nordiques. C'est qu'on résiste difficilement à la tentation de venir faire trempette dans ce paradis perdu après avoir visité Cordoue et Grenade. Un jour ou l'autre, on finit par échouer sur la Costa del Sol.

Seulement voilà, cette manne touristique a inévitablement incité les Bouygues espagnols à y chercher fortune et les autorités locales à encourager la construction pour résorber le chômage. Les petits ports de pêche sont devenus marinas, les patios parkings et les plages de rêve des alignements d'immeubles aux allures de HLM. Et ça continue ! Le littoral au sud-est de Málaga, déjà pas mal bétonné et pas mal pollué, s'il ne voit plus aujourd'hui pousser de tours champignonesques comme dans les années 1980, se couvre de résidences tentaculaires. D'ailleurs, les grues pullulent – une vraie invasion.

Si l'on est allergique à l'urbanisation à outrance et à la promiscuité, il est heureusement toujours possible de se retirer dans un de ces petits villages de l'arrière-pays tout proche, où s'écoule encore une vie tout andalouse, plus tranquille, plus traditionnelle et qui respire le bien-vivre. Bien sûr, les touristes sont là aussi, débarquant souvent par cars entiers. Mais le soir venu, tous, ou presque, regagnent leurs barres bétonnées du bord de mer. Si vous le pouvez, tâchez donc d'éviter les grandes ruées d'été. Si, toutefois, pour vous, c'est juillet, août et rien d'autre, pensez à réserver le plus tôt possible. En fait, même effréné, le rythme de construction n'arrive pas à suivre l'accroissement du nombre de visiteurs, et tout est très vite complet !

ALGÉSIRAS (ALGECIRAS)   (11200)   111 300 hab.

Un des ports importants de la côte sud de l'Andalousie, très fréquenté en raison des nombreuses liaisons maritimes vers le Maroc, Algésiras n'offre rien de « monumental » à admirer. C'est essentiellement un lieu de passage et d'échange, comme le prouvent les nombreuses enseignes écrites en espagnol, anglais et arabe, ainsi que les agences de voyages alignées par dizaines sur la promenade maritime. Souvent présentée comme une « ville laide », Algésiras bénéficie d'un vieux quartier central rénové et agréable, traversé par des voies piétonnes. Son site géographique est exceptionnel. La ville est adossée à une colline, sur la rive ouest d'une baie en forme de fer à cheval, face au rocher de Gibraltar. C'est d'Algésiras, d'ailleurs, que l'on voit le mieux le fameux rocher. À voir le site, on comprend immédiatement l'importance de ce haut lieu stratégique de l'histoire, qui surveille l'entrée occidentale de la Méditerranée, le détroit de Gibraltar. La côte nord du Maroc se distingue très nettement.

UN PEU D'HISTOIRE

Anciennement romaine, puis musulmane durant 6 siècles (son nom est dérivé de l'arabe *Al-Yazirat-al-Jadra*, qui signifie « l'île Verte »), Algésiras connut bien des déboires. Au XIVe siècle, le sultan de Grenade Mohamed V tenta de la reconquérir en l'incendiant et en la réduisant à néant. En 1906, la conférence d'Algésiras, qui accorda à la France des droits spéciaux sur le Maroc, se tint ici, à l'hôtel *Reina Cristina*.

Arriver – Quitter

En train

🚂 **Gare RENFE** *(plan A2) :* av. Gesto por la Paz s/n. ☎ 902-24-02-02 (24 h/24). À 5 mn du port. Cafétéria, borne Internet, consigne et vente de billets de bateaux pour Tanger et Ceuta.
➤ **De/vers Grenade :** 3 trains directs par jour ; 4 h 30 de trajet.
➤ **De/vers Ronda :** au moins 5 trains directs par jour, entre 7 h et 18 h 35. Durée : près de 2 h. Très beaux paysages. Il s'agit de la même ligne que celle de Grenade.
➤ **De/vers Cordoue :** 2 trains directs par jour.
➤ **De/vers Séville et Málaga :** changement à Bobadilla.

En bus

🚌 **Gare routière** *(plan A2) :* c/ San Bernardo. Flambant neuve. En face de la gare RENFE et au pied de l'hôtel *Octavio*. Les transports *Portillo, Comes* et *LineSur* y ont chacun un guichet. Caféteria pour calmer les petits creux.
■ **Automóviles Portillo** *(plan A2) :* ☎ 902-14-31-44. ● www.ctsa-portillo. com ● Guichet *a priori* ouvert de 7 h 40 à 14 h 15 et de 14 h 30 à 21 h 55.
➤ **De/vers Marbella et Málaga :** 11 à 12 bus directs par jour, entre 8 h et 22 h. Durée du trajet : 1 h et 1 h 45 respectivement. Il existe aussi 7 à 8 omnibus *(ruta)* qui desservent au passage les stations les plus moches de la côte : Estepona, Fuengirola et Torremolinos. Le temps de trajet jusqu'à Málaga atteint alors 3 h. Environ 6 € pour Marbella et 10 € pour Málaga.
➤ **De/vers Benalmádena :** 3 bus par jour, entre 13 h et 22 h. Compter près de 9 € et 2 h 30 de trajet.
➤ **De/vers Almería :** 1 bus par jour, vers 15 h (7 h, 24 €).
➤ **De/vers Grenade :** 6 bus par jour (dont 4 rapides). Durée : 3 h 30 à 5 h. Billet : près de 19 €.

■ **Compañía Comes** *(plan A2) :* ☎ 902-19-92-08.
➤ **De/vers La Línea** (ville espagnole située près de Gibraltar) *:* du lundi au vendredi, rotations toutes les 30 mn à partir de 7 h ; dernier départ d'Algésiras à 22 h 30 et dernier retour de La Línea à 22 h 15 en semaine (et 23 h 15 le week-end). Les billets s'achètent directement dans le bus.
➤ Départs **de/vers Huelva** (un par jour), **Séville** (4 par jour), **Jerez** (1 le matin et 1 l'après-midi), **Cadix** (10 par jour) et **Tarifa** (9 par jour et seulement 7 les jours fériés, toutes les 90 mn en moyenne ; le trajet dure 45 mn).

■ **Bus LineSur** *(plan A2) :* ☎ 956-66-76-49. ● www.linesur.com ●
➤ Une dizaine de bus par jour de et vers **Séville,** la plupart via Jerez. Durée : de 2 h 15 pour les directs (départs à 13 h et 17 h 30) jusqu'à 3 h 30 pour les plus lents. Compter 15 €.

■ **Compañía Daibus :** se renseigner auprès de l'agence *Viajes Marruecotur* au terminal des ferries. ☎ 956-65-61-85. ● www.daibus.es ●
➤ **Pour Madrid :** 4 bus quotidiens à 8 h 40, 12 h 40, 16 h 40 et 21 h 45 (un peu plus de 25 €). Le trajet dure 8 h.

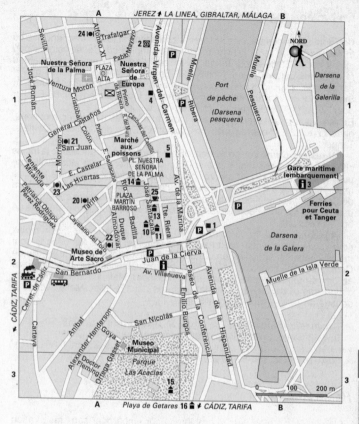

ALGÉSIRAS

■ **Adresses utiles**

- ⓘ Office du tourisme
- ⓘ 3 Kiosque d'informations touristiques de la gare maritime
- ✉ Poste
- 🚆 Gare RENFE
- 🚌 Gare routière
- 1 Trasmediterránea
- @ 2 Internet Telecom Center
- 4 Banque BBV

🛏 **Où dormir ?**

- 10 Hostal Nuestra Señora del Carmen
- 11 Hostal González
- 13 Hostal Oporto
- 14 Hostal Nuestra Señora de la Palma
- 15 Hotel Reina Cristina
- 16 Albergue juvenil Algeciras

|●| **Où manger ?**

- 20 La Casita
- 21 Restaurante Montes
- 22 El Houda
- 23 Restaurant Casa María
- 24 Mesón Guijuelo 15

☞ **Où prendre le petit déjeuner ?**

- 25 La Dulce Campesina

En bateau, pour le Maroc

Bon nombre de compagnies assurent ces liaisons et toutes affichent plus ou moins les mêmes tarifs : environ 30 € l'aller simple pour Ceuta, voire un peu moins, et de 30 à 35 € pour Tanger (selon qu'il s'agit d'un ferry ou d'un bateau rapide). Les enfants paient moitié prix. En basse saison, certaines offrent parfois des réductions sur le passage de la voiture ou d'un camping car. Sinon, pour un véhicule de tourisme standard, tablez sur environ 80 € l'aller pour Ceuta (150 € aller-retour) et 90 € pour Tanger.

En été, vous pouvez tabler sur une liaison toutes les heures en moyenne, entre 7 h et 22 h. N'oubliez pas votre passeport. Deux destinations : Ceuta et Tanger.

➤ **Algésiras-Ceuta :** en seulement 35 mn ! La liaison vers le Maroc la moins chargée et l'une des moins chères. L'embarquement y est plus facile que pour Tanger : Ceuta étant un *presidio*, une dépendance espagnole en terre marocaine, il n'y a pas de douane. À Ceuta, ou plutôt à Fnideq, situé à 3 km de Ceuta (à faire en stop), bus pour Tanger via Tétouan (route superbe). Ne pas écouter les chauffeurs de taxi à Ceuta, qui vous diront que cette ligne de bus n'existe pas.

➤ **Algésiras-Tanger :** comptez 2 h 30 de traversée en ferry, moitié moins pour l'hydroglisseur (qui prend aussi les voitures) – mais les départs sont moins fréquents. Attention, en été cette ligne est plus chargée que celle de Ceuta. Certaines agences d'Algésiras, peu scrupuleuses, ajoutent une taxe au prix du passage sans en avertir le passager. Mais les taxes portuaires d'Algésiras et de Tanger sont bien incluses dans le billet. Méfiez-vous : la douane de Tanger est très pointilleuse.

■ **Trasmediterránea** *(plan B2, 1)* : ☎ 956-58-34-00. Ouvert du lundi au vendredi de 7 h à 21 h.
■ **Euroferrys :** ☎ 956-52-15-29.

■ **Buquebus :** ☎ 956-50-12-11 (dessert seulement Ceuta).
■ **Comarit :** ☎ 956-66-84-62 (dessert seulement Tanger).

Réservations

– Si vous êtes à pied, aucun problème pour embarquer sans réservation en été. En revanche, en voiture, l'attente est souvent longue. Pour gagner du temps, on peut acheter son billet en France avant le départ et, si on va à Ceuta, réserver une place (c'est malheureusement impossible pour Tanger).

■ **Euro-Mer France :** 5, quai de Sauvages – CS 10024 – 34078 Montpellier Cedex 3. ☎ 04-67-65-67-30. Fax : 04-67-65-77-57. ● www.euromer.net ● Ouvert du lundi au vendredi de 9 h à 19 h et le samedi de 9 h à 18 h. Que vous alliez à Ceuta ou Tanger, cette agence vous propose d'acheter à l'avance vos billets au départ d'Algésiras (et d'autres villes espagnoles ou françaises), quelle que soit la compagnie. Les prix sont à peine supérieurs à ceux pratiqués sur place (quelques euros). Nombreuses réductions, tarifs groupes, 4x4, camping-car.

■ **Iberrail France :** 57, rue de la Chaussée-d'Antin, 75009 Paris. ☎ 01-40-82-63-63 et 01-42-81-27-27 (réservations). Fax : 01-40-82-93-93. ● service.to@iberrail.fr ● Ⓜ Trinité ou Chaussée-d'Antin. Ouvert du lundi au jeudi de 9 h à 12 h 30 et de 14 h à 18 h, le vendredi jusqu'à 18 h 30. Permet d'acheter les billets sur la compagnie *Trasmediterránea*, vendus presque systématiquement en *open* (pas de réservation de date précise ni d'heure, reste à faire la queue en arrivant).

Conseils

– Si votre bateau embarque le soir, arrivez le jour du départ pour éviter de dormir ici.

– Parfois, quelques petits revendeurs de haschich (appelé ici *chocolate*) traînent dans les rues obscures. En fait de haschich, ce n'est généralement que du henné, d'ailleurs d'assez bonne qualité.

Pas de problème de sécurité, contrairement aux rumeurs.

Adresses utiles

🛈 *Office du tourisme (plan A2) :* c/ Juan de la Cierva. ☎ 956-57-26-36. ● www.algeciras.es ● Tout près du port. Un gros cube blanc, vide et moche. Ouvert du mardi au vendredi de 9 h à 19 h 30, le lundi et le samedi de 9 h à 14 h. Fermé le dimanche. Informations sur la ville et la région, mais n'en attendez pas trop.

🛈 *Kiosque d'informations de la gare maritime (plan B1, 3) :* situé dans le hall d'entrée, à l'intérieur du bâtiment principal du port (autorité portuaire Bahía de Algeciras). ☎ 956-58-54-63. Ouvert a priori tous les jours de 6 h 45 à 21 h 45, mais les pauses s'enchaînent… Normalement, l'hôtesse est francophone (si elle est toujours là). Renseignements sur place ou par téléphone, mais uniquement sur les transports, pas sur la ville : horaires de bateaux, bus, trains.

🛈 En été, un petit *kiosque (plan A2)* est également ouvert sur l'avenida de la Marina.

✉ *Poste (plan A1) :* c/ José Antonio Primo de Rivera. Ouvert en semaine de 8 h 30 à 20 h 30 et le samedi de 9 h à 13 h.

@ *Internet Telecom Center (plan A1, 2) :* av. del Carmen, 35. Ouvert tous les jours de 10 h 30 à 23 h. Très bon marché (1 €/h). Fait aussi centre d'appels internationaux.

■ *Change :* plusieurs banques dans le centre-ville. Évitez absolument de changer dans les agences de voyages, sauf en dépannage.

■ *Banque BBV (plan A1, 4) :* Virgen del Carmen, 17. Pour réserver l'Alhambra, à Grenade ! Ouvert de 8 h 30 à 14 h 15 en semaine.

■ *Consignes :* la consigne de la gare maritime *(plan B1)* est ouverte tous les jours de 7 h à 21 h. Comptez 2 à 3 € par jour. Une autre, automatique celle-ci, se trouve à proximité si c'est fermé. Et encore une, automatique elle aussi, à la gare ferroviaire RENFE *(plan A2)*.

■ *Parking :* on peut se garer gratuitement en face de l'embarcadère de ferries le long de l'avenida Virgen del Carmen *(plan A-B1)*. Évidemment, les places sont chères...

■ *Taxis :* on en trouve toujours devant la gare ferroviaire, devant la gare maritime et, près de cette dernière, sur l'avenida Virgen del Carmen. ☎ 956-65-55-12.

Où dormir ?

Les petits hôtels sélectionnés se trouvent tous dans le même quartier, en face du port. Le niveau de l'hôtellerie est ici assez bas, voire parfois complètement crapouilleux. N'hésitez pas à voir plusieurs chambres avant d'en prendre une.

N.B. : certains hôtels étant tenus par des Marocains, un *choukrane* (« merci », en arabe) ouvre parfois la porte vers un bon prix.

Bon marché (de 15 à 30 €)

🛏 *Hostal Nuestra Señora del Carmen (plan A2, 10) :* c/ José Santa-cana, 14A, 11201. ☎ 956-65-63-01. Chambres avec ou sans sanitaires, de 18 à 30 € selon la saison – rarement plus de 25 € en dehors d'août. Petite pension impeccable aux balcons donnant sur une rue assez tranquille, très bien tenue. Une adresse sympathique, mais demandez à choisir, certaines chambres étant plus petites et plus sombres que d'autres.

▣ *Hostal González (plan A2, 11) :* c/ José Santacana, 7, 11201. ☎ 956-65-28-43. Compter 24 € la chambre double sans salle de bains et 30 € avec, à 5 € près selon l'affluence. Construction récente, propre, et patrons plutôt accueillants. Style très lino et meubles en contreplaqué,

quelques odeurs de renfermé, des chambres plus sombres que d'autres mais, dans l'ensemble, très correct pour le prix...

▣ *Hostal Oporto (plan A2, 13) :* c/ Teniente Maroto, 3, 11201. ☎ 956-65-59-98. À 100 m du port, donc relativement plus bruyant que les hostales *Nuestra Señora del Carmen* et *González.* Entre 20 et 25 € la chambre double. En face d'une pâtisserie *(Dulce Campesina),* un bâtiment moderne de 2 étages, correctement tenu. Chambres de 2 ou 3 lits, plutôt propres (douche sur le palier). Accueil nonchalant, voire... absent.

Prix modérés (autour de 35 €)

▣ *Hostal Nuestra Señora de la Palma (plan A1, 14) :* plaza Nuestra Señora de la Palma (mercado de Abastos), 12, 11201. ☎ 956-63-24-81. Des chambres avec salle de bains autour de 35 € (50 € pour 3), ni particulièrement gaies, ni particulièrement claires, mais un cran au-dessus des précédentes adresses (TV, AC) ; logique, le prix aussi ! Très propre. Certaines donnent sur le sympathique mar-

ché, animé tôt le matin (bruit en conséquence). Au rez-de-chaussée, un bar populaire servant des tapas (salle pas nickel mais prix bas).

▣ D'autres *petits hôtels* similaires, classés 1 ou 2 étoiles (normes espagnoles), s'éparpillent dans les ruelles du quartier situé entre les rues Tarifa, Badilla et Cayetano del Toro *(plan A2).* Si jamais les autres sont pleins.

Très chic (plus de 110 €)

▣ *Hotel Reina Cristina (plan A3, 15) :* paseo de la Conferencia, 11207. ☎ 956-60-26-22. Fax : 956-60-33-23. • www.reinacristina.es • En haute saison, compter 115 € pour une chambre double, petit dej' en sus. De style mixte (mélange hispano-anglo-mauresque), avec un charmant patio intérieur, et au milieu d'un parc ombragé formant une véritable oasis au cœur d'Algésiras, cet établissement a su conserver un certain charme apparent malgré le passage des ans. En 1906, Clemenceau et les

signataires de la conférence d'Algésiras y logèrent. Le poète Federico García Lorca y séjourna vers 1934. Très belle piscine entourée de palmiers (parfois remplie...) et même des courts de tennis. Les chambres, elles, sont calmes et ouvrent sur le parc. Mais demandez à en voir plusieurs, car certaines ont une déco antédiluvienne avec, à la clef, TV grésillante et ménage aléatoire. Ajoutez à cela un petit dej' médiocre et vous obtiendrez des airs de grandeur décadente qui s'envolent à tire d'aile.

Où dormir dans les environs ?

Auberge de jeunesse

▣ *Albergue juvenil Algeciras (hors plan par B3, 16) :* Pelayo, 11390. ☎ 956-67-90-60. Fax : 956-67-90-17. • www.inturjoven.com • À la sortie ouest du village de Pelayo, à 8 km d'Algésiras et 12 km de Tarifa. Le bus peut vous arrêter sur la N 340, au pied de l'AJ ; dernier bus depuis Algésiras vers 21 h (et 20 h 15 depuis Tarifa). Ouvert 24 h/24. Congés : du 20 décembre au 10 janvier. Pour les moins de 26 ans, compter environ 9,50 € en basse saison et 14,50 € en haute saison ; pour les plus de 26 ans, 13 et 19 € respectivement.

Repas à partir de 5,50 €. Une grosse centaine de lits en tout, répartis en chambres de 2 à 4 personnes, avec de grandes fenêtres ou une petite terrasse. Chaque chambre partage une salle de bains sur le palier avec une autre. Bel édifice moderne perdu dans les collines. Très bien équipé. Belle piscine ouverte en juillet et en août. Vue extra sur la mer.

Où manger ?

|●| *Mesón Guijuelo 15* (plan A1, 24) : c/ Alfonso XI, 10. Ouvert tous les jours midi et soir. *Montaditos* (petits sandwichs tièdes) à 1 €. Petite salle éclairée par des lanternes pendues parmi les jambons et sous la protection de N. D. du Rocío. Ici c'est service rapide et *comida* sur le pouce, debout au bar. Les meilleurs sandwichs qu'on ait trouvés en ville ; goûter absolument au *pringá* (poulet, veau, bacon, le tout haché menu) et au *rascallú* (roquefort, dates et marmelade de coing). Service enjoué de la jeune patronne, qui ne cesse de plaisanter avec tous les clients.

|●| *La Casita* (plan A2, 20) : c/ Tarifa. Quelques tabourets, un bar, des tapas qui défilent sous le nez des habitués et des tonneaux pour poser son assiette. Que demander de plus ? Une ambiance chaleureuse, 100 % au rendez-vous.

|●| *Restaurante Montes* (plan A1, 21) : c/ Juan Mórrison, 27. ☎ 956-65-42-07. Ouvert tous les jours de 12 h à 17 h et à partir de 19 h. Maison fondée en 1958. Menus midi et soir autour de 9 €, avec un choix plutôt restreint mais de bonne tenue. Même patron que le bar du même nom, situé 50 m en contrebas, mais,

ici, c'est un vrai resto, un peu élégant même, bien que les prix se tiennent. On y vient surtout pour le poisson, très frais et bien préparé, à choisir dans le vivier à l'entrée.

|●| *El Houda* (plan A2, 22) : c/ Cayetano del Toro, 27. ☎ 956-66-97-75. Compter autour de 15 € pour un repas. Petit resto sans prétention tenu par un Marocain aimable et francophone qui sert des poissons simplement grillés (selon la pêche du jour), mais surtout tagines, couscous et poulet à l'ail. Les habitués occupent la première salle, les clients du resto, peu nombreux à midi, celle du fond.

|●| *Restaurant Casa María* (plan A1-2, 23) : c/ Emilio Castelar, 53. ☎ 956-65-47-02. Menus midi et soir à 8 et 14 € avec un assez grand choix. Voisin du *Montes* ; même tenue, mêmes prix, mais qualité un poil inférieure. Honnête, familiale, cette taverne de quartier sert depuis 1963 les plats traditionnels de la région. Autant de poisson que de viande, à déguster dans une salle propre et nette décorée d'azulejos. Cartes de paiement refusées, quoiqu'en dise le panonceau apposé sur la porte.

Où prendre le petit déjeuner ?

🍺 *La Dulce Campesina* (plan A2, 25) : à l'angle des rues Teniente Maroto et José Santacana. Voilà bientôt trois générations que la « douce paysanne » cale les estomacs gargouillants des habitants du

quartier et des voyageurs de passage au lever du jour. Rien d'exceptionnel en soi, mais un bon choix de pâtisseries, de viennoiseries et de *bocadillos*. Les en-cas se commandent à gauche, avant de s'asseoir.

À voir. À faire

🚶 Tous les restos que nous indiquons (sauf le premier) sont dans ou aux abords du **vieux quartier** d'Algésiras, qui possède, non pas du charme, mais une atmosphère populaire. On peut s'y promener 1 h sans déplaisir, histoire de garder un meilleur souvenir que celui du port. Le marché, sur la plaza Nuestra Señora de la Palma, est vivant et coloré, tout comme le marché aux poissons tout proche.

🍴 **Plaza Alta** (plan A1) : avec ses azulejos, ses palmiers et sa fontaine centrale kitsch ornée de grenouilles, elle fut construite en 1807. S'y s'élèvent 2 églises : la *capilla de Nuestra Señora de Europa* (XVIIIe siècle) et la *iglesia de Nuestra Señora de la Palma* (construite en 1723).

🍴 **Museo Municipal** (plan A2) : c/ Ortega y Gasset s/n (angle c/ Goya), à l'orée du parc des Acacias. Ouvert de 9 h à 14 h en été et aussi de 17 h à 19 h hors saison. Entrée gratuite. Si vous avez une heure à perdre, vous y découvrirez l'histoire locale de la préhistoire à l'aube du XXe siècle. Peu de pièces intéressantes – ni même entières –, à part quelques amphores, une grande *tinaja* (jarre) médiévale et une belle lampe en bronze arabe du Xe siècle qu'on aimerait bien frotter pour voir si un génie va en sortir... À l'étage, vous découvrirez la version espagnole du siège de Gibraltar, intéressante à confronter à celle du Musée du rocher si vous y allez ensuite.

🍴 **Museo de Arte Sacro** (plan A2) : c/ Cayetano del Toro. Mêmes horaires que le musée municipal. Entrée libre. Cette annexe du musée municipal est installée dans une petite chapelle du XVIIIe siècle, près du parking de l'office du tourisme. Ses pièces centrales : un grand ostensoir de procession en argent ciselé de la fin du XIXe siècle et un *Santo Domingo de Guzmán* (généreusement) attribué à Zurbarán.

🏖 Pour profiter de la plage, allez donc vous prélasser au soleil de la **playa de Getares**, à 4 ou 5 km au sud d'Algésiras ; 3 km de sable blond et fin. Cet endroit, bien que subissant une sérieuse urbanisation, n'est pas encore trop dénaturé. Beaucoup de petits pavillons mais heureusement pas de buildings.

GIBRALTAR

(73220)   28 000 hab.

Pour Théophile Gautier, c'est un « monolithe monstrueux lancé du ciel... un morceau de planète écornée tombé là pendant une bataille d'astres... ». Pour Colette, c'est « une horreur sans nom ». Et pour l'écrivain américain Paul Théroux, « les Gibraltariens ressemblent à une tribu de minuscules idolâtres, accrochés à leur monumental sanctuaire de calcaire ». Néanmoins, Marguerite Duras y ancra son célèbre marin. Il faut dire qu'il y a, à Gibraltar, une curieuse atmosphère qui ne laisse personne indifférent, ni les artistes ni les voyageurs.

Dans cette enclave anglaise (6,5 km^2 seulement) en terre andalouse, tout rappelle le Royaume-Uni : les quelques *bobbies,* l'alignement des pubs, les cabines téléphoniques rouges, les portraits d'Elizabeth II dans leurs cadres officiels. Mais l'âme espagnole résiste aux muffins et au *teatime*. Elle affleure sans cesse, au détour d'un accent, d'un mot, d'une tournure de phrase. La population de Gibraltar, issue d'un vaste métissage espagnol, portugais, maltais, anglais, juif et génois, pratique un dialecte baptisé *llanito*, un cocktail britannico-ibérique qui lui permet de passer d'une langue à l'autre quand un mot fait défaut.

La ville, étirée en longueur, n'est ni belle ni typique. Allons, soyons francs, elle est plutôt moche. Et pourtant, il y a toujours cet étrange charme qui opère. Un mélange de curiosité et de légitime attirance nous pousse à aller voir sur ce bout de rocher comment résiste cet anachronisme historique.

UN PETIT TERRITOIRE DÉPENDANT

Physiquement, la vie à Gibraltar n'est pas facile. Seule la base du rocher est habitable, et c'est là que s'étirent les quelques rues qui composent la ville. Celle-ci est malmenée par les vents et la brume, car l'humidité, lorsqu'elle se fixe sur le rocher, tombe de plein fouet sur les habitations. Gibraltar coûte cher à l'Angleterre. Hormis le petit commerce ordinaire (et détaxé) concentré le long d'une *high street* piétonne, le territoire ne produit rien. Comme sur une île, toutes les marchandises sont importées. Les avions britanniques atterrissent sur une piste minuscule au ras des eaux, située sur une langue de terre plate (le Neck), entre la ville et le poste frontière. En temps normal, la route nationale traverse cette piste. Si un avion surgit, la route est fermée et les voitures attendent le temps de l'atterrissage ! L'eau que boivent les habitants est produite sur place dans des usines de désalinisation d'eau de mer, financées par Londres. Acheter l'eau potable à l'Espagne ? Jamais de la vie, répondent certains habitants, on risquerait d'être empoisonnés par eux ! À Gibraltar persiste une mentalité d'assiégé.

UN PEU D'HISTOIRE

Le rocher, à en croire certains préhistoriens, serait l'un des tout derniers refuges de l'homme de Neandertal en Europe. Dès l'Antiquité, Gibraltar est connue des Phéniciens, des Carthaginois, puis des Romains. Et pour cause ! C'est dans cette région à la confluence de 2 mondes (l'africain et l'européen), à la rencontre de 2 mers et au croisement de plusieurs vents que Jupiter et Alcmène ont placé leur fiston, Hercule, comme gardien des colonnes qui portent son nom. Mises à part quelques offrandes phéniciennes aux dieux du détroit, les premières vraies traces sont laissées par les Maures, qui s'y installent en 711 sous le commandement de Tarik ibn Zyad (d'où le nom de *Gibraltar*, qui dérive de l'arabe *Djebel Tarik* : « la montagne de Tarik »). Jusqu'en 1309, le rocher vit son petit bonhomme de chemin sous ce régime arabo-berbère. Mais, à cette date, les Espagnols chrétiens tombent à bras raccourcis sur les musulmans au cours d'une attaque surprise. Évincés, les musulmans ne s'avouent pas vaincus pour autant. En 1333, le sultan de Fez réinvestit la ville après un siège de 4 mois et demi. C'est à lui que l'on doit la plupart des monuments musulmans existants : le château, les bains, la mosquée... En 1462, San Bernardo de Claraval (à présent, le saint patron de Gibraltar) libère la presqu'île et la transforme en une base navale stratégique. Et puis, il fallait bien que ça arrive... Deux siècles et demi plus tard, Carlos II meurt sans laisser d'héritier. L'Espagne se déchire alors en une guerre de succession. On n'est pas très sûr des détails, mais ce sont les Anglais qui, en 1704, emportent l'affaire grâce à l'amiral Rooke.

Le rocher des Anglais

Le traité d'Utrecht est signé en 1713 et l'Espagne fait don « absolument et pour toujours » du rocher à Sa Gracieuse Majesté. L'article 10 du traité interdit « le séjour ou l'entrée dans Gibraltar des juifs et des Maures ». Cette clause ne sera jamais respectée, car juifs et Arabes ont toujours marqué le territoire de leur présence. De 1779 à 1783, les Espagnols, qui ne respectent décidément rien, mettent le siège devant Gibraltar : il durera quatre interminables années. Des tunnels avec meurtrières sont péniblement creusés dans le flanc nord du rocher, d'où les Anglais bombardent sans risque leurs ennemis.

En 1840, Théophile Gautier, lors de son voyage en Espagne, note que « la montagne est creusée, minée, fouillée dans tous les sens ; elle a le ventre plein de canons, d'obusiers et de mortiers ; elle regorge de munitions de guerre ». À la fin du siècle, face à la menace allemande, le territoire se renforce d'un port de guerre. Selon le traité d'Utrecht, l'enclave ne doit servir que de base militaire et pas de colonie de peuplement. Au fil des ans, c'est pourtant ce qu'elle est devenue.

Durant la Seconde Guerre mondiale, Gibraltar est l'une des bases anglaises les plus actives. Les Alliés y concentrent leur flotte pour débarquer en Afrique du Nord. La population civile, elle, est invitée à aller se faire voir sous d'autres latitudes.

En 1969, le chanteur John Lennon et Yoko Ono s'y marient. Pourquoi ici ? Rien à voir avec l'année érotique et les mœurs du pays... C'est simplement que, à Gibraltar, les formalités administratives pour le mariage étaient (et restent) très rapides. Il suffit d'y résider depuis 48 h pour pouvoir se marier. Ça n'a rien à voir mais, la même année, la colonie élit son propre gouvernement représentatif.

1969-1985 : Gibraltar coupé du monde

En 1969 toujours (décidément !), le dictateur Franco ferme la frontière et interdit tout contact entre l'Espagne et Gibraltar. Son objectif : contraindre les « maudits Anglois » à déguerpir. C'est mal les connaître ! Contre vents et marées, les Gibraltariens s'accrochent à leur bout de caillou. En fin de compte, après 16 ans de négociations, de résistance et d'isolation, le 4 février 1985, la frontière est rouverte à minuit.

La trêve est courte. Les Espagnols ont le sentiment d'avoir lâché du lest sans contrepartie. En effet, en 1973, lors de l'adhésion du Royaume-Uni à la CEE, le traité devait s'appliquer de facto au rocher... sauf en ce qui concerne la législation fiscale totalement autonome. Pas d'impôt sur les bénéfices des sociétés, ni droits de mutation, ni impôt sur la fortune... Ce qui, aujourd'hui, énerve considérablement les autorités espagnoles, qui prétendent que beaucoup de narcotrafiquants viennent y blanchir leur argent sale en toute impunité. Le ministère des Finances espagnol fait même monter la pression en estimant que 2 % du PNB s'évade à Gibraltar...

Quel avenir pour la colonie britannique ?

Comme les icebergs, le *peñón* (le « rocher » en espagnol) a sa face cachée, et les abcès de fixation sont nombreux. N'oublions pas d'abord que malgré son soleil et ses berges ourlées de bleu, Gibraltar demeure une base stratégique militaire et navale. Des sous-marins nucléaires seraient dissimulés quelque part dans les profondeurs, et on prétend même qu'un stock d'armes biologiques et chimiques dormirait dans le rocher. On n'aura peut-être jamais le fin mot dans ce domaine. Revenons donc à la surface. Car la pêche met son nez dans la discorde, et c'est un sujet qui se termine rarement par de chaudes embrassades.

En 1999, la hache de guerre est déterrée par les Gibraltariens qui arraisonnent une quinzaine de navires ibères. Madrid répond au berger et les insultes fusent, le gouvernement espagnol envisageant même un temps de fermer son espace aérien aux avions britanniques.

D'autres griefs portent sur l'application de la convention de Schengen et de diverses directives européennes. Lorsqu'ils n'obtiennent pas gain de cause, les Espagnols vont frapper à la porte de la Commission européenne qui (évidemment) leur donne raison. Les Gibraltariens rétorquent par un moyen bien malin. Pour que la planète soit au courant du « blocus » imposé par les Espagnols (en fait, un filtrage lent des voitures franchissant la douane), ils placent des caméras qui filment en direct les bouchons à la frontière ! Le tout retransmis sur Internet. Un sacré méli-mélo qui a de quoi renforcer les sentiments d'appartenance sur ce mouchoir de poche de 6,5 km^2 !

Vers un accord entre Madrid et Londres ?

L'autodétermination, prônée par une écrasante majorité des 28 000 Gibraltariens bien attachés à leur particularisme, se heurte désormais de front aux tentatives anglo-espagnoles de parvenir à un accord. Être rattachés à l'Espagne comme Hong Kong fut restituée à la Chine ? Pas question : ils ne veulent pas être espagnols. Accepter une co-souveraineté anglo-espagnole, proposée par Londres en 2002 ? Non et re-non. Dès novembre 2002, les habitants de l'enclave ont rejeté par référendum cette éventualité avec 98,97 % de « non ». Sur les 87,9 % des 20 500 électeurs à s'être prononcés, seuls 187 ont voté « oui » ! Ni Londres ni Madrid n'ont considéré ce scrutin comme valide, mais il a finalement permis à un représentant du territoire de se faire inviter aux négociations – tripartites, donc, depuis 2004. Cette même année, la visite officielle du ministre de la Défense britannique lors du tricentenaire de la conquête militaire du rocher a été qualifiée de « très inamicale » par le gouvernement espagnol. Reste que Madrid affiche sur le sujet une bonne dose d'hypocrisie : tout en réclamant à cor et à cri la restitution de Gibraltar, l'Espagne refuse obstinément de rendre au Maroc les enclaves de Ceuta et Melilla qu'elle y a conservées... À ce jour, les rencontres tripartites n'ont débouché sur rien.

Arriver – Quitter

Avant toute chose

Vous l'avez compris, la vie ici dépend du modus vivendi que Londres et Madrid voudront bien fixer. Selon l'humeur du moment, les douaniers espagnols se font donc plus ou moins zélés. Il n'y a pas vraiment de problème pour entrer, mais c'est plutôt pour sortir que ça coince. Les raisons sont complexes (voir ci-dessus). En plein été, lorsque les files s'allongent, il peut se révéler judicieux de se garer sur le front de mer, à *La Línea,* la ville espagnole située près de la douane, et de passer la frontière à pied. Les automobiles peuvent être garées le long des rues, où l'on trouve des parcmètres à 1 €/h (prévoir des pièces, donc) ou 5 € pour 6 h. Discorde oblige, il n'y a pas de parking particulier prévu pour les visiteurs se rendant à Gibraltar.

Cela dit, passer la frontière en voiture a quelques avantages, surtout si la file d'attente n'est pas trop longue : l'essence est nettement moins chère à Gibraltar et la voiture permet de grimper sur le rocher à moindre frais que le téléphérique. Les files, bien qu'impressionnantes, se résorbent raisonnablement vite et, en rentrant tard, le poste de douane est souvent désert.

En tout état de cause, il vous faudra présenter un passeport ou une carte d'identité. Le permis de conduire n'est pas considéré comme une pièce d'identité par les autorités anglaises. Frontière ouverte jour et nuit.

En bus

Pas de lignes directes Espagne – Gibraltar. On se rend d'abord à la gare routière de **La Línea de la Concepción** (☎ 956-17-00-93), puis à pied jusqu'à la frontière.

Liaisons avec La Línea

➢ **De/vers Algésiras :** 1 bus toutes les 30 mn du lundi au vendredi et toutes les 45 mn le week-end avec la *Compañía Comes.* Durée : 45 mn environ.
➢ **De/vers Marbella et Málaga :** liaison assurée par la *Compañía Portillo.* 2 départs le matin, 2 l'après-midi et un supplémentaire le dimanche soir.

Durée : 3 h pour Málaga. Le bus dessert au passage les principales stations balnéaires de la côte, dont Estepona, Fuengirola et Torremolinos.
➤ *De/vers Grenade :* 2 départs quotidiens. Durée : 4 h 50.

En voiture

Si vous venez d'Algésiras ou de Marbella, suivez les indications pour La Línea. L'Équipement espagnol n'a pas forcé sur la signalisation « Gibraltar », qui est indiquée au minimum... Dans Gibraltar-City même, il est difficile de se garer et on se promène à pied (nombreuses rues piétonnes). Éviter les parkings payants, assez chers, et essayer de dénicher une place vers Wellington Front, un parking gratuit juste après Cathedral Square.
– La conduite se fait à droite, et non à gauche comme en Grande-Bretagne.

Attention !

D'après plusieurs lecteurs, il arrive que, juste avant la douane, on vous demande une dizaine d'euros en échange d'un ticket, une soi-disant vignette. Arnaque pure et dure.

À pied

Gibraltar n'est pas si grand. Vous explorerez le rocher grâce au funiculaire plutôt qu'en voiture. Après la douane, des bus bleus *(city bus)* et des bus rouges à 2 étages passent régulièrement et conduisent les touristes en ville (compter 1 € l'aller-retour). C'est une bonne solution. On vous laisse à l'orée du centre, devant Water Gate et Grand Casemates Square. De là, Main Street, une très longue rue en grande partie piétonne, trace son chemin jusqu'au téléphérique.

Téléphone

– *Gibraltar* ➔ *Espagne :* procéder comme pour un appel international. Composer donc le 00 + 34, puis le numéro de l'abonné.
– *Espagne* ➔ *Gibraltar :* composer le 00, puis le 350 (code de Gibraltar).

Adresses utiles

Infos touristiques

🖬 *Office du tourisme* (Gibraltar Information Centre ; plan A3) : dans la maison du duc de Kent, juste à côté de la cathédrale. ☎ 749-50.

■ Adresses utiles	|◉| Où manger ?
🖬 Offices de tourisme	**20** Truly British Fish and Chips
✉ Poste	**22** The Tunnel
🚌 Gare routière	**23** The Angry Friar
✈ Aéroport	
1 Turner & Co	☛ Où prendre le high tea ?
	21 The House of Sacarello
🛏 Où dormir ?	
	🍸 Où boire une pinte ?
12 Emile Youth Hostel	
13 Bristol Hotel	**30** The Office Bistro
14 Continental Hotel	**31** The Star Bar
15 Cannon Hotel	

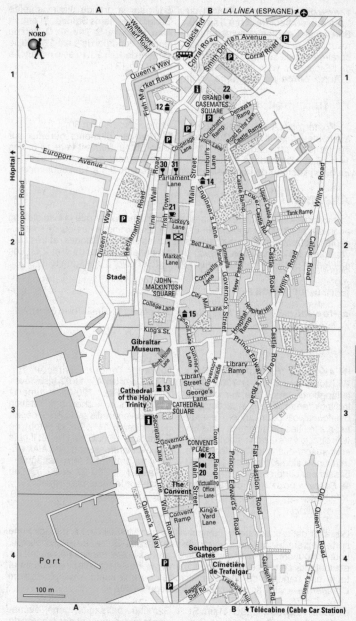

GIBRALTAR

● www.gibraltar.gov.gi ● Ouvert du lundi au vendredi de 9 h à 17 h 30. Bon accueil et bien documenté. En revanche, ne leur demandez pas les horaires de bus ou de train au départ de l'Espagne... vous les fâcheriez.

🚹 Autre *office du tourisme* (plan B1) : sur la grande place appelée Grand Casemates Square, à l'entrée nord de la ville. ☎ 749-82. Ouvert du lundi au vendredi de 9 h à 17 h 30, le samedi de 10 h à 15 h et le dimanche de 10 h à 13 h.

Poste, banques

✉ *Poste* (plan A-B2) : Main Street, à la hauteur de Bell Street. Ouvert en été du lundi au vendredi de 9 h à 14 h 15 et le samedi de 10 h à 13 h. En hiver, l'horaire de la semaine est étendu jusqu'à 16 h 30.

■ *Change :* plusieurs bureaux sur Main St, qui ferment vers 18 h. Les banques sont ouvertes du lundi au vendredi de 9 h à 15 h seulement.

Attention !

La monnaie locale (la livre de Gibraltar) a la même valeur que la livre sterling anglaise, et n'est pas valable en Espagne. En revanche, les euros sont acceptés, notamment dans les musées et sur les sites touristiques, et très souvent dans les commerces. Prévoir de la monnaie (pièces de 1 et 2 €). Les paiements par carte bancaire, eux, font parfois l'objet d'une surtaxe de 5 %...

Santé, urgences

■ *Hôpital :* Europort Hospital. ☎ 797-00.

■ *Police :* 120 Irish Town St. ☎ 725-00.

Transports

✈ *Aéroport* (hors plan par B1) : Winston Churchill Ave. ☎ 730-26. Sur la langue de terre plate, surnommée le Neck, entre la ville et la douane. Quelques vols pour Tanger, Tétouan et pour les îles Britanniques. Tous les vols directs vers la péninsule Ibérique sont suspendus jusqu'à détente des relations diplomatiques (obligation de passer par Londres).

■ *Ferry :* pour une destination Gibraltar-Tanger, contacter *Turner & Co* (plan A2, 1), 67 Irish Town. ☎ 783-05. Fax : 720-06. ● turner@gibnynex.gi ● A priori une rotation tous les vendredis avec FRS, départ de Tanger à 11 h 30 et retour de Gibraltar à 18 h. C'est cher et il peut être plus intéressant d'aller à Algésiras pour prendre le ferry espagnol.

■ *Taxis :* ☎ 700-27 et 52. On en trouve sur le Waterport Wharf.

Shopping

Gibraltar est aux acheteurs compulsifs ce que Marbella est à la plage : une sorte de paradis, qui attire une foule de visiteurs. Outre l'essence détaxée, vous y trouverez des cartouches de cigarettes à prix cassés (le cancer, lui, est toujours au même tarif...), du thé en vrac, de l'électronique discounté et toute une panoplie de choses mauvaises pour la santé à l'*AngloHispano Company* – « vins, spiritueux et tabacs depuis 1892 ».

⊛ *Luis Photos :* 329C Main St. ☎ 507-10. Ouvert du lundi au vendredi de 10 h à 18 h. Magasin de photos tenu par un couple sympathique. On y vend des vieilles photos de Gibraltar (paysages, gens, événements historiques) et des timbres de collection. Demandez celle du mariage de John Lennon et de Yoko Ono en 1969.

Où dormir ?

Les hôtels sont chers, peu nombreux, rarement follichons et... souvent pleins. Un conseil : installez-vous dès votre arrivée. Beaucoup mieux, n'y dormez pas ! On trouve plusieurs petits hôtels *(hostales)* économiques à La Línea, la ville espagnole située à la frontière.

Auberge de jeunesse

🛏 *Emile Youth Hostel (plan A1, 12) :* Montagu Bastion, Line Wall Rd. ☎ et fax : 511-06. ● www.emilehostel.com ● En face (à 50 m) de la station-service *Shell* et juste au-dessus de Grand Casemates Square. Compter 15 £ (22,50 €) par personne en dortoir de 6 lits, petit dej' compris ; 34 £ (40,50 €) pour une chambre double avec salle de bains partagée. Pas grand-chose à dire de plus, si ce n'est que les lieux sont très propres.

Prix moyens

🛏 *Cannon Hotel (plan B2, 15) :* 9 Cannon Lane. ☎ 517-11. Fax : 517-89. ● www.cannonhotel.gi ● Chambres doubles entre 37,50 et 46 £ (56 et 69 €), avec ou sans douche, petit dej' compris. « Le plus central des hôtels de Gibraltar », annonce la brochure. C'est vrai. Chambres propres, donnant sur la ruelle ou sur l'arrière, mais tout de même très chères pour le confort offert. Accueil dynamique. Fait aussi restaurant. Agréable patio intérieur pour prendre le petit déjeuner.

Cher et plus chic

🛏 *Continental Hotel (plan B2, 14) :* 1 Engineer's Lane. ☎ 769-00. Fax : 417-02. Chambres doubles à 70 £ (105 €), petit déjeuner inclus. Hôtel très central, entièrement rénové. Les chambres sont spacieuses (une rareté à Gibraltar), avec AC et TV, des lits en bois et une décoration fleurie très anglaise (couvre-lit en patchwork épais). Il s'en dégage un peu de chaleur, ce qui n'est pas très difficile pour le lieu. Bon service.
🛏 *Bristol Hotel (plan A3, 13) :* 10 Cathedral Square, PO Box 56. ☎ 768-00. Fax : 776-13. ● www.bristolhotel.gi ● Compter de 74 à 79 £ (111 à 118 €) la chambre double. Le hall d'entrée est prometteur, avec son salon à colonnes, très *British colony*. Les chambres, elles, ne sont pas toutes du même standing. Les rénovées, au 1er étage sont confortables et agréables avec leur moquette moelleuse ; les autres sont un peu défraîchies. Toutes ont l'AC, chauffage, TV et minibar. Petites fenêtres à lamelles typiquement britanniques donnant sur la baie d'Algésiras. De l'autre côté de la rue, piscine-pataugeoire dans un petit jardin où l'on prend le petit dej' (5 £). Accueil sympa en *llanito* du patron et de son épouse.

ALGÉSIRAS ET GIBRALTAR

Où manger ?

« Cher et médiocre. » Ainsi se résume en général le commentaire du gastronome égaré pour son malheur sur le « *famous Caillou of Gibraltar* ». Nombreux snacks et fast-foods qui servent tous le même genre de m... ets. Mais au moins les portions sont-elles souvent copieuses...

🍴 *Truly British Fish and Chips (plan B3, 20) :* 295 Main St. ☎ 742- 54. Ouvert du lundi au vendredi de 11 h à 16 h et de 19 h à 21 h, et le samedi de 12 h à 15 h. Pas cher, on est rassasié à partir de 3,50 £ (5,20 €), repu pour moins de 5 £ (7,50 €). Petite salle minuscule, tout en longueur, toute carrelée, avec quelques tables en bois. On s'y arrête quelques minutes pour manger la spécialité anglaise, le *fish and chips* (*cod* et *chips,* haddock, *plaice*...), que préparent l'avenant patron et sa partenaire portugaise. Phil, ledit patron, a la parlote facile. Alors, demandez-lui comment il est venu sur le caillou et vous comprendrez pourquoi il figure dans le guide.

|●| *The Tunnel* *(plan B1, 22)* : 8 Grand Casemates Square. ☎ 749-46. Ouvert en continu mais ferme assez tôt le soir. Tous les classiques anglais dont vous rêvez *(fish & chips, steak pie)* côtoient sur la carte une bonne sélection de plats végétariens plus imaginatifs inspiré des cuisines du Commonwealth. Le *Vegetarian Sizzler* à 5 £ n'est pas mal avec ses *samosa* (beignet aux légumes), rouleau de printemps et fricassée de soja. On mange avec plaisir sur l'immense terrasse. L'intérieur, lui, est à réserver aux supporters des équipes de foot anglaises.

|●| *The Angry Friar* *(plan B3, 23)* : 287 Main St. ☎ 715-70. Des parasols en terrasse pour les jours de soleil et une cuisine un peu grassouillette mais acceptable, genre « bar food ». L'intérieur a tout du pub british, avec moquette épaisse, banquettes molles et jeu de fléchettes aux murs. Sans oublier la collection de Zippo au mur et les dédicaces des marins des bâtiments de guerre et des sous-marins anglais de passage...

Où prendre le high tea ?

🍵 *The House of Sacarello* (plan A2, 21) : 57 Irish Town, à l'angle de Tuckey's Lane. ☎ 706-25. Ouvert du lundi au vendredi de 9 h à 19 h 30 et le samedi de 9 h à 15 h. La bonne odeur des *scones* encore chauds vous chatouille les narines jusque dans la rue. Le *teatime* (15 h 30 à 19 h 30) est ici une tradition depuis 1888 ! Théière en argent, plateau avec pâtisseries et petits sandwichs, c'est l'Angleterre classique qui retrouve ses couleurs. Le reste de la carte n'est pas d'un grand intérêt – mais vous ne venez pas pour ça.

Où boire une pinte ?

Eh oui, on est en Angleterre ! Les pubs se ramassent donc à la pelle, sans que l'animation y soit toujours le soir.

🍺 *The Office Bistro* (plan A2, 30) : Parliament Lane. ☎ 729-51. Fermé le dimanche. Très british, rétro, avec son ventilo, vieillot, puant... et pourtant, notre pub préféré. Portraits de la reine, TV sur le bar... La tête de taureau empaillée sur le mur, avec sa paire de cornes phénoménale, vaut le déplacement ! Propose aussi des petits dej' anglais à 5 £ et des plats du jour aux tonalités plutôt espagnoles.

🍺 *The Star Bar* (plan A2, 31) : 10 Parliament Lane. ☎ 759-24. Au niveau du 50 Main Street, à deux pas de l'*Office Bistro* ; ce qui est pratique pour la tournée des pubs. Prétend être le bar le plus ancien de Gibraltar. Atmosphère chaleureuse, Union Jack au-dessus du bar, mais n'a pas le caractère du *Bull and Bush*. Quelques plats pour ceux qui ont un creux à caler.

À voir. À faire

🏛 *Grand Casemates Square* (plan B1) : à l'entrée nord de la ville, une grande place bordée de magasins, de restaurants et de cafés. Juste à gauche, après Water Gate, un atelier de fabrication de cristal de verre. Dans la même arcade, une galerie marchande abrite antiquaires et bijoutiers. Sur le côté nord de la place, un bureau de l'office du tourisme.

🚶 *Gibraltar Museum* *(plan A3)* : 18-20 Bomb House Lane. ☎ 742-89.
● www.gib.gi/museum ● Ouvert du lundi au vendredi de 10 h à 18 h et le samedi de 10 h à 14 h. Fermé le dimanche. Entrée : 2 £ (3 €). Film de 15 mn (en anglais) sur l'histoire du rocher. Doc, gravures, photos en noir et blanc du début du XXe siècle, armes, costumes, fouilles préhistoriques, barda des militaires de la garnison et petits soldats de plomb... On trouve de tout dans ce musée, qui présente Gibraltar sous toutes ses coutures, et même une momie égyptienne originaire de Thèbes, provenant d'un bateau ayant fait naufrage dans le détroit ! Une partie a été aménagée dans d'anciens bains arabes superbement restaurés – en particulier le *tepidarium,* coiffé d'une coupole aux très vieilles colonnes de remploi.

🚶 *La cathédrale Holy Trinity* *(plan A3)* : près du *Bristol Hotel* ; à moins que ce ne soit le *Bristol* qui soit à côté de la cathédrale... ? Église anglicane construite dans le style néo-mauresque. Intérieur sobre et clair, avec des plaques historiques gravées sur les murs. Drapeaux british et de Gibraltar bien en évidence. *God save the Queen.*

🚶 *The Convent* *(plan B3-4)* : Main Street (extrémité sud). Cet ancien couvent franciscain abrite la résidence officielle des gouverneurs de Gibraltar depuis 1728 (pas de visite). En semaine, on peut y assister plusieurs fois par jour à la relève de la garde du *Royal Gibraltar Regiment. Oh so British !*

🚶 *Le cimetière de Trafalgar* *(plan B4)* : en contrebas de la route de Trafalgar Hill, juste après Southport Gates. Petit, ombragé, reposant, ce cimetière abrite les tombes des soldats britanniques (marine incluse) morts entre 1708 et 1835. Toutes les grandes batailles contre les marines française et espagnole ont laissé leur trace : Algésiras 1801, Cadix 1810, Málaga 1812, etc. Pourtant, malgré le nom des lieux, seuls deux hommes ont perdu la vie lors de la déculottée de Trafalgar (1805) !

🚶🚶 *Le rocher :* toute sa partie supérieure (Upper Rock) fait partie d'une réserve naturelle au prix d'entrée exorbitant (8 £/personne). On y grimpe soit en voiture (1,50 £ de plus), soit par le fameux téléphérique *Top of the Rock,* qu'on prend à l'extrémité de Main Street. Dans le 1er cas, on peut accéder à la réserve de 9 h 30 à 19 h 15 (dernière entrée à 18 h 45), mais attention, la route ne permet pas de monter jusqu'au sommet. On l'atteint à pied, en 20-25 mn environ, en se garant au niveau des Saint Michael's Caves. En choisissant l'option téléphérique, l'horaire est plus limité : de 9 h 30 à 17 h 15 (dernier retour à 17 h 45). En plus, il ne fonctionne pas le dimanche hors saison et les tarifs ne cessent d'augmenter. C'est devenu hors de prix ! Billet montée et descente : 8 £ (12,50 €). Billet combiné à 16 £ (24 €) incluant l'ensemble des sites, notamment les *Saint Michael's Caves* et le *Great Siege Tunnel.* Mais attention, si vous n'achetez pas le billet combiné dès le départ, vous devrez vous acquitter d'un gros supplément pour y accéder ensuite... Arnaque, arnaque ! Pour rejoindre le point de départ du Top of the Rock, bus nos 2 ou 4 depuis le centre-ville, ou le n° 3 directement après la frontière.
– Le circuit « classique » consiste à monter jusqu'au sommet, descendre à pied vers les *Saint Michael Caves,* puis Apes Den, d'où l'on reprend le téléphérique pour regagner la ville.
– *Deux arrêts :*
➤ Le premier, perché en équilibre, est à mi-chemin, à *Apes Den* (où l'on s'arrête donc plutôt au retour). C'est là que se trouve une *colonie de singes* de Barbarie. Amenés par les Arabes au IXe siècle, ce sont les seuls singes vivant à l'état sauvage en Europe. La légende dit : « Quand les singes partiront, les Anglais s'en iront aussi. » Voilà pourquoi Churchill ordonna que leur

ALGÉSIRAS ET GIBRALTAR

nombre soit toujours supérieur à 35. Aujourd'hui, on en compte environ 200, concentrés à Apes Den en grande partie. Mais on peut en rencontrer plus haut sur le rocher, car aucune cage, aucun grillage ne les retient enfermés. Ils étaient autrefois nourris par l'armée. Ce sont actuellement les gardes de la « réserve naturelle » qui s'en chargent. En tout cas, attention : ces singes sont assez voleurs et n'hésitent pas à chiper dans les sacs entrouverts ou dans les voitures par les fenêtres ouvertes. Près du bassin du mirador, à 100 m de la passerelle de la télécabine d'Apes Den, vous verrez une plaque à demi effacée scellée dans le muretin : « Ici, la reine Elizabeth II et le duc d'Edinburgh, ensemble avec la princesse Ann et le prince Charles, devinrent amis avec les singes, le 10 mai 1954. » Non, ce n'est pas un canular, mais encore la preuve de l'humour british.

Une série de chemins permet d'accéder à différents sites à pied, notamment les *Saint Michael's Caves*, des grottes formant un bel ensemble de vastes salles dégoulinant de draperies, de stalactites et de stalagmites. L'une d'entre elles a été transformée en auditorium. À l'opposé depuis Apes Den, par la petite route redescendant vers la ville, on atteint l'entrée du *Great Siege Tunnel*, creusé dans le rocher lors du grand siège espagnol, en 1782-83 – à raison de 33 m par mois en moyenne ! Des ouvertures régulières permettaient aux canons anglais de bombarder les Espagnols massés juste au pied du rocher. De la rambarde proche de l'entrée, la vue sur l'aéroport et La Línea est tout aussi spectaculaire que venteuse. Un peu plus bas, on atteint l'ancien *château mauresque* du XIVe siècle, qui était dernièrement en restauration.

➤ Le 2e arrêt du téléphérique mène à la partie supérieure du rocher. Vue superbe. De là, on se rend compte de l'importance stratégique du site.

– Si vous grimpez sur le rocher en voiture, prenez la direction du casino, puis la route « Nature Reserve ». L'entrée inclut les sites du rocher.

🗡 ***World War II Tunnels :*** Princess Caroline's Battery. ☎ 459-57. ● www.dis covergibraltar.com ● L'entrée se trouve entre celle du Great Siege Tunnel et le château maure. Ouvert du lundi au samedi de 10 h 30 à 17 h 30. Uniquement sur visite guidée (durée : 2 h 30). Depuis 2005, il est possible de visiter l'immense réseau de tunnels aménagé durant la Seconde Guerre mondiale pour abriter le QG militaire du rocher, une station électrique, un hôpital et jusqu'à 10 000 soldats et civils... Eisenhower y planifia la libération de l'Afrique du Nord.

🗡 Voir également le ***phare*** *(lighthouse)* d'Europa Point, le plus méridional du Royaume-Uni, datant de 1841, et l'***église The Shrine of Our Lady of Europe.*** Ouvert du lundi au vendredi de 10 h à 19 h et le week-end de 11 h à 19 h. En fait, l'ancienne mosquée, reconvertie par les chrétiens en 1462.

◺ ***Les plages :*** il y en a trois, larges et artificielles, situées derrière le rocher et toutes proches les unes des autres. Bondées et pas toujours très propres. Pour ceux qui insistent, prendre le bus n° 4 qui part de Line Wall Rd.

CASARES   (29690)   4 500 hab.

Un des « villages blancs » les plus authentiques. À une quinzaine de kilomètres de la côte, ce gros village de montagne (420 m d'altitude) est accroché à son piton rocheux, dominé par les ruines d'un château arabe. Casares semble tourner le dos au monde balnéaire et à ses horribles constructions anarchiques. D'ici, par beau temps, on découvre les monts de l'arrière-pays, avec, au loin, la mer et le rocher de Gibraltar. On aperçoit même les côtes africaines entre deux éoliennes... oh, si don Quichotte voyait ces moulins du nouveau millénaire ! Le soir, lorsque les touristes repartent, une vraie vie de village reprend : tout le monde sort dehors, papote, commente les dernières nouvelles, se hèle par les fenêtres. Toute l'animation se concentre autour de la plaza de España.

– *Conseil* : en voiture, vous aurez du mal à vous garer dans le centre du village, en raison de l'étroitesse des rues – c'est même de plus en plus souvent interdit. Garez-vous en haut du village, au bord de la route ou sur le parking en contrebas de la calle Carrera, avant la maison de Blas Infante.

Arriver – Quitter

➤ *En bus* : au départ d'*Estepona*, 3 bus par jour (1 bus le matin et 2 l'après-midi), avec arrêt à Manilva. Durée : 35 mn.

➤ *En voiture* : de l'autoroute E 15, reliant Algésiras à Marbella, sortir au niveau de Manilva, puis suivre la route départementale 377, qui monte à flanc de colline.

Adresses utiles

🛈 *Office du tourisme :* c/ Carrera, 51. ☎ 952-89-55-21. Dans la maison de Blas Infante. Ouvert de 11 h à 14 h 30 et de 16 h à 18 h 30 en semaine et de 11 h à 16 h le samedi. Fermé le dimanche.

■ *Change :* Cajamar, c/ Carrera, juste en contrebas de la plaza de España. Et 100 m plus loin, *Unicaja*, avec un distributeur bancaire.

Où dormir ?

🛌 *Pensión Plaza :* sur la plaza de España, en face de la fontaine. ☎ 952-89-40-30. Chambres de 25 à 35 € selon la saison. L'un des rares hôtels du village. Un peu bruyant le soir, surtout les chambres avec balcon d'où l'on domine l'animation. Au petit matin, vous aurez tout le loisir de profiter des cloches de l'église... Les salles de bains sont communes mais, s'il n'y a pas trop de monde, le patron s'arrangera pour que vous en profitiez seul. S'il est de bonne humeur, demandez-lui de sortir sa guitare : il excelle dans le flamenco.

🛌 *Hotel Rural de Casares :* c/ Copera, 52. ☎ 952-89-52-11. Fax : 952-89-42-27. ● hotelcasares@cherrytel.com ● Compter 60 € la double, petit dej' inclus. Cet établissement familial dispose de onze chambres plutôt confortables (TV, baignoire ou douche) et fort bien tenues, décorées sur des tonalités de terre cuite et d'azulejos. La plupart disposent d'un petit balcon, d'où se révèle le matin l'une des plus jolies vues sur Casares. Les photographes professionnels y viennent même tout spécialement ! La patronne, aimable, est toujours prête à renseigner ses clients.

Où manger ?

🍽 Une bonne douzaine de *restaurants* (dont 2 pizzerias) et une petite dizaine de *bars à tapas*.

🍽 *Casa de comidas Benilda :* Juan Cerón, 9. ☎ 952-89-40-69. Tout petit resto près de la plaza de España, en contrebas de la fontaine. Menu autour de 8 €. On déguste la cuisine de la famille dans de petites salles à manger, sur des toiles cirées. Une bonne adresse, pour laquelle il est préférable de téléphoner hors week-end ou de passer avant.

🍽 *Bodeguita de En Medio :* plaza

de España, 15. ☎ 952-89-40-36. Comptez 10 à 15 € par personne selon votre appétit. Le nouveau meilleur restaurant de Casares, idéalement situé juste au-dessus de la fontaine. Bonnes et copieuses spécialités locales comme le *cabrito al ajillo* (chevreau à l'ail), les côtelettes de mouton, mais aussi des poissons, salades et gazpacho – qui ici est servi chaud. On peut regretter le manque de courtoisie du service et, certains soirs, les matchs de foot sur grand écran qui gâchent un peu la tranquillité. Cartes de paiement acceptées.

📍 *Bar-Restaurante El Castillo :* situé tout en haut du village, juste avant d'atteindre l'église et le château. Nous ne vous le conseillons pas tant pour sa cuisine, très classique, que pour son adorable terrasse gazonnée où s'éparpillent quelques tables et chaises. Idéal pour le réconfort après l'effort !

À voir

🏃🏃 La balade à travers les ruelles blanches et fleuries, entrecoupées d'escaliers et de passages étroits, est bien agréable. Au fil de la pente, vos pas vous mèneront vers les ruines du château maure et des remparts, d'où se déploie un beau point de vue sur le village bas. L'église, juste au-dessus, est en cours de reconstruction. Mais c'est le cimetière qui occupe le point le plus élevé ! Guère commode pour enterrer ses morts, direz-vous. Oui, mais tellement plus près de Dieu...

🏃 *La maison natale de Blas Infante :* c/ Carrera, 51. Dans le village bas. Mêmes horaires que l'office du tourisme, qui y est installé. Entrée : 2 €. La maison natale de l'écrivain et politicien Blas Infante, le père de la « Patria andaluza », abrite des expositions temporaires. Le prix d'entrée comprend aussi la visite du *museo de Etnohistoria* (outillage et traditions), situé au niveau de la porte, juste en contrebas de l'église.

🏃 *Mirador del Puerto de Ronda :* à la sortie de Casares, en direction de la A 377 (qui ramène vers la côte). Pour bien profiter du point de vue sur le village, haut perché sur son promontoire, grimpez jusqu'au faîte de la crête, entre lapiaz et fleurs sauvages – attention, ça glisse. Avec un peu de chance, vous verrez planer l'un des vautours qui habitent la gorge.

RONDA (29400) 34 500 hab.

Nichée dans la sierra andalouse, fièrement dressée à 740 m au-dessus du niveau de la mer sur une falaise tombant en à-pic dans le río Guadalevín, coupée en deux par un vertigineux ravin, la splendide ville de Ronda reflète véritablement l'âme de l'Andalousie. Bien avant nous, la beauté ravageuse de son site faisait déjà chavirer le cœur des voyageurs. Rainer Maria Rilke écrivait en 1912 à son ami Rodin : « C'est un site incomparable, une gigantesque structure de roches qui porte sur son dos une petite ville blanchie et reblanchie à la chaux et qui fait un pas vers l'autre rive, avec elle sur ses flancs... »

Ronda est aussi l'une des plus anciennes villes d'Espagne. Et même si, de ses heures de gloire, il ne reste que quelques demeures, on ressent ici plus qu'ailleurs la marque de l'histoire. *El puente Nuevo,* pont à trois arches qui permet de traverser *El Tajo,* la faille qui sépare la ville en deux, date du XVIIIe siècle. C'est à cette époque également, en 1785, que l'on édifia les arènes, les plus anciennes du pays. La calle Espinel, l'une des rues les plus animées, se trouve dans le quartier récent. De l'autre côté du pont subsistent les vieilles demeures.

Curieusement, l'ancien quartier n'est pas animé le soir. On le visite donc plutôt dans la journée. La période idéale pour visiter Ronda est mai-juin, éventuellement septembre, mois de la grande feria, avec notamment les corridas goyesques célèbres dans toute l'Espagne. Pour avoir une place, s'y prendre au moins 3 mois à l'avance.

Car Ronda vit naître la tauromachie moderne, dont les règles y furent instituées au XVIIIe siècle. À l'origine, il s'agissait d'excercer l'agilité des chevaux de l'armée royale. On utilisait les taureaux pour entretenir la dextérité des cavaliers : c'est par la suite que c'est devenu un spectacle.

UN PEU D'HISTOIRE

Le perchoir qu'est Ronda fut convoité et conquis par de nombreuses armées. Tout d'abord les Romains, qui en firent un centre commercial important ; puis les Arabes, qui lui donnèrent le statut d'émirat, jusqu'en 1485 ; survint Ferdinand le Catholique, qui les en délogea après 20 jours de combats épiques et chevaleresques ; enfin, les troupes napoléoniennes passèrent aussi par Ronda, en 1808. La cathédrale témoigne encore de cette succession d'occupants de cultures diverses. C'est à Ronda également que Pedro Romero inventa les règles de la corrida moderne. Plus de 5 000 bêtes à cornes sont tombées sous sa furie tauromachique, et cet art lui doit beaucoup.

Autre célébrité de la cité : **Carmen !** C'est ici que se joua sa très réelle tragédie, bien avant que Bizet ne compose son opéra qui se déroule... à Séville. Francesco Rosi, fidèle aux faits, vint à Ronda pour le tournage des extérieurs de « sa » **Carmen. Hemingway** y séjourna en 1925, l'année où il publia *In Our Time.* Il s'inspira même d'un incident qui survint ici même, à Ronda, pour écrire son roman *Pour qui sonne le glas.* Enfin, vous apprendrez qu'**Orson Welles** vint dans la région car il avait été très impressionné par le torero **Antonio Ordóñez.** Orson Welles avait même demandé à ce que ses cendres soient dispersées dans le sable de l'arène, pour se mêler au sang des taureaux et des toreros ! Beau symbole, mais cette faveur lui fut refusée. Elles furent donc répandues dans le domaine privé d'Antonio Ordóñez, où Orson Welles passa quelques mois à la fin de sa vie.

Arriver – Quitter

En voiture

➢ **De San Pedro de Alcántara,** situé à une dizaine de kilomètres à l'ouest de Marbella, on emprunte l'A 397, une route large, sinueuse et bien entretenue qui s'élève au travers de superbes paysages, où une végétation largement composée de pins s'accroche à la roche rouge de la serranía de Ronda. Puis on découvre une zone de plateaux désertiques et rocailleux où subsistent d'anciennes bergeries.

En train

🚃 *Gare RENFE (hors plan par A-B1) :* au nord de la ville, av. de Andalucía. ● www.renfe.es ● En gros, à 10-15 mn à pied de la plaza de España.

➢ *De/vers Algésiras et Grenade :* l'*Andalucía Express* parcourt quotidiennement la ligne Algésiras - Grenade, faisant une halte à Ronda et passant par *Benaoján* et *Antequera.* Entre Ronda et Grenade, dans les 2 sens, compter 3 départs par jour, 2 h 40 de trajet et environ 11 € ; entre Ronda et Algésiras, 4 allers-retours par jour, 1 h 50 de trajet et 6 €.

➤ *De/vers Málaga :* il faut changer à Bobadilla. Malheureusement, le train rate souvent la correspondance.

➤ *De/vers Séville :* pas pratique du tout, changement obligatoire à Bobadilla, et vu les horaires, mieux vaut prendre le bus.

En bus

🚌 *Gare routière (hors plan par A1) :* plaza Concepción García Redondo, à 10 mn à pied de la plaza de España, et à 5 mn de la gare RENFE. Plusieurs compagnies.

■ *Bus Comes :* ☎ 952-87-19-92. ● www.tgcomes.es ● Trois départs par jour depuis et vers *Cadix* (3 h 15 de trajet ; 12,20 €). Quatre départs par jour depuis et vers *Jerez de la Frontera* (2 h 30 ; 9,50 €). Depuis et vers *Algésiras,* un départ tous les jours de Ronda à 16 h et d'Algésiras à 7 h (2 h 45 ; environ 8 €).

■ *Los Amarillos :* ☎ 952-18-70-61. ● www.losamarillos.es ● De/vers *Málaga,* environ 10 départs quotidiens en semaine, 4 départs le samedi et 6 le dimanche (2 h de trajet). De/vers *Séville,* 5 départs par jour du lundi au vendredi, 3 le samedi et 4 le dimanche (3 h de trajet). Pour *Benaoján,* bus à 8 h 30 et 13 h de

Ronda. Pour rentrer, bus à 9 h et 13 h 30 de Benaoján. Trajet assuré du lundi au vendredi.

■ *Automoviles Portillo :* ☎ 952-87-22-62. Propose au moins 2 bus par jour à destination et à partir de *Marbella, Fuengirola* et *Málaga.*

■ *Autocares Lara :* ☎ 952-87-22-60. Pour *Cartajima,* départ de Ronda chaque jour à 14 h 30.

■ *Autocares Sierra de las Nieves :* ☎ 952-87-54-35. À destination d'*Arriate* et *Setenil,* 5 bus du lundi au samedi, dans les 2 sens. Pas de liaison le dimanche. Pour Arriate, compter 30 mn de trajet, et pour Setenil, 1 h 20.

Parkings

Il n'est pas très compliqué de se garer à Ronda : la ville dispose de plusieurs parkings souterrains. Les parkings gardés 24 h/24 reviennent à environ 1 €/h

---

■ **Adresses utiles**

🛈 Offices de tourisme
✉ Poste
🚆 Gare RENFE
🚌 Gare routière
1 Pharmacies
2 Librería Hispania
@ 3 Planet Adventure
@ 4 Central Corner

🛏 **Où dormir ?**

10 Hostal Ronda Sol
11 Hotel Morales
12 Pensión La Purísima
13 Hostal Virgen del Rocio
14 Hotel El Tajo
15 Hotel Polo
16 Hotel Arunda II
17 Hotel Arunda I
18 Hotel San Gabriel
19 Hotel-restaurant Alavera
20 Hotel Jardín de la Muralla
21 Hotel San Cayetano

🍴 **Où manger ?**

30 Bodega del Secorro
31 Restaurante Los Capea
32 La Leyenda
33 Casa María
34 El Patio
35 Doña Pepa
36 Bar Benito
37 Pedro Romero
38 Mesón Carmen La de Ronda
39 Casa Santa Pola

🍴 **Spécial gourmands**

50 Alimentación Francisco Beccera
51 Confitería Harillo
52 Heladería Rico
53 Las Campanas

🍸 **Où sortir ?**

4 Central Corner

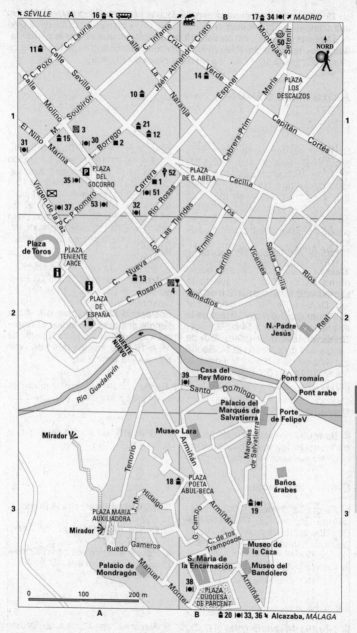

RONDA

ou 12 €/24 h. Le plus central se trouve sous la *plaza de Socorro (plan A1)*. Un autre, le parking *La Merced*, c/ Carlos Cobo (*hors plan par A1* ; à 5 mn à pied des sites et musées), est facilement accessible en voiture par la c/ Sevilla. Sinon, se garer à la gare *RENFE* (5 € par jour, le moins cher de la ville, et ce n'est jamais qu'à 10-15 mn à pied de la plaza de España).

Adresses utiles

Infos touristiques

🛈 *Office du tourisme (plan A2) :* plaza de España. ☎ et fax : 952-87-12-72. ● www.andalucia.org ● Petit local ouvert du lundi au vendredi de 9 h à 19 h 30 (20 h en été). Les week-ends et jours fériés, de 10 h à 14 h. Plan de la ville gratuit. Accueil assez irrégulier. Allez plutôt au suivant.
🛈 *Office municipal de tourisme (oficina municipal de turismo ;*

plan A2) : paseo Blas Infante. ☎ 952-18-71-19. ● www.turismode ronda.es ● En face des arènes. Ouvert du lundi au vendredi de 10 h à 19 h 30 et les week-ends et jours fériés de 10 h 15 à 14 h et de 15 h 30 à 18 h 30. Plan gratuit de la ville. Excellent accueil (en français) et professionnalisme au rendez-vous.

Poste et télécommunications

✉ *Poste (plan A1) :* c/ Virgen de la Paz. Ouvert de 9 h à 14 h 30.
@ *Planet Adventure (plan A1, 3) :* à l'angle des rues Molino et M. Soubirón. Ouvert de 9 h à 22 h. Fermé le mardi. Sert aussi des boissons et des tapas.

@ *Central Corner (plan A2, 4) :* à l'angle des rues Remedios et Rosario. Ouvert tous les jours à partir de 16 h-16 h 30 jusqu'à très tard (voir aussi « Où sortir ? »).

Banques

■ *Banques :* en grande majorité, les banques et leurs distributeurs se trouvent sur la carrera Espinel (*plan*

A1-2 et B1), ou à côté de la poste (*plan A1*).

Santé, urgences

■ *Farmacia Gimena (plan A1, 1) :* carrera Espinel, 38. ☎ 952-87-13-98. Une autre très centrale, sur la plaza de España *(plan A2, 1)*, à côté du *parador*.
■ *Croix-Rouge :* c/ Jerez. ☎ 952-87-14-64.

■ *Hôpital général :* ctra El Burgo, 1. ☎ 952-87-15-40.
■ *Police nationale :* av. de Jaén. ☎ 952-87-10-01.
■ *Police municipale :* plaza de la Duquesa de Parcent. ☎ 952-87-13-69 et ☎ 092.

Loisirs

■ *Librería Hispania (plan A1, 2) :* c/ Lorenzo Borrego, 12. Pour les amateurs d'explorations pédestres, des cartes de la région au 1/50 000.

■ *Piscines :* ctra Málaga, au nord de la ville. Ouvert l'été seulement. Grande piscine découverte. Assez cher.

Où dormir ?

Si vous voulez vraiment sentir la ville, restez-y au moins une nuit. En effet, généralement, les touristes, de plus en plus nombreux, passent à Ronda mais n'y dorment pas. Dès le soir, ils retournent sur la côte.

Camping

⌧ **Camping El Sur** (hors plan par B3) : ctra Ronda-Algeciras, km 1,5. ☎ 952-87-59-39. Fax : 952-87-70-54. ● www.campingelsur.com ● Ouvert toute l'année. À 1,5 km sur la route d'Algésiras. À partir de 16 € environ pour 2 personnes avec une petite tente et une voiture. On peut aussi y louer des bungalows en bois, entre 30 et 43 € pour 2 personnes. Une bonne adresse, avec un patron qui propose même quelques balades dans les environs. Assez récent et sous les oliviers (assez jeunes...). Sol plutôt dur. Piscine, mini-golf, beau panorama, épicerie et bon resto très abordable.

De bon marché à prix moyens (de 15 à 55 €)

🛏 **Hostal Ronda Sol** (plan A1, **10**) : c/ Almendra, 11. ☎ 952-87-44-97. À deux, prévoir environ 20 €. Une petite pension tenue par une patronne francophone. Chambres propres, sans bains, certaines un peu petites. Prix avantageux pour 3 personnes. Monacal et pas très bien insonorisé, mais conviendra aux petits porte-monnaie.

🛏 **Pensión La Purísima** (plan A1, **12**) : c/ Sevilla, 10. ☎ 952-87-10-50. Compter environ 36 € la chambre double avec lavabo ou douche. Les chambres donnent sur un corridor. Plantes vertes dans les couloirs et petite terrasse. Les proprios ont habité 30 ans à Lourdes, ce qui explique sûrement les images pieuses dans le salon. Gentiment ringard et plutôt modeste. Un poil cher, toutefois.

🛏 **Hotel Arunda II** (hors plan par A1, **16**) : c/ J. M. Castello Madrid, 10-12. ☎ 952-87-25-19. Fax : 952-87-48-41. ● www.hotelesarunda.com ● À 50 m de la gare routière, et proche de la gare ferroviaire. Parking privé souterrain juste devant, très pratique (6 €/jour). Prévoir 44 à 50 € la chambre double, petit dej' inclus. Un petit hôtel à l'écart de l'agitation, avec des chambres impeccables, climatisées et de bon rapport qualité-prix. Sympathique. Et nos lecteurs, sur présentation de ce guide, se verront offrir un café, ainsi que 10 % de réduction sur le prix des chambres pour des séjours de plus de 7 nuits.

🛏 **Hotel Arunda I** (hors plan par B1, **17**) : c/ Tabares, 2, à l'angle de la calle Espinel. ☎ 952-19-01-02. Fax : 952-19-05-98. ● www.serraniaderonda.com/hotelesarunda ● La double avec salle de bains revient à 41 €. Mêmes propriétaires et même confort que l'hôtel *Arunda II*, avec des chambres un poil plus petites. À proximité de l'animation de la longue rue piétonne et bon accueil.

🛏 **Hostal Virgen del Rocío** (plan A2, **13**) : c/ Nueva, 18. ☎ et fax : 952-87-74-25. ● alhambra@ronda.net ● Congés : en novembre. Pour deux, prévoir environ 40 €. Toutes les chambres sont équipées de sanitaires. Impeccable mais déco inexistante. Accueil plutôt souriant. Parking payant à proximité. Réduction de 10 % aux lecteurs sur présentation de ce guide de décembre à février.

🛏 **Hotel Morales** (plan A1, **11**) : c/ Sevilla, 51. ☎ 952-87-15-38. Fax : 952-18-70-02. Chambres doubles à 42 € en haute saison et le week-end, sinon 39 €. Un patio qui permet d'accéder à des chambres propres et sans prétention, avec un petit effort de déco. Accueil un peu sec.

De prix moyens à plus chic (de 55 à 90 €)

🛏 *Hotel San Cayetano (plan A1, 21)* : c/ Sevilla, 16. ☎ 952-16-12-12. Fax : 952-18-75-44. ● www.hotelsan cayetano.com ● En plein centre. Chambres doubles à 50, 55 ou 60 €, selon leur taille. Si les moins chères sont un peu petites et manquent de clarté, peu de différence entre les deux autres catégories ; les chambres à 55 € se révélant d'un très bon rapport qualité-prix. L'établissement est tout neuf, et la déco a été soignée jusque dans les petits cadres

décorant les couloirs. Très propre, et accueil très courtois.

🛏 *Hotel El Tajo (plan B1, 14)* : c/ Cruz Verde, 7. ☎ 952-87-40-40. Fax : 952-87-50-99. ● www.hotelelta jo.com ● En plein centre. Environ 60 € la chambre double. Hall néo-arabo-médiévalo-kitsch qui donne accès à l'hôtel et au restaurant. Une centaine de chambres en tout, sans charme particulier mais fonctionnelles et confortables. Parking clos. Bon accueil.

Plus chic (plus de 90 €)

🛏 *Hotel Jardín de la Muralla (hors plan par B3, 20)* : c/ Espíritu Santo, 13. ☎ 952-87-27-64. Fax : 952-87-44-81. ● www.jardindelamuralla. com ● À deux, compter au moins 90 €, taxes et petit dej' compris. Une adresse romantique et pourtant décontractée, dans une vieille maison typiquement andalouse, qui fut la propriété d'un célèbre bandit, Flores Arocha. De l'immense et superbe jardin en terrasses, qui s'étend à même les murailles, vue sur l'ancien quartier juif et sur les bains maures. Les chambres, lumineuses et personnalisées, sont décorées à l'espagnole (avec AC). Meubles anciens un peu partout. Aux beaux jours, on peut prendre le petit dej' sur la terrasse, non loin de la grande piscine. Une bien belle adresse, dans laquelle les lecteurs sur présentation de ce guide bénéficient d'une ristourne de 10 %.

🛏 *Hotel San Gabriel (plan A-B3, 18)* : c/ Marqués de Moctezuma, 19. ☎ 952-19-03-92. Fax : 952-19-01-17. ● www.hotelsangabriel.com ● Congés : la 1re semaine de janvier et la dernière semaine de juillet. Chambres doubles à partir de 97 €, selon le confort et la saison. Petit dej' en sus. Petit hôtel de charme installé dans une très belle demeure de 1736, en plein centre historique. Les chambres, confortables (bains et AC), sont arrangées avec beaucoup de goût (vieux meubles, tableaux anciens, boiseries). Patio intérieur très agréable, idéal pour se poser

après avoir crapahuté à travers la ville. En prime, on est accueilli ici avec un vrai sourire.

🛏 *Hotel Polo (plan A1, 15)* : c/ Mariano Soubirón, 8. ☎ 952-87-24-47. Fax : 952-87-24-49. ● www. hotelpolo.net ● ♿ En plein centre. Chambres doubles avec bains entre 82 et 96 €, selon la période de l'année, petit dej' inclus (buffet dans le resto design). Excellent hôtel, offrant un cadre sobre et élégant. Chambres à la fois jolies et confortables, avec bains, TV et téléphone. Accueil charmant. On y parle le français. Une réduction de 10 % sur les prix officiels sera accordée aux lecteurs sur présentation de ce guide.

🛏 ▮●▮ *Hotel-restaurant Alavera (plan B3, 19)* : c/ San Miguel. ☎ 952-87-91-43. ● www.andalucia.com/ala vera ● Congés : en décembre et janvier. Parking gratuit juste devant. Compter autour de 80-90 € pour une double, avec ou sans terrasse (100 € pendant la Semaine sainte et la feria de Ronda), petit dej' inclus. Situé à côté des bains arabes, dans une ambiance typiquement andalouse et un décor mauresque aux parfums orientaux. Il y a même une piscine (et un chien). Le restaurant propose une cuisine raffinée à base de légumes de la région : environ 12 € à midi, et le double à la carte. Le soir, atmosphère feutrée. Sur présentation de ce guide, on vous offrira, côté resto, l'apéro ou le café ou un digestif.

Où manger ?

Bon marché (de 7 à 12 €)

|●| Le centre de Ronda étant devenu très (voire trop) touristique, c'est sur l'avenue de la gare que les fauchés se replieront pour obtenir un menu à moins de 6 €, comme à la *cafetería Andalucía.*

|●| *Bodega El Secorro* (plan A1, 30) : c/ Molino, 4. À quelques pas de la plaza éponyme. Fermé le mardi. Voilà une bodega vraiment bon marché, avec des *raciones* copieuses de 4,50 à 9 € (et plein de *medias raciones*). Au bar, sous les charcutailles suspendues, c'est tapas pour les jeunes couples de passage, et en salle, dans les boiseries, *jamón, porra* ou délicieuses aubergines grillées *(berenjenas fritas)* au miel dont se délectent familles espagnoles en goguette et touristes en mal de chaise ! Accueil adorable et très attentionné de l'équipe.

|●| Juste à côté, au n° 6 de la calle Molino, les plus fauchés satisferont leur fringale chez *Casi Ke No* (fermé le lundi) : le royaume des *bocadillos,* à partir de 2 € pour se caler avec du froid ou du chaud, à emporter ou à dévorer perché sur les tabourets du bar.

|●| *La Leyenda* (plan A1-2, 32) : c/ Los Remedios, 7. ☎ 952-87-78-94. Toujours autour de la plaza del Secorro. Fermé le mercredi. *Menu del día* servi à midi, pour 10 €, et tapas (au bar ou en salle), à partir de 1 ou 2 €, selon les produits. L'endroit s'inspire du modernisme : *trencadis* colorés et volutes de bois ivoire sont à l'honneur (en hommage à Gaudí), le tout nuancé de couleurs pastel. Résultat à la fois élégant et accueillant. Dans l'assiette, même harmonie, goûts et couleurs sont au rendez-vous. Petite terrasse sur la rue piétonne (mais attention, on n'y sert pas de tapas).

|●| *El Patio* (hors plan par B1, 34) : c/ Espinel, 100. ☎ 952-87-10-15. Congés : de mi-janvier à mi-février. Fermé le dimanche de mai à septembre, et le jeudi de septembre à avril. En grignotant des tapas et en buvant un coup, on s'en sort pour 10 € maxi. Bar à tapas et petite salle dans le fond, où l'on sert le « filet du Gitan », spécialité de la maison. Tapas nombreuses et variées et ambiance conviviale des plus agréables. Très bon rapport qualité-prix. Et sur présentation de ce guide, digestif offert à nos lecteurs.

|●| *Bar Benito* (hors plan par B3, 36) : c/ Amanecer, 12. *Raciones* entre 3 et 8 €. Excellent assortiment de très bonnes tapas. Cuisine traditionnelle de bonne qualité. Salle sombre et fraîche avec les habituels jambons suspendus au-dessus du bar et petite terrasse au soleil dans une ruelle partant du ruedo Alameda. Prix vraiment concurrentiels et, pour l'instant, peu de touristes.

Prix moyens (de 12 à 18 €)

|●| *Restaurante Los Capea* (plan A1, 31) : c/ Virgen de la Paz, 38. ☎ 952-19-06-46. ♨ Fermé le mercredi. Menu à partir de 7,50 € et environ 15 € à la carte. Salle agréable (murs jaunes, photos et affiches de corrida) et accueil charmant. Cuisine copieuse : excellent espadon grillé, délicieux calamar *a la plancha* et paella succulente.

|●| *Mesón Carmen La de Ronda* (plan B3, 38) : plaza Duquesa de Parcent, 10. ☎ 952-87-87-35. Juste à gauche de l'église. Fermé le dimanche. Menu du jour à 12 € à midi, à préférer aux *tapas variadas* un peu décevantes. Quelques tables en terrasse pour profiter de la quiétude de la place ou salle à l'étage, après le bar proprement dit. Petits plats sans façon, un peu cher pour la qualité, mais... rares sont les établissements sur la place !

|●| *Doña Pepa* (plan A1, 35) : plaza del Socorro, 10. ☎ 952-87-47-77. Ouvert tous les jours midi et soir.

CASARES ET RONDA

Assiette de tapas à 9 €. Menus à partir de 15 €. Restaurant avec plusieurs salles et une terrasse sur la place. On recommande notamment le gaspacho andalou, le foie gras de canard et la salade de calamars. De plus en plus touristique, mais la qualité reste honnête.

Chic (plus de 18 €)

|●| *Casa María* (hors plan par B3, 33) : ruedo Alameda, 27. Pour se régaler, compter environ 21 €. Ici, pas de menu, les tapas tendances gastronomiques sont composées selon l'humeur du chef et les produits du marché. Cela donne d'excellents toasts de mousse de poisson, de morue fumée, des *raciones* de poisson aux légumes ou de porc mariné, etc. Belle sélection de vin également, ce qui ne gâche rien !

|●| *Pedro Romero* (plan A1, 37) : Virgen de la Paz, 18. ☎ 952-87-11-10. Juste en face de la plaza de Toros. Ouvert tous les jours midi et soir. Congés pendant les fêtes de fin d'année. Menus à partir de 16 €. Véritable musée photographique de la tauromachie. Ils ont obtenu le Coq d'or de Washington en 1987... C'est vrai que c'est excellent. Essentiellement de la viande et le célèbre *rabo de toro*. Le succès a toutefois visiblement joué sur le sens de l'accueil et pas forcément dans le bon sens...

|●| *Casa Santa Pola* (plan B2, 39) : c/ Santo Domingo, 3. ☎ 952-87-92-08. Menu du jour à 25 €, et à la carte, compter 30 à 35 € par personne. Une adresse vraiment chic, dans tous les sens du terme : cuisine traditionnelle gastronomique, belles salles aux tons rouges et boisés aménagées dans une antique demeure, et terrasse (très prisée, bien sûr), donnant sur le Tajo. L'endroit est apprécié autant des touristes que des notables de la ville.

Spécial gourmands

❀ *Alimentación Francisco Beccera* (plan B1, 50) : carrera Espinel, 90. Fermé le dimanche. Épicerie populaire dans une rue qui ne l'est pas moins. Fromages, saucissons et jambons à la coupe. Parfait pour un copieux casse-croûte pas cher.

|●| *Confitería Harillo* (plan A1, 51) : carrera Espinel, 36. ☎ 952-87-13-60. Plein de bons gâteaux, mais surtout connu pour ses fruits confits : fraises, citrons, oranges... Absolument délicieux, quoiqu'un peu onéreux. Un mélange de pâte d'amandes et de fruits. Chouette cadeau à rapporter.

♥ *Heladería Rico* (plan A1, 52) : un peu plus haut que la pâtisserie *Harillo*, au niveau du n° 40. Bonnes glaces à déguster en prenant le soleil sur la terrasse.

|●| *Las Campanas* (plan A1, 53) : plaza del Secorro, 3. ☎ 952-87-22-73. La spécialité de cette pâtisserie, ce sont les *Yemas del Tajo*, un gouffre de gourmandise à base de jaune d'œuf et de sucre... Plein de biscuits et gâteaux également.

Où sortir ?

♥ *Central Corner* (plan A2, 4) : à l'angle des rues Remedios et Rosario. Ouvert tous les jours à partir de 16 h-16 h 30 jusqu'à très tard. Pas mal d'ambiance dans ce cyber-café fréquenté par les jeunes de la ville. Salle colorée, micro-terrasse, et billard en sous-sol.

♥ *El Choque Ideal* (hors plan par B3) : c/ Espíritu Santo. Une grande salle, où la déco oscille entre les couleurs acidulées, la friche industrielle et la récup' de tout bord, avec vue directe sur le Tajo. On y grignote des *bocadillos* accompagnés de salade ou on y boit un verre, dans une ambiance bon enfant.

À voir

Engagez-vous dans le vieux quartier à partir du puente Nuevo. Un circuit à travers les rues aux pavés mal ajustés permet de découvrir de belles vues sur la vallée, ainsi que des maisons pleines de charme.

🎬🎬 *El puente Nuevo* (plan A2) : visite du centre d'interprétation, plaza de España. ☎ 649-96-53-38 (portable). Ouvert du lundi au vendredi de 10 h à 19 h et le week-end jusqu'à 15 h. Entrée : 2 €.
On découvre ainsi la partie inférieure du pont, où est installé un historique de sa construction. Ce fameux puente Nuevo est un pont qui enjambe, à 100 m de hauteur, une gorge très impressionnante, coupant la ville en deux. On aperçoit même dans la paroi quelques habitations troglodytiques abandonnées. Une promenade, sur la droite avant de traverser le pont, permet d'en admirer l'architecture, de même que la faille. Le puente Nuevo, symbole de la ville, fut construit dans la seconde partie du XVIIIe siècle. L'architecte qui le conçut y périt de mort accidentelle et spectaculaire. Il descendit dans une nacelle pour inspecter son œuvre et, voulant rattraper son chapeau qui s'envolait, bascula et s'écrasa dans le ravin ! Lieu tragique, la partie centrale du pont fut aussi utilisée comme prison. Durant la guerre civile, les opposants au régime franquiste étaient jetés vivants du haut du vieux pont... Ces tristes faits inspirèrent à Hemingway son roman *Pour qui sonne le glas*.

Au sud du puente Nuevo

🎬 *Casa del Rey moro* (jardin et mine ; plan B2) : cuesta de Santo Domingo, 17. Après le pont, prendre immédiatement à gauche la rue pavée ; en descendant sur la gauche apparaît cette grosse bâtisse. Ouvert tous les jours de 10 h à 20 h (19 h 30 en hiver). Entrée : 4 €.
Malgré son nom (« la maison du Roi maure »), cet édifice est tout à fait occidental et date du XVIIIe siècle. Élégants balcons en bois et jolies frises d'azulejos autour des fenêtres. La maison ne se visite pas (elle manque d'ailleurs visiblement d'entretien), mais on peut voir les petits jardins andalous qui furent dessinés par le Français Forestier et, surtout, visiter la mine fortifiée (XIVe siècle), que l'histoire attribue au roi musulman Abomelic. Elle se compose d'un étrange escalier, entrecoupé de salles voûtées, descendant de presque 200 hautes marches jusqu'à la rivière, au beau milieu de la gorge qui sépare la ville en 2. Autrefois, près de 400 esclaves l'empruntaient pour ravitailler la ville en eau. L'endroit manque cependant un peu d'entretien, parfois d'éclairage, et carrément d'explications... dommage... Quant à la café' annoncée dans les jardins, 2 gros distributeurs de boissons en tiennent lieu.

🎬 *Palacio del Marqués de Salvatierra* (le palais du marquis de Salvatierra ; plan B2) : joli portail baroque du XVIIIe siècle, agrémenté d'éléments coloniaux, comme ces 4 personnages d'inspiration précolombienne au-dessus de la porte. On y voit un homme et une femme de chaque côté, symbolisant la Pudeur.

🎬 En descendant la rue qui longe la casa del Rey Moro, on aperçoit en contrebas un vieux *pont romain* (plan B2).

🎬🎬 *Baños árabes* (les bains arabes ; plan B3) : c/ San Miguel. ☎ 656-95-09-37 (portable). Ouvert de 10 h à 19 h du lundi au vendredi, jusqu'à 15 h le week-end. Entrée : 2 €. Gratuit le dimanche. Anciens bains arabes, les mieux conservés d'Espagne. On retrouve les 3 salles à température différente. Les Arabes ont repris exactement la même structure que celle des bains romains.

Salle de projection au fond de l'édifice, où l'on peut assister à un petit documentaire (10 mn) sur le fonctionnement des bains et l'histoire d'Al-Andalus (en espagnol).

➤ En empruntant l'antique ruelle San Miguel, on passe sous la *puerta de Felipe V*, édifiée au XVIIIᵉ siècle. On aperçoit au loin l'Alcazaba (voir plus loin). Tout ce quartier est à explorer de préférence le matin, aux premières lueurs dorées.

🍴🚶 *Museo Lara* (plan B3) : Armiñan, 29. ☎ 952-87-12-63. ● www.museola ra.org ● ♿ (au rez-de-chaussée uniquement). Ouvert tous les jours de 10 h 30 à 20 h. Entrée : 2,50 € ; réductions. Installé dans le superbe palais des comtes de Vascos y Vargas, ce musée ressemble à l'immense cabinet de curiosités d'une famille d'amateurs éclairés et fortunés. On passe d'un très beau portrait de la reine Isabelle à des pipes érotiques, des montres émaillées du XVIIIᵉ siècle à des guitares classiques, et des pistolets de Napoléon aux costumes des toreros de Ronda. Très belle collection d'objets scientifiques du XIXᵉ siècle et de matériel photographique et cinématographique. Deux nouvelles salles au sous-sol, l'une portant sur l'Inquisition – l'autre sur la sorcellerie ; il s'agit plus d'objets – et de reconstitutions – évoquant les croyances populaires (un peu sanguinolent du côté de l'inquisition, et tendance elfes et sirènes côté sorcellerie) que de fidélité à l'histoire. Un cabinet de curiosités, en quelque sorte. Le propriétaire, un entrepreneur de Ronda, est en fait un passionné d'objets anciens. Depuis plusieurs décennies, il court les ventes aux enchères de Londres, Paris et Madrid pour enrichir ses collections. Il a également créé un *tablao*, où assister à des spectacles folkloriques et touristiques (23 € le spectacle, avec une consommation ; infos sur ● www. flamencoronda.com ● et en téléphonant au musée).

🚶 *Museo del Bandolero* (le musée des Bandits ; plan B3) : c/ Armiñan, 65. ☎ 952-87-77-85. ● www.museobandolero.com ● Ouvert tous les jours de 10 h à 19 h en hiver et jusqu'à 20 h 30 en été. Entrée : 3 € ; réductions. Un musée consacré à un thème qui fit naguère couler beaucoup d'encre (et de sang) : les *bandoleros* andalous. Le musée raconte l'histoire du banditisme au travers de documents d'époque (photos, ordres d'arrestation, de capture, d'exécution). Également exposition de quelques armes et mannequins en costume. Au XIXᵉ siècle, ces bandits pullulaient dans la région, terrorisaient les *cosarios* (conducteurs de convoi) et fascinaient les voyageurs romantiques. Théophile Gautier en rencontra lors de son voyage en Andalousie en 1840. Malheureusement, le musée est assez mal organisé et les explications sont peu claires. La quantité de documents est là, mais une réorganisation dépoussièrerait considérablement l'ensemble et rendrait la visite bien plus intéressante.

➤ Continuer ensuite la visite en partant de la *plaza de la Duquesa de Parcent* (plan B3) : notre place préférée dans le vieux quartier, ombragée et aérée à la fois.

🍴🚶 *Iglesia Santa María de la Encarnación* (plan B3) : plaza de la Duquesa de Parcent. ♿ (mais demander d'ouvrir la porte). Ouvert tous les jours de 10 h à 20 h. Entrée : 2 €.
Les élégantes galeries, construites au XVIIIᵉ siècle le long de la façade (et occultant l'ancien porche principal), étaient utilisées par les nobles pour suivre les corridas données sur la place. Ancienne mosquée transformée en cathédrale sous les Rois Catholiques. Dans la salle de la billetterie, on aperçoit encore les sculptures en stuc du *mihrab* (bien mis en valeur grâce à un miroir !). Quant au clocher, il est bâti sur les restes du minaret. Juste en pénétrant dans la nef, sur la gauche, l'*autel du tabernacle*, dégoulinant de dorures. Style baroque. Tout à côté, en plus petit, le *retable de la Vierge des Douleurs*, intéressant pour son style churrigueresque (du nom des artistes de

la famille Churriguera), chargé comme un lendemain de fête. À noter la *Crucifixion*, sur le mur de gauche de la nef : cette œuvre de l'artiste française Raymonde Pagégie, réalisée dans les années 1980, montre 2 joueurs de dés tandis que les 3 crucifiés agonisent.

⚔ Dans les rues voisines, quelques beaux *patios* à découvrir.

⚔ *Palacio de Mondragón (Museo municipal ; plan A3) :* plaza de Mondragón. ☎ 952-87-84-50. Ouvert du lundi au vendredi de 10 h à 19 h (18 h en automne et hiver) et le week-end de 10 h à 15 h. Entrée : 2 € ; réductions. Une remarquable demeure, à l'origine arabe, où résida d'ailleurs le dernier gouverneur musulman avant que Ferdinand lui-même n'y séjourne quelques jours après la Reconquête. Remarquez le beau portail Renaissance encadré de 2 tours de style mudéjar. À l'intérieur, le petit musée se révèle moins passionnant que l'édifice lui-même. Plusieurs patios de styles différents, un adorable jardin aménagé, une terrasse dominant la vallée. Le patio mudéjar, avec ses arches en brique et ses portes marquetées, possède un charme certain, tout comme celui aux accents gothiques (colonnes octogonales et chapiteaux variés). À l'étage, modestes expositions thématiques sur la région (fouilles, nature...).

⚔⚔⚔ *Le chemin jusqu'au fond du Ravin (plan A3)* commence plaza María Auxiliadora (nommée aussi plaza del Campillo), au bout de la c/ Tenorio. Attendez-vous à avoir le souffle coupé, moins par la dénivelée que par la beauté des paysages. Une balade très courte, tout au plus 15 mn, et relativement aisée. Les escaliers longent le ravin et descendent jusqu'au 1er mirador, d'où l'on bénéficie d'une vue imprenable sur la campagne au pied de Ronda. Continuant plus avant, par un sentier un peu plus caillouteux, apparaît la seconde plate-forme panoramique, avec pleine vue sur le fond du ravin et la chute, celle des cartes postales. Levant les yeux, voilà Ronda perchée tout en altitude, dominant fièrement les alentours, ses maisons installées au bord du ravin s'adaptant aux caprices de la roche accidentée. Le sentier continue encore plus bas, mais il n'est plus du tout entretenu : des branches basses encombrent le passage et les nombreuses pierres sur le sol incitent à être attentif à leur chute. En chemin, plusieurs possibilités de rejoindre le dit *Camino al Fondo del Tajo,* en contrebas du sentier : praticable en voiture, lui, et démarrant tout au sud de Ronda, plaza Ruedo Alameda.

⚔ *Alcazaba (hors plan par B3) :* forteresse arabe détruite par les Français en 1809, à la sortie ouest de la ville. Il ne reste plus que quelques pans de murailles. Mérite toutefois une petite visite, car la forteresse renferme quelques rues parmi les plus anciennes de la ville. Derrière l'Alcazaba, sur la gauche, l'*église* gothique **Espíritu Santo,** construite en 1505 sous le règne de Ferdinand le Catholique.

⚔ À proximité, les 2 portes de la ville : la *porte de Almocabar* (XIIIe siècle) et la *porte de Carlos V* (style Renaissance du XVIe siècle).

Au nord du puente Nuevo

➤ Redescendez ensuite vers le cœur de la ville pour visiter la *plaza de Toros (plan A2),* les plus anciennes *arènes* d'Espagne (elles furent inaugurées en 1785).

⚔⚔ *Plaza de Toros y museo taurino (les arènes et le Musée taurin ; plan A2) :* c/ Virgen de la Paz, 15. ☎ 952-87-41-32. ⚔ Dans l'enceinte des arènes de Ronda. Ouvert tous les jours de 10 h à 20 h. Entrée : 5 €. Audioguide en français.
Ces arènes comptent parmi les plus belles d'Espagne. Remarquez, avant d'entrer, le portail encadré de pilastres et le balcon en fer forgé évoquant la

corrida. En entrant dans l'arène, sur la gauche, deux colonnes sculptées marquent l'emplacement de la loge royale. Pendant la guerre civile, les arènes furent transformées en camp de détention puis... en cinéma.

Sur les murs du musée, 300 ans d'histoire de la corrida, et notamment des photos d'Hemingway en visite à Ronda et d'Orson Welles (enterré dans un village voisin). Voir aussi les photos du dernier combat de Manolete. Faites un tour dans les arènes elles-mêmes, couvertes d'une double volée d'arcades élégantes. C'est ici que Francisco Romero renouvela l'art de la tauromachie. Il inventa la muleta et donna naissance ainsi à une lignée de matadors célèbres.

LE PARC NATUREL DE LA SIERRA DE LAS NIEVES

Ce vaste espace assez peu aménagé, qui s'étend entre Ronda, Coín et Marbella, englobe toute la sierra du même nom. Culminant au *pic de Torrecilla* (1 918 m), celle-ci tire son nom de l'époque maure, où les neiges *(nieves)* étaient ramassées dans des tonneaux et expédiées dans toute l'Andalousie à des fins de réfrigération. Aujourd'hui, c'est une des zones sauvages les plus intéressantes d'Espagne, classée par l'Unesco « réserve de la biosphère ». On peut l'aborder de différentes manières, mais il faudra bien sûr quitter la voiture et partir sac au dos pour en apprécier tous les charmes et aller à la rencontre de sa faune (sanglier, renard, chèvre de montagne, loutre, très nombreux rapaces dont l'aigle royal et le vautour fauve, sans parler d'une foule de petits passereaux qui peuplent les différents biotopes) et de sa flore, caractérisée notamment par l'omniprésence du sapin d'Andalousie (*Abies pinsapo,* pour les connaisseurs).

Adresse utile

De manière générale, il n'est pas toujours évident de se renseigner sur le parc, ses accès et ses sites. Les velléités de développement touristique sont encore embryonnaires et parfois chaotiques. Plusieurs villages commencent à découvrir qu'ils disposent d'un énorme potentiel, mais ils n'ont ni les moyens financiers des régions côtières, ni le professionnalisme nécessaire. Il nous est arrivé de pointer notre nez en juin à un kiosque d'informations désert, aux vitres poussiéreuses, qui affichait les horaires de fermeture de la période de Noël de l'année précédente ! C'est Ojén, au sud (voir plus loin), et El Burgo, au nord, qui sont sur la meilleure voie pour vous offrir un accueil de qualité. Pour en savoir plus avant le départ : ● www.sierranieves.com ● (en castillan).

■ **Monte Aventura :** *oficina de turismo rural,* plaza de Andalucía, 1, 29610 Ojén. ☎ 952-88-15-19. ● www.ruralocio.com/monteaventura ● Propose de découvrir la sierra au cours de balades accompagnées à VTT, à pied ou en 4x4. Ses guides ont fait profession de foi dans la protection de l'environnement.

Où dormir ? Où manger ?

🏠 ▮●▮ *Hostal La Torrecilla :* c/ Polito, 23, 29109 Tolox. ☎ 952-48-72-15. ● www.hlatorrecilla.com ● ✲ Chambres doubles de 48 à 50 €. Menus à 9 €. Il faut y séjourner au minimum 2 nuits. Située sur la droite, 500 m avant l'établissement thermal *(El Balneario)*, cette auberge abrite des chambres impeccables (douche, w.-c.), avec vue sur les montagnes. Nuits tranquilles et température jamais torride. Fait aussi restaurant : cuisine locale à prix doux. Accueil jovial et courtois. Réduction de 10 % sur les chambres sur présentation de ce guide.

🛏 🍴 *Posada del Canónigo :* Mesones, 24, 29420 El Burgo. ☎ et fax : 952-16-01-85. ● www.laposadadelcanonigo.com ● Compter environ 52 €, petit dej' compris. Menus à partir de 11 €. Situé dans le haut du village, au bout d'une petite rue étroite, à la hauteur du marché municipal. Une belle et vieille maison aux couleurs traditionnelles (jaune et blanc) abrite cette auberge de charme. Les 12 chambres sont décorées avec

beaucoup de caractère, toutes différentes. Un point commun cependant, les poutres et les pierres à la fois rustiques et apparentes, les souches d'arbres débarrassées de leur écorce qui servent de tablettes. Bains récents. Les chambres n°s 12 et 14, d'anciens greniers réhabilités, avec de vieilles tommettes, des couvre-lits faits au crochet, des contre-volets en bois, sont les plus prisées... Petit salon avec cheminée en bois richement travaillée dans un style « naïvo-pastoral ». Bref, vous avez bien de la chance de pouvoir y séjourner, surtout à un prix si raisonnable. Possibilité de monter à cheval aux alentours. Réduction de 5 % pour nos lecteurs séjournant au moins 2 nuits sur présentation de ce guide.

À voir. À faire

🚶🚶 *La route du puerto del Viento :* les 27 km de l'A 366, qui conduisent de Ronda à El Burgo, sont un moyen confortable de découvrir les paysages du parc, même si la route ne fait que le longer sans y pénétrer. À un peu plus de 5 km d'El Burgo, le *mirador del Guarda Forestal* offre une belle vue sur la bourgade et ses environs, avant d'attaquer la montée au puerto del Viento. Ce tronçon n'est pas pour les distraits car il tournicote sec par moments ! Passé le col, la route serpente sur un vaste plateau parsemé d'une végétation pelée en rase-mottes où affleure, ici et là, une terre rouge sang descendant des contreforts de la sierra Blanquilla et de la sierra de los Merinos (oui, comme les matelas ou les moutons !). On le crie haut et fort, c'est une route époustouflante, qui nous a parfois fait penser aux Highlands écossaises.

🚶🚶 *La piste du puerto de la Mujer :* cette route en boucle d'une quinzaine de kilomètres s'amorce un peu au sud d'El Burgo, sur la route de Coín. Un panneau donne quelques indications sur le profil de la route, en castillan uniquement et en mélangeant le départ et l'arrivée ! Après, on se débrouille... La route longe l'arroyo de la Fuensanta jusqu'à un carrefour marqué par un calvaire sur votre droite. Prenez à droite pour accéder au col, dans une zone désertique qui abritait les cavales de Juan José Mingolla, le dernier bandit andalou, connu sous le sobriquet de *Pasos Largos* (Grands Pas). La fin de trajet se fait dans la vallée de la rivière Turón. Route accessible aux voitures de tourisme, à condition que le conducteur soit vraiment expérimenté : chemins très rocailleux et chaussées totalement défoncées. Cela dit, c'est un sacré plaisir d'aborder des étendues aussi sauvages sur des routes aussi désertes, à 30 km à vol d'oiseau de la côte trépidante...

🚶 *La piste du mont Aranda :* elle relie Tolox, au nord du parc, à Istán, au sud (voir ci-après), et à Monda, à l'est. Longue d'une vingtaine de kilomètres, d'une viabilité plutôt bonne pour son genre, elle traverse des étendues sauvages où l'on ne verra pas la moindre habitation. Carte détaillée nécessaire. Bien sûr, gare à la poussière !

🚶🚶 *El peñón de Ronda :* l'approche en voiture se fait comme pour la piste du puerto de la Mujer mais, au calvaire, on tourne à gauche vers *Los Sauces.*

Le chemin est abominablement rocailleux jusqu'à un 2e calvaire, à un carrefour en patte d'oie. On prend à droite pour atteindre la lisière du parc d'où l'on est face au *peñón,* tout en haut. Le reste se fait à pied, avec une dénivelée d'environ 300 m : à l'embranchement, ne pas traverser la vallée et continuer du même côté puis, au fond de la vallée, tourner à gauche (sinon, on retourne sur El Burgo). La fin du trajet se fait avec le *peñón* en ligne de mire. Grimpette sans problème jusqu'au sommet plat, et panorama étendu. Compter 3 h aller et retour. On peut aussi accéder au *peñón* à pied depuis El Burgo ; dans ce cas, prévoir la journée et, s'il fait chaud, de sérieuses réserves d'eau.

🏃🏃 *L'ascension du pic de la Torrecilla :* accéder au parc à partir de la route A 376 de Ronda à San Pedro de Alcántara. À 15 km environ de Ronda, une mauvaise piste permet d'accéder au *refuge Felix Rodriguez de la Fuente,* situé au lieu-dit Cortijo de los Quejigales. Inutile de songer à passer une nuit ici si vous n'avez pas réservé 2 mois à l'avance et si vous n'êtes pas membre d'une association espagnole de randonneurs ou de spéléo. En effet, le plus profond gouffre d'Espagne (plus de 1 000 m !) se trouve tout près. Cependant, vous y trouverez une aire de camping sommairement aménagée, utile si vous voulez faire l'ascension du pic. Les « petits » marcheurs se contenteront de monter jusqu'au puerto de los Pilones par le sentier de la cañada del Cuerno (la gorge de la Corne), à travers une forêt de sapins d'Andalousie centenaires. Compter 3 h pour l'aller-retour. Au col, paysage de haute montagne dominé par les 1 918 m du pic de la Torrecilla, au pied duquel s'étend la Quejigal de *Tolox,* une forêt clairsemée de chênes rouvres. Compter au minimum 8 h pour la balade complète. La fin du sentier est en pente raide mais ne présente pas de difficulté. Attention toutefois, en été, à la déshydratation : ça cogne très dur !

LA SIERRA BERMEJA

Il s'agit de l'arrière-pays, situé au-dessus des stations balnéaires (pas folichonnes) d'Estepona et de San Pedro de Alcántara. Cette sierra porte judicieusement le nom de « montagne Rouge ». L'ocre rouge de sa terre lui donne, en effet, un aspect particulier.

Arriver – Quitter

➢ *En voiture :* du centre d'Estepona, suivre, si jamais vous le trouvez, le fléchage Genalguacil par la MA 557. À défaut, demandez les Altos de Estepona, faciles à repérer car les Anglais ont construit leur maison au sommet de chaque colline pour bénéficier d'un point de vue sur la mer... Attention, pas d'accès à partir de la N 340. Une excellente route conduit en 15 km, à travers les terres rouges de la sierra parsemée de pins et de chênes verts, jusqu'au puerto de Peñas Blancas (col des Plumes Blanches ; c'est pas joli, ça, comme nom ?).

À voir. À faire

🏃 *Las Reales :* au col, prendre la route fléchée à gauche, vers la zone protégée. On roule doucement, pour pouvoir observer les chèvres sauvages sur le bas-côté sans risquer d'emboutir un chevreau. Au bout de 4,5 km à fleur d'abîme, dépasser le refuge et l'aire de pique-nique (agréable, sous les pins) et laisser la voiture sur le terre-plein terminal. Le chemin de terre rouge est facile mais caillouteux. Espadrilles déconseillées. Quelque 500 m plus loin, du belvédère Salvador Guerrero, vue grandiose sur toute la côte, de la punta Ladrones au rocher de Gibraltar. Dans le lointain, les monts de Málaga à l'est et le Rif au sud-ouest : c'est bien l'Afrique, presque à portée de main. On reste d'autant plus volontiers qu'un petit vent frais nous fait oublier la fournaise de la plaine. Il fait bien 10 °C de moins qu'en bas ! Retour possible via Jubrique et Algatocín, deux villages tout blancs dans leur écrin de chênes-lièges. Route étroite et sinueuse. Attention aux caprins, domestiques cette fois-ci ! On peut aussi rejoindre Ronda.

MARBELLA   (29600)   124 300 hab.

Enfin, nous y voici ! Marbella est à la jet-set l'été ce que Séville est aux mystiques durant la Semaine sainte. Que dire de ce que fut avant-guerre cet adorable petit port andalou endormi dans le creux d'une vague de la côte, et qui s'est réveillé dans les années 1980 cerné de centaines de blocs de béton hauts et tout vilains ? Les plages ont été redessinées pour les besoins de la baignade aseptisée, et la promenade sur le front de mer n'a pas grand-chose de romantique. Heureusement, au cœur de ce Béton-sur-Mer, il reste une perle : le vieux Marbella, qui demeure un vrai petit bijou ! Un beau quartier aux maisons blanches et aux balcons fleuris, au milieu du Marbella nouveau. L'épicentre en est la plaza de los Naranjos, une oasis de fraîcheur, avec des orangers, bien sûr, une claire fontaine, des terrasses de café où l'on prend le soleil et où l'on se fait voir.

UN PEU D'HISTOIRE

Comment Marbella est-elle devenue une destination chic ? Le village doit sa prestigieuse renommée au prince Alfonso de Hohenlohe, chancelier de l'Empire allemand, qui, dans les années 1940, tomba en panne avec sa Rolls dans ce coin alors désert. Dès la décennie suivante, il entraîna parents et amis fortunés, puis ouvrit en 1954 l'hôtel *Marbella Club,* convertissant ce relais côtier en un rendez-vous mondain international. Le prince Fahd, lui, débarqua en 1974 avec serviteurs et bagages – beaucoup de bagages, beaucoup de serviteurs.
La propreté et la sécurité sont le fait d'un personnage singulier, disparu en mai 2004 : Jesús Gil. Fondateur éponyme du GIL (Groupe indépendant libéral), ce personnage bonhomme fut le maire de la ville, le principal actionnaire du club de football l'Atlético de Madrid et un des bétonneurs de la côte, tout en accumulant les casseroles et le nombre de juges à ses trousses. Symbole de la réussite rapide, il s'était entouré d'une fratrie d'hommes d'affaires pour suivre sa politique d'assainissement de la région. Le feuilleton politico-financier passionna l'Espagne comme l'affaire Tapie avait passionné la France. Ses successeurs ne se sont pas montrés plus vertueux, l'un comme l'autre étant accusés (et condamnés) pour détournements de fonds et corruption... Au printemps 2006, le gouvernement espagnol a été contraint d'en venir à suspendre le conseil municipal... Du jamais vu !
On le rappelle, Marbella est un petit bijou, mais trop serti pour être honnête. C'est aussi un mythe, et quand on y séjourne, le mythe tombe vite. Aujourd'hui les petits-bourgeois, les familles et les retraités en goguette de toute l'Europe ont remplacé, pour ce que l'on peut en voir, ceux qui ont fait la renommée des lieux. La jet-set n'a pas totalement disparu, mais elle se cache, vers Puerto Banús, derrière les hauts murs de villas bien plus chères qu'elles ne devraient. Les agents immobiliers, pour mieux faire grimper les prix, ont inventé l'expression Golden Mile...

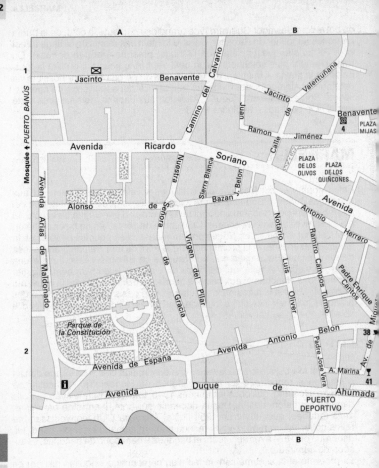

■ **Adresses utiles**

- **🅸** Offices du tourisme
- **✉** Poste
- **🚌** Gare routière
- **P** Parkings privés et gardés
- **@ 2** Cibercafé Coffee & Bar
- **@ 3** Internet Call Home
- **@ 4** Call Cabins Internet

⌂ **Où dormir ?**

- **10** Albergue juvenil Marbella
- **11** Hostal del Pilar
- **12** Pensión Aduar
- **13** Hostal Enriqueta
- **14** Hostal El Castillo
- **15** Hostal La Pilarica
- **16** Hostal San Ramón
- **17** Hostal Paco
- **18** Hostal Juan
- **19** Pensión Princesa

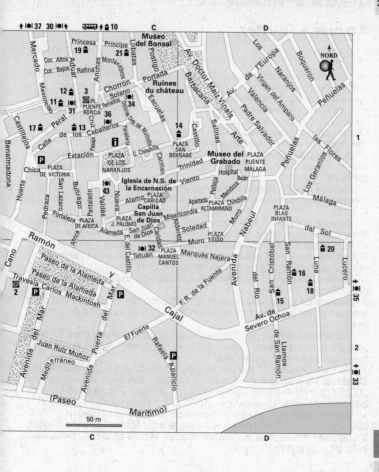

MARBELLA

20 Hostal La Luna
21 Villa Marbella

Où manger ?

30 Bar Francisco
31 El Patio de los Perfumes
32 Sol y Sombra
33 Bar Los Cañizos
34 El Balcón de la Virgen
35 Bar California

36 La Fonda de Marbella
37 Freiduría Miraflores

Où prendre le petit déjeuner ?

38 Frikia-Pan
43 Churrería Ramón

Où boire un verre ?

41 Bodega La Venencia

Arriver – Quitter

En bus

🚌 **Gare routière** *(hors plan par C1)* : av. Trapiche. ☎ 952-76-44-00. Située à 10 mn de marche au nord de l'AJ, juste de l'autre côté de l'autoroute. On y trouve des consignes automatiques. Pour se rendre dans le centre depuis la gare routière, prendre les bus n°s 9C (toutes les 20 mn) ou 2 (moins fréquent). Environ 1 € le trajet.

La compagnie *Automóviles Portillo* (☎ 902-14-31-44, n° national ; ● www. ctsa-portillo.com ●) dessert de nombreuses destinations de la côte.

➤ **De/vers Ojén :** environ 10 bus tous les jours sauf le dimanche (aucun ce jour-là). Durée : 30 mn environ (1 €). Certains bus font une escale dans le centre de Marbella.

➤ **De/vers Puerto Banús et Fuengirola :** bus toutes les 20 mn en règle générale, sauf dimanche et jours fériés (toutes les 30 mn). Durée : 1 h (2,50 €).

➤ **De/vers Málaga :** 6 liaisons directes du lundi au samedi, 3 seulement dimanche et jours fériés. Durée : 45 mn par l'autoroute. Autrement, entre 12 et 14 départs quotidiens dans les 2 sens (compter alors 1 h 15 de route). Également une liaison directe, toutes les 90 mn à 2 h, entre l'aéroport de Málaga et Marbella, par l'autoroute, en 45 mn (5 €).

➤ **De/vers Ronda :** en moyenne, 6 liaisons par jour (5 pour revenir sur Marbella). Durée : 1 h 30 (5 €).

➤ **De/vers La Línea** (ville frontalière avec Gibraltar) **:** 4 bus par jour dans chaque sens (5 le dimanche), entre 8 h 30 et 20 h 30 au départ de Marbella (6 €).

➤ **De/vers Algésiras :** une dizaine de bus quotidiens directs entre 7 h 30 et 22 h 30, dans les 2 sens. Durée : 1 h (6 €). Également une dizaine d'omnibus, avec 30 mn de trajet en plus.

➤ **De/vers Grenade :** 7 bus par jour, dont 3 directs (13 €, 2 h 45 de trajet), **Cordoue,** 1 à 2 bus par jour (16 €, 5 h de trajet), **Séville,** 2 à 3 bus par jour (14,50 €, 3 h 45 de trajet), **Cadix,** 6 bus par jour dont 3 rapides (15 €, 2 h 45 de trajet), **Almería,** 1 bus par jour (18,50 €, 4 h 45 de trajet).

➤ **De/vers Madrid :** au moins 7 départs par jour avec la Cie *Daibus* (☎ 952-82-30-12 ; ● www.daibus.es ●), et 8 dans le sens Madrid-Marbella. Environ 7 h de trajet. Attention, le guichet ferme entre 14 h 30 et 15 h et de nouveau entre 21 h 30 et 22 h.

En train

➤ Pas de ligne de train à Marbella. La gare la plus proche est à **Fuengirola** (où passe le *Tren de cercanías* n° C1), sur la ligne de Málaga.

Adresses et infos utiles

Infos touristiques

ℹ **Office du tourisme** *(plan A2)* : glorieta de la Fontanilla. ☎ 952-77-14-42. Ouvert du lundi au vendredi de 9 h 30 à 21 h et le samedi de 10 h à 14 h. Fermé le dimanche. Plan de la ville gratuit. Autre plan plus élaboré mais payant et d'autres encore de la région et de ses stations balnéaires. Efficace, bon accueil.

ℹ **Office du tourisme** *(plan C1)* : plaza de los Naranjos. ☎ 952-82-35-50. Ouvert du lundi au vendredi de 9 h à 21 h et le samedi matin. Fermé le dimanche.

ℹ Il existe en tout six offices du tourisme, dont un à l'entrée de **Puerto Banús** (ouvert tous les jours de 9 h 30 à 21 h, ☎ 952-81-85-70) et un à chaque entrée de Marbella. Le plus important des deux est celui de l'**Arco de Marbella,** qui surplombe la route de Málaga (km 183). Ouvert tous les jours de 10 h à 22 h (☎ 952-82-28-18).

Poste et télécommunications

✉ **Poste** *(plan A1) :* c/ Jacinto Benavente, 14. Ouvert du lundi au vendredi de 8 h 30 à 20 h et le samedi de 9 h à 13 h.

@ **Cibercafé Coffee & Bar** *(plan C2, 2) :* trav. Carlos Mackintosh. ☎ 952-86-42-62. Le plus agréable des cafés Internet de la ville, avec une connexion ultra rapide (à 3,50 €/h) et un accueil de 1re classe de la propriétaire suédoise. On peut y manger pour pas cher de bonnes petites choses, comme ces excellents *bagels* au saumon, ou quelques sandwichs.

Même les petits vieux du quartier viennent y prendre un verre !

@ **Internet Call Home** *(plan C1, 3) :* à l'angle des rues Aduar et Peral. En plein cœur de la vieille ville. Ouvert tous les jours de 10 h à 14 h et de 16 h à minuit. Compter 2 €/h.

@ **Call Cabins Internet** *(plan B1, 4) :* c/ Jacinto Benavente, 5. Ouvert de 10 h (11 h le week-end) à 23 h. Connexion fiable et rapide à 2 €/h. Fait aussi centre d'appels internationaux.

Banques

■ **Banques :** nombreuses sur l'avenue Ricardo Soriano *(plan A-B1),* avec distributeurs automatiques. Heures d'ouverture : de 8 h 30 à 14 h ou 15 h. Fermées le samedi matin. Les horaires d'hiver sont généralement un peu plus étendus. Change.

Santé, urgences

■ **Hôpital public Costa del Sol :** sur la CN 340. ☎ 952-86-27-48. À environ 4 km à l'est de Marbella.
■ **Police nationale :** c/ Arias de Velasco. ☎ 952-76-26-00 ou 902-10-21-12 pour les déclarations en langues étrangères.
■ **Police locale :** c/ Juan de la Cierva, 13. ☎ 952-89-99-00.
■ **Urgences :** ☎ 112.

Parkings

Difficile de se garer ici. Si vous ne faites qu'une halte à Marbella et que vos bagages sont dans la voiture, mettez celle-ci dans un **parking payant et gardé.**

🅿 Le plus central est celui de la **plaza de la Victoria** *(plan C1),* mais petit et avec une entrée étroite et pentue.
🅿 Autres parkings gardés : au début de l'**avenue de la Puerta del Mar** *(plan C2)* et un autre sur **Carlos Mackintosh** *(plan C2),* qui n'est guère plus grand ni commode.

Si vous séjournez assez longtemps, essayez d'éviter les parkings souterrains, très chers (12 à 15 €/24 h) mais garez-vous légalement. Les enlèvements rapides sont ici très au point. On peut théoriquement se garer partout où il n'y a pas de ligne jaune. Après 18 h, ça devient très ardu. Les places se libèrent surtout le matin vers 10-11 h...

Où dormir ?

On renouvelle notre conseil : laissez votre véhicule en lisière de la vieille ville, qui se parcourt à pied. En dehors du centre, pas de problème, hormis les

LA COSTA DEL SOL

bouchons à certaines heures. À part ça, vous avez de la chance, c'est dans le centre-ville que se trouvent les hôtels bon marché. Il n'y a aucun intérêt à dormir ailleurs : les établissements aux abords de la plage sont plus chers, moins calmes, et les murs y ressemblent à du papier à cigarette.

Auberge de jeunesse

⌂ *Albergue juvenil Marbella (hors plan par C1, 10)* **:** av. del Trapiche, 2. ☎ 952-77-14-91 ou 902-510-000 (central de réservations). Fax : 952-86-32-27. ● www.inturjoven.com ● marbella.itj@juntadeandalucia. es ● Au nord de la vieille ville, légèrement au-dessus du *mercado* un peu à l'extérieur du vieux centre, et à 10 mn à pied de la station de bus en descendant l'avenida del Trapiche. Fermé pour les vacances de Noël ; réception 24 h/24. Plusieurs saisons et tarifs, comme dans toutes les AJ. Carte FUAJ obligatoire, mais on peut l'obtenir sur place. Nuit avec petit dej' : compter 9,50 € par personne en basse saison et 15 € en haute saison, 4 € de plus pour les plus de 26 ans. Voici une belle et grande AJ, bien tenue, qui conviendra aux groupes et aux solitaires. Ce fut jadis un monastère dédié à San Francisco, où séjourna Cervantes. Large vestibule rappelant celui d'un hôtel. Chambres avec ou sans sanitaires (sommaires), de 2 à 4 lits. S'il n'y a pas trop de monde, on vous mettra automatiquement dans celles qui en ont. Murs assez minces, pas toujours facile de trouver le sommeil. Des chambres, belle vue sur le parc qui entoure l'AJ. Nombreux services à disposition : consignes, laverie, téléphone et piscine (de juin à septembre). On est à 2 km de la plage la plus proche.

Bon marché (de 20 à 40 €)

Dans la vieille ville

⌂ *Hostal del Pilar (plan C1, 11)* **:** c/ Mesoncillo, 4, à 20 m de la calle Peral. ☎ 952-82-99-36. ● www.hostel-marbella.com ● Dans une jolie ruelle du vieux Marbella, un repaire de routards. Ouvert toute l'année. À partir de 15 € par personne, ou chambres doubles avec lavabo autour de 30 €, voire 40 € en août. Les prix sont dégressifs et se discutent. Demandez à voir plusieurs chambres, certaines étant plus lumineuses que d'autres. Quelques triples, avec sanitaires communs. Terrasse ensoleillée très pratique pour faire sécher le linge. Bar au rez-de-chaussée, avec billard et cheminée pour les soirées d'hiver. Accueil inégal d'un Anglais expatrié.

⌂ *Pensión Aduar (plan C1, 12)* **:** c/ Aduar, 7. ☎ 952-77-35-78. Fax : 952-76-69-78. En haute saison, compter de 30 € la chambre double avec lavabo à 40 € avec bains. Petit hôtel de 4 étages, cachant un patio intérieur couvert d'azulejos et très fleuri. Préférez les chambres du 4e étage, plus calmes et plus claires. Seulement un lavabo à l'intérieur ; douche et w.-c. sur le palier à chaque étage. Literie limite, en dépannage plutôt.

Entre la vieille ville et la plage

⌂ *Hostal Juan (plan D2, 18)* **:** c/ La Luna, 18. ☎ 952-77-94-75. ● pension juan@hotmail.com ● Chambres doubles à 25 € (36 € en été). Modeste pension d'un assez bon rapport qualité-prix. Bien que petites et sombres (éclairage au néon), les cinq chambres sont correctes et bien équipées : douche, w.-c., TV, frigo, ventilo et chauffage ! Paiement en avance, seulement en liquide. Micro-ondes à disposition.

De prix moyens à un peu plus chic (de 40 à 60 €)

Dans la vieille ville

🛏 *Hostal El Castillo* (plan C-D1, 14) : plaza de San Bernabé, 2. ☎ 952-77-17-39. Fax : 952-82-11-98. ● www.hotelelcastillo.com ● De 35 à 47 € la chambre double avec bains et TV, selon la saison. Situé dans une vieille bâtisse superbe, avec un agréable patio et un salon commun sous véranda à l'étage. Confortable et calme. Les chambres donnant sur la petite place sont mieux que les autres, évidemment, à cause de la vue dégagée. L'ensemble a beaucoup d'allure. Une bonne adresse.

🛏 *Hostal Enriqueta* (plan C1, 13) : c/ de los Caballeros, 18. ☎ 952-82-75-52 et 76-14. Dans une ruelle piétonne, idéalement située à moins de 100 m de la plaza de los Naranjos. Congés annuels : en janvier et février. De 48 à 60 € la chambre double, selon la saison. Chambres impeccables (douche, w.-c., TV et ventilo), sur 2 étages, pour 2 à 4 personnes, donnant sur 2 petits patios tranquilles ou sur la petite ruelle de Los Caballeros. La propreté, le bon accueil et le rapport prix-situation en font une adresse centrale conseillée

et de qualité. En été, il est hautement recommandé de réserver (ou de venir tôt).

🛏 *Pensión Princesa* (plan C1, 19) : c/ Princesa, 1. ☎ 952-82-00-49. De 35 à 43 € la chambre double selon le confort, avec ou sans douche et w.-c., et selon la saison. Dans une ruelle calme aux façades claires – ce qui n'est pas le cas de toutes les chambres. Propre et bien tenu. Accueil cordial.

🛏 *Hostal Paco* (plan C1, 17) : c/ Peral, 16. ☎ 952-77-12-00. Fax : 952-82-13-09. ● www.hostalpaco. com ● Ouvert de début avril à mi-octobre. Ici, la double oscille entre 40 et 60 €, selon la saison. Chambres aérées, claires et spacieuses où le blanc domine allègrement (on se croirait chez les Mormons !). Toutes ont TV, ventilo, chauffage et sanitaires – certaines avec une petite baignoire. Peu de charme mais fonctionnel et très propre. Pour avoir plus de calme, demander une chambre sur l'arrière. Pour le petit dej', le glacier, juste en face, fait des gaufres.

Entre la vieille ville et la plage

🛏 *Hostal La Luna* (plan D2, 20) : c/ La Luna, 7. ☎ 952-82-57-78. ● hostallaluna@hotmail.com ● Entre 46 et 56 € la chambre double selon la saison et l'affluence. Très bonne adresse, à 5 mn du vieux centre et à 200 m de la plage. Dans une paisible et charmante ruelle, bordée de maisons blanches (et basses) ornées d'azulejos, cette pension abrite des chambres spacieuses, claires et bien équipées (douche ou petite baignoire, TV, frigo, AC et même chauffage !) pour 2 à 4 personnes. Côté propreté, elle mérite un prix : le proprio, Salvador, patriarche d'une famille chaleureuse, est très exigeant sur ce point. Pas de petit dej'. Excellent rapport qualité-prix et car-

tes de paiement acceptées. Notre adresse préférée. Et en prime, nos lecteurs se voient offrir une réduction de 10 % sur présentation de ce guide en basse et moyenne saisons.

🛏 *Hostal San Ramón* (plan D2, 16) : c/ San Ramón, 25. ☎ 952-77-35-82. Fax : 952-77-77-42. ● www.hostalsanramon.com ● Compter de 42 à 60 € selon la saison. Ce petit immeuble blanc très bien tenu, avec des grilles bleues aux fenêtres, cache une bonne pension tenue par un homme jovial. Seulement 9 chambres, toutes agréables, rénovées, sobres dans la décoration, calmes (courette à l'arrière) et très propres. Même si certaines sont un peu petites ou un peu sombres, le niveau de confort général est bon (AC, TV, frigo, baignoire). Cartes de paiement acceptées. Une réduction de 10 % est offerte à nos lecteurs (basse saison) sur présentation de ce guide.

🏠 *Hostal La Pilarica* (plan D2, 15) : c/ San Cristóbal, 31. ☎ 952-77-42-52. Compter de 45 à 55 € la chambre double avec salle de bains, selon la saison. Dans une ruelle piétonne fleurie, calme malgré la proximité de l'avenue. Certaines chambres (TV, AC) disposent d'une terrasse, d'autres d'un petit frigo – et parfois des deux. Déco inexistante : seule la Vierge, trônant au-dessus du lit, est là pour accompagner vos songes... Bon rapport qualité-prix.

Plus chic (au-delà de 90 €)

Dans la vieille ville

🏠 *La Villa Marbella* (plan C1, 21) : c/ Príncipe, 10. ☎ 952-76-62-20. Fax : 952-76-57-48. ● www.lavillamarbella.com ● De 90 à 165 € la double selon la taille et la saison, petit dej' inclus. Le propriétaire brésilien des lieux, Marco Torres, a créé une vraie oasis au cœur de la vieille ville, avec ses 9 chambres charmantes réparties dans deux demeures voisines. Chacune porte le nom d'un site asiatique mythique (Angkor, Mandalay, Langkawi, etc.) et s'inspire, pour sa décoration, de ces contrées exotiques où les Torres ont beaucoup voyagé. Cerise sur le gâteau, le petit déjeuner se prend sur la terrasse, à l'étage, d'où l'on domine le centre historique et les montagnes.

Où camper dans les environs ?

Les campings sont tous situés à l'est de la ville, sur la route de Málaga.

⛺ *Camping Marbella Playa :* sur la N 340 à hauteur du km 192,8. ☎ 952-83-39-98. Fax : 952-83-39-99. ● www.campingmarbella.com ● À 9,5 km, sur la route de Torremolinos, côté droit quand on vient de Marbella, donc côté plage. En été, bus pour le centre toutes les 20 à 30 mn. Ouvert toute l'année. En saison, compter environ 23 € pour 2 personnes, avec voiture et tente. Également des bungalows. Plutôt bien aménagé et entretenu. L'ensemble est assez agréable et calme, mais l'intimité manque pour les tentes. Surtout, s'installer le plus loin possible de la route. Supérette, bar-resto sympa, grande piscine (ouverte d'avril à octobre). Sanitaires corrects. En revanche, la plage voisine (à 150 m) est peu attrayante. Accueil distant.

⛺ *La Buganvilla :* sur la route côtière, à hauteur du km 188,8. ☎ 952-83-19-73. Fax : 952-83-19-74. ● www.campingbuganvilla.com ● À 5,5 km de la sortie est de Marbella, le long de la double voie côtière bien bruyante. Impossible de l'atteindre directement lorsqu'on vient de Marbella : il faut aller jusqu'à la sortie suivante (*cambio de sentido*, à 2,5 km de là...) et faire demi-tour... Sinon, prendre le bus pour Fuengirola et la passerelle piétonne qui enjambe la route. Ouvert toute l'année. Réception de 8 h à 23 h (parfois en français). Compter de 16 à 24 € pour deux personnes, une tente et une voiture, selon la saison. Bien équipé et site pour les tentes agréable, ombragé par un gros bosquet de pins mais l'autoroute est tout contre. La traversée vers la plage (à 600 m) se fait donc par la passerelle (puis 1re à droite jusqu'au bout). Tout confort : piscine, resto pas cher, épicerie.

Où manger ?

De bon marché à prix moyens (de 8 à 20 €)

Dans la vieille ville

❘●❘ *Bar Francisco* *(hors plan par C1, 30) :* c/ Aduar, 36. En haut de la rue et loin du bruit, en théorie, car c'est sans compter avec la TV qui débite les résultats du foot, les habitués qui vociférent et les étranges sons qui s'échappent de la machine à sous. Pour s'occuper, on fume et on boit. Et vous croyiez qu'à Marbella ça allait être différent juste parce que c'est sensé être plus chic ? Ce qui change ici, c'est la propreté, d'où le surnom de *los limpios* (les propres) qui colle à la peau des patrons. Zinc astiqué et des tapas qui, du coup, se mettent à avoir une autre allure, tellement elles sont bien rangées. Et délicieuses, de surcroît ! Peu de choix, des produits frais et des prix tout doux. Santé !

❘●❘ *Sol y Sombra* *(plan C2, 32) :* c/ Tetuán, 7. ☎ 952-77-00-50. À l'entrée de la vieille ville, un peu plus au calme que les restos plus centraux. Ouvert tous les jours. Plats autour de 10 €. Déco démodée, genre posters de corrida et vieilles photos noir et blanc, mais cuisine savoureuse et service à la fois courtois et chaleureux. On conseille aux affamés de commencer par l'excellente *sopa de mariscos,* qui les calera déjà pas mal pour quelques euros seulement. Les viandes sont généreusement servies, comme tout d'ailleurs, mais les spécialités de la maison restent les poissons et fruits de mer. Quelques tables dans la rue piétonne.

À proximité de la vieille ville

❘●❘ *Bar Los Cañizos* *(hors plan par D2, 33) :* dans le quartier du port de plaisance, connu également comme le quartier des pêcheurs avec ses anciennes maisons basses qui contrastent avec les tours au fond. Ouvert midi et soir. *Raciones* de 8 à 10 € et poisson au kilo. Le moins toc et, de loin, le plus fréquenté des 4 restos de poisson du coin – celui-ci ayant cependant la vue la moins directe sur la plage et la promenade. Sympathique et simple terrasse sous les canisses. Et puis, vers 13 h ou 20 h, quand le cuistot allume son feu pour griller les sardines, une odeur très tentante donne envie de prendre d'assaut les tables en plastique. Accueil agréable.

❘●❘ *Freiduría Miraflores* *(hors plan par C1, 37) :* av. del Mercado, 22. ☎ 952-82-68-02. Du vieux centre, monter par la rue Castillejos, contourner le marché par la gauche et continuer jusqu'à l'angle de l'avenida Mayorazgo (assez excentré). Ouvert midi et soir. Fermé en novembre. Compter un peu moins de 20 € le repas. Deux salles intérieures assez quelconques mais avec tables bien dressées, puis une grande terrasse sous l'auvent. En entrant, se diriger vers la vitrine sous le comptoir pour jeter un œil aux poissons du jour : c'est la spécialité des lieux avec les fruits de mer. Essayez par exemple la copieuse *fritura* pour une personne (pieuvre, calamars en rondelles, gambas, sardines...). On vous apporte l'aïoli pour accompagner le tout. On a aussi bien aimé les *medias raciones* de *chipirones* (petits calamars). Desserts moins convaincants. Service rapide.

D'un peu plus chic à vraiment chic (plus de 20 €)

Dans la vieille ville

❘●❘ *Bar California* *(hors plan par D2, 35) :* c/ Málaga, 44. À l'angle avec Severo Ochoa, *mauka* (côté montagnes). En lisière de la ville ancienne, tout proche des *hostales* conseillées par votre guide favori. Ouvert midi et soir. Fermé le dimanche. Le prix du repas dépend du type de poisson choisi, mais compter un bon 20 € pour une entrée et un plat. Façade en faïences vantant les mérites du vin de Málaga (nous, on n'a plus de doutes). Salle bruyante avec tables un poil trop rapprochées et cuisine ouverte, mais aussi quelques places à l'extérieur sous un auvent, contre la rue. Simple et sans artifices, une bonne franquette et cantine populo fréquentée par quelques touristes et beaucoup de locaux. C'est bondé le week-end mais le service reste assez efficace.

|●| **El Balcón de la Virgen** (plan C1, 34) : c/ Remedios, 2. ☎ 952-77-60-92. Dans la ville ancienne, très touristique. Ouvert à partir de 18 h. Fermé le dimanche. Congés annuels : de fin décembre à fin janvier. Compter 20 € le repas. La façade et les balcons fleuris de bougainvillées sont superbes et la salle semble construite dans un vieux rempart médiéval tout en longueur tandis que, dehors, une Vierge éclairée veille. Cadre mis à part, si les plats de poisson ne sont pas si chers que ça, ils n'ont rien d'exceptionnel non plus. L'apéritif est offert à nos lecteurs sur présentation de ce guide.

|●| **El Patio de los Perfumes** (plan C1, 31) : c/ Advar, 1. ☎ 952-82-86-50. Ouvert tous les soirs. Compter 25 à 30 € à la carte. Cette jolie adresse, fondée par un couple du sud de la France, se prête idéalement à un dîner en amoureux avec sa cour romantique éclairée à la bougie et son ambiance décontractée chic. Les influences arabes y rencontrent celles de la Provence, créant une harmonie très méditerranéenne, tant dans le décor que dans l'assiette. Le menu n'est guère corpulent, mais bien pensé, incluant même quelques options pour les végétariens – et une mousse de morue offerte à tous pour se mettre en bouche. Le choix de desserts est excellent. Le mardi et le jeudi, le flamenco envahit les lieux ; vendredi et samedi, c'est plutôt la musique douce, tendance *chill out*.

|●| **La Fonda de Marbella** (plan C1, 36) : c/ Los Caballeros, 4-6. ☎ 952-90-32-88. Ouvert du lundi au samedi de 13 h à minuit et demi, le dimanche à partir de 19 h seulement. Compter un bon 20-25 € par personne, mais le menu du soir, à 19 €, satisfera les plus gourmands. Voisine du *Patio de los Perfumes* et comme lui organisé autour du patio d'une vieille demeure, *La Fonda* s'en éloigne toutefois par l'atmosphère : ici, pas de romantisme au menu, mais un cadre rutilant très B.C.-B.G. pour les sorties du week-end. Le meilleur des cuisines du monde y côtoie les produits frais espagnols.

Où prendre le petit dej' ? Où prendre le goûter ?

🍴 **Frikia-Pan** (plan B2, 38) : edificio Antonio Herrero, av. Miguel Cano. ☎ 952-86-47-67. Ouvert tous les jours de 7 h à 20 h. Viennoiseries, bons gâteaux et *brötchen* allemands complètent à merveille la formule petit déjeuner à 4,20 € comprenant café, jus d'orange frais et croissant. Fait aussi salades, quiches et sandwichs, à emporter ou à manger sur place, dans une salle climatisée flambant neuve.

|●| **Churrería Ramón** (plan C1, 43) : plaza de los Naranjos. Vieille adresse de Marbella (fondée en 1941) et grand classique pour les jus de fruits frais et les *chocolate con churros*. En fin d'après-midi, pas une table n'est libre, mais la qualité du jus d'orange (ou de fraise !) est telle que ça vaut le coup d'attendre 10 mn. Bon mais vraiment pas bon marché... De l'autre côté de l'esplanade, la *Cafetería Los Naranjos*, peinturlurée en rouge Sénéquier des chaises aux fenêtres, propose les mêmes bons jus à des prix quand même plus raisonnables.

Où boire un verre ?

♟ Bodega La Venencia (plan B2, 41) : av. Miguel Cano, 15. ☎ 952-85-79-13. À l'extérieur du vieux centre, mais à deux pas de la plage. Ouvert tous les jours, toute la journée. Tapas à moins de 2 € en *montaditos*. Des tabourets hauts qui débordent sur le trottoir, une pyramide de tonneaux (vermouth, *torito, moscatel,* etc.), un bar en brique qui ondule et des clients qui vacillent en buvant un verre et en gobant des tapas (poivrons marinés, sardines, anchois...). Faites comme les habitués, mais ne vous risquez pas aux *raciones* : vous pourriez bien, au lieu d'une salade de poulpe, vous retrouver avec 90 % de surimi dans l'assiette et une grosse envie de râler. Vins de qualité.

À voir. À faire

🎥🎥 Pour ceux qui n'auraient pas vu la **plaza de los Naranjos** (place des Orangers ; plan C1), il faut s'y arrêter pour prendre un verre. Bel exemple d'architecture andalouse : la vieille *capilla de Santiago* et sa *fontaine* (XVᵉ siècle), *el ayuntamiento* (XVIᵉ siècle) et la *casa del Corregidor* (XVIIᵉ siècle). Au printemps, les parfums entêtants des orangers en fleur et des *damas de noche* vous accompagneront jusqu'à la nuit.

Au cours de votre balade dans la *vieille ville,* vous passerez par de jolies placettes où les enfants jouent, où les fontaines coulent timidement, où les pots de fleurs colorés accrochés aux murs se dorent au soleil, où, derrière des balcons fleuris, de vieilles Andalouses veillent et surveillent. Ici, on est étonné par la propreté des ruelles ; c'est que la municipalité est riche, elle a pu les restaurer sans lésiner sur les factures, et avec goût. Charmant, même s'il y a énormément de touristes l'été.

🎥 **Iglesia de Nuestra Señora de la Encarnación** (plan C1) : plaza de la Iglesia. Cet édifice du début du XVIIᵉ siècle rappelle la splendeur religieuse passée... Son portail ocre, enchâssé dans des murs d'un blanc éclatant, s'ouvre sur un grand maître-autel vert et doré typiquement baroque. Bel orgue à l'intérieur, pas sur le plan esthétique mais acoustique. Sur la même place, finalement bien sympathique avec sa fontaine, ses orangers et ses deux palmiers, vous pourrez également découvrir une **tour** ayant appartenu jadis à un château arabe du IXᵉ siècle.

🎥 Tout près de l'église, la **capilla de San Juan de Dios** (plan C1) s'ouvre dans le prolongement de la rue éponyme. Dans cette minuscule chapelle datant du XVIᵉ siècle, se serre un petit autel joliment décoré. Une Vierge blanche à l'auréole d'or déployée veille pieusement sur les lieux. Voir aussi l'élégant petit portail de bois (XVIIIᵉ siècle) où sont sculptées les armes de León et Castille.

🎥🎥 **Museo del Grabado español contemporáneo** (plan D1) : c/ Hospital Bazán, 5. ☎ 952-76-57-41. Ouvert de 10 h à 14 h et de 17 h 30 à 20 h 30 (21 h en été). Fermé les dimanche et lundi. Entrée : 3 €. L'ancien hôpital Bazán, du XVIᵉ siècle, abrite désormais un très beau musée de la gravure espagnole contemporaine. Les amateurs d'art moderne et de techniques séculaires seront aux anges : lithographies (surtout), sérigraphie, pointe sèche, eau-forte... Tout y est. On pourra, entre autres, voir des œuvres de Picasso, Miró et Tapies...

🎥 **Museo del Bonsai** (le musée du Bonsaï ; plan C1) : dans le petit parc bordant la vieille ville, hors des murailles. ☎ 952-86-29-26. Ouvert tous les jours de 10 h 30 à 13 h 30 et de 16 h à 19 h (20 h en été). Entrée : 4 €. Pour les fans des fameux petits arbres.

◯ **Les plages :** il y en a plusieurs dans le centre même. Souvent artificielles et petites, elles n'ont rien d'exceptionnel, franchement – et ce n'est pas de l'anti-snobisme de notre part. Même s'il disparaît en été sous la couenne rougie des vacanciers, le sable est grossier et sombre. En s'éloignant de Marbella vers l'est, on en trouve de plus belles, de plus tranquilles, comme celle de *Cabopino,* avec des dunes de sable fin. Il y a même un camping très bien tenu à proximité, avec location de bungalows itou.

➤ DANS LES ENVIRONS DE MARBELLA

🕯 **Mezquita del Rey Abd-el-Aziz** *(la mosquée de Marbella)* **:** à environ 3,5 km à l'ouest du vieux centre. Suivre l'avenida Ricardo Soriano jusqu'à l'hôtel *NH Alanda,* c'est juste derrière. Attention, on ne la voit qu'au dernier moment ! Si vous ratez la sortie, prenez la suivante, à 500 m de là, direction Istán, puis reprenez immédiatement à droite. Ouvert en théorie tous les jours sauf le jeudi et le vendredi, de 19 h à 21 h.

Petite mosquée pour grand souverain : cette gracieuse construction toute blanche, au minaret effilé, a été financée par le roi d'Arabie Saoudite, Abdulaziz al-Saud, dont elle porte le nom. La résidence d'été du souverain est d'ailleurs toute proche, ce qui lui permet de ne pas rater la prière du vendredi. Construit sur une colline artificielle et protégé derrière des remparts surmontés de miradors (pour ne pas se retrouver de plain-pied avec ses voisins !), ce palais serait une copie de la Maison Blanche... en plus grand. Lorsque le souverain débarque, c'est une aubaine pour la région : accompagné de moult serviteurs, bagages, etc., il loue de nombreuses chambres et suites, dépense moult pétrodollars dans les grands magasins et embauche des centaines de chauffeurs, cuisiniers, jardiniers, etc.

ISTÁN   1 420 hab.

À 15 km au nord de Marbella, à l'entrée du parc naturel de la sierra de las Nieves (réserve de la biosphère), Istán est un village blanc placé sous le signe de l'eau – un héritage arabe. En chemin, se dégagent de superbes vues plongeantes sur le barrage de la Concepción et son lac de retenue. Les nombreuses sources proches du bourg alimentaient les villages de la côte, notamment Marbella. Aujourd'hui, les villes balnéaires, trop consommatrices, doivent se contenter en partie d'eau de mer dessalée (beurk !), et les pures eaux d'Istán n'alimentent plus guère que son lavoir, ses neuf fontaines, bien agréables en plein été, ainsi que quelques canaux irriguant les potagers, dont le seul bruissement éveille une délicieuse sensation de fraîcheur.

L'eau est à ce point centrale dans la vie d'Istán que la municipalité lui a consacré un petit musée (tout en bas du village).

– **Conseil :** il est plus facile de se garer à Istán qu'à Casares. Une grande aire, placée sous la surveillance d'un gardien, se trouve à l'entrée du village, sur les hauteurs, côté droit. Paiement par donation (1 € ira très bien).

Arriver – Quitter

En voiture

➤ **De Marbella :** par une route locale (la MA 427) que l'on trouve entre la sortie est de Marbella (15 km) et la rocade de contournement de la ville. Le village est fléché depuis l'autoroute.

En bus

➤ *De Marbella :* 3 départs par jour, à 8 h, 12 h 30 et 19 h (2 bus le dimanche, à 14 h et 19 h).

Adresse utile

🅱 *Kiosque de l'office du tourisme :* à 100 m en contrebas du restaurant *Entresierras*. Ouvert seulement en été. Infos sur les sentiers de randonnée et les itinéraires à cheval et à VTT.

Où dormir ? Où manger ?

Prix moyens (autour de 65 €)

🛏 *Hotel rural Los Jarales :* ctra Marbella-Istán, km 14, 29611 Istán. ☎ 952-86-99-42 ou 610-88-18-93. ● www.losjarales.com ● Situé au sommet d'une petite colline, juste avant d'atteindre le village, sur la droite. Cet hôtel récent et tranquille propose une quinzaine de chambres doubles confortables (salle de bains, TV, AC, chauffage) à 65 €, quelle que soit la saison. Leur style andalou (bois, terre cuite) est plaisant, voire chaleureux pour certaines, et toutes disposent d'une vue sur le lac de barrage et la mer au loin. Piscine en été et bar-resto ouvert en continu. La 4e nuit est offerte à tous, pour tout séjour d'au moins 3 jours consécutifs.

Où manger ?

🍴 *Restaurante Entresierras :* av. Juan Carlos I, 7. ☎ 670-28-01-94 (portable). À l'entrée du village, côté gauche. Fermé les lundi et mardi soir. Plats entre 8 et 13 € en moyenne, exception faite de la juteuse et colossale entrecôte argentine de 500 g (18 €)... Grande salle fraîche et propre, avec une petite vue sur la vallée. Cuisine andalouse fine et copieuse, viandes argentines donc (comme le proprio) et des lasagnes pour ceux qui ne sont pas *carne carne*. Ajoutons le bon accueil, et voilà une très bonne adresse à prix corrects.

🍴 *El Barón :* c/ Marbella, 8. ☎ 952-86-98-66. Compter environ 15 € avec un vin de Rioja. Vrai petit bistrot andalou en devanture, où se retrouvent les habitués, et salle à manger tranquille qui donne sur la vallée, avec une jolie vue sur les vergers et les montagnes. La décoration est plutôt ordinaire, mais l'accueil est vraiment sympa et la nourriture superbe et totalement locale. On vous recommande les côtelettes d'agneau de lait, qui fondent littéralement dans la bouche. N'accepte pas les cartes de paiement.

🍴 Des lecteurs et plusieurs habitants du village nous ont recommandé *Los Troyanos* (situé face à l'église), tenu par Juan et son épouse Lina. Son lapin est paraît-il excellent, mais les heures d'ouverture sont irrégulières, ce qui nous empêche de vous le confirmer d'expérience.

À voir. À faire

🎋 *Le lavoir d'El Chorro,* situé juste en contrebas du grand parking, vaut le coup d'œil. Le torrent y passe, canalisé dans une sorte de grosse rigole. Au printemps, le débit est impressionnant ; en été, il est naturellement plus pépère.

🔫 À deux pas, jolie petite *iglesia San Miguel Arcángel* (XVIe siècle) avec un clocher-pilier et une porte de style mudéjar, mais rien à voir à l'intérieur. À ne pas manquer, les derniers jours de septembre, la *fête patronale* de l'Archange saint Michel, avec ses processions et ses festivités hautes en couleur.

🔫 *El Nacimiento :* sur les hauteurs. Du parking principal, suivre le panneau en dépassant le stade, puis l'hôtel *Altos de Istán*. C'est d'ici que sourd le río Molinos, principale source d'alimentation en eau du bourg et affluent du río Verde (celui du barrage). Il tient son nom des nombreux moulins qui le bordaient jadis. Les habitants viennent encore s'y approvisionner librement en eau potable. Le lieu est tout indiqué pour un pique-nique ; on peut y aller à pied (800 m de grimpette) ou en voiture.

OJÉN

(29610)   2 450 hab.

À 9 km de Marbella, sur la route de Coín, un des « villages blancs » les plus sympathiques de l'arrière-pays. Autrefois prospère grâce aux mines de fer, Ojén vit à présent du tourisme et sait y faire pour attirer le chaland. Les nouvelles constructions champignonnent aux abords, mais le cœur reste heureusement inchangé.

Évitez de pénétrer en voiture dans les ruelles ; elles sont si étroites que vous risqueriez d'être bloqué. La découverte se fait à pied, de préférence le matin. Plusieurs parkings ; en bas, avant d'arriver au village, à mi-hauteur, le long de la route de Monda, et deux autres plus proches du centre proprement dit, mais souvent pleins à craquer, que l'on atteint par l'avenida Pablo Picasso en contournant entièrement le cœur du village – tournez à droite à la sortie d'Ojén vers Monda.

Arriver – Quitter

En voiture

➤ *De/vers Marbella :* par la route A 355 qui relie Coín à Marbella. Bien indiqué, pour une fois...

En bus

➤ *De/vers Marbella :* 10 bus par jour (dans les 2 sens), sauf le dimanche (rien ce jour-là). Compter 30 mn et 1 €.

Adresse utile

🛈 *Bureau d'informations touristiques :* en face de l'église Nuestra Señora de la Encarnación. Ouvert en été uniquement.

Où dormir ?

De prix moyens à un peu plus chic (de 35 à 70 €)

🛏 *Pensión El Solar :* Córdoba, 2. ☎ 952-88-11-49. En contrebas du village, à 400 m au sud de l'église. Du parking le plus central, prendre la rue qui longe la corniche, puis la 1re à droite. Compter de 40 à 50 € la chambre double, selon le confort (avec ou sans douche) et la saison. La patronne est une maniaque de la propreté, mais elle sourit vite. Calme parfait. Attention cependant aux chambres mitoyennes des bains, qui sont un peu bruyants (tuyauterie). D'autres (nos préférées), en hauteur, donnent sur la vallée. Possibilité de se préparer un repas. Une adresse simple.

🛏 *Hotel rural La Hostería de Don José* : paseo del Nacimiento, 1. ☎ et fax : 952-88-11-47. ● www.hdonjose.com ● De 54 à 64 € la chambre double avec petit dej'-buffet, et jusqu'à 105 € avec terrasse (pour 3 person-

nes). Située dans le village haut, cette petite auberge récente construite dans le style andalou abrite une poignée de chambres confortables (douche, w.-c., TV, AC, chauffage) et plutôt coquettes. Très bon accueil d'Isabel, la jeune proprio. Rapport qualité-prix vraiment intéressant, même en haute saison. Si vous avez une voiture, n'y allez pas à pied, vous économiserez une grimpette sévère ; quelques places de parking disponibles.

Plus chic et de charme (plus de 70 €)

🛏 *Posada del Ángel* : c/ Mesones, 21. ☎ 952-88-18-08. Fax : 952-88-18-10. ● www.laposadadelangel.com ● Dans une ruelle à droite avant d'arriver à la place de l'église Nuestra Señora de la Encarnación. Congés : en janvier. Doubles de 75 à 99 € selon la saison, et compter 15 à 18 € de plus pour une terrasse. Un petit hôtel de charme sous le signe de la beauté et du raffinement. Il y a

tout le confort (même accès Internet) et c'est très calme la nuit. La décoration des chambres mêle le style andalou à des touches plus contemporaines. Meubles raffinés, fenêtres mauresques, balcons en bois ouvragé donnant sur un joli patio intérieur aux colonnes sculptées. Là poussent quelques arbustes. Accueil prévenant.

Où dormir chic dans les environs ?

🛏 *Refugio de Juanar* : Sierra Blanca, 29610 Ojén. ☎ 952-88-10-00. Fax : 952-88-10-01. ● www.juanar.com ● De la route A 355 de Marbella à Coín, prendre à gauche au fléchage, à 4,3 km au nord d'Ojén. Compter, selon la saison, de 82 à 115 € pour une chambre double et jusqu'à 195 € pour la suite avec salon, cheminée et jacuzzi. Petit dej' en sus. Sur l'ancien domaine de chasse du marquisat de Larios, où le roi Alfonso XIII venait faire quelques cartons, ce « refuge » perché à 780 m d'altitude n'a rien d'un abri de montagne. Par son style (mobilier castillan ancien) et son confort, il tient plus du parador. À l'origine, c'en était même un, repris par les employés. Tout autour : forêt de pins, d'ormes et de chênes. La piscine est sous les

arbres. Au restaurant, bonnes spécialités de gibier, mais chères (compter 25 à 30 € par personne). Un hôte de marque y a séjourné dans les années 1960 : le général de Gaulle, qui y termina la rédaction de ses *Mémoires*. Réduction de 10 % sur le prix de la chambre en basse saison sur présentation de ce guide. En basse et moyenne saison, le refuge propose aussi souvent d'intéressantes promotions – genre 4 nuits pour seulement 2 de payées, ou 7 nuits pour 4 de payées. Cela s'applique seulement aux chambres les moins chères, qui sont naturellement les moins agréables (mais dotées de tout le confort). Les retraités sont aussi choyés au niveau des réductions (jusqu'à 50 % !).

Où manger ?

🍽 *El Pio Pio* : c/ La Carrera, 12. ☎ 639-54-79-20 (portable). À deux

pas de la plaza Centrale, pour ne pas dire tout contre. Ouvert de 8 h à 15 h et de 18 h à minuit. Fermé le lundi. Poulet pour 2 personnes à 8 €. Salle très ordinaire au fond d'un long couloir, mais d'excellents poulets rôtis préparés avec du thym et du romarin, ainsi qu'un choix de sandwichs et tapas, et même des petits dej'. Bon accueil. Si vous êtes pressé, fauché ou les 2 à la fois, c'est l'adresse reconstituante du village.

|●| *Taberna del Portero :* sur la plaza de Ojén, presqu'en face de l'église. Glissez-vous jusqu'aux hauts tabourets du bar pour happer quelques tapas bien typiques de jambon, fromage ou pâtés (entre 2 et 3,50 €, 7 à 10 € la *ración*). Ceux qui ont la dent épicée opteront pour la catégorie *calientes,* où s'illustrent le poulet au poivron, une recette aragonaise, et la viande en sauce verte.

Le week-end, à 14 h, la paella fait son entrée.

|●| *El Fogón de Flore :* c/ Charcas, 32. ☎ 952-88-14-61. Ouvert midi et soir. Fermé le mardi et en octobre. Un peu moins de 20 € pour un repas. Un peu chic, mais pas trop, un peu familial, mais pas trop, le « fourneau de Flore » resplendit de couleurs chatoyantes évoquant le Mexique. Mais chut ! ne dites pas cela à Flore, la proprio sévillane qui préfère parler de l'*almagra* (bordeaux foncé) et de l'*albero* (jaune sable brillant), couleurs des arènes de sa ville natale. Goûtez à la friture *de la huerta* aux crevettes, au filet de porc ibérique au romarin et aux bons desserts maison. Digestif offert sur présentation de ce guide.

À voir. À faire

🌿 *La partie basse d'Ojén :* on y accède à pied au fil des ruelles. La partie la plus animée et la plus charmante est la petite place autour de l'*église Nuestra Señora de la Encarnación,* du XVIe siècle, flanquée d'une tour héritée de l'ancienne mosquée maure. L'eau de la montagne jaillit d'une fontaine glougloutante. Les maisons offrent de belles façades blanches. Quelques petits bistrots tout autour de la place, très agréables aux heures chaudes.

🌿 *Museo del Vino de Málaga (le musée du Vin de Málaga) :* c/ La Carrera, 39. ☎ 952-88-14-53. Un peu au-dessus de la place centrale ; bien indiqué. Ouvert tous les jours de 11 h à 15 h et de 16 h 30 à 20 h. Gratuit. La vieille distillerie villageoise d'eau-de-vie, fondée en 1830, a été transformée en mini-musée... et en maxi-boutique : petite expo et dégustations (de 3 à 4,50 €), pour tout connaître de ce délicieux vin andalou.

➤ DANS LES ENVIRONS D'OJÉN

🌿 *La sierra Blanca :* même si cette chaîne côtière porte le nom de « montagne Blanche », ne comptez pas y trouver un seul flocon de neige ! La seule tache blanche est celle du gros bourg d'Ojén. Nombreuses balades.

– *Le mirador de Puerto-Rico :* du *Refugio de Juanar* (voir ci-dessus « Où dormir dans les environs ? »), suivre le fléchage. Le chemin carrossable mène rapidement à une barrière, d'où il faut continuer à pied sur 1,5 km, au milieu des oliviers, sur un terrain sans charme particulier. La récompense est au bout : dans un relief rocheux chaotique, une vue panoramique sur les croupes de la sierra qui s'étagent jusqu'à Marbella.

– Au départ du *Refugio de Juanar*, nombreux *sentiers balisés.* La balade jusqu'à Istán (embranchement sur le sentier du mirador) est particulièrement agréable, dans une alternance de landes couvertes de fougères et de forêts aux essences méditerranéennes. Compter environ 2 h 30 pour compléter ce parcours. Guettez le sanglier, l'aigle doré, le grand-duc et la chèvre sauvage *(capra hispanica).* On peut aussi rejoindre Ojén en environ 1 h 15 ou emprunter la *Ruta de El Pozuelo* (5 km), qui effectue une boucle avec de jolis panoramas en chemin. Cette dernière se distingue par une montée raide au début.

Fêtes

– **Le festival de flamenco** a lieu chaque année, le 1er week-end d'août ; les chants et les danses commencent vers 10 h et finissent le lendemain vers 7 h. Considéré comme l'un des meilleurs d'Andalousie, très apprécié des puristes.
– **Les fêtes de Saint-Denis l'Aréopagite** (du 9 au 12 octobre) constituent une démonstration de ferveur religieuse. On peut assister aussi à la procession de la Virgen del Pilar ou participer à une nuit animée, rythmée par des danses populaires (*pachanga,* salsa).

MIJAS
(29650)   56 800 hab.

Situé entre Marbella et Torremolinos, à 428 m d'altitude, sur le versant des montagnes de l'arrière-pays, Mijas est un très grand village (une petite ville, en fait) tout blanc et haut perché. Ruelles étroites, ferronneries ouvragées, balcons fleuris, jardinets odorants, bref, tous les ingrédients sont réunis, au centre, pour attirer les visiteurs, anglais en particulier.
Trop proches de la côte et de la folie immobilière qui y fait des ravages, les abords de Mijas se laissent grignoter petit à petit par les démons du Progrès. Grues et chantiers prolifèrent et la fièvre ne semble pas vouloir se tarir. Heureusement, le cœur du bourg a conservé son charme, même si, aux heures chaudes, des dizaines de bus envahissent les lieux.
Beaucoup de monde en été dans la journée donc, mais nettement moins le soir, puisque tous les touristes retournent en bord de mer et que les boutiques de souvenirs ferment. Parfait, c'est l'occasion d'y séjourner.

Arriver – Quitter

En train et bus

➢ **De Málaga :** par le petit train C1 jusqu'à Fuengirola ; puis prendre le bus ; départs très réguliers toute la journée (avec *Automóviles Portillo*).

En voiture

Mijas est à 15 mn de la côte. Se garer dès que vous trouvez une place. Il y a des parkings publics et payants un peu partout à l'entrée et dans le centre, mais ils ont vite fait de se remplir. La balade se fait à pied.

Adresse utile

▯ *Office du tourisme municipal :* plaza Virgen de la Peña s/n. ☎ 952-48-58-20 ou 952-58-90-34. ● www.mijas.es ● turismo@mijas.es ● Au centre du village, un grand bâtiment blanc à côté de la mairie et de la *capilla de la Virgen de la Peña.* En été, ouvert du lundi au vendredi de 9 h à 15 h et de 16 h à 20 h, et le samedi de 10 h à 14 h. L'hiver, de 9 h à 19 h en semaine et de 10 h à 15 h le samedi. Fermé le dimanche. Plein d'infos sur le village et la région. Organise des randonnées gratuites avec guide accompagnateur tous les mercredis et samedis à 10 h ; en été, départs à 19 h, en raison de la chaleur. Compter 3 à 4 h de parcours pour la plupart. Groupes de 20 personnes maxi. Demandez le programme : les balades sont classées par ordre de difficulté. Réservation indispensable.

Où dormir ? Où manger ?

Bon marché

|●| *Aroma Café y tetería :* c/ San Sebastián, 8. ☎ 952-59-08-25. Ouvert tous les jours, de 8 h à minuit passé. Formule 2 tapas, pain et boisson (bière incluse) à 4 €. Les murs aux couleurs chaudes, les chaises en paille, la musique douce, la déco d'inspiration marocaine, avec des banquettes semées de coussins et des tables basses en bois donnent envie de s'y oublier. Du côté de l'assiette, comptez sur un bon choix de tapas, exposées sur deux étages face à la caisse (1,50 € pièce), et sur quelques pâtisseries à accompagner d'un bon café.

|●| *Panadería de María Quero :* c/ Málaga, 6. La maison, fondée en 1904, offre tout un choix de cafés et de thés pour accompagner ses pâtisseries. Quelques chaises tranquilles pour manger sur place et même des magazines à disposition. Fait aussi vente de vins de Málaga et épicerie fine.

Prix moyens

🛏 *Hostal La Posada :* c/ Coín, 47. ☎ et fax : 952-48-53-10. Pour s'y rendre, de la plaza de la Constitución, prendre à droite en contrebas du *Mirlo Blanco*, puis tout de suite à droite dans Coín ; c'est à 3 mn à pied. Compter 35 à 45 € selon la saison, pour une chambre double avec bains. Pension familiale très propre, tenue par Mme Josefa. Pour la plupart, les chambres donnent sur la vallée, parfaitement au calme. Prix bas, vu le confort (sanitaires, TV, mini-frigo et plaque chauffante). L'adresse qui donne envie de passer quelques jours dans le village. Les propriétaires proposent également des appartements équipés, très bon marché.

|●| *Café-bar Porras :* plaza Libertad, 5. En face de l'église Saint-Sébastien, 50 m au-dessus de la plaza de la Constitución. Petit bar où se poser et regarder les déambulations de la foule. « Rien de spécial ! », nous direz-vous. Eh bien non ! Des tapas pas chères et bien faites, quelques tables en terrasse et un brin d'authenticité. Sans compter l'accueil, irréprochable.

Plus chic

|●| *Restaurante El Mirlo Blanco :* plaza de la Constitución. ☎ 952-48-57-00. Près des arènes. Congés annuels : 3 semaines en janvier. Menus entre 24 et 30 € ; plat du jour plus abordable, dans les 12 €. Spécialités basques. La superbe terrasse dominant la plaza est certainement le point stratégique du village. La qualité de la cuisine, malgré les prix, en fait une étape incontournable. Les moins fortunés prendront un gazpacho (superbe) ou une bonne soupe de poisson. Réservation vivement conseillée.

Où camper dans les environs ?

⛺ *Camping Los Jarales :* sur la N 340 à 15 km de Marbella (km 197), à Mijas Costa. ☎ 952-93-00-03. Accueil de 8 h à 22 h. En été, compter 17,50 €

pour 2 personnes avec tente et voiture (ou camping-car). Attention, pas d'accès direct dans le sens Marbella - Málaga : il faut aller faire demi-tour à la sortie suivante et revenir. Bien tenu, planté de pins et de platanes, pratique d'accès car en bordure de l'autoroute, ce qui constitue aussi son inconvé-nient majeur. Peu de places, beaucoup d'Anglais et de Finlandais y séjournant à l'année dans leurs caravanes. Bien sûr, ils squattent le secteur le plus calme. Douches et sanitaires propres, même si l'ensemble a un petit côté défraîchi. Cafétéria et snackbar. Internet et jeux à proximité.

Où boire un verre ?

🍷 **Brigadoon :** dans une impasse, au centre. Les habitants du village et tous ses expats (nombreux !) fréquentent ce bar sympa tenu par Kamel, l'adorable patron des lieux, d'origine kabyle. Le billard voit défiler les parties et l'animation ne tarit jamais, les week-ends d'été, avant 4 h ou 5 h du matin. Pressions ou brochettes, les prix sont sages.

À voir

🧗 La balade dans le cœur du *village* est un plaisir en soi. À faire plutôt le matin, avant que les cars de tourisme n'occupent le terrain, ou après leur départ, vers 16-17 h. Mijas possède une *arène* ovale de type stade olympique assez singulière.

🧗 *Capilla de la Virgen de la Peña :* au bas du village, sur un petit promontoire. Une petite grotte-chapelle très fleurie, qui fut creusée à la fin du XVIIe siècle, à même la roche, par un curé de l'ordre des carmélites. L'antre laisse tout juste la place pour six bancs dorés bien kitsch. Modernité et forte fréquentation obligent, il est désormais interdit de déposer des photos et des petits mots à la Vierge dans les trous du mur. Restent quelques ex-voto et mèches de cheveux sacrifiées par des jeunes femmes. De la terrasse devant, belle vue sur la gangrène immobilière gagnant la côte.

🧗 *Museo de Miniaturas :* dans le *Carromato* de Max, sur un parking, au-dessus de la grotte de la Virgen de la Peña. Ouvert de 10 h à 19 h, jusqu'à 22 h l'été. Entrée : 3 € ; réductions. Sorte de wagon désaffecté, jadis utilisé par les troupes de cirque et réaménagé en musée pour exposer la collection du « professeur » Max, un routard hors du commun : médecin autodidacte, journaliste, magicien et hypnotiseur ayant parcouru le monde avec sa valise pour seul bagage. Son goût pour l'aventure et les rencontres le poussait à ramasser toutes sortes d'objets de petite taille, du moment qu'il pouvait les transporter. C'est en Amérique du Sud qu'il récupéra la tête réduite d'un missionnaire blanc auprès d'un sorcier en échange d'une séance d'hypnotisme. Parmi les autres objets insolites figurent une danseuse classique taillée dans un cure-dent ou encore des puces naturalisées et habillées...

TORREMOLINOS   (29620)   55 500 hab.

La ville doit son nom aux tours *(torres)* et aux moulins *(molinos)* qui la fleurissaient jadis. Hélas, ce petit port de pêche est devenu une vraie catastrophe. Le symbole de la promotion immobilière sauvage, dans la lignée de Benidorm. Les plages sont belles, mais difficile de voir le sable : des dizaines de cars y déversent tout l'été des touristes venus de tous les pays, coiffés de

LA COSTA DEL SOL

bobs, chaussés de tongs et vêtus de polos à trous. Il ne reste que 3 raisons valables pour séjourner ici : la panne de voiture, l'autoflagellation et le pari stupide un soir entre copains.

Adresse inutile

🅸 *Office du tourisme :* plaza Pablo Ruíz Picasso. Dans le centre (mais y a-t-il vraiment un centre ?). Ouvert en théorie de 9 h à 14 h.

Où dormir ? Où manger ?

Ailleurs ! Allez, voici quand même un camping.

🗶 |◉| *Camping Torremolinos :* c/ Loma del Paraíso, 2. ☎ et fax : 952-38-26-02. ● campingtorrole@te lefonica.net ● Au nord de la ville, sur la grande route de Málaga (MA 21, à ne pas confondre avec la N 340). En venant du centre de Torremolinos, à 2 km de là, sortir à droite juste après le *McDo*. À environ 500 m à pied de la plage. Ouvert toute l'année. En été, compter 30 € le forfait pour 2 personnes, une tente et une voiture. Des bungalows entre 48 et 62 €, en béton ou en bois, avec ou sans salle d'eau. À côté de l'autoroute, ce qui est bien pratique, soit, mais également bien bruyant ! Entièrement clos de murs, assez concentrationnaire, et le pro-prio est toujours prêt à entasser davantage les parcelles pour arrondir ses fins de mois... Parmi les eucalyptus et les cailloux, en terrasse, et peu pratique pour les camping-cars. Prévoyez des sardines solides ou un marteau-piqueur. Sanitaires limite. Épicerie et cafétéria, douches avec eau chaude en théorie 24 h/24 et machines à laver, mais pas de piscine. Les réservations ne sont possibles que pour les camping-cars, sauf en juillet-août, et pour des séjours minimum d'une semaine – si c'est moins, n'essayez même pas, vous vous feriez jeter. À cette époque, seules les tentes sont acceptées ! Allez savoir pourquoi...

MÁLAGA (29000) 558 300 hab.

Quand on a vu des horreurs balnéaires comme Torremolinos ou Fuengirola, l'arrivée à Málaga a quelque chose de rassurant et d'humain. Après sa ceinture de banlieues, on entre dans une vraie grande ville espagnole, active et laborieuse, qui ne songe pas qu'à bronzer sur la plage (il y en a une, grande, d'ailleurs). On le sent tout de suite : ici, le tourisme est une activité secondaire. Le 2ᵉ plus grand port d'Espagne, après Barcelone, bénéficie d'abord d'un site privilégié : une rade tournée vers le sud et protégée par la ligne des montagnes de l'arrière-pays. Traversée par le fleuve Guadalmedina, la ville jouit d'un climat exceptionnel : 320 jours de soleil par an.

Pour l'écrivain Vicente Aleixandre, Prix Nobel de littérature, Málaga est donc « la ville du Paradis ». Ce n'est pas un hasard si Picasso y est né. Pas un hasard non plus si le vin de Málaga, produit de la région, est surnommé *el vino divino,* le vin divin ! La partie la plus intéressante est le centre-ville, à découvrir à pied, au fil des ruelles piétonnes. Il a gardé tout son charme et son élégance. Là se concentrent les plus beaux immeubles et monuments et se cachent les *bodegas* les plus authentiques, où l'on sirote encore son málaga entre habitués.

UN PEU D'HISTOIRE

Ce sont les Phéniciens qui, vers 800 av. J.-C., fondent Málaga et lui donnent son nom : Malaka signifie « le lieu des salaisons de poisson ». Carthaginois et Romains se succèdent à la tête de la cité avant que les Maures ne s'y installent au début du VIIIe siècle. Avec eux, le quartier de l'Alcazaba se développe. Málaga est alors à la tête d'un *taifa* dépendant du royaume de Grenade. Marchands génois et juifs possèdent leur propre quartier, hors les murs. En 1487, les Rois Catholiques s'emparent de la ville et, au siècle suivant, expulsent manu militari les derniers maures convertis au christianisme qui y séjournent encore. Le commerce avec les Amériques permet peu à peu à Málaga de devenir une importante plaque tournante et de prospérer. Des marchands français, anglais et allemands s'y installent.

Au XIXe siècle, Málaga est le seul port de la côte andalouse. Les écrivains voyageurs de l'époque y séjournent ; au retour de son périple à Jérusalem, Chateaubriand y accoste, puis se rend à Grenade où l'attend son égérie Nathalie de Laborde. Arrivé de Grenade via Velez à dos de mule, Théophile Gautier y passe quelques jours en août 1840. Il dort au *Parador des Trois Rois*, remarque la beauté des femmes, assiste à une course de taureaux dans l'arène. Puis il repart vers Cordoue, toujours à dos de mule, obsédé par les bandits andalous qui pullulent sur les chemins.

L'essor de Málaga retombe à la fin du XIXe siècle et il faut attendre les années 1960 pour voir la ville sortir de sa sieste. Son développement économique est aujourd'hui soutenu par le trafic maritime international et l'activité portuaire (pétroliers et cargos), mais aussi et surtout par le tourisme régional. Málaga est aujourd'hui la 5e ville d'Espagne en terme de population. Remodelée au centre – rendu aux piétons – , elle s'est refait une jeunesse et certains y voient aujourd'hui se profiler une Barcelone du Sud, concurrente directe de Valence.

PICASSO, ENFANT DE MÁLAGA

Picasso (Pablo Ruíz) est né à Málaga en 1881 (il a fini sa vie à Mougins en 1973). Même s'il quitta sa ville natale à l'âge de 10 ans, on dit qu'il resta marqué toute sa vie par ses premières années dans la grande cité andalouse. Ce qui est certain, c'est qu'il ne revint jamais y vivre. Sa maison natale existe toujours (voir plus bas) et abrite une fondation. En 2003, le 4e musée au monde consacré au célèbre artiste a été inauguré dans un palais de la vieille ville. Il présente plus de 100 œuvres (peintures, céramiques et sculptures) offertes à la ville par Christine Ruíz Picasso, la belle-fille du peintre, ainsi que 22 donations et 50 prêts de son petit-fils Bernard Ruíz Picasso.

LE VIN DE MÁLAGA

Le vin de Málaga est presque plus connu en France et en Angleterre qu'en Espagne même. Et pourtant, ce vin que les Arabes de l'époque andalouse connaissaient sous le nom de *sharab al malaqui* a donné aujourd'hui le *jarabe malagueño* (le sirop de Málaga). Il avait d'ailleurs acquis une telle notoriété qu'il réussit même à détrôner le jerez. En 1791, l'ambassadeur d'Espagne à Moscou fit cadeau à Catherine II de quelques tonneaux de vin de Málaga. La tsarine l'apprécia tant, dit-on, qu'elle supprima les taxes sur son importation ! En fait, l'appellation « vin de Málaga » comprend deux types distincts : les liquoreux (cépages *moscatel* et Pero Ximén), titrant 15° à 22°, et les vins naturellement doux, obtenus sans adjonction d'alcool. Ils sont ensuite répartis en quatre catégories : les doux, les demi-doux, les demi-secs et les secs. La grande majorité sont élevés en fût au moins 6 mois et jusqu'à plus de 5 ans pour le Trasañejo, le plus dense et le plus complexe. Complétant le

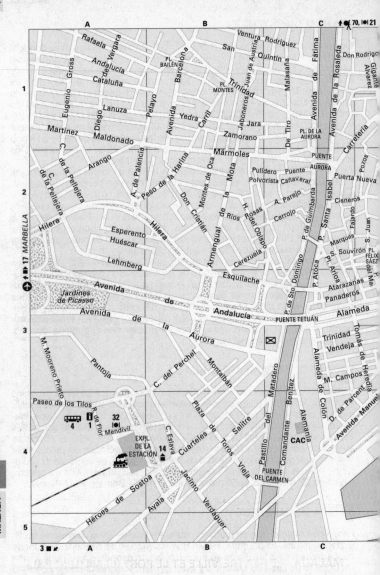

MÁLAGA

■ **Adresses utiles**

🛈 1 Office du tourisme municipal
⊠ Poste principale
✈ Aéroport
🚂 Gare RENFE
🚌 2 Gare routière du port
    (muelle Heredia)
🚌 4 Gare routière principale
⚓ Trasmediterránea

3 Location de vélos
  et de cyclomoteurs Larios
5 Bureau de transports urbains

🏠 **Où dormir ?**

13 Hotel Sur
14 Hotel Las Américas
15 Hostal Castilla y Guerrero

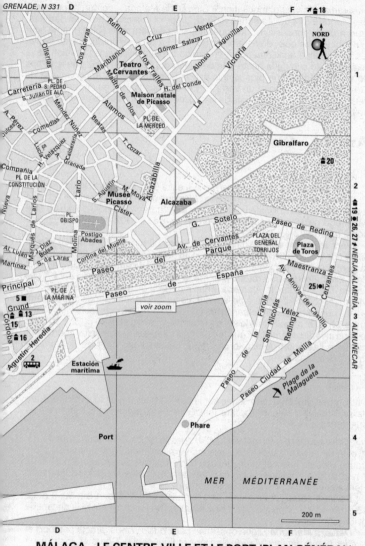

MÁLAGA – LE CENTRE-VILLE ET LE PORT (PLAN GÉNÉRAL)

16 Hotel Alameda
17 Albergue juvenil Málaga
18 Hotel Monte Victoria
19 Hotel Olmos
20 Parador Málaga-Gibralfaro

25 La Trastienda de la Artesana
26 El Tintero
27 Marisquería Naypa
32 Cafetería Sabora

|●| Où manger ?

21 La Pequeña Españita

⚹ À voir

70 Jardín botánico histórico
La Finca de la Concepción

panorama, les vins d'appellation « Sierras de Málaga » comprennent aussi des blancs plutôt fruités et des rouges. Un point commun chez ces derniers, leurs arômes denses avec quelques notes facilement repérables (même pour le néophyte) de bois, de caramel et de miel. La zone de production se trouve à une vingtaine de kilomètres à vol d'oiseau de la ville, dans la région de la Axarquía, au sud de la petite ville de Riogordo. Si vous n'avez pas le temps de vous y déplacer, le plus simple est de faire un arrêt à l'*Antigua Casa de Guardia* (voir « Où boire un verre ? ») et de vous laisser guider par les serveurs. En général, les produits de la maison *López Hermanos y Gomara* sont de bonne qualité.

Arriver – Quitter

En avion

✈ **L'aéroport** *(hors plan général par A3)* est à 9 km du centre. Informations : ☎ 902-40-47-04. On y trouve un *petit kiosque d'info* sur la province (☎ 952-24-37-84 ; ouvert normalement du lundi au vendredi de 8 h 30 à 20 h 30 et le week-end de 10 h à 14 h) et un bureau **Iberia** : ☎ 902-40-05-00 (réservations) ou 952-23-45-73.

➤ **Vers le centre-ville :** bus n° 19 toutes les 30 mn, de 7 h à minuit vers la ville et de 6 h 35 à 23 h 45 dans le sens inverse. Trajet en 20 à 30 mn jusqu'à la gare routière principale, 10 mn de plus jusqu'au centre-ville. Un peu plus de 1 € le trajet. Pour le retour, prendre le bus n° 19 sur le *paseo del Parque (zoom D-E2-3)*, sur la Alameda Principal, ou à la gare routière (quai 30). Vivement conseillé de faire de la monnaie au guichet de change auparavant.
– Il y a aussi un *tren de cercanías* ou C1, type RER. Départs toutes les 30 mn entre 7 h 10 et minuit dans le sens aéroport - ville et de 5 h 40 et 22 h 30 dans le sens inverse. Même tarif que le bus mais trajet légèrement plus court. Pour rejoindre l'aéroport depuis le centre, le C1 se prend près de la Alameda Principal ou à la gare.

En bus

Deux gares routières, une située sur le port pour les trajets locaux, une autre (la principale) à côté de la gare ferroviaire. Renseignements : ● www.esta bus.emtsam.es ●

🚌 **Gare routière** *(plan général A4, 4)* **:** paseo de los Tilos. ☎ 952-35-00-61. À côté de la gare ferroviaire. Liaisons vers toutes les grandes villes. On y trouve un café Internet et un kiosque d'information, ouvert tous les jours de 7 h 30 à 22 h. Pratique : évite de consulter chaque compagnie séparément. Renseignements : ● www.estabus.emtsam.es ●
➤ **De/vers Mijas :** 4 rotations quotidiennes avec *Portillo*, à 6 h 50, 9 h 35, 15 h 10 et 19 h 50 de Málaga. Les 2 premiers ne fonctionnent ni le dimanche ni les jours fériés.
➤ **De/vers Marbella :** ligne desservie par *Portillo* (7 bus directs par jour) et *Daibus* (8 bus par jour, via Torremolinos et Fuengirola). Compter 45 mn à 1 h de trajet. *Portillo* assure aussi des départs d'omnibus toutes les 30 à 45 mn de 7 h à 21 h 30.
➤ **De/vers Ronda :** comptez sur 5 bus quotidiens avec *Portillo*. Le voyage dure de 1 h 50 à 2 h 45 selon l'itinéraire (9 €). Liaison également assurée par la *Cⁱᵉ Sierra de las Nieves* à raison de 10 bus quotidiens en semaine, et beaucoup moins le week-end. Départs de Málaga entre 8 h et 20 h 30.
➤ **De/vers La Línea (pour Gibraltar) :** avec *Portillo*, à raison de 5 bus par jour (3 h de trajet et 10 €).
➤ **De/vers Nerja :** avec *Alsina Graells*, liaisons pour la gare routière mais aussi la grotte ; 19 bus par jour (moins le dimanche).

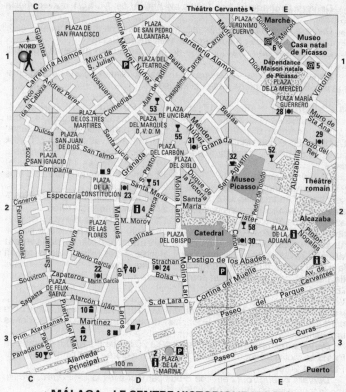

MÁLAGA – LE CENTRE HISTORIQUE (ZOOM)

■ Adresses utiles

- **ℹ 2** Office du tourisme municipal
- **ℹ 3** Office du tourisme municipal
- **ℹ 4** Office du tourisme d'Andalousie
- **@ 5** Internet Meeting Point
- **@ 6** Locutorio Telsat
- **7** Banques
- **8** Pharmacie 24 h/24
- **9** Pharmacie

⬛ Où dormir ?

- **10** Hostal Juanita
- **12** Pensión Ramos

|●| Où manger ?

- **22** Mesón Lo Güeno
- **23** Café Central

- **24** Gorki
- **28** La Princesa
- **29** El Vegetariano de la Alcazabilla
- **30** Rincón Catedral
- **31** La Posada de Antonio

🍽 ♟ Où prendre le petit déjeuner ? Où déguster une glace ?

- **32** La Tetería
- **40** Heladería Casa Mira

♟ Où boire un verre ?

- **50** Antigua Casa de Guardia
- **51** Quitapenas
- **52** Bodega El Pimpi
- **53** Bodega Las Garrafas
- **55** Mesón Ajo Blanco
- **58** El Jardín

MÁLAGA

➤ **De/vers Grenade :** 1 bus toutes les heures de 7 h à 21 h avec *Alsina Graells.*
➤ **De/vers Almería :** *Alsina Graells* assure 9 liaisons quotidiennes.
➤ **De/vers Cordoue :** 5 bus par jour avec *Alsina Graells.*
➤ **De/vers Séville :** une douzaine de bus par jour en moyenne, toujours avec *Alsina Graells.*
➤ **De/vers Madrid :** avec *Daibus,* 9 liaisons quotidiennes d'une durée d'environ 6 h. Bus très confortables et climatisés.

■ **Cie Daibus :** ☎ 952-34-17-38. ● www.daibus.es ● Les billets s'achètent au comptoir d'*Alsina Graells.* Compter 20 € pour Madrid. Attention, pas de paiement par carte bancaire.
■ **Cie Alsina Graells :** ☎ 952-31-82-95. ● www.alsinagraells.net ● Dessert toute l'Andalousie sauf Cadix, ainsi que Carthagène, dans la région autonome de Murcie (2 par jour).
■ **Cie Alsa :** ☎ 902-42-22-42. ● www.alsa.es ● Pour Murcie, Alicante, Valence et Barcelone. Six bus par jour de 8 h 30 à 0 h 30 en semaine. Également vers le Maroc et toute l'Europe.

■ **Cie Portillo :** ☎ 902-14-31-44. ● www.ctsa-portillo.com ● Pour toute la partie sud de l'Andalousie, entre Cadix et Málaga : Cadix (3 directs par jour et 3 omnibus, 19 €) ; Algésiras (10 directs et 10 omnibus, presque deux fois plus lents ; 10 €), etc.
■ **Cie Los Amarillos :** ☎ 952-36-30-24. ● www.losamarillos.es ● et **Cie Sierra de las Nieves :** ☎ 952-35-54-90. ● www.pacopepe.com ● Ces deux dernières desservent Ronda et des villages de la région comme Alora.

▭ **Gare routière du port** *(plan général D3, 2) :* muelle Heredia, sur le bord de l'av. Agustín Heredia. Pour les destinations balnéaires proches uniquement.
➤ **De/vers Torremolinos :** toutes les 12 à 20 mn de 6 h à 21 h 45, puis de moins en moins fréquents jusqu'à 1 h. Liaison assurée en 30 mn environ par *Portillo* (1,20 €).
➤ **De/vers Fuengirola :** environ 8 bus par jour avec la *Cie Portillo,* grosso modo toutes les 90 mn de 7 h à 19 h 15.

En train

▧ **Gare RENFE** *(plan général A-B4) :* esplanada de la Estación, au bout de la c/ Cuarteles. ☎ 902-24-02-02. ● www.renfe.es ● Liaisons avec la plupart des villes d'Andalousie. Consignes automatiques dans la gare.
➤ **De/vers Barcelone :** 2 trains par jour.
➤ **De/vers Séville :** 4 trains par jour.
➤ **De/vers Cordoue et Madrid :** 8 trains par jour.
➤ **De/vers Torremolinos :** il est préférable de prendre le *tren de cercanías* C1 qui s'arrête aussi à l'aéroport. Il dessert d'autres plages comme **Benalmádena** et **Fuengirola** mais s'arrête avant Marbella. Départ toutes les 30 mn de 5 h 40 à 22 h 30 (compter 25 mn). Sinon, bus depuis la gare routière du port, voir ci-dessus (Muelle Heredia ; *plan général D3, 2).*

En bateau

⛴ **Trasmediterránea** *(plan général D-E3) :* bureau dans le port, près de la station de bus, mais accessible par une entrée séparée. ☎ 902-45-46-45 (n° national).
➤ **Pour Melilla** (côte nord du Maroc) *:* une liaison quotidienne (durée : 8 h).

Adresses utiles

Infos touristiques

🔲 **Office du tourisme municipal** *(zoom D3, 2)* **:** sur le parvis de la plaza de la Marina. ☎ 952-12-20-22. ● www. malagaturismo.com ● Ouvert du lundi au vendredi de 9 h à 19 h et le week-end de 10 h à 19 h (ferme à 18 h en hiver). Plans de la ville et infos sur les hôtels ou les événements en cours. Accueil en français. Un autre bureau sur l'avenida de Cervantes, 1, paseo del Parque *(zoom E2, 3)*. ☎ 952-13-47-30. Ouvert du lundi au vendredi de 9 h à 19 h en été et de 10 h à 18 h en hiver et le week-end. On y parle aussi le français. En saison, petits kiosques d'informations sur la plaza de la Aduana *(zoom E2)* avant de monter à l'Alcazaba, et av. de Andalucía, près de la poste ; ouverts tous les jours de 9 h à 19 h.

🔲 **Office du tourisme municipal** *(plan général A4, 1)* **:** également ouvert de 11 h à 14 h 30 et de 15 h 30 à 19 h à la gare routière principale.

🔲 **Office du tourisme d'Andalousie** *(zoom D2, 4)* **:** pasaje Chinitas, 4. ☎ 951-30-89-11. ● otmalaga@andalucia.org ● Ouvert du lundi au vendredi de 9 h à 19 h 30, le samedi de 10 h à 19 h, le dimanche et les jours fériés de 10 h à 14 h. Infos générales sur la province. Distribue des cartes gratuites de la région et des villes et vend toute une sélection de guides spécialisés.

Poste, télécommunications et banques

✉ **Poste principale** *(plan général C3)* **:** av. de Andalucía. Ouvert du lundi au vendredi de 8 h 30 à 20 h 30 et le samedi de 9 h 30 à 14 h.

🖥 **Internet Meeting Point** *(zoom E1, 5)* **:** plaza de la Merced, 20. Ouvert tous les jours de 10 h jusqu'à 1 h. Compter 1 à 2 €/h selon le moment de la journée. Fait aussi bar et salle de jeux. Quand vous aurez fini de consulter vos mails, vous pourrez claquer tous vos euros dans les bandits manchots !

🖥 **Locutorio Telsat** *(zoom E1, 6)* **:** c/ Gómez Pallete, 3. Proche de l'*Internet Meeting Point*. Ouvert tous les jours de 10 h à minuit. Seulement 1 €/h. Fait aussi téléphone international.

▪ **Banques** *(zoom D3, 7)* **:** très nombreuses aux abords de la calle Marqués de Larios, près du croisement avec la Alameda. Toutes font le change et disposent d'un distributeur.

Représentations diplomatiques

▪ **Consulat de France :** c/ Duquesa de Parcent, 8. ☎ 952-21-48-88. En cas d'urgence, le mieux est de contacter le consulat de France à Séville, plus important que le bureau de Málaga.

▪ **Consulat de Belgique :** il a fermé et l'on doit désormais se référer à celui d'Alicante, Explanada de España, 1 (5e étage). ☎ 965-92-91-47.

Santé, urgences

▪ **Hospital general :** av. Carlos Haya, 82. ☎ 951-29-00-00. Pour les urgences, composer le ☎ 112, toujours.

▪ **Pharmacies :** plaza de la Constitución, 8 *(zoom D2, 9)*. Une des plus centrales. Une autre, ouverte 24 h/24 sur la Alameda Principal, 4 *(zoom D3, 8)*, à l'angle de Marqués de Larios.

▪ **Croix-Rouge :** c/ Juan del Encina, 35. ☎ 952-25-62-79 ou 902-22-22-92.

▪ **Guardia civil :** ☎ 062.

▪ **Police municipale :** ☎ 092.

Transports

■ *Bus urbains :* pas moins de 36 lignes de bus sillonnent Málaga dont les n°s 1 et 2 (circulaires) ; la n° 35 vers Gibralfaro et la n° 61 pour le jardin botanique (seulement le week-end). La plupart ont un arrêt sur le paseo del Parque et l'Alameda *(plan général et zoom D-E2-3)*. Renseignements sur les parcours, vente de billets et dépliant avec toutes les lignes au bureau de l'*EMT (plan général D3, 5)* sur la Alameda Principal, 15 : ☎ 952-52-72-00. ● www.emtsam.es ● Généralement disponible à l'office du tourisme principal. Compter moins de 1 € l'aller simple,

5,90 € pour une carte de 10 voyages et 31 € pour une carte mensuelle.
■ *Taxis :* ☎ 952-33-33-33 et 952-32-00-00.
■ *Location de vélos et de cyclomoteurs Larios (hors plan général par A5, 3) :* c/ Maestro Guerrero, 6. ☎ et fax : 951-09-20-69. ● www.larioscarhire.com ● À 500 m à l'ouest de la gare. Compter 10 € par jour pour un VTT et 30 € pour un cyclomoteur 50 cc. Les prix sont fortement dégressifs : le vélo, par exemple, descend à 5 € par jour pour toute location de 7 jours ou plus.

Où dormir ?

À Málaga, le logement est généralement cher (trop cher) pour le niveau de service, en particulier dans les pensions du centre. Certains optent pour le séjour tout compris d'une semaine, qui revient souvent moins cher...

Camping

Le plus proche est celui de Torremolinos (voir plus haut).

Dans le centre historique

Prix moyens (de 30 à 50 €)

🛏 *Hostal Juanita (zoom D3, 10) :* c/ Alarcón Luján, 8, 29005. ☎ et fax : 952-21-35-86. Dans une rue perpendiculaire à Marqués de Larios, au 4e étage (avec ascenseur) d'un immeuble de bureaux. Compter 33 à 43 € la chambre double avec lavabo et jusqu'à 52 € avec bains selon la saison. La meilleure adresse quand on est un peu à cheval sur le confort, et l'une des plus centrales. Petite pension rénovée, tenue par un jeune couple. Les 14 chambres, réparties sur plusieurs étages, sont petites mais très propres, avec ventilo sur pied. N'accepte pas les cartes de paiement. Parking à seulement 5 €. Sur

présentation de ce guide, 10 % de réduction offerte à nos lecteurs, hors saison, sur le prix de la chambre.
🛏 *Pensión Ramos (zoom D3, 12) :* c/ Martínez, 8, 29005. ☎ 952-22-72-68. Chambres doubles entre 30 et 40 € selon la saison. Grosse bâtisse vieillotte empreinte d'un charme désuet, à l'entrée envahie de plantes. Tenu par un couple aussi âgé que les lieux, mais plutôt accueillant. Les chambres sont petites, sans lustre aucun, et partagent une salle de bains sur le palier. L'ensemble est cependant assez propre. Paiement à l'avance.

Dans le quartier de la plaza de la Marina

Ce quartier paraît un peu excentré mais ne se trouve, en fait, qu'à 5 mn à pied au sud-ouest de la cathédrale, entre la Alameda Principal et le port. Si vous ne tenez pas spécialement à être en plein cœur de la ville, nous vous conseillons vivement ce coin-là, surtout si vous avez une voiture (possibilité de parking, ce qui est moins évident dans le centre). De plus, pour un prix très légèrement supérieur aux adresses du centre, les hôtels sont plus agréables, plus calmes et plus propres.

Un peu plus chic (de 50 à 70 €)

🏠 *Hotel Castilla y Guerrero (plan général D3, 15) :* c/ Córdoba, 7, 29001. ☎ et fax : 952-21-86-35. ● www.hotelcastillaguerrero.com ● À 5 mn du centre. Entre 53 et 60 € la chambre double selon la saison. Bien que donnant sur une artère plutôt bruyante, voici un hôtel de qualité à prix vraiment compétitifs. Chambres toutes rénovées avec lavabo ou bains, AC (ou chauffage) et TV. En demander une au 5e étage. Ça sent le propre dans tous les recoins. Bon accueil. Pour ceux qui viennent en voiture, cette *hostal* a un accord avec le parking de la plaza de la Marina toute proche (6 €). Pas mal ! Mêmes proprios que l'hôtel *Alameda* ci-dessous, dont il n'est différencié que par la couleur des dessus de lits – bleus ici, verts à l'hôtel *Alameda*... À choisir, préférer celui-ci.

🏠 *Hotel Alameda (plan général D3, 16) :* Casas de Campos, 3, 29001. ☎ et fax : 952-22-20-99. ● www.hotelalamedamalaga.com ● À deux pas de l'hôtel *Castilla y Guerrero,* et même propriétaire, dans un immeuble résidentiel des années 1970 ; sonnette « Hotel ». Ascenseur jusqu'au 8e étage. Autour de 53 € la chambre double, 60 € en haute saison. Chambres avec salle de bains bien tenues et plutôt confortables (chauffage, AC, TV). Bref, un rapport qualité-prix intéressant. Côté parking, même topo que son voisin.

🏠 *Hotel Sur (plan général D3, 13) :* c/ Trinidad Grund, 13, 29001. ☎ 952-22-48-03. Fax : 952-21-24-16. ● www.hotel-sur.com ● Doubles de 61 à 70 € selon la saison (triples à 77 €). Tout proche des précédents et un poil plus luxueux, ce petit hôtel au service très professionnel propose des chambres modernes, propres et bien équipées (salle de bains, AC, chauffage, téléphone, TV). La déco, elle, a des airs de grandiloquence à l'espagnole, avec un mobilier un peu envahissant. Juillet étant considéré comme basse saison, le prix est alors très intéressant comparé à d'autres établissements moins confortables. Le parking est malheureusement assez cher (12 €).

Dans les autres quartiers

Auberge de jeunesse

🏠 *Albergue juvenil Málaga (hors plan général par A3, 17) :* plaza Pio XII, 6, 29007. ☎ 951-30-81-70. Fax : 951-30-81-75. ● www.inturjoven.com ● ou ● malaga.itj@juntaandalucia.es ● Bus nos 14 ou 31. Ouvert toute l'année. En été, compter 15 € pour les moins de 26 ans et 20 € pour les autres. Carte FUAJ obligatoire, comme partout. Sur une jolie placette parfois bruyante et plutôt excentrée, à 2 km à l'ouest du cœur historique, une grande AJ très bien tenue, avec des chambres de 2 à 4 lits, propres. L'accueil vaut ce qu'il vaut mais une cantine est à votre disposition (horaires des repas fixes).

Un peu plus chic (de 50 à 70 €)

🏠 *Hotel Las Américas (plan général B4, 14) :* c/ Cuarteles, 64-66, 29002. ☎ 952-31-93-74. Fax : 952-31-89-35. ● www.hotel-lasamericas.

com • Chambres doubles entre 55 et 60 € selon la saison. Plus aimable que son voisin l'*Hostal La Hispanidad* et bien situé, juste en face de la gare, pour ceux qui arriveraient un peu tard. L'établissement, bien tenu, abrite des chambres modernes et propres, au 1er étage, avec douche, w.-c., TV, AC et même un sèche-cheveux. Calme et propre. Parking à 6-8 €.

🛏 *Hotel Olmos (hors plan général par F2, 19)* : c/ Olmos, 10, 29018. ☎ 952-29-99-79 et 05-84. Fax : 952-20-60-20. • www.hotelolmos. com • Dans l'urbanización Cerrado de Calderón, à 6 km du centre et à 300 m de la plage. En basse saison, 55 € la double ; en haute saison, compter 60 € et jusqu'à 65 € en août. Petit dej' inclus. Attention, un peu difficile à trouver ! De Málaga, prenez la direction Málaga Este jusqu'à la hauteur de El Balneario et contournez, juste en face, la station *Total,* comme pour faire demi-tour.

Presque immédiatement, sur votre droite, un panneau indiquera l'hôtel. La rue grimpe jusqu'à un rond-point avec une fontaine au centre. L'hôtel est à 100 m, mais il faut faire un grand tour pour y parvenir (et là, plus d'indications...). Prenez Andaluces jusqu'au bout, puis tournez à gauche dans Pimienta et presque immédiatement, à gauche encore, dans une rue qui redescend. L'hôtel est à 250 m. On peut se garer en contrebas. Ouf, vous y êtes ! Mais tout ce chemin vaut le coup pour ceux qui sont motorisés. L'hôtel, qui évoque plutôt une grande maison de famille, abrite une poignée de chambres super-propres, toutes avec terrasse ou balcon, AC et TV. Les proprios louent aussi un studio avec cuisine (60 à 80 €). L'ensemble occupe plusieurs terrasses, dont une avec une piscine et un solarium. Accueil gentil. Réservation tout à fait conseillée en été.

Chic (plus de 80 €)

🛏 *Hotel Monte Victoria (hors plan général par F1, 18)* : c/ Conde de Ureña, 58, 29012. ☎ 952-65-65-25. Fax : 952-65-65-24. • www.hotel montevictoria.com • De la plaza de la Merced, aller jusqu'au rond-point de la Victoria, puis prendre à droite la rue Ferrandíz et remonter par la 1re à gauche. Si vous êtes motorisé, n'y allez pas à pied ! Compter de 74 à 81 € pour 2, selon la saison, sans le petit dej', et 84 à 94 € avec une terrasse. Belle demeure genre mas provençal aux sols carrelés de terre cuite, mais avec un petit air de manoir anglais pour la déco. Cet hôtel familial compte 8 chambres coquettes donnant sur la rue ou sur un sympathique jardin dominant la ville. Salle avec mobilier rustique en bois des années 1940 ayant appartenu à la grand-mère de la proprio. Tout confort : ascenseur, AC, TV et minibar ; certaines chambres ont une baignoire et deux se prolongent d'une terrasse (la n° 105 est notre préférée). Mignon tout plein et de plus, un très bon accueil. Hors sai-

son, sur présentation de ce guide, petit dej' ou 10 % de réduction offerts.

🛏 *Parador Málaga-Gibralfaro (plan général F2, 20)* : à 3 km au nord de la ville, perché sur une colline, 29016. ☎ 952-22-19-02. Fax : 952-22-19-04. • gibralfaro@parador.es • Suivre la calle Victoria ; ensuite, c'est fléché. Pour une chambre double, compter 140 à 150 €. Entouré de pins et d'eucalyptus. De la terrasse, on surplombe l'Alcazaba en contrebas, ainsi que toute la ville. Vue plongeante sur la plaza de Toros et le port commercial. Décoré avec beaucoup de goût : belles chambres sous le toit dans les tons ocre jaune, avec petite terrasse intime. Petit dej'-buffet excellent, mais à 13 €, il peut l'être ! Belle terrasse pour prendre le soleil. Piscine sur le toit. Le grand luxe, quoi ! Un petit bémol : un accueil peu dynamique. Si vous n'avez pas de quoi y séjourner, la balade à pied en redescendant la colline par la puerta Oscara au milieu des oliviers vaut le détour.

MÁLAGA

Où manger ?

Dans le centre historique

Sur le pouce (moins de 3 €)

|●| Pour ceux qui sont en plan visite accélérée, les plus gros sandwichs de la ville se trouvent chez *La Princesa (zoom E1, 28),* c/ Granada, 84. Une sorte d'épicerie-pâtisserie proposant des sandwichs et gâteaux (bons cornets à la crème pâtissière), et d'excellentes *empanadas,* sortes de chaussons au thon et aux légumes. Parfait pour pique-niquer sur la plaza de la Merced avant d'aller visiter la maison de Picasso, par exemple. Juste à côté, une autre épicerie sans nom (ça pourrait bien être Le Prince !) qui prépare des bons *camperos* (jambon d'York-tomate-mayo) et autres *bocatas* bien remplis.

Bon marché (de 5 à 15 €)

|●| *El Vegetariano de la Alcazabilla (zoom E2, 29) :* c/ Pozo del Rey, 5. ☎ 952-21-48-58. Au pied du castillo Alcazaba, et mitoyen du cinéma *Albéniz.* Fermé le dimanche. Congés : en août, lors de la feria. Menus entre 7 et 12 € à midi ; le soir, c'est à la carte. Quelques tables dans une impasse tranquille et une petite salle tendance grunge fréquentée par les intellos, les artistes et les végétariens de la ville. Tourtes, croquettes, pâtes, champignons (aux amandes) sont de bon aloi et peuvent être commandés par demi-portion. L'accueil gagnerait à être plus souriant.

|●| *Café Central (zoom D2, 23) :* plaza de la Constitución. Un vieux troquet immuable, avec une grosse colonie de chaises canées (en plastique !) en terrasse. Fait également épicerie, soutien scolaire, centre de psychothérapie de groupe derrière un verre. Les gens du coin viennent prendre un café aux heures chaudes (ou froides), ou un *pescaíto frito* à l'heure du déjeuner – calamars, *boquerones* (anchois), espadon... Service blasé.

|●| *La Posada de Antonio (zoom D2, 31) :* c/ Granada, 33. ☎ 952-21-70-69. Ouvert en principe tous les jours à partir de 13 h. Plats à partir de 5 €. Une grosse porte en bois épais ouvre sur une salle animée et chaleureuse où ça boit et ça chante et ça rit... Les cuisiniers officient à l'entrée sous les yeux des clients attablés. Ça ressemble à une *bodega* traditionnelle avec le bar à tapas et la salle à manger *(comedor)* derrière, mais en version modernisée. Vin servi au verre. Son voisin, *La Campana,* bondé pour le déjeuner, propose une carte similaire, très inspirée par la tradition, avec un zeste de *new fashion* et des prix bas pour satisfaire tout le monde. Et pourquoi ne pas essayer les bouchées d'espadon *(emperador)* à 1,80 € ?

Prix moyens (de 15 à 25 €)

|●| *Mesón Lo Güeno (zoom D2, 22) :* c/ Marín García, 9. ☎ 952-22-30-48. Ouvert jusqu'à minuit et demi. Fermé le lundi. Typique et tranquille. L'endroit n'est pas grand mais accueillant le long d'un comptoir en bois, avec ses bidons et tonneaux de vin, ses vieux jambons qui sèchent, son ail et ses épis de maïs qui pendent. Tapas de bon aloi ; goûtez aux fritures de *boquerones,* très frais, ou à la morue, spécialité de la maison. Possède aussi une salle avec de belles tables juste en face et une agréable terrasse dans la ruelle piétonne. Apéritif maison offert à nos lecteurs

MÁLAGA

sur présentation de ce guide.

I●I **Rincón Catedral** *(zoom E2, 30)* : c/ Cañon, 7. ☎ 952-26-05-18. Ouvert de 13 h à 16 h 30 tous les jours et le soir également (20 h à minuit) le vendredi et le samedi. Fermé le dimanche de juin à août. Compter entre 10 et 20 € à la carte. Situé à l'ombre de la cathédrale, derrière le chevet, près d'un petit jardin tranquille. On y sert une bonne cuisine andalouse à des prix raisonnables, dans une salle dont le style oscille entre rustique et élégant. Service impeccable et souriant. Une bonne adresse pour le déjeuner.

I●I **Gorki** *(zoom D2, 24)* : c/ Strachan, 6. ☎ 952-22-14-66. Comptez environ 15 € par personne. Le quartier général des amateurs de tapas existe, nous l'avons trouvé ! Traditionnelles, plus imaginatives, voire carrément *new wave* (œufs d'anchois au lait concentré !), les tapas du *Gorki*, servies sur des notes chic et avec de grands verres de grands vins, ne vous décevront pas. Pour une petite faim, on peut aussi commander l'un des excellents *panes*, des petits sandwichs bardés de toutes sortes de choses appétissantes : morue à la tomate fraîche, espadon fumé aux oignons et câpres, magret de canard... Beaucoup de choses à consonance basque. La petite salle est bondée et enfumée, mais les tables dans la rue invitent à s'asseoir sagement. En revanche, passez votre chemin si vous êtes pressé : ici on boit, on discute, on déguste, mais on ne regarde pas sa montre.

Dans le quartier de la Malagueta

I●I **La Trastienda de la Artesana** *(plan général F3, 25)* : c/ Cervantes, 10. ☎ 952-21-47-09. Compter 10 à 15 € pour un repas simple. Petite taverne de quartier, près des arènes, avec des fenêtres à grilles noires, une déco de brique et de bois, et de bons produits artisanaux. Le jambon de montagne est l'un des meilleurs que l'on ait mangé. Spécialité de *mollejas* (ris de veau) *a la valenciana* et excellents beignets d'aubergines au bacon et aux gambas *(lazos de berengena)*. Deux petites salles, comptoir où l'on se perche sur de hauts tabourets et tables en terrasse, au choix. Service courtois. Bon rapport qualité-prix et, pour couronner le tout, café ou digestif offert à nos lecteurs sur présentation de ce guide.

Près des gares ferroviaire et routière

I●I **Cafetería Sabora** *(plan général A4, 32)* : c/ Mendivil, 8. ☎ 952-35-57-86. Dans une petite rue, à 100 m de la gare ferroviaire RENFE. Portions à partir de 3 €. Long bar en pierre polie, baies vitrées plein sud, salle de jeux discrète et très bon accueil. On y sert des tapas, des sandwichs, des plats savoureux et copieux, et des *churros con chocolate* pour moins de 3 €. Bonne adresse entre 2 bus ou en attendant un train.

Sur la plage, dans un quartier de HLM

Plusieurs restaurants de plage constituent le rendez-vous préféré des familles le dimanche. Ne pas y chercher du charme. Tout le monde y va, on ne se l'explique pas, c'est comme ça. Parmi la foultitude de *marisquerías*, deux valeurs sûres :

I●I **El Tintero** *(hors plan général par F2, 26)* : playa del Dedo, à 3 km à l'est du centre ville. ☎ 952-20-68-26. Ouvert à partir de 13 h. À l'extré-

MÁLAGA

mité de la plage del Dedo, quasiment au pied du club nautique de Málaga. Possible de s'y rendre en bus (le n° 11 depuis le Paseo de Reding). *Grosso modo,* on peut s'en tirer pour moins de 10 €, vin compris. Véritable institution locale, ce grand restaurant de poisson et de fruits de mer pratique les « enchères » ! Résumé de la formule : à l'entrée, une grande vitrine réfrigérée expose les produits de la pêche. Les moins aventuriers y choisissent leur poisson et sa cuisson, qui sera faite au feu de bois. Les autres mettent le cap sur la 1re table libre qu'ils trouvent. Si c'est le week-end, il faut prendre son élan pour battre de vitesse la concurrence. Puis les choses sérieuses commencent : le serveur apporte à chacun assiette et couverts en plastique. Et s'en retourne en cuisine. Soudain, les *camareros* déferlent entre les tables, criant à la volée le nom de ce qu'ils transportent : d'abord les *pimientos* et *ensaladas mixtas,* puis les fruits de mer et le poisson grillé – *gambas cocido, espeto* (grosses brochettes de huit sardines marinées), *arroz,* etc. De droite, de gauche, les enchères fusent. Évidemment, les habitués ont le dessus. Les touristes un peu timides attendent que le coup de feu se calme… s'il se calme ! Les affamés crieront plus fort que les autres. Les prix du poisson sont évidemment moins élevés que dans le centre, mais ils varient en fonction du marché. Parking mais arrivez tôt : en plein été, dès 10 h du matin, il n'y a plus une place !

|●| *Marisquería Naypa* *(hors plan général par F2, 27) :* paseo marítimo del Palo (c/ Quitapenas), 115. ☎ 952-20-46-01. Fermé le lundi. Également appelé *la Barca de Paco Carrasco*. Même topo qu'à *El Tintero,* mais moins usine. Sert la *parrillada* (poissons cuits sur le gril), ainsi que des plats marocains. D'ailleurs, le samedi soir, c'est fiesta arabo-flamenca !

Près du jardin botanique

|●| *La Pequeña Españita* *(hors plan général par C1, 21) :* camino Casa Bermeja, 35. ☎ 952-25-45-93. De la sortie vers le jardin botanique, prendre à droite et non à gauche au premier carrefour. Le resto est à 300 m, sur la droite. Menu du jour à 7 € le midi du lundi au jeudi. Plats typiques de riz, entrecôtes, tapas, la cuisine est simple et familiale, comme les lieux, mais plutôt réussie. Également des soupes et des salades. Et pour ne rien gâcher, l'accueil est vraiment excellent.

Où prendre le petit déjeuner ? Où déguster une glace ?

🍵 *La Tetería* *(zoom E2, 32) :* c/ San Agustín, 9. Ouvert tous les jours jusqu'à minuit. Admirablement situé, dans une ruelle piétonne, face au jardin foisonnant de l'église San Agustín et à l'ombre du musée Picasso. On dirait presque un coin d'Amérique latine. Avec un peu de chance, un joueur d'accordéon vous bercera même d'une sérénade. Tout pour tomber amoureux, inviter sa promise ou son promis... Les tables débordent sur la rue pavée, la déco, au charme discret et élégant, s'orne de tentures aborigènes. Belle palette de thés et de pâtisseries et excellents petits dej' à des prix canons. À midi, on y trouve aussi un choix de sandwichs et de bonnes salades.

🍦 *Heladería Casa Mira* *(zoom D2, 40) :* c/ Marqués de Larios, 5. Ouvert tous les jours de 11 h à 23 h. Maison fondée en 1890. La glace est un flambeau familial transmis de père en fils. Le cadre en revanche n'a plus rien de traditionnel. Sur un comptoir rectangulaire en zinc, venez vous rafraîchir le temps d'un cornet glacé ou d'un *granizado de limón* pour 1 à 2 €.

Où boire un verre ?

Les *bodegas*

Dotés d'un bouquet unique et d'une douceur légendaire, les vins de la région vous laisseront un bien agréable souvenir. Pour les tester, voici le circuit que nous vous avons concocté... à pied, évidemment. Nous ne fournissons pas l'aspirine, et les prix dépendent des consommations. Néanmoins, sachez que le petit verre de málaga tourne autour de 1 à 1,30 € et la bière à peine plus. Demandez si les tapas que vous prenez sont facturées ou non avec le verre.

🍷 *Antigua Casa de Guardia (zoom C3, 50)* **:** Alameda Principal ; à l'angle de la calle Pastora. ☎ 952-21-46-80. Ouvert de 9 h à 22 h (à partir de 10 h les jours fériés). Fermé le dimanche. Notre préféré, c'est sûr. On a même hésité à l'inclure dans la section « À voir »... Fondé en 1840, ce vieux bar tout en longueur, genre saloon à l'espagnole, propose plusieurs dizaines de vins différents, tirés directement des tonneaux qui couvrent les murs *(moscatel, málaga quina, pajarete...)*. La clientèle sirote sa boisson debout en mangeant d'énormes moules. Devant le choix plutôt impressionnant, n'hésitez pas à demander conseil aux serveurs qui notent votre ardoise à la craie sur le bar poisseux en bois. On peut même repartir avec une bouteille sous le bras. Nous, on a bien aimé le muscat et le *seco trasañejo* (doré et demi-sec), vieilli 5 ans. À la vôtre !

🍷 *Quitapenas (zoom D2, 51)* **:** c/ Sanchez Pastor, 2. ☎ 952-22-20-64 ou 24-75-95. Ouvert de midi à 16 h et de 20 h à minuit. Fermé le dimanche toute la journée. Tonneaux et hauts tabourets débordant dans la rue le signalent. À l'intérieur, la déco est sympa, avec tous ses azulejos. Petit et à peine plus touristique que l'*Antigua Casa de Guardia*. On peut aussi y acheter de bonnes bouteilles. Un bon choix de tapas (bonnes gambas) et *pescadito frito*. Bon accueil.

🍷 *Bodega Las Garrafas (zoom D1, 53)* **:** c/ Méndez Núñez, 5. ☎ 952-21-77-74. Près de la plaza Uncibay. Ouvert tous les jours de 13 h à 16 h, et le soir à partir de 20 h (19 h 30 le week-end). Reconnaissable à ses lanternes extérieures et ses portes de bois vert, ouvrant sur une grande salle à l'ancienne, une pyramide de tonneaux, des azulejos et un bar en bois. Sympa et très fréquenté, surtout le week-end quand les *Malagueños* viennent prendre un repas en famille. Goûtez le *vino Canasta cream* ou le *vino de Málaga,* dont la maison se fait le chantre depuis... 1915. Des tapas pour accompagner votre verre et des ventilos au plafond pour dissiper cette impression de chaleur qui vous envahit... Pas de gastronomie, mais une vraie impression d'ailleurs.

🍷 *Bodega El Pimpi (zoom E2, 52)* **:** c/ Granada, 62 ou c/ Alcazabilla (on peut entrer des deux côtés). Fermé le lundi. Cette grande bodega tout en longueur regroupe une enfilade de salles et un patio où défile sans cesse du monde. À l'entrée, un panneau en azulejos rend hommage à certains des musiciens et chanteurs qui se sont produits ici depuis les années 1950. À l'intérieur, on retrouve leurs autographes sur la pile de tonneaux. Beaucoup d'histoire *malagueña* derrière ces murs. Pour caler un creux, commandez des tapas (bien sûr !), comme ce bon fromage tiède aux noix, ou un *ligerito* chaud (petit sandwich) à 1,80 €.

🍷 *Mesón Ajo Blanco (zoom D2, 55)* **:** plaza Uncibay, 2. ☎ 952-21-05-34. Menu à partir de 7 € de 13 h 30 à 16 h. Là, c'est la génération moderne. Du bois et de la brique, mais pas encore de patine. Vin au verre, gazpacho à l'écuelle et aubergines gratinées sur assiette. Bonnes tapas, avec différentes options groupées (genre 5 tapas et boisson à 11 €). Bondé le week-end, et le reste du temps aussi. Service avec l'accent argentin. L'apéritif maison est offert à nos lecteurs sur présentation de ce guide.

🍷 *La calle Beatas (zoom D-E1)*, une

ruelle crado et taguée au nord de la plaza de Uncibay, est noire de monde vers 23 h le week-end (mais en semaine, c'est calme plat). Non, ce n'est pas une manif' ni une sortie de concert, mais simplement la poignée de **bars** du quartier et ses quelques clubs qui attirent la jeunesse de Málaga et de ses environs... Il y en a pour tous les goûts – reggae, R & B, salsa, etc. Très spectaculaire et rien de comparable, de près ou de loin, en France.

Café de charme

🍸 **El Jardín** (zoom E2, 58) : c/ Cañón, 1. ☎ 952-22-04-19. Ce café-resto donne sur le jardin du chevet de la cathédrale. Au rez-de-chaussée d'un immeuble ancien aux murs roses. Quelques tables dehors dans une ruelle piétonne, des plafonds moulurés, des colonnettes, des tableaux et des vieux meubles, un piano, un beau bar en bois bien ciré, voilà un décor « littéraire et romantique » pour boire un verre en fin d'après-midi. Le resto, lui, est cher et sans intérêt.

À voir. À faire

🏃‍♂️ **Alcazaba** (plan général et zoom E2) : ☎ 952-22-72-30. Ouvert de 9 h 30 à 20 h (de 8 h 30 à 19 h hors saison). Fermé le lundi. Entrée : environ 2 €, ou 3,20 € incluant le *Gibralfaro* ; gratuit le dimanche après 14 h. Visites guidées (gratuites elles aussi) le dimanche en fin d'après-midi. Cette imposante forteresse a été bâtie au XIe siècle par les Arabes pour défendre la cité, à partir de remplois romains. C'est ici que résidaient les gouverneurs maures. On accède aux hauteurs de l'Alcazaba par un chemin piéton à partir de la plaza de la Aduana. La promenade est charmante et vous permet de déambuler à travers l'ancienne forteresse : terrasses et jardinets fleuris à l'andalouse, vasques et fontaines, porches, passages en arcades... Tout en haut, un petit palais, conçu autour de trois patios, a été reconstruit en 1930 ; il abrite une expo (sans grand intérêt) de céramiques arabes. Pour les moins robustes ou pour les périodes de grosse chaleur, un petit ascenseur permet de monter directement depuis les abords de l'hôtel de ville.

🏃‍♂️ Au pied de l'Alcazaba, les **ruines d'un théâtre romain** (zoom E2). En restauration.

🏃‍♂️ **Castillo de Gibralfaro** (plan général F1-2) : de l'Alcazaba, un sentier prolongé par des escaliers monte jusqu'au castillo de Gibralfaro, perché au sommet de la colline. Pour les accros de la grimpette. On peut aussi y accéder en bus (nᵒ 35 ; rotations toutes les 45 mn en moyenne de 11 h à 14 h 10 et de 16 h 10 à 19 h) ou en voiture en gravissant la route au départ de la calle Victoria. Ouvert tous les jours de 9 h (10 h en hiver) à 20 h en été. Entrée : moins de 2 ou 3,20 € avec l'*Alcazaba*.
La forteresse, très restaurée, permet de se faire une idée de l'architecture militaire de l'époque. Ce *castillo* d'origine phénicienne fut reconstruit par Yusuf Ier au XIVe siècle. On peut en faire le tour par le chemin de ronde et profiter ainsi du panorama sur l'Alcazaba et la ville au-delà. Au centre, un petit musée évoque l'histoire des lieux à travers les siècles (armes, costumes, instruments de marine...).

🏃‍♂️ **Catedral** (zoom D-E2) : plaza del Obispo. Entrée par le Patio de los Naranjos, en fait l'ancienne cour de la mosquée maure. Ouvert du lundi au vendredi de 10 h à 18 h (17 h le samedi). Fermé le dimanche (sauf pendant les messes). Entrée : 3,50 €. Le prix comprend un audioguide, à demander à l'accueil ; sinon, on ne se précipite pas pour vous le donner.
Ce monument religieux de style Renaissance n'est pas un chef-d'œuvre, mais l'ensemble a une forte originalité car il est inachevé. La cathédrale Notre-

MÁLAGA

Dame de l'Incarnation fut construite à partir de 1527 sur l'emplacement d'une mosquée arabe et les travaux, d'abord dirigés par le fameux architecte de Burgos, Diego de Siloé, se poursuivirent jusqu'en 1782. À cette date, en effet, la taxe municipale sur les exportations de raisins secs et d'huile, créée spécialement pour financer la construction, fut supprimée... La seconde tour ne fut jamais réalisée ; c'est d'ailleurs pourquoi on surnomme la cathédrale *La Manquita* (la petite manchote). Un des attraits du monument réside dans la sculpture de ses voûtes, culminant à 42 m de haut. À ne pas manquer non plus : la statue en bois de la *Virgen de los Reyes* (chapelle latérale n° 18), offerte par la reine Isabelle la Catholique après la conquête de Málaga en 1487, et la chapelle voisine, où est exposé le splendide retable gothique de sainte Barbe (début XVIe siècle). Les impressionnantes stalles valent aussi le coup d'œil, ainsi que quelques-unes des toiles visibles dans les chapelles des bas-côtés. Remarquez, au fond de l'église, les trois chapelles alignées et leurs sculptures en marbre : en fait, seule la pietà centrale est en matériau noble, les autres sont en bois peint en trompe l'oeil...

De retour à l'accueil, vous pourrez monter à l'étage, où se trouve un petit *museo de Arte Sacro* (rien d'incontournable). Enfin, par le jardinet, on peut accéder au *Sagrario* (10 h 15 à 14 h 15 et 18 h à 19 h), reste de l'ancienne mosquée, aujourd'hui sanctuaire possédant un superbe retable sculpté de style plateresque (XVIe siècle), provenant d'une église de Castille. En repartant par la calle Santa María, on note une intéressante porte de style gothique isabellin, qui se caractérise par son décor très chargé.

🦵 ***Museo Casa natal de Picasso*** *(la maison natale de Picasso ; zoom E1)* : plaza de la Merced, 15. ☎ 952-06-02-15. ● www.fundacionpicasso.es ● À côté du marché municipal *(mercado)*. Ouvert du lundi au samedi de 10 h à 20 h et le dimanche de 10 h à 14 h. Fermé certains jours fériés. Entrée : environ 1 € ; gratuit pour les moins de 17 ans, les étudiants de moins de 26 ans et les retraités.

Il s'agit d'un immeuble bourgeois assez élégant, haut de 4 étages, avec des volets verts et des murs jaunes. Il abrite la fondation Picasso. C'est là que vit le petit Pablo vit le jour, le 25 octobre 1881. Son père, peintre lui aussi, lui donna le goût du dessin. Très vite, l'enfant réalisa des portraits que l'entourage de la famille et son père lui-même prirent très rapidement au sérieux. Toute sa vie, Picasso n'eut de cesse d'« apprendre à dessiner comme un enfant ».

Au 1er étage, une salle d'expo abrite des souvenirs personnels, de vieilles photos et un tableau de son père représentant des pigeons. Pas grand-chose à voir, à vrai dire. Au 3e étage, centre de documentation et bibliothèque. Petites expos temporaires au rez-de-chaussée, ainsi que dans une salle située à 30 m, au n° 13 de la plaza de la Merced.

🦵🦵 ***Museo Picasso*** *(zoom D-E2)* : c/ San Agustín, 8 ; dans le palais de Buenavista (l'ancien musée des Beaux-Arts). ☎ 902-44-33-77 ou 952-12-76-00. ● www.museopicassomalaga.org ● Ouvert du mardi au dimanche de 10 h à 20 h (21 h les vendredi et samedi). Fermé le lundi, le 25 décembre et le 1er janvier. Entrée expo permanente : 6 € ; expo temporaire : 4,50 € ; billet combiné : 8 € ; réductions ; gratuit pour les moins de 10 ans.

La collection permanente, entièrement composée de dons et de prêts de deux des héritiers de Picasso, se trouve dans le palais Buenavista, belle demeure du début du XVIe siècle entièrement rénovée, avec plafonds en bois aux motifs arabo-andalous. D'ailleurs, les architectes ont annexé 3 maisons mitoyennes pour y accueillir des expositions temporaires autour d'un puits de lumière. Résultat, une douzaine de salles réparties autour du patio entre le rez-de-chaussée et l'étage, que l'on parcourt avec plaisir, même si l'endroit reste plutôt muet : pas d'indications biographiques, rien sur les différentes périodes, ni sur les thèmes de prédilection du peintre. À croire que les conservateurs s'adressent à un public averti ayant déjà visité les musées d'Antibes, de Barcelone et de Paris. Certes, beaucoup de ces œuvres n'ont jamais été exposées auparavant car Picasso, comme Goya, s'était composé une collection personnelle qu'il ne montrait ni ne vendait. Parmi elles figurent des sculptures, des céramiques, des lithographies ou encore des carnets de dessins et des tableaux difficiles à classer. Le parcours suit pour l'essentiel l'ordre chronologique. Voici ce qu'il ne faut pas rater.

Dans le genre portraits de famille, toutes les femmes de Picasso sont là : Olga Kokhlova (assez traditionnels), Françoise Gilot, Dora Maar et Jacqueline Roque – en particulier dans sa salle 12. Pas toujours reconnaissables pourtant, car elles flottent dans un espace sans repères et sans perspectives. Paulo (le fils d'Olga) a été croqué dans son bonnet blanc. Paloma (la fille de Françoise) trône en salle 7, avec son visage en plusieurs dimensions. Dans la salle attenante, superbe sculpture d'une baigneuse aux formes animales tout en récup'. Dans la salle 9, l'unité thématique est... la famille, bien sûr. Là, on va nous prendre pour de la presse people. Mais enfin, ce musée a quelque chose de très intime, vous ne trouvez pas ? Oups, pour un peu vous passeriez à côté du magnifique *Mousquetaire* dans la salle 10.

♈ ✆ On allait oublier : *librairie* et *café* avant la sortie.

🎬 ***Centro de Arte Contemporáneo*** (le Centre d'Art contemporain – CAC ; plan général C4) : c/ Alemania s/n. ☎ 952-12-00-55. ● www.cacmalaga.org ● Ouvert du mardi au dimanche de 10 h à 20 h (de 10 h à 14 h et de 17 h à 21 h l'été). Entrée gratuite. Inauguré début 2003, avant le nouveau musée Picasso. Du coup, moins de battage médiatique, mais un site culturel de qualité consacré à l'art du XXe siècle. Situé dans le bâtiment triangulaire, à l'origine hyperfonctionnel, de l'ancien marché des grossistes, revisité par l'architecture moderne. Il abrite une collection de peintures, sculptures et photos internationales des années 1980 à nos jours. Collection permanente et expos temporaires se croisent et s'entremêlent.

♈ Agréable petit *café* au style épuré (ça va de soi) pour une pause.

🎭 ***Plaza de Toros de la Malagueta*** (les arènes de Málaga ; plan général F2-3) : paseo de Reding, 8. ☎ 952-22-62-92. Ouvert du lundi au vendredi de 10 h à 13 h et de 17 h à 20 h. Édifiées à la fin du XIXe siècle, ces arènes taurines donnaient à l'origine sur la mer. Picasso y ébaucha ses premiers dessins et huiles alors qu'il était dans sa période tauromachique. On dit que c'est à Málaga qu'il s'inspira de José Moreno Carbonero, maître ès peintures de chevaux étripés par les taureaux. Les chevaux de *Guernica* remonteraient à cette période. Les arènes abritent un petit *Museo taurino Antonio Ordóñez* (entrée : 1,80 €).

🎭 ***Paseo de Reding*** (plan général F2) : peut constituer une intéressante balade pour les férus d'histoire urbaine. D'imposantes maisons et des demeures Belle Époque bordent l'avenue dans sa partie orientale – 500 m au-delà des arènes. Beaux portails travaillés et façades à l'andalouse, couleur *albero*, et bow-windows.

🏖 ***Les plages*** : grandes et bien équipées. La plus proche, accessible à pied, est celle de la *Malagueta* (plan général F3-4), à l'est du port. Elle est bordée d'une série d'immeubles sans charme, mais la promenade reste agréable en soirée. On en trouve d'autres, plus à l'est de la ville *(Pedregalejo, El Palo...)*, alignées sur une vingtaine de kilomètres. Pour ceux qui veulent se rendre vers les plages de l'ouest *(Torremolinos, Benalmádena, Fuengirola)*, possibilité de prendre le *tren de cercanías* (ou C1) au centre. Bus fréquents également au départ de la gare routière du muelle Heredia.

Spectacles

♪ ***Teatro Cervantes*** (plan général E1) : c/ Ramos Marín s/n (donne en fait sur la plaza de Jerónimo Cuervo). Renseignements : ☎ 952-

22-41-09. Vente par téléphone : ☎ 952-22-41-00. Guichets ouverts de 11 h à 14 h et de 18 h à 21 h. Ici se déroulent les plus grands concerts, de Bob Dylan à l'orchestre symphonique. Alors, s'il pleut (non, on rigole !), cela peut constituer une bonne solution de repli. Les locations sont ouvertes 15 jours avant la première du spectacle.

– *Festival de cinéma :* créé en 1998 pour promouvoir le cinéma espagnol, il se tient chaque année en mars ou avril. Présentation de films intéressants qui ne traversent pas toujours les Pyrénées. Avis aux hispanophones et autres fans du 7e art.

La feria de Málaga

Si vous passez à Málaga en août, aux alentours du 15, ne ratez pas la feria, exubérante et endiablée, qui dure une grosse semaine et envahit toute la ville – du vendredi au dimanche suivant. Déjà célèbre au XIXe siècle, la tradition des corridas se perpétue, plus que jamais, dans les arènes *(plaza de Toros)* dressées fièrement entre le port et la plage.

➤ DANS LES ENVIRONS DE MÁLAGA

🏃 *El jardín botánico histórico La Finca de la Concepción (hors plan général par C1, 70) :* ctra de las Pedrizas (route nationale 331), au km 166, mais pas d'accès direct. ☎ 952-25-21-48. À 5 km du centre, direction Antequera et Grenade. Juste avant d'entrer sur l'autoroute, prendre à droite, c'est fléché. Bus n° 61 depuis la alameda Principal, mais seulement le week-end et les jours fériés. Sinon, n° 2 vers Ciudad Jardín, puis 10-15 mn à pied (ça monte). Ouvert de 9 h 30 à 17 h 30 en hiver et jusqu'à 20 h 30 en été. Visite libre ou guidée (1 h 15). Entrée : 3,15 € (même prix avec visite guidée). Téléphoner pour connaître les horaires des visites guidées en français, qui dépendent de la demande. Sinon, c'est en espagnol.
Jardin tropical plaisant, fondé au milieu du XIXe siècle, avec bassins et cascatelles, grands arbres exotiques et tout plein d'oiseaux. Le site a malheureusement été éventré par la construction de l'autoroute de Grenade dans les années 1980 (aujourd'hui, on ne le ferait plus, il paraît...) et le bruit de la circulation est vraiment envahissant dans les sections les plus proches de l'artère. Nombreuses essences parfois spectaculaires : gigantesques ficus, cycas dont les ancêtres ont nourri les dinosaures, araucarias, oiseaux de paradis géants, dragonniers des Canaries. Les multiples nuances ont valu à l'endroit son surnom de *parc des Cent Verts*. En été, c'est un havre de fraîcheur. Un temple dorique, quelques vestiges à l'antique et un belvédère à coupole complètent l'atmosphère néoclassique de la demeure seigneuriale (rénovation récente) des marquis de Casa Loring.

DE MÁLAGA À GRENADE

ANTEQUERA   (29200)   43 200 hab.

À une cinquantaine de kilomètres de Málaga, cette petite ville très coquette recèle un centre dont la richesse date de la Renaissance et de sa fameuse période baroque. En fait, les sierras de las Cabras à l'est et de Chimenea à l'ouest, fermées par le Torcal et le Camorro Alto (1 379 m), ont fait d'Antequera une base de repli dans la Reconquête d'Al-Andalus. Il semble que tout

ANTEQUERA

■ **Adresses utiles**

  ℹ Office du tourisme
  ✉ Poste
  🚌 Gare routière
  🚆 Gare RENFE

⌂ **Où dormir ?**

  10 Pensión Camas El Gallo
  11 Hostal-restaurante Coso San Francisco
  12 Hostal El Número Uno
  13 Pensión Colón
  14 Hotel Casa Conde de Pinofiel

|●| **Où manger ?**

  20 Bar-Cafetería Chicón

  21 La Giralda
  22 La Espuela
  23 Plaza de Toros

⚲ **À voir**

  30 Colegiata de San Sebastián
  31 Convento de Santa Catalina de Siena
  32 Iglesia del Carmen
  33 Plaza et iglesia de Santiago ; iglesia de Santa Eufemia
  34 Iglesia de San Agustín
  35 Convento de los Remedios
  36 Iglesia San Juan de Dios
  37 Museo municipal

LA COSTA DEL SOL

le clergé séculier se soit donné le mot pour venir y construire une « chapelle ». Entre les carmélites chaussées et déchaussées, les minimes, les dominicaines, les augustines, on ne compte plus les monastères et les édifices religieux. Il y avait autrefois 36 églises et il en reste encore 27. Ça tombe plutôt bien pour les fanas, car l'architecture ne laisse pas indifférent.

Arriver – Quitter

En bus

🚌 *Gare routière* (hors plan par A1) : paseo García del Olmo, juste au-dessus de la plaza de Toros. Deux compagnies desservent les destinations alentours, *Alsina Graells* (☎ 952-84-13-65 ; ● www.alsinagraells.net ●) et *Casado* (☎ 952-84-19-57).

➤ *De/vers Málaga* : 12 départs quotidiens (9 le week-end et les jours fériés) avec *Casado*. Moins de 5 €. Trois autres bus avec *Alsina Graells*.

➤ *Directs vers Almeria* (2 bus par jour), *Cordoue* (2), *Grenade* (5) et *Séville* (5) avec *Alsina Graells*. Les arrêts à Antequera sont souvent des escales sur des liaisons plus longues et se font parfois au milieu de la nuit. Vous voilà prévenu.

– Nécessité de repasser par Málaga pour toutes les autres destinations, préférer le train !

En train

🚆 *Gare RENFE* (hors plan par B1) : au bout de l'av. de la Estación, assez loin du centre-ville. ☎ 952-84-32-26.

➤ La ligne *Séville-Almería* dessert 3 à 4 fois par jour, dans les 2 sens, *Antequera, Grenade* et *Guadix.*

➤ L'*Andalucía Express Grenade-Algésiras* dessert 3 fois par jour (dans les 2 sens) *Antequera, Bobadilla, Ronda, Gaucín* et *Jimena de la Frontera,* entre autres.

Adresses utiles

🛈 *Office du tourisme* (plan A2) : plaza San Sebastián, 7. ☎ et fax : 952-70-25-05. ● www.antequera. es ● Ouvert du lundi au samedi de 10 h 30 à 13 h 30 et de 17 h à 20 h (16 h à 19 h en hiver), et le dimanche de 11 h à 14 h. Plan de la ville gratuit et plein de doc. Bon accueil. On y parle le français la plupart du temps. ✉ *Poste* (plan B2) : c/ Najera. Derrière le couvent Sainte-Catherine-de-Sienne.

Où dormir ?

D'abord, une bonne nouvelle : n'attirant pas autant de visiteurs que la côte, Antequera dispose d'un bon parc hôtelier rarement plein, même en pleine saison. Maintenant une excellente nouvelle : à qualité égale, les prix y sont en moyenne largement inférieurs au reste de l'Andalousie – et, cerise sur le gâteau, ils demeurent identiques tout au long de l'année.

De bon marché à prix moyens (de 20 à 40 €)

🛏 *Pensión Camas El Gallo* (plan A2, **10**) : c/ Nueva, 2. ☎ 952-84-21-04. Tout près de l'office du tourisme. Difficile de trouver moins cher : 22 € la chambre double. On a rarement vu autant de parlote concentrée dans un petit bout de femme comme Isabel, la patronne. Chambres pas des plus claires ni très grandes, mais très propres, avec un petit lavabo. Bains sur le palier, nickel eux aussi. Très bon rapport qualité-prix. Bref, une adresse toute désignée pour ceux qui sont plus exigeants sur le prix que sur l'espace.

Hostal-restaurante Coso San Francisco *(plan B2, 11)* **:** c/ Calzada, 27-29. ☎ et fax : 952-84-00-14. ● www.cososanfrancisco.com ● Fermé quelques jours autour de Noël. Chambres doubles à 35 € toute l'année. Ce petit hôtel très central, donnant sur une rue commerçante, occupe une vieille maison du XVIIe siècle, dont il a conservé certains éléments : sols tricentenaires, vieilles portes en bois, etc. Pour le prix, les chambres sont impeccables (avec douche, w.-c., TV et AC) et la décoration soignée. Vue sur la rue ou sur l'arrière (plus calme). Au rez-de-chaussée, il y a une salle de restaurant vraiment agréable, dans un patio, où on allume la cheminée en hiver. La carte fait une large place aux produits frais (et le digestif y est offert à nos lecteurs sur présentation de ce guide). Petit dej' avec des *molletes* (ris de veau), la spécialité locale. On a bien aimé cette *hostal*.

Hostal El Número Uno *(plan A1, 12)* **:** c/ Lucena, 40. ☎ 952-84-31-34. Fax : 952-70-15-14. ● bull9@wanadoo.es ● Accueil au bar du rez-de-chaussée. Ouvert toute l'année. Compter 30 à 40 € pour 2. Toutes les chambres ont une salle de bains. Demander la n° 209, un peu plus grande que les autres, ou la n° 203, pour sa superbe vue. Pas énormément de charme mais très propre et bon accueil. Fait aussi resto. Petit cadeau offert sur présentation de ce guide.

Pensión Colón *(plan A1, 13)* **:** c/ Infante Don Fernando, 29. ☎ et fax : 952-84-00-10. ● www.castelcolon.com ● Ouvert toute l'année. Compter 40 € pour une double rénovée avec salle de bains. Un des plus vieux hôtels de la ville. Une bonne vingtaine de chambres de style ancien avec parquet, plutôt spacieuses, réparties au fil des longs couloirs. Tout confort, avec TV, AC et même un petit frigo. Il existe aussi quelques chambres avec salle de bains sur le palier, surtout louées à des travailleurs de passage (24 €). Ne pas hésiter à en voir plusieurs avant de choisir. Accueil gentil, et, en prime, réduction de 10 % sur présentation de ce guide en novembre et en février.

Plus chic (plus de 60 €)

Hotel Casa Conde de Pinofiel *(plan A1, 14)* **:** c/ La Tercia, 10. ☎ 952-84-24-64. Fax : 952-70-50-07. ● www.hotelpinofiel.com ● Doubles à 60 € du dimanche au jeudi, petit dej' non inclus, et à 90 € le week-end, cette fois avec le petit dej'. Est-il utile de préciser qu'on vous recommande surtout la 1re formule ?

Les chambres de ce joli hôtel se répartissent autour du patio à colonnes d'un beau palais blasonné, bâti en 1762 pour le comte de Pinofiel, ministre de Carlos III. Au centre gargouille une fontaine. Les chambres sont tout confort et sans surprise, dans un style ancien un peu toc, mais pas envahissant.

Où manger ?

Goûter à la spécialité locale, la *porra,* sorte de gazpacho épais : un délice.

De très bon marché à bon marché (moins de 15 €)

Bar-Cafetería Chicón *(plan A2, 20)* **:** c/ Infante Don Fernando, 1. ☎ 952-70-05-65. Ouvert de 7 h à

23 h. Fermé le dimanche. Lieu correct pour prendre un petit dej', à partir de 2 €. Plats à partir de 6 € et

menu à 8,50 € le midi. Le bar de la place San Sebastián, où tous les petits pépères viennent commenter l'actualité locale devant leur petit noir matinal. Plus le temps passe, plus la pompe à bière transpire. Une douzaine de tapas au choix et des *montaditos* à 1 €. Rien d'extraordinaire, plutôt bruyant, mais les prix se tiennent. Bon accueil.

Prix moyens (de 15 à 25 €)

|●| *La Giralda* (plan A1, 21) : c/ Mesones, 8-10. ☎ 952-84-58-60. Ouvert de 13 h à 16 h et de 20 h 30 à 23 h 30. Fermé le dimanche en été et le lundi hors saison. Compter environ 15 € pour un repas complet. Le patron sert une bonne cuisine andalouse. Tout est bien fait et bien tenu dans cette salle sobre et chaleureuse. On peut toutefois préférer se poser au bar, histoire de happer quelques tapas.

|●| *La Espuela* (plan A2, 22) : c/ San Agustín, 1 ou c/ Infante Don Fernando, 7. ☎ 952-70-30-31. Le cadre est chic et un peu pincé, mais c'est normal : on mange ici dans la salle de resto de l'école de cuisine. Le menu du midi, à 12 €, offre un très bon rapport qualité-prix : salade mixte ou gazpacho, truite aux amandes ou marmite de lapin et dessert, le tout servi avec style et avec le sourire – sans oublier des portions tout à fait généreuses.

|●| *Plaza de Toros* (plan A1, 23) : ☎ 952-84-46-62. Ouvert en été de 13 h 30 à 16 h et de 20 h 15 à 23 h 30 ; ferme un peu plus tôt en hiver. Comme son nom l'indique, le *Plaza de Toros* est situé dans les arènes, ce qui est pour le moins inhabituel... Bien sûr, tout cela a un prix : comptez un bon 25 € par personne, hors boissons. Ce qui vous étonnera moins, c'est que le culte de la corrida occupe une place de choix dans la déco, avec ses bronzes de taureaux ruminant leur sort, ses photos de passes de muletas et autres *rejoneadores* (toreros à cheval), sans oublier les murs et les nappes d'un beau rouge sang. Du côté de l'assiette, la queue de taureau à l'étouffée semble toute désignée. La cuisine, andalouse, est de qualité et la présentation soignée. D'ailleurs, on croise surtout des notables locaux discutant business.

À voir

Prêt pour la tournée des églises ?

🔨 *Colegiata San Sebastián* (plan A2, 30) : sur la place du même nom, à côté de l'office du tourisme. De style Renaissance (XVIe siècle), avec une tour baroque en brique et des colonnes au joli fût en pierre rose ocre. L'angelot qui campe sur la pointe de la tour en est le symbole. Celui-ci abrite dans sa poitrine les reliques de santa Eufemia, la patronne d'Antequera. La place San Sebastián, dont les plans ont été dressés à la Renaissance, s'articule autour d'une belle fontaine datant de 1545.

🔨 *Convento de Santa Catalina de Siena* (plan B2, 31) : sur la place Coso Viejo. Ouvert de 8 h à 13 h 30 et de 15 h 30 à 20 h 30. La chapelle à laquelle on a accès est assez surprenante, car elle ne comporte ni nef, ni transept. On a l'impression de débouler tout droit dans son chœur. Peut-être verrez-vous une des dernières sœurs se recueillir.

🔨🔨 *Iglesia del Carmen* (plan B2, 32) : plaza del Carmen s/n. Ouvert du lundi au samedi de 10 h à 14 h et de 16 h à 19 h, et les dimanche et jours fériés de 10 h à 14 h. Entrée : 1,50 €. Son retable *(Altar Mayor),* œuvre d'un artisan local, passe pour être le plus beau **retable** baroque de toute l'Andalousie. Luxe d'angelots et de chérubins blancs, typiquement churrigueresques, qui contrastent avec les alcôves, chapiteaux, et volutes florales d'un bel ocre rouge. Belle *Vierge del Socorro* (« du Secours ») consacrée au XVIe siècle et offerte par les Rois Catholiques, et superbe plafond en bois d'inspiration mudéjar.

🎏 *Plaza Santiago, iglesia de Santiago et iglesia de Santa Eufemia (plan B1, 33) :* plus au nord. Belles façades avec tribune et petite chambre baroque renfermant la *Virgen de la Salud*. Appareillage en plâtre récemment restauré.

🎏 *Iglesia de San Agustín (plan A2, 34) :* à proximité de la place San Sebastián, dans la rue Infante Don Fernando. Ouvert du mardi au dimanche de 11 h à 13 h. Fermé le lundi. Édifice initialement commencé au XVIe siècle sur des plans du célèbre Diego de Siloé, comme pour la cathédrale de Málaga, et dont la construction fut coordonnée par Diego de Vergara qui poursuivit cette même cathédrale de Málaga. L'église ne fut achevée qu'au XVIIIe siècle, après moult remaniements. Retable composé de cadres retraçant la vie de saint Augustin (logique !).

🎏 *Convento de los Remedios (plan A1, 35) :* c/ Infante Don Fernando, 72, en continuant de remonter la rue. Ferme à 20 h. Le retable croule sous les dorures, superbe !

🎏 *Iglesia San Juan de Dios (plan A1, 36) :* toujours dans la calle Infante Don Fernando, juste après le couvent, sur le côté opposé de la rue. Belle coupole en plâtre travaillé. Élevée au XVIIe siècle, elle est le pendant religieux de l'hôpital, qui ne se visite plus mais se situe à côté.

🎏 Au fil du parcours, on ne peut s'empêcher de jeter un œil aux nombreux *palacios* et *casas solariegas.* Ces palais et riches maisons sont quasi tous organisés autour d'un patio avec une fontaine en son centre. Selon la richesse du propriétaire, les arches et le marbre du Torcal viennent ajouter un peu de faste aux édifices. Entre autres, le *palacio Marqués de Villadarías* (c/ Lucena), le *palacio de las Escalonias* (c/ Pasillas), la *casa Conde de Pinofiel* (récemment transformée en hôtel) ou la *casa de Seraller* (c/ Laguna) derrière la *casa del Conde de Colchado* (c/ Cantareros), néo-baroque.

🎏 Enfin, ne manquez pas de visiter le *Museo municipal (plan B2, 37) :* plaza Guerrero Muñoz s/n. ☎ 952-70-40-21. Il est également installé dans les murs d'un ancien palais bien restauré du XVIIIe siècle *(palacio de Nájera).* Ouvert du mardi au vendredi de 10 h à 13 h 30 et de 16 h 30 à 18 h 30, le samedi de 10 h à 13 h 30 et le dimanche de 11 h à 13 h 30. Les visites sont obligatoirement guidées (toutes les 30 mn). Entrée : 3 €.
Nombreuses pièces archéologiques de la région, depuis les premiers établissements humains aux confins du Torcal jusqu'aux reliques de la Semaine sainte. Pièce maîtresse : l'éphèbe d'Antequera, une statue romaine qui passe pour être l'un des plus beaux bronzes du Ier siècle. Superbement conservée, il ne lui manque qu'un pouce ! Elle a été trouvée dans son champ en 1955 par un agriculteur près de la ville. L'absence totale d'autres vestiges à proximité fait pencher les archéologues pour une pièce volée et enterrée ou abandonnée au cours de leur fuite par les voleurs... À l'étage, certaines pièces d'art religieux valent vraiment le coup d'œil, comme cette Vierge en bois peint du XVIe siècle, représentée enceinte *(Virgen de la Expectación),* et un superbe saint François d'Assise en bois polychrome, œuvre du sculpteur Pedro de Mena. Il a des dents en ivoire !

➤ *DANS LES ENVIRONS D'ANTEQUERA*

🎏 *Dólmenes :* à quelques kilomètres au nord-est d'Antequera on trouve trois grands tumulus datés, selon les sources, de 3000 à 1700 av. J.-C. : d'un côté *Viera* et *Menga* et, un peu plus loin, *Romeral.* Chacun arbore une forme différente : Menga, le plus ancien, étant le plus impressionnant avec ses 21 m de long. Accès du mardi au samedi de 9 h à 18 h et le dimanche de 9 h 30 à 14 h 30. La plus grosse des 6 dalles couvrant la salle sépulcrale de Menga, soutenue par 3 piliers centraux, est colossale : elle pèserait environ 180 tonnes ! Le dolmen de Romeral, qui semble le plus récent (âge du cuivre) est formé pour sa part de 2 salles contiguës en forme de ruche, auxquelles on accède par un long et étroit couloir couvert.

🎑🎑 *El Torcal de Antequera :* à 11,5 km d'Antequera par la A 7075 en direction de Villanueva de la Concepción ; c'est indiqué. Un haut plateau karstique ruiniforme où l'action de l'eau et du vent a lentement élimé et émoussé les pointes saillantes calcaires, sculptant des formes étonnantes qui raviront tant les amateurs de varappe que les photographes. De l'embranchement, la petite route grimpe doucement vers un grand parking, où se trouve le *centre d'interprétation du Torcal.* Il était en pleine reconstruction lors de notre dernière visite et ce pour une durée indéterminée. En attendant, un petit kiosque d'info a été ouvert juste après la bifurcation (ouvert de 10 h à 17 h tous les jours), mais n'en attendez pas grand-chose.

Du parking, on accède aisément au *belvédère,* qui offre une vue grandiose (n'ayons pas peur des mots) portant jusqu'à Málaga et sa baie, à 30 km à vol d'oiseau. L'alternance d'oliveraies et de croupes calcaires parsemées de bosquets et de villages blancs est un concentré de l'Andalousie que l'on aime.

➤ Deux chemins en boucle (départs depuis le parking), plutôt faciles, parcourent le labyrinthe de roches : le vert (long de 1,5 km) et le jaune (3 km). Chaque détour de rocher est une surprise pour les yeux. Ces formes surréalistes rappelant, pour ceux qui connaissent, celles du parc de Zion, dans l'Ouest américain, inspireront sûrement quelques interprétations à votre fantaisie débridée ! Vos yeux peuvent aussi s'attarder au ras du sol ou s'élever dans les airs : ce biotope singulier abrite une flore et une faune originales. ATTENTION, restez près du chemin : le reste du plateau est un parc naturel interdit d'accès. Laissez les bestioles se reproduire en paix ! Pensez à prendre de l'eau et évitez les espadrilles (chemins cailouteux).

Avis aux amateurs, on trouve un camping bien équipé mais assez isolé à mi-chemin d'Antequera et du Torcal.

🎑 *La garganta del Chorro :* à environ 40 km d'Antequera. Prendre en direction d'Álora la route A 343, qui offre des tableaux bucoliques au possible. À l'entrée de Valle de Abdalajís, un panneau indique à droite « El Chorro ». On traverse le haut du village en se demandant sans cesse si l'on ne dérange pas un peu. Mais pas du tout : quand on ne sait vraiment plus s'il faut monter à droite ou descendre à gauche, il y a toujours quelqu'un pour vous renseigner avec une grande gentillesse. Après une dizaine de kilomètres, l'horizon s'élargit : El Chorro est tout en bas, dans la vallée. On se perd encore une fois ou deux pour trouver la route qui emprunte le barrage Tajo de la Encantada et, sur l'autre rive, on tourne à droite. Au panneau indiquant « Desfiladero de los Gaitanes », connu aussi sous le nom de *garganta* (gorge) *del Chorro,* on peste contre le manque de parking et on retourne se garer près de l'auberge. Le *desfiladero* est une faille impressionnante fendant le rocher sur l'autre rive de l'étroit lac artificiel. Elle est garnie d'un réseau de passerelles suspendues au-dessus du vide, le *camino del Rey,* aménagé en 1920 sur l'ordre d'Alphonse XIII... et nullement entretenu depuis ! Soyons clairs : ON VOUS DÉCONSEILLE FERMEMENT DE VOUS Y AVENTURER. Vraiment dangereux !

Pour vous consoler, continuez votre route et, 600 m après la chapelle, tournez à gauche vers les *ruines de Bobastro.* La route monte sur un plateau où se trouvent un lac de retenue artificiel appartenant au système hydraulique du barrage. Tout en haut, tout au bout (à 5 km), petit parking offrant une vue superbe sur la vallée et les collines environnantes, mais hélas pas sur la *garganta.* À gauche, chemin descendant vers le bar *La Mesa,* loin de tout.

Son tôlier, super sympa, adore les enfants et les animaux. Si vous vous posez la question, Bobastro fut, au Xe siècle, un bastion de résistance mozarabe à l'émirat de Cordoue. Un vieux panneau rouillé, 2,6 km après l'embranchement, indique l'accès à quelques vestiges – en l'occurrence ceux d'une église rupestre qui conserve quelques pilastres et deux arches taillées dans la pierre.

En redescendant, on vous conseille de continuer jusqu'à l'*embalse* (barrage) *del Conde del Guadalteba-Guadalhorce*. En fin d'après-midi surtout, avec la lumière déclinante, paysage très doux aux couleurs merveilleusement apaisantes. Toute cette région tinte encore du son des clarines des moutons et des chèvres : une Andalousie vivante comme on la rêve, loin du béton et proche de ses racines terriennes.

De là, on rejoint Ardales puis *Álora,* dominé par sa citadelle (la visite n'est pas indispensable, sauf pour les amateurs de... cimetières !).

LA COSTA DEL SOL ENTRE MÁLAGA ET ALMERÍA

FRIGILIANA   (29788)   2 580 hab.

À 8 km au nord de Nerja. Route de Málaga sur 1 km, puis à droite. Petit village blanc, joliment fleuri, élu plus beau village d'Andalousie en 1988. L'endroit est également connu pour son huile d'olive et son muscat. On vous conseille de vous garer sur le parking dès l'entrée du village (ou le long de la route) et de gravir à pied ses jolies ruelles blanchies à la chaux et fleuries de géraniums. Gagné par la fièvre immobilière, le village s'agrandit, et pas toujours d'une manière heureuse. Dans le centre, belles boutiques de céramique et caves à vin. L'été, il y a du monde, beaucoup de monde.

À voir, outre les ruelles typiques en pente : une église d'époque Renaissance, San Antonio de Padua, les ruines d'un château arabe et la vieille fontaine. Processions intéressantes à Noël et pendant la Semaine sainte.

Arriver – Quitter

Gare routière : plaza del Ingenio, à l'entrée du village, juste au-dessus du principal parking. Les *Autocares Nerja* (☎ 952-52-09-84) assurent la courte liaison depuis la côte. Dix bus par jour en semaine entre 7 h 20 et 20 h 30 depuis Nerja, retours de 7 h à 21 h. Le samedi, deux bus de moins à la mi-journée. Aucune liaison le dimanche ni les jours fériés.

Adresse utile

Centro Cultural Casa del Apero : au-dessus du parking principal, sur la droite. ☎ 952-53-31-26. Ouvert en semaine de 9 h à 20 h et le week-end de 10 h à 13 h 30 et 16 h à 20 h. Fait à la fois office du tourisme, bibliothèque, salle d'expos et musée archéo (en fait juste une pièce exposant des urnes funéraires). Et ils z'offrent même pas un petit coup à boire ? Avec un nom pareil... Le bâtiment, du XVIIe siècle, abritait à l'origine étables et greniers. De la cour, des marches conduisent à un mirador pour un joli point de vue sur le village... hérissé de grues.

Où dormir ? Où manger ?

🛏 **Hotel Las Chinas :** plaza Doña Amparo Guerrero, 14. ☎ et fax : 952-53-30-73. • www.hotel-laschinas.com • Situé à l'extrémité du village, dans la partie la plus récente, à droite au-dessus du parking principal. Congés : presque tout l'hiver (début décembre à fin février). Des chambres avec douche, w.-c., téléphone et TV, de 45 à 55 €, impeccables et de bon confort. La différence de prix tient à la présence (ou non) de la climatisation. Vue sur le village et les maisons du quartier. Pas de charme particulier, mais le patron, don Miguel, est très accueillant.

🛏 **Hotel Rural Los Caracoles :** ctra Frigiliana-Torrox, km 4,6. ☎ 952-03-06-80. Fax : 952-03-00-67. • www.hotelloscaracoles.com • Chambres doubles à 120 € et bungalows pour 2 à 160 €, petit dej' inclus. Sur les hauteurs de Frigiliana et au milieu des oliviers, une série de bungalows en forme d'escargot à la déco rustique très originale. De loin, on dirait une fantaisie conçue par un Dalí ou un Gaudí : toitures arrondies, chemi-nées coniques, lampadaires en bois tordu. Salles de bains dans le même esprit. Tout confort ; TV, minibar et chauffage. Superbe vue des vallées de l'Axarquía depuis... la toute petite piscine ! Juste à côté, des chaises longues sur une terrasse pour oublier le temps en écoutant les cigales chanter. Resto de cuisine andalouse. Accueil pro mais pas distant pour autant. Dommage que le succès ait vu exploser les prix en peu de temps... cela n'empêchant pas l'établissement d'être plein des semaines à l'avance.

🍴 **Restaurant Las Chinas :** juste à côté de l'hôtel du même nom (mais proprio différent). Sept menus entre 7 et 16 €, dont un végétarien. On a aimé celui nommé *Las Chinas* avec soupe de poisson à volonté et une petite caille en plat principal. On y sert une bonne cuisine andalouse à prix sages, à déguster sur les tables éparpillées de part et d'autre de la rue. Accueil aimable, voire enjoué, et *manzanita* offert en digestif.

➤ DANS LES ENVIRONS DE FRIGILIANA

CÓMPETA (29754)

Ce village blanc, perché à 630 m d'altitude, et à 20 km au nord-ouest de Frigiliana, commence juste à s'éveiller au tourisme – anglais en particulier. La route qui y mène (A 7207), tortueuse à souhait, grimpe lentement, offrant en chemin de jolis panoramas sur la sierra de Tejeda, classée réserve nationale. Un tableau plaisant de collines semées de maisons blanches, de pins, d'oliviers, de vignes. Le centre est un labyrinthe emberlificoté d'escaliers, de passages voûtés et de ruelles en pente bordées de maisons aux balcons surchargés de fleurs, qui se laisse découvrir au gré du hasard. De loin en loin, les épiceries vendent le *vino de Cómpeta,* au litre, à emporter en bidon ou dans une bouteille en plastique... Tôt ou tard, vous échouerez sur la bien nommée plaza de la Vendimia (place de la Vendange). Chaque 15 août, on y célèbre avec ferveur la *Noche del Vino.* L'occasion de lever le coude en chœur et d'assister à des spectacles de flamenco très sympas, bien plus authentiques que sur le littoral.

➤ **De Málaga via Torre del Mar :** 2 bus par jour. (Malheureusement aucun départ depuis Nerja.)

Parking sur la plaza Axarquía, dans la partie basse du village. Si celui-ci est plein, vous en trouverez d'autres (gratuits) aux abords du bourg. Les hauteurs sont difficilement accessibles en voiture.

Où dormir ? Où manger ?

🛏 *Casa Rural (B & B) Las Tres Abejas :* c/ Panaderos, 43. ☎ 952-55-33-75. Petites chambres doubles avec bains à 45 €, petit dej' inclus. Une belle maison blanche sur les hauteurs du village, avec plusieurs terrasses, certaines couvertes par des canisses ; super pour regarder voleter les hirondelles, prendre le petit dej' ou... se plonger dans le bassin prévu à cet effet. Tenu par des Anglais. Un conseil : vu la pente des rues, ne venez pas avec trop de bagages !

🍴 *El Pilón :* c/ Laberinto. ☎ 952-55-85-12. Fermé le mardi. L'un des meilleurs restaurants de Cómpeta, tenu par un chef anglais marié à une Espagnole. Le menu reflète leurs origines diverses : spécialités andalouses, excellentes viandes grillées au charbon de bois et même quelques recettes thaïes et indiennes. Le canard aux fruits rouges n'est pas mal non plus. Pour ne rien gâcher, le cadre est agréable, avec deux petites terrasses romantiques. Réservation conseillée.

NERJA

(29780)   19 500 hab.

Ville mignonne et très touristique, un peu trop peut-être. Mais c'est sans doute la seule de toute la côte à avoir réussi à échapper aux constructions anarchiques de blocs de béton hideux. Et puis, il y a ici 2 lieux assez spectaculaires : les grottes et le célèbre *balcón de Europa,* promontoire naturel qui donne sur la mer, baptisé ainsi par Alfonso XII en 1885, lorsqu'il visita la ville.

Nerja possède un doux parfum de farniente qu'on ne retrouve guère sur le reste de la Costa del Sol. Bien sûr, il y a beaucoup de monde en été, mais les jolies ruelles, la bonne ambiance qui y règne et le respect général du site font vite oublier les inconvénients, finalement presque normaux, de cette petite ville côtière.

Arriver – Quitter

🚌 *Gare routière (plan A1) :* jouxtant la plaza Cantarero, au nord de la ville. Bus fréquents au départ de Nerja, Málaga et d'Almería. Pour Málaga (où se situe la gare ferroviaire la plus proche), de 6 h 30 à 21 h 45. Attention, rien le dimanche et les jours fériés. Également des bus vers Almúñecar (12 à 13 par jour), Almería (6 par jour), Cordoue (1 tôt le matin), Grenade (5 à 6 par jour), Séville (3 par jour) et Algésiras (1 en fin de matinée). Horaires affichés sur le kiosque d'*Alsina Graells,* qui assure la plupart des liaisons, et à l'office du tourisme. Bus pour les grottes à peu près toutes les heures, de 8 h 30 à 20 h.

Adresses utiles

ℹ️ *Office du tourisme (plan B3) :* puerta del Mar, 2. ☎ 952-52-15-31. En théorie, ouvert du lundi au vendredi de 10 h à 14 h et de 17 h à 20 h (de 16 h 30 à 19 h hors saison), et le samedi de 10 h à 13 h 30 ; en pratique, ouvert quand le personnel en ressent le besoin. Fermé le diman-

che. Ne pas en attendre beaucoup d'aide.

✉️ *Poste (plan B2) :* c/ Almirante Ferrandiz, 6. Ouvert du lundi au vendredi de 8 h 30 à 20 h 30 et le samedi de 9 h 30 à 13 h.

🏨 *Hostal Abril (plan A1, 14) :* c/ Pintada, 124. Ouvert tous les jours de 9 h à 22 h. Accès Internet à 2 €/h.

■ **Banques** *(plan A3, 1)* **:** très nombreuses dans le centre (dont une *BBVA*, pour l'*Alhambra*), notamment dans la calle Diputación Provincial et sur la plaza Cavana. Pour la plupart, elles ont un distributeur et font le change.

■ **Croix-Rouge :** ☎ 952-52-24-50.
■ **Police municipale :** ☎ 952-52-15-45.
■ **Station de taxis :** plaza de la Ermita. ☎ 952-52-05-37.

Où dormir ?

Le choix des hôtels dans le centre-ville est assez vaste, avec de nombreux *hostales* et pensions. Tous affichant quasiment les mêmes prix (de 33 à 50 € selon la saison), pour des prestations quasi identiques, le choix se fera surtout en fonction de l'ambiance et de la tranquillité – plus ou moins grande. Voici notre palmarès. Ceux qui préfèrent peuvent louer des apparts : le choix est vaste.

De bon marché à prix moyens (de 30 à 50 €)

🛏 **Pensión Mena** *(plan A3, 17)* **:** c/ El Barrio, 15. ☎ et fax : 952-52-05-41. ● hostalmena@hotmail.com ● Accueil de 9 h à 13 h 30 et de 17 h à 19 h. De 27 à 39 € environ la double, selon la saison. Maison de 2 étages, aux murs blancs, abritant des chambres carrelées, équipées de douche, w.-c. et TV, très calmes et vraiment propres. Les moins aérées disposent même de la clim'. Décoration simple et de bon goût. Certaines chambres ont une modeste terrasse avec vue sur la mer et le grand jardin

qui s'étend derrière la maison (petit supplément de 5 €). Un attractif rapport qualité-prix pour Nerja.

🛏 **Hostal Tres Soles** *(plan B2, 18)* **:** c/ Carabeo, 40. ☎ et fax : 952-52-51-57. De 30 à 45 € la chambre double, selon la saison. Également des familiales avec terrasse et vue sur mer pour 54 à 60 € (75 € en août). Dans une jolie rue, un peu à l'écart de l'agitation, cette belle façade blanche couverte de plantes grimpantes abrite des chambres impeccables et bien équipées (douche, w.-c. et AC),

---

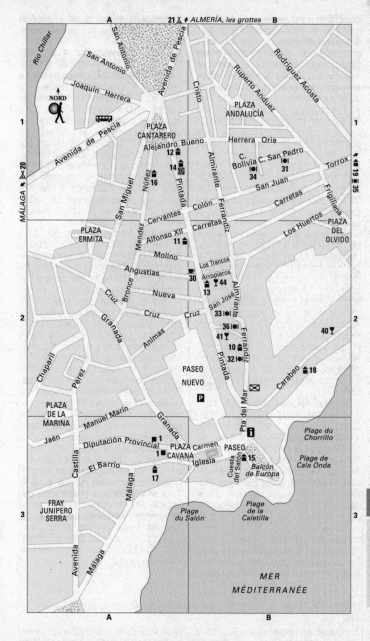

NERJA

quoiqu'un peu petites pour certaines. Calme. Bon accueil.

🛏 **Hostal Montesol** (plan A1, 12) : c/ Pintada, 130. ☎ 952-52-00-14. • sas tredepanama_9@hotmail.com • À 5 mn du centre à pied. Congés annuels : en novembre. Généralement fermé entre 14 h et 17 h. De 31 à 43 € la chambre double avec bains et TV. Pension plutôt agréable, dotée de tout le confort et proprette. Ce n'est pourtant pas la plus gaie que l'on ait été amené à voir. Bon accueil.

🛏 **Hostal Lorca** (plan A1, 16) : c/ Méndez Núñez, 20. ☎ 952-52-34-26. • www.hostallorca.com • De 32 à 48 € la double, selon la saison. Dans le haut d'une rue blanche et calme, des murs jaunes cachent une jolie pension tenue par de jeunes Néerlandais, Rick et Femma, installés à Nerja depuis l'an 2000. Les chambres (1 à 3 lits), d'une netteté toute nordique, ont douche, w.-c., TV, ventilo et chauffage en hiver. Gros plus, dans la cour, petite piscine et terrasse pour musarder au soleil, à l'ombre d'un unique palmier. Petite salle pour manger sur le pouce (micro-ondes à disposition). Accueil jovial et attentif. La maison ne disposant que de 9 chambres, il est hautement conseillé de réserver.

🛏 **Hostal Miguel** (plan B2, 10) : c/ Almirante Ferrandíz, 31. ☎ 952-52-15-23. Fax : 952-52-65-35. • www.hostalmiguel.com • À ne pas confondre avec l'*Hostal San Miguel*... Chambres doubles entre 33 et 49 € selon la saison. Jolie maison où les chambres, bien que plutôt petites, disposent chacune d'une salle de bains. Terrasse de poche pour le petit dej' ou pour le thé. Adresse centrale, à l'accueil sympathique, des proprios anglais. Frigo à disposition. Majoration (4 %) pour les paiements par carte bancaire, mais, en basse saison, nos lecteurs

bénéficient de 10 % de réduction sur les chambres sur présentation de ce guide.

🛏 **Hostal Dianes** (plan A-B2, 11) : c/ Pintada, 67. ☎ 952-52-81-16. Fax : 952-52-34-04. • www.hostaldianes.com • Chambres doubles de 32 à 50 €. Réception à l'intérieur de l'agence *Dianes Holidays*. Une dizaine de chambres plutôt confortables et très bien tenues avec salle de bains et AC. La plupart donnent sur un patio. Solarium à l'étage. Martine, la dynamique propriétaire des lieux, parle couramment le français. Elle offre 10 % de réduction à nos lecteurs, sur présentation de ce guide, pour un séjour de 5 nuits minimum entre novembre et février.

🛏 **Hostal Nerjasol** (plan B2, 13) : c/ Pintada, 54. ☎ 952-52-21-21. Fax : 952-52-36-96. • www.hostalnerjasol.com • Chambres doubles entre 33 et 50 €. Dans la rue principale, près du parking souterrain. On aime ou pas la déco un peu datée, mais force est de reconnaître que les lieux sont absolument impeccables, accueillants et plutôt spacieux. Deux niveaux avec petits salons, TV, journaux... et grande terrasse donnant sur les toits, avec quelques vieilles chaises longues et deux parasols. Chacune des chambres donnant sur la rue (parfois un peu bruyantes) dispose d'un micro-balcon. Certaines sont biscornues, mais toutes sont d'un bon niveau de confort.

🛏 **Hostal Abril** (plan A1, 14) : c/ Pintada, 124. ☎ et fax : 952-52-61-67. • www.hostalabril.com • Chambres doubles de 33 à 50 €. Très semblable aux précédents par la taille des chambres et leur degré de confort. Certaines, toutefois, ne disposent pas encore de la clim', même si elle devrait arriver bientôt. Une succursale sur la calle Almirante Ferrandíz.

Plus chic et à peine plus cher (de 40 à 60 €)

🛏 **Hostal Marissal** (plan B3, 15) : paseo Balcón de Europa, 3. ☎ 952-52-01-99. Fax : 952-52-66-54. • www.hostalmarissal.com • Idéalement

situé face au Balcón de Europa, avec de belles chambres pour la moitié du prix de son luxueux voisin : de 40 à 60 € selon la saison. Tout confort (salle de bains, TV, AC, chauffage, sèche-cheveux...). Également un appart' de 80 à 100 €. Il s'agit en fait d'un vrai hôtel, qui ne doit sa classification en *hostal* qu'à l'étroitesse de ses couloirs : du coup, un excellent rapport qualité-prix. Demander de préférence l'une des chambres disposant d'une petite vue sur la mer (même prix que les autres). Sinon, la n° 113, qui est sur une rue calme, est très grande. Celles qui donnent sur la place sont assez bruyantes.

Beaucoup plus chic (plus de 150 €)

▲ *Parador de Nerja* (hors plan par B1, 19) : c/ Almuñecar, 8. ☎ 952-52-00-50. Fax : 952-52-19-97. ● www.parador.es ● Préparez-vous à casser votre tirelire : de 152 € la double (sans vue) à 306 € la suite dominant directement la plage. Pas très attirant de prime abord, le bâtiment est néanmoins superbement situé : étiré tout en longueur, il surplombe la grande plage de Burriana et ses jolies barques colorées. Devant, un immense carré de gazon creusé d'une piscine et planté d'*ombu*, d'étranges arbres argentins aux allures de bonsaïs, et un accès direct à la plage par ascenseur. Si ça c'est pas chic ! Le confort est évidemment au rendez-vous, mais renseignez-vous bien sur la vue dont vous disposerez : seules les chambres les plus chères dominent la mer. Toutes, cependant, disposent d'un balcon ou d'une terrasse. Petit dej' pantagruélique, comme toujours dans les *paradores*.

Où camper dans les environs ?

⋊ *Camping El Pino* (hors plan par A1, 20) : ctra N 340 Málaga-Almería, km 285,4, 29793 Torrox-Costa. ☎ 952-53-25-78. Fax : 952-53-00-06. ● www.campingelpino.com ● Sur les hauteurs de Torrox, à environ 7 km de Nerja et à 1 km en retrait de la mer. Bien indiqué sur la route de la plage. Ouvert toute l'année. Environ 16 € pour 2 personnes, une tente et une voiture. Douches chaudes gratuites mais sombres. Également des bungalows de 34 à 90 € selon la taille et la saison. Très grand terrain à l'ombre des avocatiers dans certaines parties, et échelonné sur plusieurs terrasses. D'autres vergers l'entourent d'un côté, tandis que, de l'autre, poussent (prospèrent, devrait-on dire) les *urbanizaciones*... Manque un peu d'intimité, comme souvent, ce qui n'est pas un problème en demi-saison, mais peut le devenir en août. Le gérant parle le français. Piscine, petite épicerie, bar-resto, accès Internet, distributeur automatique. Plage à 1 km.

⋊ *Camping Nerja* (hors plan par A1, 21) : ctra N 340, km 296,5, 29787 Maro. ☎ 952-52-97-14. Fax : 952-52-96-96. ● nerjacamping5@hotmail.com ● Sur la route d'Almuñecar, à environ 6 km de Nerja (juste après la sortie Maro). Les grottes sont à deux pas. Fermé en octobre. Compter environ 23 € pour 2 personnes, une tente et une voiture. Ce camping a le bon goût de pratiquer des réductions pour les longs séjours (jusqu'à 60 %). C'est là son seul intérêt car il est loin du centre-ville, sur une colline, et en même temps tout proche de la route en contrebas. Emplacements un peu tassés, bloc sanitaire central propre. Piscine ouverte à partir de la Semaine sainte. Plage et crique à 2 km, accessibles à pied ou par la route. N'accepte pas les cartes de paiement.

Où prendre un bon petit déjeuner ?

☕ *Café-bar Las 4 Esquinas* (plan A-B2, 30) : c/ Pintada, 55. ☎ 952-52-85-67. À l'angle de la calle Angustias. Compter environ 4 € pour des *churros* frais, du café et un jus d'orange. Parfait pour la collation du matin si vous trouvez de la place.

Où manger ?

Beaucoup d'endroits où manger sur le pouce pour les touristes de passage. Pour ceux qui y séjournent au moins une nuit, voici une petite sélection de bars à tapas qui font aussi resto à prix honnêtes, et quelques adresses un peu plus chic.

Bon marché (moins de 15 €)

|●| El Chispa (plan B1, 31) : c/ San Pedro, 12. ☎ 952-52-36-97. Ouvert midi et soir. Fermé le lundi. Tapas à environ 2 €, plats à partir de 6 €. Tapas plébiscitées par les locaux, qui viennent également pour des repas « assis » dans la salle ouverte à côté ou sur la terrasse couverte surélevée. Le soir, même si vous ne prenez qu'une bière, le sympathique patron offre une tournée de *pinchitos morunos* (brochettes sauce curry) qui donne envie de s'attabler pour déguster sardines, calamars, palourdes, espadon... la liste est longue et surtout saisonnière. Bonne ambiance, mais de plus en plus de touristes le soir.

|●| Bar La Puntilla (plan B1, 34) : c/ Bolivia s/n. ☎ 952-52-13-84. Fermé le lundi. À 50 m d'*El Chispa* et dans le même style, voire moins touristique. Repas à 12 €. Même TV avec du foot et même *plancha* aussi pour griller sardines ou viandes. La différence ? Des tables sur la rue pour assister en live aux conversations entre voisines. Un million d'autres clients en train de papoter au bar, verre à la main. Si ça c'est pas du vécu....

|●| Esquina Paulina (plan B2, 33) : c/ Almirante Ferrandíz, 45. ☎ 952-52-21-81. Ouvre à 19 h 30. Fermé le dimanche. Congés annuels : de mi-novembre à mi-décembre. Compter 10 à 15 € par personne. Petit bar à tapas et sandwichs de nuit, tenu par Paulina et Loeke, un jeune couple néerlandais très sympathique. Jambon de Trevélez, plateau de fromages espagnols et plus « nordiques »,

bonnes petites salades toutes simples, le tout à déguster avec un bon verre de vin de la Rioja. Plus cher que les précédents, mais ambiance jeune et cosmopolite – ou plus âgée selon l'heure. Vous aurez peut-être même droit à un muscat offert par la maison en fin de repas. Mais ne soyez pas trop pressé, c'est Paulina qui fait tout, derrière son bar. Bref, un bon moment en perspective.

|●| Bar Los Mariscos (plan B2, 32) : c/ Almirante Ferrandíz, 17. ☎ 952-52-27-14. Entre 6 et 10 € le plat de poisson, viandes un peu moins chères. Petit bar populaire et familial, relativement touristique. Cuisine pas reluisante, mais sert pourtant quelques tapas bien fraîches, du poisson grillé et autres calamars de très bonne tenue. Les gambas *a la plancha*, toutes simples, sont excellentes. Bonne paella, qu'il est plus sûr de venir commander le matin. On mange dans une petite salle tranquille, sous les canisses. Bien vérifier son addition, car les erreurs ont tendance à s'y glisser rapidement.

|●| Cafetería Heladería Trébol (hors plan par B1, 35) : c/ Almuñécar, 2. ☎ 952-52-01-16. Bonne cafétéria de quartier, donnant sur une placette, à l'approche du parador. Ouvert du matin au soir. On commence par le petit dej', avec jus d'orange frais, on continue par un choix de tapas, puis par la paella (choix de 6 variétés, de 7 à 20 €), pour finir par une bonne glace en fin d'après-midi. Sans prétention, bon et accueillant.

Un peu plus chic (de 15 à 25 €)

|●| Sevillano (plan B2, 36) : c/ de la Gloria, 15. ☎ 952-52-51-18. Fermé le jeudi. Menu *early bird* à 20 € avant 20 h 30, comprenant le vin. Un des favoris des habitants de Nerja pour les sorties du week-end, le *Sevillano* propose une bonne cuisine andalouse assez typique : queue de taureau, paella, espadon grillé... et quelques invités plus septentrionaux, comme le bœuf Strogonov. Bonnes entrecôtes. Tables dans la rue, ou dans une des salles sur deux étages et même, bien sympa, sur la terrasse.

Où boire un thé à la menthe (et se goinfrer de cornes de gazelle) ?

Teteria Jardín Al-Andalus *(plan B2, 40) :* c/ Carabeo, 87. Ouvert dès 16 h. Quatre petits salons marocains avec banquettes et coussins et un grand patio où l'on sirote son thé, à l'ombre des fleurs pendantes d'un datura. Tarte aux amandes et aux dates, tartelette aux amandes et au citron, cornes de gazelle, les pâtisseries se laissent volontiers grignoter. Musique arabisante douce et excellent accueil pour ne rien gâcher.

Où boire un verre ?

Bar Redondo *(plan B2, 41) :* c/ de la Gloria, 10. ☎ 952-52-49-74. Ouvert tous les jours de 12 h 30 à 16 h et de 19 h à minuit. Contemporain dans le décor, classique dans l'assiette. Le magnifique bar rond, et la jolie déco d'azulejos et de lampes Tifany donnent inévitablement envie de se poser sur un haut tabouret ou l'une des tables turquoise pour boire un coup. Une chose en entraînant une autre, on se retrouve bientôt en train de picorer une tapa, puis deux, puis trois... La note est à géométrie variable : plus on mange, moins la bière coûte cher !

Pub Durty Nelly *(plan B2, 44) :* c/ Arropiero, 8. Ouvert dès 15 h 30 (19 h 30 le dimanche), mais ambiance garantie à partir de 23 h seulement. Un pub irlandais aux couleurs du pays. Les soirs de match de foot, une foule se presse dans la rue pour regarder la TV posée sur la fenêtre.

À voir

El balcón de Europa *(plan B3) :* belle esplanade dans le centre de Nerja, s'avançant en mirador au-dessus de 2 petites criques aussi recherchées que mignonnes. À gauche (est), *playa de Cala Onda* ; à droite (ouest), *playa de la Caletilla* et, dans le prolongement, *playa del Salón.* On peut accéder à la première par des escaliers. Sur l'esplanade, une jolie végétation, notamment des palmiers. Il est très agréable d'y flâner le soir, entre les marchands de glaces et les vendeurs ambulants. Tout le monde s'y retrouve pour la cérémonie du coucher du soleil ou, en juin et juillet à la tombée de la nuit, le ballet des nombreux martinets qui zèbrent le littoral de leurs acrobaties et autres piqués.

En quittant le balcón de Europa, prenez sur votre gauche. Passez devant la *iglesia del Salvador* (1697) : en été, quelques petits artisans y égaient la nuit.

La cueva de Nerja *(hors plan par A1) :* grotte située à 2 km au nord de la ville, sur la route d'Almuñécar. ☎ 952-52-95-20. ● www.cuevanerja.com ● En bus : départs réguliers de Nerja (environ toutes les heures) ; horaires précis à l'office du tourisme. En été, ouvert de 10 h à 14 h (sortie à 14 h 30) et de 16 h à 20 h (sortie à 20 h 30) ; en hiver, fermeture à 18 h 30. Entrée :

7 € ; réductions. Ajouter 1 € (en monnaie) pour le parking. Le parcours dans la grotte se fait à pied. C'est facile, même pour les enfants (mais sol un peu humide, donc glissant).

La grotte de Nerja est jumelée avec celle de Clamouse, dans l'Hérault. Peu profonde, elle affleure sous la croûte terrestre (d'où la facilité de la promenade). On n'utilise qu'un simple escalier (pas d'ascenseur), et on pénètre dans un intérieur où règne une température un peu plus fraîche qu'au dehors (mais il ne fait pas froid). Clic-clac : un photographe attend les visiteurs à l'entrée. À la sortie, vous pourrez acheter ce portrait de vous, pris par surprise, sous les stalactites... chouette !

En 1959, des jeunes gens à la recherche de chauves-souris découvrent la grotte, qui se révèle bientôt être l'une des plus importantes d'Europe. Le réseau s'étire en effet sur 7 219,28 m (pour être précis) ! Ce serait un incommensurable mouvement de l'écorce terrestre qui créa ces cavités au pliocène, il y a plusieurs dizaines de millions d'années (votre grand-mère n'était même pas née !). Puis l'intérieur se façonna : agglomérations de dépôts calcaires ici, usure du passage de l'eau là... ainsi se créa ce chef-d'œuvre de la nature. On pense que ce sanctuaire naturel fut occupé par l'homme préhistorique. Des peintures rupestres datant du paléolithique supérieur (16 000 ans) témoignent d'ailleurs de cette antique présence. Des fouilles sont toujours en cours. La partie des grottes comportant des peintures n'est pas visitable pour des raisons de conservation évidentes.

Y aller tôt (ou très tard) pour éviter la foule. Le parcours (libre) permet de découvrir d'immenses grottes, d'étroits passages, d'incroyables stalactites et stalagmites effilées et bosselées comme des vertèbres de cétacé, des concrétions en forme de tartes à la crème, de choux baveux, de champignons désagrégés ou de fanons de baleine pétrifiés ! Un univers étrange et insolite. La plus grande salle semble être une véritable cathédrale. Sa colonne centrale, haute de 32 m, est la plus grande du monde – inscription au *Guinness Book* à l'appui ! Seul regret, les techniques d'éclairage datent un peu, et on sent bien que la mise en valeur du site n'est pas optimale.

Un centre d'interprétation, situé face au parking, fournit de plus amples informations géologiques.

– Chaque année la 2e semaine de juillet, la cueva de Nerja vibre aux accords très classiques d'un **festival de Musique et de Danse.** Rostropovitch et Yehudi Menuhin ont déjà bercé de leurs virtuosités le silence séculaire de cette nef souterraine.

Les plages

⌂ Il y a bien sûr les 2 adorables plagettes (sable gris), rapidement bondées en été, en contrebas du balcon de l'Europe : la **playa de Cala Onda,** avec ses croquignolettes cabanes de pêcheurs encastrées dans la roche, et celle **de la Caletilla,** de l'autre côté. Et puis, dans le prolongement, la **playa del Salón. Burriana,** la plus grande, s'étire à l'opposé, en direction de l'est. Peut-être la plus sympa, elle se couvre encore de barques colorées qui sont treuillées sur le sable. Plus tellement de pêcheurs, plutôt des retraités qui ne veulent pas laisser mourir leur barcasse préférée. Toutes ces plages ne sont pas des plus intimes mais plutôt très fréquentées.

⌂ Une bonne solution pour éviter ce problème est de se rendre à l'est de Nerja. Par exemple à la **playa de las Alberquillas.** Prendre la direction de Salobreña et Almería, passer le *Camping Nerja*, puis un 1er mirador. Au niveau du second (km 299,3) et un peu après, plusieurs sentiers escarpés permettent de descendre en quelques minutes jusqu'à de jolies plages – quasi désertes en dehors des week-ends d'été. Vous êtes ici dans le parc naturel Acantilados de Maro Cerro Gordo. De vieilles tours de guet jalonnent les falaises de part et d'autre.

SALOBREÑA   (18680)   11 750 hab.

> « Les maisons
> montent au ciel. »
>
> Miguel Ruiz del Castillo.

Il y a deux Salobreña : le vieux village ancien accroché à son promontoire rocheux et la station balnéaire (Salobreña-Mar), barrière bétonnée moche et sans âme (comme d'habitude) le long de la mer. C'est bien sûr du vieux village que l'on vous parle. La station, elle, est inintéressante. Le vieux village est composé de maisons cubiques, qui ne sont pas vraiment blanches, comme ailleurs, mais d'un très léger bleu qui fonce avec la pluie et s'éclaircit ensuite (quelle poésie !). Le cœur ancien de Salobreña, typique des vieux villages musulmans de l'antique royaume de Grenade, se découvre à pied au fil des ruelles en pente : une délicieuse promenade à faire en fin d'après-midi. Tout autour, une vaste plaine où s'étendent à perte de vue des champs de canne à sucre et d'arbres fruitiers. Sous ce climat méditerranéen à tendance subtropicale, tout peut pousser. Ceux qui recherchent le calme seront comblés ici ; pour l'animation, il faudra diriger vos pas du côté de La Herradura ou d'Almuñécar.

Arriver – Quitter

🚌 **Arrêt de bus** (plan B1) : pas de gare proprement dit. À côté des taxis et de l'office du tourisme. Toutes les lignes sont desservies par la compagnie *Alsina Graells* (☎ 958-61-25-21).

➤ **De/vers Almuñécar :** une petite vingtaine de bus par jour, *grosso modo* toutes les 30 mn le matin et le soir, et toutes les 60 à 90 mn en milieu de journée. Rien les jours fériés.

➤ **De/vers Nerja :** une dizaine de rotations entre 6 h 40 et 20 h 55 ; retours entre 8 h et 20 h 30.

Autres destinations possibles : **Almería** (4 bus par jour ; 8 €), **Grenade** (10 bus pat jour ; 5,30 €), **Málaga** (6 par jour ; 7 €), **Cordoue** (1 bus par jour ; 18 €), **Séville** (1 bus par jour ; 21 €). Également une liaison en fin d'après-midi vers **Lanjarón** dans les Alpujarras, via Motril.

Adresses et infos utiles

ℹ️ **Office du tourisme** (plan B1) : plaza Goya. ☎ 958-61-03-14. ● www.ayto-salobrena.org/turismo ● Sur un rond-point à l'entrée du village en venant de Grenade. Un petit bâtiment moderne à côté de l'arrêt de bus et de la station de taxis. Ouvert du lundi au samedi de 9 h 30 à 13 h 30 et de 16 h à 19 h. Fermé le dimanche hors saison. Accueil en français. On y trouve des guides sur les sentiers de balade des environs.

■ **Taxis** (plan B1, 1) : la station se trouve plaza de Goya. ☎ 958-61-09-26. Très utile lorsqu'on arrive en bus, chargé de bagages, et qu'on doit gravir les rues tortueuses pour trouver son hôtel.

Où dormir ?

Nos adresses sont situées dans la partie basse du village, mais c'est sur les hauteurs que se trouvent les ruelles typiques. De la place de l'Église, vue sur la plaine et la mer.

≜ *Pensión San José* (plan A1, 10) : c/ Cristo, 68. ☎ et fax : 958-61-09-06. Compter 24 à 26 € la double et 34 € la triple. Maison très ancienne et de caractère, avec un charmant patio à ciel ouvert où court une treille – sympa pour boire un verre au frais, le soir. Chambres sans salle de bains, hautes de plafond comme autrefois. C'est rustique et basique mais propre. Possibilité d'y prendre son petit dej'. Accueil familial. Sur présentation de ce guide, 10 % de réduction pour nos lecteurs sauf de mi-juillet à mi-septembre.

≜ *Pensión María Carmen* (plan B1, 11) : c/ Nueva, 32. ☎ et fax : 958-61-09-06. De l'office du tourisme, suivre l'avenida García Lorca jusqu'au Mercado Nuevo, puis prendre à droite au niveau du n° 14 ; au bout de la calle Bernarda Alba, tourner à droite dans la ruelle qui monte ; c'est plus haut. Compter de 24 € pour une chambre double avec lavabo à 39 € avec douche, w.-c. et terrasse. Loue également un appartement pour 5 personnes à 70-80 €. Tenu par une dame vraiment adorable. Très agréable pension de 8 chambres, rénovées avec goût, disposant de la TV et l'AC. En demander une avec terrasse : certaines sont presque plus grandes que les chambres ! Petit dej' (copieux et excellent), repas à la demande et possibilité d'y laver son linge. N'accepte pas les cartes de paiement. Hors saison, une réduction de 10 % et un apéro sont offerts sur présentation de ce guide.

≜ *Pensión Castellmar* (plan B1, 12) : c/ Nueva, 21. ☎ et fax : 958-61-02-27. En face de la pension *María Carmen*. Compter entre 30 et 36 € pour une chambre double. Toilettes et bains communs bien entretenus. Quelques chambres, très propres, avec petite terrasse (parasol, table et chaises...). Belle vue sur la sierra. Patronne gentille comme tout. Petit dej' sur demande.

≜ *Hostal San Juan* (plan B1, 13) : c/ Jardines, 1. ☎ et fax : 958-61-17-29. ● www.hotel-san-juan.com ● Dans une rue tranquille à 200 m de l'office du tourisme. Chambres tout confort entre 40 et 45 € selon la saison. Une succession de patios fleuris à la déco des Alpujarras : sols carrelés, lits en fer forgé, jetés de lit couleur écru... tout est sobre et très bien entretenu. Terrasse avec vue sur la sierra Nevada et solarium. Le patron est français et saura vous conseiller sur les environs. Accès Internet gratuit pour les clients. Loue également deux appartements à 65-75 € par jour ou 350 € la semaine.

≜ *Hostal Jayma* (plan A1, 14) : c/ Cristo, 24. ☎ et fax : 958-61-02-31. ● www.hostaljayma.com ● Récent et de bon confort, ce petit établissement pimpant se situe au nord de la vieille ville, à 100 m de la poste. Compter 42 à 52 € la double. Salle de bains, TV câblée, AC, chauffage, solarium, Internet gratuit... rien ne manque. Un poil plus cher que les autres, mais c'est justifié.

Où manger ? Où boire un verre ?

|●| ▼ *Bar Pesetas* (plan A1, 20) : c/ Bóveda, 11. ☎ 958-61-01-82. En haut du village, juste en dessous de l'église ; on y accède par le passage voûté. Pas toujours facile à trouver, à cause du lacis des ruelles. Ouvert de midi à 16 h et de 19 h 30 à 23 h 30. Fermé le lundi. Congés annuels en janvier. Menu du jour à 8 €. Depuis la terrasse, vue magnifique sur la plaine et Salobreña. On peut y boire un verre et y manger des tapas, à des prix raisonnables. Ne pas forcément se contenter du bar, mais entrer dans le restaurant, par la porte à droite. Comptez alors 12 à 15 € par personne. Spécialités de poissons et fruits de mer, corrects. De bien belles salades.

|●| *Mesón de la Villa* (plan B1, 21) : c/ Diego Ramírez s/n. ☎ 958-61-24-14. De l'office du tourisme, prendre l'avenida del Mediterráneo vers la côte et tourner à droite juste avant le virage. Bonnes et copieuses *raciones* entre 6 et 9 €. Salle rustique aux couleurs chaudes avec chaises en paille et nappes à carreaux rouge et

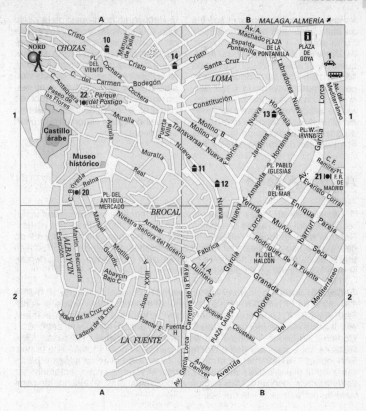

SALOBREÑA

LA COSTA DEL SOL

blanc, jambons au-dessus du bar. Tables à l'extérieur, dans un square calme de la nouvelle *urbanización*.

Excellente cave, avec pas mal de *riojas* de différentes cuvées. Accueil affable d'Ernesto, le patron. Sa femme est aux fourneaux et ses fils en salle ; cela s'appelle une affaire de famille.

|●| *Betty Blue* (plan A1, 22) : c/ Antequera, 4. ☎ 958-61-26-72. Ouvert de 13 h à 16 h et à partir de 20 h. À la carte compter environ 15 € par personne. Fermé le lundi. Le plus dur est de le trouver : ce tout petit resto est situé dans le recoin d'une ruelle, au-dessous du paseo de las Flores et au-dessus du *Parque del Postigo*, dans la partie nord-ouest de la vieille ville. Quelques tables simples en terrasse, avec une vue panoramique sur la ville basse, et d'autres, élégantes, à l'intérieur, pour dîner en amoureux éclairés par une bougie. Cuisine mêlant des saveurs d'un peu partout, avec un grand choix de pâtes et de produits frais. Très bon accueil et digestif généralement offert aux clients.

À voir. À faire

🚶 *Les ruelles du vieux village* (plan A1-2) : étroites, pentues, sans voitures, elles sont le royaume des piétons, loin de l'agitation estivale des plages. Noter le soin apporté à l'embellissement des façades : nombreux pots de fleurs en faïence, azulejos, et même des assiettes de collection accrochées aux murs, comme si les salons se prolongeaient dans la rue. Le tout dégouline de bougainvillées en pleine(s) forme(s).

🚶 *Castillo árabe* (le château arabe ; plan A1) : ouvert a priori de 10 h 30 à 13 h 30 et de 17 h à 20 h (18 h à 21 h en été). Billet combiné « musée + château » à 2,85 €. Le village est dominé par ce château « phénicien-arabe », résidence d'été des monarques de Grenade et prison des sultans détrônés... Construit en brique, renforcé par des défenses crénelées, ce *castillo* bien restauré est éclairé par des projecteurs puissants dès la tombée de la nuit. Son intérêt ? Au sommet du donjon, petite terrasse avec un superbe panorama sur la plaine côtière avec ses champs et vergers avalés lentement par l'expansion immobilière. Mais rassurez-vous : c'est encore raisonnable comparé au reste de la Costa del Sol.

🚶 *Museo histórico* (plan A1) : plaza del Ayuntamiento (en haut du village, ne pas confondre avec la nouvelle mairie), juste en contrebas du château. Mêmes horaires et mêmes tarifs. Au 1er étage de l'ancienne mairie, ce modeste musée présente l'histoire de Salobreña à travers les siècles : céramiques, débris de jarres et d'amphores, fragments d'époques phénicienne, romaine et arabe. Au 2e étage, vente d'artisanat.

🏖 *Les plages de Salobreña-Mar* : la station balnéaire de Salobreña-Mar est située au bord d'une très grande plage de sable noir (au grain assez épais) qui se prolonge jusqu'à Velilla *(playa del Tesorillo)*. D'autres plages à découvrir : playa del Peñón (petits galets), adossée à un gros promontoire rocheux, *playa de la Charca* (sable plus fin mais gris). Quelques *chiringuitos* sur ces plages.

➤ *DANS LES ENVIRONS DE SALOBREÑA*

🚶 *La « vallée tropicale » d'Almuñécar* : à 15 km à l'ouest de Salobreña, la ville d'Almuñécar se trouve aux portes d'une vallée où prospèrent les plantations d'arbres fruitiers exotiques : avocats, *chirimoyas* (annones) et *nísperos* (néfliers du Japon) y sont récoltés et conditionnés par plusieurs entreprises. Attention, la route d'accès est très mal indiquée. Au centre d'Almuñecar (km 314,2), il faut quitter la N 340 et trouver la direction d'Otivar, un village situé à 12 km dans la vallée. Attention *bis,* l'embranchement en question passe sous la N 340... Très vite, le paysage devient verdoyant. La présence de figuiers de Barbarie, de quelques bananiers et de figuiers ne trompe pas : il s'agit bel et bien d'un climat méditerranéen subtropical. Grâce à la barrière montagneuse et à l'effet thermostatique dû à la proximité de la mer, la température annuelle moyenne oscille autour de 18 °C. Le fond de la vallée, arrosé en hiver par le río Verde (à sec en été), est couvert par les plantations.

△ **La plage de La Herradura :** elle s'étire sur 2 km entre Almuñécar et Nerja. Sable gris-noir, un peu gros et mêlé de galets, mais bonne tenue générale avec une flopée de *chiringuitos* pour casser la croûte. La station se développe, mais l'espace n'est pas encore trop compté. En direction de Nerja, d'autres plages s'insèrent entre les falaises, certaines dévolues au naturisme. 🛈 Kiosque d'infos devant le marché couvert, sur le front de mer.

⚒ Deux **campings** en face de la plage et au milieu de plantations de bananiers et de *chirimoyas,* aussi mal indiqués l'un que l'autre. Tous deux portent le nom de... **La Herradura,** bien sûr ! Le plus central, sur le *paseo marítimo,* compte environ 300 places (☎ 958-64-00-56), mais semble un peu en déshérence. Le second, dit *Nuevo,* à Peña Parda, à l'extrémité ouest de la plage (☎ 958-64-06-34, • www.nuevocamping. com •) est mieux entretenu, mais moitié moins grand. Calme, assez verdoyant, agréable tout simplement, avec un resto et une supérette. Compter environ 20 € pour une tente, 2 adultes et une voiture.

– Pas mal de centres de **sports nautiques** sur la plage, entre autres : *Dani's* (☎ 958-64-06-41) pour la location de skis nautiques, jet skis et parachutes ascensionnels ; et *Windsurf La Herradura*, ouvert toute l'année (☎ 958-64-01-43). Le club de plongée *La Herradura* (☎ 958-82-70-83) se trouve au *puerto deportivo,* le joli petit port de plaisance, serré à l'abri d'un gros rocher, de l'autre côté de la pointe délimitant la plage par l'est. Jolies terrasses de cafés pour siroter un jus d'orange frais.

LES ALPUJARRAS (SIERRA NEVADA)

À une cinquantaine de kilomètres au sud de Grenade, entre mer et montagne, voici une région majestueuse, appuyée contre le flanc sud de la sierra Nevada. À ne pas manquer. On y passe au minimum 2 ou 3 jours. Imaginez un chapelet de villages admirables, coquets, accueillants, étagés entre 1 000 et 1 500 m d'altitude, reliés entre eux par des routes de montagne, étroites et sinueuses. Chaque village possède son propre caractère. Curieusement, la proximité de la côte n'a pas trop d'influence négative sur ces montagnes, reculées et sans âge, vivant à l'écart du bruit, de l'agitation et de la foule. À l'entrée des Alpujarras, la route commence par traverser une jolie région connue pour ses vignes et ses orangers. Puis, peu à peu, elle prend de l'altitude et permet de découvrir de merveilleux panoramas. Pour les randonneurs, c'est évidemment le rêve (bonne carte indispensable). Plusieurs petites entreprises locales se sont spécialisées dans les randonnées pédestres, équestres et à VTT (voir un peu plus loin « Adresses utiles »).
On trouve désormais pas mal d'hôtels et d'*hostales* dans les villages, sans oublier quelques campings. Bonne nouvelle : pour l'heure, les prix se tiennent assez bien. Pour ceux qui comptent séjourner au moins 3 jours, une bonne solution : la location d'une maison ou d'un appartement (voir un peu plus loin *Rustic Blue* dans « Adresses utiles »).

Et puis, chaque village possède ses fêtes propres, souvent assez hautes en couleur. Ouvrez l'œil et tendez l'oreille !

Hormis pendant la Semaine sainte et *grosso modo* du 15 juillet au 15 août, vous ne serez pas trop bousculé par la foule.

UN PEU D'HISTOIRE

Après la prise de Grenade par les Rois Catholiques en 1492, de nombreux Maures se réfugièrent dans ces montagnes pour se cacher et éviter de devoir se convertir au catholicisme. Les Alpujarras furent un lieu de refuge et d'asile pour une population en fuite, une population résistante. On compta jusqu'à 50 000 morisques (nom des musulmans qui restèrent après la Reconquête) dans cette région, s'accrochant bec et ongles à leurs traditions, à leur foi. Philippe II dut mettre les bouchées doubles pour écraser les révoltes en 1571. Le problème ne fut définitivement réglé qu'au début du XVII siècle, avec leur expulsion définitive. Les populations espagnoles qui s'y installèrent par la suite conservèrent toujours un certain esprit d'indépendance et de fierté. Les villages, eux, sont restés à l'image de leurs fondateurs berbères. C'est ainsi que beaucoup ont encore un air de famille avec ceux que l'on trouve au Maroc : des maisons cubiques aux toits plats, blotties les unes contre les autres, et surtout un système unique d'irrigation appelé *acequias,* réseau de canaux de récupération des eaux de fonte des neiges. On peut d'ailleurs se balader le long de ces *acequias.*

UNE SOURCE D'INSPIRATION POUR LES SCIENTIFIQUES ET LES ARTISTES

En 1754, le naturaliste **Antonio Ponz** découvrit la région et contribua à la faire connaître. **Simón de Rojas** mesura le mont Mulhacén en 1804. Le botaniste **Edmond Boissier** y séjourna en 1837. Au milieu du XIXe siècle, écrivains et artistes vinrent y chercher la sauvagerie « romantique » du sud de l'Europe. **Alexandre Dumas** et **Théophile Gautier** y passèrent sur la route de Grenade. Ce dernier fit même l'ascension du mont Mulhacén à cheval ! **Gustave Doré** réalisa des gravures de la région. L'écrivain espagnol **Antonio de Alarcón** contribua aussi à faire connaître les Alpujarras. L'Anglais **Gerald Brenan,** dont se souviennent encore les plus âgés, fréquenta la région dans les années 1920. Ce n'est pourtant que dans les années 1960-1970 que les artistes, sympathiques marginaux et certaines communautés religieuses se lancèrent à la découverte de ce havre de tranquillité, à 1 h de l'Alhambra et autant de la Méditerranée.

LA GASTRONOMIE DES ALPUJARRAS

Cette microrégion possède aussi sa « microcuisine ». À Trevélez, des dizaines d'artisans salent et sèchent un jambon de qualité, très parfumé, presque boucané. En revanche, ne cherchez pas les cochons : ils viennent de la plaine. Les restaurants servent l'*alpujarreño,* un plat reconstituant à défaut d'être raffiné. Il contient du jambon cru local, du *salchichón* (petite saucisse épicée), du boudin noir, quelques patates frites et un œuf sur le plat, le tout empilé dans une assiette. La soupe tient du même registre. Nombreuses tavernes et petits restaurants.

Balades dans les Alpujarras

Nombreuses balades et randonnées à effectuer. Quand on ne connaît pas du tout la région, il est raisonnable de se munir de bonnes cartes et de

LES ALPUJARRAS

passer par une agence. Des professionnels organisent des circuits à pied, à cheval et à VTT dans la région (voir « Adresses utiles »). Pour la plupart, les villages et hameaux sont reliés par de nombreux chemins de campagne qu'empruntaient autrefois les morisques. On y découvre parfois des fontaines d'eau gazeuse ou ferrugineuse. Par ses changements brusques d'altitude de la côte à la haute montagne, la région offre de grands contrastes de végétation et de climat. Les passionnés de randonnée pourront tenter l'ascension du *Mulhacén* (3 481 m), le plus haut sommet d'Espagne continentale.

Ceux qui souhaiteraient se balader par eux-mêmes se procureront le topo *Holiday walks in the Alpujarras,* par Jeremy Rabjohns, chez Sigma Leisure (● www.sigmapress.co.uk ●). C'est le plus détaillé de tous, mais en anglais uniquement. À défaut, *Walking in Andalucia* comporte de bonnes sections sur les balades dans les Alpujarras. L'un et l'autre peuvent être achetés au *B & B Sierra y Mar* à Ferreirola, base idéale pour les randonneurs.

Arriver – Quitter

Il est assez difficile (bien que réalisable) de visiter les Alpujarras en bus. En général, plusieurs bus de la compagnie *Alsina Graells* relient quotidiennement Grenade et les villages. ☎ 958-18-54-80 à Grenade. ● www.alsina graells.com ● Deux itinéraires principaux :

➤ la ligne 614 dessert la route du sud : Lanjarón, Órgiva, Torvizcón, Cádiar, Berchules, Yegen. Départs de Grenade le matin à 8 h 30 et le soir à 18 h. Jusqu'à Yegen, compter 3 h 30 de trajet ;

➤ les lignes 618 et 785 desservent la route du nord : Lanjarón, Órgiva, Pampaneira, Bubión, Capileira, Pitres et Trevélez (3 h 15 de trajet). La 618 marque aussi un arrêt à Pórtugos. Départs de Grenade à 10 h 30 (785), midi et

17 h 15 (618). Quelques bus supplémentaires pour Lanjarón et Orgiva en semaine. Comptez 4 € pour les villages les plus proches de Grenade et 5,30 € pour les plus éloignés.

Possibilité de descendre entre deux arrêts. Dans les villages, demandez autour de vous : on vous indiquera aisément l'arrêt du bus *(parada)*. On prend son billet auprès du conducteur.

C'est évidemment bien plus pratique en voiture. Une bonne solution consiste à se grouper pour en louer sur un ou 2 jours afin d'explorer ce secteur. De Grenade, emprunter la N 323 vers le sud, en direction de Motril. À une quarantaine de kilomètres, prendre vers Lanjarón. Vous entrez dans les Alpujarras.

Adresses utiles

🛈 Vous trouverez un centre d'information touristique à Pampaneira.

■ *Rustic Blue :* barrio La Ermita, 18412 Bubión. ☎ 958-76-33-81. Fax : 958-76-31-34. • www.rusticblue. com • C'est le 1er bâtiment à droite en arrivant dans le village, en grosse pierre grise. Bien indiqué. Ouvert du lundi au vendredi de 10 h à 14 h et de 17 h à 19 h, et le samedi de 11 h à 14 h. Cet organisme loue des appartements et des maisons dans tous les Alpujarras et même dans le reste de l'Andalousie. Locations en tout genre et à tous les prix, du vieux ou du neuf, au cœur des villages ou perdus dans la nature. En général, prestations de qualité. Site internet très bien fait avec de nombreuses possibilités et des photos qui donnent une bonne idée de la configuration des maisons à louer. Selon la saison, la capacité, le confort et la présence ou non d'une piscine, les locations à la semaine vont de 315 € (sans électricité !) à 1 500 € pour 4 personnes. Demandez le détail de l'équipement, variable selon les maisons, bien sûr. Accueil sympa ; on ne vous pousse pas forcément à la conso.

■ *Nevadensis Guías de Naturaleza :* au fond de la place du village (plaza de la Libertad), 18411 Pampaneira. ☎ 958-76-31-27. Fax : 958-76-33-01. • www.nevadensis.com • Ouvert les lundi et dimanche de 10 h à 15 h et du mardi au samedi de 10 h à 14 h et 16 h à 18 h (parfois 17 h à 19 h en été). Toutes les infos sur la sierra. Ils organisent des randonnées à VTT et à pied avec guide dans toute la Sierra Nevada. À la journée ou sur plusieurs jours, avec nuit en refuge, de préférence avec des petits groupes (minimum 5 personnes) déjà constitués. Par exemple : l'ascension du Mulhacén pour 35 €. Un guide privé pour la journée, à partager entre 10 personnes maximum, coûte 150 €.

■ *Cabalgar-Rutas alternativas :* 18412 Bubión. ☎ 679-44-33-98 (portable). • www.ridingandalucia.com • En arrivant à Bubión, sur la droite, 100 m environ après *Rustic Blue*. À partir de 60 € la journée (de 4 à 6 h de monte), mais tarifs négociables selon le nombre de personnes, la saison, etc. Débutants, s'abstenir. Rafael Belmonte organise diverses randonnées à cheval, dans les Alpujarras mais aussi dans le reste de la région. On peut notamment descendre de Bubión vers le désert de Tabernas et finir par un bon bain au cabo de Gata. Logement en hôtel ou en bivouac, avec un petit coup de gnôle derrière les oreilles, histoire de bien dormir. Très sympa, Rafael (qui parle le français) accompagne également des randos moins longues, de 1 ou 2 jours. Son écurie est composée de petits andalous et barbes et, vu la grimpette, ce sont ceux qui ont le pied le plus sûr. Rafael met un point d'honneur à fournir un équipement digne de ce nom et, pour la plupart, les montures ont droit à leur martingale et à leur antimouches en cuir sur le frontal. Un petit reproche toutefois, les écuries ne sont pas terribles.

LANJARÓN

3 700 hab.

C'est la 1re bourgade qu'on rencontre en venant de l'ouest par l'A 348, véritable porte d'entrée des Alpujarras. Pas un charme débordant, mais cette station thermale est particulièrement connue pour son eau minérale servie sur les tables des restos. Sur place, on soigne les rhumatismes. Voilà une bonne adresse où envoyer votre belle-mère. Vous remarquerez au passage les jolies ruines d'un château arabe perché en nid d'aigle aux avant-postes du bourg. On poursuit la route vers Órgiva. De là débute la véritable grimpette pour les villages de la sierra.
– **Feria del Agua y del Jamón :** le 24 juin. C'est la fête de l'Eau et du Jambon. On s'asperge les uns les autres, on mange du jambon... et on boit du vin. Ce qui vaut mieux que de s'asperger avec du vin et boire de l'eau !

ÓRGIVA

5 370 hab.

Quelques kilomètres après Lanjarón, Órgiva est un gros bourg qui ne dégage pas, lui non plus, un charme évident de prime abord. Lieu de passage, lieu de retrouvailles pour les villageois des environs qui vont y faire leurs courses.

Où dormir dans les environs ?

🛏 **La Rueda :** à Los Agustines, 18418, un hameau à 5 km d'Órgiva. ☎ et fax : 958-78-52-79 ou ☎ 697-88-47-02 (portable). ● www.owners direct.co.uk/spain/S561.htm ● De 45 à 56 € pour deux. Vous rêvez d'un coin retiré ? Voilà votre vœu exaucé. Stefan et Naomi ont fait d'une vieille maison un havre de paix, avec un jardin planté d'arbres fruitiers et d'un olivier centenaire où chantent les oiseaux. Ils louent un *cottage* indé-pendant pour 2 personnes, avec une chambre à 2 lits, une salle de bains, une cuisine et un petit salon avec son poêle. Déco simple mais sympa dans des tons de bleu, de blanc et d'ocre rouge. Accès à la piscine et vue splendide sur les montagnes alentour. Chauffage en plus du poêle en hiver. Pour ne rien gâcher, Naomi prépare sur commande petits dej' et dîners de qualité.

PAMPANEIRA

(18411) 355 hab.

Adorable village tout blanc, perché à flanc de colline, à 1 050 m d'altitude, dans la gorge de Poqueira. Beaucoup de cars s'y arrêtent, c'est donc parfois un peu l'invasion. Malgré tout, avec ses ruelles chaulées, ses galets au sol, ses passages, culs-de-sac, promontoires, terrasses... il s'en dégage un certain charme. Croquignolet serait le mot juste. Belle église du XVIIIe siècle d'un gothique gentil, mais elle n'est ouverte que le dimanche pour la messe. Juste devant, une jolie placette où prendre un verre à l'ombre des tilleuls. Parking gratuit *(aparcamiento público)* dès l'entrée du village, sur la gauche.
– **La fête des Croix :** début mai. Au terme de la fête, on fait la *quema de la zorra*, un renard en papier mâché rempli de pétards. Les enfants le trimballent dans tout le village et les gens se cachent pour le regarder depuis leurs fenêtres, jusqu'à ce qu'il soit complètement déchiqueté par les pétards.

Adresses utiles

🚩 *Centre d'information des Alpujarras :* au fond de la petite place, à côté du restaurant *Belezmin*. ☎ 958-76-31-27. Ouvert les lundi et dimanche de 10 h à 15 h, et du mardi au samedi de 10 h à 14 h et de 16 h à 18 h (parfois 17 h à 19 h en été). Informations sur la météo, au jour le jour (utile pour les randonneurs). Exposition sur les Alpujarras : roches et minéraux, faune, flore, apiculture, habitat. Vente de livres, de guides, de cartes détaillées au 1/40 000 ou 1/50 000. Petites annonces (maisons à louer). Liste des fêtes et des manifestations locales. Service de guides accompagnateurs :

■ *Nevadensis Guías de Naturaleza :* ☎ 958-76-31-27. Fax : 958-76-33-01. Voir plus haut « Adresses utiles » dans les Alpujarras.

Où dormir ? Où manger ?

Trois ou quatre *hostales* et deux locations dans le village.

🛏 *Hostal Ruta del Mulhacén :* av. de la Alpujarra, 6. ☎ 958-76-30-10. Fax : 958-76-34-46. ● www.rutadel mulhacen.com ● Dans le virage, à l'entrée du village, sur la gauche. Congés annuels : du 10 janvier au 10 février. Chambres doubles entre 39 et 48 € selon la saison. Petit édifice tout blanc, de 3 étages, avec une façade fleurie et un magasin de souvenirs au rez-de-chaussée. Pas de charme particulier, mais c'est propre et de bon confort. Chambres décorées avec les typiques *jarapas alpujarreñas*. Vue sur la vallée depuis la terrasse pour certaines. Cartes de paiement acceptées. Bon accueil francophone.

Où méditer ?

🕯 *Le centre bouddhique O.Sel.Ling :* apartado 99, 18400 Orgiva. ☎ et fax : 958-34-31-34. ● www.oseling.com ● Sur la route entre Pampaneira et Órgiva, dans le creux d'un virage, à 2,7 km de Carataunas. En laissant les 2 ermitages à gauche, prendre le chemin à droite, direction *Caballo Park* ; continuer toujours tout droit sur 2,4 km. Là, un chemin carrossable part sur votre droite, indiquant le centre (à 3 km – et non 5 km comme indiqué). L'itinéraire est splendide (nombreux arrêts possibles pour pique-niquer) et serpente sur l'un des contreforts du Mulhacén. Les visites ne se font que l'après-midi, de 15 h à 18 h. Attention, il s'agit d'un centre et non d'un monastère. Ne pas s'attendre à voir une ribambelle de bonzes ; en revanche, le centre s'est doté d'un moulin à prières. Il y a seulement un stûpa (dôme funéraire) et un temple, installé dans une ancienne bergerie. *O.Sel.Ling* signifie « lieu de la lumière pure », et c'est vrai qu'à 1 600 m elle est sacrément belle. Le centre a été consacré par le Dalaï-Lama. Paradisiaque lorsqu'il fait beau, le lieu mettra votre sens de la méditation à l'épreuve en hiver et les jours de pluie...

Pour ceux qui seraient tentés par une retraite, de petits appartements indépendants dans des bungalows sont disponibles à raison de 24 à 25 € par jour et par personne en pension complète (repas végétariens stricts). Mais attention, ils sont réservés aux gens ayant déjà une expérience de la méditation. Les autres peuvent venir pour des stages, d'une durée de 2 à 9 jours. Dans ce cas, on loge dans deux dortoirs séparés par sexe. En tout état de cause, il faut faire un minimum d'effort, réaliser un travail sur soi-même, méditer, participer aux tâches collectives...

BUBIÓN (18412) 355 hab.

À 1 296 m d'altitude, ce village haut perché avec ses toits tout plats et tout gris, revêtus d'une poudre d'ardoise, est fortement dépaysant. C'est là qu'on retrouve le plus le style architectural des villages de l'Atlas marocain, notamment les maisons cubiques serrées les unes contre les autres. C'est aussi à Bubión que, en février 1985, est né Osel, un enfant dans lequel les autorités religieuses bouddhistes virent la réincarnation d'un lama tibétain (dont ses parents étaient les disciples). Il fut ordonné moine novice par le Dalaï-Lama à l'âge de 3 ans. Le lama Tenzin Osel Rinpoché suit désormais une éducation à la hauteur de son rang dans le sud de l'Inde. Tiens, ça ne vous rappelle pas un certain *Little Buddha* ?

Avis aux amateurs de marche, un sentier facile permet de rejoindre Pampaneira en seulement 20 mn.

Parking gratuit au centre du village.

Où dormir ? Où manger ?

De bon marché à prix moyens

🛏 *Hostal Apartamentos Las Terrazas de la Alpujarra :* plaza del Sol, 7. ☎ 958-76-30-34. Fax : 958-76-32-52. ● www.terrazasalpujarra.com ● À 100 m en contrebas de la route principale. Prendre le chemin de l'église ; c'est indiqué. Congés : de janvier à mi-février. Compter 29 € la chambre double avec douche, w.-c. et vue sur la vallée. Également des apparts pour 2 à 6 personnes, de 45 à 72 € (selon la taille, bien sûr). Style local agréable avec cheminée (bois payant), petite cuisine et, pour certains, une terrasse. Très bon accueil. Chambres propres, avec du carrelage et des tissus de style mexicain. Une réduction de 7 % est offerte sur le prix de l'appartement à ces lecteurs sur présentation de ce guide.

🛏 |◉| *La Trastienda de Bubión :* ctra de la Sierra. ☎ 958-76-33-29 ou 649-15-50-01 (portable). ● angelbubion@yahoo.es ● Sur la gauche de la route principale, avant l'entrée du complexe *Villa turística de Bubión.* Fermé le jeudi, et en juillet. Plats de 4 à 10 €. Cuisine locale servie sur une terrasse avec vue sur la vallée. Essayez donc la soupe *alpujareña* à

l'amande ou l'incontournable *plato alpujareño,* idéal pour gros mangeurs. Loue deux apparts situés sous le resto à 50 € pour 2 (parfois moins hors saison) et jusqu'à 100 € pour 6. Tout neufs, tout beaux, tout propres, avec salle de bains, cuisine, cheminée, terrasse et chauffage. Les couleurs chaudes égaient le côté sombre dû au rez-de-chaussée.

🛏 *Alojamientos turísticos rural Los Tinaos :* c/ Parras s/n. ☎ 958-76-32-17. Fax : 958-76-31-92. ● www.lostinaos.com ● Sur la route principale qui traverse le village, dans le centre, prendre à gauche ; c'est à 100 m en contrebas. Compter de 50 à 54 €, petit dej' inclus. Appartements avec cuisine, terrasse panoramique et cheminée pour les nuits frisquettes (6 € la cagette de bois) – sauf si vous préférez l'autre chauffage... Lorsqu'il fait très beau, on voit parfois même l'Afrique pointer son nez. Situation parfaitement au calme et de bon confort. Préférez toutefois les appartements de l'étage, moins sombres. Bouteille de vin offerte à nos lecteurs qui en font la demande, sur présentation de ce guide.

Plus chic

🛏 |◉| *Villa turística de Bubión :* barrio Alto. ☎ 958-76-39-09. Fax : 958-76-39-05. ● www.villabubion.com ● Compter 80 € la nuit dans une maisonnette pour 2 à 3 personnes, 117 € pour 4 à 5 personnes et 128 € pour 4 à 6 personnes. Un endroit étonnant et attachant, réhabilité par la région (la junta de Andalucía). Perché à 1 300 m d'altitude, c'est une sorte de hameau regroupant 41 maisonnettes de style montagnard andalou, avec un vrai charme rustique. Meublées dans le style local, les chambres possèdent des salles de bains (un peu sombres), une cheminée, un petit balcon ou une terrasse. Certaines ont un petit jardin, sur plusieurs niveaux. Piscine. Le roi Juan Carlos et la reine y ont séjourné en 1999. Excellente table à base de produits locaux ; bon petit vin blanc du pays (viña laujar). Petit dej' pas terrible cependant (et en supplément). Très bon accueil. Excellente adresse dans cette catégorie de prix.

CAPILEIRA (18413) 580 hab.

À un petit kilomètre au-dessus de Bubión, voilà un mignon petit village (1 436 m d'altitude) où aboutit la route qui franchit la Sierra Nevada. Capileira domine toute la vallée. Panorama époustouflant. Toutes sortes de chouettes balades à effectuer dans la région, de niveaux facile à difficile.

Où dormir ? Où manger ?

Prix moyens

🛏 ▮●▮ *Hostal Paco Lopez :* ctra de la Sierra, 5. ☎ 958-76-30-11. Fax : 958-76-30-76. Chambres doubles, refaites à neuf, autour de 36 € en basse saison, 40 € en haute saison. Même si certaines sont un peu tristounettes, elles possèdent tout le confort (et parfois un petit balcon). Bon accueil du patron, monsieur le maire du village, qui possède également l'hôtel *El Carril,* aux chambres similaires, quoiqu'un peu plus riantes. Véritable manitou du tourisme local, il loue aussi 2 apparts' avec cuisine et cheminée pour 4 personnes à 90 € par jour. Les prix sont dégressifs et se font un peu selon l'humeur du jour et la tête du client... A des prix raisonnables, le restaurant est réputé pour ses spécialités locales : *jamón serrano* (jambon de pays), *plato alpujarreño* (jambon, boudin noir, saucisse et œufs)...

🛏 *Mesón Poqueira :* Doctor Castilla, 11. ☎ et fax : 958-76-30-48. ● hostalpoqueira@yahoo.es ● Donne sur la route principale, côté gauche, derrière l'office du tourisme. Compter 36 € la chambre double. Pour les appartements (cuisine, cheminée, 2 chambres, garage), prévoir de 50 à 100 € par jour pour 2 à 6 personnes. Chambres très propres, avec bains. La plupart d'entre elles ouvrent sur la vallée, mais les arbres dissimulent en grande partie la vue. Une nouvelle aile a été récemment inaugurée de l'autre côté de la rue : les chambres, plus grandes, toutes neuves et de bon confort, coûtent 50 € pour deux. Les appartements se louent à la semaine et sont situés plus haut dans le village. Resto au rez-de-chaussée.

MECINA-FONDALES (18414)

Petit village dominant la vallée du río Trevélez, en contrebas de la route principale qui va de Pampaneira à Pitres. L'ambiance ici est un peu différente des villages haut perchés, comme Trevélez, Bubión et Capileira. C'est un environnement plus doux : climat plus clément, exposition plein sud, dans un paysage de vallée moins rude et moins aride. Le village est constitué de maisons blanches, imbriquées les unes dans les autres, obéissant au style architectural des Alpujarras. On sent bien ici la trace des derniers Maures qui s'étaient réfugiés dans la région.

Où dormir ? Où manger ? Où boire un verre ?

🛏 |●| *Chambres et restaurant L'Atelier :* c/ Alberca, 21. ☎ 958-85-75-01. ● www.ivu.org/atelier ● Resto ouvert de 13 h à 16 h et de 19 h à 23 h. Congés : du 15 décembre au 10 mars et en juillet. Compter 50 € la chambre avec bains. Menu à 11 € à midi, et environ 18 € pour un repas. Situé à l'orée de la route de Ferreirola. Une adresse exceptionnelle, tenue par Jean-Claude, un Français chaleureux et polyglotte. C'est une petite maison vieille de 500 ans, nichée dans un amalgame de maisons blanches, qui rappelle le style du Maghreb. Discrète porte ouvrant sur une enfilade de plusieurs petites salles éclairées par des chandelles et bercées par des musiques françaises. Tables et tissus à l'orientale, tableaux, dessins, objets et souvenirs de voyage peuplent les recoins de ce salon dînatoire. Cuisine végétarienne biologique, très fine et d'une grande originalité, avec des plats mettant en valeur les traditions moyen-orientales et arabes. Vin au verre, bio lui aussi. Trois chambres sympathiques à louer, avec salle de bains et une déco très orientaliste assez fantasque. Informations sur la région. N'accepte pas les cartes de paiement. Remise de 10 % sur les chambres en semaine (du lundi au jeudi, sauf jours fériés) à partir de 2 nuits.

🛏 |●| *Hotel de Mecina :* c/ La Fuente, 2. ☎ 958-76-62-41. Fax : 958-76-62-55. ● www.hoteldemecina.com.es ● ♿ Cet hôtel à taille humaine au charme certain offre, pour 75 à 80 €, des chambres confortables, bien équipées (douche, w.-c. et chauffage) et décorées avec goût (tissus raffinés, meubles en bois). Certaines sont dotées d'un petit balcon, la plupart proposent une vue sur le jardin intérieur (piscine) et les montagnes. Très calme la nuit. Fréquenté par des petits groupes d'Anglais. Aussi un resto, peu cher et correct, avec quelques spécialités locales et beaucoup de pizzas... Remise de 10 % sur le prix des chambres sur présentation de ce guide.

🍸 *La Cueva de Mora Lena :* sur le bord de la petite route de Ferreirola, au pied des marches grimpant vers *L'Atelier.* Pour boire un coup ou manger un morceau. Bonne ambiance le week-end avec plein de jeunes et de randonneurs.

FERREIROLA
(18414)

De Mecina-Fondales, prendre la petite route à l'entrée du village, côté gauche. Le hameau n'est qu'à 1,2 km de là. On aime bien Ferreirola, avec son enchevêtrement rustique de maisons anciennes, ses ruelles endormies, son lavoir et sa petite fontaine où les paysans du coin s'arrêtent pour faire boire leur âne ou pour papoter avec les voisins. Ici, pas de constructions modernes, rien qui ne contrarie l'impression générale de calme, de sérénité et d'harmonie.

Où dormir ?

🛏 *Sierra y Mar :* c/ Albaycin, 3. ☎ 958-76-61-71. Fax : 958-85-73- 67. ● www.sierraymar.com ● Passer l'église et la fontaine, puis prendre le chemin à gauche (c'est indiqué). Après, on se perd un peu avant de trouver, mais c'est tout près. Compter 52 € pour une chambre double avec son petit cabinet de toilette, délicieux petit dej' compris. Petite maison d'hôtes, bien tenue par une sympathique Danoise, Inger Norgaard, et son mari Giuseppe Heiss, alias Sepp, un Italien du Piémont. Ils reçoivent pas mal de randonneurs et connaissent le sujet sur le bout des doigts. Il est d'ailleurs possible de s'y procurer les meilleurs topos sur la région. En mai-juin et septembre-octobre, c'est souvent complet ; mieux vaut réserver à l'avance. Le petit dej' se prend sur une terrasse ombragée, à l'ombre du grand mûrier blanc ou du cerisier. Possibilité d'utiliser la cuisine et la bibliothèque. Une bonne adresse 100 % nature, 100 % sans voitures...

PÓRTUGOS (18415) 410 hab.

Gros village sur la route de Trevélez, avec des maisons assez modernes. Certaines sont construites au-dessus des ruelles, créant des passages abrités comme dans les casbahs d'Afrique du Nord. Globalement moins de charme que les autres. À moins que vous ne soyez un amoureux du jambon... Plusieurs entreprises y ont élu domicile.

Où dormir ? Où manger ?

⚥ |●| *Camping El Balcón de Pitres :* 18414 Pitres. ☎ 958-76-61-11. Fax : 958-80-44-53. À quelques kilomètres avant Pórtugos, à la sortie ouest du village de Pitres. En gros, 21 € pour 2 adultes, une tente et une voiture. Presque un village de vacances. Air pur et du beau gazon (enfin !) pour planter sa tente à l'ombre des tilleuls, des peupliers, des cerisiers... Disposé sur plusieurs terrasses et bien équipé. Douche chaude gratuite, bar-resto, piscine de fin juin à fin septembre, épicerie et laverie. Propose également des cabanes et maisons rurales, toutes avec salle de bains et cuisine, de 54 à 90 € selon la taille. Chiens acceptés, ce qui peut nuire au calme. Dommage aussi que l'accueil soit aussi médiocre et les sanitaires pas mieux entretenus. Remise de 10 % en basse saison sur présentation de ce guide.

📠 |●| *Hostal Mirador de Pórtugos :* plaza Nueva, 5. ☎ 958-76-61-76 et 60-14. Environ 30 € la double. Certaines chambres ont un balcon offrant un petit panorama. Le tout n'ayant guère de caractère, demandez en priorité celles-ci. Bar-resto au rez-de-chaussée et discothèque au sous-sol. Bien tenu mais accueil quelconque, pour ne pas dire lent et indifférent. En dépannage, et quand tout est plein dans le coin.

À voir

⚸ À environ 300 m après la sortie de Pórtugos en allant vers Trevélez, sur la gauche, une petite *chapelle.* Allez-y le samedi vers 19 h 30 pour entendre les femmes du village chanter des cantiques. Puis descendez les escaliers qui mènent à la source d'eau minérale ferrugineuse : la *fuente Agria y Chorrerón.* De l'autre côté de la route, site de pique-nique plutôt sympa, si toutefois il n'est pas envahi par un groupe.

BUSQUÍSTAR

360 hab.

Encore un joli bourg blanc et perché, où vous ne serez pas gêné par la foule. L'ensemble est un peu moins harmonieux que Ferreirola, avec des constructions modernes autour du vieux centre, mais reste agréable. Une légende circule au sujet de ce village : lors d'une rude et sanglante bataille entre chrétiens et musulmans, on dit que même le sang des victimes de chaque camp ne se mêla pas dans un désespoir commun ; le sang des uns coula vers la vallée, tandis que celui des autres remonta vers les collines. Ben voyons...

TREVÉLEZ

(18417)   840 hab.

Accroché à la sierra Nevada, à 1 480 m d'altitude, Trevélez est le plus haut village habité d'Andalousie – mais pas le plus beau. Il y a quelque chose de breton dans son nom (encore un bout du monde !) et de bucolique, presque himalayen, dans le paysage (on exagère un peu...). Célèbre dans toute la région pour ses jambons de montagne, Trevélez pourrait s'appeler « Jambon-City » ou plutôt « Ciudad Jamón ». Une bonne vingtaine d'artisans sont spécialisés dans la salaison *(saladero)* et le séchage *(secadero)* des jambons. Mais il n'y a aucun élevage à cette altitude.

Le village, bâti à flanc de montagne, se compose de 3 parties : la *baja* (basse), où se concentre toute l'activité touristique, la *media* (moyenne) et la *alta* (haute), plus typiques, plus populaires, sympathiques tout simplement.

Après Trevélez, vers l'est des Alpujarras, la route se fait assez vertigineuse, flirtant par moments avec l'abîme et les crêtes ennuagées, dans un cadre austère. Autour des bourgs, les amandiers et les oliviers forment comme des oasis. Puis le paysage s'adoucit (très) progressivement, les montagnes se creusent en vallées moins profondes, la roche se fait moins présente. Les brebis broutent ce qu'elles trouvent, la vue se dégage.

Pour les marcheurs, des sentiers faciles relient Trevélez à Berchules (3 h), Berchules à Yegen (3 h 30) et Yegen à Urgivar (5 h). Se procurer la carte de la région de la sierra Nevada au 1/150 000 (par exemple au *Vieux Campeur*, à Paris).

Où dormir ?

Camping

⚄ *Camping Trevélez :* ctra Trevélez-Orgiva, km 1. ☎ et fax : 958-85-87-35. ● www.campingtrevelez.net ● En venant de Bubión, à 1 km de Trevélez, sur la gauche de la route principale. Le bus qui relie Grenade aux Alpujarras s'arrête devant. Ouvert toute l'année. *Grosso modo,* 16,50 € pour 2, avec une tente et une voiture. Location de cabanes en bois ou en pierre, rustiques mais bien aménagées, entre 19 et 77 € la nuit (de 2 à 7 personnes). Situé à flanc de montagne, à 1 500 m d'altitude, il est considéré comme le camping le plus haut d'Espagne. Étagé sur trois étroites terrasses herbeuses, orientées plein est, il ne fait pas toujours très chaud ici : en demi-saison, le froid tombe rapidement. Vue superbe, bar-resto, petite épicerie, piscine (en été) et douche chaude gratuite. Attention, si vous vous installez sur la terrasse supérieure, il vous faudra redescendre pour accéder aux sanitaires. Excellent accueil d'Alex et de sa femme, d'origine française.

Prix moyens (de 25 à 40 €)

🛏 *Taberna González :* plaza Francisco Abellán s/n. ☎ 958-85-85-61. Compter environ 30 € la chambre double avec salle de bains, 25 € sans. Les plus chères se trouvent dans un autre bâtiment. Les chambres ont vue sur la vallée en contrebas. Charme inexistant et accueil du même acabit. En cas d'arrivée tardive uniquement. Petit bar sympa et bon resto.

🛏 *Hostal Mulhacén :* ctra de Berchules. ☎ 958-85-85-87. Fax : 958-85-87-73. À 300 m du centre, à droite de la route qui sort de Trevélez en direction de Berchules. Dans un virage, au-dessus du río Trevélez, un torrent de montagne venu des sommets enneigés. On entre par le bar. De 36 à 40 € la double. Une quinzaine de chambres (2 à 4 lits) propres, agréables, calmes, bien équipées (chauffage), avec une belle vue sur la vallée. Celles du 2e étage ont été rénovées avec goût et certaines disposent d'un grand balcon. Accueil sans chichis de M. Emilio et de sa femme Conchi.

🛏 *Hotel La Fragua :* c/ San Antonio, 4. ☎ 958-85-86-26. Fax : 958-85-86-14. • www.hotellafragua.com • Idéalement situé dans le barrio Medio, dans une ruelle tranquille accessible uniquement à pied (limitez les bagages !). On peut se garer sur la plaza Las Pulgas, 150 m en contrebas. Congés : de début janvier à début février. Deux hôtels en un : *La Fragua I,* avec des chambres à 36 € pour 2, plus petites et un peu plus anciennes et, à deux pas, *La Fragua II,* avec des chambres à 47 € plus grandes (très grandes) et plus récentes. Si vous choisissez le *Fragua I,* demandez une chambre avec balcon ou terrasse (commune) : c'est le même prix que celles qui n'en ont pas.

Où manger ?

🍴 *Restaurante Casa Julio :* Haza de la Iglesia. ☎ 958-85-87-08. À 100 m de l'église San Benito, en allant vers le haut du village. Congés : 15 jours en novembre. Menu à moins de 9 € le midi. À l'écart de l'agitation de la place principale, cette taverne traditionnelle sert des plats des Alpujarras, copieux et savoureux : truite au jambon, cabri à l'ail, lapin à l'aïoli, etc. Tapa de jambon offerte à l'apéro. Petite terrasse quand il fait beau. La patronne parle le français.

🍴 *Restaurante Sierra Nevada :* plaza Francisco Abellan, 12 (la place centrale). ☎ 958-85-85-49. Fermé le jeudi. Menu à environ 9 € ; à la carte, comptez de 12 à 15 € par personne. Cuisine locale et accueil aimable.

Goûtez au jambon de Trevélez, bien sûr, et au *choto* (cabri) à l'ail. Possibilité de manger sur la terrasse, située sur le toit. Comme le dit le proverbe (maison) : « Nous ouvrons quand nous venons, nous fermons quand nous partons, si vous venez lorsque nous ne sommes pas là, c'est parce que nous ne coïncidons pas ! ».

🍴 *Mesón del Jamón :* c/ Carcel, 11, Barrio Medio. ☎ 958-85-86-79. Comptez environ 12 € par personne. Encore un endroit où déguster une bonne cuisine locale, comme les fèves au jambon ou la truite farcie au jambon. Comme par hasard, ici, tout tourne autour du jambon... Accueil réservé mais aimable et vue panoramique sur la ville basse depuis la terrasse.

CÁDIAR

(18440) — 1 600 hab.

Un peu en retrait des Alpujarras, par l'A 348 qui descend sur la Rabita et la côte. Pas un charme fou, mais une petite étape douillette à proximité.

PLANS ET CARTES EN COULEURS

SOMMAIRE

L'ESPAGNE DU SUD – L'ANDALOUSIE

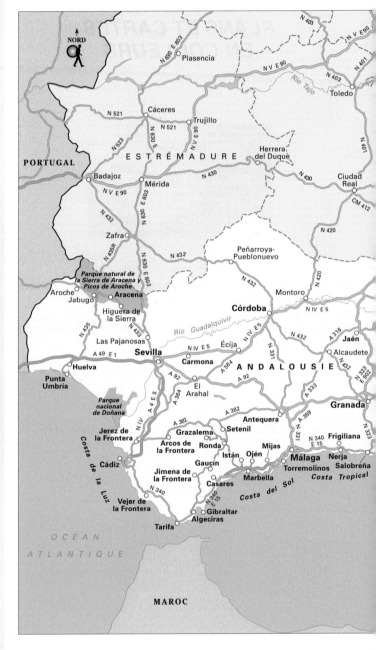

NORD

Plasencia

PORTUGAL

Cáceres
N 521
Trujillo

N 521
N 630 E

ESTRÉMADURE

Herrera
del Duque

Badajoz
Mérida
N 430

N V E 90

Ciudad
Real

N 432

Zafra

N 435R

N 630 E 803

N 432

Peñarroya-
Pueblonuevo

N 420

CM 412

N 401

Toledo

N 403

Río Tajo

N V E 90

N 403

N 401

N 420

Parque natural de
la Sierra de Aracena y
Picos de Aroche

Aroche
Jabugo
Aracena

N 432

Montoro

N IV E 5

A 316

Jaén

Higuera de
la Sierra

N 433

Río Guadalquivir

Córdoba

Las Pajanosas

N IV E 5

Écija

N 331

N 432

Alcaudete

N 435

A 49 E 1
Sevilla
Carmona

A 364

ANDALOUSIE

N 323
E 902

Huelva

N IV E 5

A 92

Granada

Punta
Umbría

Parque
nacional
de Doñana

El
Arahal

A 92

A 333

N 432

Costa de la Luz

N IV A 4 E 5

A 364

A 382

Antequera

A 369

N 340
E 15

Frigiliana

N 323

Jerez de
la Frontera

Grazalema
Setenil

N 331

Arcos de
la Frontera

Ronda

Istán
Ojén

Mijas

Málaga

Nerja

Cádiz

A 392

Gaucín

Marbella

Torremolinos

Salobreña

Costa Tropical

Jimena de
la Frontera

Casares

Costa del Sol

Vejer de
la Frontera

N 340

N 340
E 15

Tarifa

Gibraltar
Algeciras

OCÉAN
ATLANTIQUE

MAROC

L'ESPAGNE DU SUD – L'ANDALOUSIE

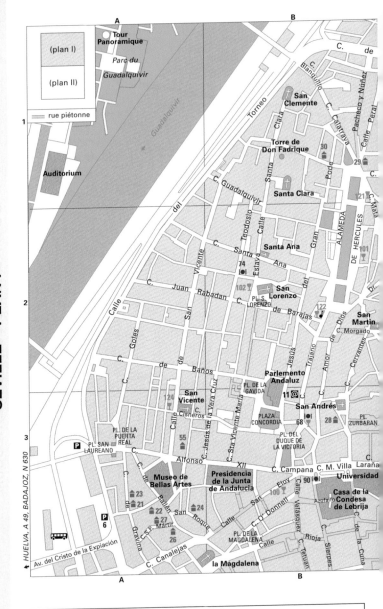

SÉVILLE – PLAN I

HUELVA, A 49, BADAJOZ, N 630

■ **Adresses utiles**
- 🚆 Gare ferroviaire de Santa Justa
- 🚌 Gare routière Plaza de Armas
- ✈ Aéroport de San Pablo
- 🅿 6 Parking Plaza de Armas
- 🖥 11 Ciber Ducke

🛏 **Où dormir ?**
- 21 Hostal El Giraldillo
- 22 Hostal Paco's
- 23 Hostal Romero
- 24 Hotel Zaida
- 25 Hostal Macarena
- 26 Hotel Londres
- 27 Hostal París
- 28 Hotel Sevilla
- 29 Patio de la Alameda
- 30 Patio de la Cartuja
- 31 Hotel Las Casas del Rey de Baeza
- 32 Hostal Casa Sol y Luna
- 55 Hostal Museo

|●| **Où manger ?**
- 68 Lizzaran Tapas

SÉVILLE – PLAN I

69 Taberna Coloniales
74 Alcoy 10

🍴 Où manger des tapas ?
Où boire un verre ?

68 Lizzaran Tapas
100 Patio San Eloy
102 Eslava

103 El Rinconcillo
124 Chez Sylvie

🍴🍴 Où manger de bons
gâteaux et de bons
churros ? Où déguster
une bonne glace ?

90 Confitería La Campana

91 Convento Santa Inés
92 Rayas

🍴 ♪ Où sortir ? Où écouter
un concert ?

101 Bulebar Café
121 Café Central et Habanilla Café
122 Naima Café
125 El Perro Andaluz

SÉVILLE – PLAN II

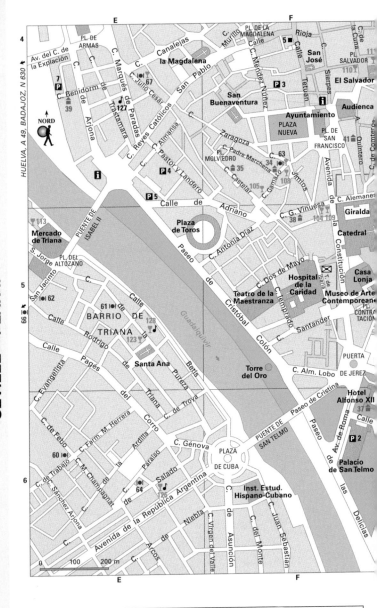

■ **Adresses utiles**

🛈 Offices de tourisme
✉ Poste
🚌 Gare routière Prado San Sebastián
5 Farmacia Ibérica
P 1 Parking Santa Cruz
P 2 Parking Roma
P 3 Parking Plaza Nueva
P 4 Parking El Arenal

P 5 Parking Paseo de Colón
P 7 Parking Benidorm
10 Internetia

⌂ **Où dormir ?**

33 Hostal Atenas
34 Hotel Maestranza
35 Hotel Vinci La Rabida
36 Hotel Los Seises
37 Hotel Alfonso XIII

38 Hotel Simón
39 Hostal Jentoft
40 Hostal Puerta Carmona
41 Hotel San Francisco
42 Pensión Virgen de la Luz
54 Hostal Catedral

❙●❙ **Où manger ?**

60 La Gamba Blanca
61 La Antigua Abacería
62 Taberna Miami

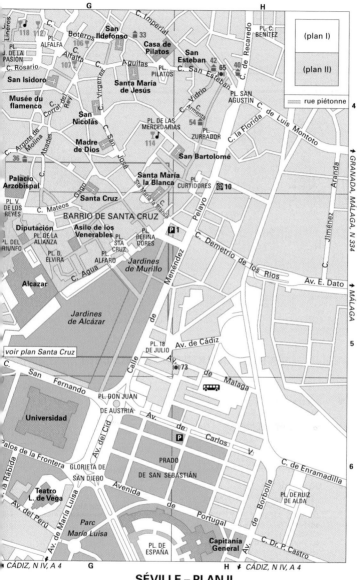

SÉVILLE – PLAN II

SÉVILLE – PLAN II

63	Enrique Becerra
64	Restaurante Los Cuevas
65	Bodega Extremeña
66	Bar Salomon
67	Cañas y Tapas
73	Casa Florencio, Charcutería El Prado et La Taberna

Où manger des tapas ?
Où boire un verre ?

| 63 | Enrique Becerra |

67	Cañas y Tapas
104	Hijos de Morales
105	Bodeguita Antonio Romero II
107	Bar Alfalfa
108	Cervecería Internacional
109	Horno de San Buenaventura
110	La Antigua Bodeguita
111	La Alicantina
123	Bar Santa Ana

♪ Où sortir ? Où écouter un concert ? Où voir et écouter du flamenco ?

106	Bar Garlochi
112	La Rebotica et Cabo Loco
113	Casa Cuesta
114	La Carbonería
116	El Mundo Otro Bar
126	La Madrugá
127	Casa Carmen
128	Lo Nuestro et Rejoneo

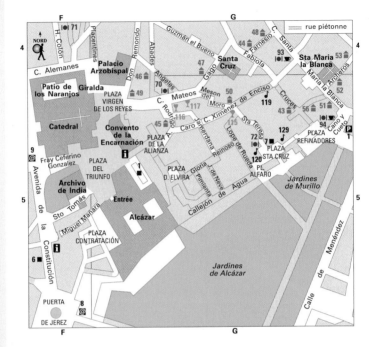

SÉVILLE – QUARTIER DE SANTA CRUZ

■ **Adresses utiles**

🛈 Offices de tourisme
1 Commissariat de police
6 Banques et distributeurs
7 Consulat de France
🅿 1 Parking Santa Cruz
@ 8 Work Center
@ 9 Séville Internet Centre

🛏 **Où dormir ?**

43 Hospedería El Patio Cruces
44 Hostal Córdoba
45 Hostal Monreal
46 Hotel YH Giralda
47 Hostal Goya
48 Hotel Amadeus
49 Hostal Doña María
50 Pensión Vergara
51 Hostal Santa María de la Blanca
52 Pensión Archeros
53 Pensión Bienvenido
56 Un Patio En Santa Cruz

|●| **Où manger ?**

70 Thebussem
71 Casa Robles
72 La Albahaca

🍸 **Où manger des tapas ?
Où boire un verre ?**

115 Café-bar Las Teresas
116 Bodega Santa Cruz
117 La Goleta

|●| 🍮 **Où manger de bons gâteaux et de bons churros ?**

93 Confitería-bar Cáceres
94 Calentería

♪ **Où voir et écouter du flamenco ?**

119 Casa de la Memoria de Al-Andalus
120 Los Gallos
129 Los Amigos del Tamboril

Où dormir ? Où manger ?

🛏 |●| *Centro turístico La Alquería de Morayma :* A 348 Cádiar-Torvizcón, km 52. ☎ 958-34-33-03. Fax : 958-34-32-21. ● www.alqueria morayma.com ● À 2 km de Cádiar, en allant vers Torvizcón et Órgiva. Compter entre 54 et 59 € la chambre double ; appartements entre 63 € pour 2 personnes et 91 € pour 4 personnes. Pas un vieux corps de ferme, mais une ferme-hameau construite de toutes pièces avec les matériaux de l'ancien *cortijo*. Et c'est réussi ! À tel point que l'établissement s'agrandit peu à peu. Cette *alquería* rassemble dans divers petits bâtiments 12 chambres et 5 appartements bien équipés avec cuisine, bains, mini-terrasse, TV, téléphone et chauffage au sol. Quitte à choisir, on préfère les appartements avec leurs lauzes en ardoise, de très belles mosaïques au sol, des photos des années 1900 chinées avec leurs cadres, de chouettes fermoirs de porte dénichés dans les ventes de fermes des alentours. La chambre la plus originale a été aménagée dans une chapelle, la *Ermita* (aussi fausse que le reste). Piscine, restaurant avec un menu succulent à 12 €. Ceux qui n'ont qu'une petite faim prendront une très belle salade à moins de 5 €. Une bien belle étape, ma foi. Les proprios possèdent leurs propres vignobles et servent du vin maison. Une réduction de 10 % est offerte, du lundi au vendredi, à nos lecteurs sur présentation de ce guide.

YEGEN   (18460)   400 hab.

À une bonne dizaine de kilomètres de Cádiar en passant par Mecina Bombarón. Petit village de montagne avec une vue ravissante sur un cirque de monts de la chaîne des Alpujarras. Au cœur du village, la petite place de l'église cherche à singer la cour des Lions de l'Alhambra de Grenade. Les adeptes de la randonnée trouveront deux sentiers aux abords mêmes du village (*Gerald Brenan,* du nom de l'écrivain britannique ayant vécu ici, et *La Salud*), et deux autres en direction de Mecina Bombarón (*Las Acequias* et *Las Encinas*).

Où dormir ? Où manger ?

🛏 |●| *Café-Bar Pensión La Fuente :* c/ Real, 46. ☎ et fax : 958-85-10-67. Au centre du village, face à la fontaine aux lions. Bar fermé le mercredi. Compter 24 à 30 € la chambre double. Menu à 9 € midi et soir, qu'il faut commander à l'avance ; pour les retardataires, ce sera boulettes surgelées et soupe en sachet. La maison comporte une poignée de chambres sommaires, donnant sur le village ou sur la campagne. Deux partagent une même salle de bains et toutes les autres ont la leur. La plus belle, refaite récemment (demandez *la grande* ou *la nueva*), est plus spacieuse et joliment aménagée, avec des lits en fer forgé et une déco sympa. Également un appart pour 4 personnes à 50 €. Au bar, mélange rigolo d'habitués avec leur litron et leurs brunes (on parle des *Ducados,* voyons) et d'Anglais adeptes de bières blondes et des livres de Brenan, Don Geraldo pour les intimes, dont se souviennent encore quelques anciens. Une étape folklorique et sympa pour les randonneurs et les fanas du VTT. Accueil familial.

🛏 |●| *El Rincón de Yegen :* camino de las Eras. ☎ et fax : 958-85-12-70. ● www.aldearural.com/rincondeye gen ● À la sortie de Yegen, sur la gauche en venant de Cádiar. Resto fermé le mardi et plusieurs semaines en janvier et/ou février pour l'hôtel. Quelques chambres à 40-42 € et 3 grands appartements indépendants (avec cheminée) pour 4 personnes à 80 € la nuit. Menus à partir de 10 €. La façade est fleurie et les chambres, dans un bâtiment moderne à l'arrière, sont agréables et équipées très convenablement (salle de bains, chauffage au sol, TV, balcon). La déco traditionnelle est soignée. Une fois gagnée l'amitié de ses hôtes (accueil réservé des montagnards), on se régale devant une perdrix aux oignons et sa salade de lentilles ou un mouton aux raisins. Agustín, le proprio, est un cuisinier réputé dans tout le village, qui a fait son credo des vieilles recettes de famille. Si vous creusez un peu le sujet, il vous parlera du bon vieux temps où l'on faisait encore des pâtes de blé noir à la main, avant de les faire sécher au soleil... Piscine. Étape calme et reposante.

ALMERÍA

(04000)   181 700 hab.

« Jusqu'en haut des cuisses elle est bottée
Et c'est comme un calice à sa beauté
Elle ne porte rien d'autre qu'un peu
D'essence de Guerlain dans les cheveux
À chaque mouvement on entendait
Les clochettes d'argent de ses poignets
Agitant ses grelots elle avança
Et prononça ce mot : ALMERÍA ! »

Serge Gainsbourg, *Initials B.B.* Sidonie/Melodie Nelson Publishing.

Almería est une ville portuaire peu touristique, aux charmes très limités, mais qui tente peu à peu d'améliorer son image. Surtout depuis qu'elle a eu la charge d'organiser les Jeux méditerranéens de 2005. À y regarder de plus près, la ville possède quelques petites rues animées les soirs de week-end et une Alcazaba aux créneaux restaurés plutôt sympathique. Derrière, un vieux quartier de pêcheurs, la Chanca, aux maisons colorées. Cela dit, ceux qui ne viennent pas uniquement prendre le ferry pour le Maroc ou l'Algérie peuvent rayonner dans la région, qui présente quelques haltes dépaysantes. Pas de plage agréable à proximité immédiate, malgré un grand front de mer à l'ouest de la ville.

■ Adresses utiles

   ℹ Office du tourisme
   ✉ Poste centrale
   🚂 Gare RENFE
   🚌 Gare routière
   ✈ Aéroport
   ⚓ Gare maritime
   @ Mehar.net

🛏 Où dormir ?

   10 Casa de Huéspedes La Francesa
   11 Albergue juvenil
   12 Hostal-Residencia Nixar

⦿ Où manger ?

   20 El Super Pollo

   21 Casa Puga
   22 Cervecería La Charka
   23 La Bodeguilla
   25 Taberna El Postigo
   26 La Tahona

☕ Où prendre le petit dej' ?

   27 Cafetería Colón
   28 Cafetería Croissantería Tienda de Café y Té Gerona 12

🍸 Où boire un verre ? Où sortir ?

   30 Molly Malone
   31 Horchatería y Granizados Amalia

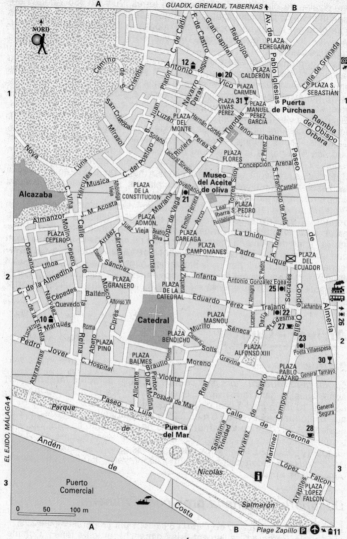

GUADIX, GRENADE, TABERNAS

ALMERÍA

Plage Zapillo

UN PEU D'HISTOIRE

Dès l'âge du cuivre, la région compte plusieurs centres de peuplement importants. Phéniciens, Carthaginois, Romains, Vandales, Wisigoths et même Byzantins se succèdent sur ces côtes, mais ce sont surtout les Arabes qui vont marquer Almería de leur empreinte. Au VIIIe siècle, Berbères et Yéménites créent des colonies agricoles aux abords de Pechina, un bourg situé à une dizaine de kilomètres à l'intérieur des terres. Puis, en 955, Abd al Rahman III ordonne la construction d'une forteresse (l'Alcazaba) et de murailles pour protéger le quartier portuaire et s'opposer à la menace fatimide. « Al-Mariya », la tour du guet, est née. Très vite, elle devient le principal port du califat de Cordoue.

Dès le démantèlement de celui-ci, elle acquiert l'indépendance et prend l'ascendant sur Séville tout au long du XIᵉ siècle, attirant la fine fleur des artistes et des savants. À la fin du long règne de 40 ans du roi poète Almotacín, qui avait conduit Almariya à son apogée grâce aux exportations de soie, ses successeurs abandonnent la ville à la cupidité des Almorávides. Elle devient vite un tel repaire de pirates que les puissances navales catholiques en oublient leurs querelles. Unis dans un même intérêt, Espagnols, Catalans, Pisans, Génois et Francs la conquièrent en 1147. Mais 10 ans plus tard, les Almohades la reprennent pour plus de 3 siècles, sans jamais lui redonner son éclat de jadis. Coup de grâce, le 26 décembre 1489, les Rois Catholiques reçoivent les clés de la cité des mains du roi El Zagal, qui avait fait assassiner son neveu Boabdil 5 ans plus tôt, sans savoir que bien mal acquis ne profite jamais.

Rentrant dans le rang, Almería amorce un lent déclin jusqu'à ces dernières années. C'est l'exceptionnel développement des cultures fruitières qui, grâce à l'amélioration de l'irrigation et à la surveillance informatique des serres, a fait de l'Almería moderne le centre du jardin de l'Europe, au point que la ville a le plus fort taux de croissance de toute l'Andalousie. Ce développement subit ne va pas sans problème : Almería et sa région manquent cruellement d'eau, vivent sous la menace des pesticides et dans une marée de plastique, tandis qu'en ville même les bureaux et les boutiques s'arrachent à prix d'or.

Arriver – Quitter

En bus

🚌 **La gare routière** *(hors plan par B2)* s'appelle **estación Intermodal** et abrite aussi la gare ferroviaire. Elle se trouve plaza de la Estación (original !), à 10 mn à pied à l'est du paseo de Almería. ☎ 950-26-20-98. Kiosque d'information ouvert de 6 h 45 à 22 h 45. Horaires des bus disponibles également à l'office du tourisme, mais ils ne sont pas toujours à jour. Plusieurs compagnies : *Alsa* (☎ 902-42-22-42 ; ● www.alsa.es ●), *Alsina Graells* (☎ 950-23-51-68 ; ● www.alsinagraells.es ●), *Bernardo* (☎ 950-25-04-22 ; ●www.autocaresbernardo.com●), *Almeraya* (☎ 950-26-13-61 ; ●www. almeraya.es ●).

Destinations dans la province d'Almería

➢ *Pour San José (cabo de Gata) :* 3 liaisons par jour en semaine avec la compagnie *Bernardo*, seulement 2 les dimanche et jours fériés. Compter environ 3 € l'aller simple. Prolongation vers **Isleta del Moro** les lundi et samedi.

➢ *Pour Las Negras (cabo de Gata) :* 1 bus quotidien (sauf les dimanche et jours fériés) avec *Alsa*. Compter moins de 4 € l'aller simple.

➢ *Pour le cabo de Gata* stricto sensu, c'est-à-dire l'extrémité du cap et le phare. Ne pas les prendre pour San José. Six bus par jour avec *Alsina Graells*. Moins de 2 €.

➢ *Pour Mojácar :* 2 à 3 bus quotidiens avec *Alsa*. Moins de 5,50 € l'aller simple et à peine 1 h de trajet.

➢ *Pour Tabernas :* avec *Alsa* plusieurs fois par jour.

Destinations hors de la province d'Almería

➢ *Pour Murcie :* entre 5 et 7 bus par jour avec *Alsa.*
➢ *Pour Alicante, Valence et Barcelone :* 4 bus par jour avec *Alsa.* Desservent la plupart des grandes villes sur la route. Pour Barcelone, compter 12 h de trajet.
➢ *Pour Madrid :* avec la Cie *Almeraya* ; 4 bus quotidiens (7 h de trajet).
➢ *Pour Grenade :* avec la Cie *Alsina Graell* ; 12 bus par jour dont 7 directs, de 7 h à 20 h.
➢ *Pour Málaga :* 9 bus directs par jour avec *Alsina Graells,* plus ou moins directs et rapides.
➢ *Pour Séville :* 1 bus quotidien direct et 2 avec arrêts, avec *Alsina Graells.*
➢ *Autres destinations :* Algésiras, Cadix, Cordoue, Jaén, Guadix.

En train

🚆 *La gare ferroviaire (estación Intermodal ; hors plan par B2)* se trouve plaza de la Estación, comme la gare routière. Ne pas la confondre avec l'ancienne gare, juste à côté – qui est au passage un très beau bâtiment moderne en brique, fer et acier. ☎ 902-24-02-02. ● www.renfe.es ●
➢ *Pour Grenade et Séville :* 4 trains par jour, via Guadix. Durée : 2 h 30 environ pour Grenade, 4 h à 5 h 30 pour Séville.
➢ *Pour Barcelone :* 1 train le matin à 7 h 40, les mercredi, vendredi et dimanche. Durée : environ 13 h.
➢ *Pour Madrid :* 2 trains rapides *(Talgo)* quotidiens, à 7 h 15 et 16 h 15. Durée : un peu moins de 7 h.

En avion

✈ *L'aéroport (hors plan par B3)* se trouve à 10 km au sud-est du centre-ville, sur la N 340. ☎ 950-21-37-00. ● www.aena.es ●
– S'y trouvent un petit office du tourisme, un comptoir *Iberia* (☎ 902-40-05-00) et un kiosque d'informations, ouvert tous les jours de 6 h 15 à 22 h 45.
– Le bus (☎ 950-62-47-35) n° 20 rejoint la ville toutes les 40 mn environ, de 7 h 05 à 22 h 55. Retours depuis le centre (c/ Dr Gregorio Marañón) entre 6 h 35 et 22 h 35. Compter environ 30 mn de trajet, parfois un peu plus. Attention, le dimanche et les jours fériés, rotations moitié moins nombreuses.

Ferries pour l'Afrique du Nord

➢ Les ferries qui partent d'Almería desservent *Melilla* (enclave espagnole au Maroc), *Ghazaouet* (Algérie) et, au Maroc, *Nador* et *Alhucemas* (Al-Hoceima).
– *Vente des billets :* directement au terminal du port *(Estación Marítima ; plan A3),* à la hauteur du centre. Guichets en général ouverts de 7 h à minuit sans interruption. Petit resto au terminal et kiosque d'info.
– Quatre compagnies :

■ *Trasmediterránea :* muelle de Ribera. ☎ 902-45-46-45 (réservations). ● www.trasmediterranea.es ● Un départ quotidien, sauf vendredi, pour Melilla toute l'année (7 h de traversée) et entre 3 et 6 départs quotidiens pour Nador selon la période de l'année. En été, un départ quotidien pour Ghazaouet (mercredi et vendredi hors saison) ainsi que pour Alhucemas. Cabines pour 2 ou 4 personnes, avec couchettes. Évidemment, plus on remplit la cabine, moins cher est la traversée. Compter, pour un aller simple vers Melilla, 35 € pour un fauteuil et de 63 à 125 € en cabine selon la taille et la catégorie. Pour Nador, tarifs de 59 à 75 €

en cabine et 40 € sur le pont. Voiture de tourisme : 167 € environ. Pour Ghazaouet, les prix sont nettement plus élevés, variant eux aussi selon la saison et le nombre de couchettes. Compter à partir de 97 € pour un fauteuil simple et 148 € pour une place dans une cabine de 4 passagers ; pas de réduction étudiants. Toutes les cartes de paiement sont acceptées. Ils sont représentés en France par *Iberrail* : 57, rue de la Chaussée-d'Antin, 75009 Paris. ☎ 01-40-82-63-63 et 01-42-81-27-27 (réservations). Fax : 01-40-82-93-93. ● service.to@iberrail.fr ● Ⓜ Trinité ou Chaussée-d'Antin. Ouvert du lundi au jeudi de 9 h à 12 h 30 et de 14 h à 18 h, le vendredi jusqu'à 18 h 30.

■ *Ferri-Maroc :* muelle de Ribera. ☎ 950-27-48-00. Fax : 950-27-63-66. ● www.ferrimaroc.com ● Marche avec la C*ie* *Comanav*. En hiver, une

liaison par jour pour Nador. En été, jusqu'à 6 ou 7 départs quotidiens. Même processus que pour la compagnie *Trasmediterránea*. Même type de tarifs que le précédent : aller simple de 59 à 75 € en cabine, selon le nombre de passagers (1 à 4 personnes), 40 € pour un simple fauteuil. Voiture de tourisme : entre 167 et 192 € selon la taille ; réduction de 50 % pour les enfants de 3 à 12 ans ; pas de réduction étudiants.

■ *Comarit :* muelle de Ribera. ☎ 950-62-03-03. Fax : 950-26-31-62. ● www.comarit.com ● Pour Nador, une liaison quotidienne hors saison, davantage en été. Fauteuil à 33 €, place en cabine à 59 €. Un seul tarif pour les véhicules : 169 €.

■ *Limadet-Ferry :* muelle de Ribera. ☎ 950-27-07-61. Les « lignes maritimes du détroit » desservent exclusivement Nador à bord du *M/F Beni Ansar*, un vieux ferry belge recyclé.

En été, on vous conseille soit de réserver à l'avance, soit de faire la queue le plus tôt possible pour avoir une chance d'embarquer sur le bateau du jour. Sinon, il vous faudra dormir en ville et attendre le lendemain. Le personnel des compagnies est évidemment polyglotte et manie l'arabe, l'espagnol et le français. Attention, ne pas oublier (naturellement) son passeport et sa carte grise. Attention bis, vous ne pouvez pas passer une voiture de location prise en Espagne vers le Maroc ou d'autres pays du Maghreb.

Adresses utiles

ℹ️ *Office du tourisme* (plan B3) : parque Nicolás Salmerón ; à l'angle de la calle Martínez Campos. ☎ 950-17-52-20. ● www.almeria-turismo.org ● Ouvert en semaine de 9 h à 19 h 30 et le week-end de 10 h à 14 h. Bien documenté et service efficace. Plan de la ville. Horaires des bus et des trains. Peut aussi vous renseigner sur les visites guidées d'Almería proposées par l'Ayuntamiento (la mairie).

✉️ *Poste centrale* (plan B2) : c/ Padre Luque ; à l'angle de la plaza Juan Casinello, 1. Ouvert du lundi au vendredi de 8 h 30 à 20 h 30 et le samedi de 9 h 30 à 14 h.

■ *Hospital SAS-Torrecárdenas :* pasaje de Torrecárdenas. ☎ 950-01-60-00.

■ *Urgences :* ☎ 061.

🅿️ *Parking :* gratuit contre l'embarcadère des ferries, juste en face du *Gran Hotel Almería*. Surveillé, mais fermé entre 23 h et 6 h (impossible de récupérer sa voiture dans ce créneau horaire). Parfois aussi inaccessible lorsque débarquent des navires de croisière.

◎ *Mehar.net* (hors plan par B1) : c/ Argollones, en bordure de la plaza Santa Rita s/n. Ouvert de 8 h 30 à 23 h.

Où dormir ?

Peu de choix et rarement reluisant en dehors des hôtels de chaîne, chers et d'ailleurs pas toujours top non plus. Ces quelques adresses, pour ceux qui doivent dormir ici, sont situées en plein centre, non loin les unes des autres. Et comme dans toute l'Espagne, en été les hôtels sont bel et bien pleins.

Bon marché (de 15 à 30 €)

🛏 *Casa de Huéspedes La Francesa* (plan A2, 10) : c/ Narváez, 18, 04002. ☎ et fax : 950-23-75-54. Dans un quartier très calme à deux pas du centre. Compter 26 € la double, ou 15 € par personne. Accueil par interphone interposé, ni très chaleureux ni très enthousiaste. Petites chambres simples, refaites à neuf, très propres et calmes. Douche sur le palier. Une triple sur le toit.

🛏 *Albergue juvenil* (hors plan par B3, 11) : isla de Fuerteventura s/n, 04007 Ciudad Jardín. ☎ 950-26-97-88. Fax : 950-27-17-44. ● www.inturjoven.com ● ou ● almeria.itj@junta

deandalucia.es ● Peu pratique, car à 1,5 km du centre, près de la plage de Zapillo, et pas de bus direct. Le n° 11 ou le n° 18, longeant l'av. del Cabo de Gata, vous déposeront à 600 m environ (demandez au chauffeur de vous arrêter à la hauteur de la calle del Tajar, puis la remonter jusqu'au bout). Près du *campo de fútbol*. Comme partout dans les AJ d'Andalousie, compter en été 15 € pour les moins de 26 ans et 20 € pour les autres. Carte FUAJ obligatoire. Chambres de 2 à 4 lits, consigne, machines à laver, salle de jeux.

Prix moyens (de 30 à 55 €)

🛏 *Hostal-Residencia Nixar* (plan B1, 12) : c/ Antonio Vico, 24, 04003. ☎ et fax : 950-23-72-55. À 100 m de la puerta Purchena. Compter de 41 à 51 € la chambre double avec clim' et TV, selon le confort (douche ou bains). Les moins chères sont quand même assez petites. Les simples, elles, font carrément boîte à chaus-

sures. Propre, bien tenu et central. Atmosphère agréable et accueil courtois. Beaucoup de choses en projet, dont un ascenseur et un parking. Rien ne dit qu'ils vont se matérialiser. En basse saison, nos lecteurs bénéficient d'une réduction de 10 %, sur présentation de ce guide.

Où camper dans les environs ?

⛺ *La Garrofa Camping :* à 5 km à l'ouest d'Almería, en allant vers Motril, 04002 Almería. ☎ 950-23-57-70. Fax : 950-34-40-38. ● www.lagarrofa.com ● De la station de bus d'Almería (en face de la gare RENFE), demander le bus pour Aguadulce. Attention, en voiture, d'Almería, prendre la route côtière et non l'autoroute ; le camping est sur la gauche (km 435,5), entre un charmant aqueduc en pierre et un vilain viaduc en béton où passe l'autoroute, mais devant une crique, bien ombragée. Compter 18 € pour 2 personnes avec tente et voiture. Bungalows tout équipés pour 5 personnes entre 49 et 91 € par jour selon la saison. Le camping donne directement

sur une plage de galets. La partie proche de l'eau est très mal ombragée par des auvents couverts de palmes et les parcelles, étroites et souvent en pente, manquent pas mal d'intimité. Cela dit, cette adresse reste préférable à la suivante... Sanitaires propres. Prévoir des sardines robustes. L'été, petite épicerie et restaurant. Bon accueil en français.

⛺ *Camping Roquetas :* ctra Los Parrales, 04740 Roquetas del Mar. ☎ 950-34-90-85. Fax : 950-34-25-25. À Aguadulce, à une vingtaine de kilomètres à l'ouest d'Almería, avant d'arriver à Roquetas. Si vous tenez vraiment à y venir : à Aguadulce, au rond-point situé à la hauteur de l'*hostal Enix*, juste après le centre commercial Del Hogar, tournez à gauche dans la calle Don Juan de Austría. Ouvert toute l'année. Compter environ 17,50 € pour 2, avec tente et voiture. Situé à 600 m d'une plage assez moche, cet immense camping de 2 000 places séduira ceux qui rêvent de planter leur tente entre les terrains vagues, les nouvelles barres de béton et les cultures sous serres... Bien équipé (piscine, tennis) et sanitaires propres mais très peu d'intimité et manque sérieux d'ombre par endroits. Surtout des caravanes. Très mal indiqué.

Où manger ?

Bon marché (moins de 12 €)

|●| *El Super Pollo* (plan B1, *20*) : c/ Antonio Vico, 2. Ferme à 15 h. Ne riez pas, le poulet grillé est leur spécialité. On l'achète entier à emporter. Si vous prenez le bateau, c'est pratique. Fait aussi restaurant et *bodega* pour ceux qui restent.

|●| *Casa Puga* (plan B1-2, *21*) : c/ Jovellanos, 7. ☎ 950-23-15-30. Ouvert de 11 h à 16 h et de 20 h 30 à minuit. Le bar à tapas le plus typique de la ville, créé en 1871. Beau cadre ancien avec quelques tables à l'arrière et une autre, très prisée, près de la fenêtre. Profusion de bouteilles de vin, même si c'est la *caña* qui tient la vedette. Possèdent également un resto plus chic, le *Real*, juste au-dessus du musée de l'huile d'olive.

|●| *Cervecería La Charka* (plan B2, *22*) : c/ Trajano, 7. On s'en tire facilement pour moins de 5 €. Dans une ruelle très étroite du centre. Pas d'intérêt particulier, si ce n'est la bière qui coule à flots, des petites tapas bien ficelées et les *hamburguesas* maison qui, comme seuls savent le faire les Espagnols, s'accompagnent de vin.

|●| *La Bodeguilla* (plan B2, *23*) : plaza Marqués de Heredia, 8. ☎ 950-24-56-83. Menus à partir de 10 €. Un peu plus chic que le précédent. Carte de tapas assez exhaustive et moult jambons accrochés au plafond. Petite terrasse bien agréable pour prendre l'air à la fraîche, sous un platane.

Prix moyens (de 12 à 24 €)

|●| *La Tahona* (hors plan par B2, *26*) : c/ Reyes Católicos, 30. ☎ 950-25-70-88. De 10 à 16 € le plat. *Cafetería, bocadillería, restaurante, cervecería* : tout un programme ! Bar au rez-de-chaussée, salle en mezzanine. Les employés du quartier viennent y déjeuner. C'est souvent plein, et l'ambiance est agréable. Cuisine d'une grande fraîcheur ; grand choix de viandes, poissons et super liste de sandwichs : bref, une adresse pour manger correctement midi et soir.

|●| *Taberna El Postigo* (plan B2, *25*) : au croisement des rues Gonzales Egea et Socrates. Fermé les lundi et mardi. Décor traditionnel de toute *bodega* qui se respecte : poutrelles et contre-volets en bois, jambons qui sèchent et papiers gras par terre. Au cœur du vieux centre et en plein milieu du quartier des *bars de copas*. Bons *pimientos asados*, saucisse braisée et fromage fondu. Agréable terrasse ombragée dans une ruelle sans voitures.

Où prendre le petit dej' ?

|☕| *Cafetería Colón* (plan B2, *27*) : c/ Conde Ofalia, face à la plaza Marqués de Heredia. Au centre de la place, une volée de chaises en plas-

tique invitent à s'asseoir et commander *churros,* jus d'orange frais et *café con leche.* C'est ce que font tous les habitués et il n'y a pas de raison que ça change. Le week-end, certains y passent des heures à papoter.

☛ *Cafetería Croissantería Tienda de Café y Té Gerona 12 (plan B3, 28) :* angle c/ de Gerona (12) et c/ Arapiles. Ouvert du lundi au vendredi de 7 h à 20 h et le samedi de 8 h à 12 h. L'intitulé dit déjà presque tout : bons petits pains aux céréales, viennoiseries, grand choix de thés et cafés... Juste une escale fraîche et agréable, entre des murs saumon pimpants.

Où boire un verre ? Où sortir ?

Dans le cœur historique, les rues Antonio González Egea et Real forment ce que tout le monde appelle les *cuatro esquinas* (quatre coins). C'est ici que tous les jeunes sortent dans les divers *bars de copas.* Selon la mode, ils rivalisent de décibels avec leurs voisins. Éviter de s'y pointer avant minuit. Les plus jeunes préfèrent cependant « s'arsouiller » sur la place Lopez Falcón en achetant à boire dans les divers débits de boissons des alentours.

🍸 *Molly Malone (plan B2, 30) :* paseo de Almería, 56. ☎ 950-24-62-83. Ouvert de 7 h 30 à 3 h. Compter moins de 2 € la demi-pinte. Notre bar préféré. Il s'agit de l'aile est du théâtre Cervantes. Sorte de vieux palais en pierre jaune, prolongé par une terrasse ensoleillée. Gigantesque salle, haute de plafond, avec des boiseries sculptées et des azulejos. Le côté irlandais est surtout présent dans les boissons proposées, des whiskies aux bières.

🍸 *Horchatería y Granizados Amalia (plan B1, 31) :* simple kiosque en bordure de la plaza Carmen et de la Puerta de Purchena. Un jus, un café, un *granizado de limón...* mais surtout, en saison, d'excellentes *horchatas* maison pour se désaltérer au passage.

Où danser dans les environs ?

🎵 *Dulce Beach :* à Aguadulce, à une dizaine de kilomètres d'Almería en direction de Málaga. Au rez-dechaussée du centre commercial *Neptuno,* bien repérable de loin grâce à l'enseigne lumineuse « Fama Once ». Entrée : environ 7 €. Boîte 100 % « Surf-in-USA », un *line-up* de barmaids qui sortent tout droit d'*Alerte à Malibu* et de barmen aux muscles amphétaminisés. La déco suit le fil de l'histoire, filet de pêche, bouées de sauvetage et plein de trucs oubliés ou perdus par les touristes sur la plage. Tous types de public, de l'Anglaise un peu défoncée au teenager germanique boutonneux. Bonne clim', son un peu écrasé par le plafond bas. Un peu plus loin sur la même rue, la discothèque *Elvis,* à l'ambiance rétro, pour routards plus mûrs.

À voir

🍴 Le long du boulevard près des quais, de nombreux kiosques dans les lauriers-roses vous serviront un *limón granizado* qui rafraîchit agréablement. Remonter le *paseo de Almería (plan B1-2)* le soir. L'Espagne tardive et nonchalante s'y étale. Les messieurs dignes et corrects installés aux terrasses des cafés chic sont encore là.

🍴🍴 *Alcazaba (plan A1-2) :* belle forteresse arabe dominant la ville. Pour y accéder, emprunter la calle de la Reina partant de la route côtière, tourner à gauche dans la calle Almanzor, à suivre jusqu'au bout, puis grimper les marches ; l'entrée est un peu plus haut. ☎ 950-27-16-17. Ouvert de 9 h à 20 h 30 d'avril à octobre et jusqu'à 18 h 30 le reste de l'année. Fermé le lundi. Entrée gratuite pour les ressortissants de l'UE.

Il n'y a pas grand-chose à voir à proprement parler, mais cette forteresse mauresque dégage un charme indicible. Les murailles crénelées ont été superbement restaurées par l'utilisation d'un pisé identique à celui d'origine. Belle vue sur la ville, depuis les jardins, en suivant le chemin de ronde. En vis-à-vis, le rempart court sur la colline ocre. Quelques édifices, reconstruits ou restaurés, servent de lieux d'exposition. Tout au bout, l'*Alcázar* chrétien, rebâti après la prise de la ville en 1489, est dominé par 2 tours crénelées. De leur sommet, on peut observer de curieuses habitations troglodytiques et le quartier dit « de la Chanca », accroché à la roche et dont les maisons rappellent l'Afrique du Nord, avec leurs tons pastel et leurs terrasses. Également un mini-zoo où s'ennuient des antilopes ! Voir aussi, en contrebas, la *torre de la Vela*, dont la cloche annonçait les grands événements et rythmait les travaux agricoles. Ce lieu donne au visiteur une agréable impression d'harmonie, de douceur, d'équilibre.

🚶 **La catedral** *(plan A2) :* dans le vieux centre. Ouvert du lundi au vendredi de 10 h à 17 h et le samedi de 10 h à 13 h. Sinon, on peut toujours essayer de s'y glisser discrètement le dimanche matin lors de la messe. Entrée : 2 € ; réductions. On y arrive par la calle Eduardo Pérez.

Elle fut érigée sur le site d'une mosquée, de styles gothique et Renaissance. La partie arrière rappelle un château fortifié. On pénètre par le côté gauche. Belles stalles et singulier retable de marbre à colonnes. À l'arrière (c/ Velázquez), trois belles têtes de lions sont prises dans la pierre.

🚶 **Museo del Aceite de oliva** *(le musée de l'Huile d'olive ; plan B1-2) :* c/ Real, 15. ☎ 950-62-00-02. Fax : 950-62-00-03. ● www.castillodetabernas. com ● Ouvert du lundi au vendredi de 10 h à 14 h 30 et de 17 h à 20 h 30, et le samedi de 10 h à 15 h. Entrée gratuite. Possibilité de manger quelques tapas dans le bar situé au fond.

Musée privé (enfin, plutôt une boutique...) appartenant au Castillo de Tabernas, un gros producteur local qui possède 500 ha d'oliviers dans le désert. La culture des olives est si importante en Andalousie que celle-ci est classée comme la 1re région d'Europe pour cette activité. L'huile d'olive est à l'Andalousie ce que les tulipes sont aux Pays-Bas : une tradition et une économie. Ce petit musée évoque sommairement cette activité 2 fois millénaire et les techniques traditionnelles et modernes du pressage. Un rappel : consommez toujours de l'huile labellisée « extra-vierge, première pression à froid ». Petit magasin de vente d'huile d'olive régionale et quelques tables pour boire un coup ou manger des tapas.

🚶 Si vous avez une heure devant vous, vous pourrez toujours prendre le frais sous les arcades à plafond de bois de la **plaza de la Constitución** *(plan A1-2),* siège de l'Ayuntamiento (mairie).

– *Les plages* aux alentours d'Almería ne sont pas extraordinaires. Celle de *Zapillo*, à 2,5 km vers l'est (direction Cabo de Gata), est l'une des mieux. Large et bien équipée mais pas franchement naturelle.

➤ DANS LES ENVIRONS D'ALMERÍA

Des films bien connus comme *Le bon, la brute et le truand* ou *Il était une fois dans l'Ouest*, comme la plupart des westerns dits « spaghetti », ont été tournés dans cette région aride d'Espagne, et non en Californie, comme on l'imagine. Pourquoi ici, à quelques kilomètres d'Almería ? Pour deux raisons : le paysage, sec, aride, ensoleillé, rappelle étrangement le Far West américain, et les figurants espagnols coûtaient bien moins cher que les Américains. De grands (et moins grands) réalisateurs, comme Anthony Mann, Sydney Lumet ou même Terry Gilliam et le père d'*E.T.,* Steven Spielberg, ont utilisé le décor naturel de la région comme cadre ; on peut citer les exemples du *Dernier des Mohicans,* de *Lawrence d'Arabie,* des *Aventures du baron de Münchhausen* ou encore d'*Indiana Jones et la dernière croisade.* Quelques anciens décors, devenus parcs d'attraction, servent encore parfois pour des tournages, mais le gros se fait désormais dans les *barrancos,* les ravins.

Les voici par ordre d'arrivée à l'écran. Ils se trouvent tous à une trentaine de kilomètres au nord d'Almería, près de la sortie 376 de l'autoroute de Grenade A 92 (direction Tabernas). Prix d'entrée élevé pour tous. En fait, c'est assez amusant avec des gamins. Sinon...

🔫 🕴 **Western Leone :** C 3326, km 378. ☎ 950-16-54-05. ● www.western leone.com ● La route d'accès débute au niveau même de la sortie ; le parc est juste à 1 km. C'est le moins cher des trois (9 €) et aussi le plus *cheap...* Ici, on se joue très cow-boys et Indiens (de pacotille), avec, en règle générale, quatre spectacles quotidiens entre midi et 19 h.

🔫 🕴 **Oasys :** pompeusement baptisé « parc thématique du désert de Tabernas ». C'est le 1er qu'on rencontre en prenant la route de Tabernas au niveau du rond-point de sortie de l'autoroute (à 1 km). ☎ 950-36-52-36. Ouvert de 10 h à 21 h environ en été. Entrée : 18 € pour les adultes et environ 9 € pour les enfants de 4 à 12 ans.
Regroupe en fait 2 attractions en parallèle : d'un côté un zoo, de l'autre Mini-Hollywood. Trois spectacles différents sont programmés plusieurs fois par jour entre 11 h et 19 h : french-cancan au saloon, western dans la rue, dans la bonne tradition des films de cow-boys, et... show de perroquets. Décors un peu factices.

🔫 🕴 **Cinemas Studios Fort Bravo (Texas-Hollywood) :** 4 km après Mini-Hollywood, sur la gauche, puis 2 km sur une piste en terre pour se mettre dans l'ambiance. ☎ 950-16-54-58. ● www.texashollywood.com ● Bien fléché. Ouvert en principe tous les jours de 10 h à 22 h. Quatre spectacles entre 12 h 30 et 19 h 30. Moins cher que le précédent (14,50 € pour les adultes et 9,50 € pour les enfants de 4 à 14 ans).
À notre avis, le moins toc des trois. Les décors de ville du Far West et le village mexicain sont plutôt réussis. On y a tourné des séquences d'*Il était une fois dans l'Ouest* de Sergio Leone, *El Condor* avec Lee Van Cleef (qui habita dans la région), *Les Sept Mercenaires* et quelques scènes de *Lawrence d'Arabie.* On y tourne encore, de temps en temps, des films et des clips. Parmi les plus récents : *Blueberry* (2004).

LE DÉSERT DE TABERNAS ET LA SIERRA D'ALHAMILLA

Le paysage désertique qui ceinture sur une vingtaine de kilomètres Almería est une création de l'homme. Mais, entre création et destruction, on ne sait pas trop sur quel pied danser. Aussi incroyable que cela puisse paraître, le désert de Tabernas, la sierra de Gador ou la sierra d'Alhamilla étaient couverts il y a à peine 150 ans par une immense forêt. Au XIXe siècle, la région fonctionnait au plomb. Mais depuis qu'on roule au sans plomb, tout foute le camp ! Bref, afin d'acheminer le produit de l'extraction minière, on a défriché pour alimenter les locomotives. Tant et si bien qu'aujourd'hui il s'agit d'une des régions les plus arides d'Espagne, où il tombe à peine 250 mm d'eau par an. Le désert avance tandis que la température monte très souvent au-dessus des 40 °C. Les 40 000 chemins muletiers qui s'effaçaient petit à petit sont désormais parcourus par des fanas du cross ou du VTT (parcours fléché depuis Pechina en direction de Viator). Pas mal d'infos à l'office du tourisme de Tabernas (☎ 950-52-50-30) ou sur • www.tabernas.org • Pour les randonneurs, possibilité de rejoindre la sierra d'Alhamilla à partir du désert de Tabernas par la route du Colativi. Compter environ 4 h de marche, ascendante jusqu'au Cerro del Oro, puis descendante vers le barranco del Rey.

➤ *D'Almería :* 7 bus par jour pour *Tabernas* en semaine (6 dans l'autre sens) et seulement 2 le week-end (3 pour revenir).

🏛 *Les bains de la sierra d'Alhamilla :* à une vingtaine de kilomètres d'Almería. Se nichent dans l'anfractuosité de 2 ravins. Vraiment très surprenant de voir cette véritable oasis en plein milieu du désert s'accrocher coûte que coûte à sa montagne. La source, sourdant à 58 °C, était déjà connue pour ses vertus thérapeutiques dans l'Antiquité. Mais ce sont les Arabes qui firent sa gloire – avant qu'elle ne sombre dans l'oubli. Les bains ont été redécouverts et reconstruits par l'évêque d'Almería à la fin du XVIIIe siècle. D'Almería, prendre l'A 92 en direction de Grenade, sortie 387.

Où dormir ? Où manger dans le coin ?

🏠 |●| *Balneario de Sierra de Alhamilla :* c/ Balneario s/n, 04259 Pechina. ☎ 950-31-74-13. Fax : 950-31-75-51. • www.gratisweb.com/sierra_alhamilla • Deux tarifs en haute saison : environ 69 € avec vue sur la sierra (ça vaut le coup d'œil !) et 57,50 € sans. Le QG des curistes. Superbe patio avec une double galerie d'arcades au milieu duquel glougloute une fontaine, et chambres spacieuses, mais l'entretien de l'ensemble laisse à désirer. Fait aussi resto. Menus à 18 € à base de légumes bio en provenance de la plantation de l'hôtel – si jamais c'est la

saison et qu'il y en a suffisamment (c'est rare).

|●| *Bar-restaurant Sierra Alhamilla :* mitoyen avec le *Balneario.* ☎ 950-16-02-75. Fermé le mardi (sauf jours fériés). Compter environ 10 € le repas. Ce bar, dont la décoration est aussi passionnante qu'une compétition de curling, offre des petits plats bien ficelés (friture de foie de porc, *tabernero,* sorte de friture relevée de piments et de tomates) et des spécialités régionales, comme le lapin à l'ail. Bon accueil et petite terrasse sous les arcades, près des palmiers.

D'ALMERÍA À SALOBREÑA PAR LA CÔTE

Si vous n'empruntez pas la route des Alpujarras (ce qui serait dommage, voir ce chapitre plus haut), vous longerez la côte. Vous serez alors submergé, pendant des dizaines de kilomètres, par des *invernaderos,* ces serres recouvrant d'une mer de plastique les plaines littorales d'Almería jusqu'à Motril. Elles sont même visibles depuis le Mulhacén, où leur vue laisse perplexe aussi bien les randonneurs étrangers que les autochtones : c'est quoi cette immense tache blanche près de la mer ? Des salines, de la neige ? Non, ce sont les bâches de plastique qui ont transformé cette côte, autrefois délaissée, en un eldorado qui produit plus de 3 millions de tonnes de légumes par an dans la plus grande concentration de serres au monde (30 000 ha).

Le phénomène est relativement récent : il y a encore quelques décennies, cette région, une des plus sèches d'Espagne et d'Europe (il y pleut aussi peu qu'au Sahel), était quasi inhabitée et à peine parcourue par quelques troupeaux de moutons qui devaient se contenter d'une maigre végétation steppique. C'est l'introduction de la culture de légumes sous serres qui a tout changé, produisant, 2 fois par an, tomates, aubergines, poivrons ou asperges à profusion et... à contre-saison. Depuis, les maraîchers andalous submergent le marché européen de leur production (25 % des légumes verts consommés en Europe viennent d'Andalousie !) et prennent part à un enrichissement sans précédent de la région, à tel point qu'aujourd'hui celle-ci abrite les communes les plus riches de la province. Le prix de la terre, lui, a été multiplié par 1 500 !

Dans ce Far West espagnol, sujet à de véritables opérations de colonisation, les villes naissent et se développent à toute allure. Toute cette verdure pas très biologique exige de la main-d'œuvre et, comme la France des « Trente Glorieuses », ces *invernaderos* font massivement appel à des travailleurs agricoles étrangers (plus ou moins exploités), en provenance du Maroc et, plus récemment, des pays de l'Est devenus maintenant citoyens de l'UE à part entière. On estime leur nombre entre 40 000 et 50 000, dont près de la moitié seraient clandestins. La montée du racisme est un des dérapages de l'essor économique spectaculaire qu'a connu la région, comme l'ont démontré les émeutes racistes d'El Ejido en l'an 2000.

Le type de paysage créé par cet essor est à l'agriculture ce que Torremolinos ou Benidorm sont au tourisme. Car il s'agit bien d'agriculture industrielle, vidant les plages de leur sable et polluant les nappes phréatiques et le sol par l'usage d'engrais et de pesticides – 5 200 tonnes de produits chimiques sont ainsi déversées chaque année dans la région ! De plus, ce type d'exploitation épuise les ressources en eau. Un hectare d'*invernadero* consomme ainsi 5 500 m^3 d'eau à l'année. Les écologistes tirent depuis longtemps la sonnette d'alarme : les nappes phréatiques sont déjà presque à sec. Leur concentration en nitrates est, par endroits, jusqu'à 5 fois supérieure à la norme européenne. La région a interdit les nouveaux forages, mais les industriels de l'agriculture, dont le poids est ici énorme, passent outre et creusent de plus en plus profondément (jusqu'à 2 000 m !). Les terres appauvries, elles, sont abandonnées et les bâches en plastique laissées sur place, à se déchiqueter au vent. Les écologistes avancent le chiffre de 30 000 tonnes de résidus plastique par an. Face à cette catastrophe écologique annoncée, certaines municipalités commencent tout juste à interdire les *invernaderos* sur leur territoire. Certains s'adaptent : on cultive désormais sur laine de roche, à l'aide de substrats organiques déversés au goutte à goutte par des systèmes entièrement gérés par ordinateur.

Malgré tout, il y a quelques endroits... où faire halte. Belle **plage de Rijana** proche du village de **Castell de Ferro.** Quelques barques de pêcheurs se reposent sur les galets. *Camping* à la sortie du village. À 2 km en direction de Motril, en contrebas, belle petite crique aux eaux très pures.

■ **Visites guidées des fermes horticoles et des serres** (*invernaderos*) **:** pour visiter l'intérieur des serres agricoles avec un guide spécialisé, contacter Lola Gomez chez *Clisol tours*, à El Ejido. ☎ 620-84-33-85 (portable).

À L'EST D'ALMERÍA

La succession des côtes (Blanca, Cálida, de Almería...) ne correspond pas à une stricte appellation géographique. Il s'agit en fait d'un adjectif donné par les communautés autonomes afin de mettre en relief un caractère attrayant de leur littoral. Parfois, certaines ont été inspirées. C'est le cas de la Costa Tropical aux alentours de Nerja, où pullulent les plantations de *chirimoyas* (annones), ou de la Costa de la Luz puisque l'Atlantique fait naître sur ces longues plages de sable une lumière à la fois crue et belle. Mais revenons à la Costa Cálida. C'est une pointe rocheuse qui en marque la limite sud.

LE PARC NATUREL DU CABO DE GATA

L'Andalousie sans béton, avec un minimum de touristes, la vieille Andalousie aux maisons de terre blanchies à la chaux et aux plages vierges existe encore. Transformée en parc naturel et soumise à une protection sévère, la région du cabo de Gata a été gelée par la *junta* d'Andalousie sous la pression des écolos. Fabuleux ? Oui et non. Ce qui est rare est cher. Et puis, là où le béton s'arrête commence le plastique... à croire que l'âme andalouse, contrairement à sa nature, a horreur du vide. L'avancée des *invernaderos* (ces serres d'agriculture hors sol) est telle qu'elles ceinturent désormais le parc, voire poussent illégalement dans les zones protégées. Les associations de défense du parc en dénombrent pas moins de 80 dans les zones protégées, photographies aériennes à l'appui. Même si ce jeu du chat et de la souris finit toujours devant les tribunaux (ici comme dans d'autres Sud, la justice fait de longues siestes), pour les proprios – généralement des gens du cru, mais aussi beaucoup de Néerlandais –, c'est tout bénef d'assurer l'exploitation du « potager de l'Europe » jusqu'au dernier moment. En fait, ils ne voient pas d'inconvénient à payer des amendes en attendant que les autorités exécutent la sentence et procèdent à leur destruction. Mais celle-ci tarde à venir, allez savoir pourquoi. Entre-temps, cet environnement déjà aride se dégrade sans qu'aucune solution ne soit apportée : sable enlevé des plages, nappes phréatiques épuisées, sol contaminé par les divers pesticides et engrais. La situation n'est pas en passe de s'arranger : le dernier plan d'occupation des sols, présenté en 2005 par la *junta* d'Andalousie, prévoit de favoriser l'agriculture intensive à ciel ouvert à l'intérieur même du parc, au mépris de toute considération pour les ressources en eau et en violation de nombreuses directives européennes et du statut de protection du site... La *junta* envisage aussi d'agrandir considérablement le territoire de certaines communes (jusqu'à cinq fois !), leur permettant, d'une part, de légaliser des constructions jusque-là illégales et de bétonner encore et encore. Bref, le parc risque de s'aligner sur le pitoyable exemple du reste du littoral espagnol.

Nous avons sélectionné, dans la mesure du possible, des adresses où vous ne tomberez pas nez à nez sur des labyrinthes en plastique en ouvrant vos fenêtres le matin. Malheureusement, ce n'est plus le cas de plusieurs campings, devenus presque introuvables car noyés dans un océan de bâches. Nous nous sommes aussi refusé à inclure certains des nouveaux hôtels qui ont poussé à la périphérie des communes littorales (dont San José), dans des zones a priori protégées et interdites à la construction. Le boycott, pour ce qu'il est efficace, aidera peut-être à une prise de conscience locale des impacts négatifs du tourisme de masse.

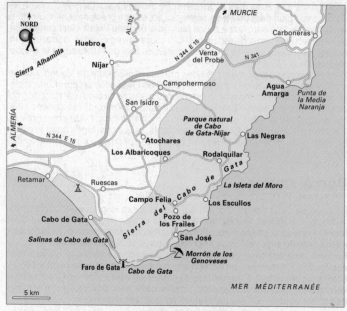

LE CABO DE GATA

UN PEU D'HISTOIRE

L'histoire du cabo de Gata est très liée à l'exploitation de ses ressources minières, dont l'or de Rodalquilar. Tour à tour, Ibères, Romains et Arabes ont tiré parti de ces richesses naturelles, et son nom est une déformation de *cabo de Agatas,* le cap des Agates, car les Phéniciens apportaient leurs pierres précieuses qu'ils allaient troquer contre le fer de Tartessos (actuelle Huelva). Mais la région n'a jamais connu de fortes densités démographiques, la rareté de l'eau et la côte sauvage, déchiquetée, où les plages de sable se nichent entre les falaises abruptes, étant peu propices à l'installation humaine.

Le parc est une succession de dépressions volcaniques, de montagnes en forme de *mesetas* (tables) où les stries rougeâtres du grès voisinent avec les affleurements de roches volcaniques. Après le XVIᵉ siècle, des plantes mexicaines ont été introduites : on voit encore, au flanc des *mesas,* les terrasses où étaient cultivés les figuiers de Barbarie, cactus de la famille des Opuntia qui servirent, au XIXᵉ siècle, de base à l'élevage des cochenilles. Ces petits insectes, broyés, permettaient de produire une teinture rouge très recherchée. Partout se dressent les hampes florales des *pitas,* les agaves mexicaines. L'ensemble évoque très fortement les déserts de Sonora et de Basse-Californie, surtout quand surgissent, tapis au creux d'un vallonnement, les petits villages blancs groupés autour d'une antique noria. Mais l'activité agricole qui a longtemps dominé la région fut l'élevage de moutons et de chèvres. Elle a même contribué à la désertification des paysages au XVIIᵉ siècle, en raison de la transhumance d'immenses troupeaux entre l'intérieur de l'Andalousie et le littoral.

Jusqu'à une date récente, la presque totalité du parc appartenait à la famille González Montoya, qui y élevait des *toros* de combat et cultivait le blé et l'orge sans se soucier le moins du monde de tourisme. Pourtant, il y aurait eu à faire dans une zone dont la température moyenne sur l'année avoisine les 20 °C, avec plus de 3 000 h de soleil par an, et des précipitations moyennes annuelles de 200 mm, soit à peine plus qu'à Bagdad ! Mais c'est comme ça, et le désert est resté désert. En 1987, toute la région était déclarée parc naturel. Quelques années plus tard, c'était au tour de l'Unesco de la classer réserve de la biosphère.

Ce petit paradis a tapé dans l'œil des artistes et créateurs de Madrid. Aujourd'hui, il est à la mode de se retirer au cabo de Gata pour préparer une exposition ou écrire un scénario. On retape des maisons isolées, sachant que nul voisin ne viendra gêner. Bref, c'est le scénario d'Ibiza dans les années 1960 qui recommence, avec la certitude qu'aucun hôtel de 1 000 chambres ne viendra cacher le soleil. Quant aux habitants, ils sont partagés entre le plaisir de vivre dans un endroit de rêve et l'envie de spéculer sur la manne touristique, qui leur échappe en partie.

Bon à savoir

Le cabo de Gata est un cap (eh oui !) qui sépare le parc en 2 parties bien distinctes : à l'ouest, les villages de Pujaire et San Miguel de Cabo de Gata forment une zone assez plate, plutôt vilaine et peu intéressante. Il vaut mieux aller à l'est du cap, vers les villages de San José ou Las Negras.

En août, tout est plein et il est hors de question d'improviser. Juillet reste accessible. En mai, juin ou septembre, les prix baissent sensiblement et il y a de la place partout. Pour profiter du parc, il est préférable de disposer d'un véhicule : le stop marche une fois sur deux et il n'y a pas de ligne d'autobus reliant les villages. Or, les plus belles plages sont isolées.

Adresses utiles

■ **Centre de visiteurs Las Amola-deras :** ☎ 950-16-04-35. Sur la droite avant le village de Ruescas quand on vient d'Almería. Ouvert tous les jours de 10 h à 15 h hors saison et, de fin juin à septembre, de 10 h à 14 h et de 17 h 30 à 21 h. Vente de livres et de cartes, panneaux explicatifs avec informations surtout écologiques (devraient bientôt être traduits en anglais). Expositions temporaires de photos et peintures ayant un lien avec le parc.

■ Autres **centres de visiteurs** à San José (voir plus loin), au cabo de Gata proprement dit (10 h à 14 h et 16 h à 18 h en été, à Noël, durant la Semaine sainte et les longs weekends), ainsi qu'à Isleta del Moro et Rodalquilar. Bref, un peu partout.

■ **Amigos del Parque Natural de Cabo de Gata – Níjar :** ☎ 950-16-04-35. ● www.cabodegata.net ● Pour se tenir au courant des dernières nouvelles en matière d'écologie et de constructions illégales. Déprimant, mais incontournable. Fournit une liste des hôtels et restos respectueux de l'écologie.

➤ À L'OUEST DU CABO DE GATA

SAN MIGUEL DE CABO DE GATA (04150)

Gros village sans grâce et sans charme, surtout connu pour ses salines et son immense plage : plus de 6 km de sable volcanique épais et grisâtre entre le village et le cap. Même quand il y a du monde, il est possible de s'isoler. En revanche, côté baignade, ce n'est pas idéal : beaucoup de rochers dans l'eau.

Où camper ?

⋏ *Camping Cabo de Gata :* ctra Cabo de Gata s/n, cortijo Ferrón. ☎ 950-16-04-43. Fax : 950-52-00-03. ● www.campingcabodegata. com ● C'est le seul camping au sud du parc, situé bien avant San Miguel en venant d'Almería et même avant Pujaire. Bifurcation sur la route de Cabo de Gata 2,5 km après le centre de visiteurs de Las Amoladeras. Plusieurs tarifs : en haute saison, compter de 19 à 20,50 € pour l'emplacement (selon la taille), 2 personnes et une voiture, et 95 € pour un bungalows de 4 places. On peut y trouver de la place même en août. Et pour cause : loin de tout et au milieu des serres (bonjour les fertilisants !). Ne cherchez pas de gazon pour planter votre tente et prévoyez le marteau piqueur ; peu d'intimité et peu d'ombre et assez concentrationnaire. Mais il n'est pas loin d'une plage longue de 10 km. Une bonne solution de repli ou une simple base d'exploration donc, d'autant qu'il est très bien tenu (et pratique : piscine, tennis, bar-resto, supérette, accès Internet, etc.). Possibilité de louer des VTT pour 14 € par jour. Une réduction de 10 % est offerte sur présentation de ce guide en dehors de l'été et de la Semaine sainte.

SALINAS DE CABO DE GATA

De l'autre côté de la route par rapport à la mer, entre San Miguel et La Almadraba. Un paradis pour ornithologues : 2 sentiers, faciles à trouver, y mènent depuis la grande route. Les salines sont en exploitation et donc grillagées, mais le grillage est bas et permet l'observation aux jumelles sans difficulté. Bien sûr, les flamants roses sont blancs, mais ils ne sont pas seuls : avocettes, canards de surface et beaucoup de limicoles, y compris en été. En automne et au printemps, halte de très nombreux migrateurs. Si vous n'avez pas la passion des piafs, il vous reste le plaisir de voir les montagnes de sel gris blanc, dont les cristaux étincellent au soleil. Le plus beau point de vue, c'est en descendant du phare : le panorama des salines blanches et turquoise sous le soleil vaut le coup d'œil.

LA ALMADRABA DE MONTELEVA (04150)

Dans le prolongement, vrai village de pêcheurs, avec barques et étals pour préparer le poisson. Pas reluisant mais authentique !

Où dormir ?

🛏 *Hotel Las Salinas :* ☎ 950-37-01-03. Fax : 950-37-12-39. Congés annuels : en octobre. Chambres doubles, beaucoup plus chères, avec bains autour de 107 € en haute saison, 64 € hors saison. C'est un hôtel qu'on aurait adoré... ailleurs. Tout refait, tout propre, tout brillant au soleil, avec 20 chambres plutôt agréables face à la mer et un petit jardin-terrasse. Mais la plage est vraiment tarte, l'usine des salines, derrière, vraiment trop laide, la grande route trop proche et l'accueil vraiment très désagréable. Malgré tout, il faut réserver en juillet et août parce que c'est le seul hôtel correct de la zone. Fait aussi resto (cher). Une réduction de 10 % est offerte à nos lecteurs en basse saison sur présentation de ce guide.

LE CABO DE GATA

La route qui mène au cap et au phare est vertigineuse, avec un court passage étroit où il s'avère un peu compliqué de se croiser (camping-cars déconseillés). Elle offre de superbes points de vue sur la Méditerranée et le golfe d'Almería. Le panorama, tout au bout, vaut lui aussi la peine. Un mirador près du phare permet de voir se dérouler un paysage sec et enlevé de falaises tombant dru dans la mer. Au pied se découpe une crique où se serre la petite plage de Corralete ; l'eau y est délicieuse.

➤ À L'EST DU CABO DE GATA

SAN JOSÉ (04118)

Le plus gros village, celui où l'on trouve tout, même une pharmacie. Le village a grandi un peu vite et continue au prix d'une bagarre continuelle entre les autorités municipales et le parc. San José demeure néanmoins la base pour une visite de la région, d'autant qu'il abrite la seule AJ et la plus forte concentration d'hôtels et d'appartements en location du parc. Attention : en août, tout est retenu des semaines à l'avance. En revanche, hors saison (mai, juin, septembre), il y a tant de chambres et d'apparts à louer que la concurrence joue à plein. Possibilité de randonnées plus ou moins longues entre San José et Las Negras au nord, en contournant le pic del Enmedio et en passant par des criques désertes, la sierra de Gata, les plages de Los Escudos, le village de La Isleta et Punta de la Polacra.

Adresses utiles

🛈 **Bureau d'informations du parc :** c/ Correos s/n. ☎ 950-38-02-99. ● www.cabodegata-nijar.com ● Ouvert de 10 h à 14 h et de 17 h à 20 h. Fermé le dimanche après-midi hors saison. On peut s'y procurer cartes et documents, notamment pour la randonnée. Quelques postes Internet, compter 2,10 € pour 30 mn.
@ **Café bla bla bla :** c/ Curry, 1. Dans une ruelle, derrière le restaurant Casa Miguel et la Cajamar. C'est aussi le restaurant La Fondue. Ouvert de 9 h à 15 h et de 19 h à minuit. Ça rame ferme ! Minimum de 2 € pour 30 mn.
■ **Distributeurs automatiques :** le long de la calle Correos.
■ **Location de vélos :** Deportes Medialuna, c/ del Puerto. ☎ 950-38-

04-62. En gros, 13 € la journée et 8 € la demi-journée. Tarifs dégressifs selon la durée. Ne vous attendez pas à un accueil formidable, c'est juste un commerce comme un autre.
■ **Clubs de plongée sous-marine :** Alpha, tout au bout du port. ☎ 950-38-03-21. ● www.alphabuceo.com ● Sortie avec masque et tuba à 15 € les 3 h, baptême à 60 €, plongées à 40 € ou 25 € avec votre propre matos. Forfait de 230 € pour 10 plongées. Aussi Isub San José, c/ Babor, 3. ☎ 950-38-00-04. ● www.isubsanjose.com ● Ouvert toute l'année. Pour explorer les eaux de la réserve marine : cette zone de confluence entre un courant chaud et très salé et un autre, plus froid, venant de l'Atlantique, est très riche.

Où dormir ?

Camping

⛺ **Camping Tau :** à l'entrée du village, fléché. ☎ et fax : 950-38-01-66. ● www.parquenatural.com/tau ● Ouvert de Pâques à début octobre.

Compter environ 19 € en été pour deux personnes, une petite tente et une voiture. Un des meilleurs campings que l'on ait pu trouver en Andalousie. Petit, idéalement situé dans un bosquet d'eucalyptus, familial et sympathique. Douche chaude gratuite (rénovée). Salle de jeux (billard, ping-pong), bar (un peu cher) et supérette, machines à laver. Un bémol : les emplacements sont, eux aussi, de petite taille. Beaucoup de monde l'été. Bon accueil.

Auberge de jeunesse

🏠 *Albergue juvenil de San José :* Montemar s/n. ☎ 950-38-03-53. Fax : 950-386-10-79. ● www.albergue sanjose.com ● Prendre à gauche, à l'entrée du village et contourner le *Camping Tau ;* c'est un peu au-dessus, face à l'entrée du cimetière. Réception ouverte de 9 h à 13 h et de 19 h à 21 h. Congés annuels : en novembre et de janvier à février. Chambres de 2, 4, 6 ou 8 lits pour 12 € la nuit (draps inclus). Toute pimpante, blanche et bleue, avec une terrasse donnant sur le village, la mer et la sierra, et où l'on peut manger son frichti. Site calme et agréable. L'eau chaude est obtenue grâce à l'électricité solaire.

De prix moyens à un peu plus chic (autour de 70 €)

🏠 *Hostal Puerto Genovés :* c/ Balandro s/n. ☎ et fax : 950-38-03-20. ● www.puertogenoves.com ● Sur une rue perpendiculaire à la principale et à 2 rues de la plage. Environ 70 € en été avec le petit dej', parfois plus (août), et de 40 à 60 € hors saison. Dépend beaucoup de l'afflux... Une vingtaine de chambres avec AC (chauffage en hiver) et TV, dans les tons blanc et bleu, super propres. Normal, Manolo et sa femme Carmen sont des matelots confirmés. D'ailleurs, ils proposent des sorties en voilier à leurs hôtes. En tout cas, ils assurent l'accueil le plus sympa de toute la ville. Une corbeille de fruits est offerte à nos lecteurs qui réservent à l'avance.

🏠 *Hostal Costa Rica :* c/ Correos s/n. ☎ 950-38-01-03. Fax : 950-38-00-59. ● www.parquenatural.com/costarica ● Dans le centre, à côté du supermarché *Spar.* Compter 70 € en été, 45 € en basse saison pour une chambre tout confort (TV, AC, frigo), spacieuse, avec carrelage, et lit en fer forgé ou en bois. Pour le petit dej', préférez l'un des nombreux bars à proximité.

Très chic (plus de 100 €)

🏠 |●| *Hotel Cortijo El Sotillo :* ☎ 950-61-11-00. Fax : 950-61-11-05. ● www.cortijoelsotillo.com ● À l'entrée du village. La chambre double coûte environ 96 € hors saison et 134 € en haute saison (Semaine sainte, mi-juillet à mi-septembre et Noël). Rajoutez une trentaine d'euros pour la suite. Au resto, repas complet pour 25 à 30 €. Excellents vins de Rioja de 9 à 11 € environ. Prix raisonnables au bar. L'hôtel a été aménagé dans l'ancienne *ganadería* de la famille González Montoya, fondée au début du XVIIIe siècle, et entièrement refait dans le style des grandes propriétés andalouses. Bâtiments bas, blancs, grandes pièces et azulejos. Autour du bâtiment principal où sont regroupés réception, salons, salle à manger et bar, ont été édifiées de vastes chambres auxquelles on accède par des terrasses. Parfaitement décorées, elles sont dotées de terrasses privées, dressing-room et beaux bains. Bien sûr, il y a une grande piscine, un terrain d'équitation et le service qui va avec. L'accueil, lui, gagnerait à être plus aimable.

Où manger ?

|●| Une belle brochette de *restaurants* s'aligne sur le port de San José, pas vraiment pièges à touristes, pas vraiment authentiques non plus (loin s'en faut...). Les prix tournent partout autour de 8 à 15 € par plat. À choisir, essayez le resto *La Taberna del Puerto,* tout seul au bout du port : vous y trouverez un grand choix de poissons et des tables en terrasse pour suivre de près les manœuvres des plaisanciers. Les calamars figurent même au menu-enfants : ça change du jambon frites ! Un poil plus chic que les autres et prix en conséquence (20-25 € par personne).

|●| *Pizzeria-Bar Paolino :* c/ Correos s/n. ☎ 950-38-02-33. Ouvert tous les jours, midi et soir. On peut aussi se faire livrer. Du 100 % italien garanti, de l'accueil de la *mamma,* qui place les clients à table, aux énormes pizzas, parmi les meilleures qu'on ait mangées en Espagne ! *Va bene.* Le patron, si l'on en juge par les photos et les posters placardés au mur, est un fana de foot – tendance Milan AC. Mais il n'oublie pas les photos de famille et Sophia Loren... Addition légère et accueil chaleureux.

|●| *Casa Miguel :* c/ Correos s/n ; à côté de la *Pizzeria-Bar Paolino.* ☎ 950-38-00-27. Compter de 15 à 25 € pour un repas complet. Déco rustique hétéroclite de type cave médiévale avec plafond voûté, une armure et une TV (ça alors !). Rassurez-vous, dans l'assiette tout est bon : les *raciones* de fromage *manchego,* celles de jambon, la paella... Sur commande, on peut y déguster des plats locaux comme le *cocido con pringá* (pot-au-feu). Pour le dessert, commandez le *realeza,* sorte de tiramisù nappé de chocolat, délicieux. S'il n'y a plus de place, même en terrasse, il possède une succursale au port du nom de *El Tempranillo.* Excellent service et prix encore raisonnables compte tenu de la qualité.

Où prendre le petit dej' ?

●🍴 *Bar La Plaza :* pas touristique pour un sou au lever, puis de plus en plus au fil de la journée. Les habitués viennent lire le journal sur sa terrasse en prenant un *café con leche* accompagné de grandes tartines – à recouvrir de confiture, de tomates à l'huile d'olive, de fromage ou de jambon. Bon jus d'orange frais. Beaucoup de papys du cercle du troisième âge, attenant, et de familles venues profiter des jeux d'enfants.

LA PLAYA CALA DE HIGUERA

Depuis San José, suivre les panneaux qui indiquent le *camping Tau.* On y accède par la piste qui continue au-delà (c'est indiqué). Petite plage de galets, calme et propice à la plongée, avec une adresse sympa.

Où dormir ?

🏠 *Refugio Mediterráneo de Gata :* cala Higuera s/n, 04118 San José. ☎ 950-52-56-25. ● www.parquenatural.com/calahiguera ● À 2 km de San José. Chambres doubles à 45 €, et appartements pour 2 à 4 personnes avec cuisine entre 50 et 60 €. Ce refuge, les pieds dans l'eau dans une crique isolée, est un havre de paix. Baignade possible entre les pierres volcaniques, mais gare aux oursins ! Certaines chambres sont neuves, comme la *Azul* et la *Verde,* d'autres en attente de rénovation. Les studios les plus proches de la mer (ils sont carrément bercés par le ressac) sont les plus anciens. Si vous réservez par téléphone, faites-vous bien expliquer l'état : les proprios, issus d'une famille de grands bourlin-gueurs, sont franco-suisso-guadeloupéens et parlent naturellement le français, ce qui simplifie tout. Pour les matinaux, superbe lever de soleil.

LES PLAYAS DE LOS GENOVESES ET MÓNSUL

Des plages comme on n'osait plus en rêver. Longues (surtout la première) et pas trop bondées. Attention, en été, accès limité en voiture, histoire d'encourager les visiteurs à venir à pied de San José. Suivre les flèches à l'entrée de San José vers la droite (à gauche en sortant du village si vous préférez). Belle route de terre sur 1,5 km, au milieu des champs de figuiers de Barbarie et des agaves. La longue plage de Los Genoveses se voit sur la gauche. Pour se garer, c'est un peu la galère : le stationnement est interdit le long de la piste (beaucoup passent outre), et le seul parking (fléché) est celui de Genoveses mais de capacité réduite, une centaine de places à tout casser. Autour des arbres, sur le sable, des petits malins ont construit des abris avec des pierres ; c'est désormais interdit, la zone étant protégée. Certains sont encore néanmoins occupés. D'autres préfèrent tendre leur hamac entre deux arbres ou planter la tente pour la nuit. C'est aussi interdit, mais une certaine tolérance prévaut tant que le site est respecté. En suivant la côte par un petit sentier, qui tantôt monte et descend, tantôt court le long du ruban de sable, on accède à des plages de toute beauté, sauvages et désertes hors saison, avant d'arriver à la playa de Mónsul – plus fréquentée car plus facilement accessible par la piste (petit parking). Attention, cette dernière est coupée 1 km plus loin, avant d'arriver au phare. On ne peut donc l'atteindre qu'à pied ou à VTT (6 km depuis San José). Sympa, non ? Emportez de l'eau, évitez les grosses chaleurs (pas d'ombre) et... les week-ends fériés, lorsque le ballet des voitures soulève des nuages de poussière sur la piste.

BOCA DE LOS FRAILES (04117)

Minuscule bourgade au bord de la route reliant San José à Los Albaricoques. Sans intérêt, si ce n'est que l'on trouve une petite adresse bien sympa.

Où dormir ?

🏠 *Campo Feliz :* à 7 km de San José et 3 km au nord d'El Pozo de los Frailes. ☎ 950-52-54-19 ou 635-79-74-32 (portable). ● www.toprural.com/campofeliz ● Compter 70 € le bungalow pour une seule nuit. Tarifs fortement dégressifs dès la 2e nuit (54 € à partir de 4 nuits et plus). Une *casa rural* comme on les aime, tenue par Sonia, la sympathique proprio uruguayo-andalouse. Quatre bungalows mitoyens sur un promontoire et à l'écart de la route, décorés dans un style arabo-andalou réussi – chacun avec une petite terrasse et un hamac. Chambres dans les tons bleus délavés, avec cheminée, et bains avec baignoire couleur maïs. Pas d'AC, mais des ventilos. Pour les enfants, jeux et balançoire ; pour les parents, salle de détente pour lire ou faire du yoga. Possibilité d'utiliser la cuisine, le barbecue à l'extérieur et frigo commun à disposition (chaque chambre y a son quartier !). Épicerie à moins de 1 km et boulangerie à El Pozo. Pas de cartes de paiement.

LOS ALBARICOQUES *(04118)*

Village en lisière du parc national (d'où la présence de serres) et possédant quelque chose de fantomatique. Sergio Leone avait sans doute perçu cette ambiance et tourna ici des scènes de deux de ses westerns avec Clint Eastwood, dont *Et pour quelques dollars de plus* où la ville prenait le nom d'Agua Caliente. De nos jours, ce sont les studios *UGC* qui se servent des villages en ruine des alentours pour planter leurs décors. La piste en terre rouge qui mène de Los Albaricoques à Rodalquilar est la plus belle qu'on connaisse à l'intérieur du parc. Elle passe par des steppes piquetées d'agaves et même par une exploitation écologique (ça change du plastoc !) à Cortijo del Fraile, cultivant des choux de différentes couleurs alignés sur le flanc des collines. Le vieux village abandonné, avec son église en ruines, est très évocateur des ambiances des vieux westerns. Pas étonnant que les cinéastes s'y soient donné rendez-vous. L'arrivée aux mines de Rodalquilar par la piste est tout simplement superbe. Pour ceux qui n'auraient pas trouvé de quoi se loger sur la côte, voici une adresse sympathique et tranquille, de bonne tenue.

Où dormir ? Où manger ?

🛏 |●| *Hostal-Restaurante Alba :* au centre, mais attention, on peut facilement passer devant sans le voir. ☎ 950-52-52-72 ou 902-99-59-54. Fax : 950-06-00-49. ● www.hostal-alba.com ● Compter 48 € en été, 42 € hors saison. Petit dej' compris à partir de deux nuits. Une dizaine de chambres à l'étage, ultra-propres, avec fenêtre ou balcon, bains ou douche, TV et AC. La n° 106, la plus spacieuse, peut accueillir 4 personnes. Très bon resto genre cantoche améliorée éclairée aux néons, avec des menus entre 9 et 10 € comprenant entrée, plat de viande, salade, dessert et boisson. Autrement, il y a aussi les tapas au bar. Accueil jeune et sympathique, à l'accent lituanien. Qui dit mieux ? Réduction de 10 % sur le prix des chambres en basse saison sur présentation de ce guide.

NÍJAR ET HUEBRO

Là, on sort carrément du parc et on dépasse même l'*Autovía*. Vous nous excuserez de ce petit écart, mais c'est juste pour vous indiquer une adresse typique que certains apprécieront. Tracez le plus vite possible (attention aux excès de vitesse quand même) à travers la marée des *invernaderos,* mais faites une halte à Níjar, ne serait-ce que pour vous balader dans les ruelles autour de l'église (XVIe siècle) ou acheter une poterie colorée de la région (certaines confectionnées encore dans les fours à bois). Au bout de la ville, les rues se resserrent et grimpent sérieusement en direction de Huebro. Les randonneurs du coin connaissent bien le GR 140 ou *ruta de los molinos* (les moulins), une route de montagne avec des vues spectaculaires sur la vallée envahie par les serres. Si vous êtes en voiture, l'extrême prudence s'impose, vu la proximité des ravins pendant 5 km. Là-haut, il ne reste que 10 habitants au dernier compte – plus quelques Néerlandais qui commencent à racheter les vieilles maisons éparpillées dans la garrigue, en contrebas. Vous y êtes ? Bon, maintenant, une halte reconstituante.

Où manger ?

|●| *Casa Enriqueta :* en face de l'église fortifiée. ☎ 950-16-50-71. Compter entre 10 et 15 € pour un repas complet. Il est impératif de réserver avant d'y aller ; sinon, vous risquez de trouver porte close. En

d'autres mots, la señora Enriqueta fait une excellente cuisine *almeriense* sur commande familiale. Comment ça, vous ne causez pas le castillan ? Mais faites-vous aider bon sang ! Allez, exercez-vous avant, dites *conejo al ajillo* (lapin à l'ail). Bravo ! Maintenant *gurullos con conejo* ; décidément, on vous malmène entre le j et le g, mais ces pâtes en forme de losange avec du lapin sont un vrai délice. Bon appétit, et couvrez-vous le soir ; à 800 m d'altitude, ça pique parfois même en plein été.

LOS ESCULLOS (04118)

Site superbe, côte désolée surveillée par un fort du XVIIIᵉ siècle et une caserne de la *guardia civil* en ruine. Un bistrot qui fait épicerie, une boîte de nuit en plein air (mais où sont les clients ?), une crique tapissée d'un joli sable gris et de galets et le sentiment d'être arrivé au fond de nulle part. De la Cala del Embarcadero, située au bout de la route, une piste longeant la côte rejoint San José. Idéal à VTT. À l'opposé, on peut gagner Isleta del Moro (1,5 km).

Où dormir ? Où manger ?

⊠ |●| *Camping Los Escullos :* Los Escullos, 04118 Níjar. ☎ et fax : 950-38-98-11. ● www.losescullossanjose.com ● Sur la droite avant d'arriver au village en venant de San José ou Almería. Ouvert toute l'année. Compter autour de 22 € l'emplacement pour une tente, 2 adultes et une voiture en haute saison (2 € de plus pour un site plus vaste) ; remises importantes en basse saison. Au resto, menu du jour à prix raisonnable (10 €). Plutôt un complexe touristique qu'un camping, mais propre et bien entretenu. Emplacements ombragés par un système de toiles plastiques. Beaucoup de caravanes sont stationnées là à l'année. Louent également des bungalows entre 57 et 106 € selon le confort et la saison, des mobile homes à prix semblables et des tentes avec lit *(bengalis)* et cuisine au gaz de 29 à 64 €. Grande piscine. Nombreuses animations et location de VTT (15 € la journée). En juillet et août, réservation uniquement pour les séjours supérieurs à 10 jours. Accueil en français.

⌂ |●| *Hostal-restaurante Casa Emilio :* ☎ 950-38-97-61. Fax : 950-38-97-32. Dans le hameau, un hôtel très propre, avec des chambres doubles tout confort autour de 45 € en basse saison et 55 € en été. Certaines ont un balcon. Excellente adresse pour séjourner et rayonner dans le parc, d'autant qu'elle fait aussi resto (bonne cuisine familiale). Petite terrasse au soleil. Dommage que l'accueil soit aussi... inexistant.

⌂ *Cortijo del Aire :* à l'entrée du village, peu après le camping. ☎ 950-38-94-01. ● www.cortijodelaire.com ● Ouvert uniquement de Pâques à fin octobre. Compter 50 à 55 € la chambre double et 60 à 65 € le studio avec cuisine. Belle propriété tenue par Lisa, une Suisse-allemande amoureuse du cabo, installée dans la région depuis bientôt 20 ans. Huit chambres au total, simples mais décorées avec goût et donnant sur les divers patios et terrasses de la maison. Un coin salon et un billard également pour les journées venteuses. Bref, de quoi socialiser ou s'isoler, car l'ensemble est assez vaste. Bon accueil.

LA ISLETA DEL MORO

Petit village de pêcheurs, qui a l'avantage d'être accessible en autobus depuis Almería (une fois par jour du lundi au samedi). Barques tirées sur la plage ou flottant au gré du ressac, filets en vrac, toits terrasses, falaises en toile de fond, la vraie carte postale... Le démon du tourisme pointe un peu son nez (constructions illégales), mais il n'a pas encore fait de gros ravages. Deux restos se partagent les visiteurs. Les jours fériés, des bars impromptus surgissent dans les garages.

À l'entrée, sur la gauche, petite *Playa del Peñón Blanco,* au sable bordé de... camping-cars de toutes les nationalités de l'Europe protestante : Anglais, Néerlandais, Allemands, Danois. Mais on croyait que le camping était interdit ? Ben oui, nous aussi... Sur la plage, tétons à l'air et zézettes au vent. Le naturisme est donc autorisé ? Non, mais c'est comme ça...

Où dormir ? Où manger ?

🏠 🍴 *Pensión-hostal La Isleta del Moro :* La Isleta del Moro, 04118 Níjar. ☎ 950-38-97-13. Fax : 950-38-97-64. Au bord de la mer, face aux barques des pêcheurs. Vous ne pouvez pas le louper : l'enseigne se voit de loin. Réservation à l'hôtel obligatoire en juillet et août. Une dizaine de chambres simples, avec salle de bains, à 42 € environ la double ; certaines avec petit balcon donnant sur la mer. Les prix peuvent parfois grim-

per en août. Le cadre est médiocre, mais ce n'est pas grave, il suffit de prendre une table face à la mer sur la terrasse et de commander une *cuajadera de pescados* (ragoût de poisson) à 12 €, avec un vin blanc frais, une paella ou plus simplement un poisson grillé. Service vite débordé lors du coup de feu et poisson assez cher. Bar animé par la rumeur des clients.

RODALQUILAR (04115)

Le village a vécu longtemps de l'énorme mine d'or qui le domine et, paradoxe des temps modernes, il est devenu aujourd'hui la vitrine du département de l'Environnement de la *junta* d'Andalousie. Après la fermeture de la mine, tout le quartier où vivaient les ouvriers et les contremaîtres a été laissé à l'abandon, mais la *junta* providentielle en a réhabilité une partie, d'autant que l'endroit est plutôt coquet, bien conservé et prisé des bobos madrilènes et catalans. Pour le revêtement des rues, la mairie a choisi du béton imprimé en forme de pavé au lieu d'un vilain asphalte ; elle a même installé les bureaux de l'administration du parc près des mines, inauguré un joli jardin botanique, un camping, des locations, et promu la création d'un sublime hôtel 4 étoiles. Le programme de développement achevé, beaucoup ont été revendus à des privés.

On peut monter en voiture jusqu'à l'entrée de la mine pour voir les énormes trémies où coulait le minerai... En chemin, on passe devant le jardin botanique, qui mérite bien une petite balade. Horaires variant de mois en mois : en gros, de 8 h à 14 h ou 15 h hors saison et, de mi-juin à mi-septembre, de 8 h à 13 h et 18 h à 21 h. Fermé les lundi et mardi après-midi, horaires restreints le week-end et les jours fériés.

À quelques kilomètres, la plage du village, El Playazo, est grande et sauvage. Très fréquentée par de jeunes babas allemands qui semblent être venus avec le combi Volkswagen de leurs parents, repeint à neuf. Également de plus en plus d'adeptes du *kite surf*. Derrière le fort (habité), la côte est très belle et très découpée. Sur le chemin de la plage, on peut voir un château en ruine, la *Torre Fuerte de los Alumbres,* construite en 1510 pour protéger la région des attaques des pirates barbaresques. Elle ne fut pas d'une grande utilité puisque, en 1520, Rodalquilar fut détruit et sa population vendue en esclavage... Le donjon, qui ne conserve que quelques marches de son escalier, est entouré d'une fortification quadrangulaire flanquée à chaque angle de grosses tours dont ne subsistent que les bases. Au-dessus de la porte d'entrée du donjon, on devine encore la trace d'un arc outrepassé. Aux alentours, on tombe en se promenant sur d'anciens puits, dont l'eau était extraite il y a encore peu par des *norias*. Toute la vallée de Rodalquilar est magnifique et empreinte d'une certaine sérénité.

Où dormir ?

Camping

⚲ **Area de Acampada :** c/ Fundición s/n, juste au-dessous des bureaux de l'administration du parc. ☎ 950-38-98-36 ou 625-13-88-47 (portable). ● acampada@ecoalmeria. com ● Ouvert seulement en été. Compter moins de 10 € pour 2 personnes et une tente. Petit camping récent appartenant à la *junta de Andalucía,* avec une bonne centaine de places dont 30 sous les canisses. Surtout fréquenté par des groupes de jeunes. Sanitaires propres, eau chaude et laverie. Manque d'ombre. Location de vélos à 9 € par jour. La *junta* gère également une belle maison *(El Bujo)* utilisée pour les « classes nature », qui ouvre ses six dortoirs en été. Compter environ 14 € par personne.

Hôtel et *casa rural*

🏠 **Casas rurales Villacepillo I et II :** au centre-ville, juste à côté de l'église. ☎ 950-38-98-20 et 609-537-342 (portable). ● villacepillo@ecoalmeria.com ● Compter 100 € par jour en été pour une maison pouvant loger 6 personnes. Encore un logement restauré et exploité par la *junta.* Il s'agit de 2 anciennes maisons jadis occupées par les ingénieurs des mines et situées en plein centre. Aménagement simple, mais tout est nickel, avec trois chambres, salon, cuisine équipée, mobilier en pin et petites terrasses pour prendre l'air ou l'apéro. Idéal pour les familles ou les groupes de copains. Location minimum de 2 semaines de juin à septembre et de 2 jours le reste de l'année (week-ends), sauf vacances scolaires. Hors saison, 80 € par jour, 250 € les 2 semaines et seulement 400 € le mois.

🏠 **Hotel Rodalquilar :** dans le hameau de Los Méndez, direction La Negra. ☎ 902-99-59-78. Fax : 950-38-98-39. ● www.hotelrodalquilar.com ● Un peu plus de 140 € en été et environ 80 € en basse saison la chambre double, petit dej' inclus – mais nombreuses promos via Internet. L'un des plus beaux hôtels du parc, avec le *Sotillo* à San José. Bâtiment moderne ocre rouge disposé en triangle autour d'un patio andalou revisité par le minimalisme. Déco émaillée de touches mauresques mais résolument contemporaine, sobre et de bon goût. Trois modules : certaines chambres jouent sur les tons bleus, d'autres sur les jaunes, d'autres encore sur les verts. Très jolies têtes de lit en mosaïque, toutes différentes. Bien sûr, tout le confort, piscine, jacuzzi, sauna et vélos à dispositions des hôtes. Organise également des expos d'artistes de tout le pays.

LAS NEGRAS (04116)

Encore un petit port qu'on aime bien, même s'il s'est un peu trop agrandi ces dernières années. On laisse la voiture et on se balade dans les rues étroites. Les hommes ravaudent les filets ou nettoient les bateaux, les chiens font la sieste au soleil. Des falaises, des vagues qui prennent des airs de grand large, des barques tirées sur le sable. C'est le bout de la route. Si vous êtes bon marcheur, le sentier entre Las Negras et Agua Amarga est une pure merveille. Compter environ 4 h pour relier les deux villages par un ancien chemin de pêcheurs. Prendre la direction nord-ouest en s'écartant de la côte jusqu'au hameau de San Pedro, où l'on peut descendre jusqu'à la crique *(cala)* pour faire une halte rafraîchissante. De là, poursuivre jusqu'à Cortijo del Plomo, puis vers Agua Amarga.

Où dormir ? Où manger ?

Camping

⋊ *Camping La Caleta :* ☎ 950-52-52-37. Fax : 950-16-51-16. ● www.vayacamping.net/lacaleta ● Un peu plus de 20 € pour 2 avec voiture et tente. Le camping occupe tout l'espace plan de cette petite crique, à 500 m au sud de Las Negras. La direction est fléchée à l'entrée du village. Blocs sanitaires nickel (eau chaude gratuite), toiles tendues pour faire de l'ombre et accès direct à la plage, avec un petit *chiringuito*. Piscine de mai à octobre, machines à laver et supermarché. Autour ? Rien, la nature à l'état pur.

Hôtels et appartements

🏠 *Hostal Arrecife :* c/ Bahía, 6. ☎ 950-38-81-40. Fax : 950-36-10-17. Sur la rue principale, à 200 m de la plage. Compter 45 € en haute saison, 35 € le reste de l'année. Petit hôtel tout blanc, sans charme particulier mais flambant neuf, avec une dizaine de chambres dont 2 au rez-de-chaussée avec terrasse. Toutes avec sol carrelé, AC et TV ; celles à l'entresol et à l'étage ont un balcon. Accueil réservé mais efficace.

🏠 |●| *El Manteca :* c/ Mediterráneo s/n. Au bout de la minuscule promenade le long de la plage (vers le sud). ☎ 950-38-80-77. ● www.degata.com/apmanteca ● Resto ouvert tous les jours de début avril à mi-septembre et les grands week-ends le reste de l'année. Antonio, le patron francophone, loue six appartements pour 4 à 6 personnes répartis à travers le village – dont certains juste derrière le resto. Pour louer, appelez directement chez lui (☎ 950-38-81-20), il pourra vous orienter vers quelqu'un d'autre s'il n'a pas de place. Compter de 330 à 500 € la semaine selon la saison. En juillet et août, c'est 15 jours minimum ; le reste de l'année, ça se négocie. Côté resto, entre 8 et 13 € pour un poisson, un peu cher au vu des portions. Repas à prendre impérativement sur la terrasse face à la mer, sauf si le vent souffle trop. C'est un peu l'usine en été et lors de la Semaine sainte ; du coup, l'accueil s'en ressent et les hôtes sont servis à la va-vite, dommage. N'accepte pas les cartes de paiement. Le digestif est offert aux lecteurs sur présentation de ce guide.

|●| *Chiringuito :* sur le front de mer. À choisir, pour un bon poisson, on préfère ce resto sans nom planté juste au-dessus des barques et des galets. Propose toujours 2 ou 3 poissons du jour, simplement grillés (dans les 15 €), et des assiettes de gambas à faire damner un saint. Certes, à 35 € l'unité, elles attirent surtout les bobos madrilènes en congés... Le patron, jovial et bon vivant, ne supporte pas de laisser repartir ses hôtes le ventre vide : quelle que soit l'épaisseur de votre bourse, il trouvera quelque chose à vous mettre sous la dent...

AGUA AMARGA (04149)

Une route intérieure relie Las Negras à Agua Amarga en passant par Fernán Pérez. C'est le plus septentrional des villages du parc, mais pas le plus beau. Village blanc, avec une plage de sable gris, où, pour la plupart, les maisons sont louées au mois ou à l'année et où les hôtels sont en général assez chers (plus de 70 € la chambre).

Où dormir ? Où manger ?

🛏️ |●| *Hotel-restaurante La Palmera* : c/ Aguada. ☎ 950-13-82-08. Fax : 950-13-81-84. ● 5241813@larural.es ● Au bord de la plage, au nord du village. De 80 à 90 € la chambre double selon la saison, petit déjeuner inclus. Au resto, compter entre 10 et 20 € le repas. Au bord de la plage : la terrasse donne sur le sable. Récent et très propre, avec de belles chambres décorées dans les tons pastel (TV, AC, baignoire). Les plus chères sont face à la mer, et la n° 4 a même un lit à baldaquin.

Plage

⚓ *La playa de los Muertos :* à 3 km au nord d'Agua Amarga. Ce serait sans nul doute l'une des plus belles plages d'Espagne s'il n'y avait, au nord, le port industriel de Carboneras, avec sa jetée, ses grues, ses cargos... La vue depuis le mirador (orienté vers le sud, bien sûr), à 5 mn à pied, est tout de même superbe. Kiosque d'informations en saison.

MOJÁCAR (04638) 6 100 hab.

Ce petit village d'origine arabe apparaît dressé sur son piton rocheux, à 1 km de la mer. De là-haut, la vue est exceptionnelle. Les ruelles escarpées, les impasses en surplomb, aux maisons blanches fleuries, les placettes grandes comme des mouchoirs de poche invitent à d'agréables balades au hasard. Difficile d'y loger en été car c'est souvent complet. Le village, comme sa longue plage, sont en effet très fréquentés par les Anglais. D'ailleurs, la moitié de la population est aujourd'hui étrangère. En bord de mer, à 1,5 km du bourg, ça bétonne à tout va. En effet, Mojácar possède l'un des plus longs tapis de sable de la région. Pas mal certes, mais pas transcendant non plus. Évidemment, avec ses 22 km, on a de la place pour poser sa serviette.

Si vous arrivez en voiture, garez de préférence votre véhicule le long de l'avenida de Encamp, à la hauteur de l'arrêt de bus. La petite plaza Nueva est juste au-dessus, avec son large balcon ouvert sur la plaine et la côte. On trouve un autre parking gratuit en contrebas du village, mais les places sont rares.

Arriver – Quitter

En bus

🚌 Un arrêt se trouve sur la côte, devant le *parque comercial,* au croisement de la route qui mène au village et de celle qui longe la côte ; un autre arrêt se situe au pied du vieux village, près de la fontaine et du Centro de Artesanía.

➤ *De/vers Grenade :* 3 départs par jour via Guadix avec *Autedia-Maestra* (☎ 958-15-36-36), 2 tôt le matin, le 3ᵉ dans l'après-midi ; 4 h de trajet.

➤ *De/vers Almería :* 3 à 5 allers-retours/jour. Compter 1 h 45 de trajet (6 €). *Alsa :* ☎ 902-42-22-42. ● www.alsa.es ●

➤ *De/vers Murcie :* 4 à 6 départs par jour dans les 2 sens, avec *Alsa.* Environ 2 h 40 de trajet (10 €).

➤ *De/vers Madrid (Estación Sur) :* 3 départs par jour dans les 2 sens, avec *Alsa.* Entre 7 h 30 et 9 h de trajet. Le prix, lui, ne varie pas : 32 €.

➤ Un bus relie le village et la plage. On le prend juste en contrebas de la plaza Nueva. Toutes les 30 mn de 9 h 15 à minuit, sauf pendant l'après-midi (toutes les heures). Service réduit de mi-octobre à mi-avril, ainsi que certains jours fériés.

Adresses utiles

🛈 *Office du tourisme :* c/ Glorieta, 1. ☎ 950-61-50-25. • www.mojacar. es • Sous la place centrale de la « vieille ville », en contrebas du mirador, dans l'*edificio de Servicios Multiples*. Ouvert du lundi au samedi de 10 h à 14 h et de 17 h à 19 h. Fermé le dimanche. Accueil en français.

🛈 Il y a aussi un *point d'information* sur la plage, en face du parc commercial.

✉ *Postes :* la poste centrale est à Mojácar Plage, près du complexe hôtelier *Pueblo Indalo*. Ouvert du lundi au vendredi de 8 h 30 à 14 h 30 et le samedi de 9 h 30 à 13 h (horaires étendus le samedi en été). Un petit bureau est aussi installé dans le bâtiment de l'office du tourisme ; ouvert en semaine de 12 h 30 à 14 h 30 et le samedi de 10 h 30 à 11 h 30.

▣ *Connected 24 :* paseo de Mediterráneo. Sur la côte, 100 m après le camping en venant du village. Ouvert du lundi au vendredi de 10 h à 14 h et de 17 h à 20 h, le samedi de 11 h à 14 h. Compter 4 €/h mais très bonne connexion. On paie à l'accueil de l'agence immobilière *(Indal-futur)*.

■ *Banques :* dans le village, sur la plaza Nueva, 2 banques possèdent un distributeur et font le change. Également autour du rond-point de la plage.

■ *Police :* à côté de l'office du tourisme. ☎ 950-47-20-00 ou 600-47-20-00 (portable 24 h/24).

■ *Bish's Lavandería (laverie automatique) :* face à la plage, entre le camping et le parador. Ouvert du lundi au vendredi de 9 h à 17 h et le samedi de 9 h à 14 h (dernière machine 1 h avant). En self, compter 5 € par machine et autant pour le séchage. Sinon, service tout compris à 2,75 €/kg de linge (avec minimum de 12 €).

Où dormir ?

Peu d'hébergements bon marché par ici ! Nous vous avons tout de même déniché deux perles rares, comme on en croise peu en Andalousie : l'une dans le vieux village, l'autre dans le maquis, à 12 km de là. Beaucoup de charme, on n'hésite pas.

Dans le village

Prix moyens (de 35 à 55 €)

🛏 *Pensión El Torreón :* c/ Jazmin, 4-6. ☎ et fax : 950-47-52-59. • eltorreonmojacar@hotmail.com • Ne demandez pas la rue, demandez la pension, tout le monde la connaît. Compter entre 40 et 60 € la chambre double avec le petit dej'. Si c'est pas adorable, une petite pension comme ça ! Avec son hall lumineux donnant sur un balcon raffiné, avec sa vue imprenable sur le littoral et ses chambres aux couleurs pastel, voilà la meilleure adresse du village. Cinq adorables chambrettes chouchoutées avec amour et soin, aux couleurs douces et reposantes, agrémentées d'une jolie frise. Ah, qu'on se sent bien ici ! Il y a des dominantes de rose, de jaune, de violet. Bains communs pour toutes, mais des travaux sont prévus pour remédier au problème. La chambre la plus grande, la n° 5 (qui possède 2 balcons et un grand lit), est un peu plus chère, mais quel charme ! Priez saint Christophe (patron des voyageurs) pour qu'il y ait de la place ! Réserver absolument.

🛏 *Hostal Casa Justa :* c/ Morote, 5-7. ☎ et fax : 950-47-83-72. Chambres doubles de 36 à 42 €. Presque toutes ont des bains ; les plus chères ont TV et AC. Petite pension aux tons bleu et blanc et sur la façade de laquelle grimpe une bougainvillée, retirée en contrebas de la *plaza Frontón*. Moins de charme que la *Pensión El Torreón* mais très propre, avec de jolies faïences dans les couloirs. Accueil aimable.

🛏 *Hostal Arco Plaza :* plaza Nueva. ☎ 950-47-27-77. Fax : 950-47-27-17. Congés : de novembre à fin février. Chambres doubles tout confort de 35 € en basse saison à 52 € en août. *Hostal* impeccable située dans le vieux village, à proximité immédiate de son centre de gravité et pas trop loin des parkings publics. Pour le trouver, passez sous l'arcade, près du mirador, l'entrée se trouve juste derrière, côté gauche. Les chambres déclinent cinq coloris différents et celles de l'étage possèdent un balcon donnant sur la place.

Sur la côte

Uniquement des structures modernes, sans charme particulier, assez chères, et qui s'étalent sur plusieurs kilomètres sur le bord de la route qui mène au village – la plupart du côté opposé à la plage. Voir également la *Venta El Molino* dans « Où manger ? », qui dispose de chambres qui peuvent dépanner.

Campings

⛺ *Camping El Cantal :* au bord de la mer, prendre à droite la route côtière en venant du village ; c'est à environ 1 km. ☎ 950-47-82-04. Fax : 950-47-23-93. Compter autour de 18 € pour 2 personnes, avec tente et voiture. Bien tenu, mais accueil digne d'une prison. Assez ombragé (eucalyptus), mais gare aux étourneaux, qui laissent des souvenirs sur la toile de tente... L'intimité est ici un mot inconnu : on s'installe sur de vastes terrasses semées de gravier, à partager avec les voisins... Toujours bondé en haute saison. Supérette, douche chaude gratuite, machines à laver.

⛺ *Camping El Quinto :* ctra de Turre, à la sortie de Mojácar, sur la route de Turre. ☎ 950-47-87-04. Fax : 950-47-21-48. ●campingelquinto@hotmail.com ● Compter 21,50 € pour deux avec tente et voiture en août, 18 € le reste de l'année. Réduction importante dès le 3e jour. Ceux qui sont motorisés le préféreront sans hésitation au camping *El Cantal.* Très bien tenu par ses propriétaires allemands et plutôt ombragé, ce petit terrain dispose d'une foultitude d'équipements – piscine, jeux pour enfants, machines à laver, billard, terrain de pétanque, accès Internet, etc. Douches chaudes gratuites. Réception sympa avec livres en prêt, où l'on peut aussi prendre le petit dej'. Reste que l'on doit planter sa tente sur les graviers.

Prix moyens (autour de 50 €)

🛏 |●| *Hostal Bahía :* du village, descendre jusqu'à la route côtière et prendre sur la droite ; c'est à environ 1,2 km. ☎ 950-47-80-10. Congés annuels : en hiver. Compter de 40 à 50 € selon la saison ; petit dej' en sus. Une des pensions les plus petites et les plus familiales, tenue par un couple très âgé. Structure sans histoire, avec des chambres simples et propres (TV, AC), donnant pour certaines sur l'arrière (plus calme), et toutes avec sanitaires. Seize chambres seulement, donc pas de groupes. Un peu cher pour le confort proposé et accueil carrément hostile si jamais vous tombez mal... Resto tenu par les enfants. Au menu, fruits de mer, viandes grillées, paella et sangria.

Plus cher et plus chic (de 50 à 100 €)

🛏 *Hotel Virgen del Mar :* paseo del Mediterráneo, 245. ☎ 902-47-22-22. Fax : 902-47-22-24. ● www.virgendelmarhoteles.com ● En venant du village, prendre à droite en arrivant au rond-point sur le bord de mer, à environ 2 km. Compter 50 € la chambre double jusqu'en avril, puis les prix changent presque tous les mois pour atteindre 80 € en août et pendant la Semaine sainte. Petit dej' à éviter. Tout blanc et bleu, avec beaucoup de carrelage, ce qui lui donne un petit côté clinique. Mais c'est propre ! Chambres claires et lumineuses, tout confort, avec balcon. Attention, réputé parmi les groupes allemands et anglais, donc vite prit d'assaut. Parking.

🛏 *Hotel Puntazo :* paseo del Mediterráneo, 257. ☎ 950-47-82-65. Fax : 950-47-82-85. ● www.hotelelpuntazo.com ● À deux pas de l'hôtel *Virgen del Mar*. De 63 à 105 € la double selon la saison. Un autre hôtel pour groupes, sans charme particulier mais très fonctionnel et, tout compte fait, d'un assez bon rapport qualité-prix hors saison. C'est une autre histoire de la mi-juillet à la fin août lorsque les tarifs s'envolent. Chambres tout confort avec balcon, TV, AC, baignoire, etc. Piscine et billard.

Encore plus cher et carrément chic (plus de 100 €)

🛏 *Parador de Mojácar :* playa de Mojácar. ☎ 950-47-82-50. Fax : 950-47-81-83. ● mojacar@parador.es ● Chambres doubles de 118 à 141 €, selon la saison. Repas à 21 € à midi en semaine et à 27 € tous les soirs. Ici, tout n'est que luxe, calme et volupté. Cet hôtel très classe, construit dans les années 1960, épouse la forme d'un amphithéâtre comprenant 2 gradins de 2 étages. Devant chacun s'étend un grand jardin auquel ont accès direct les chambres du rez-de-chaussée. La moitié ont vue sur la mer, malheureusement séparée de l'hôtel par la route. Ajoutez à cela une grande piscine, des courts de tennis, un petit dej' gargantuesque et de grands salons moelleux aux fauteuils en rotin bardés de coussins. Les chambres, quant à elles, privilégient les matériaux naturels, bois, cuir, laine, et disposent de bains très spacieux. Petit bémol : l'accueil est plutôt froid, mais cela relève peut-être d'une certaine conception du « chic ». Quant à la clientèle, on s'attend à rencontrer Julia Roberts ou Brad Pitt... et on tombe sur leurs grands-parents !

Où dormir dans les environs ?

Camping

⛺ *Camping Sopalmo :* ☎ 950-47-84-13. Fax : 950-47-30-02. Situé peu après Sopalmo en allant vers le sud, entre la route et la montagne, proche des plages de Macena. Compter un peu plus de 17 € pour 2 personnes, une voiture et une petite tente. Importantes réductions pour les longs séjours. Ce petit camping de 32 places n'est pas très ombragé, mais le cadre et l'accueil sont agréables. Bar-cafétéria où prendre le petit dej' et jeux pour les enfants. Pizzas de juin à septembre.

Prix moyens et cadre génial (de 35 à 55 €)

🛏 *Cortijo El Nacimiento :* sierra de Cabreras, 04639 Turre. ☎ 950-52- 80-90 ou 627-85-08-06 (portable). ● mariaelnacimiento@hotmail.

com ● Une de nos adresses préférées en Andalousie. Congés : en janvier. Pour s'y rendre (compliqué) : sortir de Mojácar vers Turre, traverser le village et continuer en direction de l'E 15 (que rien n'indique...). Après 2 km, s'engager sur la gauche vers Cortijo Grande et Cabrera. À la 1re bifurcation (2 km plus loin), tournez à gauche en suivant les indications du *bar restaurante Almazara.* Vous voici dans un petit hameau avec une jolie allée d'eucalyptus. Du bar, continuez en direction de la sierra de Cabreras sur 1,2 km, en laissant toujours les maisons sur votre gauche. Enfin, vous verrez le 1er panneau pour le *Cortijo,* puis un second, juste après, avec son nom formé à partir de fers à cheval. Vous touchez au but ! Le chemin (carrossable) descend puis remonte sec, très sec même ; freins fatigués, s'abstenir. Compter 36 € pour une

chambre double avec bains, petit dej' compris. Il s'agit d'une ferme vieille de 150 ans, pleine de charme, qui se niche dans un pli de la sierra et qui a été retapée avec passion par Adolfo et sa compagne, María. Cinq chambres doubles, très colorées et décorées à la mode arabo-méditerranéenne, qui ont conservé leur caractère d'antan. L'une (la *Paloma*) a été aménagée dans l'ancien pigeonnier. La bleue, au rez-de-chaussée, est aussi superbe. Accueil très sympathique. Possibilité de se rafraîchir dans un grand bassin recueillant l'eau d'une source – celle qui a donné son nom au lieu. La vue est magnifique et, au printemps, la maison est entourée de fleurs. Un véritable « paradou » espagnol. Adolfo fait la cuisine le soir, végétarienne et aussi bio que possible (12 € le dîner, à réserver obligatoirement avant 16 h) ; pain maison.

Où manger ?

Dans le village

On vient surtout dîner dans le village. En général, le midi, les touristes restent côté plage.

¡●¡ *Jamón Jamón :* plaza Nueva, s/n. ☎ 950-39-91-09. Non, vous n'êtes pas dans un film... même si certains font parfois leur cinéma au bar pour épater les filles ! L'adresse un peu chic du village et l'une des seules où l'on mange espagnol : grand choix de *raciones* de 9 à 12 € et plats de qualité, avec beaucoup de viandes et des poissons plutôt moins chers. On a vraiment apprécié le magret de canard à la framboise et l'*emperador* (espadon) grillé. Belle présentation, service diligent et agréable, musique douce : on est bien pour un dîner à deux. On peut juste regretter que les portions soient un peu chiches.

¡●¡ *El Viento del Desierto :* plaza Frontón, 4. ☎ 950-47-86-26. Derrière l'église. N'ouvre que le soir. Fermé le dimanche. Compter de 15 à 20 € pour un copieux repas complet et entre 6,50 et 12 € pour un plat de

viande. Un charmant monsieur marocain propose tous les soirs du lapin à la moutarde, du poulet en sauce, des entrecôtes au poivre, des kebabs... Couscous sur commande. On s'y sent vite chez soi. Service avec un sympathique accent de l'Est, très dépaysant tout ça !

¡●¡ *El Antler :* c/ Enmedio. Un mignon petit resto dans la rue longeant le flanc gauche de l'église. Ouvert le soir seulement. Fermé le dimanche. Menu du jour autour de 8 € avec un plat en sauce, une soupe et un fruit ou une glace. Plats entre 9 et 17 €. Reconstituant et vite ficelé, avec des plats plutôt internationaux et quelques influences allemandes (comme le proprio).

¡●¡ *M & J's :* c/ Enmedio, 24. ☎ 600-62-58-08 (portable). Juste en face du précédent. Ouvert le soir à partir de 19 h. Fermé le mercredi. Assez cher à la carte (compter de 15 à 20 € par personne), mais menu à 8 €. Ce café-bar tenu par Mark et Jackie, un couple d'Anglais tombés amoureux des lieux, est fréquenté par des expats, nombreux dans le village. Il fait aussi resto, proposant une cui-

sine aux influences thaïes et indiennes et quelques incontournables desserts anglais comme le *sponge pudding* ! Déco sur des notes également asiatiques.

Dans les environs

|●| *Venta El Molino :* à Sopalmo, 1 km après le camping, sur le bord de la route de Carboneras. ☎ 950-47-21-40. En lisière du parc national de Cabo de Gata. Pas de menu. Compter environ 15 € pour une formule soupe, plat de viande et café. Salle toute blanche avec cheminée ou sympathique terrasse sous les

canisses, plantée de ficus, où l'on déguste de très bonnes viandes grillées (lapin, poulet, agneau...), la spécialité du lieu. Accueil un peu austère. Fait aussi pension, une poignée de chambres propres à la déco rustique entre 30 et 40 € la majeure partie de l'année (60 € en août), petit dej' compris. Peut dépanner.

Où boire un verre ?

Au fil des années, les abords de la plaza Arbollón ont vu se multiplier les bars et les pubs. *Budu,* le plus ancien, avec sa terrasse et ses deux pistes de danse, remonte à l'époque hippie. Plus alternatifs, *El Caló* et *BB +* passent surtout du rap et du rock (hard ou non). En comparaison, les nombreux bars de plage font plutôt de l'abattage. Beaucoup, beaucoup d'Anglais en été. Pour se dégourdir les jambes au milieu de la foule, *Viva Mojácar,* entre le village et la plage, et *Pascha,* tout près de celle-ci, semblent tout désignés. L'ambiance est très chaude au *Viva.*

Dans le village

🍸 *El Loro Azul :* plaza Arbollón, s/n. Ouvert du mercredi soir au samedi soir en saison. La jolie maison blanche, aux murs dégoulinant de pots de géraniums aux couleurs de l'Andalousie (vert-blanc-vert),

résonne les vendredi et samedi soir sur des airs de jazz enlevés. Musique pas commerciale pour un sou, à déguster avec un bon *mojito* à la main.

Les plages

Bien sûr, il y a celle de Mojácar, pratique quand on n'a pas de véhicule. Pour les chanceux qui auraient de quoi se déplacer, il y a un peu plus tranquille quand même.

△ *Las playas del Castillo de Macenas et del Sombrerico :* en sortant de Mojácar Playa en direction de Sopalmo et Carboneras, prendre sur la gauche à la hauteur de la tour d'artillerie de Macenas (XVIIIe siècle) – qui devrait bientôt se retrouver cernée par un complexe touristique avec golf. La plage, de sable gris, n'est pas mal, mais très passante. S'engager plutôt sur la large piste de terre battue bien damée qui suit le littoral. On passe une seconde tour défensive, Pirulico, d'origine maure, qui domine un joli rocher percé. Enfin, après 1,5 km, apparaît la plage de Macenas. Pas mal de camping-cars stationnés sur les cailloux en haute saison. Mais, comme une plage peut en cacher une autre, de l'autre côté de l'éperon rocheux se trouve la plage del Sombrerico, avec un *chiringuito* en retrait.

⊿ *La cala de Granatilla :* dans Sopalmo, prendre un tout petit chemin après le bar, indiqué « *rambla Granatilla* ». Le chemin est très pentu au début, puis débouche dans le ravin. Il est curieux, en voiture, de rouler tranquillement dans le lit d'une rivière, entouré de roches aux couleurs chatoyantes. Arrivé à la mer (à 2,7 km), on peut longer la falaise à pied, sur la gauche, par un petit chemin escarpé par endroits. Plusieurs criques tranquilles se succèdent. Y aller le matin car, aux dernières nouvelles, le soleil se lève à l'est et se couche à l'ouest. Et évitez le tout par temps d'orage, ça peut être dangereux.

À L'EST D'ALMERÍA

LA COSTA CÁLIDA ET MURCIE

Drôle de communauté que celle de Murcie, coincée entre le territoire valencien et l'Andalousie. On a beau ne pas être conquis par son intérêt immédiat, il est difficile de la laisser de côté. Ouverte à tous vents, elle est réputée pour sa *huerta*, cette grande plaine maraîchère d'où proviennent bon nombre des produits de nos supermarchés. Cette région offre aussi une vraie diversité culturelle à travers ses 3 grandes villes, Murcia, Carthagène et Lorca. Et en partant à la découverte de son arrière-pays, c'est sur les traces et vestiges des époques romaine, arabe et chrétienne que marche le visiteur. Connue surtout pour ses plages et les sports nautiques que l'on peut y pratiquer, cette région mérite néanmoins plus d'attention que celle qu'on lui porte d'habitude.

MURCIE (MURCIA)   (30000)   377 900 hab.

Capitale de la communauté autonome du même nom, cette cité moderne mêle quelques monuments superbes et beaucoup de constructions nouvelles. Une fois que l'on sait qu'elle s'efforce d'être coquette et propre pour faire oublier ses imperfections, on peut y passer 1 ou 2 bonnes journées sans le regretter. La ville n'étant pas immense, on vous conseille de la découvrir à pied ; vous pourrez garer votre véhicule dans l'un des 2 grands parkings de l'avenida Teniente Flomesta, ou le long du Ségura.

Arriver – Quitter

En bus

🚌 *Gare routière (plan A2) :* c/ Bolos. ☎ 968-29-22-11. À quelques blocs de la gare se trouve la place San Agustín, nœud de communication des bus pour de nombreuses directions. Le bureau d'information est ouvert dès 7 h et les guichets des compagnies *Alsa* (☎ 902-42-22-42 ; ● www.alsa.es ●) ou *Alsina-Graell* (☎ 968-29-16-12 ; ● www.alsinagraells.com ●) vers 8 h.
➤ *Grenade :* 6 bus par jour, dont 3 continuent vers Séville, et certains vers Málaga, Cordoue ou Cadix, avec *Alsina-Graells.* Trajet : 3 h 30 à 4 h 45.
➤ *Madrid :* 14 bus par jour, dont 6 directs, avec *Alsa.*
➤ *Alicante :* nombreuses liaisons, environ toutes les heures ou toutes les 1 h 30, avec *Alsa.* Durée : 1 h à 1 h 30 selon les bus, directs ou non.
➤ *Valence :* 7 à 11 liaisons quotidiennes aller-retour avec *Alsa.* Trajet de 3 h 15 (avec les directs) à 4 h 30 environ.
➤ *Alsa* dessert également *Almería, Málaga, Barcelone* et *Algésiras,* entre autres...

En train

🚃 *Gare RENFE (hors plan par B3) :* estación del Carmen, plaza de la Industria. ☎ 902-24-02-02. ● www.renfe.es ● De l'autre côté du Ségura. Pour se rendre dans le centre, emprunter les bus n°s 11 ou 39.

➢ Nombreux trains quotidiens pour **Alicante** (ligne C1) et **Carthagène,** 3 à 5 pour **Madrid** (4 à 5 h de trajet) et 3 pour **Barcelone** (environ 7 h de trajet).

En avion

✈ **Aéroport San Javier** *(hors plan par A3)* **:** ☎ 968-17-20-00. • www.aena. es • Petit kiosque d'infos touristiques. Liaisons assurées par *Iberia* et *Air Nostrum* avec Madrid, Barcelone, Ibiza et Palma de Mallorca.

À 47 km de la ville, accessible en bus en 45 mn environ (7 €) avec *Latbus* (voir ci-dessous « Adresses et infos utiles »), mais il n'y en a que 3 par jour vers la ville, et 2 dans l'autre sens (un 3e les lundi, vendredi et dimanche).

Adresses et infos utiles

🛈 **Offices du tourisme :** 2 localisations. Celui de la province *(plan B2, 1)*, plaza Julián Romea, 4, ☎ 902-10-10-70, • www.murciaturistica.es •; ouvert du lundi au vendredi de 9 h à 14 h. Et celui de la ville *(plan B2, 2)*, c/ Santa Clara, derrière le Théâtre romain, ☎ et fax : 968-22-06-59, • www.murciaciudad.com •; ouvert en été du lundi au samedi de 10 h à 14 h et de 16 h à 20 h. Une autre adresse, plaza Belluga, dans la mairie, mêmes horaires. ☎ 968-35-87-49.

✉ **Poste** *(plan B1)* **:** plaza Circular, 8. ☎ 968-24-12-43.

@ **Internet** *(plan B2) :* Ewapy, Frutos Baeza, 2. ☎ 968-21-08-53. Ouvert du lundi au samedi de 10 h à 14 h et de 17 h à 22 h.

■ **Taxis :** Radio Taxi, ☎ 968-24-88-00 et 968-29-77-00 ; Eurotaxi, ☎ 620-99-00-33 (portable).

■ **Location de voitures :** Avis *(plan D1)*, av. Ronda de Levante. ☎ 968-23-17-29. *Hertz (hors plan par B1)*, av. Ciclista Mariano Rojas, 7. ☎ 968-29-90-15.

■ **Transports urbains :** c'est *Latbus* qui s'en charge. ☎ 968-25-00-88. • www.latbus.com • Ont également un bureau sur l'av. de la Libertad, près du *Corte Inglés*.

Où dormir ?

Pas d'AJ, malheureusement !

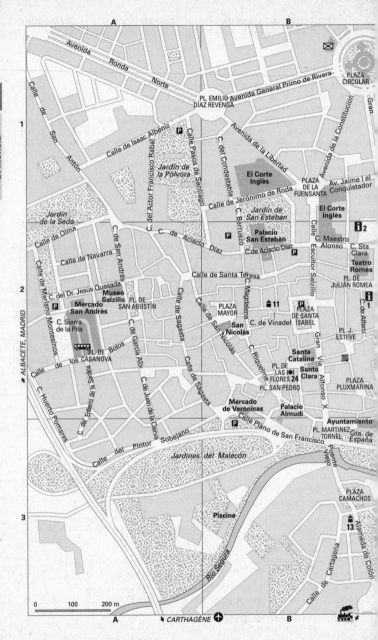

A   B

Avenida   Ronda   Norte

PLAZA
CIRCULAR

Calle   de   San   Antón

PL. EMILIO
DÍAZ REVENGA

Avenida General Primo de Rivera

Avenida de la Libertad

Av. Jaime I el
Conquistador

Avenida de la Constitución

Gran

Calle de Isaac Albéniz

Calle Pasos de Santiago

C. del Actor Francisco Rabal

C. del Condestable

Calle de Jerónimo de Roda

Jardín de
la Pólvora

Jardín
de la Seda

PLAZA
DE LA
FUENSANTA

El Corte
Inglés

El Corte
Inglés

1

Calle de Olma

C. del Actor Francisco Rabal

C. de San Andrés

C. de Acisclo Díaz

Jardín de
San Esteban

C. de Bertuezo

Palacio
San Esteban

C.de Acisclo Díaz

Calle
Escultor Salzillo

i 2

C. Maestro
Alonso

C. Sta
Clara

Teatro
Romea

Calle de Navarra

PL. DE
JULIAN ROMEA

Calle de Santa Teresa

Calle de Mariano Montesinos

C. del Dr. Jesús Quesada

Museo
Salzillo

PL. DE
SAN AGUSTÍN

Calle de Sagasta

Calle de San Nicolás

C. Magdalena

PLAZA
MAYOR

🏛 11

PL. DE
SANTA
ISABEL

i 1

C. de Alfaro

2

Mercado
San Andrés

C. Sierra
de la Pila

PL. DE
los CASANOVA

C. de García Alix

San
Nicolás

C. de Vinadel

PLAZA
PLUXMARINA

C. de García Alix

PL. DE
BOLOS

C. de Juan de la Cierva

C. Riquelme

Santa
Catalina

PL. J.
ESTEVE

@

ALBACETE, MADRID

Calle   de

C. Huerto Pomares

C. del Ensanche de la Seguridad

C. de Juan de la Cierva

Calle de Sagasta

Mercado
de Verónicas

PL. DE
LAS
FLORES 24

Santa
Clara

Gran Vía Alfonso X

PLAZA
PLUXMARINA

C. del   Pintor   Sobejano

Calle Plano de San Francisco

Palacio
Almudí

PL. SAN PEDRO

Ayuntamiento

PL. MARTÍNEZ
TORNEL

Gta. de
España

Jardines del Malecón

Puente
Viejo

PLAZA
CAMACHOS

Piscine

13

Alameda de Colón

3

Río Seguro

Calle de Cartagena

0   100   200 m

A   ↓ CARTHAGÈNE ✈   B

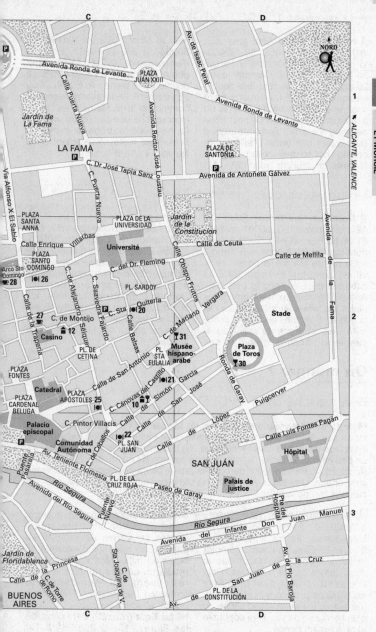

MURCIE

Prix moyens (de 30 à 50 €)

🛏 *Hostal El Perro Azul* (plan C2, 10) : c/ Simón García, 19, 30003. ☎ 620-37-99-60 (portable). À l'angle de Mariano Padilla. Compter entre 26 et 32 € pour une chambre double basique ou un mini-appartement avec une kitchenette. D'un style un peu de bric et de broc, ce petit hôtel est néanmoins très bien situé au pied du quartier des bars. D'ailleurs, la pension est au-dessus d'un bar...

🛏 *Pensión Murcia* (plan B2, 11) :

edificio Monte Ulía, c/ Vinadel, 6, 30004. ☎ 968-21-99-63. En face d'un bureau de l'INEM (l'ANPE espagnole). Compter 38 € la chambre double sans bains, 46 € avec. Pas exactement l'adresse rêvée pour flemmarder au lit. Même si les chambres sont de bon aloi (murs en crépi jaune mais couchage moyen), l'ensemble reste relativement cher. Ne vous y attardez pas.

Un peu plus chic (de 50 à 72 €)

🛏 *Hotel La Huertanica* (plan C2, 12) : c/ Infantes, 3-5, 30001. ☎ 968-21-76-68. Fax : 968-21-76-69. ● www. hotellahuertanica.com ● À l'angle de la rue de Montijo, au cœur de la ville. Compter environ 59 € la chambre double, sans le petit dej'. Accueil chaleureux dans un décor plutôt moderne qui mêle l'acajou et la brique. Ses bons points : la proximité des monuments mais aussi des lieux branchés le soir, et son

parking privé bien que payant.

🛏 *Casa Emilio Hotel* (plan B3, 13) : c/ Alameda de Colón, 9, 30005. ☎ 968-22-06-31. Fax : 968-21-30-29. ● www.hotelcasaemilio.com ● Compter 55 € la chambre double, équipée de baignoire et de l'AC. Dans une ambiance familiale, les chambres offrent une vue sur le jardin Floridablanca. Possibilité de se restaurer autour de plats typiques de Murcie.

Où manger ?

Bon marché (de 7 à 12 €)

Rien de très nouveau sous le soleil de Murcie, où l'on mange les mêmes tapas que dans le reste de la péninsule. Une petite exception toutefois, on aime bien les *habas* (des fèves), que l'on décortique de leur cosse avec, ici, un peu de *bonito* séché, là, une lichette de *morcilla* ou encore une *marinera* (anchois). Autre spécialité du coin, le *pastel de carne*, petit pâté de viande servi chaud. Lorsque le vermouth à la pression vient arroser le tout, on n'est pas très loin de la félicité...

|●| *Tasca Garrampón* (plan C2, 20) : à l'angle de Santa Quiteria et de Mesegueres. Fermé entre 16 h et 20 h et le dimanche midi. Compter moins de 6 € pour quelques tapas de charcuteries ou de fromages. Petit troquet bien sympa, où se retrouvent les habitués pour commencer la soirée autour d'une saucisse sèche ou d'un bon verre de vin. Très populaire et rapidement bondé.

|●| *Tasca El Palomo* (plan C2, 21) : c/ Cánovas del Castillo, 28. Ouvert le soir uniquement. Compter environ

6 € pour quelques tapas et un verre. Dans un décor sans prétention (tables couvertes de nappes en papier), on déguste d'excellentes tapas au milieu des habitués, des étudiants ou des familles qui s'y retrouvent. Le tout dans une ambiance très animée. Facilement bondé, et pour cause.

|●| *La Tapa* (plan B2, 24) : plaza de las Flores, 13. ☎ 968-21-13-17. Ouvert tous les jours jusqu'à 2 h. Fermé le dimanche soir. Compter pour un petit stop à la *barra* moins de

10 €. Bondé le dimanche midi, en salle comme sur la terrasse ; comptez une bonne demi-heure avant de pouvoir passer votre commande. Papiers gras par terre, verbe haut et fort, bref, l'Espagne comme on l'aime. On peut aussi y prendre son petit dej'.

🍴 *Señorío de Jomelsu* (plan C2, 25) : Isidoro de la Cierva, 3. ☎ 968-21-21-33. Ouvert de 11 h à 16 h et de 19 h au dernier client. Fermé le lundi et la 2e quinzaine d'août. Compter *grosso modo* 15 € pour un repas à la carte ou 9 € pour le menu. Chorizo, *jamón serrano, jabugo, pulpo* et bon vin pour pas si cher que ça (*jumilla del Duero,* rioja, *navarra*). Accueil sympa, mais attention aux suppléments en terrasse... un peu abusifs ! Digestif offert sur présentation de ce guide.

Prix moyens (de 12 à 25 €)

🍴 *Mesón El Corral de José Luis* (plan C2, 26) : plaza Santo Domingo, 23-24. ☎ 968-21-49-85. Sur une belle place animée le jour. Menu du jour à 10 € le midi ou autour de 25 € à la carte. C'est ici que bon nombre de notables de Murcie se donnent rendez-vous, mais aussi, le dimanche, les familles « bourgeoises ». Le patron n'hésite pas à venir discuter avec vous tout en vous conseillant sur la cave dont les vins sont maintenue à température adéquate. N'hésitez pas à y faire un tour.

🍴 *Pura Cepa* (plan C3, 22) : plaza Cristo del Rescate (près de l'église San Juan). ☎ 968-21-73-97. Vous avez 2 possibilités : soit vous démarrez la soirée au bar avec des tapas autour de 3-4 € et un bon verre de rioja dans un intérieur « branchouille » ; soit vous privilégiez la spacieuse terrasse pour un dîner entre amis avec un menu à 18 €. Parfait point de départ avant de poursuivre la soirée dans les bars environnants.

🍴 Pour ceux qui aiment varier les plaisirs, un grand choix de restaurants-bars aux décos originales dans la *calle Vara del Rey,* pour 15 à 20 € le repas : *Bar Capitaine Haddock, Bar Submarine, Taberna del Cueva...*

Où prendre le petit déjeuner ?

Pas d'endroit spécialisé, mais quelques adresses sympas où (notamment) on trouve la presse du jour.

🍷 *Drexco Café* (plan C2, 27) : c/ de la Trapería, 26. ☎ 968-21-95-95. En tout, 7 cafés différents et des combinaisons encore plus nombreuses pour ce lieu qui allie couleurs chaudes et bar de marbre rose. Élégant et un peu bourgeois, mais abordable si l'on se contente du bar.

🍷 *El Arco* (plan C2, 28) : c/ del Arco de Santo Domingo. ☎ 968-21-97-67. Juste à côté du teatro Romea. Bon café dans un cadre qui était moderne dans les années 1970.

Où boire un verre ?

🍸 *El Perro Azul* (plan C2, 10) : c/ Simón García, 19. Ceux qui ont cherché une pension connaissent déjà l'adresse. Avec ses murs extérieurs bleus, on ne peut pas le rater. À l'intérieur, les clients, assez jeunes, s'entassent dans une longue salle très peu éclairée la nuit et dans laquelle tombe le soir un brouillard fait de fumées plus ou moins licites... Animé jour et nuit, musique espagnole pas ringarde.

🍸 *Bar Tercer Avido* (plan D2, 30) : dans les arènes de la plaza del Toros. Ouvert à partir de 16 h jusqu'à point d'heure... La consommation reste abordable, autour de 2-3 € sans alcool et 7-8 € avec. Caves voûtées sous les arènes, avec une musique plutôt *rock'n'blues,* de quoi passer un très bon moment dans une ambiance chaude style feria le week-end.

🍸 *Bar Itaca (plan C-D2, 31) :* c/ Mariano Vergana, 6. Dans un tout

autre style, si vous cherchez une ambiance zen et plus calme, cet endroit ressemble étrangement à un café-philo bien parisien. Parfois des poèmes y sont lus, des artistes passent... la tornade de la nuit paraît bien loin.

À voir. À faire

🍴 *Le casino (plan C2) :* c/ de la Trapería, 22. ☎ 968-21-53-99. Ouvert de 10 h à 21 h. Attention, c'est un bâtiment privé : il faut faire partie du cercle pour entrer, ou payer 1,20 €. Superbe bâtiment à l'intérieur luxueux. Un bel exemple de décoration dans le style arabo-mudéjar. Dans la petite salle à l'entrée à droite sont organisées des expositions de peinture. Vous pouvez aussi vous restaurer à l'étage ; autour de 20 € le menu.

🍴🍴 *Catedral (la cathédrale ; plan C2) :* plaza Hernández Amores, 2. ☎ 968-21-63-44. Ouvert tous les jours de 10 h à 13 h et de 17 h à 20 h. C'est LE monument de Murcie. Sans être passionné d'architecture religieuse, l'intérieur de la cathédrale vaut bien 1 h de visite. Sa façade est un des chefs-d'œuvre du baroque mondial. À voir absolument, dans le déambulatoire, la *chapelle du marquis de Veléz,* de style gothique flamboyant. Les parois sont entièrement ciselées et décorées de motifs floraux, végétaux et géométriques, ainsi que d'une multitude de petits personnages. Ici plus qu'ailleurs, l'expression « dentelle de pierre » prend tout son sens. Le spectacle est magnifique et n'est pas sans rappeler le monastère de Belem, près de Lisbonne. La 4e chapelle dans le bas-côté droit renferme un retable de l'*Adoration des bergers* en marbre, du XVIe siècle. Là aussi, la pierre est travaillée à l'extrême, comme la voûte, entièrement décorée d'angelots et d'animaux fabuleux. À voir également, la sacristie et ses boiseries ouvragées, séparée du déambulatoire par une belle porte platéresque. Dans le chœur, un retable dont le moins que l'on puisse dire est qu'il est très chamarré : il pourrait servir pour régler les couleurs de votre TV. Enfin, pour finir, on peut admirer les stalles.

🍴 *Palacio episcopal (le palais épiscopal ; plan C3) :* plaza Cardenal Belluga, 1. Face à la cathédrale, il possède une originale façade rococo. Ne se visite pas.

🍴 *Monasterio de Santa Clara de la Real (plan B2) :* Gran Vía Alfonso X El Sabio, 1. ☎ 968-23-35-19. Il est souvent appelé « Las Claras » en raison des sœurs qui sont cloîtrées dans les lieux. C'est en fait un monastère médiéval construit sur les ruines d'un palais musulman du XIIIe siècle, l'*alcazar Seguir.* Il possède aussi une église baroque du XVIIIe siècle et un cloître gothico-mudéjar, qui ne se visite pas.

🍴 *Centro cultural Las Claras (plan B2) :* ☎ 968-23-46-47. Ouvert du lundi au samedi de 10 h à 13 h et de 16 h à 21 h, et le dimanche de 10 h à 13 h. Entrée gratuite. Belles salles d'exposition qui jouxtent le monastère du même nom. Il reste encore quelques pans de murs d'origines romaine et médiévale. Les expos tournent régulièrement et sont souvent de bonne qualité.

🍴 À voir aussi, le *museo Salzillo (plan A2) :* plaza San Agustín, 3. ☎ 968-29-18-93. ● www.museosalzillo.es ● Ouvert du mardi au samedi de 9 h 30 à 14 h et de 17 h à 20 h, et les dimanche et jours fériés de 11 h à 14 h ; en juillet et août, ouvert du lundi au vendredi, mêmes horaires. Entrée : 3 €.

Les sculptures de Salzillo (XVIIIᵉ siècle) sont exposées dans l'église N. P. Jesus, dont le style est un peu prétentieux, avec sa débauche de peintures en trompe l'œil. Ce sculpteur a essentiellement réalisé des *pasos,* personnages isolés ou en groupe, racontant les différentes étapes de la vie du Christ, et que l'on promène chaque année dans les rues de la ville lors des processions. On peut rester insensible face à l'aspect figé, hiératique, de ces personnages. Les petites figurines composant la crèche (plus de 500) peuvent paraître plus attrayantes.

– Ne manquez pas non plus de faire un petit tour dans les **marchés.** Celui de la calle Verónicas *(plan B2)* est plus spacieux et mieux fourni que le marché San Andrés *(plan A2).* À l'étage, fruits et légumes ; au rez-de-chaussée, viande, poisson...

– **Escalade :** Murcie est bien connue des grimpeurs ; sa région possède de nombreux sites de tous niveaux. Pour les topos, *bazar La Tierra,* à Alcantarilla : ☎ 968-80-04-63. Pour plus de renseignements, s'adresser à la *Federación de montañismo de la región de Murcia,* Francisco Martínez García, 4, 30003. ☎ 968-34-02-70. Ouvert de 10 h 30 à 20 h.

Fêtes

– Près d'un million de personnes se déplacent chaque année pour aller voir les **fêtes du Printemps** (la semaine qui suit le lundi de Pâques) à Murcie, et notamment l'**enterrement de la Sardine** (*entierro de la Sardina,* le samedi suivant Pâques). Ça ressemble beaucoup aux carnavals de Nice ou de Menton. Plus de 80 groupes, brésiliens, *sardineros* de toutes parts (Barcelone, Cartagena, etc.), des fanfares de tous types, beaucoup de topless défilent en bon ordre. À la fin, feu d'artifice pour que tout le monde soit content.
Les *tunas* terminent par des défilés le soir et la nuit dans les bars qui, pour l'occasion, prolongent ou font naître des terrasses un peu partout.
L'autre grande manifestation de ces fêtes du Printemps est le **bando de la Huerta** (également la semaine suivant Pâques, le mardi), tout le monde y participe ; les habitants défilent alors dans les rues habillés en *huertanos,* les paysans de la huerta, histoire de rendre hommage à ceux qui ont fait la fortune de la ville.
– Durant la 1ʳᵉ quinzaine de septembre, plusieurs fêtes intéressantes également, couplées à la feria : Moros y Cristianos, avec un beau défilé en costumes sur la Gran Vía, et, le 14 septembre, la procession de la Vierge de la Fuensanta, qui conduit la Vierge de la cathédrale au sanctuaire de la Fuensanta.

➤ *DANS LES ENVIRONS DE MURCIE*

Au sud

🏃 Le week-end, de nombreux Murciens vont s'aérer les poumons vers les contreforts boisés de la **sierra de los Villares,** où se cache la **iglesia de la Fuensanta.** Pour s'y rendre, aller à La Alberca ou Algezares, 2 petits villages à quelques kilomètres au sud de Murcie. De là, prendre une petite route se dirigeant vers la montagne. Très beau parcours qui chemine à l'ombre des eucalyptus, dans un dédale de blocs de pierre et dans la poussière d'une terre rouge brique. C'est l'endroit où les amoureux viennent se promener bras d'sus, bras d'sous et où les familles viennent pique-niquer (plusieurs espaces à flanc de coteau, avec quelques aires de jeux pour enfants). L'église de la Fuensanta, un peu toc, est ouverte de 9 h à 13 h et de 16 h à 19 h.

À l'intérieur, un retable doré ni plus beau ni plus moche que tous ceux que l'on trouve dans la région.

Au-dessus du sanctuaire, un réseau de routes et de chemins parcourt la sierra, offrant parfois de belles vues sur la plaine, sur de profondes vallées ou des promontoires escarpés découpés dans le calcaire. Intéressant à faire à VTT.

🏃 *La sierra de Espuña :* à une quarantaine de kilomètres au sud-ouest de Murcie, la sierra de Espuña est le poumon vert de la province. Culminant à près de 1 600 m et couverte de forêts de pins, cette chaîne de montagnes est classée parc naturel et bénéficie à ce titre d'une législation la protégeant de toute agression. La faune se sent tellement en sécurité que les sangliers s'approchent régulièrement d'un des 2 bars du parc et viennent même vous manger dans la main (véridique !). C'est moins vrai pour les mouflons, très nombreux aussi dans ces montagnes.

Cette sierra est idéale pour le VTT, et plus encore pour l'escalade : elle abrite en effet dans le *barranco de Leyva* une immense falaise de plusieurs centaines de mètres de long et plus de 150 m de haut, qui ne compte pas moins de 60 voies. Le camping est autorisé dans quelques zones limitées, mais il faut demander l'autorisation à la *mairie de Alhama de Murcia.* Pour tout renseignement, s'adresser à l'office du tourisme de cette ville.

LES PETITS VILLAGES DES SIERRAS

Comme une pile d'assiettes renversées, les sierras à l'ouest de Murcie (Espuña, de Ponce o Cambrón, de Lavía, de Ceperos, de Quipar...) laissent quelques routes se faufiler entre leurs flancs. La rareté de la végétation et le soleil généreux en font une région a priori hostile, et pourtant...

LOS BAÑOS DE MULA (30190)

C'est une autre conception de l'activité thermale qui règne ici. Perdu dans un décor de western, Los Baños de Mula est un minuscule village en apparence similaire à n'importe quel autre *pueblo.* Si ce n'est que plusieurs maisons sont en fait des hôtels dont chaque chambre abrite un bain particulier. Mais il est aussi possible de se baigner sans passer par un hôtel, à *Los Baños Manantial,* pour 9 €/h (un peu cher).

Où dormir ? Où prendre des bains ?

🏠 *Parador Azul :* Juan Martínez Soto, 7. ☎ 968-66-12-05. Fermé en avril. Accueil au bureau de tabac, en face. Petit conseil, téléphonez avant de vous présenter pour vous assurer qu'il y a bien quelqu'un au tabac. Compter entre 70 et 100 € l'appartement pour une nuit. Cet établissement s'organise autour d'une grande cour intérieure tout en faïence et propose des appartements de 3 chambres permettant de loger jusqu'à 6 personnes et disposant chacun d'un bain thermal, aménagé dans une petite salle voûtée. Surprenant ! Pour faire du tourisme autrement.

Où manger ?

🍴 *Venta Magdalena :* ctra de Murcia, 67. ☎ 968-66-05-68. Service le midi uniquement. Fermé le mercredi et de mi-juillet à mi-août. Menus à partir de 12 € pour le déjeuner ; à la carte, prévoir le double. On ne remarque presque pas cette *venta* qui ressemble à s'y méprendre à une baraque de station-service. Pourtant, foi de Murcien, y est mitonné l'un des meilleurs riz de toute la région. Une cuisine de la campagne riche en saveurs et en générosité, animée par le brouhaha des habitués. Goûtez le riz au lièvre malicieusement épicé par un *pimiento morrón* mémorable. Vous l'avez compris, une très bonne adresse, où il faut absolument réserver.

MULA

Blottie au pied d'une colline que surmontent les ruines d'un imposant château, Mula est une petite ville peu touristique dont la visite ravira les amoureux de l'Espagne et des vieilles pierres. La commune a même été déclarée en 1981 d'intérêt artistique et historique national.

🏃 La *calle del Cano* (la rue principale qui monte vers la vieille ville) et la *calle de San Francisco* (perpendiculaire à la précédente) sont bordées de belles **maisons seigneuriales** aux porches en pierre de taille. C'est dans l'ancien palais d'un marquis qu'est installé un musée unique en Espagne, le *musée El Cigarralejo* (c/ del Marqués, 1 ; ouvert du mardi au samedi de 10 h 30 à 14 h et le dimanche de 10 h 30 à 13 h). Il abrite une très riche collection d'objets (céramiques, armes, outils agricoles...), tous issus d'une nécropole ibère découverte il y a 40 ans dans les environs.

À voir aussi, les différentes **églises,** la plupart du XVIIIe siècle, et le **château des marquis de Veléz,** qui malheureusement ne se visite pas mais dont les murs extérieurs, très bien conservés, sont hérissés de corbeaux (pas les oiseaux, mais les saillies en pierre) et ornés d'imposants blasons. De là-haut, très belle vue sur la *huerta,* ses citronniers, ses collines désertiques et son village aux toits de tuiles brunes.

CARAVACA DE LA CRUZ (30400)

Comme son nom l'indique, le village accueille un sanctuaire chrétien depuis que, en 1232, l'évêque Chirinos a déclaré y avoir vu la Sainte Croix (très exactement *Lignum Crucis*). Depuis, tous les prétextes sont bons pour lui demander son aide. Pendant la Reconquête, elle servit de symbole contre les Maures ; par la suite, elle devint l'emblème des hospitaliers. En 1588, une procession fut organisée pour qu'elle envoie ses ondes positives contre l'Invincible Armada. Et même Murcie, en 1677, demanda le soutien de la Croix lors d'une épidémie de peste.

Ultime consécration : en 1998, à l'instar de Rome, Jérusalem, Saint-Jacques-de-Compostelle et Santo Toribio de Liébana, Caravaca devient une ville sainte où se célèbre l'Année Jubilaire. Amis pèlerins, la prochaine édition sera en... 2010, puis tous les 7 ans !

Adresse utile

🏠 **Office du tourisme :** c/ de Las Monjas, 17. ☎ 968-70-24-24. • www.caravaca.org • Ouvert du mardi au vendredi de 10 h à 14 h et de 17 h à 20 h (16 h à 19 h en hiver), et le week-end de 10 h à 14 h.

Où manger ?

🍴 **Rincón de Paco :** Lonja, 5. Dans une impasse, derrière l'*Hotel Central.* On s'en sort pour moins de 8 €. Grand choix de tapas, à consommer au bar, histoire d'éviter la compil' de Julio Iglesias qui passe en boucle dans la salle du restaurant. Les Églises, oui, Iglesias...

Où dormir ? Où manger dans les environs ?

Casa rural

▲ |●| *El Molino del Río :* camino Viejo de Archivel s/n, Benablón. ☎ 968-43-33-81 et 606-30-14-09 (portable). Fax : 968-43-33-44. ● www.molinodelrio.com ● Dans le canyon de la rivière Argos, à 10 km de Caravaca de la Cruz. Pour s'y rendre depuis Murcie, prendre l'autoroute, direction Benablón-Barranda ; sortir à Benablón, et c'est à 3 km (suivre le fléchage). Chambres doubles avec bains à environ 53 € ; appartements pour 2 à 6 personnes de 62 à 116 €, selon la saison et la présence ou non d'une cuisine. Menus de 15 à 25 €. Petit moulin du XVIe siècle refait à neuf et perdu dans le creux d'un *barranco* (ravin) sableux. Très belles chambres, toutes avec poutres apparentes, très simples mais accueillantes. Les couettes donnent envie de se lover dans les lits et la grande salle chaleureuse invite à se repaître en commençant par un bon apéro. Peut-être préférez-vous vous prélasser au bord de la piscine, saliver devant le barbecue, ou explorer les sentiers de randonnées à proximité. Carmen, la propriétaire, est d'une douceur qui ne détonne pas avec le lieu. Une adresse à consommer sans modération, à l'écart du monde. L'apéritif est offert à nos lecteurs sur présentation de ce guide, ainsi que 10 % de réduction en semaine de janvier à mars.

À voir

🎋 La Croix est conservée dans un grand *sanctuaire,* château perché sur une colline dominant la ville. Ouvert de 8 h à 14 h et de 16 h à 19 h. Un magnifique portail de marbre, rose et gris, de facture bien baroque, marque l'entrée de l'église, flanquée sur sa gauche d'un bâtiment civil. Ce dernier a d'ailleurs été un refuge pendant la guerre de Succession (1700-1713) et pendant la guerre d'Indépendance contre les Français en 1812. L'intérieur n'est pas d'un grand intérêt, si ce n'est l'autel qui évoque quelques réminiscences orthodoxes, encadré par 2 angelots porte-loupiotes. Un petit musée se trouve également dans le cloître.

🎋 Depuis le sanctuaire, on peut jeter un œil à l'étrange façade rouge et blanche de la *plaza de Toros,* qui date de 1926. Son style néo-mudéjar ne laisse pas indifférent, sa façade paraît avoir été lavée par le sang des taureaux ! Elle s'est installée sur l'emplacement du couvent des pères franciscains, qui quittèrent la région vers le milieu du XIXe siècle.

🎋 À voir également, l'*église paroissiale del Salvador,* dans le centre de la ville. Édifiée pendant la seconde moitié du XVIe siècle sur l'ancien hôpital des Templiers, elle est presque aussi intéressante que le sanctuaire lui-même. Siège de l'évêché et de l'ordre de Santiago, elle n'a jamais été achevée. Le retable (entièrement doré à l'or fin) mesure quelque 8 m de haut. Sans transept, l'église ressemble étrangement à un temple, soutenu par 4 grosses colonnes ioniques dont les cannelures ne commencent qu'à mi-hauteur. Sept petites chapelles plus ou moins bien entretenues. Messes à 7 h et 12 h le dimanche, 20 h en semaine.

🎋 À voir enfin, l'*hôtel de ville* (ayuntamiento) dont le bâtiment forme une belle arche.

– Une particularité si vous êtes dans le coin début mai : la fête des **Caballeros del Mayo.** Du 1er au 5 mai, sorte de feria avec un lâcher de taureaux le matin et l'après-midi, défilés de chevaux ornés d'une parure représentant les confréries de vin de la région. Spectacle magnifique et ambiance délirante !

MORATALLA *(30440)*

Autre beau village qui s'organise autour d'un piton rocheux au sommet duquel un château médiéval monte la garde. Au pied, une belle huerta avec oliviers, amandiers et abricotiers.

Adresse utile

⊟ Office du tourisme : c/ Barrio Nuevo (☎ 968-73-02-08, ● www.ayuntamientomoratalla.net ●). Un petit office du tourisme ouvert en semaine de 10 h à 13 h 30 (11 h à 14 h le samedi) et de 16 h à 19 h (de 17 h à 20 h l'été), le dimanche de 11 h à 14 h.

Où dormir dans le coin ?

Casas rurales

⌂ El Molino de Benízar : 30442 Benízar. ☎ et fax : 968-73-60-06. ● info@molinodebenizar.com ● À une vingtaine de kilomètres de Moratalla, par une très douce route qui serpente parmi les genêts, les pierres sèches, les oliviers et les brebis. Bien fléché à partir de Socovos. Location d'un appartement pour 2 personnes à 52 € par jour ou 245 € par semaine en haute saison. Beau petit moulin restauré avec beaucoup d'attention, qui se recroqueville dans la roche et est surplombé par un énorme rocher. Ressemble au logis de la belle Emmanuelle Béart dans *Manon des sources*. Petit ruisseau qui glouglioute au pied du moulin, et piscine. Pour les amoureux du silence et de la nature. Faites-vous bien expliquer le chemin en réservant. Pas de paiement par carte bancaire.

⌂ El Cortijo Rojas : Paraje del Roble, 30440 Moratalla. ☎ 968-70-13-90 et 676-89-34-58 (portable). Fax : 968-70-10-78. ● www.cortijorojas.com ● À 4 km de Moratalla. Pour s'y rendre, juste en sortant du village sur la route de Calasparra et Elche de la Sierra, prendre à gauche (direction le camping), puis à droite par un petit chemin qui s'enfonce dans les vergers ; passer un gué dans un *barranco* ; suivre les indications par la suite. Trois appartements de 5, 6, 9 ou 10 places : de 230 à 330 € pour un week-end et de 435 à 680 € pour une semaine (plus cher en août et la 2e quinzaine de juillet). Grand domaine à la façade ocre, s'adossant à une ferme et organisé autour d'un patio central. Tous les appartements, décorés dans le genre rustique, ont cuisine très bien équipée, salon TV, salle de bains et partagent l'usage des parties communes (barbecue, terrasse...). Entrée indépendante pour chacun. Piscine, terrain de tennis et de basket-ball, location de VTT et, surtout, un silence magistral rompu uniquement la nuit par le bruit des grillons. N'accepte pas les cartes de paiement. Pour nos lecteurs, sur présentation de ce guide, 10 % de réduction en basse et moyenne saison en semaine (du lundi au vendredi).

CARTHAGÈNE (CARTAGENA) (30200) 195 000 hab.

Moins encore que les autres villes moyennes de la région, Carthagène n'a l'image d'une cité touristique. Elle a d'abord été un port, fondé par les Carthaginois, et est longtemps restée une base navale de 1re importance en Espagne, avant que l'activité militaire ne s'efface très nettement au cours des dernières décennies (en Espagne aussi, l'armée se serre la ceinture). Mais la ville a surtout été industrielle, grâce à la proximité de plusieurs mines qui ont fait sa richesse au début du XXe siècle. Il subsiste de cette époque de beaux hôtels particuliers, avec bow-windows, très bien restaurés. Aujourd'hui, toutes les mines sont fermées, mais Carthagène reste une ville industrielle dont l'activité s'est déplacée vers l'est et le nouveau port du faro de Escombreras. Le centre-ville et l'ancien port peuvent donc faire peau neuve, et ils le font ! Dans cette optique de redynamisation de la ville, un parcours culturel, « Carthagène, port de cultures » (● www.puertoculturas.com ●), illustre près de 3 000 ans d'histoire de la cité, de l'époque punique jusqu'à nos jours. En font partie : le château de la Conception, la muraille punique, l'ensemble de la place des Trois Rois, entre autres.
Malgré tous ces efforts, vous risquez d'être déçu par l'ambiance : ville quasi morte le soir... et pourtant, nous sommes toujours en Espagne !

Arriver – Quitter

En bus

🚌 **Gare routière :** av. Trovero Marín. ☎ 968-50-56-56. Près de la place Bastarreche.
➤ **Pour Alicante :** 8 départs quotidiens.
➤ Possibilité également de se déplacer à travers l'**Andalousie** avec la compagnie *Alsina Graells* et de se rendre à **Barcelone** avec *Bacoma*.

En train

🚆 **Gare RENFE :** plaza de México. Pas trop loin, non plus, de l'office du tourisme.
➤ Quatre départs quotidiens pour **Madrid** et un pour **Barcelone.**

Adresses utiles

🛈 **Office du tourisme régional :** plaza Bastarreche s/n ; en face en sortant de la station de bus. ☎ 968-50-64-83. ● www.murciaturistico. es ● Depuis la gare RENFE, remonter l'avenue arborée en face de la sortie ; au 1er rond-point, à 11 h. Ouvert du lundi au vendredi de 10 h à 14 h et de 16 h à 18 h (de 17 h à 19 h l'été), et le samedi de 10 h à 13 h. Dispose d'un plan de la ville très bien fait, avec tous les monuments et sites classés par époque.

🛈 **Office du tourisme municipal :** paseo del Muelle, à 2 pas de la plaza Alfonso XII. ☎ 968-50-00-93. ● www. cartagena.es ● Ouvert du lundi au samedi de 10 h à 13 h 30 et de 16 h à 18 h (de 17 h à 19 h en été), le dimanche de 10 h 30 à 13 h 30.
@ **Exit :** plaza del Rey, 5 bajo. ☎ 968-52-89-84. Tarifs intéressants et accueil très sympathique.
■ **Radio taxis :** ☎ 968-52-04-08 et 968-31-15-15.

Où dormir ?

Prix moyens (de 30 à 45 €)

🛏 **Pensión-Hospedaje Oriente :** c/ Jara, 27-29, 30201. ☎ et fax : 968-50-24-69. Juste en face de l'immeuble de la *Citybank.* Au 1er étage. Chambres doubles de 32 à 36 € avec TV, ventilo et balcon. Des chambres confortables à la déco un peu vieillotte et, dommage, des matelas moyens. Belle façade blanche et rouge avec bow-windows.

Très chic (à partir de 90 €)

🛏 **Hotel Alfonso XIII :** paseo Alfonso XIII, 40, 30203. ☎ 968-52-00-00. Fax : 968-50-05-02. ● www. hotelalfonsoxiii.com ● Compter 127 € la chambre double en semaine, « seulement » 85 € le week-end. Le meilleur hôtel de Carthagène, situé dans la principale avenue de la ville moderne, à 10 mn à pied du centre historique. Récemment rénové, il offre, bien sûr, des chambres tout confort, joliment décorées dans les tons bleus et, comble du luxe, baignoire-jacuzzi. Petit dej' correct mais sans plus. Parking payant au sous-sol.

Où manger ?

🍽 **La Tartana :** c/ Puerta de Murcia, 14. ☎ 968-50-00-11. Juste en face du *McDo.* Compter environ 10 € pour plusieurs bouchées d'une belle palette de tapas. On y vient aussi bien en famille qu'avec ses collègues de travail ou ses vieux copains. Fait aussi resto, mais c'est plus cher. Un bémol, l'accueil est froid et le service peu efficace.

Où manger dans les environs ?

🍽 **Restaurante El Mosqui :** ctra del Faro, 30370 Cabo de Palos. ☎ 968-56-45-63. Fermé le jeudi en basse saison. Réservation recommandée le week-end. Prévoir de 25 à 30 € à la carte. On vient dans ce drôle de resto, dont le toit reconstitue le pont d'un bateau, pour le *caldero,* un plat que jadis les marins pêcheurs de la côte concoctaient à même la plage en posant leur fait-tout directement sur les braises. Pour que le *caldero* soit bon, il faut que le riz vienne de Calasparra, que les poissons soient de roche, que le mulet soit gris et le *pimentón* versé avec générosité. C'est le cas au *Mosqui.* Également du bon poisson en croûte de sel, puisque la mar Menor avoisinant en regorge. Attention, des erreurs peuvent se glisser dans la note, soyez vigilant ! Café offert à nos lecteurs sur présentation de ce guide.

Où boire un verre ?

🍸 **Pub Trastera :** plaza del Rey. À proximité de l'Arsenal militaire. Sur l'une des places les plus tranquilles de la ville. Le bar paraît s'enfoncer jusqu'à plus fin. C'est peut-être pour la même raison que c'est l'un des plus fréquentés de la ville pour prendre un pot. Bonne sono.
– Lorsque les pubs du centre ferment, tout le monde émigre vers les rues Principe de Asturias et Pintor Ballaca, dans l'*Ensanche,* soit *la ville moderne.*

À voir

🏃 *Calle Mayor* et ses nombreuses et belles façades, notamment celle de la *casa Llagostera* (en face de l'église Santo Domingo) ou du casino. D'autres maisons de style moderniste se situent dans les rues voisines, comme la *casa Clares* (à l'angle des rues del Aire et Cuatro Santos), avec leurs élégants bow-windows, corniches et dentelles architecturales.

🏃 *Iglesia Santa María de Gracia :* à l'angle des rues del Aire et San Miguel. Construite au XVIIIe siècle, amendée aux XIXe et XXe siècles. En fait, elle n'aurait rien de très fulgurant si elle n'était flanquée de petites chapelles richement parées.

🏃 *Iglesia Santo Domingo :* c/ Mayor. Très curieuse église, d'abord par sa couleur, très jaune, avec un retable... inexistant. Fait de lamelles en bois sur lequel ondule bizarrement un drapeau du pays. Le volume est assez effarant et ne se distingue pas par son élégance. Pour corriger le tir, on s'est senti obligé de faire dans la débauche d'ors dans la petite chapelle baroque de Marraja.

🏃 *Ayuntamiento ou Palais consistorial :* au début de la calle Mayor. Imposant édifice moderniste qui semble surveiller le large depuis sa tour vigie. Malgré le marbre gris, on peut rester insensible à son élégance et même lui trouver un côté massif. Faites-en le tour, chaque face a une physionomie différente.

🏃 *Teatro romano* (le théâtre romain) : construit au Ier siècle av. J.-C., il ne fut découvert qu'en 1987. Une armée d'archéologues continue encore à dégager les gradins. En fait, à la place de la scène se trouvait une maison. Faire le tour du théâtre car, d'en haut, on peut jouir d'une belle vue sur la baie et les tuiles latines de l'église Santa María la Vieja (pompeusement appelée cathédrale...), autre témoignage de l'occupation du sol.

– Pour ceux qui ont du temps, il vous reste encore à découvrir tous les sites de « Carthagène, port de cultures » (voir l'intro de la ville), en visitant le *Centre d'Interprétation de l'Histoire de Carthagène*, le *Centre d'Interprétation de la Murella Púnica, la casa de Fortuna*, l'*Augusteum*, ou encore le *musée des Réfugiés de la guerre civile espagnole*. Les *pass* proposés, en fonction de ce que vous souhaitez visiter, sont plutôt intéressants.

Où faire trempette ?

Éviter toute la zone de la mar Menor, gangrenée par les constructions. Ce qui devait être un paradis naturel, à savoir une très longue et étroite bande de sable séparant la Méditerranée d'une immense lagune (la mar Menor), est aujourd'hui une horreur de plus, une chaussée de béton où alternent sans discontinuer hôtels, immeubles et pizzerias.

Des plages plus sauvages se trouvent, par exemple, dans la région d'Aguilas, mais pour combien de temps encore ?

Pour les amateurs de plongée, quelques sites offrent de beaux fonds : *cabo Tiñoso, cabo Falcón* ou encore *cabo Cope*. Renseignements à l'office du tourisme.

LORCA   (30800)   77 477 hab.

Tout au long de 5 000 années d'histoire, la ville de Lorca, appelée aussi « Cité du Soleil », a amassé une richesse historique qui vaut la peine d'être découverte. Dans le but de restaurer et de montrer ses monuments, la région a organisé un parcours fléché appelé « Lorca : Atelier du Temps ».

Lorca, c'est aussi une ville où l'on prend le temps de flâner dans les rues de la vieille ville, de découvrir des églises de-ci, de-là, des couvents, des porches (San Antonio), des vestiges romains... Elle mérite qu'on s'y attarde au moins un ou 2 jours !

UN PEU D'HISTOIRE

La situation géographique de Lorca, entre l'Andalousie et le Levant, a long-temps suscité bien des convoitises, bien qu'aujourd'hui les vestiges les plus significatifs datent des époques médiévale et baroque.

Lorca fut *Villa Romana,* et l'on peut encore admirer la borne miliaire datant de cette époque. Plus tard, suite à l'invasion barbare, elle devint zone limitrophe entre le royaume de Grenade et la Castille. Le château fort avec sa *tour Alphonsine* en est un exemple, ou bien le *château de Xiquena* et celui *de Tiriezar,* ainsi que des demeures et couvents appartenant à des familles nobles ou à des ordres religieux.

À son tour, la Renaissance s'est imposée, dont le principal vestige est la *plaza de España.* Tout près, on peut contempler le *palais du Corregidor* ainsi que le temple de l'*ex-collégiale de Saint Patrice,* exemple de l'architecture prébaroque. Des XVIIe et XVIIIe siècles subsistent les imposantes demeures des *hidalgos* et des nobles, le long des rues de la ville.

Arriver – Quitter

En voiture

➢ Suivre la N 340 soit en direction de Murcie, soit vers Grenade. Pour les plages, prendre la N 332 vers Aguilas.

Par le train ou le bus

🚌 *Gare routière :* Alameda Menchirón. ☎ 968-46-92-70.

🚆 *Gare RENFE :* av. Estación. ☎ 968-46-69-98. ● www.renfe.es ●

Adresses utiles

🛈 *Office du tourisme :* c/ Lope Gisbert (Palacio de Guevara). ☎ 968-44-19-14. ● www.ayuntalorca.es ● Ouvert du lundi au vendredi de 9 h 30 à 14 h et de 16 h 30 à 19 h 30, et les week-ends et jours fériés de 11 h à 14 h. Accueil très efficace et charmant.

✉ *Poste :* c/ Musso Valiente, 1. ☎ et fax : 968-46-71-12.

🚌 *Gare routière :* Almda. Menchirón. ☎ 968-46-92-70.

🚆 *Gare RENFE :* av. Estación. ☎ 968-46-69-98.

■ *Police locale :* av. de las Fuerzas Armadas. ☎ 968-44-33-92 et le ☎ 092 (n° national).

■ *Urgences :* ☎ 112 ; et *Pharmacie 24 h/24 :* ☎ 968-46-71-64.

■ *Radio taxis :* ☎ 968-47-11-10.

Où dormir ? Où manger ?

Bon marché

🛏 🍽 *Pensión del Carmen :* c/ Rincón de los Valientes, 13. ☎ 968-46-64-59. Chambres doubles avec bains autour de 30 €. Pour vous y rendre, longez la rue Nogalte, suivez la direction de l'église del Carmen, la pension se trouve dans une impasse exactement en face. Accueil très cha-leureux d'un monsieur qui propose des chambres confortables et pro-pres. Un bon rapport qualité-prix.

Un peu plus chic

🛏 **Hotel Alameda :** Musso Valiente, 8. ☎ 968-40-66-00. Fax : 968-40-66-44. ● www.hotel-alameda.com ● 🍴 Compter 50 € (60 € en période de fête, 80 € pendant la Semaine sainte) pour une chambre double avec tout le confort. Situé au cœur de la ville historique, cet hôtel offre une pres-tation tout à fait agréable pour le quartier. Parking payant.

|●| Pour vous restaurer, nous vous conseillons d'autres endroits comme **La Pradera** (ctra Aguilas-Dip. Campillo, près de la gare routière ; ☎ 968-46-82-58), ou la **Casa Cán-dido** (c/ Santo Domingo, 13 ; ☎ 968-46-69-07).

À voir

🎭🎭 **Plaza de España :** elle est connue comme la « place de Dehors » (plaza de Afuera), car située à l'extérieur de la muraille qui entourait la ville. Tout au long de son histoire, cette place accueillit des manifestations, des fêtes ou des représentations théâtrales religieuses dont le propos était de moraliser le peuple. Aujourd'hui, elle est le point de départ de défilés ayant lieu pendant la Semaine sainte, comme celui de la Curia *(Procesión de la Curia)* dans la soirée du samedi de la Passion. Autour de la place d'Espagne, noter 3 admi-rables bâtiments de style prébaroque, parmi les plus importants de la ville, l'*ex-collégiale de Saint-Patrice*, l'*hôtel de ville* et la *maison Corregidor,* qui représentent les 3 pouvoirs : ecclésiastique, civil et judiciaire.

🎭🎭 **Castillo de Lorca :** ☎ 902-40-00-47. Ouvert de 10 h à 14 h 30 et de 16 h à 18 h 30 (20 h 30 en été). Fermé en janvier et février, et le lundi hors saison. Entrée : 3,50 € ; réductions. Audioguide à 2 €. De cette forteresse d'origine arabe qui dominait toute la ville se distinguent encore 2 tours bien conser-vées : la *torre Alfonsina* et la *torre del Espolón,* construites entre le XIIIe et le XVe siècle.

🎭 **Centro de Visitante « Lorca, Taller del tiempo » :** dans le *convento de la Merced.* ☎ 968-47-74-37. ● www.lorcatallerdeltiempo.org ● Ouvert de 9 h 30 à 14 h et de 16 h 30 à 18 h ou 18 h 30, selon les saisons. Entrée : 2 €. Tout sur la ville et son histoire. Plusieurs *Pass* en vente pour visiter tous les monu-ments de la ville.

🎭 **Museo arqueológico municipal :** plaza Juan Moreno. ☎ 968-40-62-67. ● www.museoarqueologicodelorca.com ● Ouvert de 10 h 30 à 14 h et de 17 h à 20 h (de 16 h 30 à 19 h 30 en hiver). Fermé le lundi. Entrée : 2 €. Ce musée est une bonne introduction à l'histoire de la ville : la collection s'étend de la période paléolithique jusqu'aux dernières années de l'ère musulmane. Le bâtiment, du XVIe siècle, est intéressant sur le plan architectural.

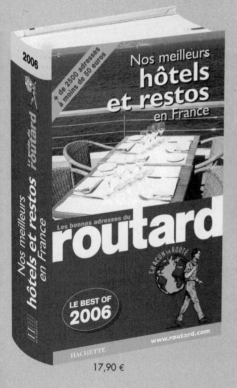

routard
ASSISTANCE
L'ASSURANCE VOYAGE
INTEGRALE A L'ETRANGER

VOTRE ASSISTANCE « MONDE ENTIER » LA PLUS ETENDUE

RAPATRIEMENT MEDICAL **ILLIMITÉ**
(au besoin par avion sanitaire)
VOS DEPENSES : MEDECINE, CHIRURGIE, (env. 1.960.000 FF) **300.000 €**
    HOPITAL, GARANTIES A 100% SANS FRANCHISE
    HOSPITALISE : RIEN A PAYER ! ... (ou entièrement remboursé)
BILLET GRATUIT DE RETOUR DANS VOTRE PAYS : **BILLET GRATUIT**
    En cas de décès (ou état de santé alarmant) **(de retour)**
    d'un proche parent, père, mère, conjoint, enfant(s)
*BILLET DE VISITE POUR UNE PERSONNE DE VOTRE CHOIX **BILLET GRATUIT**
    si vous être hospitalisé plus de 5 jours **(aller - retour)**
    Rapatriement du corps – Frais réels **Sans limitation**

RESPONSABILITE CIVILE «VIE PRIVEE» A L'ETRANGER

Dommages CORPORELS (garantie à 100%) ....(env. 4.900.000 FF) **750.000 €**
Dommages MATERIELS (garantie à 100%) ....(env. 2.900.000 FF) **450.000 €**
(dommages causés aux tiers) (AUCUNE FRANCHISE)
EXCLUSION RESPONSABILITE CIVILE AUTO : ne sont pas assurés les dommages
causés ou subis par votre véhicule à moteur : ils doivent être couverts par un contrat
spécial : ASSURANCE AUTO OU MOTO.
ASSISTANCE JURIDIQUE (Accident) ....(env. 1.960.000 FF) **300.000 €**
CAUTION PENALE .... (env. 49.000 FF) **7500 €**
AVANCE DE FONDS en cas de perte ou de vol d'argent ..(env. 4.900 FF) **750 €**

VOTRE ASSURANCE PERSONNELLE «ACCIDENTS» A L'ETRANGER

Infirmité totale et définitive (env. 490.000 FF) **75.000 €**
Infirmité partielle – (SANS FRANCHISE) **de 150 €** à **74.000 €**
(env. 900 FF à 485.000 FF)
Préjudice moral : dommage esthétique (env. 98.000 FF) **15.000 €**
Capital DECES (env. 19.000 FF) **3.000 €**

VOS BAGAGES ET BIENS PERSONNELS A L'ETRANGER

Vêtements, objets personnels pendant toute la durée de votre voyage à l'étranger :
vols, perte, accidents, incendie, (env. 6.500 FF) **1.000 €**
Dont APPAREILS PHOTO et objets de valeurs (env. 1.900 FF) **300 €**

À PARTIR DE 4 PERSONNES
TARIFS
"Spécial Famille"
Nous consulter Tél. : 01 44 63 51 00
Souscription en ligne : www.avi-international.com

routard
ASSISTANCE
L'ASSURANCE VOYAGE
INTEGRALE A L'ETRANGER

BULLETIN D'INSCRIPTION

NOM : M. Mme Melle |___|___|___|___|___|___|___|___|___|___|___|

PRENOM : |___|___|___|___|___|___|___|___|___|___|___|___|

DATE DE NAISSANCE : |___|___|___|___|___|___|___|___|

ADRESSE PERSONNELLE : |___|___|___|___|___|___|___|___|___|

|___|___|___|___|___|___|___|___|___|___|___|___|___|

|___|___|___|___|___|___|___|___|___|___|___|___|___|

CODE POSTAL : |___|___|___|___|___| TEL. |___|___|___|___|___|___|___|

VILLE : |___|___|___|___|___|___|___|___|___|___|___|___|

DESTINATION PRINCIPALE...

Calculer exactement votre tarif en SEMAINES selon la durée de votre voyage :

7 JOURS DU CALENDRIER = 1 SEMAINE

Pour un Long Voyage (2 mois…), demandez le **PLAN MARCO POLO**
Nouveauté contrat Spécial Famille - Nous contacter

COTISATION FORFAITAIRE 2006-2007

VOYAGE DU |___|___|___|___|___| AU |___|___|___|___|___| = |___|___|
                                                              SEMAINES

Prix spécial (3 à 40 ans) :   **22 € x** |___| = |___|___|___| **€**

De 41 à 60 ans (et – de 3 ans) :   **33 € x** |___| = |___|___|___| **€**

De 61 à 65 ans :   **44 € x** |___| = |___|___|___| **€**

Tarif "**SPECIAL FAMILLES**" 4 personnes et plus : **Nous consulter au 01 44 63 51 00**
Souscription en ligne : www.avi-international.com

Chèque à l'ordre de ROUTARD ASSISTANCE – *A.V.I. International*
28, rue de Mogador – 75009 PARIS – FRANCE - Tél. 01 44 63 51 00
Métro : Trinité – Chaussée d'Antin / RER : Auber – Fax : 01 42 80 41 57

ou Carte bancaire : Visa ☐   Mastercard ☐   Amex ☐

N° de carte : |___|___|___|___|___|___|___|___|___|___|___|___|___|

Date d'expiration : |___|___|___| |___|___| Signature

Je déclare être en bonne santé, et savoir que les maladies
ou accidents antérieurs à mon inscription ne sont pas assurés.

Signature :

Faites des copies de cette page pour assurer vos compagnons de voyage.

NON
aux mutilations

sousmunitions.org

NON AUX
BASM
BOMBES À SOUS-MUNITIONS

Chaque année, les bombes à sous-munitions tuent
et mutilent des milliers de civils. Mobilisez-vous pour
leur interdiction sur le site www.sousmunitions.org

**HANDICAP
INTERNATIONAL**

par le support

INDEX GÉNÉRAL

L'abréviation « c/ », que vous retrouverez tout au long de ce guide, signifie tout simplement *calle*, c'est-à-dire « rue ».

INDEX

OÙ TROUVER LES CARTES ET LES PLANS ?

Les **Routards** *parlent aux* **Routards**

Faites-nous part de vos expériences, de vos découvertes, de vos tuyaux.
Indiquez-nous les renseignements périmés. Aidez-nous à remettre l'ouvrage à jour.
Faites profiter les autres de vos adresses nouvelles, combines géniales... On adresse
un exemplaire gratuit de la prochaine édition à ceux qui nous envoient les lettres les
meilleures, pour la qualité et la pertinence des informations. Quelques conseils cependant :
– Envoyez-nous votre courrier le plus tôt possible afin que l'on puisse insérer vos
tuyaux sur la prochaine édition.
– N'oubliez pas de préciser l'ouvrage que vous désirez recevoir.
– Vérifiez que vos remarques concernent l'édition en cours et notez les pages du
guide concernées par vos observations.
– Quand vous indiquez des hôtels ou des restaurants, pensez à signaler leur adresse
précise et, pour les grandes villes, les moyens de transport pour y aller. Si vous le
pouvez, joignez la carte de visite de l'hôtel ou du resto décrit.
– N'écrivez si possible que d'un côté de la lettre (et non recto verso).
– Bien sûr, on s'arrache moins les yeux sur les lettres dactylographiées ou correctement écrites !
En tout état de cause, merci pour vos nombreuses lettres.

Le Guide du routard : 5, rue de l'Arrivée,
92190 Meudon

e-mail : guide@routard.com
Internet : www.routard.com

Les **Trophées** *du* **Routard**

Parce que le *Guide du routard* défend certaines valeurs : Droits de l'homme, solidarité,
respect des autres, des cultures et de l'environnement, les Trophées du Routard soutiennent des actions à but humanitaire, en France ou à l'étranger, montées et réalisées
par des équipes de 2 personnes de 18 ans à 30 ans.
La troisième édition des Trophées du Routard 2006 est lancée, et les équipes partent
chacune avec une bourse et 2 billets d'avion en poche pour donner de leur temps et de
leur savoir-faire aux 4 coins du monde.
Ces projets sont menés à bien grâce à l'implication d'Air France qui nous soutient.

Routard Assistance

Routard Assistance, c'est l'Assurance Voyage Intégrale sans franchise que nous
avons négociée avec les meilleures compagnies. Assistance complète avec rapatriement médical illimité. Dépenses de santé et frais d'hôpital pris en charge directement
sans franchise jusqu'à 300 000 € + caution + défense pénale + responsabilité civile
+ tous risques bagages et photos. Assurance personnelle accidents : 75 000 €. Très
complet ! Le tarif à la semaine vous donne une grande souplesse. Tableau des garanties et bulletin d'inscription à la fin de chaque *Guide du routard* étranger. Pour les longs
séjours, un nouveau contrat *Plan Marco Polo « spécial famille »* à partir de 4 personnes. Si votre départ est très proche, vous pouvez vous assurer par fax : 01-42-80-41-
57, en indiquant le numéro de votre carte de paiement. Pour en savoir plus : ☎ 01-44-
63-51-00 ; ou, encore mieux, sur notre site : ● www.routard.com ●

Photocomposé par MCP - Groupe Jouve
Imprimé en Italie par Legoprint
Dépôt légal n° 76347-11/2006
Collection n° 13 - Édition n° 01
2405421
I.S.B.N. 2012405428